김준엽 선생 1주기 추모문집

김준엽과 중국

한국의 중국학, 중국의 한국학

사회과학원 편

나남
nanam

김준엽 선생 1주기 추모문집

김준엽과 중국

한국의 중국학, 중국의 한국학

2012년 10월 31일 발행
2012년 10월 31일 1쇄

편자 • 사회과학원
펴낸이 • 趙相浩
발행처 • (주)나남
주소 • 413-756 경기도 파주시 교하읍
출판도시 518-4
전화 • 031)955-4601(代)
팩스 • 031)955-4555
등록 • 제1-71호(1979.5.12)
홈페이지 • www.nanam.net
전자우편 • post@nanam.net

ISBN 978-89-300-8651-6
ISBN 978-89-300-8001-9(세트)
책값은 뒤표지에 있습니다.

김준엽 선생 초상.

고려대 총장직을 물러나서 《장정》을 집필하며(1986년).

광복군 국내정진대원
(오른쪽부터 장준하, 김준엽, 노능서.
1945년 8월 20일).

중국군관학교 안휘성
임천분교에 설치된
한국광복군 특별훈련반의
제 1기 졸업생 일동
(앞으로 제 2열의 오른쪽 끝이
김준엽 선생. 1944년).

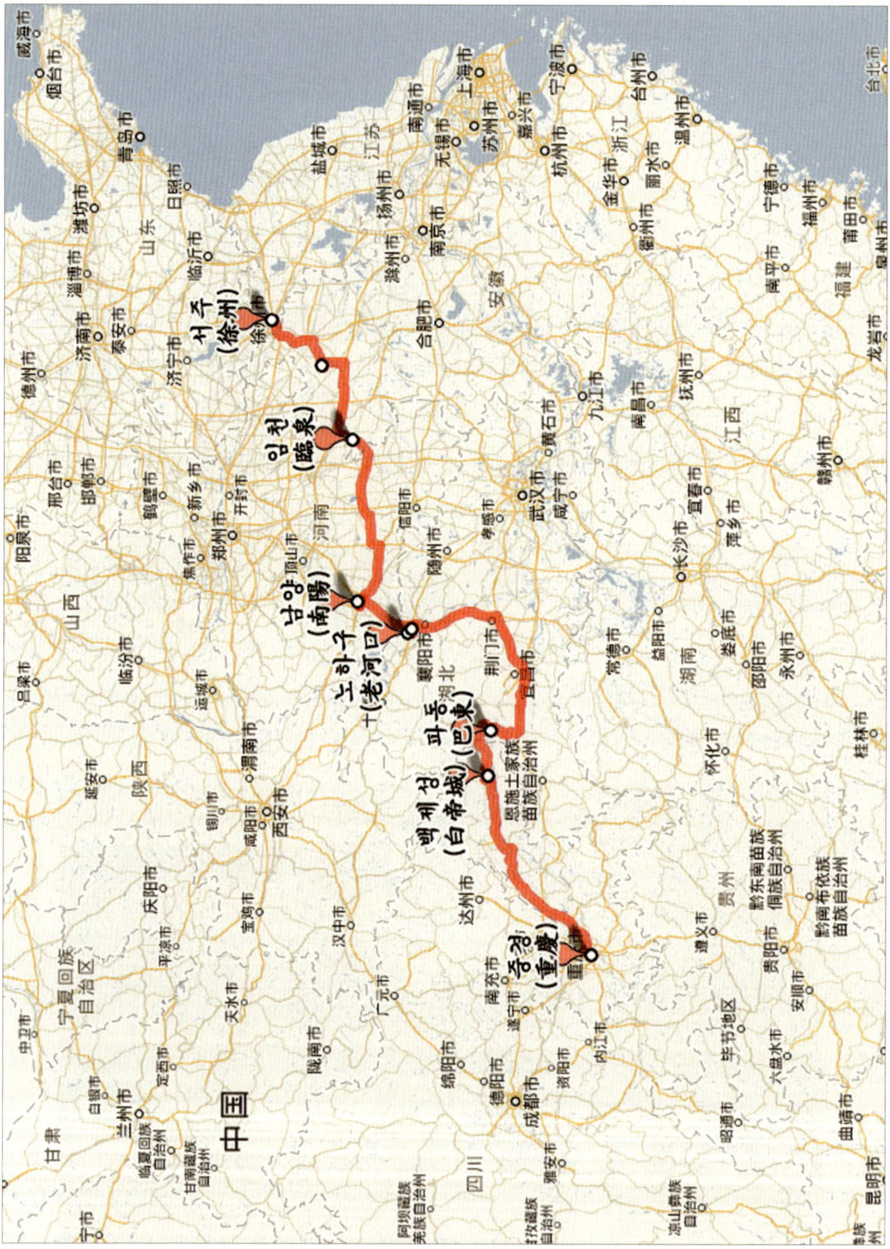

장정 6천리(2,400km).

복원된 중경의 대한민국임시정부 청사(1999년).

동방어전 한국어과 제 1기 졸업생들과 함께(앞줄 왼쪽에서 4번째가 김준엽 선생. 1946년).

고려대 총장 취임식(1982년).

총장 사퇴 직전 함께 고생한 처장들과 함께(왼쪽부터 조성하 기획처장, 유철수 관리처장, 서진영 학생처장, 김준엽 총장, 지 청 총무처장, 임희섭 교무처장, 1984).

고려대 총장사퇴 반대데모(1985년 2월).

《長征》(장정) 편집계획을 세우며 나남출판 조상호 사장과 함께 (1986년).

《장정》 1, 2 〈나의 광복군시절〉
上(1987년), 下(1989년) 출간.

사회과학원에서 발간한
〈계간 사상〉 창간호(1989년).

사회과학원 이사들과 함께(뒷줄 왼쪽부터 서진영, 임희섭, 신일철, 김성진, 지 청, 앞줄 왼쪽부터 김경원, 김준엽 이사장, 양호민. 1989년).

'제 3의 길은 없는가: 자본주의와 사회주의를 넘어서' 대토론회(1993년).

중국 요녕대학과 사회과학원이 공동주최한 '발해경제국제학연토회'에 참가한 학자들과 함께(1996년).

김준엽 선생 기념서 《동아시아 국제관계사》 봉정식
(앞줄 중앙에 전해종 교수, 김준엽 총장, 2010년).

하늘나라로 가시는 길(고려대 안암병원, 2011년 6월).

중국의 석학 季羨林, 楊通方 교수를 초청한
'동방문화, 중국의 문화정책' 세미나(1991).

중국 교육부의 문화훈장 수여식(2000년).

김준엽 선생 서거 1주기를 맞아
열렸던 행사포스터(2012년).

김준엽 렉처시리즈 제 1회(2012년 3월 고려대 아연).

김준엽 선생 서거 1주기를 맞아 열렸던 국제학술세미나(2012년).

일본군 징병 전 탈출 후를 대비하여 어머니와 함께(1943년).

아내 閔泳珠와 함께(1990년).

임시정부요인들이 거주하던 중국 중경에서 아들 鴻圭와 함께(1989년).

발간사

우리의 영원한 스승이며, 늘 '역사(歷史)의 신(神)'을 즐겨 찾으시던 김준엽 선생님께서 그 '신'(神)에게로 가신 지 1년이 지났다. 선생님의 평생을 크게 네 기간으로 나누어 볼 수 있다. 일본 게이오(慶應) 대학 유학중 일제(日帝)에 의한 강제징집, 학병탈출 그리고 광복군에 합류하고, 해방 후 다시 중국에 유학하시고 남경(南京)에서 전임강사로 계셨던 청년시절(제 1기: 1941~1949년)과, 고려대 교수 부임 후 아세아문제연구소 설립과 부소장, 소장을 역임하시는 교수시절(제 2기: 1949~1982년), 짧은 기간이지만 고려대 총장 재임기간(제 3기: 1982~1985년), 그리고 사회과학원 이사장시절(제 4기: 1988~2011년)의 네 기간으로 구분할 수 있다.

김준엽 선생님께서는 젊은 학생시절 나라를 잃고 슬퍼만 한 애국자가 아니셨다. 게이오대학에서 동양사학(東洋史學)을 수학하시다 일제에 의해 강제징집 당하여 중국으로 출정하는 중 서주(徐州)에서 탈출하여 자주와 독립을 찾아 6천 리 장정(長征) 끝에, 중국 중경(重慶)에 거점을 둔 독립군에 합류한 실천적 애국지사(愛國志士)였다. 해방 후 정계입문의 유혹과 권유를 뿌리치고, 청운의 뜻을 품고 다시 중국의 국립중앙대학(國立中央大學)에 유학하신 후 남경의 국립동방어문전문학교(國立東邦語文

專門學校)에서 3년간 교수생활을 하시다 귀국하여 고려대 전임교수가 되셨다. 따라서 제 1기간은 고인이 주로 중국에서 활동하신 청년시절이다.

선생님께서는 29세의 젊은 나이로 고려대학교 역사학과(歷史學科) 조교수로 부임하셨고, 1957년부터 아세아문제연구소를 창설하여 부소장, 소장을 역임하며 33년간 이 연구소를 세계적인 연구기관으로 키우셨다. 이 기간 동안 선생님께서는 포드재단 등의 지원을 받아 젊은 교수들을 영입하여 공산권(共産圈) 연구와 지역연구(地域研究, 주로 중국문제)에 심혈을 기울이셨다. 이때에 저술하셨던 《한국공산주의 운동사》(김창순과 공저 전 5권, 1969~1976년)는 지금도 당시 어려웠던 자료와 정보수집에도 불구하고 한국의 남북문제와 공산주의 연구의 금자탑(金字塔)을 이룩하신 저서로 평가받는다.

그리고 선생님의 황금기인 고려대 총장시절에는 비록 2년 8개월의 비교적 짧은 기간이지만 '제 2의 장정(長征)'이라 부를 수 있을 만큼 명예와 고난의 기간이었다. 대내적으로 대학운영체제를 대폭 개편하고, 총장으로서 '큰 거지'를 자처하시면서 외부 모금에 진력하여 대학의 면모를 일시에 바꾸시고 고려대의 위상을 한 단계 높여 놓으셨다. 대외적으로는 총장취임 직후부터 군사독재정권과의 갈등이 시작되어, 진리탐구에 필요불가결한 대학의 자율을 지키기 위한 정부와의 마찰을 회피하지 않았다. 특히 당시 집권당인 민정당 중앙당사에 진입, 농성을 벌였던 고려대생들에 대한 제적지시 거부로 정부와 정면충돌하고 총장직 사표를 아낌없이 던지셨다. 이에 분개한 학생들이 우리나라 대학 역사상 찾아볼 수 없는 '총장 사퇴반대' 데모를 연일 벌였고, 이로 인해 선생님께서는 총장사퇴 이후 사회적으로 더욱 유명한 분이 되셨다.

선생님의 제 4기는 그분의 60대 후반부터 시작하여 고인의 황혼기(黃

昏期) 라고 할 수 있지만, 어느 기간보다 적극적인 활동을 하셨다. 고려대 총장직 사퇴 이후 선생님을 역대 대통령 몇 분이 국무총리(國務總理)로 모시려고 했지만, "대학교수 중 누구 한 사람이라도 고위관직을 거절해야 수천 명의 대학교수들이 긍지를 가지고 진리탐구와 연구에 평생을 바치지 않겠는가" 라고 말씀하시며 모두 고사하셨다. 이러한 고위관직 거절로 선생님께서는 생전에도 국무총리 이상의 명예와 존경을 뭇사람들로부터 받았다. 한편 1988년에는 재단법인 사회과학원(社會科學院)을 창실하셨고 별세하실 때까지 중국관계와 남북통일 문제에 관한 연구에 진력하셨다. 우리나라와 중국 간에 공식적인 수교가 이루어진 후에는 중국 대학에서의 한국학과(韓國學科) 와 한국학연구소(韓國學硏究所) 의 창설을 위해 진력하셨으며, 중국 안에서의 한국인의 역사와 족적(足跡) 을 찾기 위해 노구를 이끌고 스스로 발로 뛰어 다니신 일을 중국 정부에서도 높이 평가하여 아시아에서는 처음으로 '중국어언문화우의장'(中國語言文化友誼獎) 을 수여하였다.

이렇게 선생님께서는 그분의 평생을 통해 후학들에게 자유(自由) · 정의(正義) · 진리(眞理) 의 고귀함을 일깨워 주신 우리시대의 선각자(先覺者) 이실 뿐만 아니라, 이를 행동으로 옮기신 실천적 교육자(敎育者)이셨다. 선생님의 '무성한 나무 그늘 아래'에서 자유 · 정의 · 진리는 창성하여 꽃을 피우고 열매를 맺을 수 있었다.

이제 김준엽 선생님께서 우리 곁을 떠나시고 우리 후학(後學) 들만 남아 있다. 그리고 우리는 이렇게 선생님의 서거 1주년을 맞아 선생님의 인덕과 학문적 업적을 기리기 위하여 추모집(追慕集) 을 출간하게 되었다. 우리가 이러한 추모집을 내는 것은 선생님을 잃은 서러움과 슬픔을 함께 나누려는 것이 아니라, 선생님께서 세우신 학문적 공덕을 기리고,

그 고귀한 인격을 사모함에 정성을 모아 바치려는 것이다.

이 추모집의 중심부분은 제 2편의 '김준엽(金俊燁)과 중국(中國)'이다. 이 부분은 2012년 6월 5일 '김준엽과 중국'의 주제를 가지고 사회과학원과 고려대 아세아문제연구소가 공동으로 개최한 국제회의에서 중국과 한국의 저명한 학자들이 발표한 주옥같은 논문으로, '한국(韓國)의 중국학(中國學)'과 관련된 6개의 논문, '중국(中國)의 한국학(韓國學)'에 대한 6개의 논문 그리고 '김준엽과 지역연구(地域研究)', '한반도(韓半島) 통일문제(統一問題)' 3개 등 모두 15개의 논문으로 구성되어 있다. 여기에 제 1편 '인간(人間) 김준엽' 제하(題下)에 선생님께 직접 강의를 듣고 지도받았던 사랑하는 제자들, 선생님께서 고려대 총장으로 재직하실 때 가까이에서 모셨던 처장들, 총장 당시의 고려대 총학생회장과 《장정》(長征)을 통해 본 지금의 대학 재학생의 김준엽 평전(評傳) 등을 수록하였다. 추모집 뒤편에는 선생님의 저서 및 논문을 소개했다.

이 추모집이 나오기까지 큰 협조와 관심은 물론 자료를 아낌없이 제공하신 선생님의 사모님 민영주(閔泳珠) 여사님을 비롯한 유가족과, 김준엽 선생님의 1주기 기념사업과 '국제세미나'를 함께 기획 운영하신 서진영(徐鎭英) 사회과학원 원장, 이내영(李來榮) 고려대 아세아문제연구소 소장에게 특별한 감사의 말씀을 드린다. 또한 이 추모집의 출판을 흔쾌히 맡아주신 '나남' 출판사의 조상호(趙相浩) 사장님(김준엽 기념사업회 출판·홍보위원장)께 심심한 사의를 표한다. 이 추모집이 나오기까지 편집과 실무를 담당한 '나남'의 방순영 이사, 정다솔 선생, 그리고 사회과학원의 문원보 국장, 문계선 양에게 진심으로 감사의 뜻을 전한다.

선생님의 육신은 우리 곁을 떠났지만, 선생님의 '불멸(不滅)의 혼(魂)'은 아직도, 아니 영원히 우리와 함께 하실 것이다. 지금도 선생님은 살아서 우리와 함께 계신다.

감히 이 추모집을 선생님의 영전(靈前)에 정중히 바칩니다.

2012년 10월
새단법인 사회과학원
이사장 지 청(池淸)

나남신서 · 1651

김준엽 선생 1주기 추모문집

김준엽과 중국

한국의 중국학, 중국의 한국학

차 례

제1편 인간 김준엽

제 2편 김준엽과 중국

제 1부 김준엽과 한국의 중국학

제 2부 김준엽과 중국의 한국학

제 3부 김준엽과 지역연구, 그리고 한반도 통일문제

제1편

인간 김준엽

'자유 · 정의 · 진리'의 실천적 선각자

지 청(池 淸)*

'작은 거지', '큰 거지' 총장

내가 고려대학교 무역연구소장으로 있던 1983년 1월 5일, 나는 바로 몇 달 전 총장으로 취임한 김준엽 선생님으로부터 만나자는 전화를 받고 총장실로 갔다. 그해 초부터 고려대 관리조직을 대폭 바꾸어 새로 만들어지는 총무처장을 맡아달라는 말씀이었다. 한참 공부할 40대 초반의 젊은 교수여서 처장직을 맡기에는 연구할 시간이 없을 것 같아 망설여졌다. 생각할 시간을 달라고 말씀드리고 물러나왔다. 며칠 있다가 다시 선생님으로부터 전화가 한 번 오고, 또 며칠 후 다시 총장실에서 만나 간곡히 권하시는 말씀에 총무처장직을 맡을 수밖에 없었다.

* 재단법인 사회과학원 이사장, 고려대 명예교수, 중국 길림대학 명예교수(현). 고려대 총무처장, 경영대학장, 경영대학원장, 한국경영학회장, 한국재무학회장, 한국증권학회장, 금융통화위원, 금융발전위원회 위원장 역임.
수요 저서: 《외국인직접투자론》, 《경영의사결정론》, 《재무학원론》, 《투자론》, 《국제재무론》 등 다수.

사실 그때까지 김준엽 선생님과는 가까이 할 기회가 그리 많지 않았다. 내가 뉴욕의 컬럼비아대학에서 공부하는 동안에 한번은 당시 이종우 총장, 이상은 아세아문제연구소장과 김준엽 선생님(당시 아세아문제연구소 부소장) 세 분이 오셔서 고려대 도서관에 책을 수백 권 구매해 달라고 부탁하신 일 때문에 뉴욕의 한 호텔에서 뵌 일이 있었고, 그 후 컬럼비아대학 근처 중국집과 일식집에서 저녁을 두 번 사주신 일이 있었다.

총무처장직을 맡은 후부터 2년여 동안 나는 김 선생님을 비교적 가까이 보좌할 수 있었으며 지금은 내 생을 통틀어 내가 가장 존경하는 분이 되셨다. 당시 선생님을 보좌해 새로 처장직을 맡은 인사는 김희집(기획처장), 김정배(교무처장), 박만장(학생처장, 김상협 전 총장이 임명했으나 유임), 유철수(관리처장), 서진영(후에 학생처장), 조성하(후에 기획처장), 임희섭(후에 교무처장), 이준범(의무관리처장), 송갑호(후에 의무관리처장) 교수 등이 한 팀을 이루었다.

그분의 리더십 속에서 우리는 정말 열심히 일했다. 아세아문제연구소를 고려대에 설치하여 세계적인 연구소로 만드신 김준엽 선생님은 "연구소 소장 시절에는 작은 거지였고, 이제는 큰 거지"라고 스스로 말씀하시며, 그분의 표현을 그대로 빌린다면 '얼굴에 철판을 깔고' 모금을 위해 이리저리 뛰어다니시면서 우리나라 대학의 전문적인 대학행정가로서의 시효가 되셨다. 그때부터 고려대가 '고대(그대)로 있는 대학이 아니고 개혁과 발전하는 대학'으로서의 토대를 마련하셨다. 내 직책상 비교적 총장을 가까이에서 모셔야 했기 때문에, 총장의 대외적 활동, 학교재단과 교우회에 대한 협조 유지, 적극적인 모금활동 등에 수행하며 많은 것을 배웠으며 또 뒤치다꺼리도 해드렸다.

김준엽 선생님께서는 취임 초부터 고려대 종합발전계획(*Master Plan*)과 녹지(현 의과대학, 병원 등의 녹지 캠퍼스) 개발계획, 모금의 1, 2, 3차 계획을 그림으로 그려 총장실에 걸어 놓으시고 매일 이를 들여다보시는 일로 일과를 시작하셨다. 대우그룹 김우중 회장의 조치원분교에 대한 기부, 유성건설 고 최효석 회장의 이공대 리모델링, 과학도서관 완공의 배후에서 내가 아주 작은 역할을 할 수 있었음에 나는 큰 자부심을 가지며, 그때 나를 도와주었던 김우중 회장은 물론 정희자 회장(김우중 회장 부인)과 최계용 사장(당시 대우 전무), 고 최효석 회장, 그리고 한신공영의 고 김형종 회장께 깊은 감사의 뜻을 전한다.

내가 총무처장으로 재직하는 동안 직원의 공개채용과 인사개혁, 직원연수회를 통한 전문지식과 컴퓨터 교육 및 해외연수, 총장의 과감한 위임 전결은 물론 부실회계의 정리와 회계제도의 전산화를 시작한 것은 많은 인사의 반대와 심지어는 같이 일하던 처장 중에서도 반대가 있었지만 김준엽 선생님의 강력한 지원이 있었기에 가능한 것이었다.

총무처장 직책을 맡던 중 가장 인상에 남는 일은 김준엽 선생님과 당시 교우회의 김원기 회장, 이중재 상근부회장을 모시고 전 세계의 교우회를 방문하며 교우회 장학금을 모금하던 일이다. 1983년 7, 8월에 호놀룰루의 교우회를 위시하여, 샌프란시스코, LA, 휴스턴, 애틀랜타, 시카고, 토론토, 보스턴, 뉴욕, 워싱턴, 런던, 파리, 프랑크푸르트, 본, 도쿄 등 세계 15개 대도시의 교우회를 거의 약 40일에 걸쳐 방문하고 교우들을 만나 모금하던 일이 생각난다. 우리가 가는 곳마다 교우들이 열렬히 환영해주고 또 모금에도 응해준 기억이 새롭다.

특히 LA에서는 유서 깊은 앰버서더 호텔에 약 500여 명의 교우들이 모여 집에 가는 것도 잊고 거의 자정까지 김준엽 선생님의 고려대에 대한 비전에 귀를 기울이던 장면은 지금도 생생히 머릿속에 남아있다(당시 LA 교우회장 김성철, 미수지역 조대 교우회장). 이때 처음으로 LA와 뉴욕에 고려대 장학재단이 만들어지고 그 첫 열매로 경영학과 졸업생인 조성호 박사(현재 홍익대 교수)가 이 장학금을 받았다.

그 이후에도 우리 네 사람은 거의 정기적으로 만나 대학의 발전과 여행여담 등을 주제로 지녁을 같이 했지만, 그분들 중 세 분은 벌써 고인이 되시고 나만 혼자 아직 남아있다. 아마 내가 40여 년간 고려대에 재직하면서 가장 신바람 나게 열심히 일했던 기간이었다고 생각된다.

김준엽 선생님께서는 교우회뿐만 아니라 고려대 재단인 고려중앙학원과의 관계도 아주 원만하게, 그러면서도 소신을 굽히지 않으시고 모든 일을 처리하셨다. 또한 당시 김상만(金相万) 이사장께서도 학사행정에 대해서는 거의 김 선생님에게 일임하여 일일이 간섭하는 일이 거의 없었다. 심지어는 대학원장이나 학장을 임명할 때에는 사전에 승인받는 일 없이 미리 정한 인사명단을 재단 김치윤 상무에게 통보하여 이사장에게 알려드리는 형식을 취하였으며, 그 중간 역할을 총무처장인 내가 주로 맡아서 처리하였다. 이뿐만 아니라 대학 행정개혁이나 학교 개발계획과 신축건물의 설계와 건축 등의 일도 거의 김 선생님의 뜻에 의해 결정되었기 때문에 재단과의 의사소통이나 결정과정에 많은 시간이 소요되지 않았다. 아마 역대 총장 재임기간 중 재단에서 총장에게 그처럼 학사행정의 전적인 재량권을 준 일이 없었으리라고 생각한다.

역사상 유례없는 '총장사퇴 반대' 데모

김준엽 선생님을 모시고 일하던 중 가장 마음 아팠던 것은 그토록 모든 교우와 학생과 교수들에게서 존경받던 그분이 4년의 총장임기를 다 채우지 못하시고 총장취임 후 2년 7개월 만에 학교를 떠나신 일이다. 직접적인 동기는 당시에 집권당이던 민정당(당시 전두환 총재) 당사에 서울대생을 포함하여 264명의 학생 중 81명의 고려대 학생들이 난입했다고 하여 정부에서 출교 내지는 퇴학조치하라는 것을 선생님이 반대하신 데서부터 시작된다. 원래 꼬장꼬장하신 성품에 모든 일을 합리적으로 처리하시고 학생들의 지지를 한 몸에 받고 계신 가운데, 정보원(당시 중앙정보부, 치안국, 시경 등에서 10여 명이 고려대 전담 출입)의 총장실 출입금지조치와 학생소요사태가 발생할 때마다 사사건건 학생편에 서시던 선생님을 정부에서 좋지 않게 보아 오던 중에 민정당사 사건이 터져, 급기야 문교부에서 감사가 나오고 당시 교직원자녀 입학관계로 정부가 꼬투리를 잡아 총장에게 사퇴압력을 가하기 시작했다.

이미 김 선생님은 몇 달 전 총장실의 짐을 다 옮기시고 사직서를 써가지고 다니시면서, 우리 처장들에게 언제든지 사표를 낼 때가 되면 알려 달라고 하셨다. 정부의 사퇴압력이 절정에 달한 1985년 2월 9일 늦은 밤, 나는 임희섭 교무처장, 서진영 학생처장과 함께 선생님 댁을 방문하여 이제는 총장사직서를 제출할 때가 되었다고 말씀드렸다. 우리들이 잘못 모신 때문이었고, 차마 입에 올릴 수 없이 가슴 아픈 일이었지만, 정부로부터의 압박강도가 너무 컸기 때문에 대학을 위해서는 어쩔 수 없다고 말씀드렸다. 이에 선생님께서는 바로 재단에 사직서를 제출하시고 지방으로 떠나셨다.

2월 25일 졸업식을 전후하여 사상 유례없는 '총장사퇴 반대' 데모가 대규모의 학생들로부터 일어나게 되었다. 이때까지만 해도 대학에서는 총장 물러나라는 데모는 흔히 있었지만, 총장 물러나지 말라는 데모는 없었던 것으로 생각한다. 김준엽 선생님의 사퇴는 당시 학원에서뿐만 아니라 온 사회에 매우 신선한 충격을 주었고, 그 일로 인해 선생님은 더욱 유명한 분이 되셨다. 우리 세 처장은 이준범 후임 총장에게 총장사퇴에 대한 책임을 지고 사표를 제출하고 처장직을 물러났다.

나와 김준엽 선생님과의 교분은 처장을 그만둔 후에도 계속되었다. 1988년 당시 대우의 김우중 회장이 60여억 원을 희사하여 김 선생님께서 재단법인 사회과학원을 설립하시고 이사장으로 취임하신 후 김 선생님이 서거하실 때까지 발기인 겸 감사로, 또한 1992년 대우장학회를 만드시고 이사장으로 취임하신 후 1999년까지 발기인 겸 감사로 총장님을 보좌했다.

김준엽 선생님과는 함께 국내외 여행을 수도 없이 많이 했으며, 그중에는 전술한 세계 전역의 고려대 교우회 방문(1983년), 구 소련 붕괴 진고르바초프 대통령의 고문이었던 아르바토프 박사의 초청으로 모스크바와 레닌그라드(현 상트페테르부르크) 등을 방문했던 일(1990년), 우리나라와 수교 전 중국 교육국제교류협회의 이도 회장 초청으로 선생님 부부, 김경원 사회과학원 원장 부부 그리고 우리 부부의 북경, 상해, 항주 등지 방문(1991년), 멕시코, 파나마, 아르헨티나, 브라질 등 남미지역 여행(1992년) 등이 기억에 남는다.

세계 일주와 백두산 동반여행

1996년 5월 중국 심양에서 사회과학원과 중국의 요녕대학이 공동으로 주최했던 '동북아 경제협력'에 관한 세미나에 김준엽 선생님, 김경원 원장, 박영철 교수 등과 함께 참석했던 일이 있었다. 한국학자 10여 명, 중국학자 10여 명, 미국학자 3명, 그리고 김일성대학과 주체사상연구소에서 온 북한학자 5명 등이 참석하여 이틀간에 걸친 열띤 토론이 있었다.

마지막 날 저녁에 합석했던 김일성대학의 모 교수에게 내가 즉석에서 고려대와 김일성대학의 학술교류 협정을 체결하자고 제의하자 그가 수락했고, 이를 중국 측 주최교수가 장내에 마이크로 알려서 50여 명의 참가자들로부터 일제히 기립박수를 받았다. 모든 참가자들이 어깨동무를 하고 '우리의 소원', '나의 살던 고향'을 힘껏 불렀다.

나는 당시 고려대 경영대학원장이었기에 그런 제의를 하고 책임 있는 말을 할 위치에 있었고, 또한 귀국 후 이 사실을 홍일식 고려대 총장에게 정식으로 보고하여 추인을 받았다. 그러나 북한의 그 교수는 경제학 주임교수였는데 교류를 결정할 만한 위치에 있지 않아서인지, 아니면 북측 진영걸 단장이나 김일성대학으로부터 승인이 없었는지 그 후 북측으로부터 아무런 반응이 없었다. 그때 그곳에 참석했던 모든 사람들이 일제히 일어나 어깨동무하며 노래 부르던 감격적인 장면이 아직도 머릿속에 생생하다.

2006년 6월 당시 나는 하나금융그룹이 중국 길림성 장춘에서 하나금융전문과정을 개설하여 그 과정의 운용단장으로 있었다. 이 일로 내가 길림성에 간다고 김준엽 선생님께 말씀드리니 장춘으로 가는 길에 같이 연변을 방문하고 백두산에도 가보고 싶다고 말씀하셔서 연변대학을 방문하였다. 연변대학에서는 김병민 총장과 박문일 전 총장 등이 극진한 대접을 하고, 선생님을 그날 명예교수로 임명하였다. 이미 선생님께서는 북경대학을 위시하여 중국의 10여 개 명문대학에서 명예교수를 받으셨기 때문에 새로운 것은 아니었지만, 우리 동포들이 가장 많이 거주하는 연변자치구의 가장 유명한 대학에서 받으셨다고 크게 기뻐하셨다.

특히 그 다음날 날씨가 쌀쌀한데도 연변대학의 김호웅 교수와 함께 민족의 영산인 백두산 정상에 올라 약간 살얼음이 덮여 있던 천지(天池)를 오랫동안 보시고, 먼 옛날 떠나오신 고향 평북 강계를 그리시던 모습은 5년이 지난 지금도 잊히지 않고 머릿속에 각인되어 있다. 깨끗하지도 않은 두꺼운 방한복을 두 개씩이나 껴입으시고, 정상의 돌에 앉아 명상에 잠기시던 그 모습을 담은 사진을 나는 지금도 가끔 꺼내 보곤 한다.

그때 백두산에서 내려오시면서 다음 해에 길림성의 장춘과 집안(集安)에 같이 가서 광개토대왕비, 광개토대왕릉과 장수왕릉을 참배하셨으면 좋겠다고 하셔서 꼭 모시고 가겠다고 약속했지만 돌아가시기까지 그 약속을 지켜드리지 못하여 내겐 큰 한으로 남아있다.

사회과학원 후임 이사장에 지명

내가 김준엽 선생님께서 병약해지신 것을 안 것은 2010년부터였지만, 폐암으로 고려대 병원에 입원하신 사실을 안 것은 5월 31일이었다. 몇 번 병문안을 다녀오고 6월 3일에도 병실로 서진영 교수(현 사회과학원 원장)와 함께 찾아뵈었더니 이미 말씀은 못하시고, 손으로 사회과학원 문원보 사무국장을 부르시고는 무엇을 읽으라는 시늉을 하셨다.

그때까지 아무 사실도 모르고 있던 나는 아연실색할 만한 선생님의 유서를 접해야 했다. 그 유서는 이틀 전인 6월 1일에 문원보 사무국장에게 구술로 대필시키시고 날짜와 서명을 본인이 직접 하셨는데, 유서의 내용은 총 5개 항으로 첫 번째 항이 '후임 이사장은 사회과학원 재정상태를 잘 알고 경영전문가인 지청 교수로 하고, 비상근으로 한다'는 것이었다.

문 국장이 유서를 다 읽고 난 후 내게 가까이 오라는 손짓을 하신 후 그 내용에 동의하느냐고 물으셨고(말씀을 못하시기 때문에 옆에 있던 비서가 통역해서야 내가 알아들을 수 있었다), 나는 "잘 알겠습니다. 아무 걱정 마십시오. 선생님은 독립군 정신으로 강인하시기 때문에 곧 일어나실 수 있습니다"라고 대답하였다. 이때 선생님께서는 얼굴에 환하게 웃음을 크게 지으시며 내 손을 꼭 잡고 한참이나 계셨다. 그리고 "잘 부탁한다"는 말씀을 몇 번이나 되뇌셨다. 인명이 경각에 달려 있어, 내가 "생각할 시간을 주십시오"라고 말할 수 있는 상황이 아니었다.

그리고 며칠 후 6월 7일에 선생님은 가족과 제자와 따르는 많은 사람들을 남겨두신 채 세상과 이별하시었고 6월 10일에 대전 현충원 독립지사묘역에 안장되시었다. 불과 몇 주 만에 너무 급격하게 돌아가시는 바람에 제대로 준비되지 않은 상태에서 장례를 본인의 평소의 뜻에 따라 가족장으로 검소하게 치르고 우리는 돌아서야 했다.

그리고 6월 15일 사회과학원 이사회의 결의를 거쳐 선생님께서 23년간 이사장으로 재임하셨던 이사장직을 아무 준비도 없고 무능력한 내가 물려받게 되었다. 나는 선생님의 말씀처럼 사회과학원의 재정상태를 실제로 잘 알지도 못했고 경영전문가는 더구나 아니다. 아니, 선생님의 인품이나 학식에는 견줄 수도 없고, 나는 감히 나의 몸을 굽혀 그의 신들메 풀기도 감당치 못할 사람일 뿐이다. 단지 선생님이 사회과학원을 설립할 당시부터 발기인으로 그리고 감사로 23년간 옆에서 보필해 드렸을 따름이다.

김준엽 선생님의 총장시절, 학생처장이었고 나와는 막역한 관계였던 후배 서진영 교수(현대중국정치 전문가)를 사회과학원 원장으로 이사회에 추천하여 동의를 얻었다. 우리 둘은 선생님의 '더 이상 사회과학원의 사업을 벌이지 말라'고 하신 유지를 받들어 사회과학원 조직개편과 구조조정을 하고, 사무실도 대폭 줄여 이사를 마치고 선생님의 서거 1주년을 맞아 선생님께서 설립하시고 키우셨던 고려대 아세아문제연구소와 공동으로 '김준엽 렉처시리즈'를 1년에 4회 갖기로 하고 이미 지난 3월에 제 1회와 6월에 제 2회 렉처를 가졌으며, '김준엽과 중국학: 중국의 한국학, 한국의 중국학'이란 주제의 국제회의(2012년 6월)를 성황리에 가졌다.

내가 김준엽 선생님을 알게 된 것이 1960년대 후반이니 거의 50년이 되고, 우리의 짧은 인생으로는 거의 3분의 2에 해당하는 길다면 긴 세월이다. 꽤 오래전 선생님과 약주를 같이하면서 "저는 열다섯에 아버지를 여의고 부정(父情)을 모르고 살았는데, 선생님을 친아버지처럼 생각하고 있습니다"라고 말씀드린 일이 있다. 이때 선생님께서는 '내가 그럴 만한 자격이 있나'하고 말씀하셨다.

나의 이 고백은 거짓이 전혀 없는 사실이다. 내가 50여 년간 곁에서 지켜본 선생님은 겉으로 온화해 보이면서도 매우 강인하시고, 매우 냉정하시고 합리적이신 것 같으면서도 따뜻한 정과 감성을 갖고 계셨고, 독립투사다운 결단력을 가지고 매사를 다루시었다. 가끔 저녁에 반주를 하시면서 흥에 겨우시면 당시 유행하던 "바닷가 모래밭에 손가락으로 내 님을 그립니다 …"를 부르시고, 흥이 솟아 나시면 "독립문의 자유종이 울릴 때까지 싸우러 나아가 — 세" 하는 독립군가(獨立軍歌)를 손을 흔드시면서 힘차게 부르시곤 했다.

무엇보다도 김준엽 선생님께서는 고려대 총장시절에 '행정개혁의 달인'이셨다. 총장에 취임하시고 제일 먼저 하신 일이 행정기구의 개편이었다. 과거 학교행정을 사무, 교무 및 학생의 3개 처에서 모든 일을 관장했으나, 사무처를 기획처 · 총무처 · 관리처로 나누어, 기획처에서는 발전계획과 예산 및 감사업무를, 총무처에서는 재정과 인사업무를, 관리처에서는 건축과 시설관리를 관장토록 하여 학사 조직체제를 현대식으로 개편하셨다. 제한된 학교의 재정을 가지고는 더 이상 발전할 수 없다는 신념으로 모금활동에 진력하셔서 전술한 바와 같이 '큰 거지 총장'으로서 우리나라 대학역사에서 대학행정가의 효시가 되시었다.

대학 경리업무와 도서관업무를 전산화하기 시작하여 지금과 같은 시스템으로 옮겨가는 발판을 만드셨는데, 이에는 처장을 비롯한 직원들의 반발도 컸지만 그대로 시행하였으며, 교직원에 대한 공개채용과 국내외 연수업무도 처음으로 시행하셨다.

신임교수 채용시 본교출신 이외의 유능한 인재를 널리 초빙하려 노력하셨으며, 특히 의과대학과 병원에 우수한 의료진을 과감하게 채용한 것은 지금도 자주 교직원들 사이에 오르내리는 이야깃거리이다. 총장취임 초기에 실기하면 개혁을 할 수 없다는 신념으로 교수나 직원들로부터 원망을 많이 사기도 했지만 과감하게 개혁을 밀어붙여, 고려대로서는 거의 제 2 건학에 가까운 행정개혁의 달인 역할을 하셨으며, 이를 재단이나 교우회에서도 잘 받아들이고 지원을 아끼지 않았다.

총장임기를 다 채우시지 못하고 제 2 장정(長征) 중 하차하신 김준엽 선생님이 그의 장기발전계획(1982~95) 대로 고려대 총장직을 더 오래 수행하셨다면 그분 제 2의 장정도 크게 성공하여 목적지에 도달하였을 것이고, 고려대의 면모가 크게 바뀌었을 것은 물론, 지금보다 더욱 발전된 고려대가 되지 않았을까 생각한다.

나는 김준엽 선생님이 '자유 · 정의 · 진리'가 무엇인가를 가르쳐주셨고 또 직접 몸으로 실천하신 분이라고 생각한다. 일본 게이오대학 재학 중 학병으로 끌려갔다가 탈출하여 6천 리 장정 끝에 중경의 임시정부 광복군에 합류한 해외 독립운동가의 기질은 그의 평생에서 고려대 총장시절에 가장 잘 나타났다고 본다.

총장취임 직후 10여 명의 정보원들을 총장비서실에서 쫓아내면서부터 군사독재 정권과의 갈등이 시작되어 해외인사의 명예박사학위 거부, 해직교수들의 복직을 둘러싼 정부와의 대립, 대학의 기본인 진리탐구에 필요불가결한 대학의 자율을 지키기 위한 정부와의 마찰, 그리고 당시 집권당인 민정당 중앙당사에 진입한 대학생들에 대한 제적지시 거부로 정부와 정면충돌하고 재임 2년 8개월 만에 총장직 사표를 낸 사실은 선생님이야말로 '자유 · 정의 · 진리의 실천인'이라는 증거임에 틀림없고, 이러한 그의 정신은 총장사퇴 후 그의 노후생활에까지 이어져 선생님 앞에서 모든 사람들이 고개를 절로 숙이는 존경의 대상이 되셨다.

마지막으로 나는 김준엽 선생님이야말로 '상아탑을 지킨 우리나라 최고의 지성인'으로 기억하고 싶다. 5 · 16 쿠데타 이후 지속된 군사독재 시절부터, 집권당(공화당) 창당의 고위직은 물론 수차례에 걸친 장관직 제의와 유혹을 뿌리치고 심지어는 국무총리직까지 고사한 점은 정부와 권력 앞에 무력하고 오히려 줄대기에 급급한 대학교수들에게 영원한 교훈으로 남을 것이다.

한번은 신임 대통령을 만나고 돌아오신 그날 점심에 나를 부르셔서 퍼시픽호텔의 일식집 식도원에서 둘이 만난 일이 있다. 그 대통령이 선생님에게 총리직을 권유하면서 어느 정도인지는 불분명하지만 "예산권과 인사권을 주겠다"고 제의하더라고 전하시면서, "대학교수 중 누구 한 사람이라도 고위관직을 거절해야 수천 명의 대학교수들이 긍지를 가지고 진리탐구와 연구에 평생을 바치지 않겠는가 하는 생각에 즉석에서 거절하였네"라고 말씀하셨다.

그 대통령과의 만남에서 선생님은 그의 소신인 몇 가지 거절이유를 조목조목 말씀하셨지만, 실제 속마음은 위의 이유와 군사독재 정권에서 어떤 관직도 맡지 않으시겠다는 신념 때문이었음은 두말할 나위도 없다(김준엽, 《장정 4: 나의 무직시절》, 236~248쪽 참조). 나는 "대통령에게는 예산권과 인사권이 전부이기 때문에 절대로 총리에게 그것을 주지 않습니다. 정말로 어려우나 올바른 판단을 하셨습니다" 라고 말씀드렸다. 돌이켜 생각하면 선생님에 대한 이러한 관직제의에 내가 쫓아다니면서 승낙하시라고 해야 마땅한 터였지만, 쫓아다니면서 하지 마시라고 한 내 좁은 소견에 한편 선생님에 대한 송구스러운 마음도 없지 않다.

그러나 이러한 고위관직제의 거절로 김준엽 선생님은 생전에 국무총리 이상의 명예와 존경을 뭇사람들로부터 받을 수 있지 않았나 생각한다. 상아탑을 끝까지 지키신 우리시대 최고의 지성인, 선생님은 이제 우리 곁에 계시지 않고 평생을 실천을 통해 우리에게 보여주신 교훈이 큰 빛으로 남아 우리 모두를 환하게 비추고 있을 뿐이다.

김준엽의 또 다른 독립운동

김준엽 총장과 학원자율화 투쟁

서진영(徐鎭英)*

김준엽 총장님의 두 번의 결단

김준엽 총장님의 일생을 돌이켜보면 두 번의 중대한 결단이 그분을 보통 사람들과 구별지었다고 할 수 있다. 그 첫 번째 결단은 두말할 것도 없이 1944년 초 학병탈출을 감행해 광복군에 투신한 것이었고, 두 번째 결단은 고려대 총장으로 재직하면서 신군부에 맞서 학생들을 보호하고, 대학의 자율성과 존엄성을 지키려다가 마침내 고려대 총장직에서 강제 퇴직하게 된 것이라고 할 수 있다. 이 두 번의 결단을 통해 김준엽 총장님은 시류에 영합하지 않고 대의를 위해 헌신하는 지식인이요, 우리 사

* 사회과학원 원장, 고려대학교 명예교수, 한중 전문가 공동연구위원회위원장(현).
고려대 학생처장, 국제대학원장, 민주평통 상임위원, 대통령자문정책기획위원장, 세계지역학회장 역임.
주요 저서: 《21세기 중국정치》, 《21세기 중국외교정책》, 《현대중국정치론》, 《중국 혁명사》, 《21세기 동북아시아의 정치지형과 전략》 등 다수.

회의 큰 스승으로 우리에게 깊게 각인되었다.

이 글은 김준엽 총장님의 두 번째 큰 결단, 즉 고려대 총장시절, 신군부에 맞서 학원의 자율성을 지키려고 했던 총장님의 또 다른 독립운동에 대한 것이다. 나는 김준엽 총장시절 전반부에는 고대신문사 주간 교수로서, 그리고 후반부에는 고려대 학생처장으로서 이른바 학생문제에 대해서 김준엽 총장님을 보좌하는 입장이었다. 따라서 김준엽 총장시절 고려대를 중심으로 전개되었던 학생운동과, 그에 대처해야 했던 김준엽 총장님의 고뇌와 고통을 누구보다도 가까운 거리에서 지켜볼 수 있었다.

이 글은 바로 1980년대 초 고려대에서 전개되었던 학생들의 치열한 민주화운동과, 이에 대한 김준엽 총장님의 고민과 대응을 소개함으로써 김준엽 총장님의 역사인식과 부드럽지만 강인한 리더십이 어떻게 현실에서 구체적으로 실천되었는지를 보여주고자 한다.

김준엽 총장님과의 인연

김준엽 총장시절 고려대의 학생운동을 소개하기 이전에 먼저 나와 김준엽 총장님의 인연을 간략히 소개할 필요가 있다. 총장님과의 첫 대면은 내가 대학원 석사과정을 수료하고 진로를 고민하던 1969년 여름이었다. 당시 총장님은 고려대 사학과에서 중국 최근세사를 가르치고 있었고, 아세아문제연구소 부소장으로 활발하게 대외활동을 하고 계셨기 때문에 전공과 학과가 다른 나도 그의 명성을 들어 알고 있었지만 직접 대면할 기회는 없었다.

그러다가 1969년 초 김준엽 총장님의 노력으로 아세아문제연구소가 한국에서는 처음으로 미국의 가원장학생(Gowen Fellowship) 선발시험을 주관하게 되었는데, 내가 그 시험에 응시해 합격함으로써 처음으로 총장님을 직접 만나 뵐 수 있었다. 당시 고려대 정치학과 대학원 석사과정에서 독일의 권위주의체제에 관한 석사논문을 끝내고 미래 진로를 놓고 고민하던 내가 미국에 유학해, 중국정치를 전공하게 된 것도 가원장학생으로 선발되어 총장님과 만난 것이 계기가 되었다는 점에서 총장님은 내 인생항로에 중대한 전환점을 제공한 스승이었다고 할 수 있다.

그러나 그 당시에는 총장님과 오랜 시간 대화할 수 있는 기회도 없었고, 또 그럴 만한 입장도 아니었다. 총장님은 저명한 교수이셨고, 나는 지금 막 유학을 떠나는 무명의 대학원생이었기 때문이었다. 이처럼 한국에 있으면서 나는 총장님과 접촉할 기회도 많지 않았고, 전공에 대한 가르침을 직접 배울 수 있는 기회도 없었다. 그러나 총장님 덕에 1969년 9월 미국 시애틀 소재 워싱턴 주립대학에 유학하면서 오히려 미국 유학 시절에 총장님과 깊이 있는 사적 대화를 나눌 수 있는 기회가 많았다.

내가 미국에 체류하던 1969년 말부터 1980년대 초반까지 약 11년간 김준엽 총장님은 자주 미국출장을 오셨다. 횟수를 세어보지는 않았지만 거의 2년에 한 번 이상 미국출장을 오셨고, 그때마다 내가 다니던 워싱턴대학을 방문하셨기 때문에 자연스럽게 만나 뵙고, 수행하는 일이 자주 있었다. 그 당시 무슨 이야길 했는지 지금은 대부분 잊어버렸지만, 서너 가지 사건이나 교훈은 내게 큰 영향을 주었다.

우선 내가 중국정치를 전공하는 과정에서 좀더 좋은 조건의 장학금 제의를 받고 전공을 변경하려고 한 적이 있는데, 이때 총장님께 여쭈어 보았다가 꾸중을 들은 일은 지금 생각해도 송구스럽고 부끄럽다.

총장님은 전공을 선택하는 일과 같이 중요한 일에 대해 결정할 때는 신중해야 하지만, 한 번 마음먹었으면 한 10년쯤 최선을 다해보고 판단할 일이지 너무 쉽게 이(利), 불리(不利)를 따지지 말아야 한다고 하시면서 중국정치 전공에 전념하라고 충고해 주셨다. 이와 동시에 인재양성은 나무를 심고 가꾸는 일과 같이 장기적 사업이란 점을 강조하시면서 모든 일을 역사적 안목을 가지고 대응하라고 말씀해 주셨다.

그리고 나와 같은 유학생들은 한국사회에서 나름대로 선택받은 엘리트들이기 때문에 공부가 끝난 이후 편안한 미국생활에 안주하려고 하기보다는 반드시 귀국해 조국을 위해 봉사해야 한다는 말씀은 지금도 인상적으로 남아 있다.

이처럼 11년간 미국에 체류하면서 김준엽 총장님과 사적 접촉과 대화를 가지다보니 자연스럽게 총장님은 내 인생에 거의 유일한 멘토가 되었고, 기회가 되면 나도 총장님과 같이 고려대에서 중국정치를 가르치는 학자의 삶을 살아야겠다고 결심했다. 그러던 중 1979년 12월 12일 박정희 대통령의 사망과 더불어 유신정권이 붕괴되고 민주화시대가 예고되었다. 나는 새로운 시대에 조국에서 일하고 싶었기 때문에 서둘러 귀국할 차비를 하였다.

당시 내가 담당했던 과목이 1980년 6월에 끝나기 때문에 어쩔 수 없이 6월 이후에 귀국할 생각으로 주변을 정리하고 있었는데 1980년 5월 18일 광주 민주화운동이 신군부정권에 의해 무자비하게 진압당하는 사건이 발생하고, 그 장면이 미국 TV 뉴스로 거의 매일같이 보도되었다. 따라서 이런 뉴스를 보고 당시 미국에 체류하던 유학생이나 한국인들 중에는 귀국을 연기하거나 포기하는 사람들이 속출했다. 내 주변의 미국 친구들이나 미국 지도교수도 내가 귀국한다는 것에 대해 걱정하였다.

그러나 김준엽 총장님에게 여쭤 보았더니 두말하지 않고 귀국하라고 하기에 나도 다른 생각하지 않고 귀국을 결심했다. 학기가 끝나고 1학기 학사행정을 마무리한 직후인 1980년 7월 6일에 11년간의 미국생활을 정리하고 마침내 귀국했다.

1980년 9월 1일자로 고려대 정치학과 교수로 임용되면서 나는 새로운 환경에 적응하고, 강의준비로 정신없이 보냈다. 특히 신참교수이기 때문에 학생문제라든가, 기타 학과와 관련된 여러 가지 잡무를 도맡아 처리하지 않을 수 없었고, 또 대외적으로도 한국 정치학회와 한국 국제정치학회의 업무까지 처리하지 않을 수 없어 정말 바쁘게 지냈다.

그런 가운데 1982년 7월에 김준엽 총장님이 고려대 제 9대 총장으로 취임하시게 되었다. 당시 나는 김준엽 총장취임을 축하하면서도 총장님의 취임이 나의 교수생활에 직접 영향을 줄 것이라고는 전혀 예상하지 못했다. 그런데 그런 내 생각과는 달리 김준엽 총장님은 1982년 10월에 나를 〈고대신문〉 주간으로 임명하셨고, 또 1984년 7월에는 고려대 학생처장으로 임명함으로써, 나는 본의 아니게 학생들의 격렬한 민주화투쟁과 신군부정권의 폭력적 탄압이 정면으로 맞부딪치는 전쟁터 한가운데로 끌려들어 가게 되었다.

김준엽 총장시대의 학원문제 – 학원 자율화와 학생운동

김준엽 총장님은 1982년 7월 10일 고려대 제9대 총장에 취임해서 1985년 2월 25일 졸업식 이후 고려대 총장직에서 강제사퇴 당하기까지 약 2년 8개월간 재직하셨는데, 이 시기는 교내외적으로 그야말로 격동의 시절이었다.

1980년 5월 18일 광주 민주화운동에 대한 무자비한 유혈진압으로 집권한 신군부가 단계적 민주화와 자율화를 내세우면서 정권의 안정화와 정당화 작업을 본격적으로 추진하고 있었고, 이에 맞선 민주화 세력들의 격렬한 저항이 정면으로 충돌하면서 곳곳에서 파국적 대결과 전투가 전개되고 있었다. 특히, 대학과 학생운동이 민주주의와 반민주주의 대회전의 최전방이었고, 거기에서도 고려대가 최대의 격전지이었다.

따라서 1980년대 초 대학의 풍경은 살벌했다. 교정 곳곳에는 이른바 '짭새'라는 사복경찰병력이 돌아다니고 있었고, 학교 밖에는 무장경찰병력이 대기하고 있다가 학생들 사이에서 조금만 이상징후가 나타나면 현장에서 즉각 체포하고 제압하는 장면이 심심치 않게 반복되었다.

이처럼 대학은 당시 한국사회의 최대 쟁점이며 시대적 과제였던 민주 대 반민주의 대결이 격렬하게 충돌하는 최전방이었을 뿐만 아니라, 신군부 정권이 등장하면서 학원 안정과 발전을 구실로 도입한 각종 제도와 정책으로 대학의 자율성과 독립성이 심각하게 억압되고 왜곡되는 고통을 겪고 있었다.

특히, 1980년 7월 30일 신군부의 교육개혁조치의 일환으로 도입된 졸업정원제로 말미암아 대학은 갑작스럽게 입학정원을 30% 증가하면서도 졸업정원은 그대로 지켜야 하기 때문에 학사관리를 엄격하게 시행하지 않을 수 없었고, 이에 대한 학생들의 불만도 폭발하기 시작하여 학내 불안이 고조되고 있었다. 게다가 입학정원의 갑작스러운 증가로 모든 대학들은 교수 및 시설 부족에 시달렸고, 동시에 한국의 대학들은 21세기를 조망하면서 개방화와 국제화라는 시대적 요구에도 부응해야 하는 과업에 직면해 있었다.

이와 같은 문제에 대해 김준엽 총장님은 총장취임사에서 "우리 대학의 전도에는 많은 난관과 도전이 가로놓여 있습니다. 1980년의 교육개혁의 결과로 우리나라 대학은 급격한 거대화, 대중화, 다원화에서 오는 교육시설의 부족, 그 질적 저하, 통합의 상실로 인해 고민하고 있습니다. 그러나 이와 같은 도전 속에서도 대학의 자치와 학문의 자유, 교육의 질적 향상과 새로운 유니버시티 기능의 회복을 위해 노력할 것"이라고 다짐하면서 다음 5가지를 실천하겠다고 약속했다.

① 대학의 자유와 존엄성 수호, ② 교육과 연구우선주의, ③ 국제화·정보화시대에 맞는 인재양성, ④ 대학원 기능확충을 통한 선진 학문연구 수준 지향, ⑤ 정사(正邪) 감각을 가진 선비적 인격을 도야하는 전인교육 추구를 실천하겠다고 선언했다.

동시에 이와 같은 목표를 추진하는 과정에서 당시 고려대가 당면한 여러 가지 구체적 문제점도 지적하였다. 이를테면 재정적자와 시설부족과 같은 운영상의 문제점, 우수한 교수 유치와 교육과정 개편과 같은 연구와 교육의 문제점, 그리고 졸업정원제로 인하여 파생된 여러 가지 문제점을 열거하면서도 당시 고려대뿐만 아니라 모든 대학이 당면한 기본문

제는 역시 학원의 자율성 문제라고 선언하였다.[1)]

사실 1980년대 우리나라 대학은 개방화와 국제화를 지향하는 새로운 시대적 요구에 부응하기 위해 여러 가지 개혁과제를 추진해야 했지만, 그런 개혁과제에만 집중할 수 있는 여건은 아니었다. 오히려 그런 장기적 개혁과제를 강조하는 것이 사치라고 느껴질 정도로 한국의 대학들은 절박하고도 현실적인 문제에 직면해 있었다. 그것은 매일 긴박하게 전개되는 학생들의 민주화투쟁과 정부의 탄압과정에서 발생하는 학생문제와 학원 자율화 문제였다.

앞에서 지적한 바와 같이 신군부정권은 1980년대 초에 학원 자율화를 표방하면서 정권의 정당성을 확립하려고 하였다. 폭력적 수단을 통해 정권획득에는 성공할 수 있었지만, 국내외적인 조건은 더 이상 폭압적인 독재체제를 용인할 수 없는 형편이었다. 특히, 1985년 2·12 총선과 1986년의 아시안게임, 1988년 서울올림픽을 앞두고 신군부정권은 정권의 정당성 확보를 위해 부분적, 단계적 유화정책을 추진했는데, 그것이 바로 학원 자율화 조치였다. 따라서 1983년을 전후로 학내 질서와 안정은 학교 당국의 '자율적 책임' 아래에서 유지되어야 한다면서 학원에 상주했던 경찰병력을 캠퍼스 밖으로 이동시키고, 그동안 강제퇴직했던 교수들과 제적생들의 복직, 복교를 허용하였다.

이런 학원 자율화 조치로 정권의 정당성을 확보하려는 것이 정권의 의도였지만, 학생들과 민주화세력들은 이를 계기로 실질적인 자율화를 확충하려고 하였다. 정부와 학교 당국의 통제와 억압을 타파하고 진정한 민주화와 자율화의 영역을 확대하려고 투쟁을 계속한 것이다. 이와 같은 학생들의 자율화, 민주화투쟁은 1980년대 초에는 크게 두 가지 차원에서 진행되었다.

---

1) 김준엽 선생의 총장 취임사와 당시 고려대가 당면한 문제와 과제에 대해서는 김준엽, 《장정 3: 나의 대학총장시절》(나남, 1990/2011), pp 72~73, 83~123.

첫째는 학생운동의 대중화·공개화·합법화를 실현하는 것이며, 그것은 구체적으로 어용단체인 학도호국단을 와해시키고 학회·학생회·총학생회를 부활시키려는 운동으로 결집되었고, 둘째는 학생운동이 이념적으로나 조직적으로 과격화되는 양상을 보이기 시작했다는 것이다. 특히, 1980년의 광주 민주화운동을 거치면서 한국의 학생운동은 이념적으로나 조직적으로 과격해지고 급진화되기 시작했으며, 공공건물 점거농성과 분신 등의 행동으로 표출되기 시작했다.

학생운동의 대중화·공개화·합법화와 총학생회 부활운동

한국 대학생들의 학생자치활동은 과거에도 서클과 학생회 조직으로 이원화되어 있었다. 잘 알다시피 서클은 학과나 전공구분을 뛰어넘어 공동관심사에 따라 조직되고 운영되는 학생사회의 사적 조직이라고 할 수 있고, 학회는 학과별, 대학별로 조직·운영되는 공적 자치조직이라고 할 수 있다. 그런데 과거 군사독재정권은 서클과 학회와 같은 학생자치조직의 활동을 엄격하게 억압하고 통제하려고 하였다. 우선 학생자치활동에 대한 여러 가지 제약요건을 강화해 공개적인 학생활동 전체를 위축시켰으며, 특히 정치의식이 강한 서클활동은 노골적으로 탄압했기 때문에 의식 있는 학생들의 서클 중 대부분은 지하로 잠적해, 비공식, 비공개적으로 운영됨으로써 학생운동의 급진화와 과격화를 오히려 촉진했다.

또한 학생운동에 대한 군사정권의 통제는 학생자치조직의 왜곡으로 표출되었다. 1975년 유신정권이 등장하면서 대학생들의 직접선거로 선출된 총학생회장을 중심으로 구성되었던 총학생회가 폐지되고 학생대표를 간접선거로 선출하는 학도호국단 체제가 등장해 학생자치활동을 어용화·군사화시켰다. 사실 학도호국단 체제는 제 1 공화국에서 관변 단체로 이용되다가 4·19혁명 이후 해체되었는데, 박정희 유신정권이 이를 부활시켰고, 신군부정권도 학원을 통제하는 수단으로 학도호국단 체제를 계속 유지시켰다.

따라서 학원 자율화가 추진되면서 학생사회에서는 당연히 어용단체인 학도호국단을 폐지하고, 학생들의 직접선거로 선출되는 학회와 총학생회를 부활시키는 것을 최대 당면목표로 설정했으며, 총학생회 체제를 쟁취하기 위한 투쟁이 1980년대 학생운동의 당면과제가 되었다.

김준엽 총장시대가 시작된 고려대가 학도호국단을 무력화시키고, 총학생회를 부활시키려는 학생운동의 핵심지역이 되었다. 학원 자율화 조치와 더불어 고려대에서는 1983년 4월에 132개의 서클 조직이 등록원을 제출했고, 57개 학과에서는 학회장 선출을 끝냄으로써 학생자치활동 영역이 다시금 서클과 학생회로 재편되고 있었다. 특히, 학생들은 학회장은 물론, 단과대학 학생회장까지도 직접선거를 통해 선출함으로써 학도호국단 체제를 밑으로부터 와해시키고, 사실상 무력화시키려는 작업을 조직적으로 추진하고 있었다.

정부는 학교당국에게 이와 같은 어용적인 학도호국단을 폐지하고, 학생들의 직접선거로 선출되는 총학생회를 부활시키려는 운동을 모든 수단과 방법을 강구해서라도 막아야 한다고 강조하였다. 이처럼 정부가 총학생회 부활과 총학생회장에 대한 직접선거제를 저지하려고 했던 배경에는 국민직선제 개헌안을 골자로 하는 1980년 민주화운동의 주요 쟁점과의 연계를 의식하고 있었기 때문이었다. 직선제 총학생회의 부활운동이 직선제 대통령제 개헌운동으로 확산되는 것을 사전에 봉쇄하려는 '정치적 의도'가 있었기 때문에 정부당국은 학도호국단의 폐지와 총학생회 부활운동을 어떻게 해서라도 저지해야 한다는 입장이었다. 따라서 학교당국에 대한 정부의 압박강도도 날로 높아가고 있었다.

그러나 학생들은 어떤 방해와 억압에도 불구하고 총학생회를 꼭 부활시키고, 학생들의 민주적 자치영역을 확대해야 한다는 강한 의지를 가지고 있었다. 따라서 학생들은 학교당국의 설득이나 정부당국의 탄압에도 불구하고 1984년 4월에 기존의 학도호국단과는 별도의 독립기구로 자율화 추진위원회를 결성하고, 총학생회가 합법화될 때까지 과도적 학생자치기구로 활동하기 시작하였다.

이제 총학생회의 부활은 실현단계에 와 있었다. 학도호국단은 형태만 남아 폐기만을 기다리는 형국이었고, 모든 학생자치활동은 학생들이 직접 참여해 운영하는 서클연합회와 학회, 그리고 자율화 추진위원회가 주도하였다. 사실, 1984년 초부터 고려대에서는 학회를 중심으로 학회장에 대한 직선제가 실시되면서 총학생회 직선제를 준비하고 있었다. 1984년 5월에 드디어 고려대는 총학생회 부활 준비위원회를 결성하고, 본격적으로 총학생회장에 대한 직선제 선출작업을 추진하였다. 우선 학생들은 학회와 단과대학 차원에서 총회를 개최해 총학생회 부활운동에 대한 학생들의 열망을 집약하고, 구체적인 행동으로 단과대학 학생장에 대한 직선제를 관철시켰다. 따라서 1984년 1학기가 끝나가던 6월 초에 고려대에서는 법과대학을 제외한 모든 단과대학에서 학생장을 직선으로 선출하여 총학생회의 기본구조가 구비되었고, 마지막 단계인 총학생회장에 대한 학생들의 직접선거만 남겨두고 있었다. 학생들의 계획에 의하면 1984년 2학기가 시작하면서 총학생회장에 대한 직접선거를 실시하고, 총학생회를 출범시킨다는 것이었다.

이처럼 학생들은 총학생회 부활 프로그램을 치밀하게 구상하고, 하나씩 하나씩 실천하여 마침내 최종적이며 최후의 대회전이라고 할 수 있는 총학생회 직접선거와 학도호국단 체제 종식, 그리고 총학생회의 공식출범만을 남기고 있었다. 이런 학생들의 움직임에 대해 정부당국과 학교당국은 학도호국단 설치령이 대통령령이기 때문에 대통령령이 바뀌지 않는 한 총학생회를 공식 학생자치기구로 인정할 수 없다는 기존의 입장을 고수하면서 끝까지 학생들의 총학생회 부활운동을 막으려고 했다. 따라서 총학생회 부활을 밀어붙이려는 학생들과 학도호국단 체제를 고수하려는 정부당국 간의 대결은 정면충돌을 향하고 있었다.

고려대 총학생회 부활과 정부의 계고장

학생들과 정부당국이 총학생회 부활문제를 두고 정면대결로 치달아가는 과정에서 나는 학생처장으로 차출되어 전쟁터 한가운데로 끌려나오게 되었다. 왜 임기가 아직 남아 있던 박만장 학생처장이 그만두게 되었는지는 아직도 잘 모르겠지만, 당시 고대신문사 주간으로 학생과 정부 및 학교당국의 대치상태를 잘 알고 있었던 나의 입장에서는 어떻게 해서든지 학생처장이란 직책을 맡고 싶지 않았다.

나는 김준엽 총장님의 호출에도 불구하고 이런저런 핑계를 대고 총장실로 가지 않았고, 주변사람들에게 학생처장 일은 사람이 할 일이 아니라고 손사래를 치며 도망 다녔다. 그러나 김준엽 총장님과의 사적 인연을 끊지 않고서는 피할 수 없는 일이라고 생각해서 한두 주일 고민하다가 마침내 총장실로 찾아가 김준엽 총장님과 정면대좌하였다.

이 자리에서 나는 당시 고려대가 처한 정치적 상황에 대한 김준엽 총장님의 솔직한 시국관과 결심을 당돌하게 여쭈어 보았다. 총장님의 결심을 알아야 학생처장으로서 학생문제를 어떻게 대처해 갈 것인가를 결정할 수 있기 때문에 마음속에 둔 생각을 그대로 말씀해 달라고 부탁드렸다. 당시 어떤 단어를 어떻게 구사했는지는 지금 거의 기억할 수 없지만 그 내용과 분위기는 결코 잊을 수 없는 것이었다. 그 당시의 대화를 개괄적으로 재연하면 이랬다.

> 현재의 모든 상황을 고려해 볼 때, 우리는 두 개의 길 중에 하나를 선택하지 않을 수 없다. 즉, 정부가 바라는 대로 총학생회 부활을 요구하는 학생들을 처벌하고, 정부정책에 순응하는 것이 하나이다. 또 다른 길은 학생들의 순수한 뜻을 존중하면서 정부당국에 맞서는 것이다. 만일 전자의 길을 택한다면, 총장임기를 무사히 끝낼 수 있겠지만, 총장님의 독립운동 경력에 대하여 존경심을 가진 많은 학생들로부터는 실망과 비난을 받게 될 것이다. 그렇다고 학생들의 요구를 그

대로 받아들인다면 정부당국으로부터 어떤 핍박을 받을지 모르기 때문에 비상한 결심을 하지 않으면 안 된다.

이런 당돌한 말을 듣고도 김준엽 총장님은 별로 놀라지 않으셨다. 아마 이미 당신은 이 문제에 대해 깊이 생각하고 계셨던 것 같았다. 총장님은 그때 아주 담담하게 이렇게 말씀하셨다.

당신은 22세의 젊은 나이에 학병으로 지원했다 탈출해, 독립운동에 투신하시기로 할 당시 이미 목숨을 내놓았다. 다행히 탈출에 성공해 독립운동에 참여할 수 있었던 것을 지금도 자랑스럽게 여기고 있다. 광복된 이후 대학에 남아서 나라와 민족을 위하여 나름대로 열심히 노력했고, 외부의 유혹이 있었지만, 오로지 한 길을 걸어오면서 독립운동에 참여했다는 과거를 더럽히지 않기 위해 최선을 다했다. 다행히 지금까지 큰 과오를 범하지 않고 부끄럽지 않게 살아왔고, 남들이 부러워하는 고려대 총장이란 영예로운 직책도 맡게 되었다. 따라서 이제 아무 욕심도 없고, 지금 당장 고려대 총장직을 내놓게 되더라도 후회하지 않으신다고 하셨다.

그러면서 총장님께서는 사람은 누구나 마지막을 잘 정리하는 것이 중요하다고 하시면서, 당신의 인생 후반에 청년시절 독립운동했던 그 자부심, 그 떳떳함을 욕되게 하고 싶지 않다는 말씀을 하셨다. 또한 선생님께서는 당신도 22세의 젊은 나이에 무엇이 민족과 국가를 위한 것인지 분명하게 알았고, 소신을 가졌었다고 회고하시면서, 오늘의 젊은이들의 열정과 애국심을 존중해 주어야 나라가 발전할 수 있다고 하셨다.

이와 같은 김준엽 총장님의 말씀을 듣고 나도 학생처장으로서 새롭게 각오를 하였다. 학생처장으로 총학생회 부활을 적극 찬성할 수는 없지만, 총학생회 부활을 갈망하는 학생들의 순수한 민주주의에 대한 열망을 억압하거나 훼손시키는 일은 하지 않겠다고 결심하였고, 가능한 범위에서 학생들의 순수한 뜻을 지켜주고 보호해야겠다고 마음먹었다.

그러나 이런 개인적 결심이나 소망과 달리 현실은 냉혹했다. 1984년 7월 1일자로 학생처장직을 맡은 나에게 2학기가 시작되면서 곧바로 거대한 파도가 덮쳐왔다. 이미 지난 학기에 예정되었던 총학생회 부활의 최종 드라마라고 할 수 있는 총학생회장에 대한 직선제가 개학 직후에 강행되었다. 9월 3일과 4일에 입후보자 등록이 시작되었고 9월 17일에 선거가 실시되는 일정이었다. 이런 일정에 대해 나는 학생처장으로 처음으로 9월 5일 공고문을 내고 '지난 학기부터 거론된 총학생회 부활문제를 학교당국에서도 폭넓게 수렴 · 반영하고자 노력해 왔다'고 밝히면서 '그러나 일방적으로 호국단의 폐지를 선언하는 것이 현실적으로 현명한 방법인가' 반문하면서 학생들의 자제를 당부하였다.

이 공고문에서 나 역시 학도호국단에 대한 대통령령이 개정되지 않고서는 총학생회의 부활은 현실적으로 불가능하다는 기존의 논리를 그대로 답습하면서 학생들에 대한 당부로 '대화와 협력'을 강조하고 학생들의 '현명한 판단'을 호소하였다. 사실상 총학생회 부활은 정부당국의 대통령령 개정 없이는 현실적으로 불가능하기 때문에 지금 당장 총학생회 부활을 요구하기보다 시간을 가지고 정부와 국민을 설득해 가자고 주장하였다. 나는 이 공고문에서 학원 자율화는 학교와 학생이 모두 희구하는 것인 만큼 점진적이고 단계적으로 이룰 수 있도록 학교당국과 학생 측의 대화와 협력을 제안하였다.

사실 이런 단계적이고 점진적인 해결책은 그저 형식적인 빈말이 아니었다. 김준엽 총장님도 그랬고 나도 역시 정부당국자들을 설득하려고 노력했다. 학생들의 총학생회 부활요구를 거부하거나 억압할 명분이 없다고 지적하면서 단계적으로 학생들의 요구를 수용하는 것이 단계적인 민주화와 자율화에 바람직한 것이라고 강변하였다. 이처럼 즉각적인 총학생회 부활을 요구하는 학생들과, 또 학도호국단 체제 유지를 강조하는 정부 간 대립과 충돌을 '대화와 협상'으로 해결해 보려는 노력을 나속적으로 시도해 보았지만, 어느 쪽도 우리의 중재노력을 받아들이려고 하지 않았다.

결국 1984년 9월 고려대에서 전국에서 처음으로 정부의 완강한 반대와 경고에도 불구하고 학생들은 총학생회장 직선제 선거를 강행 실시하였다. 그 결과 당시 고려대 영문학과 4년생인 김영춘 군이 전체 투표자 10,687명의 60.45%인 6,460표의 득표로 제 17대 총학생회장에 당선되었다. 드디어 학도호국단은 사실상 폐지되고 학생들의 직선제로 선출된 총학생회 체제가 출범하게 되었다. 이처럼 고려대가 정부와 학교당국의 저지를 뚫고 총학생회 부활에 성공하면서 곧이어 서울대와 연세대, 그리고 성균관대에서도 총학생회가 출범되었다. 마침내 총학생회 부활운동은 전국적으로 확산되어 학도호국단 체제가 와해되고 총학생회 체제가 부활되었다.

이와 같이 총학생회 체제부활에 앞장 선 고려대 학생운동에 대해 정부당국은 고려대 학교당국이 적극적으로 대응하지 않았다고 비난하면서 학교당국에게 학생관리 소홀의 책임이 있으며, 앞으로 이와 같은 사태가 재발할 경우 대학으로서는 최악의 불행한 사태를 맞이할 수도 있을 것이라고 경고하는 문교부장관 명의로 된 계고장을 발송했다.

학생운동의 과격화와 민정당사 점거사건

이처럼 총학생회 문제로 학생들을 제대로 지도하지 못했다고 총장에 대한 인책사임과 심지어 폐교까지 암시하는 계고장을 받았을 때 학생문제의 주무처장인 내 입장에서는 그야말로 눈앞이 깜깜했다. 내가 뭔가 잘못해서 고려대와 김준엽 총장님에게 큰 피해를 입힌 것 같아 황망하고 고통스러웠다. 솔직히 말해 어디론가 도망가고 싶었다. 정부당국자들은 공식문건인 계고장에서 암시했던 김준엽 총장 퇴진과 고려대 폐교 문제를 노골적으로 거론하면서 협박했고, 또 총학생회 부활을 관철시킨 학생들의 민주화투쟁 강도도 날이 갈수록 더욱 급진화·과격화되고 있었기 때문이었다.

사실 한국의 학생운동은 1980년 광주 유혈사태를 경험하면서 과거와는 다른 양상으로 발전하기 시작했다. 첫째, 미국에 대한 시각이 과거와 다르게 변화되었다. 민주주의를 옹호하고 지원할 것이라고 믿었던 미국이 신군부정권을 지지하는 것을 보면서 많은 민주화운동 세력들은 미국에 대해 실망하고, 미국을 과거와 다른 시각에서 바라보기 시작했다. 이때부터 반미주의가 학생운동 주류세력의 사상적 경향이 되었다고 해도 아마 과언이 아니다. 둘째, 학생운동 노선에 대한 이론과 조직문제에 대한 치열한 토론과 투쟁이 전개되기 시작했다. 사회문제에 대한 '과학적 이론'의 중요성이 인식되면서 마르크스-레닌주의, 그리고 급진적 이론들에 대한 학습운동이 주요 학생운동을 주도하기 시작했다. 그리고 셋째로, 학생운동이 대규모 대중운동으로 발전하면서 대중들을 각성·선도하기 위한 조직적이고 과격한 투쟁운동이 전개되기 시작했다.

이처럼 학생운동이 과격화되고 격렬한 양상으로 전개되기 시작했다는 것은 당시 학생들이 내건 구호를 보아도 알 수 있다. 학생들은 '살인마 전두환 타도', '파쇼 독재정권 타도'와 같은 자극적 슬로건을 전면에 내세우기 시작했으며, 말로만 그런 것이 아니라 실제 행동에서도 일부 학생들은 자신의 몸을 던져 군부정권에 격렬하게 저항하였다. 1981년 5월 17일 서울대생 김태훈은 시위도중 도서관에서 투신자살해 충격을 주었으며, 1982년 3월 18일에는 부산 미 문화원 방화사건이 발생해 1명이 사망하고 3명이 중경상을 입는 불행한 사태도 발생했다.

이런 시대적 배경에서 1984년 11월 14일에 일부 선두적인 학생들이 당시 집권 여당이던 민정당 당사를 점거하여 농성한 사건이 발생하였다. 이 민정당사 농성사건은 11월 3일 '학생의 날'을 기념하기 위해 전국 42개 대학교 학생 2천여 명이 연세대에 모여 대규모 반정부 집회를 개최하고, 학생들은 민주화운동을 통일적으로 전개하기 위한 선도적 투쟁조직으로 '민주화투쟁학생연합'(민투학련)을 결성했는데, 이 민투학련의 행동대가 벌인 첫 번째 사업이 대담한 정치투쟁이었다.

민투학련은 전두환 정권의 반민주성·반민중성을 드러내는 정치투쟁으로써 정권의 상징적인 핵심지역인 민정당 중앙당사 점거투쟁을 전개했던 것이다. 고려대, 연세대, 성균관대의 민투학련 소속 학생 264명이 안국동에 있던 여당 민정당 중앙당사를 기습적으로 점거하고 민정당 해체를 요구하며, 당사 철문에 "노동법 개정하라", "전면 해금 실시하라"라는 현수막을 내걸었다. 이들은 "우리는 왜 민정당사를 찾아왔는가"라는 제목의 유인물을 뿌리면서 총학생회 인정, 문교부장관 문책, 전면 해금 실시, 최저임금 보장, 비례대표원칙을 무시한 선거법 개정, 학도호국단 폐지 등을 주장하면서, 당시 민정당 대표 권익현과의 면담을 요구했다. 이들의 요구조건은 민중생존권 보장과 함께 전면 해금, 선거법 개정 등 다분히 2·12 총선을 의식한 측면이 강했다.

이처럼 반정부 민주화 정치투쟁의 성격을 명확히 드러낸 학생들의 민정당 당사 점거농성에 대해 정부는 당연히 초강경으로 대응했다. 권익현 당시 민정당 대표는 점거 농성중인 학생들을 폭도로 규정하고, 폭도와의 타협은 없다면서 경찰 진입에 의한 강경진압을 요구했다. 따라서 11월 15일 새벽에 중무장한 경찰대가 민정당사에 진입해 농성 중이던 학생들 전원을 연행해 감으로써 민정당사 농성사건은 종결되었다.

민정당사 점거농성사건 관련학생 처벌과 학원 자율화 문제

나는 민정당사 농성사건이 발생한 직후 정부당국으로부터 연락을 받고 급히 현장으로 달려갔다. 그러나 민정당사 주변은 겹겹이 경찰병력으로 둘러싸여 있었고, 모든 출입이 금지되었기 때문에 농성장에는 접근할 수도 없었다. 가능하면 점거농성 학생 중 고려대 학생들과 면담하고 싶었지만, 점거농성 학생들의 전체 규모도 몰랐고, 고려대 학생이 얼마나 농성에 참가하고 있는지도 파악할 수 없었다. 경찰도 개별적으로 농성학생들과 접촉하는 것을 금했기 때문에 내가 딱히 할 일이 없었다. 따라서 무거운 마음으로 학교로 돌아와 김준엽 총장님을 비롯한 학・처장들에게 현황을 그대로 보고하고, 걱정만 할 뿐이었다. 우리가 걱정했던 것은 민정당사 농성사건의 정치적 파장이 아니라 필연적으로 정부당국이 요구해 올 점거농성 학생들에 대한 처벌문제였다.

앞에서도 지적한 바와 같이 민정당사 농성사건 자체는 13시간이란 짧은 시간에 모두 끝났지만, 이들 가담학생들에 대한 처벌문제로 정부와 대학당국, 특히 고려대와의 밀고 당기는 싸움은 몇 달에 걸쳐 고통스럽게 진행되었다. 경찰이 현장에 진입해 체포・연행한 학생들은 고대생 81명, 연대생 88명, 그리고 성대생이 95명으로 총 264명이란 숫자가 확인되었다. 원래 서울대 학생들도 가담하기로 했었는데 서울대 학생들은 행동 직전에 연락착오로 참가하지 못했다고 한다. 따라서 경찰은 현장 참가자 264명을 밤샘 수사한 결과 264명 가운데에서도 111명이 다른 학생들보다 가담 정도가 엄중하다고 보고 이들에 대한 단호한 처벌을 요구하였다. 즉, 고려대생 34명을 포함해 연대생 37명, 성대생 40명은 총장 직권으로 즉각 제적하라는 것이었다.

민정당사 농성학생들을 체포・연행한 직후 권이혁 문교부장관은 농성사건 관련 대학교인 고려대, 서울대, 연세대, 성균관대 총장 4명을 시내에 있는 프라자호텔로 불러 비공식 회의를 열고, 강경한 어조로 관련 학생들에 대한 엄중한 처벌을 요구했다. 이 자리에서 김준엽 총장님은 학생들에 대한 처벌만이 능사가 아니란 점, 처벌을 하더라도 학내 절차와 규정에 따라 해야 한다는 점을 지적하면서 정부의 과도한 처벌요구에 정면으로 항의하였다. 이 당시 학생처벌을 강요하는 정부당국의 부당한 요구에 항의하는 김준엽 총장님의 분노에 찬 목소리가 회의장 밖으로까지 새어 나올 정도였다.

사실, 학생들의 민정당 당사 점거농성은 명백하게 현행법을 어긴 행위이기 때문에 그대로 넘어갈 수 없다는 것은 우리도 인정하고 있었다.

그러나 34명의 재학생을 한꺼번에 제적한다는 것은 도저히 수용할 수 없는 것이었다. 우리 입장에서 본다면 회초리 몇 대로 처벌해야 할 사안에 대해 극형인 사형으로 다스리는 것과 같이 부당한 것이었다. 그것도 정부당국이 작성한 명단을 그대로 받아서 총장 직권으로 제적시키라고 하는 것은 학교당국의 자율성을 전혀 인정하지 않고, 대학당국을 학생들을 처형하기 위한 정부당국의 도구로 본다는 것과 다름없었다. 다른 학교의 사정은 몰라도 고려대에서는 이렇게 일을 처리할 수 없다는 것이 김준엽 총장님의 판단이었다.

김준엽 총장님과 고려대의 입장은 민정당사 농성 가담학생들에 대한 처벌여부와 처벌범위 및 그 수위에 대해서는 이들이 모두 당국에 의해 구속되어 있기 때문에 먼저 이들에 대한 형사처벌 여부부터 관련 정부당국이 결정해야 하고, 정부의 결정에 따라서 기소가 된 학생들에 대해서는 정당한 재판을 통해 판결을 받은 이후에 비로소 학교당국이 학칙에 따라 상응하는 처벌의 수준과 범위를 결정할 수 있다는 것이었다.

당시 우리의 논리는 분명했다. 학교당국은 수사권이 없기 때문에 민정당 당사 농성사건 가담학생들의 가담 정도를 가늠할 수 있는 조사를 할 수 없고, 또한 정부와 사법당국의 판결이 내려지기 이전에 교육기관인 대학당국이 먼저 학생들에 대해 유죄판결을 내릴 수 없다는 것이었다. 우리는 대규모 학생처벌을 요구하는 정부에 맞서서 가능한 한 처벌의 범위를 축소시키려고 했고, 또 그 수위도 제적과 같은 가혹한 것을 가급적 회피하려고 하였다. 그리고 학생을 처벌하게 되더라도 학칙이 정한 절차에 따라서 소속대학 학장이 중심이 된 심사위원회에서의 심사를 거쳐 총장이 최종결정하는 과정을 지켜야 한다는 것이었다. 이런 절차와 과정을 지키는 것이야말로 대학의 자율성을 지키는 것이라고 우리는 믿었다.

그러나 당시 신군부정권은 학원 자율화 조치 이후 점차 과격화되는 학생운동에 대해 일벌백계 차원에서 신속하게, 그리고 가혹하게 처벌하려고 하였다. 따라서 정부당국자들은 학칙이 정한 학생처벌과 관련된 여러 가지 조건과 절차를 생략하고 총장 직권으로 가급적 많은 가담학생들에게 제적이나 퇴학 등 가혹한 형벌을 내려야 한다는 것이었다. 정부의 논리는 민정당사 농성사건은 정상적인 학생운동의 차원을 벗어난 것이므로 비상한 시국에 정상적 학칙절차만을 따질 수 없다는 것이었다.

김준엽 총장님의 외로운 싸움과 총장직 강제사퇴

이처럼 민정당 농성 가담학생들의 처벌범위와 방법 등에 대해 김준엽 총장님과 고려대는 정부당국과 힘든 싸움을 하고 있었다. 이미 총학생회 문제로 정부로부터 계고장을 받은 고려대에 대한 정부당국의 직·간접적 압력은 지금 생각해도 끔찍한 것이었다. 그러나 김준엽 총장님과 고려대 당국자들을 더욱 힘들게 한 것은 정부당국자의 강박보다도 우리의 대응에 대한 대학인들의 기회주의적 태도와 냉소적 반응이었다. 우리의 싸움은 생각보다 더 외로운 싸움이란 사실을 인정하지 않을 수 없었다. 사방을 둘러보아도 우군은 보이지 않았고, 모두가 방관하거나 우리를 비난하는 세력들만 있는 것처럼 보였다.

당시 우리와 마찬가지로 민정당사 농성 학생들의 처벌문제에 직면한 다른 대학들도 우리와 힘을 합해 정부당국의 압력에 저항하기보다는 고려대를 방패로 내세우면서 도망가려 하고 있었다. 이들은 정부당국자들에게 정부가 요구하는 대로 학생들을 처벌하겠다고 약속하면서도 고려대가 먼저 학생처벌을 단행해야만 자신들도 학생처벌을 할 수 있다는 논리로 고려대와 김준엽 총장님의 뒤로 몸을 숨기려고 하였다. 따라서 정부당국은 백방으로 고려대가 학생처벌을 선도해야 한다고 압박했다.

나에게도 매일같이 정부당국자들이 찾아와 온갖 소리로 협박도 하고, 여러 가지 유혹의 말을 하면서 유인하려고 하였다. 그런데 이런 정부당국의 압박이나, 또 고려대를 핑계로 도망가는 다른 대학들의 행태는 잠을 수 있었지만, 고려대 안에서 나오는 비판적인 목소리에는 정말 섭섭했고, 마음의 상처도 많이 받았다. 고려대의 전통과 정신을 고려하면, 학생들에 대한 무자비한 처벌을 어떻게든 막아보려는 김준엽 총장님의 행동과 결정을 모두가 지지할 것이라고 생각했는데, 의외로 김준엽 총장님과 당시 학교당국의 처신에 대해 냉소적이고 비판적인 목소리가 들렸기 때문이다. 총장과 학생처장이란 자리는 학교를 위해 '흙탕물을 뒤집어 쓸 각오를 해야 하는 자리'인데, 김준엽 총장님과 학생처장인 내가 너무 학생들을 감싸고 있으며, 자기들만이 고고하고 깨끗한 척한다는 비판이 들려왔다. 난 너무나도 억울하고 화가 나서 그런 소리를 한 사람을 찾아가 항의하고, 정부정책에 순응하는 것이 고려대를 위한 것인지, 아니면 정부의 압력에 대해 '아니오'라고 말하는 것이 고려대를 위한 것인지에 대해 논쟁을 벌이기도 하였다.

물론 많은 이들이 음으로 양으로 우리에게 힘을 북돋아 주었다. 특히, 학생들은 김준엽 총장님에 대한 존경심을 숨기지 않았고, 학생처장인 나에게도 신뢰감을 표시하였다. 사실 내가 처음 학생처장으로 취임했을 때만 해도 학생들은 학생처장을 정부당국의 앞잡이로 인식하고 있었고, 일반 교수들에 대해서도 깊은 불신감을 가지고 있었다. 교수들이란 불의를 외면하고 현실에 안주하려는 비겁한 지식인이라고 비판하고 경멸하는 경향도 있었다. 그러나 김준엽 총장님이 앞장서서 학생들을 보호하려고 한다는 사실을 직접 눈으로 보면서 학생들은 대학당국과 교수에 대한 신뢰감을 다시 가질 수 있게 되었고, 이들의 무언의 지원이 우리에게 큰 힘이 되었다.

하여간 민정당사 농성학생들의 처벌문제를 해결하기 위해 김준엽 총장님과 당시 학·처장들, 그리고 일부 교수들은 백방으로 정부당국자들을 만나 설득하려고 하였다. 즉, 농성학생들에 대한 엄중한 처벌만이 능사가 아니라는 점, 이런 사건을 직결 심판하듯이 총장 직권으로 일괄 처리하기보다는 적법한 절차에 따라서 처리하면서 정부당국의 관용을 보여주는 것이 오히려 학원 자율화와 단계적 민주화를 위해 유익하다는 점을 들어 정부 내부의 강경논자들을 설득해 보려고 하였다. 이런 설득이 효과가 있었는지, 아니면 1985년 2월 12일 총선을 앞두고 민심을 자극해서는 안 된다는 정치적 판단 때문에 그랬는지 모르지만, 당시 여당이었던 민정당의 건의 형태로 관련학생들의 처벌이 대폭 완화되었다. 따라서 31명의 제적 명단을 통고받았던 고려대에도 민정당사 농성사건 배후 인물로 지목된 총학생회장 김영춘 군 등 3명에 대해서는 퇴학처분을, 그리고 김경식 등 5명은 무기정학, 그리고 2명의 학생에 대해서는 1개월 유기정학을 내림으로써 민정당사 농성사건에 대한 학생처벌 문제를 매듭짓게 되었다.

이처럼 민정당사 농성사건 관련학생들의 처벌문제는 여러 차례의 진통과 우여곡절을 겪은 끝에 김준엽 총장님과 고려대가 주장했던 것과 미찬가지로 처벌 범위와 수위가 대폭 완화되는 방향에서 처리되었기 때문에 우리는 내심 만족하였다. 더구나 학생 처벌문제로 정부당국과 대립하는 과정에서 대학의 존엄성과 자율성을 지켜내려고 한 김준엽 총장님과 고려대 당국자들의 진심이 학생들에게 전달되면서 그동안 잊힌 사제간의 신뢰와 애정이 다시 살아나는 모습들을 보면서 우리의 결정과 행동이 올바른 것이었음을 확인할 수 있었다.

그러나 이런 일로 기뻐만 하고 있을 수는 없었다. 총학생회 문제에 연이어 민정당사 농성학생 처벌문제에서도 정부의 방침을 제대로 이행하지 않았고, 학생지도에 중대한 과오를 범했다면서 정부당국은 또다시 고려대에 대해 신각한 경고를 보내왔다. 고려대는 벌써 2번에 걸쳐 정부로부터 옐로카드를 받은 셈이었고, 따라서 김준엽 총장님과 고려대에 대한 '징벌'은 이제 피할 수 없는 것처럼 보였다. 다만 2 · 12 총선 때문에 김준엽 총장님의 사퇴시기와 방법을 저울질하고 있는 것처럼 보였다.

총장님은 이미 마음의 정리를 하고 언제든지 총장직에서 물러날 수 있다고 태연히 말했지만, 총장님을 보좌하는 실무처장들은 어떻게 해서는 지 총장님의 강제퇴임을 막아보려고 백방으로 노력했다. 지청 총무처장을 비롯해서 임희섭 교무처장, 유철수 관리처장, 그리고 학생처장이었던 나를 포함한 당시 고려대 실무처장단들은 수시로 학내외 사정을 점검하면서 과연 정부당국이 어떤 방식으로 김준엽 총장님과 고려대에 대한 '보복 공격'을 해올 것이며, 그에 대해 어떻게 대응할 것인지에 대해 숙의하였다.

결국 정부당국이 고려대에 대해 엄중한 감사를 실시하려고 한다는 비공식 통보가 1985년 1월 말에 전해졌다. 처음에는 회계감사로 고려대의 약점을 모두 들추어내겠다고 협박했지만, 1985년 2월 4일부터 일주일간 문교부의 특별팀이 파견되어 고려대의 교무행정에 대한 전면적인 교무감사가 실시되었다.

당시 문교부의 교무감사는 교무처장 등 학교 간부들을 배제하고 아침부터 저녁까지 매일 교무행정 전반에 대해 샅샅이 조사하는 것이었다. 감사의 일정이나 동기가 누가 보아도 보복성 감사였기 때문에 과연 어떤 꼬투리를 잡아내려고 하는 것인지 불안하였다. 사실, 정부가 감사일정을 2·12 총선 직전에 시작해서 총선 직후에 끝나도록 치밀하게 계산했고, 김준엽 총장님과 고려대에 대해 응징하겠다는 강한 의지를 공공연히 표명했기 때문에 과연 정부의 감사팀이 어떤 사안을 지적할 것인지 내심 궁금했고, 또 전전긍긍했다. 지청 총무처장과 임희섭 교무처장을 비롯한 학교 간부들은 감사가 진행되는 일주일 동안 매일 만나 모든 사항을 검토하고 또 검토했지만, 우리 입장에서는 특별히 불법이나 탈법적인 사항을 찾을 수 없을 것이라고 자신했기 때문에 어느 정도 자신감을 가지고 버틸 수 있었다.

사실 감사를 받는 일주일 동안 특별하게 지적된 사항은 없었다. 따라서 감사 마지막 날에는 '이렇게 무사히 끝날 수도 있겠구나' 하고 안도하기도 하였다. 그러나 감사 종료일 마지막 오후에 그동안 전혀 언급하지 않았던 교직원자녀 25명의 부정입학 문제를 느닷없이 다시 들고 나왔다.

우리는 기습을 당한 것이었다. 그 문제는 지난해에 이미 종결되었고, 김정배 교무처장이 책임지고 사임함으로써 일단락된 문제였기 때문에 다시 이 문제를 들고 나올 것이라고는 전혀 예상하지 못했다. 결국, 일주일 동안의 교무감사에서도 특별한 잘못을 찾을 수 없자, 이미 종결되었던 과거의 문제를 다시 들추어 김준엽 총장님에게 책임을 물은 것이었다. 이런 일처리는 비겁한 것이었고, 우리 입장에서는 억울한 것이었다. 그러나 정부당국자들은 이미 정해진 결론인 김준엽 총장 강제사임에 맞추어 모든 것을 꿰어 맞추고 있었다. 따라서 2·12 총선 직후인 1985년 2월 13일 권이혁 교육부장관은 김준엽 총장에게 교직원자녀 부정입학문제에 책임을 묻는 형식으로 사임을 요구하였다.

우리는 일사부재리의 원칙도 있는데 뒤늦게 이 문제를 다시 들고 나와 총장사임까지 요구하는 정부의 비상식적 일처리에 분노했다. 따라서 한때는 정면으로 저항할까도 생각해 보았다. 그러나 학내외의 사정이 그런 저항을 뒷받침해줄 수 없다고 판단했다. 따라서 억울하고 분하지만 나는 지청 총무처장, 임희섭 교무처장과 함께 밤늦게 선생님을 찾아가 2월 25일 졸업식 참석을 마지막으로 고려대 총장직에서 물러날 것을 건의했다.

김준엽 총장시대의 교훈

김준엽 총장님의 사임 사실이 알려지면서 학생들과 교수사회는 크게 동요하였다. 이미 잘 알려진 바와 같이 일부 교수들은 김준엽 총장님의 강제사임에 대해 항의하는 공개성명서를 발표했고, 학생들은 교내외에서 줄기차게 김준엽 총장님 강제사임 반대투쟁을 전개했다. 거의 두 달 동안 끊임없이 반대시위를 계속했다. 아마 대학 역사상 총장 사임 반대운동이 이렇게 오랫동안, 그리고 이렇게 치열하게 계속된 전례는 거의 없을 것이다. 이것은 총장님이 학생들과 교수들로부터 마음으로부터 존경받는 '영원한 총장'이란 사실을 입증하는 것이라고 할 수 있다. 비록 현실세계에서 김준엽 총장시대는 2년 8개월이란 짧은 기간 동안만 생존할 수 있었지만, 일반 학생들과 교수들의 마음속에서는 영원한 총장으로 자리매김함으로써 이른바 사즉생(死卽生)의 전형이 되었다. 즉, 부도덕한 정권에 저항하다가 중도하차했지만, 역사의 신은 그를 우리 모두의 스승으로 만들어 주었다는 것이다.

총장님의 사임과 함께 나도 그 지긋지긋한 학생처장이란 자리에서 물러나 평교수로 돌아갈 수 있었다. 이유가 어떠하든 내가 모셨던 김준엽 총장님의 사임을 초래한 학생문제의 주무처장이었던 내 입장에서는 한편으로는 죄송스럽기도 했지만, 또 한편으로는 짧은 기간이지만 이런 총장님과 더불어 일할 수 있었던 것에 대해 은연 중 자부심도 가진다.

그러나 총장님이 총장을 사임한 이후 학교당국이나 일부 교수들이 보여준 태도에 대해서는 불만도 없지 않았다. 김준엽 총장님의 사임과 그 이후 총장님에 대한 처우문제에 대해 여러 가지 섭섭한 일들이 있었지만, 이제 와서 그런 것들을 들추어내 자해(自害)하고 싶은 생각은 없다. 그러나 김준엽 총장님의 사임을 경험하면서 대학과 학생문제에 대해 내가 느꼈던 복잡한 심정의 일단을 〈고대신문〉 사설의 일부를 인용하면서 대신 지적하고자 한다. 즉, 1985년 3월 5일자 '대학의 자율, 자유의 현실'이란 제목의 사설 일부를 인용하면서 김준엽 총장시대의 학원 자율화 투쟁에 대한 이 글을 끝내고자 한다.

> 역사적 현실의 모든 문제는 결국 그것을 감당해야 할 주체의 몫이라는 뜻에서 우리는 이러한 상황의 원인(遠因)과 근인(近因)이 어디에 있는가를 듣기 이전에 우선 대학인들 스스로의 준엄한 자기 질책이 필요하다고 생각한다. 한국의 대학은 20여 년에 걸친 정치·사회적 격류 속에서 진정한 자유·자율과 독립적 권위를 관철하려는 노력에 철저하지 못했다.

한 해도 평온한 적이 없었던 현실을 헤쳐오면서 이만큼이나마 대학을 지키고 발전시킨 대학인들의 노고는 위로받아 마땅하겠지만, 그 과정에서 우리는 너무도 많은 대가를 지불했다. 교수들은 밖으로부터 주어진 규준을 일방적으로 설득하거나 교정의 한편에 우울하게 지켜서 있는 경우가 많았으며, 학교당국은 시시때때로 닥쳐오는 일들의 현상적 관리를 근본적으로 넘어설 만한 주체적 원칙을 일관되게 견지하지 못했다. 학생들은 자신들의 원칙적 정당성에 대한 믿음만으로 사려와 분별 그리고 합리성에의 의무를 소홀히 한 예가 적지 않았다. 이 동안 대학의 내적 질서는 헝클어지고, 대외적 권위는 참담하게 약화되었다. 거듭 말하거니와 이는 남을 힐책하기 이전에 우리나라 대학인들 모두가 뼈아프게 돌아보아야 할 스스로의 상처이다.

학생을 자신보다 더 사랑한 교육자

임희섭(林熺燮)*

내가 처음 김준엽 선생님을 가까이 뵙게 된 것은 내가 고려대 교수로 취임한 지 약 1년쯤 지나서부터였다. 나는 1972년 2월 28일자로 사회학과 부교수로 임명장을 받고 3월에 시작되는 1학기부터 강의를 시작하였다. 그때 나의 연구실은 대학원 건물 4층에 있었는데 그때만 해도 교수들의 연구실에는 전화가 없어 1층에 있는 교수휴게실로 전화가 걸려올 때마다 휴게실 사동이 4층까지 올라와 알려주면 아래층까지 내려가 전화를 받아야 했다. 한마디로 말해서 1970년대 초만 해도 한국 대학의 연구환경은 선진국에 비해 많이 뒤떨어진 편이었다. 그때는 아직 개인용 컴퓨터도 발달되어 있지 않아 이공대학 캠퍼스에 있는 전산소에 가서 조사자료를 일일이 펀칭(*punching*)하고 소팅(*sorting*)해 와서 연구실에서 수작업으로 통계분석을 하던 시대였다.

---

* 사회과학원 감사, 고려대학교 명예교수, 대한민국 학술원 회원(현).
고려대학교 대학원장, 한국사회학회 회장, 한국사회과학협의회 회장 역임.
주요 저서: 《한국의 사회변동과 가치관》, 《집합행동과 사회운동의 이론》 등 다수.

그런 환경에서 나는 하버드대학의 빈센트 브란트(V. Brandt) 교수와 함께 서울시 판자촌조사를 시행하였고, 미국 국제법률센터(International Legal Center)의 재정지원을 받아 서울대 법학연구소의 김석조 교수와 함께 '한국인의 법의식조사'와 판사, 검사, 변호사들을 대상으로 하는 '법률전문직 종사자에 대한 전국 표본조사' 등을 진행하고 있었다.

그렇게 1년쯤 지났을 때 나는 김준엽 선생님이 소장으로 계시던 아세아문제연구소(이하 '아연')에 연구실을 하나 더 갖게 되었다. 홍승직 선생님이 실장을 맡고 계시던 사회조사연구실의 연구교수로서 교환전화도 있고 조교의 책상도 들여 놓을 수 있는 제법 널찍한 연구실을 추가로 배정받은 것이다. 따라서 나는 그때부터 훨씬 더 좋은 연구환경에서 앞에서 말한 조사연구와 아연의 프로젝트 등을 수행할 수 있게 되었다.

아연은 그때 이미 서구의 인문사회과학자들 사이에서 "고려대는 몰라도 아연은 안다"고 할 정도로 한국의 어떤 대학 연구소보다 세계적인 명성을 떨치고 있었다. 아연은 김준엽 선생님의 노력으로 포드재단에서 1백만 달러의 연구비 지원을 받았을 뿐 아니라, 〈아시아의 근대화문제〉(*The Problems of Modernization in Asia*)를 주제로 많은 세계석학들이 참여하는 대규모 국제세미나를 개최하는 등 한국 최고의 연구기관으로 국제적인 명성을 얻고 있었다.

그 무렵 아연에는 정치학의 김하룡, 한배호, 이호재, 한승주 교수, 경제학의 서상철, 박영철 교수, 사회학의 홍승직 교수와 나, 그리고 서양사의 이인호 교수 등이 연구교수로 활동하고 있었다. 지금도 생생히 기억나지만 김준엽 선생님은 연구교수들을 1년에 한 번씩 부부동반으로 명륜동 자택으로 초대하여 저녁식사를 대접하고 서로 격의 없이 교류하도록 분위기를 만들어 주셨다.

20여 년간 아연을 발전시키는 데 심혈을 기울여 오던 김준엽 선생님은 1982년에 김상협 총장의 후임으로 고려대 총장직을 맡게 되었다. 그러나 그 무렵은 전두환 대통령이 집권하던 제5공화국 시절이어서 학생들의 시위도 많이 일어나고 정치적으로 혼란스런 시기였다. 김 선생님은 취임 후 학교의 발전을 위해 많은 공헌을 하고 실적도 쌓고 계셨지만, 다른 한편으로 대학의 자율성을 존중하지 않고 대학을 정치적으로 통제하려고 하던 당시의 군부와 충돌하는 일이 많았다.

김준엽 선생님은 취임 직후에 총장비서실에 상주하면서 총장의 활동과 교무회의의 결정, 학생들의 동향 등 교내의 모든 현황에 대해 일일이 정보를 수집해서 상부에 보고하던 중앙정보부, 보안사, 성북경찰서 등의 정보원들을 총장비서실에서 쫓아낸 일을 비롯해서, 학생들이 학도호국단을 해체하고 학생회를 구성하려고 한 일에 관련해서도 정부와 의견을 달리하는 등 정부와의 관계가 원만하지 못하였다. 이처럼 김 선생님이 정부와 여러 차례 충돌하고 대립하게 된 것은 자서전에서 직접 밝히신 것처럼, 아무리 군사정권 아래에서라도 대학이 대학답기 위해서는 최소한의 자율성과 지성의 전당으로서의 존엄성을 지니지 않으면 안 된다는 강력한 소신 때문이었다(《장정 3: 나의 대학총장시절》 참조).

나는 1984년 4월에 갑작스럽게 교무처장에 임명되어 김준엽 선생님의 학교행정을 보좌하게 되었다. 그때 나는 1980년부터 대학원에서 인문사회과학분야를 담당하는 교무부장직을 맡고 있었는데, 1984년의 입학시험에서 25명의 교직원 자녀를 특례입학 시킨 것이 문제가 되어 전임 교무처장이 책임을 지고 사퇴하는 바람에 그 후임으로 교무처장직을 맡게 된 것이었다.

나는 교무처장이 된 후 교무처의 업무를 나름대로 열심히 수행하였지만, 나뿐 아니라 모든 처장들은 거의 날마다 벌어지는 학생들의 시위에 대처하느라고 매일 비상근무를 하다시피 하였다. 서진영 학생처장을 비롯해서 지청 총무처장, 유철수 관리처장, 조성하 기획처장과 교무처장을 맡고 있던 나는 학생들의 시위가 일어나면 다함께 시위현장에 나가거나 총장실에 모여서 학생들의 시위를 만류하는 한편, 학생들이 부상을 당하거나 경찰에 의해 검거되는 등의 불상사가 일어나지 않도록 대책을 의논하는 등으로 많은 시간을 보내야 했다. 그런 날에는 처장들은 시위가 종료될 때까지 퇴근도 하지 못한 채 시위현장이나 총장실, 또는 각각의 처장실에서 대기해야만 했다.

1984년에는 고려대뿐 아니라 거의 모든 대학에서 학생들이 군사정부가 학생들을 효과적으로 통제하기 위해 강제로 조직했던 학도호국단을 폐지하고 학생들 스스로 구성한 총학생회를 인정하라는 등의 요구조건을 내걸고 끊임없이 시위를 벌였다. 그러다가 11월 14일에는 고려대, 연세대, 성균관대, 서울대 등의 대학생 264명이 관훈동에 있는 민정당사에 진입하여 농성을 벌인 사건이 일어났다. 학생들은 결국 경찰에 의해 연행되었지만, 정부는 이들 중 고대생 34명, 연대생 37명, 성대생 40명을 세석저문하라고 세 대학의 총장들에게 지시하였다. 이에 대해 김준엽 선생님은 "처벌을 하더라도 법원의 판결이 난 후에 학칙에 따라 처벌하겠다"고 말하고 법원의 판결이 날 때까지는 제적시킬 수 없다고 맞섰다. 결국 이 사건은 정부가 김 선생님의 총장직 사퇴를 강요하는 불행한 사태를 가져온 원인이 되고 말았다(이 사건에 대한 자세한 내용은 《장정 3: 나의 대학총장시절》에 상세히 기록되어 있다).

김준엽 선생님이 민정당사 진입학생들에 대한 문교부의 제적요구를 끝내 거부하자 문교부는 고려대에 대한 학사감사라는 칼을 빼들었다. 처음에 문교부 감사반은 민정당사 사건으로 구속된 학생들의 석방을 요구하면서 기말시험을 거부했던 법과대학 학생들의 재시험과정에서 실제로 시험을 보지 않은 학생들에게도 성적을 주지 않았느냐는 의혹을 가지고 감사를 벌였다. 그러나 법과대학 학생들의 재시험과정에 아무런 하자가 없다는 것이 밝혀지자, 이번에는 갑자기 1984년의 입학시험에서 있었던 교직원사녀 특례입학 학생들이 약속과 달리 아직도 자퇴하지 않고 학교에 다니고 있다고 지적하고 총장이 정부와의 약속을 지키지 않았으므로 그 책임을 져야 한다고 주장하기 시작하였다.

당시 교무처장을 맡고 있던 나는 특례입학 교직원자녀의 문제는 전임

교무처장이 사퇴하면서 완전히 마무리된 것으로 알고 있다가, 문교부 감사에서 지적된 사항에 대해 학적과장에게 알아보았다. 학적과장은 나에게 교직원자녀들이 자퇴원서를 제출한 것은 사실이지만 학교에 계속 등교해 강의도 듣고 시험도 치른 것이 사실인 것 같다고 보고하였다. 학적과장의 말로는 학생들은 특례입학문제에 대한 논란이 가라앉으면 언젠가는 복학될 수 있을 것이라는 기대를 가졌던 것 같다고 하였다.

하지만 문교부는 이들 25명 교직원 자제들의 제적처분을 요구하는 한편으로 김준엽 선생님의 사퇴를 강요하였고, 결국 학생들의 희생을 막아야겠다고 생각한 김 선생님은 학생들을 복학시키는 조건으로 총장직 사퇴를 결심하기에 이르렀다. 김 선생님께서 교직원 자제들의 복학을 조건으로 사퇴하게 되었다는 소식에 많은 교직원들과 학생들은 반대하였지만, 자신이 총장직을 지키는 것보다 학생들을 복학시키는 것이 더 중요하다고 생각한 김 선생님의 결심은 변하지 않았다.

김준엽 선생님의 총장직 사퇴가 기정사실화되자 당시 교무처장이었던 나는 서둘러 25명의 학생들을 복학시키면서 문교부가 김 선생님과 약속한 대로 학생들의 지난 1년 동안의 학적과 성적도 모두 인정해 주었다. 그리고 나는 그와 같은 복학조치를 보고하는 공문을 작성하여 등기우편으로 문교부에 지체 없이 발송하였다. 그러자 문교부에서는 우리가 보낸 공문을 빨리 와서 다시 찾아가라고 날마다 전화하는 것이었다.

그 무렵 국회에서는 야당 의원들이 김준엽 선생님의 강제사퇴문제 때문에 문교부장관을 국회에 출석시키는가 하면, 고려대 학생들은 날마다 총장사퇴 결사반대를 외치며 시위를 하고 있었기 때문에, 문교부로서는 "자신들이 제적을 요구했던 학생들의 복학을 조건으로 김준엽 선생님을 강제 사퇴시켰다"는 앞뒤가 맞지 않는 모순된 행동이 공식적으로 세상에 알려지는 것을 꺼렸기 때문이었을 것이다.

그러나 교직원 자제 문제를 핑계로 김준엽 선생님을 강제로 사퇴시킨 문교부의 처사에 분개하고 있던 나는 교무처 직원들에게 절대로 그 공문을 찾아오지 말라고 지시하였고 실제로 내가 교무처장직을 그만둘 때까지 그 공문을 찾아오지 않고 버티었다. 정부가 김 선생님을 강제 사퇴시킨 본래의 이유가 무엇이었건 간에 결국 김 선생님이 사퇴를 결심하게 된 사안이 특례입학 교직원 자제들의 학적문제였기 때문에 교무처장직을 맡고 있던 나는 후임 이준범 총장에게 사표를 제출하고 처장직에서 물러났다.

그 후 김준엽 선생님과 나의 인연은 선생님이 재단법인 사회과학원을 창립하시면서 다시 계속되었다. 선생님은 대우그룹 김우중 회장의 재정적 지원을 받아 사회과학분야의 연구 활성화를 목적으로 하는 재단법인 사회과학원을 창립하고 대우재단건물에 사무실을 마련하였다. 사회과학원은 이사장을 맡으신 김 선생님을 비롯해서 김경원 이사 겸 원장, 신일철 이사, 김성진 이사, 서진영 이사, 지청 감사와 역시 감사를 맡은 나 등으로 창립이사회를 구성하고 1988년에 창설된 순수 민간연구기관이었다.

사회과학원은 시사교양학술지의 성격을 갖는 계간 〈사상〉을 발간하는 한편으로 다양한 연구프로젝트도 진행하였다. 특히 김준엽 선생님은 한국에서의 중국학과 중국에서의 한국학을 진흥, 발전시키기 위해 많은 노력을 지속적으로 기울여 오셨다. 그리고 그와 같은 김 선생님의 노력은 중국의 여러 대학에 한국학 연구소를 발족시키는 등 많은 성과를 거두었다.

돌이켜 보면 나는 내가 고려대 교수로 부임한 1972년부터 김준엽 선생님께서 작고하신 2012년까지 만 40년 동안 김 선생님과 비교적 가까운 관계를 유지해 온 행운을 누리었다. 아연에서는 연구교수로서 김준엽 소장을 모시었고, 학교본부에서는 교무처장으로서 김준엽 총장을 보좌하였으며, 사회과학원에서는 감사의 자격으로 이사회에 참여하였다. 이처럼 40년의 긴 세월동안 선생님을 가까이 모시면서 나는 김 선생님에 대한 몇 가지 강한 인상을 가지고 있었다.

첫째로 김준엽 선생님은 누구보다도 나라를 사랑하는 애국지사의 풍모와 기개를 지닌 분이었다. 학자로서나 교육자로서나 언제나 나라의 장래를 걱정하는 애국자이셨고, 나라를 위해 옳다고 생각하는 일을 위해서는 최선을 다해 헌신하면서도 옳지 않다고 생각하는 일에 대해서는 끝까지 반대하고 결코 타협을 하지 않는 기개를 지닌 분이셨다.

둘째로 선생님은 매우 유능한 행정가이기도 하였다. 아연의 소장으로서 연구소를 세계적인 연구소로 발전시켰으며, 고려대 총장으로서 학교의 재정을 튼튼히 하고 많은 시설을 증축하는 등 고려대의 발전에 공헌하셨으며, 사회과학원의 이사장으로서는 중국에서의 한국학 연구를 활성화하는 등 많은 업적을 남기셨다.

마지막으로 내가 기억하는 선생님은 매우 건강한 분이셨다. 평소에 담배를 많이 피우시고, 약주도 즐기시는 편이었으며, 그러면서도 평소에 별다른 운동도 하지 않으시는데도 항상 건강하고 정력적으로 활동하셨다. 그런 선생님의 건강한 모습을 뵈면서 사회과학원의 이사들은 "선생님이 젊으실 때 중국에서 '장정'을 하셨기 때문에 평생 하실 운동을 그때 다 하셔서 연만하시도록 건강을 유지하시는 것 같다"고 농담을 나누기도 하였다.

나는 40년 동안 김준엽 선생님을 비교적 가까운 거리에서 보좌하면서 항상 나라를 사랑하고 걱정하는 애국지사의 풍모와 국무총리직 제의를 두 차례나 거절하고 오직 학자와 교육자의 길만을 걸어오시면서 학생들과 제자들을 자신보다 더 사랑하신 교육자로서의 곧은 자세를 배울 수 있는 행운을 누린 것을 감사히 생각하고 있다.

준비된 총장

유철수(劉哲秀)*

공학을 전공한 사람으로서 인문학을 전공하시고 고귀한 인품을 소유하신 김준엽 선생님을 가깝게 모실 수 있는 기회를 가진 것을 나는 무한한 행운으로 생각한다. 선생님을 통하여 역사에 관한 인식을 새롭게 하였고 개인이나 조직의 주요한 행적을 기록으로 남겨두는 것은 매우 귀중하며 이것이 바로 역사를 바르게 이해하고, 동시에 역사를 만들어 나가는 길이라는 사실을 알게 되었다. 그 후로 나는 공학을 전공하는 제자들에게도 기록의 중요성을 강조하였고 나 자신도 기회 있을 때마다 기록을 남기려고 노력한다.

김준엽 선생님은 동양과 서양을 아우르는 멋진 선비이셨다. 선생님께서는 본인을 위한 축하모임은 별로 좋아하지 않으시어 참석도 자주 사양하셨다. 그러나 학교에서 큰 행사를 마치면 이 행사를 위하여 수고한 학교관계자에게는 반드시 축하연을 베풀어 주셨다. 그리고 그 자리에서

* 사회과학원 이사, 고려대학교 명예교수(현).
고려대학교 교무부총장, 한국공학한림원 건설환경분과위원장 역임.
주요 저서: 《공업역학》, 《강구조편람》 등 다수.

참석자 모두가 긴장을 풀고 즐길 수 있도록 분위기를 조성하여 주셨다. 약주도 잘 드셨고 노래도 즐겨 부르셨다.

> 바닷가 모래밭에 손가락으로 그림을 그립니다 —
> 당신을 그립니다 — 지금도 알 수 없는 당신의 마음 —

이렇게 적당한 음정과 박자로 '당신의 마음'이라는 노래를 자주 즐겨 부르셨는데 그 모습과 목소리가 너무나 멋있었다. 그리고 흥이 더 나시면 사교춤도 가끔 추셨는데 그 실력은 보통이 아니셨다. 모두 다 잘 아는 사실이지만 서양사교의 중심은 사교춤이요, 동양적 사교의 중심은 술이 아니었던가? 그러니까 김준엽 선생님의 술과 사교춤 실력이면 동양과 서양의 사교계를 아우를 수 있다고 감히 말할 수 있겠다.

김준엽 선생님은 준비된 총장이셨다. 선생님께서는 총장이 되시기 전부터 고려대총장의 조건에 대한 생각을 구체적으로 정리하셨고, 총장직을 맡으신 직후에는 고려대가 당면한 문제점을 파악하시고 이를 속히 해결하여 다시 큰 발전을 할 수 있도록 중장기적 발전계획의 수립, 행정기구개편, 그리고 재정정상화를 단행하셨다. 각 부서의 처장들과 지방출장을 같이 가실 때마다 우리를 한자리에 모이라 하시고 그동안 준비하신 노트를 보시며, 고려대의 발전방안에 관한 구체적 내용을 설명하셨다. 그리고 우리 실무자들의 협조를 당부하셨다.

특히 나와 관련된 교육환경 및 시설확충에 대하여는 고려대의 형편이 서구의 유명대학교와는 비교할 수 없이 열악하고, 국내 몇 개 대학교와 비교하여도 많이 부족하다고 하시며 무엇보다 이를 빨리 개선해야 한다고 말씀하셨다. 이와 관련하여 실무를 담당한 사람으로서 여기에 몇 가지 구체적 내용을 쓰려고 한다.

김준엽 선생님께서 총장직을 맡으시고 학교행정부서를 개편하시면서 관리처라는 새로운 부서가 탄생하였다. 나는 1970년대에 문과대학 계단식 강의실에서 공과대학 신입생 전체를 대상으로 공업역학을 강의할 때가 있었다. 그때에 문과대학 교수휴게실에서 김준엽 선생님을 가끔 만나 뵐 수 있었고 가까이 만나 인사드릴 기회는 없었다. 그런데 어느 날 저녁 집으로 김 선생님께서 나를 한 번 만나보고 싶다는 전화가 왔다. 총장실로 찾아가 뵈니 "신설되는 관리처가 할 일이 많고 특히 학교시설의 확충이 급한데 그 분야를 전공한 유 교수가 관리처장을 맡으면 좋겠다"고 하셨다. 이렇게 나는 관리처장직을 맡으면서 선생님을 가깝게 모시게 되었다.

관리처의 고유업무는 학교시설의 건설 및 유지이고 학교재산의 관리이다. 그런데 학교시설 및 부동산의 소유주는 학교가 아니고 재단이기 때문에 업무를 추진할 때에 가끔 어려운 문제가 발생하였다. 그것은 이들 재산의 관리를 위임받은 관리처가 업무를 추진하는 데 최종 결정권자가 재단의 장이냐 아니면 학교의 장이냐 하는 것이고, 또한 주요한 결정을 누구와 먼저 의논하느냐 등의 문제였다.

나는 처음부터 일단 중요한 안건은 김준엽 선생님과 먼저 의논하고 어느 정도 합의가 된 내용을 가지고 김상만 재단이사장께 보고드렸다. 이렇게 업무를 추진하면서 큰 어려움은 없었다. 그러데 한번은 김 선생님께서 해외출장을 가신 동안 큰일이 발생하였다. 마침 송추 잔디축구장 건으로 빨리 허가신청서를 제출해야 하는데 김 선생님이 안 계시니 먼저 재단이사장과 의논하고 그 일을 추진하게 되었다. 그런데 선생님께서 귀국하셔서 그 내용을 보고드리니 별로 좋아하지 않으시며 그 일에 동의하지 않으셨다. 그때에 송추에 있던 학교실습지는 약 3만 7천 평인데, 그 중 2만 2천 평이 개발제한구역에 묶여 아무런 시설도 건립을 못하는 형편이었다. 그런데 1988년 서울올림픽을 맞이하여 정부에서 개발제한구역내의 토지에도 잔디축구장은 조성할 수 있도록 잠시 허용하였다. 이 기회를 놓치면 이 땅은 다시 무용지물이 된다. 이런 사실을 선생님께 여러 번 설명 드리니 결국 오해를 푸시고 이 사업에 동의하셨다.

마침내 교내 문제를 해결하고 정부의 잔디구장 조성허가를 받았는데 아직도 두 가지 문제가 남아있었다. 송추의 학교임야가 군사시설보호지역 내에 있으므로 군의 동의를 얻는 문제가 하나이고, 두 번째 문제는 축구장 건설에 필요한 학교예산이 없는 것이었다.

먼저 군의 동의문제는 담당부대인 30사단의 임인조 사단장을 만나기로 하였다. 임 사단장의 육사 1년 선배이고 나의 가까운 친구인 이중형 장군(고려대 정치외교학과 석사)이 자리를 주선했다. 만나 보니 임 장군은 인격을 갖춘 덕장으로 육사 생도시절 럭비선수였다고 한다. 그때에 고려대 선수들과 여러 번 친선경기를 하였다며 체육시설에 대한 관심과 애착심을 보였다. 그래서 비교적 쉽게 군의 동의를 받을 수 있었다.

잔디구장 건립예산 문제는 현대그룹의 정세영 회장, 현대자동차의 이양섭 사장 등 교우께서 수고를 하시어 축구장 조성에 필요한 공사비용 전체를 현대그룹이 맡기로 하였다. 송추에 잔디구장을 2면 조성하여 그 중 한 면은 현대그룹이 20년간 사용하는 조건이었다.

김성수 선생님께서 고려대 캠퍼스를 안암동으로 옮긴 이후, 캠퍼스의 제일 큰 외형적 변화가 있었다면 그것은 아마도 녹지캠퍼스의 조성이었을 것이다. 이 사업은 김상만 이사장과 김준엽 선생님께서 추진하셨고, 관리처장인 내가 실무를 담당하였다. 여기에는 약 7만 8천 평이나 되는 큰 토지가 자리 잡고 있었다. 이 면적은 본교캠퍼스(6만 4천 평), 또는 자연계캠퍼스(5만 평)보다 더 큰 공간이다.

이 지역의 개발이 가능하게 된 것은 그 지역 내의 약 2만 평에 해당하는 토지가 공원용지로부터 해제되었기 때문이다. 이 땅을 공원용지로부터 해제시키려고 학교는 오랫동안 많은 노력을 했다. 1981년에 김상협 총장이 대통령께 공원용지 지정해제에 관한 청원서를 제출하였고, 내가 관리처장직을 맡고 있을 때에 건설부의 심의를 통과하여 마침내 최종적으로 국무총리의 결재를 받았다. 그때 그 최종결재를 하신 분이 바로 청원서를 제출하셨던 김상협 국무총리셨다. 그리하여 학교는 1983년 5월에 공원용지 해제 및 대체공원용지 지정에 관한 공문을 정식으로 받게 되었고, 이때부터 본격적으로 녹지캠퍼스 개발에 관한 구체적인 안을 만들게 되었다.

이렇게 김준엽 선생님께서 재임하시는 동안 고려대는 내적인 변화뿐만 아니라 외형적으로도 눈부신 발전을 하게 되었다. 송추 잔디축구장의 건설과 녹지캠퍼스 조성 및 의료원의 이전 계획이 수립되었고 낙산수련관의 건립도 이때에 추진되었다. 그리고 총 2만 3천여 평의 건물이 그때 완공 또는 건설 중에 있었다. 1983년까지 고려대 내에 세워진 건물의 총면적이 약 4만 8천 평이었고 그때 그 총면적의 절반에 해당하는 건물이 새로 지어졌거나 추진되었던 것이다. 이처럼 거대한 건설사업을 추진하는 데 필요한 예산은 주로 김 선생님께서 마련하여 주셨다.

김준엽 선생님께서 총장직에서 퇴임하신 이후에도 고려대는 시설확충에 많은 힘을 써서 교육환경의 측면에서 국내외의 모범적 위치에 놓이게 된 것은 무척 다행스러운 일이다. 그런데 바로 이 시설확충의 기폭제를 김 선생님께서 제공하셨다고 나는 굳게 믿는다.

시설과에서 김준엽 선생님의 총장 임기 때에 추진되었던 건설공사의 현장모습을 모두 사진으로 찍어 앨범을 만들었다. 그리고 이제 그 유명한 1985년도 졸업식을 마치고 고려대를 떠나시는 김준엽 선생님께 이 앨범을 선물하였다. 이 선물을 받으신 김 선생님께서는 그 사진의 분량에 다소 놀라시는 듯 "우리가 이렇게 많은 건물을 지었나?" 하시며 크게 기뻐하셨던 모습이 지금도 가끔 떠오른다.

김준엽 선생님께 배운 50년*

양통팡(杨通方)**

1946년 2월에 국립동방어문전문학교(國立東方語文專門學敎) 한국어과의 수업이 중경(重慶)에서 시작되었다. 이는 제 2차 세계대전 뒤 중국에서 한국에 관한 외교 인재를 배양하는 효시였으며, 중국에서 한국학을 연구하게 되는 새로운 씨앗이었다. 아울러 김준엽 선생님이 평생토록 교육사업과 한중(韓中) 문화교류를 위해 주된 정력을 기울이게 되는 견실한 첫걸음이었다.

선생님은 한국 임시정부가 중국 교육당국의 요청을 받고 파견한 교사로 어전(語專)에서 한국어를 가르치게 되었다. 한국 임시정부는 중국에 한국어과가 설립되는 점을 중시하여 김 선생님을 파견한 것이다. 뿐만 아니라, 당시 한국광복군 이청천 총사령관, 주중(駐中) 대표단 민필호 단장 등 고위층 요인도 차례로 학교에 와서 강연했다. 이들 강연과 선생의 강의실 수업을 통해 우리 한국어과 학생의 머릿속에는 한국에 관한

* 여기 수록된 글은 김준엽, 《나와 중국》에서 전재한 것임.

** 베이징대학교 동방어학과 교수, 한국학연구센터 주임 역임, 중국동방어문전문학교 한국어과에서 김준엽 선생님에게 배움, 서울대학교 사학과 편입. 주요 저서: 《中韓古代關系史論》, 《漢文化論綱》.

인식들이 차츰 선명하게 자리 잡아 갔다.

중한 양국은 운명과 환난을 함께한 이웃이다. 수백 년 동안 양국 국민들은 동일한 민족으로부터 능욕과 멸시를 당했으며, 똑같이 동서열강의 무력침략을 받아 무수한 동포가 인명을 빼앗기는 아픔을 겪어야 했다. 하지만 중국과 한국, 두 나라의 국민들은 모두 불굴의 민족이다. 한국에는 안중근(安重根), 윤봉길(尹奉吉) 등의 의사(義士)가, 중국에는 마점산(馬占山), 양정우(楊靖宇) 장군, 상해 8백 명의 장사(壯士) 등 민족영웅들이 있다. 이렇듯 민족의 공동운명은 양국의 민족정신을 긴밀하게 하나로 연결시켰다. 그들은 같은 참호에서 어깨를 맞대고 공동의 적과 대면하여 목숨을 바치고 피를 흘리는 큰 희생을 치렀으며, 마침내 세계 반파시스트 전쟁(제 2차 세계대전)에서 공동의 승리를 얻었고, 일본 군국주의를 무조건적으로 항복하게 만들었다.

승리는 어렵게 얻은 것이었다. 비참한 역사가 되풀이되지 않게 하고, 공동으로 번영하며, 동북아시아의 평화와 안전을 확보하기 위해 양국의 젊은이들은 양국 민족선열의 유지를 계승하고 지속적으로 협력해 동북아의 밝은 미래를 창조할 임무가 있었다. 이러한 중대한 역사적 책임감의 격려 아래 한국어과의 수업은 나날이 향상되었다.

1948년 여름, 김준엽 선생님이 힘들게 교육한 한국어과의 1회 졸업생이 남경(南京)에서 배출되었다. 한중 문화교류의 첫 씨앗이 뿌리를 잘 내리고 싹을 틔워 꽃을 피우고 열매 맺게 하기 위해, 선생님은 3명의 우수한 졸업생들을 선발, 친히 서울로 데리고 가 서울대 사학과에 유학시켰다.

당시 선생님은 신장결석을 앓고 있어 수술해야만 하는 상황이었다. 서울은 일본 두항을 전후해 심하게 파괴되었기 때문에 당시의 의료조건은 남경이 서울보다 좋았다. 그러나 양국 문화교류의 원대한 이상을 위해, 선생님은 개인의 안위를 돌보지 않고 서울에서 수술받기를 선택했다. 이 모든 것은 2차 대전 후 최초가 되는 중국 유학생들이 입학과 숙박 등의 문제를 친히 해결하고자 했던 배려였다.

수술은 서울대 부속병원에서 진행되었다. 그러나 잦은 정전으로 수술을 위해서는 손전등을 켜야 하는 상황이 벌어졌다. 붕대도 너무 부족해 가까스로 상처를 덮을 수 있을 정도였다. 가장 위험했던 것은 결석을 빼는 데 실패하여 부득이 오른쪽 신장을 제거해야 하는 일이었는데, 만일 이후 왼쪽 신장에 결석이 생긴다면 어찌 한단 말인가! 한중 문화교류를 위해 위험이 선생님 자신의 건강에 미쳤으니 그 대가가 얼마나 큰가! 이 점만으로도 선생님은 이미 존경할 만한 정신을 충분히 갖추었다.

우리 유학생들의 각종 문제들이 어느 정도 해결되고 수술부위도 거의 회복되었을 무렵, 선생님은 비로소 남경의 어전으로 돌아가 교편생활을 계속함과 동시에 중앙대학 대학원에서 중국 근현대사를 전공으로 선택해 중단되었던 학업을 이었다.

김준엽 선생님은 서울을 떠나기 전, 당신을 대신해 계속 중국 유학생을 돌보아 줄 수 있는 신뢰할 만한 사람을 찾았는데, 바로 선생의 참된 벗인 장준하(張俊河) 선생에게 우리를 부탁했다. 장 선생도 선생님과 똑같이 일본유학 중 강제로 징집 당한 뒤 목숨을 걸고 일본 군영을 탈출한 한국 학도병이었으며, 후에 선생님과 함께 중국에서 창설된 한국광복군에 참가했다. 장 선생은 용감한 애국지사였으며 아주 독실한 기독교인으로 민주쟁취를 위해 투쟁한 투사로 많은 한국인들로부터 존경을 받았다. 불행하게도 1975년 독재정권에 의해 암살당했다.

김준엽 선생님이 한국을 떠난 뒤 우리 중국 유학생들은 줄곧 장 선생의 지극한 관심과 보살핌을 받았다. 전후(戰後) 생활이 극도로 어려웠던 상황에서 중국 유학생의 영양보충을 위해 장 선생은 항상 부인에게 갈비탕을 끓이게 해 댁에서 친절히 우리를 대접하곤 했다. 김 선생님은 이처럼 일찍부터 한중 문화교류의 원대한 이상을 위해 굳건히 심혈을 기울이고 있었다.

1949년 초에 김준엽 선생님은 중국을 떠나 한국으로 돌아왔다. 선생님의 귀국 뒤, 우리 유학생들은 학습에서 생활까지 모든 면에서 선생의 세심하고 전면적인 관심 속에서 공부했다. 한국어학 분야에서 최고의 지도를 받기 위해 선생의 배려로 한국어학의 대가인 최현배(崔鉉培) 선생의 문하생이 되었으며, 최 선생은 우리들 모두에게 자신의 명저인 《한국어법》(韓國語法)을 친절히 건네주었다.

문화교류를 효과적으로 추진하기 위해 중국 유학생에게 가장 중요한 과제는 한국사를 제대로 배워 한국을 깊이 이해하는 일이었다. 이를 위해 김 선생님은 우리들을 데리고 한국사학의 대가인 이병도(李丙燾) 선생을 방문했다. 이 선생은 당시 서울대 사학과 학과장으로서 도서관장도 겸임하는 덕망 높고 박학다식한 학자였다. 이 선생은 자혜로운 스승이기도 했다. 우리들에게 더 많은 것을 가르치기 위해 수업 후 그는 우리를 관장실로 불러 그의 원고에 의거해 우리들 자신의 필기를 보충하고 고치게 했으며, 우리가 묻는 질문에 친절히 대답해 주었다. 이 선생이 이렇게 우리들에게 관심과 애정을 쏟은 것은 무엇보다도 우선 우리가 쓸모 있는 재목이 되어 장래 문화교류를 위해 헌신하기를 바랐기 때문이다. 두 번째는 그가 일본에 있을 때 일부 중국 유학생이 공부에 매진하지 않고 늘 기생을 끼고 술 마시며 노는 모습을 보았는데, 이에 비해 당시 우리 중국 유학생들이 일하면서 애써 공부하는 것을 보고 상당히 만족하였기 때문이다.

우리들의 유학문제를 확실히 하기 위해 김준엽 선생님은 자신의 건강도 돌보지 않은 채 서울로 가 수술할 것을 결정함과 동시에 친히 우리를 데리고 서울대 장이욱 총장을 만났다. 장 총장은 신중하게 2차 대전 후 첫 중국 유학생인 우리를 서울대 문리학부 사학과 3학년으로 받아들였다. 동방어전의 학점이 다른 대학 다른 과의 학점보다 많아서, 장 총장은 공동 필수과목을 면제하고 한국사 분야의 수업만을 전문적으로 선택하는 데 동의했다. 6·25 전쟁이 발발하기 전, 우리들은 이미 규정된 학점 이상을 이수했다. 30년이 흘러 내가 방문학자로 서울대 옛터 부근인 국제회관에서 머물 때다. 나는 시간만 나면 늘 옛터로 가서 산보를 즐기며 옛날 유학하던 시절을 회상했다. 옛터는 지금 공원이 되었고 서울대 구지(舊址) 기념비가 세워져 있다. 기념비 근처에는 유일한 옛 건축물인 총장실만이 남아 있다. 당시 장 총장은 바로 이 건물 2층에서 우리 중국 유학생을 맞이했었다.

공부하는 목적을 더욱 명확히 하고 학습의 동기를 고무시키기 위해 김준엽 선생님은 또한 우리를 데리고 사람들이 모두 존경하는 김구 주석과 이범석 장군 등 한국독립운동 지도자를 뵙게 했다. 김 주석과 이 장군은 우리를 만나자 모두 기뻐하며 우리와 다정히 이야기하고 함께 식사를 하며, 장래 문화교류사업에 헌신할 수 있는 높은 능력을 갖추기 위해 유학기간에 많이 배우고, 보고, 듣는 것은 물론 되도록 자신에게 충실하라며 자상하게 격려했다. 우리는 모두 감격해 이 간곡하고도 의미심장한 깨우침을 마음에 새기며 평생 전심전력으로 이 일을 위해 활동할 것을 다짐했다.

우리가 이범석 장군을 처음 만나 본 것은 1948년 서울에서였다. 하지만 우리는 이미 《탑 속의 여인》(塔里的女人) 이란 소설을 통해 그를 알고 있었다. 이 소설은 사자문화구(沙磁文化區)의 대학생 가운데 무명씨가 창작한 소설로 1945년을 전후해 중경시를 떠들썩하게 했었다. 소설의 여주인공을 매료시켰으며 수많은 중국 대학생들의 숭배대상이었던 소설 속의 남자 주인공은 젊고 원기왕성한 한국의 한 장군이었다. 그는 훤칠한 외모에 성격은 소탈했고 용감했으며 전투에 탁월한 능력을 지녔다. 중국, 한국, 소련 등 세 나라의 변경(邊境)에서, 밀림지대에서 중국 의용군과 협력하여 공동의 적인 일본 침략군을 수없이 전멸시킨 인물이었다. 우리가 직접 이 장군을 만났을 때 영웅의 기색은 여전히 역력해 깊은 인상을 남겼다.

우리는 이렇듯 운이 좋게도 한국 학계의 대가와 민족 지도자들의 격려와 가르침을 만날 수 있었는데, 만약 김 선생님이 이끌어주지 않았더라면 상상하기도 힘든 일이었다.

김준엽 선생님의 민족 자존심은 대단히 강했다. 일본 유학시기, 선생님은 늘 자신과 주위 동포들에게 정정당당한 한국인이 되어야 한다고 강조했다. 이런 선생님을 주위 한국인과 일부 정직한 일본인들은 존경했다. 어전(語專)의 강단에서도 선생님은 우리들에게 정정당당한 중국인이 되라고 요구했다. 당시 우리들은 직접 몸으로 서양과 일본인들의 멸시를 느낄 수 있었다. 선생님의 말씀을 통해 우리의 민족 자존심은 한층 더 고양되었으며 선생님에 대한 친근감도 날로 깊어졌다.

김준엽 선생님은 목숨을 걸고 일본 군영을 탈출하여 한국 임시정부 소속의 광복군에 들어가 이범석 장군, 이청천 총사령관의 부관을 차례로 시냈고, 1945년 8월 18일에 서울 여의도에 착륙하여 광복군의 임무를 수행하는 등 국내진입 작전을 위한 주요 성원의 일원으로 활동했다. 한국이 광복하자 임시정부의 요원들이 귀국했다. 선생님이 만일 그들 정부 요인들을 따라 함께 귀국하여 정치에 참여했다면 틀림없이 중용되었을 것이다. 그러나 선생님은 처음의 뜻대로 학자가 되어 한국의 건설과 한중 양국의 문화교류를 위해 자신의 인생을 헌신하기로 결심했다. 선생님이 탁월한 경력으로써 한국의 지도층으로부터 존중받았던 까닭에 우리들 역시도 이들 지도층 인사들의 가르침을 얻을 수 있었다.

한반도는 2차 대전 후 세계 양대진영의 냉전이 가장 첨예하고도 민감하게 충돌하는 곳이었으며, 화약냄새가 가장 짙은 곳 중의 하나였다. 1950년에 들어서면서 한반도 상공에는 한줄기 평화의 서광이 드리웠다. 한반도 남북 정부 사이에는 포로교환 및 남쪽에 억류되었던 유격대 지도자와 북쪽에 억류되었던 천주교 신부 교환을 둘러싼 협상이 진행되었다. 이처럼 사람들이 평화 분위기에 빠져 있을 때, 바로 우리가 유학 중이던 서울대를 막 졸업하려고 할 무렵 한반도에서 6·25 전쟁이 발발했다. 누구도 예상치 못했던 뜻밖의 전쟁이 일어나고 전화(戰禍)는 3일 만에 서울을 휩쓸어 한반도는 극심한 혼란 속으로 빠져들었다. 6월 25일, 우리는 선생과 황급히 한 번 만나보았을 뿐, 이후 바로 사회주의와 자본주의의 양 세계로 나뉘고, 한 번 갈라지자 30년이 흘렀다. 그 헤어짐이란 너무 철저한 것이어서 피차의 소식은 완전히 두절되고 말았다.

서울이 함락된 지 얼마 되지 않아 미군이 인천에 상륙하고 우리는 명령을 받고 북으로 철수해 중국으로 돌아왔다.

1949년 주은래(周恩來) 총리의 지시에 따라 동방어전은 북경대학(北京大學) 동어과(東語科)로 편입되었다. 이를 계기로 1951년 8월부터 지금까지 나는 줄곧 북경대학의 동방어학과와 한국학연구센터에서 교학과 연구에 종사하고 있다.

1986년 9월에 나는 미국 하와이대학 한국연구소의 초청을 받아 학술 강연을 하러 간 적이 있었는데, 뜻밖에도 헤어진 지 30년 만에 은사 김준엽 선생님을 미국에서 재회할 수 있게 되었다.

선생님이 나보다 앞서 하와이대를 방문했을 때, 한국연구소 서대숙(徐大肅) 소장이 북경대 동방어과 양통방 교수가 하와이대를 방문할 것이라고 우연히 말했던 것이다. 세세한 논의를 거쳐 바로 30년 전 어전 한국어과의 첫 졸업생이라는 것이 확인되자, 선생님은 너무 기쁘고 흥분한 나머지 잠시 정신을 잃기도 했다. 이때는 한중 양국이 아직 국교가 수립되기 이전으로 이웃나라지만 직접 왕래할 수가 없었다. 그래서 선생님은 정한 기일에 로스앤젤레스로 가고, 나는 하와이대를 방문한 뒤 로스앤젤레스로 가서 선생님을 뵙기로 약속했다. 이 재회의 분위기는 감동적이어서 당시 주위에 있던 고려대 교우들도 함께 감동에 휩싸였다.

수십 년 동안 선생님은 한중 문화교류사업을 부단히 추진하며 중단하지 않았다. 한국에서의 중국학 발전을 위해서 선생님의 참여와 추진으로 한국중국학회(韓國中國學會)가 한국에서 발족되었다. 성립 초기의 회원은 20여 명이었는데, 1990년대에는 수백 명의 회원을 거느린 거대한 학회로 발전했다. 회원 중 조예가 깊은 상당수의 학자들은 그들의 깊이 있는 연구를 위해 선생이 선발해 외국으로 보내 배양한 이들이다.

수십 년의 이별 뒤인 1988년 11월, 김준엽 선생님은 오랫동안 학수고대하던 제 2의 고향 중국을 방문할 수 있었다. 아울러 이때부터 선생님의 관심 속에서 북경대 한국연구센터의 설립계획이 구체적으로 추진되어 마침내 1991년 4월에 성립되었다. 이어 항주대학, 복단대학, 산동대학, 요령대학의 한국연구센터도 모두 선생님의 관심 아래 잇따라 성립되었다. 한국에서 중국학 연구가 장족의 발전을 할 수 있었던 것과 중국에서 한국학 연구가 왕성하게 전개되는 것을 돌아보면, 양국의 문화교류가 활발하게 이루어지고 있음을 보게 되는데, 우리는 2차 대전 후 한중 문화교류의 중요한 발기인 중의 한 분인 김준엽 선생님에게 감사하지 않을 수 없다.

1987년 후반기에 당시 한국의 사회상황을 겨냥해서 김 선생님은 국정방침에 대한 약간의 주장을 발표했다.

> 군대는 국방에만 힘쓰고 정치에 관여해서는 안 된다. 사법은 반드시 독립하고 경찰은 반드시 중립을 지켜야 한다. 광주에서 학생이 죽은 사건은 반드시 타당하게 처리되어야 한다. 지속적으로 경제를 발전시키고 아울러 빈부격차를 줄여야 한다. 대학의 자주권을 보장하여 문교부는 무리하게 간섭해서는 안 된다. 진심 어린 성실한 태도로 통일문제를 다루어야 한다. 사회주의 각국과의 관계를 적극적으로 개선해야 한다.

또한 국회와 정부를 향한 김 선생님의 꾸준한 노력으로 1987년에 수정한 한국의 헌법 서문에는 마침내 "대한민국은 임시정부의 법통을 계승한다"라는 조항이 다시 명확히 쓰이게 되었다.

선생은 이렇듯 의연히 건재하는 한국독립운동가의 역사적 사명감을 가지고 진언함으로써 한국의 사회진보에 공헌했다. 이는 한중 문화교류와도 관계가 있다. 문화교류의 목적은 서로 간의 이해를 심화시키기 위한 것으로, 중국을 포함한 사회주의 각국과 한국과의 관계를 적극 개선하고 협조해 공동으로 번영을 이루는 것에 동북아시아 국민들의 복지가 달려 있는 것이다.

군사독재정권의 압력에 대항하여 선생은 꼿꼿한 태도로 시종 학자의 양심을 견지한 대학의 총장이었다. 김 선생님이 고려대 총장으로 취임하기 전, 다른 대학과 마찬가지로 총장 비서실에는 줄곧 안기부에서 파견한 감시요원들이 상주했다. 그러나 선생님이 총장으로 취임한 다음날 이 요원들은 전부 고려대 교문 밖으로 쫓겨났다. 왜냐하면 선생님은 대학의 학술자유는 반드시 보장받아야 하고, 총장이 대학을 운영하는 자주권은 조금이라도 침범당해서는 안 된다고 여겼기 때문이다.

군사독재정권의 통치 아래에서 학생시위는 빈번히 발생했고, 군사당국은 관련대학의 총장에게 시위가담 학생들의 제적을 요구했다. 그러나 선생님이 고려대 총장으로 재임한 기간에는 정부당국의 압력을 굳건히 견디며, “아직 법원 판결을 받지 않았으므로 결코 학생을 처벌할 수 없다”는 이유로 한 명도 제적시키지 않았다.

독재정권에게 이러한 대학의 총장이란 눈엣가시와도 같아서 선생님은 임기를 채우기도 전에 강제사직을 당해야만 했다. 한국 현대사에서 학생들에 의해 물러난 대학총장은 그 예가 적지 않다. 그러나 모든 교수와 학생이 일어나 한 달 가까이 대대적인 시위를 지속하며, “김 총장의 강제사직에 단호히 반대한다!”고 사직을 만류한 대학총장은 지금까지 김 선생님 한 분뿐이다.

1987년, 김 선생님은 총리직을 맡아달라는 여러 차례의 요청을 받았다. 한편 한국에서는 1992년 12월 대통령선거를 앞두고 선거의 공정한 진행을 보장하기 위해 중립내각의 성립이 필요하다고 보았다. 누가 중립내각의 총리로 적당한가 라는 문제를 놓고 한국의 잡지 〈시사저널〉은 1991년 9월 24일에 3백 명의 사회과학 분야 교수를 대상으로 여론조사를 실시했다. 그 결과에 따르면 상위 3명은 김준엽, 이한빈(李漢彬), 강영훈(姜英勳)의 순서였다. 〈시사저널〉은 이 결과를 보도하면서 “양김(兩

金) 반대의 분위기가 쇠퇴하지 않은 상황에서 적지 않은 사람이 '김준엽 총장이 대선에 참여하면 승리할 가능성이 크다'라고 말하며 그러나 김 총장이 결코 대선에 참여하지 않을 것임은 모두가 다 아는 사실이다"라고 덧붙였다.

〈세계와 나〉, 〈시사저널〉 잡지에서는 모두 김준엽 선생님을 '한국의 걸출한 지성'으로 평가했다. '관존민비'(官尊民卑)를 반대하고 '민귀군경'(民貴君輕)을 강조하는 것이 김 선생님의 중심사상이다. 선생님은 한국에서 광범한 추대를 받음은 물론 중국 학술계에서도 많은 학자들로부터 호평을 얻고 있으며, 일대(一代), 이대(二代)로 전해지는 중국 제자들로부터 존경을 받고 있다.

외길*

나의 스승 김준엽

신승하(辛勝夏)**

사람이란 살다 보면 학교를 다녔거나 그렇지 않았어도 선생님은 있게 마련이다. 그리고 학교를 다녔어도 초등학교, 중학교, 고등학교, 대학교, 대학원에서 각기 다른 선생님들로부터 가르침을 받았기 때문에 선생님의 수는 헤아릴 수 없이 많다. 그러나 그 가운데에 인생관을 바꾸게 하였을 만큼 크게 영향을 주셨다거나, 또는 어려웠던 처지에 있을 때 따뜻한 사랑을 베풀어 주시고 용기를 가질 만큼 큰 격려나 생활을 도와주신 분은 따지고 보면 그렇게 많지 않다. 이는 어찌 보면 선생님다운 선생님, 즉 참스승이 그렇게 많지 않다는 말로 대신할 수 있다.

필자의 경우 학교를 다니면서, 특히 초등학교의 경우 6·25 전쟁으로 피란 다니다 보니 학교를 많이 옮겼기에 기억에 남는 것은 한두 분 담임

---

* 여기 수록된 글은 김준엽 현대사 《장정 5: 다시 대륙으로》에서 전제한 것임.

** 고려대학교 사학과 교수, 한국중국학회 회장, 한국중국 근현대사연구회 회장 역임.
주요 저서: 《당대중국: 중화인민공화국과 대만》, 《중화민국과 공산혁명》, 《중국사학사》, 《中國現代史》, 《近代中國의 西洋認識》.

선생님의 영상이 머리에 있을 뿐이고, 중·고등 때에는 중학교 교장 선생님이 특별한 분이셔서 살아가는 데 깊은 흔적을 남기게 되었고, 나도 선생님이 되면 저렇게 해야지 하는 생각을 갖게 한 것 이외에 담임선생님이시거나 또는 특정 과목을 맡으셨던 선생님들이 떠오를 뿐이다.

필자가 역사를 공부해야 되겠다는 생각을 하게 된 것은 선생님을 통해서라기보다는 독서를 통해서였기 때문에 많은 선생님 가운데 대학에서의 선생님이 가장 많은 영향을 끼쳤다. 필자가 대학에 입학한 것은 1959년이었다. 그런데 1960년대 전후의 우리나라 대학은 상아탑을 한때 우골탑이라 부를 만큼 입학정원이 있어도 그 몇 배 심지어는 10배 이상의 청강생을 뽑았다. 필자는 역사를 공부하겠다는 마음을 가졌기에 요즘처럼 전후기로 나누어 본 입학시험에서 전기대의 사학과 시험에는 실패하고 후기대의 사학과에 진학했다. 그러나 청강생이 몇 배나 많은 대학의 분위기는 필자를 실망하게 했고 차라리 그럴 바엔 다시 입학하는 것이 낫다고 보아 재수를 할까 하였는데, 마침 고려대에서 편입생을 뽑기에 이왕이면 하고 고려대에 편입하게 되었다.

필기시험에서부터 면접에 이르기까지 학교의 분위기가 달랐다. 학교가 역사가 있다 보니 머리가 희끗희끗하고 근엄해 보이는 교수님들을 접하게 되고 또한 논문이나 잡지 등에서 읽었던 글의 필자를 직접 뵐 수 있으니 신바람 나는 생활의 시작이었다. 그러나 입학과 거의 동시에(당시에는 4월이 학기의 시작) 만난 4·19 혁명은 나의 대학시절 신바람 나는 생활의 불청객이었다.

필자가 김준엽 선생님을 처음 뵌 것은 편입 필기시험에 합격하고 면접에서였다. 영어책을 펴놓고 읽어보라는 것이었는데, 그때는 그분이 바로 필자가 애독하던 〈사상계〉 편집위원이셨던 사실을 몰랐다. 그런데 개강하면서 선생님의 '동양정치사'를 수강하면서 좀더 선생님과 가까이할 수 있게 되었다. 강의내용은 선생님의 자서전 《장정》(1987년, 나남)에 실려 있지만 학도병에서 탈출, 천신만고 끝에 중경(重慶)으로 가 광복군에 참가하여 독립운동을 하게 된 생생한 경험에다가 당시 중국의 정치사정을 곁들이는 것이어서 흥미를 끌기 충분했다. 특히 반공교육이 철저했던 우리 세대에 중국공산당이니 모택동, 주은래니 하는 중국의 거물들이나, 장학량이니 하는 군벌들의 이름만 들어도 흥분되었다.

그 다음에 선생님의 강의를 수강한 것이 〈중국최근세사〉로 역시 거대한 중국의 몰락과정과 신해혁명에 관한 내용이었다. 강의내용은 후에 단행본으로 정리 출판되었지만, 당시는 교재가 없었기 때문에 강의내용을 필기하는 것이 주였다. 이 시기는 역사학도에게 관심을 갖게 할 수 있는 시대였기에 필자도 열심히 수강하면서 선생님을 자주 접하였다. 그러나 대체로 교수님을 어려워하는 분위기였기 때문에 선생님을 통하여 중국에 관한 역사적 사실을 알 수 있는 것으로 만족하여야 했다. 특히 도서관의 장서도 많지 않고 우리말로 된 교재도 없었던 때라 선생님의 강의는 필자의 관심과 연구방향을 설정하는 데 큰 영향을 주었다.

때문에 지금 이 분야를 공부하고 또한 이제는 같은 대학에서 강의하고 있는 필자의 입장에서 보면 선생님의 영향을 제일 많이 받은 셈이다. 때문에 '선생님께서는 이렇게 하셨는데' 하고 필자의 학부 때 모습을 그리면서 그때의 선생님 강의와 달라진 내용을 학생들에게 소개할 때에는 새로운 감회에 빠지곤 한다.

선생님의 강의는 강좌내용도 풍요하였을 뿐만 아니라, 직접 강좌와는 관련이 없었지만 우리들에게 새로운 지식과 정보를 알려주시는 데 더 중요한 의미가 있었다. 자주 해외를 다녀오셨기 때문에 국내에서 접하기 힘들었던 나라 밖의 사정과 연구동향은 우리에게는 대단히 중요한 일이었는데, 대부분을 선생님을 통하여 접할 수 있었다. 또한 늘 강조하셨던 것이 어느 나라 역사를 공부하려면 반드시 그 나라의 말을 할 줄 알아야 한다고 하셨다. 즉, 중국사를 공부하려면 중국어를 말하고 읽고 쓸 줄 알아야 된다고 강조하셨다. 이는 어찌 보면 중국사를 공부하려면 중국에 다녀와야 한다는 뜻과 같았다. 뿐만 아니라 선생님은 우리에게 유학할 수 있는 자극을 주었고 또한 방법과 길을 터놓으셨다. 때문에 오늘날 선생님의 제자들 가운데 상당수가 대만(당시는 중국과 국교가 없었기 때문에) 을 비롯하여 일본, 인도, 동남아 각국에 다녀왔으며 그들이 학계에서 활발하게 활동하고 있다.

그리고 그 범위도 역사학으로 한정되어 있는 것이 아니라 사회과학 분야에 이르기까지 다양해서 숫자는 더욱 많다. 이는 바로 선생님의 인재 양성에 대한 관심에서 비롯된 것이며 그 관심은 지금도 항상 하시는 말씀 가운데 잘 나타난다. 즉, 사람을 키우려면 적어도 20년은 걸린다며 이제는 제자들에게 다음 세대의 제자 양성에 관심을 가져야 한다고 주의를 주신다.

선생님의 인재 양성은 분야를 가리지 않았을 뿐만 아니라 인재를 찾는 데도 남다르셨다. 특히 1960~70년대 해외에서 유학하던 분들 가운데 적지 않은 분들이 선생님을 통하여 국내로 돌아왔다. 그 가운데는 이미 현지에서 확고한 자리를 굳히고 학문적으로 자리를 잡았던 분들이었지만, 선생님의 권유로 귀국하여 국내의 각 대학에서 새로운 학문을 전수하고 있는 분들도 있다.

이처럼 인재를 양성하고 또 발굴하시면서도 선생님의 제자사랑은 남다르셨다. 항상 관심을 갖고 지켜보시면서 필요한 일을 맡기시기도 한다. 그리고 제자를 아끼기를 잘못하면 편애하기 쉽지만 선생님은 그렇지 않으셨다. 어려운 시기에도 서슴없이 나섰으며 제자들의 어려움을 해결하려고 노력하셨다. 다 알려진 이야기지만 5공 시절 서슬이 시퍼렇던 때였는데, 고려대 총장으로 계시던 선생님은 정부의 압력에도 불구하고 운동권 학생을 처벌하지 않는다는 것이 빌미가 되어 도중에서 물러나야 하셨다. 때문에 학생시위라면 사퇴를 요구하는 것이 대부분이었지만, 이때는 선생님의 총장사퇴를 반대하는 것이 학생들의 요구였다. 이는 선생님이 평소에 갖고 계셨던 제자사랑이 그대로 나타났던 대표적 사례가 될 것이다.

선생님의 학문에 대한 사랑도 남다르셨다. 전공이 중국사였기 때문에 중국학에 대한 관심이 많을 수밖에 없었다. 역사를 공부하다보면 자기 전공분야에 관심을 가질 수밖에 없는 것이 일반적 현상이다. 그런데 중국에서 중국사를 공부하셨기 때문에 역사 이외의 문학과 철학도 함께 해야 한다는 전통적 중국학자들의 학문방법을 이해하셨다. 그러므로 중국사뿐만 아니라 문학과 철학도 함께 하기 위하여 중국학을 내세우셨다. 이러한 이유로 일찍이 한국중국학회를 조직하고 또한 발전시켰으며 〈중국학보〉란 학술잡지를 어려운 여건 속에서도 펴내며 오늘날 이 학회는 중국학 연구의 핵심적 학술단체로 성장하였다.

우리나라를 중심으로 한 주변국가의 연구가 필요하다고 보아 고려대 안에 아세아문제연구소를 설립하고 이를 세계적 연구소로 발전시켰던 것도 선생님의 학문적 열정이 아니라면 이루기 어려운 것이었다. 왜냐하면 당시 우리나라 경제사정이 인문학에 관심을 두고 지원할 만큼 여유가 있었던 때가 아니어서 필요한 재정적 도움을 외국의 재단에 청하지 않으면 안 되었기 때문이다.

특히 아세아문제연구소는 1965년에 국내에서는 최초로 '아시아의 근대화'란 주제로 대규모의 국제 학술회의를 열었다. 때문에 세계적 학자들이 모여 학문적 토론을 하게 되었고, 이는 당시 우리나라가 경제발전으로 근대화를 추진하고 있던 때여서 그 방향을 제시하는 회의이기도 하였다. 또한 한국의 학계가 세계 학계와 어깨를 겨룰 수 있는 전환점을 이루기도 하였다.

건국 이래 반공 이데올로기에 빠져있던 어려운 시기에 누구도 감히 엄두도 내지 못했던 공산권 연구가 필요하다는 것을 제시하고, 또한 연구에 몰입한 것도 선생님에서 비롯되었다. 특히 선생님의 연구분야가 중국 근현대사였기 때문에 중국에 대한 연구가 선생님에 의하여 시작되었다. 때문에 선생님께서 이 분야에 기초를 잡으신 일도 학계에서 널리 알려진 사실이다. 1980년대 초까지만 하여도 우편은 물론 일본이나 홍콩에서 중국 관련서적을 직접 구입해서 공항에 들어오면 어김없이 비수교국가나 적성국가의 책이라 불온서적으로 취급되어 통관이 어려웠다. 그런 불만을 선생님께 말씀드렸더니 1960년대에는 간첩으로 오인되어 고생했다고 대답하시며 그래도 좋아지지 않았느냐며 격려해 주셨다.

오늘날 선생님께서는 해외에서 한국학 연구를 촉진시키기 위하여 열심히 뛰고 계신다. 미국은 물론 대만을 중심으로 펴왔던 관심은 최근에 중국으로 집중되어 북경대학이나 항주, 복단, 남경, 산동, 요녕대학에 한국학과나 한국학연구소를 설치토록 하여 한국학 연구를 활성화시키는 일에 앞장서고 계시다. 또한 이들 연구소의 연구자들과 한국 학자들이 만날 수 있는 기회를 만들기 위하여 학술회의를 지원해 주시고 있다. 때문에 선생님은 이들 대학을 포함하여 무려 여섯 개 대학으로부터 명예교수로 추대되었으며 이는 중국 대학의 역사에서 처음 있는 일이다.

학사의 외길로만 간다는 것은 어려운 일이다. 속담에 한 우물을 파라는 것도 바로 외길을 걷는 것이 어렵기 때문에 생긴 말이 아닌가 한다. 그런데 학자의 경우 나름대로 전문지식을 갖고 있기 때문에 밖으로부터 유혹받는 일이 다른 직종에 비하여 많다. 특히 다양한 분야에서 자신의 전문지식을 이용하여 활동하다 보면 본인도 모르게 다른 길로 빠져드는 것을 종종 주위에서 보았다.

물론 학자들 가운데는 스스로 원해 능동적으로 여러 사회분야에 참여하고, 요직을 노리는 사람도 적지 않다. 심지어는 교수라는 직업을 이용하여 한자리 차지하려는 사람도 많기 때문에 학자의 외길을 걷는 사람을 욕보이기도 한다. 그들은 하결간이 국가를 위해 봉사하는 길이라며 자기결정을 합리화하고 변명하지만, 이러한 사람들의 행동은 외길을 걷는 올바른 사람들을 곤혹스럽고 갈 길마저 잃게 하며, 마치 조그마한 자리라도 건네주면 다 받아먹는 사람으로 평가받게 만든다.

어느 누군들 높은 자리와 부와 명예를 싫다고 하겠는가. 광복군에서 활동한 인연 때문에 건국 초부터 관계나 정계에서 끊임없이 유혹의 손길을 뻗었지만 끝까지 학자의 외길을 가기로 결정하고 그 길을 끝까지 지켜주시고 있다. 후에도 몇 차례 장관 자리와 심지어는 국무총리 자리까지 제의받았지만 사양하시면서 학계를 지키셨다. 이는 선생님 개인을 떠나서 강단에 서 있는 제자들에게 모범을 보이신 것이며 제자들뿐만 아니라 학교에 몸담는 모든 이들에게 자부심을 갖도록 해주신 이 시대 '참스승'이시기에 선생님이 자랑스럽고 또한 선생님에 대한 존경심이 더욱 깊어질 뿐이다.

조국의 광복을 위하여 독립운동을 하면서 동지애적 사랑으로 이루어진 선생님의 가정은 제자들이 보기에도 부러움을 자아내게 하였다. 또한 규칙적 생활로 건강을 유지하시는 절제 있고 검소한 생활은 우리의 모범이 아닐 수 없다. 선생님은 1960~70년대에 유행하던 테니스나 1980~90년대에 유행하는 골프를 시간낭비이자 사치로 보셨다. 때문에 제자에게 비친 선생님은 말씀과 행동을 같이하는 분이셨고 제자와의 약속을 잊지 않고 지키셨다.

1997년은 선생님이 희수를 맞는 해였다. 제자들에게 피해를 주지나 않을까 하여 1980년대 말부터 시작된 중국대륙 방문기와 중국인들이 선생님을 기리는 글을 모은 《나와 중국》(1997, 나남) 이란 책을 내시면서도 출판기념회조차 거절하셨다. 이에 제자들은 학덕(學德) 을 베푸신 선생님께 아무런 감사의 표시를 하지 못했다. 선생님은 행동으로 보여주신 진정한 스승이고 사표이시기에 이 시대의 참스승임에 틀림없다. 그러므로 선생님의 제자들은 더욱 자랑스럽다. 이제 선생님의 마지막 소원이신 통일이 앞당겨지기를 기원할 뿐이다.

김준엽 선생님의 인품과 학술업적

박원호(朴元熇)*

김준엽 선생님이 2011년 6월 영면(永眠)하시고 나서, 고려대신문사의 청탁을 받은 〈추도사〉는 〈고대신문〉(7월 25일자, 제 1674호)에 '김준엽 선생님의 풍모를 그리며'라는 제목으로 실렸다. 이 〈추도사〉에서 나는 김준엽 선생님의 인품을 "勇·智·勤·信·明·敏·和·樂"이란 여덟 자의 한자로 압축해서 표현하며 추모의 마음을 나타낸 적이 있는데, 이 신문이 나가고 나서 공감하는 이들로부터 적지 않은 인사를 받았다. 이 '팔덕'(八德) 가운데서도 인간 김준엽의 개성으로 가장 두드러진 점을 꼽으라면, 나는 주저하지 않고 '明'과 '敏'을 골라 낼 것이다. 그렇다! 김준엽 선생님은 참으로 '명민'(明敏) 한 분이셨다.

내가 김준엽이란 이름을 처음 알게 된 때는 부산 경남고 2학년 학생시절이었다. 나는 고등학교 입학 이후 〈현대문학〉과 〈사상계〉 두 잡지를 정기구독했다. 처음에는 〈사상계〉보다 〈현대문학〉을 읽기 좋아했던 나

* 고려대학교 명예교수(현).
북경대학 교환교수, 명청사학회 회장, 동양사학회 회장 역임.
주요 저서: 《明初朝鮮關係史研究》, 《明淸徽州宗族史研究》, 《崔溥漂海錄研究》 등 다수.

는 고교 2학년 때 일어난 '4・19 학생의거' 이후 〈현대문학〉을 거의 읽지 않게 되고, 3학년 때 일어난 '5・16 군사정변'을 전기(轉機)로 하여 〈사상계〉만 탐독했다. 〈사상계〉의 뒷부분에 실리는 단편소설과 연재 장편소설 읽는 것으로 현대소설에 대한 갈증을 어느 정도 해소할 수 있었고, 차츰 〈사상계〉에 실리는 각종 논설들이 그다지 어렵지 않게 느껴지기 시작했던 까닭이었다.

그 무렵 학생들의 가슴을 벅차오르게 하는 함석헌(咸錫憲) 선생의 글이 자주 실린 〈사상계〉는 젊은이들에게는 실로 흡인력이 강한 잡지였다. 장준하(張俊河) 선생이 대표로 있던 사상계사의 부대표를 광복군 동지인 김준엽 선생이 맡고 있었으나, 그때 나는 그러한 사정을 잘 알지 못하였다. 사상계사는 이 무렵 〈사상문고〉를 시리즈로 펴냈는데, 일본의 이와나미(岩波) 문고판처럼 한 손바닥에 쥐어질 정도로 사이즈가 아담하였다. 반투명한 겉종이로 한 겹 더 싸여 있어 더욱 고급스러워 보였던 〈사상문고〉 제1권이 바로 김준엽 저, 《중국공산당사》였다. 이 책은 나로 하여금 현대중국에 대해 눈을 뜨게 해주고, 또 '중국공산당'에 대한 내 나름의 첫 인식을 갖게 해준 출발점이 되었다.

이후 나는 여기서 한걸음 더 나아가 현대중국을 있게 만든 전통시대의 역사를 연구하는 학문의 바다로 차츰 멀리 나가게 되었다. 광활한 중국대륙을 시야에 넣고 역사 공부를 시작할 수 있었던 것은 김준엽 선생님의 존재 없이는 나에게 어려운 일이 되었을 것이다. 고려대 사학과에서 〈동양최근세사〉, 〈동양사특강〉 등 과목을 강의하던 김준엽 선생님은 학생들에게 읽힐 참고도서가 태부족한 상황에 직면하고 《중국공산당사》에 이어 《중국최근세사》(사상계사, 1963)를 출간하였다. 그런데 선생님의 일생의 경력을 살펴보면 우선 훌륭한 학자가 되겠다는 청년 김준엽의 결심이 노년에 이르기까지 일관되게 관통하고 있음을 발견하고, 새삼 놀랍기도 하고 존경스러운 마음이 생기게 된다.

인간 김준엽의 생평(生平)을 찬찬히 돌이켜 보면, 아주 중대한 결정을 내려야 할 때가 몇 차례 있었다. 첫째는 일본군 학도병으로 출전하면서부터 탈출을 계획하였고, 또 이를 목숨을 걸고 실행하였다는 점이다. 둘째는 전쟁이 끝나 임시정부 요인을 비롯한 해외동포들이 속속 귀국하여 새로운 국가건설에 참여할 때, 중국에 홀로 남아 중국역사 공부를 계속하겠다는 결심을 한 점이다. 셋째는 군사정부 치하의 엄혹한 세월 속에 대학에 있던 뭇 '지성'들이 신바람을 내며 장관이나 총리 자리에 달려나가던 시절에, 이를 끝내 마다하고 대학에 남아 학술활동을 계속한 점이다. 인간 김준엽을 잘 안다고 하는 사람들도 이 세 가지 주요 결단 가운데 첫째와 셋째만 중시하며 칭송의 대상으로 삼을 뿐, 두 번째 결심의 중요성과 의미를 제대로 인식하지 못하는 경우가 많은 것 같다.

도대체 이 시대가 어떠한 시대였던가? 제 2차 세계대전이 종결되고 식민지에서 해방된 여러 민족들이 독립국가를 건설하기 위한 열풍에 휩싸여 있을 때였다. 이러한 시기에 평소 정치에 관심이 없던 청년들도 끓는 피를 이기지 못해 귀국하여 정치에 뛰어들던 시절이었다. 그런데 일군(日軍)을 탈출하여 광복군에 합류하고 다시 미군으로부터 OSS특공대 훈련을 3개월 받은 다음 조선 땅으로 진격하려 했던 청년 김준엽은 무엇보다 먼저 학업을 우선시하여 공부를 계속하는 길을 선택한 것이다.

김준엽 선생님은 무서울 만큼 냉정함을 잃지 않고 앞날을 학자로 살아가기로 재확인한 다음, 한 치의 흔들림 없이 중국 땅에 그대로 눌러앉아 공부하는 학생의 길을 선택한 것이다. 더욱이 김구(金九) 주석을 비롯하여 이범석(李範奭) 장군 등 임시정부 요인들이 귀국해서 함께 일하자는 권고에도 불구하고, 이들 뿌리치고 중국에 남는 결정을 내리기는 참으로 어려웠으리라고 짐작된다.

생계문제도 있어 1946년 2월 중국 국립동방어문(國立東方語文) 전문학교에 한국어 강사가 된 선생님은 이 해 여름 이전한 학교를 따라 당시 중화민국 수도였던 남경(南京)으로 갔으며, 다음 해인 1947년 국립중앙대학(오늘날 남경대학의 일부가 되었음)에 신학하였다. 그러나 국민당군과 공산당군 사이의 내전은 선생님을 조용히 공부만 하도록 내버려 두지 않았다. 1946년부터 전면전으로 발전한 이 내전에서 첫 1년은 국민당군이 압도적인 우세를 보였으나, 이듬해부터 인민해방군의 반격이 시작되어 1948년에는 전세가 확실히 역전되었다. 대륙을 석권하기 위해 공산당군이 일제히 남하하자 선생님은 1949년 1월 마침내 전란을 피해 서울로 귀국하지 않을 수 없었다.

결국 김준엽 선생님은 그토록 하고 싶었던 역사 공부를 일본 게이오(慶應) 대학에서도 제대로 하지 못하고 학병으로 '출정'해야 했으며, 이제 중국 국립중앙대학에서 공부하겠다던 꿈도 국공내전으로 접고 귀국하지 않을 수 없었다. 선생님은 북경대학 철학계 출신인 고려대 이상은(李相殷) 교수를 찾아갔고, 이 교수의 소개로 문과대 소속의 중국어 담당 전임교원으로 9월부터 강의를 시작하게 되었다.

학문을 하는 학자가 되기 위한 공부를 하려다 이렇게 '중일전쟁'과 '국공내전'으로 좌절했던 김준엽 선생님에게 또 하나의 전쟁이 찾아왔다. 이번에는 북한의 남침으로 야기된 '6·25 전쟁'이었다. 1950년 6월 25일 남침을 개시한 인민군에 밀려 부산으로 피난 갔던 선생님은 1951년 부산에서 배로 대만으로 건너갔다. 당시 대만에는 대륙에서 공산군에게 밀린 국민당의 장개석 정부가 건너와 있었고 대만해협에는 미 해군 제 7함대가 버티고 있어, 중공군이 더 이상 진격하지 못하고 대치하고 있는 상황이었다. 그러므로 이곳도 꼭 안전을 보장할 만한 곳은 못 되지만 중국역사를 공부하겠다는 일념과 좀더 안전한 곳을 바랐던 선생님은 당시 국공내전에서 패퇴한 국민당정부를 따라 대만에 와 있던 장인어른 민필호(閔弼鎬)에게 몸을 투탁하였다.

상해임시정부의 기반을 닦은 비밀결사 '동제사'(同濟社)를 창립한 신규식(申圭植)의 사위이기도 한 민필호는 1948년 대한민국 수립 후 이승만 대통령으로부터 초대 주 중화민국 총영사로 임명되어 타이베이에 와 있었다. 김구 주석의 당부로 임정요인들이 환국한 이후 중국에 남아 주화(駐華) 대표로 교민들을 돌보는 일을 수행하다가 국민당정부와 함께 대만으로 왔던 것이다.

중국의 역사를 공부하려고 중국 대륙에 남았다가 '국공내전'으로 좌절하고 마침내 귀국하지 않을 수 없었던 선생님이 국공내전에 밀려 쫓겨온 국민당이 지배하는 대만에서, 비로소 제대로 연구할 수 있는 기회를 잡게 된 것은 참으로 인생 아이러니의 극치가 아닐 수 없다. 이후 1955년 귀국할 때까지 선생님은 약 4년간 국립대만대학에서 전심전력 연구에 매달릴 수 있었다. 이 무렵 대만에는 공산당 지배를 피해 중국대륙에서 피난 온 저명한 학자들이 아주 많았고, 따라서 대만대학의 학술풍토도 과거의 북경대학을 연상시키는 점이 있었다. 대만은 겨울이라 하더라도 그다지 춥지 않은 아열대성의 기후인데, 대만대학 캠퍼스 안으로 들어서면 '마괘'(馬掛)라고 불리는 긴 장포를 차려 입고 책을 옆구리에 낀 채 활보하는 대학원생이나 교수를 곧잘 목격할 수가 있었다. 김준엽 선생님은 〈동양최근세사〉 강의시간에 '5·4 운동'에 관한 강의를 하면서, 대만에 유학하고 있을 때 가장 존경하던 호적(胡適) 박사와 나란히 서서 찍은 사진을 보여준 일도 기억난다.

김준엽 선생님은 대만유학에서 귀국한 1955년부터 소속이 문과대학으로부터 사학과로 바뀌게 되었는데, 이는 동양사 전공의 사학과 김진헌(金鎭憲) 교수가 6·25 전쟁 중 월북함으로써 동양사 전공 전임이 사학과에 필요했기 때문이었다. 그러니까 김준엽 선생은 한국 최초의 대만유학생이라고 할 수 있다. 그 뒤를 이어 1957년에 고려대 사학과 출신인 송갑호(宋甲鎬), 김귀달(金貴達) 등이 대만으로 유학을 떠났고, 이후 대만으로 유학가는 것이 고려대 동양사의 학문적 전통처럼 되어 갔다. 고려대 사학과 출신으로 열 번째쯤 대만유학을 한 나는 김준엽 선생님보다 약 20년 이후가 된다.

"김준엽 선생님이 유학 당시 너무 오랫동안 책상에 붙어 앉아 공부한 탓에, 엉덩이가 모두 헐어 의자에 앉지를 못해 여름 내내 고생했던 일도 있었다.” 이는 송갑호 교수가 대만대학에 유학할 때 역사계 도서실 여직원 여벽하(呂璧霞)로부터 들은 일화로, 후일 나도 전해 듣게 되었다. 내가 대만대학에 갔을 때 여벽하는 이미 50대가 되었으나 여전히 도서실에서 근무했고, 김준엽 선생님을 위시한 한국유학생들을 뚜렷하게 기억했다. 어쩌면 여벽하가 그렇게 연구에 몰두하던 김준엽 선생님을 혼자 흠모했던 것이 아닐까 추측하고, 귀국한 다음 선생님께 슬며시 얘기를 꺼내 봤으나 선생님은 예의 철두철미한 자세로 손을 내저으며 부인하셨다.

내가 대만에서 석사학위를 받고 귀국한 날짜를 선명히 기억하는 것은 그 날이 바로 박정희 유신정부에 의해 ‘긴급조치 1호’가 발포되었던 1974년 1월 8일이기 때문이다. 나는 귀국하자마자 김준엽 선생님께 인사드리고 다음날부터 아연(亞硏) 건물의 1층 소장실 맞은편 북향방을 이강수(李康洙) 학형과 함께 사용하게 되었다. 당시 김준엽 선생은 김창순(金昌順) 선생과 공동으로 《한국공산주의운동사》(아세아문제연구소, 전 5권 완간, 1976년)의 제 4권을 막 출간하고 나서 제 5권의 집필이 시작되는 참이었다. 원래 일제시대에 공산주의 운동을 하다가 체포된 조선인들의 취조기록과 재판기록을 보존하던 대검찰청에서 폐기처분하려던 이 자료를 아연의 몇 분이 빼돌리는 데 성공하였고, 이후 김준엽 선생님이 북한 출신 김창순(전 북한연구소 소장) 선생에게 제의하여 공동연구가 시작되었다고 한다. 제 1권이 출간되고 나서 제 5권이 출간되는 10여 년간 당시 아연의 편집간사 이일선(李一善) 선생의 노고가 각별하였다. 김준엽 선생이 내게 준 사명은 두 분 사이를 오가며 원고와 의견을 전달하면서 제 5권의 내용을 보완하도록 돕는 일이었다.

김창순 선생은 역시 김준엽 선생님의 주선으로 나보다 3개월 후에 대만의 국제관계연구소에 와서 1년 정도 연구생활을 할 적에, 당시 대만대학에서 함께 유학하던 이강수 학형이랑 김창순 선생 숙소에서 독한 중국술을 마시며 환담을 나눌 기회가 가끔 있었다. 특히 역사계에서 함께 공부하던 나의 친구 일본학생 야나기사와(柳澤智)에게 부탁하여 그녀 친구인 일본 여자유학생 한 명을 더 합류시켜, 주말에는 다섯 명이 외교관 넘버가 붙은 승용차로 타이베이 근교를 드라이브한 적도 몇 차례 있었다. 야나기사와는 대학졸업 후 일본 외교관시험에 합격하여 외무성에 근무하다가, 주 대만영사의 발령을 받고 타이베이에 부임한 엘리트 여성 외교관이었다. 일본대표부의 업무가 비교적 한가한 편이라, 상부의 양해를 얻어 대만대학 역사계 석사과정에 진학하여 공부하던 터였다.

서울의 안암동에 자택이 있었던 김창순 선생은 조용한 성품과 낮은 목소리에다 수줍음 타는 듯한 표정의 인정이 많은 분이었다. 그러나 김준엽 선생님과 마찬가지로 전형적인 '외유내강'형의 인물이었다. 새해 정초가 되면 북한에서 남파되었다가 전향했거나 체포되었다가 석방된 북한출신들이 대선배인 김창순 선생 댁에 한복을 차려 입고 세배하러 몰려들어 한동안 떠들썩하게 먹고 마시곤 하였다. 타이베이에서의 친분도 있어 나는 두 분 사이의 학술적 메신저 역할을 수월하게 수행하였으며, 《한국공산주의운동사》 제 5권을 드디어 1976년에 출간하게 되었다. 김창순 선생은 서문을 쓸 때 나의 이름을 거명하며 도움에 감사한다는 말을 넣었으나, 내가 굳이 빼주기를 요청하여 마지막 단계에 나의 이름은 빠졌다. 바로 그 해 9월에 나는 부산대학 사학과 전임교원이 되었다.

아연생활 2년 반 만에 고려대를 떠나 부산에 온 나는 다시 1년 반 만에 일본 문부성장학금으로 동경대학에 가서 3년가량 박사과정에서 연구하게 되었다. 대만유학시절에도 김준엽 선생님이 두세 차례 타이베이를 다녀가셨지만, 동경유학 때에도 서너 차례 다녀가셨다. 동경에 오실 때에는 가까운 사이인 아베 신타로(阿部愼太郞) 의원을 가끔 만나는 것 같았다. 자유민주당의 후쿠다파(福田派)에 속한 그는 한때 파벌 이름을 '세이와카이'(淸和會)로 내걸었다가 후에 '아베파'의 수장으로 집권당인 자민당 당수가 되어 짧은 기간이지만 일본총리를 지냈다.

그리고 중국근대 정치외교사 전공의 동경대학 에토 신키치(衛藤瀋吉) 교수를 꼭 만나는 것처럼 보였다. 하루는 김준엽 선생님이 나의 지도교수인 타나카 마사도시(田中正俊) 교수가 일본 공산당 당원임을 에토 교수에게서 들은 듯 걱정을 많이 하셨다. 에토 교수는 타나카 교수와 제일고등학교, 동경대학 동창으로 절친한 사이였다. 대한민국과 그리고 중화민국이라는 철저한 반공국가에서만 살아온 나에게는 충격이었지만, 일본에서는 공산당이 어엿한 합법정당이었다. 타나카 교수가 술자리에서 자신이 일본 공산당 당원임을 털어놓은 적이 있어, 나는 이미 알고 있던 사실이었다. 에토 교수가 우익이라는 정도는 이미 알고 있었지만, 두 교수가 학생 때 아주 절친한 친구였다는 사실은 좀처럼 믿기지가 않았다. 두 교수가 닮은 점은 일제 때 식민지에서 태어났다는 점이었다. 에토 교수는 만주국의 길림성 심양(吉林省 瀋陽)에서 태어났으므로, 이름을 '심길'(瀋吉)로 지었다고 들었으며, 타나카 교수의 부친도 역시 일제 식민지 대만에 주재하던 일본관리였으므로, 대만의 타이난(臺南)에서 출생하였다고 들었다.

이렇게 내가 부산과 동경에 있던 5년가량 김준엽 선생님을 뵐 기회는 뜸하였다. 그러다가 1981년 이른바 '신군부'가 정권을 완전히 장악하면서부터 상황에 변화가 일어나기 시작하였다. 전두환 정부가 민심을 쉽게 얻을 수 있는 정책으로 '대학입학정원제'를 철폐하니, 갑자기 신입생을 두 배 가까이 뽑을 수 있게 된 대학들은 교수를 대폭 증원하지 않으면 안 되었다. 고려대 사학과도 이참에 교수를 증원하기로 하고 한국사 신임교수로 국민대 민현구(閔賢九) 교수, 성신여대 박용운(朴龍雲) 교수와 동양사 신임교수로 부산대의 나, 이렇게 3명을 함께 초빙하기로 교수회의에서 의결하였다. 그리고는 김준엽 선생님은 인사문제로 급히 상의할 일이 있으니 빠른 시일 내에 귀국하기 바란다는 요지의 편지를 보내셨다. 김준엽 선생님은 서둘러 귀국한 나를 이끌고 총장실로 가서 김상협 총장과 면담을 마친 다음, 몇 장의 서류를 갖추어 제출하는 것으로 모든 임용절차가 끝났다. 물론 이때는 교수 공개임용제도가 생기기 전으로, 교수 인력이 매우 모자라서 석사를 갓 마친 대학원생도 전임으로 데

려가는 실정이었다. 연구실은 아연 3층 방을 쓰기로 하면서 다시 김준엽 선생님과 가까운 공간에서 지내게 되었다.

서운해 하는 부산대 사학과 교수들의 양해를 얻고 학장의 승인도 받은 다음 총장의 내락도 받아놓은 상태에서 마지막 이사를 위해 1981년 2월 말 동경에 가 있는 사이에 갑작스러운 상황변화가 일어났다. 이보다 반년 전에 '5 · 18 민주항쟁'이 진압된 직후 '고위공직자 숙정' 바람이 불면서 임기가 남은 서울대 고병익(高柄翊) 총장과 부임한 지 1년밖에 안 되는 부산대 박기채(朴基采) 총장이 갑자기 경질되어, 그 사이에 성균관대의 문홍주(文鴻柱) 교수가 부산대의 새 총장으로 부임했다. 이른바 신군부의 기세가 시퍼렇게 살아 있던 시기였는데 문 총장은 이미 오래전에 부산대 총장을 한 번 역임하고 문교부장관이 되었다가 물러난 후 성균관대 교수로 있던 중이었다. 제 5공화국 헌법제정에 공을 세워 다시 부산대 총장으로 재기하였다는 소문이 떠돌기도 했다.

동경에서 3월 초에 돌아온 나는 이미 부산대 사학과에서 뽑은 후임자 오상훈(吳相勳) 교수에게 강의는 물론 연구실까지 물려주었고, 한편 고려대에서는 연구실을 배정받고 강의가 시작된 시점이었는데, 부산대 총장 명의로 된 "사직이 불허되었으니 부산대로 복귀하라"는 통지를 받게 되었다. 이러한 사태의 발단은 급작스러운 대학입학생 증원으로 지방대학 교수들이 서울의 대학으로 옮기는 흐름이 생기자, 지방대학의 거센 불만에 직면한 문교부가 대학을 옮기려는 교수는 재직 대학의 '전출동의서'를 받아 옮기도록 하라는 임시조치를 취한 데에서 시작되었다.

문 총장은 만약 나의 사직을 허락하면 다른 교수들도 덩달아 서울의 대학으로 옮기려 할 것이므로, 나부터 전출을 막아야 하겠다고 마음을 바꾼 것 같았다. 그래서 문 총장께 어려워진 개인 가정문제를 호소하며 전출동의서 발급을 사정했으나, 냉정하게 거절당하고 강의가 없더라도 정상적으로 출근할 것을 요구받았다. 아무 문제없이 전출동의서를 받아 온 민현구, 박용운 교수는 순조롭게 고려대에서 근무를 시작하였다. 그런데 후에 전해 들었지만, 이 해 부산대에서 서울의 대학으로 옮겨 간 교수는 7명에 불과했다고 한다.

이 일로 김준엽 선생님과 나는 아주 난처한 지경에 빠지게 되었다. 주변 사람들 중에는 내가 일본 문부성장학금으로 일본에 갔다고 하더라도, 김준엽 선생님의 제의를 뿌리치고 부산대로 돌아가야 하지 않았는가 하는 사람도 있었고, 김준엽 선생님이 일을 너무 쉽게 생각하고 무리하게 추진하여, 젊은 연구자의 신세를 오히려 망쳐 놓은 것이 아닌가 하는 사람도 있었다. 또는 국립대학에서 다른 국립대학으로 옮기는 것이 법적으로 아무런 문제가 없는데, 대학교육을 함께 담당하며 똑같이 교육공무원법 적용을 받는 사립대 교원으로 옮기는 것이 왜 허용되지 않는지, 그리고 문교부의 임시조처에 불과한 전출동의서가 무슨 법적 구속력을 가질 수 있는지 등의 의문도 있었다.

하루는 아연에서 김준엽 선생님이 같이 가 볼 데가 있다고 하여, 퇴근길에 소장 승용차를 함께 타고 수유동 현승종(玄勝鍾) 선생 댁으로 갔다. 김준엽 선생님 자신이 문홍주 총장을 알고 있는 사이였다면 당연히 직접 부탁했을 것이나, 서로 면식이 없는 사이였으므로 문 총장과 경성제대 동창인 현 총장을 찾아가 중재를 부탁드리기 위함이었다. 자존심이 특히 강하고 남에게 고개 숙이는 것을 싫어하시는 김준엽 선생님의 개성을 아는지라, 나는 웃는 얼굴로 담소에 참여했지만 송구스러움에 어찌할 줄을 몰랐다. 그 후 문 총장은 서로 잘 아는 사이인 김상협 고려대 총장에게도 직접 전화해서 나를 채용한 데 대해 항의하며, 고려대에서 빨리 나를 내보내 부산대로 돌려보내라고 요구했다는 말도 전해 들었다.

이때는 제 5공화국 정부의 서슬이 시퍼렇던 시절이라 어떤 행동도 취하기 어려웠다. 나는 돌아와 1년만 지내면 총장이 사직을 허락하겠다고 약속했다는 교무처장의 말을 믿고, 두 달 만에 고려대를 사직하고 부산대로 복귀하였으나, 1년이 지난 뒤에도 사직원을 수리하여 주지 않았을 뿐 아니라, 총장과 면담할 수 있는 기회조차도 철저히 봉쇄당했다. 나는 마침내 사직원을 내고 출근하지 않는 무언(無言)의 저항을 하였고, 이에 대해 문 총장은 무자비하게 나를 '무단결근', '명령 불복종' 등 '교육공무원법' 위반혐의로 교원징계위원회를 열어 '파면' 처분을 내렸다. 파면을 당하고 더욱 실의에 빠진 나에게 김준엽 선생님은 "호사다마(好事多魔)야! 호사다마!"라고 위로하면서, 아연 3층 연구실을 여전히 그대로 쓰도록 배려해 주셨다.

이후 1984년 고려대에 다시 복직하기까지 3년간을 나는 일본을 오가며 '낭인'(浪人) 생활을 하였다. 그러나 "모든 사물은 극한에 이르면 반드시 거꾸로 뒤집어진다"(物極必反)는 말이 있듯이, 드디어 암담한 현실이 타개될 조짐이 보이기 시작하였다. 즉, 고려대 김상협 총장이 급작스럽게 전두환 정부의 국무총리로 입각하고, 후임으로 김준엽 선생님이 총장에 선임된 것이다. 김준엽 총장님은 취임 1년이 지나 1984년에 나를 '객원교수'로 발령을 내주면서 사학과 교수들에게는 '객원교수'라고 차별을 두지 말도록 당부하셨으므로, 나는 대학원 강의는 물론 지도교수도 맡을 수 있었고, 학과 교수회의에도 참석하였다. 다시 2년이 지난 후 나는 정식으로 학과 교수의 신분을 되찾게 되었다.

김준엽 선생이 고려대 총장에 취임한 이후에 임용한 처장단은 종전보다 연령대가 조금 낮았으며, 학내 분위기도 상대적으로 활기가 넘치고 진취적인 기상이 감돌기 시작하였다. 그런데 취임 2년 반이 지난 1985년 2월 뜻밖에 김준엽 선생님께서 총장직을 물러나도록, 전두환 정부로부터 강한 압력을 받고 있다는 소식이 들려왔다. 고려대의 분위기는 어수선해지고 대부분의 교수와 학생들이 모두 매우 침통해 하였다. 표면적인 이유는 교직원자녀 특례입학을 문제 삼았으나, 실은 당시 민정당사에 난입했다가 구속된 학생들을 제적시키라는 문교부장관의 요구를 거부하는 등 전두환 정부와 사사건건 맞서는 자세 때문이라는 것을 눈치채지 못할 사람은 없었다. 나는 이상신 교수와 함께 총장실을 찾아 김준엽 선생님께 "굴복하지 마시고 끝까지 버티시기"를 요망하였다.

사학과 이상신 교수와 정경대학 몇몇 교수의 제의에 따라 나도 '김준엽 총장 강제사퇴 반대'를 위한 교수 서명운동에 주도적으로 참여하였다. 김준엽 선생님은 자신이 물러나지 않을 경우 교수와 학생 및 대학이 입게 될 불이익이 염려되어, 끝내 2월 25일 졸업식을 마지막으로 취임 2년 8개월 만에 물러나지 않을 수가 없었다. 이 소식을 전해들은 졸업생과 재학생들이 '김준엽 총장 사퇴 반대'의 플래카드를 들고 평화적인 시위를 벌였던 일은 널리 알려져 있다.

김준엽 선생님은 젊어서부터 학자가 되겠다는 꿈을 키워 왔고, 결과적으로도 이를 초지일관하신 분이다. 젊은 나이에 3번의 전쟁을 겪으면서 꿈을 버리지 않고 칠전팔기하며 학문과 교육의 길을 걸어 오셨다. 김준엽 선생님이 40대부터 줄곧 아세아문제연구소의 운영 책임을 맡다가 나중에 총장직으로까지 연결되었으므로, 연구업적이 그다지 많지 않을 것으로 지레 짐작하는 사람들이 가끔 있다. 한 학자의 학문적 업적에는 마이크로한 업적과 매크로한 업적이 있다. 마이크로 업적에는 학자 개인의 저서나 논문 등이 포함될 것이고, 매크로 업적에는 연구소의 공동연구 기획과 실행, 교육과 기회제공을 통해 양성한 신진학자 등도 넓은 의미에서 포함시킬 수 있지 않을까 하고 생각된다.

김준엽 선생님에게는 우선 《한국공산주의운동사》 전 5권을 비롯한 《중국공산당사》, 《중국최근세사》, 《중공과 아시아》 등을 저서로 남긴 개인적 업적이 있다. 그리고 자신과 가족의 독립운동 경력을 현대사와 결합시켜 현대사 연구자료의 가치도 지닌 《장정》, 《신규식·민필호와 한중관계》 등 다양하고 무게 있는 저작이 결코 적지 않다.

무엇보다도 김준엽 선생님은 다른 학자가 미처 도전할 엄두를 못 내고 있지만, 자신은 잘할 수 있는 연구분야를 고르는 데 밝은 혜안을 지녔고, 또 자신의 체험을 학문과 결합시키는 데에도 탁월한 능력이 있었다고 할 수 있다. 나는 예전부터 김준엽 선생님의 인품과 능력을 생각할 때면, 어찌된 셈인지 자꾸 현대중국의 걸출한 인물 주은래(周恩來)가 곧

잘 연상되곤 한다. 두 분이 평생 해오신 일의 알맹이는 아주 다르지만, 먼 곳 가까운 곳에서 48년간 선생을 지켜보아 온 나는 주은래와 이미지가 겹치는 인간 김준엽의 인품을 대략 다음과 같이 꼽아 보고자 한다.

김준엽 선생님은 온유함과 단호함을 아울러 갖춘 성품, 성실하고 근면하며 검소한 생활습관, 빼어난 기억력과 사고력을 갖춘 두뇌, 앞날을 내다보는 안목과 예지 능력, 갈등을 조정하고 모순을 완화시키는 솜씨, 현실권력에 대한 절묘한 균형감각, 인재를 알아보고 자기사람으로 만드는 수완, 치밀한 계획과 함께 민첩한 실천력, 뜨거운 애국심과 높은 자존심, 유쾌한 생활과 예술적 감성, 당당하면서도 겸손한 말솜씨, 준수한 외모와 맵시 있는 옷 입기, 홍보의 위력을 알고 활용한 달인이었다는 점에서 주은래와의 유사점을 들어도 용납될 것으로 혼자 생각해 본다.

중국 속담에 "물이 흐르다 보면, 도랑이 생기게 된다"(水到渠成) 라는 말이 있다. 김준엽 선생님의 학문은 바로 길이 없던 곳에 길을 내고, 도랑이 없던 곳에 도랑을 내는 '선구적'이고 '개척적'이었다는 점에 중요한 특징을 찾아 볼 수 있다. 한국에서 연구소다운 첫 연구소인 아세아문제연구소를 세계적 연구소로 키워냈고, 대규모의 국제학술회의 〈아세아에 있어서 근대화문제〉를 개최하여 국제학술회의 조직과 개최의 시범을 보임으로써, 한국학술사에서 국제교류의 한 획을 그었다. 중국학회를 조직하여 존재도 미미하던 한국의 '중국학'을 일으켰으며, '공산권연구'의 금기를 깨뜨렸는가 하면, 불모지대이던 인도 및 동남아시아 연구 전문가를 양성하였다. 광복 이후 경색되어 있던 일본과의 학술교류를 시도하고, 아연에 일본연구실을 설치하여 일본학 연구의 숨통을 틔웠다.

만년에는 현대한국에 대해 무지하던 중국의 12개 대학에 〈한국학연구소〉들 세워 한국학 연구의 씨앗을 뿌렸다. 이 모든 업적은 선생께서 '이신작칙'(以身作則)의 자세로 후학들을 위해 남긴 살아있는 소중한 가르침이 될 것이다.

김준엽 선생님과의 작은 인연, 큰 가르침

이내영(李來榮)*

들어가며

김준엽 선생님에게는 '학병 탈출 제 1호', '영원한 광복군', '중국사와 중국학의 개척자', '사상계 주간', '아세아문제연구소(이하 '아연')를 세계적인 연구소로 키운 교육행정가', '군사정권에 맞선 대학총장', '수차례 총리직 제안을 고사한 지조 있는 선비', '사회과학원 이사장', '중국의 한국학 진흥의 주역' 등 다양한 수식어가 붙어 다닌다. 이러한 수식어들은 선생님께서 한국 현대사의 고비마다 치열하게 사셨고, 다양한 분야에서 화려한 성과를 내시고 존경받았던 인물이라는 점을 여실히 나타낸다.

김준엽 선생님의 서거 1주년을 기념하여 선생님을 추모하는 책을 출판하는 사회과학원으로부터 선생님과의 인연과 에피소드를 소개하는 글

---

* 고려대 정치외교학과 교수, 아세아문제연구소 소장(현).
미국 스탠포드대 아·태 연구소 방문교수, 경희대 아·태 국제대학원 교수 역임.
주요 저서: 《한국인, 우리는 누구인가?》, 《동북아 지역질서의 형성과 전개》, 《변화하는 한국 유권자》.

에 관한 청탁을 받고 한편으로는 영광스러웠지만, 다른 한편으로는 김준엽 선생님과의 인연이 비교적 짧은 필자가 글로 남길 만한 에피소드나 일화가 많지 않아서 무엇을 쓸까 고심했다.

그러다가 1994년 사회과학원에서 김준엽 선생님과 처음 인연을 맺은 이야기와 이후 필자가 아연 소장의 책임을 맡으면서 선생님의 아연에서의 업적을 되새기며 느낀 소감을 쓰기로 마음먹었다. 특히 아연은 당신 스스로도 가장 뿌듯하게 여기시는 업적이기에, 1957년 아연을 설립해서 1982년 고려대 총장에 임명되어 아연을 떠나시기 전까지 연구소를 키우시던 과정을 되돌아보는 것은 의미가 있을 것이라는 판단에서다.

김준엽 선생님과의 첫 만남 - 사회과학원에서의 만남

필자가 김준엽 선생님과 처음 인연을 맺게 된 것은 1994년 2월경이다. 1993년 여름 미국에서 학위를 끝내고 귀국해서 고려대 아세아문제연구소에서 연구위원으로 지내고 있었는데, 당시 사회과학원의 이사장이신 선생님께서 필자를 연구위원으로 불러주셔서 약 1년간 근무하게 되었다. 당시 필자는 선생님의 존함과 명성을 익히 알고 있었지만 직접 만날 기회는 없었다. 일면식도 없는 필자를 선생님께서 사회과학원의 연구위원으로 불러주신 이유는 알 수 없지만, 필자가 당신이 아끼는 서진영 교수의 제자라는 점이 크게 작용했을 것이라고 추측한다.

사회과학원은 김준엽 선생님이 전두환 정부와의 갈등으로 고려대총장을 그만두시고 대우재단의 지원을 받아 1988년 10월 설립하신 연구소였다. 설립 당시 사무실은 남대문 대우재단빌딩에 위치해 있었으며 학술지 〈계간 사상〉을 발행하고, 중국의 한국학 연구를 지원하는 사업을 전개하였다. 이 당시 사회과학원은 외국에서 학위를 마치고 귀국한 젊은 박사들에게 대학의 전임직을 얻을 때까지 급여와 연구실을 제공하고 연구를 할 수 있도록 배려해 주었다. 선생님이 평생 인재양성에 특별한 관심을 가지셨고 젊은 학자들을 키우는 것을 큰 보람으로 여기셨다는 사실은 여기서도 잘 나타난다. 대학 전임직을 얻기 전 어려운 시기에 연구에 전념할 수 있도록 배려해 주신 것은 필자에게는 큰 혜택이었다. 필자 이외에도 사회과학원에서 연구위원을 지냈던 학자들은 통일부 장관을 지낸 고려대 정치외교학과 현인택 교수, 고려대 국제학부 교수이고 현재 외무부 차관을 맡은 김성한 교수, 동아대학교 임석준 교수 등이 있다.

사회과학원에서 내가 맡은 임무는 김경원 원장을 도와 〈계간 사상〉의 원고를 청탁하거나 원고를 수집하는 것이었다. 이외에 이사장님이셨던 김준엽 선생님이 가끔씩 해외 지인들에게 보내는 영문편지를 작성하는 일을 도왔다. 이 시기에 선생님은 북경대, 복단대, 절강대, 산동대, 항주대 등 중국의 주요 대학들이 한국학 연구소를 설립하도록 지원하는 일에 애를 쓰셨다. 또한 선생님은 중국 내의 한국의 역사문화 유적지를 보존하는 일에도 적극적인 관심을 가지고 중국을 빈번히 여행하셨다.

사회과학원이 발간한 〈계간 사상〉은 학술지의 이름이 나타내는 것처럼 50~60년대 한국 지식인사회에 큰 영향을 미쳤고 선생님이 주간을 맡았던 〈사상계〉의 전통을 되살린다는 취지를 가지고 있었다. 〈사상계〉는 1953년 4월 장준하(張俊河) 선생이 창간한 월간 종합 교양지로 당대를 대표하는 학자나 지식인의 논설을 통하여 자유와 민주주의 이념을 고취하였다. 김준엽 선생님은 1955년부터 〈사상계〉에 편집위원으로 참여했고 1959년부터 1961년 초까지는 3대 편집주간을 맡기도 했다. 그러나 박정희 정권의 권위주의 통치를 비판하던 〈사상계〉는 1970년 5월 통권 205호를 끝으로 박 정권에 의하여 폐간되었다.

〈계간 사상〉은 김경원 원장의 책임 아래 한승주, 최정호, 안병영, 김인준, 최상용, 한상진 교수 등 저명한 편집위원들이 참여하여 매호마다 이 당시 한국사회의 핵심이슈에 대한 특집을 꾸미면서 한국사회의 담론 형성에 큰 영향을 미쳤다. 당시 〈계간 사상〉은 좌우 양극단에 치우치지 않으면서 한국사회의 문제를 지적하고 대안을 제시하는 우수한 글들이 실리는 종합학술지 혹은 교양지로서 권위를 인정을 받았을 뿐만 아니라, 학술지 가운데서는 가장 많은 원고료를 지급해서 많은 학자들이 〈계간 사상〉에 원고를 쓰는 것을 큰 자랑으로 여기는 분위기였다. 이후 사회과학원의 재정이 어려워지고 김경원 원장의 건강악화로 〈계간 사상〉 발행이 2004년 봄호를 끝으로 중단된 것은 지금도 아쉬움으로 남는다.

필자가 사회과학원에 근무하면서 김준엽 선생님을 가까이서 모신 기간은 1년에 불구하지만, 필자는 선생님께서 많은 사람들에게 큰 어른으로 존경받을 만한 분이라는 점을 피부로 느낄 수 있었다. 우선 선생님은 깊은 애국심을 가진 분이셨다. 당신이 젊은 시절 목숨을 바쳐 독립운동에 헌신했던 대한민국이 경제발전과 민주화를 달성해서 세계 속에 우뚝 선 것을 자랑스러워 하시면서도, 남북분단에 가슴 아파하시고 통일에 대한 강한 염원을 가지고 계신 분이셨다.

둘째, 선생님은 분명한 원칙과 소신을 가지고 계셨고, 이를 지키며 살기 위해 용기와 절제가 몸에 밴 분이셨다. 젊은 시절 학병에서 탈출해서 독립군에 가담한 사실이나, 고려대 총장시절 군사정권의 압력에도 타협하지 않고 총장을 그만두신 일화 등은 선생님의 이러한 강직한 성품을 나타낸다.

마지막으로 선생님은 자신에게는 매우 엄격한 분이셨지만, 부하 직원들과 제자들에게는 항상 인자한 미소와 격려를 아끼지 않는 따뜻한 분이셨다. 특히 선생님께서는 인재양성에 심혈을 기울여 수많은 제자들과 후학들이 해외에 유학을 가도록 권유하고 장학금을 탈 수 있도록 노력을 기울이셨다. 특히 선생님께서 당신의 전공인 역사학 분야만이 아니라, 사회과학 분야의 후학과 제자들에게도 큰 관심과 배려를 아끼지 않으신 점을 보면 선생님이 큰어른이셨다는 것을 알 수 있다.

필자는 1995년 봄학기에 대학 전임이 되어 사회과학원을 떠났지만 이후에도 선생님을 평생의 스승으로 여기고 지냈다. 선생님은 필자가 직장을 옮기거나 중요한 일을 시작할 때면 바쁜 시간을 쪼개어 충고와 격려를 해주시는 따뜻한 스승이셨다. 매년 사회과학원 연말 모임에 초대해 주셔서 사회과학원 식구로서 저명한 자문위원님들과 편집위원 선생님들을 만날 수 있었던 것은 큰 즐거움이었다. 또한 매년 연초에 선생님 댁에 세배를 드리러 가서 만날 때마다 선생님의 고매한 인품에 고개가 저절로 숙여지곤 했다.

김준엽 선생님과 아세아문제연구소

필자는 2007년 8월에 고려대 아세아문제연구소의 소장으로 임명되어 6년째 소장직을 수행하고 있다. 한국을 대표하는 대학 연구소의 소장을 맡기에는 필자의 학문과 능력이 턱없이 부족하다는 점을 잘 알기 때문에 부담스러웠지만 소장직을 맡을 수 있다는 점을 큰 영광으로 알고, 아연의 명성을 되살리기 위해 노력했다. 필자는 고려대 대학원 재학시절 서진영 교수가 운영하는 아연의 공산권연구실에서 조교로 근무한 경험이 있다. 당시는 20년간 아연 소장으로 아연의 기틀을 마련하셨던 김준엽 선생님께서 고려대 총장으로 임명되시고 정치외교학과의 한승주 교수께서 소장을 맡던 시절이었다. 따라서 필자에게 아연 소장직은 단순한 학교 보직 이상의 의미가 있다.

특히 아연을 설립하고 세계적인 연구소로 키워 오신 김준엽 선생님을 사회과학원에서 모셨고, 가장 존경하는 어른으로 여기는 필자는 아연의 소장을 맡으면서 김준엽 선생님이 쌓은 아연의 명성을 되찾아야 한다는 강한 책임감을 가지게 되었다. 다행히 2008년에 교육과학부가 지원하는 인문한국(HK, Humanities Korea) 지원사업의 지역연구사업에 선정되어 매년 8억 원씩 10년간 연구비 지원을 받을 수 있었고, 이밖에 국내외 재단으로부터 연구비를 수주하여 현재 활발하게 연구활동을 수행중이다.

아연 소장을 맡아 연구소의 재원 마련과 발전을 위해 고심하는 가운데, 《아연 20년사》와 《長征》 5권을 읽으면서 김준엽 선생님께서 1950년대 말과 60년대 초의 열악한 대학환경 아래서 연구소를 창립하고 세계적인 연구소로 키우기 위해 애를 많이 쓰셨고 큰 역할을 하셨다는 점을 확인할 수 있었다. 사실 아연은 고려대를 대표하는 연구소이지만, 한국 사회과학분야에서도 중요한 역사적 의미를 가지는 연구소라고 할 수 있다. 선생님 자신도 《장정 5: 다시 대륙으로》에서 아연은 일생 중 가장 심혈을 기울였고 또한 성공적이었다고 기술하셨다.

선생님은 1949년 고려대 문과대 교수로 고려대와 인연을 맺고 1957년 6월 17일 경제학과의 조기준 교수, 김정학 교수와 함께 아세아문제연구소를 설립했다. 아연은 한국 최초의 아시아 지역연구를 하는 대학 부설 연구소로 아시아의 시선으로 아시아를 바라보고 연구하자는 목표를 가지고 시작되었다. 이 당시 대학의 재정상황이 어려워 고려대 본관의 교실 하나에 사동 한 명을 두는 열악한 상황에서 시작하였다고 기술되어 있다. 그러나 선생님께서 미국과 독일 등 해외에서 연구비 지원을 받는데 성공하여 1960년대에 아연은 독자적인 건물도 마련하고 국내는 물론 세계적인 연구소로 발전하였다.

특히 아연은 《공산권연구총서》와 《구 한국외교문서》 30권 등 많은 단행본을 출판하였고, 저명한 해외학자들을 초빙하여 국제학술회의를 개최하면서 해외학자들과의 네트워크를 구축하였다. 또한 이 시기에 대학연구소로는 드물게 아연은 독자적인 도서실을 운영하였는데, 장서가 12만 권에 달했을 뿐만 아니라, 공산권의 신문과 잡지, 희귀자료 등을 다수 보유하고 있었다. 중국과 북한의 공산권 연구에서는 세계적 수준으로 평가되어 1970년대 당시 세계 5대 공산권 연구소 중 하나로 명성을 얻었다.

선생님이 1950년대 말의 열악한 재정상황과 척박한 환경에서 아연을 세계적인 연구소로 키울 수 있었던 비결은 몇 가지로 정리할 수 있다. 첫째, 김준엽 선생님이 세계적 시야를 가지고 있었을 뿐만 아니라, 세계

각국의 저명한 교수들과 친분을 가지고 있었기 때문에 가능했다. 김준엽 선생님은 고려대학교에서 교편을 잡은 뒤인 1951년 9월부터 약 4년간 국립 대만대학에서 유학했고, 1958~59년에는 하버드대학, 1968~69년에는 하와이대학, 프린스턴대학에서 단기 유학을 했다.

이러한 유학을 통해 선생님은 아시아의 공산주의 운동에 대해 학문적 관심을 갖고 연구를 본격적으로 시작할 수 있었으며, 자신의 국제적 네트워크를 구축할 수 있었다. 대만 유학시절에는 국민당 정부가 설립한 중앙연구원의 기능과 역할에 깊은 인상을 받아서 아연을 설립할 때 모델로 삼았던 것으로 알려졌다. 특히 하버드대학 유학시절에는 중국학계의 거목 존 페어뱅크를 비롯, 일본사 전공의 에드윈 라이샤워, 동구권 전공의 브레젠스키 등과 교류하였다. 특히 페어뱅크 교수는 같은 중국 근대사 전공자였을 뿐만 아니라, 2차대전 당시 미국 전략사무국 요원으로 중국에서 항일운동을 한 경험도 공유했기 때문에 선생님과 각별한 관계였다.

둘째, 해외재단으로부터 선생님의 모금노력이 성공한 것이 아연의 도약에 결정적 계기가 되었다. 지금도 그렇지만 우리나라의 대학연구소를 운영하는 데 가장 큰 어려움은 연구비와 인건비 등 재정기반을 마련하는 일이다. 1960년대 초의 한국 대학의 재정상황은 매우 열악해서 대학이 교내 연구소에 지원하는 것이 어려웠다. 또한 정부나 기업으로부터 연구비를 모금하는 것도 거의 불가능한 상황이었다. 그래서 선생님은 아연을 설립하면서부터 아세아재단, 포드재단, 아데나워재단 등 해외 재단들로부터 연구비를 모금하는 데 눈을 돌렸다. 이러한 선생님의 노력이 결실을 맺어 1962년에 포드재단으로부터 28만 5천 달러라는 당시로는 대규모의 연구비를 지원받는 데 성공한 것이 아연이 도약하는 중요한 계기가 되었다. 포드재단의 연구비 지원을 받는 과정에는 선생님의 해외 지인들, 프린스턴대학의 페이지 교수, 바네트 교수, 하버드대학의 페어뱅크 교수 등의 지원이 크게 작용한 것으로 알려졌다.

셋째, 선생님은 열린 마음을 가지고 국내외 우수한 학자들을 아연의 연구사업에 참여시키려고 노력했기 때문에 아연이 지적 저수지로 발돋움할 수 있었다. 선생님은 고려대를 무척이나 아끼는 분이셨지만 아연의 연구 프로젝트와 국제회의 등에는 고려대 교수들만이 아니라, 국내의 우수한 교수들이 참여하도록 개방적인 운영을 하셨다. 1980년까지 아연의 국제회의와 연구 프로젝트에는 고려대 교수들은 물론이고 타 대학의 저명한 학자들이 대거 참여하였다. 요즘 주요 대학 연구소가 자기 대학 교수들을 중심으로 폐쇄적으로 운영되는 것과 비교하면 선생님의 개방적 시야와 인품이 아연을 한국을 대표하는 연구소로 만드는 데 기여했다는 점을 알 수 있다.

2009년 3월 27일 아연 대회의실에서는 아연이 교육부가 주관하는 인문한국(HK) 사업에 선정되어 10년간 비교적 큰 규모의 연구비를 지원받는 사업단을 발족하는 행사가 열렸다. 필자는 이 같은 뜻 깊은 자리에 김준엽 선생님을 모시고 '고려대와 아연-원로 역사학자의 회고'라는 특별 기념강연을 개최하였다. 1985년 전두환 정권이 대학의 자율을 침해하는 것에 저항하다가 총장직에서 물러난 이후, 선생님께서는 고려대의 공식행사에 가급적 참석하지 않으셨다. 선생님이 아연 행사에 참석을 결심한 것은 필자의 간곡한 요청 때문이기도 했지만, 당신이 그토록 애써 키운 아연이 건물을 리모델링해서 새롭게 단장했다는 소식을 듣고 당신이 직접 보고 싶으신 마음이 작용하였다고 생각한다.

따라서 이날 행사는 김준엽 선생님이 24여 년 만에 고려대 캠퍼스에서 강연을 하시게 된 자리였다. 20여 년 만에 90세의 원로학자가 강연하시는 아연 대회의실에는 수많은 제자들과 청중들로 가득 차 일부 청중들은 서서 강연을 들어야 했다. 이날 선생님은 아연을 설립할 때의 포부와 어려운 재정상황을 설명하면서 해외재단에서 연구비를 받기 위해 노력하던 일을 회상하셨다. 당시에는 연구소가 단독건물을 갖는 것을 상상하기가 어려웠던 시절에 당신이 해외기금을 통해 단독건물을 마련하고 활발한 연구활동을 전개할 수 있었던 것을 뿌듯하게 생각한다고 말씀하셨다.

선생님께서는 자신의 경험에 비추어 아연이 세계적인 연구소로 도약하기 위해서는 ① 수준 높은 연구 ② 연구비 수주 등 재정 확보 ③ 인재양성이라는 세 가지 목표가 이루어져야 한다고 지적하면서 학교 본부의 적극적인 지원과 아연의 노력을 당부하셨다.

김준엽 선생님을 그리워하며

김준엽 선생님은 격동의 현대사를 온몸으로 치열하게 사신 분이다. 일제 강점기에 학병으로 차출되었으나 죽음을 무릅쓰고 탈출해서 독립운동에 가담한 용기와 애국심, 고려대 총장시절 서슬 퍼런 권위주의 정권에 맞서 대학의 자율을 지키기 위해 애쓰다가 미련 없이 총장직을 버린 강직한 성품, 수차례의 총리와 장관 제안을 거부한 일화 등은 김준엽 선생님의 올곧은 성품과 선비정신을 여실히 보여준다. 흔히 한국 사회에는 존경할 만한 어른이 많지 않다는 이야기가 있지만, 선생님이야말로 당신이 일생을 통해 보여준 애국심과 헌신, 수많은 업적과 인품으로 오랫동안 국민들에게 귀감이 되고 사표가 되는 인물이다.

필자가 아연 소장직을 맡은 이후 선생님을 뵈올 때마다 선생님은 아연에 대한 지대한 관심과 애정을 가지고 조언을 해주셨고, 아연이 과거의 명성을 되찾아 세계적인 연구소로 거듭나기를 바라셨다. 큰스승이셨던 김준엽 선생님을 회고하면서 필자는 선생님이 심혈을 기울여 키운 연구소를 더욱 발전시켜 세계적인 연구소로 키워야 하는 사명감을 새삼 느낀다.

김준엽 선생님의 뜻을 기리기 위해 앞으로 아연은 사회과학원과 공동으로 1년에 서너 차례 "김준엽 렉처" 시리즈를 개최할 예정이다. 선생님께서 우리 곁을 떠나신 지 1년이 지났지만, 당신이 이룩한 수많은 업적과 넉넉한 인품은 당신을 흠모하는 후학과 제자들, 그리고 많은 국민들의 기억 가운데 오랫동안 남을 것으로 확신한다.

김준엽 총장님과 함께한 장정

조상호(趙相浩)*

1986년 총장님의 회고록 1, 2권인 《장정(長征): 나의 광복군 시절》 출간을 준비하면서부터 명륜동 총장님댁 출입을 시작하였다. 정월 초하루 세배를 하고 나선 아래층 식당에서 정갈스런 떡국모임이 20년 동안 계속되었다. 한승주, 이상우, 최정호, 서진영, 지청 교수가 기억에 새롭고, 최상룡 교수 부부는 붙박이였고 나는 말석을 지켰다. 총장님이 미수(米壽)를 맞이한 2008년부터는 세배받는 일도 힘에 부치신지 중단되고 말아 여간 섭섭한 것이 아니다. 세배 풍속도도 국무총리를 계속 고사할 무렵에는 정치주변 사람들이 많았지만 제자들은 꾸준하게 총장님의 건강을 살피고 덕담(德談)을 받아가는 아름다운 풍경이 계속되었다. 내 자식도 함께 세배를 올리며 할아버지의 정을 느끼게 하였는데 고등학교에 진학하자 따라나서기를 쭈뼛거려 아내와 함께할 수밖에 없었다.

1987년 8월 15일 발행한 《장정 1·2: 나의 광복군 시절》부터 시작하여 총장님을 모시고 15년을 책으로 함께한 대장정을 2001년 11월, 〈김

---

* (주)나남출판 대표이사, 지훈상 상임운영위원, 나남문화재단 이사장, 나남수목원 이사장(현)
주요 저서: 《한국언론과 출판저널리즘》, 《언론의병장의 꿈》.

준엽 현대사〉 5권 《장정: 다시 대륙으로》로 마쳤다. '다시 대륙으로'라는 책 제목은 총장님이 좋아하셨다. 김대중 정부의 햇볕정책으로 경의선 복원이 손에 잡힐 듯했던 때였다. 다시 대륙으로의 꿈을 되새기시는 것은 아니었을까.

큰 산맥 앞에 서면 아무것도 보이지 않는다고 한다. 거인(巨人)의 한 자락이라도 올바르게 이해했는지는 모르지만 나는 《장정》 5권 각권의 부제였던 '나의 광복군 시절', '나의 대학총장 시절'을 지나 '나의 무직 시절'에 총장님을 모시게 되는 행운을 안았다. 이 어른과 함께한 것이 우리 시대 모두에게 축복이기도 했지만, 내가 출판쟁이가 되지 않았더라면 어른을 직접 모실 꿈도 꾸지 못했었을 것이기 때문이다. 《장정 1·2: 나의 광복군 시절》을 출간한 다음 해 아버지를 갑자기 여의었다. 실의에 빠지지 않고, 없는 것을 찾아 지금까지 거칠 것 없이 진군할 수 있었던 용기는 고비고비마다 총장님의 가르침에 따른 것임을 이제라도 고백해야 한다.

25년의 군부독재가 그 막을 내리려던 1986년 무렵은 한국사회의 정체성이 흔들리던 혼돈의 시기이기도 했다. 답답한 전환기에 무력감에 짓눌려 역사의 신의 존재라도 찾고 싶었던 때였다. 총장님의 사학과 애제자였던 윤무한 선배가 원고를 어렵게 얻어 〈월간 경향〉에 선보인 이 시대의 마지막 광복군(光復軍)인 총장님의 《나의 광복군 시절》이 눈에 번쩍 띄었다. 이 회고록을 사회학과 임희섭 교수의 추천으로 내가 출판하게 되었다. 그때까지 일면식이 없었던 김 총장님은 "제자가 운영하는 출판사이니 안심하고 맡길 수 있다"고 하셨다고 한다.

항상 그 나름의 최선을 다해 출판한다고 자부했지만, 역사의 한 페이지에 동참하는 일인 만큼 '오자(誤字)와 싸우자'는 마음으로 지명·인명의 한문교정이나 문장을 가다듬는 일만이 아니라 중국, 일본의 현대사 공부도 새롭게 해야 했다. 책제목은 모택동의 대장정에 버금가는 의미를 부여하기 위해서 《김준엽 현대사—장정》이라고 붙였다. 이 책은 5

만 부 넘게 팔려나가 출판사 초기에 재정적 초석을 세우기도 했지만 단숨에 격조 있는 출판명가로 우뚝 서게 했다. 더욱 중요한 것은 분단의 굴레에 주눅 들었던 젊은이들에게 광활한 대륙을 말달리며 항일무장투쟁(抗日武裝鬪爭) 하던 선구자의 모습을 보여주었음에 자부심을 가졌다.

1990년 여름에 총장님의 칠순을 기리는 조촐한 자리를 명동 퍼시픽호텔 일식당 아서원에서 가졌다. 《장정 1·2: 나의 광복군 시절》이 한참 낙양의 지가를 올리던 무렵이었다. 생일 챙기기란 엄두도 내지 못하게 하시는 엄격한 총장님을 외아들 홍규 선배가 모시는 것으로 밀어붙이자 마지못해 응하셨다. 초대인사는 총장님이 부르신 동지 양호민 한림대 교수뿐이었고 다른 분은 내게 일임하셨다.

낯가리기가 심한 총장님의 눈치를 살피다가 이 사회를 대표할 수 있는 두 분을 모셨다. 우선 '하늘이여 땅이여 사람들이여'로 당대의 명칼럼을 쓰는 대기자 〈동아일보〉 김중배 편집국장과 〈사상계〉 기자였던 이청준 선생을 모셔 말씀을 나누게 했다. 30여 년 전 사상계 부주간이셨던 총장님은 대학을 갓 졸업한 그때의 젊은 기자 이청준을 기억하고 너무도 반갑게 맞았다. 술이 돌고 흥취가 나시는지 양호민 교수와 어깨동무를 하시고 독립군가를 소리쳐 부르며 즐거운 시간을 같이했던 적이 있다.

총장님의 회고록은 2001년 전 5권이 완간될 때까지 제목처럼 15년 동안 장정(長征)의 길을 걸어야 했다. 이 책으로 항일의병운동, 광복군 무장투쟁 등 20세기 초반의 한국현대사에 관한 저술들이 집중되고 《백범전집》까지 제작함으로써 의연한 길을 걸었던 우리 시대 역사의 신들과 두반을 함께하는 영광도 같이하고 있다.

총장님을 모시고 책의 장정(長征) 길을 따라가면서 우리 현대사를 어떻게 보아야 하며, 어떤 삶을 살아야 하는가를 배우게 되었다. 한 번은 한복을 품위있게 차려입은 할아버지가 출판사로 찾아왔다. 항일(抗日) 운동사에 기록된 부친의 성함을 묘비에서 탁본을 해 와서 그대로 고쳐달라고 했다. 유격대(遊擊隊)와 유격대(游擊隊)의 차이만큼이나 같은 뜻의 한자였다. 기록의 무서움, 갑자기 역사의 현장에 있는 듯했다. 항일 독립군 인사에 나열된 여러 사람들의 명단에 낀 이름 석 자 하나하나가 그렇게 크게 보이기 시작했다. 그것은 삶의 전부이기도 하고 자랑스러운 가문의 상징이기도 하기 때문이다. 총장님께서 해방정국의 격동기에 백범(白凡)을 따라 귀국하여 정치일선에 서지 않고, 독립운동사를 연구하는 역사학자의 길을 걸은 깊은 뜻을 짐작할 만했다.

임시정부 독립운동가들은 누구인가. 일제(日帝)의 침략으로 국권회복을 위해 중국에서 풍찬노숙(風餐露宿)하며 말달리던 그들이다. 조국에 남았던 가족과 집안은 이민족인 일제 점령군과 일신의 영화를 위해 부화뇌동(附和雷同)하는 같은 민족에게 얼마나 시달렸던가. 그 후손들은 이러한 핍박 속에서 제도교육은커녕 우선 살아남기에 급급할 수밖에 없었을 것이다. 6·25 전쟁을 겪고 분단된 이 땅에 불어 닥친 산업화와 이데올로기 전쟁이 만든 체계는 광복(光復)의 열사(烈士)들을 잠시 묻어두어도 괜찮은 것처럼 잊고 살았다. 보상을 바라고 광복의 투쟁에 앞장 선 것은 아니지만, 광복된 조국이 그분들에게 한 대접은 무엇인지?

이러한 생각은 조지훈의 《한국민족운동사》를 단행본으로 출간하여 지훈 선생의 정신을 우리 출판사에 모시기 시작했고 이어 1996년 10월에는 《조지훈 전집》 전 9권을, 2001년 5월에는 〈지훈상〉을 제정하는 것으로 나아갔다.

총장님은 민족정기를 바로 세우기 위해 1987년 《한국독립운동사》의 편찬을 주도했다. 그리고 각고의 노력으로 민주화 이후의 헌법 개정안 전문에 "우리 대한민국은 3·1 운동으로 건립된 대한민국 임시정부의 법통과 불의에 항거한 4·19 민주이념을 계승하고 …"라고 명기하여 대한민국이 임시정부의 법통을 계승한다는 점을 분명하게 밝혔다. 임정(臨政) 수립 68년, 광복 42년 만의 감격적인 일이었다.

총장님은 국교 수립 이전부터 어렵게 중국을 방문하기 시작하여 상해(上海)와 중경(重慶)에 있던 임시정부 청사(廳舍)를 찾아내 복구하는

데 앞장섰고, 중국 공동묘지에 묻혀있던 임정요인 다섯 분(박은식 · 신규식 · 노백린 · 김인전 · 안국태)의 유해를 모셔와 국립묘지에 안장시킨 주역이셨다. 나라를 되찾고 50년이 지나서야 조국의 품에 안기신 애국선열들에게는 부끄러운 일이었지만 이 일도 총장님의 민족혼이 아니었다면 더 늦어졌거나 잊혔을지도 모른다.

1990년 6월에는 총장님의 논설집 《역사의 신(神)》을 출간하여 "현실에 살지 말고 역사에 살아라. 역사의 신을 믿으라. 정의와 선(善)과 진리는 반드시 승리한다"는 교훈을 받았다. 이 '역사의 신'은 우리에게 오늘을 보고 살지 말고, 역사를 보면서 살라고 말한다. 진리와 정의와 선은 잠시 역사의 반동에 휘둘리기도 하지만 결국 승리한다는 것을 역사는 보여주기 때문이다. 그리고 역사는 우리의 생각보다 훨씬 더 빠른 속도로 역동(力動)하는지도 모른다. 10여 년 넘게 젊은 그들과 대화하기 위해 대학, 대학원에 나가면서 '언론사상사' 강의에서 항상 처음에 언론자유의 기원으로 삼는 1644년 밀턴의 《아레오파지티카》를 같이 읽는다. 사상의 자유시장인 공론장에서 거짓과 진실이 다투게 하면 반드시 진리가 승리할 것이라는 밀턴의 자동조절원리도 이 '역사의 신'과 같은 의미일 것이다.

《장정 1 · 2: 나의 광복군 시절》은 1991년 12월 일본에서 《長征 — 朝鮮人学徒兵の記録》으로, 1995년 7월에는 중국에서 《我的長征》으로 번역 출판되었다.

1995년 3월에는 김구(金九) 주석의 비서실장이자 총장님의 장인이신 민필호 선생의 《석린 민필호전》(石麟 閔弼鎬傳)을 출판하였다. 역사의 소용돌이 속에서 기나긴 광복투쟁의 결실을 맺은 임시정부 사람들이 귀국하는 과정은 이 책이 아니었으면 자칫 역사에 묻혔을지도 모른다는 생각을 했다. 1997년 8월에는 중국에서의 한국학 연구를 본격적으로 펼치는 총장님의 의미 있는 또 하나의 장정(長征) 과정을 소개한 《나와 중국》을 출판했다. 2003년 4월에는 총장님의 3대에 걸친 항일 독립군 가문의 중국과의 인연과 항일운동을 그린 《신규식(申圭植)·민필호(閔弼鎬) 와 한중(韓中) 관계》를 출판했다.

선생님은 고려대 총장을 마치고서도 20여 년간을 학자의 본분을 잃지 않으려고 학술활동에 몰두하시고 국가발전에 기여하기 위해 중국과의 친선에 최선을 다하셨다. 북경대를 비롯해 중국 명문대학 10여 곳에 심적 물적 지원을 아끼지 않고 한국연구소를 설립하고, 중국에서의 '한국학 대회'인 '한국전통문화 국제학술회의'를 해마다 현지에서 개최하셨다. 1995년 여름 북경대에서 열린 제 1회 대회 때는 나도 동참하는 기회를 주셨고, 그때 《장정》 중국어판(《我的長征》)의 출판기념회가 열렸던 웅장한 대회장에서는 북경대 총장, 북경시장과 함께 맨 앞자리에 출판사 사장을 앉혀 주시는 영광을 누리기도 했다. 반도의 울타리를 벗어나지 못하는 답답한 젊은이에게 대륙의 광활한 문화에 눈을 뜨라는 엄친(嚴親) 과 같은 어버이의 가르침으로 받아들여야 했던 감동의 배려였다.

대학시절 총장님께 강의를 들을 기회는 없었다. 그때 총장님은 1957년 아세아문제연구소를 설립하여 소장으로 일하셨다. 우리들은 이 연구소가 대학 전체와 맞먹는 예산규모로 공산권 연구 등 세계 석학들이 운집해 있는 신비한 신화 속의 주인공으로만 알고 있었다. 많은 한국사회의 엘리트들이 이 연구소를 거쳐 갔다. 총장님이 일찍이 해외 두뇌들을 이 연구소로 불러 모았던 큰 업적의 결과이기도 했다.

총장을 맡기 전까지 25년 동안 세계적인 연구소로 성장시켰던 아세아문제연구소의 성취는 이후 총장님이 전두환 신군부의 탄압으로 물러나신 뒤 1988년 말에 설립하신 사회과학원으로 계승된다.

일본군을 탈출하여 중경 임시정부의 품에 안기기까지 '돌베개'를 베며 장정을 함께한 장준하 선생과 함께 〈사상계〉를 냈던 총장님은 사회과학원을 창립하면서 첫 번째 사업으로 〈계간 사상〉을 간행하셨다. 나는 편집·제작을 맡아 15년 동안 뒷받침해 드렸다.

총장님은 항상 "일은 사람이 하고, 사람은 유능해야만 큰일을 할 수 있으며, 유능한 사람이라도 함께 모여 협력해야만 더욱 큰일을 할 수 있다고 믿는다"고 말씀하시고 평생을 실천하셨다.

힘들게 축조한 거대한 '지적 저수지'의 주인이 아닌 관리인으로만 자임하거나, 지성의 열풍지대의 '간이역 역장'의 초연함을 보여주신 것으로 나는 나름대로 받아들였다. 총장님의 거대한 사람들의 숲은 그 높이와 깊이와 넓이를 감량할 수 없었다. 사상계와 아세아문제연구소와 고려대와 사회과학원의 사람들이 그 숲을 이루며 부분의 합이 전체보다도 훨씬 크게 사상의 저수지를 채운 것이다.

김성진 · 김경원 · 양호민 · 신일철 · 지청 · 서진영 · 임희섭 교수 등 사회과학원 이사진의 면모가 그러하고, 최석채 · 박두진 · 이만갑 · 임원택 · 김점곤 · 홍남순 · 강영훈 선생 등 사회과학원 자문위원회 위원이 그러하고, 이홍구 · 이상우 · 바영철 · 안병준 · 유세희 · 정종욱 교수 등 통일정책연구위원회 위원이 그러하고, 최정호 · 안병영 · 한상진 · 김인준 · 한승주 · 최상용 교수 등 〈계간 사상〉 편집위원이 그러하다.

현대사의 숨길을 같이 느끼며 진리가 승리한다는 역사의 신을 믿기 시작했고, 총리를 고사(固辭)하면서 지켜냈던 자존의 고집 뒤에는 조선조 봉건유습인 관존민비(官尊民卑)의 악습타파를 당신 몸으로 실천하신 뜻이 숨어있다. 민간 섹터에도 늠름한 사람들이 각 분야에 많아질 때 이 사회가 더 건강해지지 않겠는가. 냄비에 물 끓듯 하는 얄팍한 언론들은 그 좋은 재상(宰相) 자리를 고사하느냐고 안타까운 듯하면서도 계제가 되면 별 이해관계도 없이 큰 어른을 올렸다 내팽개쳐 버리기도 한다. 그들만의 이해와 잣대로 어른의 그릇을 감량하려는 어릿광대짓임에 틀림없다. 군자불기(君子不器)의 뜻을 조금이라도 헤아렸으면 좋았겠다. 그러면서도 어른이 없다고 개탄하는 이중의식 구조가 오히려 안타깝다.

한 삶이 일회용으로 치부되지 않는 의연함을 보여주는 어른을 얄팍한 이해에 쉽게 움직여 주지 않는다고 냉소한다. 그 어른을 담을 그릇이 되지 않음을 모르는, 몇 년도 못 가 언급할 가치도 없는 소인배들의 뻔뻔함이 주류인 듯하다. 그들의 역사라는 관제(官制) 공훈록에는 이들이 화려하게 장식함은 물론이다.

해서 족보(族譜)가 쿤타 킨테의 뿌리라면, 생사일자와 벼슬관직만 기록된 박제된 기록만이라는 사실도 다시 짚어보아야 할 것이다. 몇 대조가 영의정 판서를 했다는 기록만 달달 외워 선반 위의 자랑거리로 삼을 것이 아니라 그가 공직을 언제, 얼마 동안, 사회를 위해 무슨 일을 했는지를 기록하고 자랑해야 한다. 지금도 떳떳할 수 있는 기록이면 더욱 좋겠다.

2008년은 총장님의 미수(米壽)셨다. 생일잔치는 물론이고 기념잔치를 꺼려하는 성격 때문이시기도 했지만 이번에도 두 권의 책《역사의 신〔續〕》,《나와 중국〔續〕》의 출간으로 대신하셨다. 여전히 담배와 술을 즐기시는 건강을 유지하고 계셨다. 기억력도 굉장히 비상하셨다. 차(茶)를 상복하시고 짧은 낮잠을 일상화하시는 것도 건강에 도움이 되시는 것 같지만 총장님은 젊은 날의 광복군 시절에 다듬어진 체력 덕을 보고 있다고 파안대소(破顔大笑)를 하셨다.

얼마 전에 99세로 타계한 총장님의 오랜 친구였던 북경대학의 계선림(季羡林) 교수가 병상에서 보낸 축시(祝詩)를 자랑하셨다.

> 어진 이는 장수하나니(仁者壽) 한량없이 장수하리라(無量壽)
> 어찌 미수에만 머물꼬?(何止於米) 다수까지 기약하노라(相期以茶)

미수(米壽)는 '미'(米)를 분해하면 여든여덟(八十八)이 되기 때문에 88세를 가리키며, 다수(茶壽)는 '미'(米)에 '스물 입'(廾)이 더해졌기에 88세에 20세를 더한 108세를 가리킨다. 이 말뜻대로 나도 총장님이 다수(茶壽)하시길 빌었다.

이 무렵 심장 주변의 이상으로 심혈관 확장수술을 하셨다. 수술경과도 좋으셨지만 주변에 조그마한 변화도 있었다. 당연한 일이지만 담배를 끊으셨고, 가벼운 점퍼차림과 편한 운동화를 신으신 모습이 이제까지 한 번도 의관에 흩트림이 없었던 단아한 정장차림을 대신했다. 이미 3년 전 서울역 앞 대우재단빌딩에서 총장님댁과 가까운 명륜동으로 옮긴 사회과학원으로 오가며, 책을 읽고, 제자들의 성장을 확인하기도 하시면서 학의 날갯짓처럼 구름 위의 산책을 하셨다. 한두 해의 이런 여유도 신에게 감사해야 했는지도 모른다. 총장님의 몸에는 이미 큰 병이 들어와 있었다.

마지막 가시는 여정까지도 광복군의 군사작전처럼 치밀하게 디자인하신 듯 보였다. 영면을 앞두시고도 그저 일상의 나날처럼 일주일 동안 보고 싶은 사람들을 하나하나 고려대 안암병원으로 불러 덕담을 하시며 그 인연을 다시 확인하고 웃으시는 투혼을 보여주셨다. 언제 호랑이가 떼지어 다니더냐며 당신 혼자서 외로운 광야를 질주하던 호랑이처럼 죽음의 고통이나 공포까지도 초월하시는 자기통제를 자유자재로 하셨다. 이 힘의 원천은 무엇이었을까.

그렇게 거인께서는 한 시대의 서러움과 환희를 안고 깊은 잠에 드셨다. 우리 총장님은 광복된 조국이 통일되지 못한 것이 못내 아쉬워 한국혼(韓國魂)의 거대한 학 한 마리가 되어 지금도 고향인 압록강변 강계 위를 날고 있을지도 모른다.

다음은 벌써 1년이 지난 총장님의 조사를 〈고우회보〉(2011년 6월 12일)에서 찾아 그대로 덧붙인다.

역사의 신이 되신 김준엽 총장님

입원하신 지 열흘째라 하셨다. 폐에 물이 차고 산소호흡기에 의존하셨지만 기억도 또렷하시고 유머로 위로하면 예의 파안대소 대신에 인자한 미소를 보이셨다. 가끔씩은 거인의 깊은 잠에 빠져드시는 것 같았다. 병원치료 모두를 거부하시고 당신의 의지 하나로 90노구를 다스리며 또 하나의 고독한 장정(長征)을 계속하셨다. 아내와 함께한 병문안에는 두 손을 꼭 잡고 고마웠다고 자꾸 말씀하셔 참았던 눈물을 주체하지 못했다. 오히려 지난 사반세기 동안 《장정》 전 5권('광복군 시절'부터 '다시 대륙으로'까지)을 출판하면서 저희들이 어른을 모시게 되어 얼마나 영광스러운지 모르는데도 말이다.

현충일이 낀 연휴 동안 이 시대의 큰 어른을, 한 시대가 이렇게 가는가 하는 풀리지 않는 허망한 생각에 치를 떨었다. 몸을 혹사시켜 무념무상해 보려고 광릉 농원의 잡초를 뽑아보지만 손은 여전히 허공을 헤맨다. 금년엔 돌림병이 있었는지 이때쯤 수확하던 매실도 결실이 거의 없다. 눈꽃 속에서도 꽃을 피워내는 매화의 절개가 큰 어른의 상실을 미리 읽고 있었는지도 모른다.

일본 유학생이던 청년은 학병(學兵)으로 중국 땅에 내몰린다. 고향인 압록강변 강계에서 독립군의 거친 말발굽 소리의 신화와 함께 성장했는데, 아무리 세상이 하수상한다고 해도 제국주의 일본 병정으로 살 수는 없는 일이다. 학병 탈출 제1호로 중경(重慶)의 임시정부를 찾아 중국대륙 절반을 관통해야 하는 6천 리 장정의 길에 나선다. 장준하 동지와 돌베개를 같이 베며 후손에게 부끄러운 조상이 되지 말자고 수없이 다짐한다. 생사를 넘나드는 천신만고의 장정 끝에 조국광복 무장투쟁의 요람인 김구 주석의 품에 안긴 것은 정의와 진리와 선(善)은 반드시 승리한다는 역사(歷史)의 신(神)에 대한 굳은 신념 때문이었다.

조국이 광복되자 광복군(光復軍)은 개선장군처럼 서울에 입성해도 좋았다. 풍찬노숙의 투쟁에 대한 보상이라기보다도 다시는 이민족(異民族)에게 나라를 빼앗기지 않는 부국강병의 새나라 건설에 매진해야 할 자랑스러운 원동력이 그들이었기 때문이다. 그러나 우리 스승님은 입신양명의 화려한 유혹보다는 아무도 돌보지 않는 원초적인 역사를 바로 세우기 위해 중국에 남아 공부를 더 하겠다는 일생일대의 고독한 선택을 한다. 일제(日帝) 36년간 중국에서 조국광복에 헌신한 선열들의 기록을 청사(青史)에 남겨야 역사의 수레바퀴가 올곧게 전진할 수 있다는 신념이 그것이다.

아무도 할 수 없는 이 일은 평생을 이어 계속된다. 임시정부 청사 복원, 광복지사 유해 송환, 독립군 무장투쟁 연구, 임시정부 정신의 헌법 전문에 명기, 아세아문제연구소 설립, 수천수만의 의연한 기상의 젊은 호랑이 양육 등이 그것이다. 사회과학원의 설립과 〈사상계〉의 뜻을 새롭게 한 〈계간 사상〉의 창간과 언론활동이 그러하며, 중국 유명대학 11곳에 한국연구소를 설립하여 한국과 중국의 미래를 담임할 엘리트를 육성한 원대한 사관(史觀)은 우리가 스승님의 그림자도 밟을 수 없는 일이기도 하다.

그렇게도 꿈꾸던 우리 정부가 수립되었음에도 불구하고 그들은 압축성장 산지와 권력욕과 부정부패에 사욕을 채우기 위해 하이에나처럼 이전투구할 뿐이다. 그들이 어디서 왔는가 하는 음수사원(飮水思源)의 도량이 없음도 탓하지 않았다. 평생을 남들이 알아주기를 바라지 않고 오직 역사의 신을 믿고 스스로 실천하신 것이다. 이제 생각하면 어떤 의미에서 우리 스승님이 바로 하나의 진정한 정부(政府)였다.

관존민비(官尊民卑)의 악습을 타파하는 길은 민간에 훌륭한 사람이 많아지면 해결할 수 있다는 스승님의 굳은 신념과 일관된 실천은 얄팍한 권력의 부나비들이 쉽게 범접할 수 없는 스스로 쌓아 올린 고고하고 우뚝 솟은 성채(城砦)였다. 아니 그 성채는 아는 이만 아는 마음에 아로 새겨진 웅장하고 하늘을 찌를 듯한 의기로 뭉쳐진 의병(義兵) 총사령부인지도 모른다. 6·10 민주항쟁의 그 날짜에, 그 의병총사령관께서 영원한 안식을 위해 국립묘지 애국지사 묘역에 묻히는 국장(國葬)을 치렀다.

총장님, 스승님, 피는 나누지 못했습니다만 아버님!

저희는 어떡하라고 그렇게 홀연히 떠나셨습니까. 하늘을 우러르며 땅을 치는 통곡의 눈물을 그치고 어른의 큰 뜻을 이어 나갈 수 있게 단호하게 마음을 다잡는 일이 어른을 보내드리는 일인 줄 알겠습니다만, 벌써 가슴이 미어지도록 보고 싶습니다. 대륙의 말달리던 광복군의 살아 숨 쉬는 역사의 신으로 항상 우리 곁을 지켜주십시오. 우리의 등불이나 봉화가 아닌 활화산(活火山)으로 바른 길을 인도해 주시고 못난 짓을 할 때에는 추상같은 회초리로 꾸짖어 주십시오. 우리 총장님, 스승님, 그리고 아버님!

조상호 머리숙임

많은 가르침을 주셨던 총장님

문원보(文源寶)*

총장 사퇴

"학생들을 제적시키라고 난리치는데 여러분은 지금 밥이 목에 넘어갑니까?" 김준엽 총장님의 대갈일성이 벼락 치듯 울렸다.

서울대, 고대, 연대, 성대 등 260여 명의 시내 주요 대학 학생들이 민정당사를 점거하는 사태가 발생, 점거농성한 학생들을 제적하라는 문교부의 강력한 방침을 전하는 자리였다. 장소는 시청 앞 프라자호텔 2106호, 장관과 차관은 지켜보고, 정책실장은 특유의 거칠고 투박한 목소리로 총장들을 윽박지르고. 각 대학총장 비서들은 복도에서 숨죽이며 듣고 있었다.

말 한마디가 칼보다 무섭다는 것이 실감나는 순간이었다. 무서웠다. 가슴을 예리한 것으로 찌르는 것 같았다. 지금이 어느 때인데, 정말 겁이 없으신 것인지 아니면 자제력을 잃으신 것인지, 서슬 퍼런 군사정권

---

* 사회과학원 사무국장(현).
고려대학교 김상협 총장비서, 고려대학교 김준엽 총장비서 역임.

시절 여차하면 목숨이 왔다갔다하는 판인데 이건 아니다 싶었다.

모 대학 총장비서는 "이 상황에서 저렇게 말씀하실 수 있는 분도 계시구나, 이제 우리는 다 죽었다. 청와대에서 가만있겠느냐"라고 얼굴이 하얗게 변하여 속삭였다.

"선생님, 아직도 독립군의 기개가 남아 있으시군요." 당시 서울대 이현재 총장님의 말씀이다. 누구도 말릴 수 없는 성격, 부러질지언정 휘지 않는 성격, 총장님은 평생을 그렇게 사셨다. 돌아오는 차 속에서 총장님은 연신 담배를 피우시고 화를 삭이시며 댁으로 오셨다.

며칠 후 퇴근하시며 민정당 원내총무 이종찬 씨를 만나야겠다고 하셔서, 서둘러 민정당 이종찬 원내총무 비서를 하고 있는 이근규(고려대 학도호국단 단장 출신) 씨에게 연락하여 저녁에 조선호텔에서 단 두 분이 만나셨다.

이때 총장님께서는 정부의 반대를 무릅쓰고 김영춘(당시의 학생회장으로, 이때는 학도호국단 체제였으며, 정부는 총학생회 부활을 적극적으로 막고 있었다) 회장의 총학생회를 인정한 상태로, 총장님의 입장이 매우 곤란하시게 되었다. 더욱이 민정당사 점거사태를 고려대 학생회가 주도했으니 더 말할 나위가 없었다.

호텔을 나오시며 희색이 만면하신 것을 보고 어쩌면 일이 잘 풀릴 수도 있겠구나 하고 생각했다. 다음날 민정당이 당직자 회의를 거쳐 학생 처벌을 완화한다는 신문기사가 났다. 실은 이때부터 문교부와 대립이 시작되었다. 악역은 문교부가 하고 생색은 민정당이 내고 중간에서 총장님만 입장이 곤란하게 되었다.

사태가 이것으로 일단락되는가 싶었으나 기회만 보고 있던 문교부가 교직원자녀 입학문제로 총장님을 궁지로 몰아가기 시작하였다. 이때 교직원자녀 특별입학자는 25명이었다. 2월 중순경으로 기억하는데 문교부에서 권 장관이 총장님과 두 분이서 저녁식사를 하겠다고 연락이 와서 모시고 롯데호텔 일식집 벤께이로 갔다. 두 분은 오랫동안 조용히 중요한 말씀을 하고 계신 듯했다.

장관을 수행하던 박 비서는 나와 형제같이 지내는 사람으로, 비밀스러운 얘기도 다 해주는 사이로, 청와대(이때 청와대 교문수석은 학자출신인 손○○이었다)에서 "당장 김준엽 총장의 사표를 받으라"고 했다고, 권 장관께서도 차타고 오시면서 박 비서에게 총장님에 대하여 많은 걱정을 하셨다고 했다. 이때는 장관보다 정책실장이 청와대와 상의해서 결정을 내릴 때라 권 장관께서도 일을 잘 풀어보려고 하다가 싫은 소리만 들으셨다고 했다.

2월 25일 졸업식을 끝으로 학교를 그만두라는 내용의 최후통첩을 받으신 것 같았다. 롯데호텔을 나오셔서 학교로 오시는 중 한 말씀도 없이 담배만 피우셨다. 학교에서는 대책을 논의하느라 저녁 늦게까지 처장회의와 교무위원회를 열고 대책마련에 고심했으나 별 방법이 없었다.

2월 25일 고려대 졸업식 날이었다. 아침부터 학생들이 "총장사퇴 결사반대"를 외치면서 단상까지 올라와 "총장님 만세"를 외치며 졸업식 행렬을 따랐다. 학생들은 졸업식이 끝날 무렵 단상에 있는 마이크로 "총장님의 강제사퇴에 대한 고려대생의 입장을 밝힌다"고 하며 미리 준비한 전단을 나누어 주었다. 또 축사와 답사를 하는 학생들이 "총장님 힘내세요"라고 외치니 학생들의 흥분은 최고조에 달했고, 장차 걷잡을 수 없는 사태가 벌어질지도 모르는 상황이었다.

이 모든 상황을 지켜본 문교부는 적잖이 당황하여, 총장님에게 서울을 떠나 계시라고 종용하였다.

강압에 의한 여행

그리하여 다음날(2월 26일) 총장님, 사모님을 모시고 비행기로 서울을 떠나 제주도로 향하였다. 제주공항에 도착하니 기관원으로 보이는 3~4

명이 따라붙는 것이었다. 그랜드호텔에 여장을 풀고 호텔식당에서 막 점심식사를 하려는데, 식당 웨이터가 나한테 전화가 왔다고 하여 받으니 제주대학의 강 비서였다. 그때는 학생데모 등 시국문제 때문에 한 달에 한 번 정도 전국 총·학장회의를 하던 시절이었으며, 장관 비서인 박 비서, 연세대 손 실장, 제주대 강 비서, 단국대 이 비서, 건국대 이 실장, 나 이렇게 5~6명이 서로 정보도 주고받고 친목도 다지는 그런 만남을 가졌고, 해당대학 총장들께서도 오히려 저녁에 우리가 만날 수 있는 시간을 만들어 주셨다. 아마 타 대학의 정보들을 알아보고자 했을 것이다.

전화로 강 비서는 저녁에 로얄호텔에서 만나자고 했다. 총장님 내외분을 모시고 와서 곤란하다고 하니 그래도 꼭 만나야 한다고 했다. 워낙 말수가 적은 사람인데 이상하다 싶었다. 총장님께 말씀드렸더니 만나보라고 허락하셨다.

강 비서의 전화를 다시 받았더니 총장님 내외분을 가능한 한 호텔 밖에 나가시지 못하게 하라고 당부한다. 총장님께 말씀드렸더니 한참 생각하시더니 밖에 나가셔서 저녁식사를 하시려던 계획을 호텔 내에서 하시겠다고 하시며, 강 비서를 만나면 자세히 알아보라고 하셨다.

약속한 시간이 되어 택시로 로얄호텔에 도착하니 현관 한구석에서 강 비서가 기다리고 있었다. 식사를 하면서 강 비서는, 서울에서 문교장관 박 비서가 비상전화로 "문 비서가 총장님 내외분을 모시고 제주도에 갔는데 호텔 밖에 나가지 말고 이동할 때도 아침이나 야간 등 인적이 없을 때는 피하는 게 좋겠다"고 내게 전하라고 했다고 말했다.

다음날 서귀포로 가서 '허니문 하우스'에서 1박을 하게 되었다, 밤에 비바람이 몰아쳐 마음을 더욱 심란하게 만들었다. 나는 잠이 오지 않아 늦게까지 손님도 없는 호텔의 지배인과 술잔을 나누며 이런저런 얘기를 했다. 이튿날은 비가 온 후라 안개가 한 치 앞이 안 보이게 끼었다. 아무래도 강 비서 얘기도 있고 해서 머뭇거리고 있는데 총장님께서 이제 가자고 하신다.

나는 더 지체하고 싶었으나, 총장님 성격을 익히 아는지라 마지못해 출발했다. 한라산 관통도로를 따라 우리가 전세 낸 택시가 지독한 안개 때문에 거북이같이 기어가다가, 성판악에 도착하였다. 총장님은 늦었으니 쉬지 말고 바로 가자고 하시고 사모님도 그러자고 하신다. 조금이라도 지체할 생각으로 나는 갑자기 화장실에 들러야 한다고 하니 총장님 "하여튼 고집은 알아줘야 해"하시며 "그럼 커피나 한잔 하지" 하시며, 차에서 내려 이리저리 걸으셨다. 우리보다 조금 먼저 온 신혼부부가 차를 마시고 같이 거닐고 있었다. 총장님은 빨리 가자고 하시고 나는 신혼부부를 먼저 보내자고 했다. 항상 총장님은 일단 가시자고 하면 끝이 없이 다그치신다. 나중에는 화까지 내신다. 총장님의 성격을 잘 아는 나였지만 이때만은 받아들일 수 없었다.

우리는 신혼부부를 먼저 보내고 1~2분 정도 뒤에 출발했다. 우리 택시기사와 신혼부부를 태운 택시기사는 친구 사이라고 했다. 자기가 50년 정도 살면서 오늘같이 안개가 심한 날도 없다고 하며 조심조심 내려오는데, 성판악 휴게소를 출발한 지 5분 정도 지났을까, 우리보다 1~2분 먼저 출발한 신혼부부의 택시는 마주오던 차와 충돌하여 일행이 다친 것 같았다. 우리가 현장을 떠나 조금 지나자 경찰차와 구급차가 오는 것이 보였다. 총장님은 아무 말씀 없이 담배만 피우셨다.

다시 제주 그랜드호텔에 도착하니 프런트에 어떻게 우리 도착을 알고 전화가 와 있었다. 강 비서였다. 괜찮으냐고 물었다. 그래서 조금 전 겪은 일을 말하니 벌써 알고 있었다. 제주도는 바닥이 좁아 제주대 총장, 도지사, 경찰청장 등이 유지로서 지금 점심식사 하려고 모여 있다고 했다. 이 자리에서 경찰청장이 얘기를 꺼냈는데 "총장님이 큰일 나실 뻔했다"고 했다고 한다. 경찰청장도 총장님 내외분이 제주도에 오신 것을 알고 있었다.

저녁을 드시고 나서 총장님께서 사모님을 일찍 주무시게 하시고는, 로비로 나오셨다. 밤늦게까지 술을 드시며 평소 생각하시던 여러 말씀들을 참 많이 하시었다. 이때 나는 여러 사람들의 염려 덕분에 무사하지 않았나 하고 생각했다.

서울로 돌아오니 아직 총장사퇴 반대데모가 여전히 계속되고 있었다. 일주일 정도 후에 총장님을 모시고 서울을 또 떠났다. 이때는 차를 가지고 출발하여 총장님, 나 그리고 운전기사 이렇게 3명이었다. 고려대의 처장 몇 분께서는 특별히 제게 총장님 모시고 잘 다녀오라고 하시며 진심으로 걱정해 주시었다. 여행 중에 이를 총장님께 말씀드렸더니 정말 젊은 사람들이 마음이 따뜻하다고 고마워하셨다.

조치원을 거쳐 남원, 해인사, 안동, 부곡온천, 경주까지 들러, 동해안을 따라 설악산에 도착하였다. 다니시는 차 안에서는 "참 경치가 좋구나, 우리나라 동해안은 정말 풍광이 뛰어나군" 하시지만 밤에는 잠을 영 못 주무시는 것 같았다. 설악산에서는 뉴설악파크호텔에 숙소를 정하셨는데, 학교에서 후임 총장이 결정됐다고 연락이 왔다. 이튿날 서울로 돌아와 총장님과는 헤어지게 되었다.

사실은 총장님 스스로도 참기 힘드신 상황이셨을 터인데 불평 한마디 없으시고, 자세 하나 흐트러짐 없이 오히려 비서인 나를 위로해 주시며 여행하시는 것을 뵐 때 정말 존경스럽고, 감탄하며, 배우는 바가 컸다.

국무총리 고사

고려대에서는 교직원 전체가 술렁거리기 시작했다. 김준엽 전 총장님께서 국무총리가 되신다고 연일 신문, 방송에 떠들기 시작했다.

"노태우 대통령 당선자가 초대 국무총리로 김준엽 전 고려대 총장을 생각하고 삼고초려를 하고 있다."

나를 만나는 사람들은 모두 내게 물어보는 것이다.

"김 총장께서 국무총리로 가시면 문 비서를 제일 먼저 데리고 갈 거야. 무슨 말씀이 없었느냐?"

기관원들과 기자들이 총장님께 자기들이 전화하면 전화를 받지도 않으신다고 졸라대기 시작했다. 그래서 전화를 드렸다. 옆에는 기관원, 기자들 10여 명이 귀를 쫑긋 세우고 있었다. 내 전화는 바로 받으셨다.

"문 비서, 잘 지내고 있지? 궁금해서 전화했지?"

말씀드리기 전에 벌써 아셨다.

"국무총리 할 생각 없고 하게 되면 문 비서에게 제일 먼저 알려줄게."

옆에 있던 기자들은 아쉬운 표정이고 기관원들은 안도의 한숨을 내쉬었다. 자기들의 소행을 본인들이 더 잘 알 테니까.

이렇게 해서 노태우 당선자의 국무총리 제의는 삼고초려했으나, 끝내 고사하시어 국무총리 고사 1번이 되셨다. 어느 누구도 국무총리 제의를 사양한 사람이 없는데, 또 이를 고사한 사유가 정말 가슴에 담아 두셨던 말씀으로 군사정권에 하시고 싶은 말씀들을 《장정》에 쓰셨다.

내게는 "문 비서, 내가 광복군 대위일 때 지들은 졸병이었겠지. 졸병에게 허리 굽히는 상관도 있어?" 라고 말씀하신 적도 있다. 총장님은 그 곧은 성격 그대로 정말 한 번 아니시면 끝까지 아니시다. 돌아서서 피 눈물을 흘리시더라도 아닌 것은 아니기 때문이다.

총장님은 기로에 섰을 때 심사숙고하여 결단을 하시고 설사 판단이 잘못되어도 후회하지 않으신다. 그런데 내가 보기에는 총장님 일생의 큰 결단들은 세월이 지나면 나중에서야 그때 정말 옳은 판단을 하셨구나 하고 감탄하게 되었다. 그 후에도 정권이 바뀔 때마다 총리직 제의는 계속되어, 모두 3번의 유례없는 총리직 고사가 있게 되었다.

사회과학원 시절

해가 바뀌어 신년세배를 드리려고 명륜동 총장님댁을 찾았다.

총장님께서 "문 비서, 조금 있다가 나 좀 봐" 하시는데 표정이 굳어 계신다. 무슨 일이신가 하고 기다리니 2층 서재로 가자고 하신다. 그렇지 않아도 나는 고려대를 그만두고 서울시내 모 대학재단에서 오라는 제의를 받아 총장님께 상의드리려고 했던 참이었다.

"문 비서, 내일부로 고려대 사표내고 내가 시작한 사회과학원으로 출근하게."

"총장님, 사실은 제가 다른 곳으로 가는 것을 상의드리려 왔습니다."

"문 비서, 앞으로 모든 것을 책임질 테니 사회과학원에 와서 나를 도와주게."

이 말씀 한마디에, 평소 존경하고 따랐던 총장님이신데, 거절하기도 힘들고 또 따르자니, 사학재단 기획실장을 제의해 온 분께 예의가 아니라, 며칠을 망설이다가 사회과학원으로 가기로 마음을 정하고 고려대에 사표를 내니, 나를 걱정해 주시는 여러분들의 반대가 많았다, 재단의 상무님, 총무처장님, 조치원 윤세영 교수님, 그리고 이춘재, 이강수, 이남국(총장님의 제의가 본인에게 왔는데, 사양하고 나를 추천했다고 하셨다) 등 많은 과장님들, 선후배, 친구들 모두 "지금까지 학교를 떠나서 잘된 사람 없었다"고 이구동성으로 말씀하셨다.

그러나 나는 총장님에 대한 의리를 앞세워 결단을 내렸다. 이렇게 나의 사회과학원 생활이 시작되었다.

사회과학원은 임원부터 직원까지 김준엽 총장님과 인연이 있는 분들로 당신께서 마음속을 잘 아시고 고려대와 아세아문제연구소에서 같이 일해 본 사람들로 이루어졌다. 총장님은 한 번 인연을 맺으면 큰 결함이 없는 한 끝까지 같이하시는 성격이시다.

사회과학원은 기금이 상당히 있었던 관계로 운영에 애로사항은 없었다. 다만 1989년 여름 〈계간 사상〉의 창간으로 계간지를 발행하는 일이 매우 힘들었다. 원고 청탁, 광고 수주, 책의 배송, 정기구독자 관리까지 사회과학원에서 모두 했다. 나는 이때 월간지 제작하는 잡지사의 어려움을 알 것 같았다. 한 호의 배송이 끝나기도 전에 다음 호, 그 다음 호의 필자 선정, 원고 청탁, 끝이 없는 일의 연속이었다. 〈계간 사상〉은 15년 동안 한 호의 결호도 없이 60호를 발행했다. 이때 나남출판사의 조상호 사장이 〈계간 사상〉의 출판을 담당해주어 큰 힘이 되었다.

원고 마감을 해야 하는데 필자는 계속 미루어 필자의 집을 찾아가 집 앞에서 기다린 적도 많았다. 영원한 동지 장준하 선생과 같이 〈사상계〉를 발행하셨던 총장님은 원고 청탁의 고충을 잘 아셨기에 "내가 문 부장 데리고 와서 일만 많이 시키는군. 나중에 보상을 하지" 하시며 웃으셨다(이때는 사무국장이 없고, 내가 약관의 나이라 부장으로서 국장직을 수행하고 있었다).

총장님은 사회과학원 이사장으로 계시면서 대우학원 이사장직을 겸직하시였다. 대외적인 일을 하시면서도 주력하신 일은 중국에서의 한국학 발전에 심혈을 기울이시는 것이다. 이리하여 총장님께서는 북경대, 복단대, 절강대, 남경대, 요녕대, 산동대, 동남대학, 북경어언문화대, 양주대, 길림성 사회과학원 등 중국내 유명 10개 대학의 명예교수와 중국 국제교류협회 고문 등을 역임하시며, 2000년에는 중국 정부가 수여하는 영예로운 우의장(友誼奬)을 받으셨다.

총장님의 성격을 드러내는 에피소드도 생각난다. 한번은 서울역 앞 대우재단빌딩에 사무실이 있을 때 총장님께서 댁에서 책정리를 하시다가 허리를 다치신 적이 있으셨다. 화장실을 가시려고 내가 부축했는데 마침 누가 지나가다가 인사를 드렸다. 총장님은 갑자기 허리를 꼿꼿이 세우시고 인사를 받으시고 그 사람이 갈 때까지 기다리시다가는 통증 때문에 자지러지시며 "아이고 그 사람, 인사도 길게 하네" 라고 하셨다.

아픈 모습을 다른 사람에게 보이고 싶지 않으신, 어찌 보면 지나치리만큼 남에게 보이는 것에 신경 쓰시는 성격의 단면이었다. 군자는 안 보이는 데서 삼가는 법이라고 하는데 총장님께서는 보이든 안 보이든 조심하시고 삼가는 분이시다.

내가 측근에서 모셔온 총장 재직시절부터 총장님은 무슨 일이든지 들으시면 바로 메모를 하신다. 퇴근하실 때에도 메모지에 내일 하실 일을 적으시고, 출근하시면 댁에서 메모하신 메모지를 보시고 하루 일을 계획하신 일정대로 진행하신다.

그 후 회고록 《장정》을 쓰시면서 모아두셨던 그 날짜 별로 있는 메모지를 근거로 월, 일, 나아가서 시간과 분까지도 정확하게 적으시며, "장준하 선생께서 쓰신 《돌베개》에는 날짜, 시간 심지어는 인물까지 바뀐 곳이 많다"고 늘 말씀하시었다. 늘 메모지에 대해 생각하시는 것은 6·25 전란 중에 그 동안의 메모하신 것들을 모두 잊어버리신 것을, 두고두고 애석하게 생각하셔서 더욱 그런 것 같다.

그리고 예상 밖의 일정에 대해서는 별로 달가워하지 않으신다. 그리고 약속한 시간에 조금이라도 늦으면 많이 언짢아하신다. 처음 중국의 학자 및 여러 손님들이 중국인들의 습관대로 30분, 1시간 정도는 기본으로 약속시간에 늦게 도착하였다. 중국의 어느 유명대학 총장은 약속시간보다 3시간 늦게 전화하여 조금 있으면 도착한다고 했다가 체류기간 중에 총장님을 만나지도 못하고 되돌아 간 적이 있다. 그 중국 유명대학 총장님이 그 후 다시 오셨는데 약속시간보다 1시간 일찍 오셔서 기다리셨다. 그 후에는 중국학자들 사이에 김준엽 총장님과의 약속에는 30분 정도 미리 와 있어야 한다고 소문이 났고 모두들 그것을 지켰다.

총장님의 성품

총장님께서는 특히 독립운동 등 나라를 위하여 목숨을 바친 분들에 대해서는 최고의 경의를 표해야 한다고 늘 말씀하시었다. 천안함 사건 때에도 전사한 군인들에 대해서 며칠간 잠을 못 이루셨다고 애도하시며 분개하시었다.

총장 재직시절 한번은 문과대학의 원로 교수 두 분께서 총장님께 점심을 사라고 전화하시고 총장실로 찾아오신 적이 있었다. 하필 그날은 6월 6일 현충일이었다. 그러나 학생시위로 인하여 교직원들이 출근해 있었다. 평소에는 격의 없이 지내시는 사이신데, 나는 그렇게 불같이 화내시는 것을 본 적이 거의 없다.

"당신들 정신이 있는 거야 없는 거야? 오늘이 무슨 날인지 몰라? 현충일이야. 대학교수라는 사람들이 모범을 보여야지, 오늘 같은 날 대낮부터 술 먹자는 게 말이나 되는 거요?"

단칼에 날려 버리셨다. 그 두 분들은 남의 말 잘하시는 분들인데 그 후에 그 얘기가 돌아다니지 않는 것으로 봐서 그때 꽤 혼나신 것 같았다.

그리고 독립운동가의 후손들이 못 배우고 못 사는 것은 친일파들이 도둑질할 때 독립운동가들은 나라의 독립을 위하여 정열과 시간을 바쳐서라고 하시며, 유족들에게 특별대우를 해야 한다고 늘 말씀하셨다. 총장님 혼자만의 노력은 아니었지만, 차츰 후손들의 입학, 취업 등에서 많은 혜택을 보게 되었다. 또 상해에 묻혀 있는 독립유공자들의 유해를 모셔와 국립묘지에 안장하는 사업에 오랜 기간 동안 노심초사하시었다.

총장님은 고려대의 발전에 대하여는 거의 광적으로 집착하시었다. "학교가 무슨 돈이 있나. 기업에서 지원을 해야 한다"며 각 기업들을 찾아다니시며, 입만 여시면 "나는 큰 거지야" 하시며 정말 큰 거지(아연 때에는 "작은 거지"로 외국에서 연구기금을 얻어왔고) 노릇을 하시었다. 그리하여 LG그룹의 구자경 회장은 정경관 건축, 라이프그룹 조내벽 회장은 법과대 건축, 이공대 리모델링은 친구분이 하시는 건설사가 시공했으며, 소지원은 대우건설에서 맡아서 건축하게 되었다.

그리고 현대건설이 맡아서 건축하기로 한 인촌기념관은 김상만 재단 이사장님의 애매한 태도로 인하여 백지화되어 못내 아쉬워하셨다. 기업에서 지어준다는 데도 싫다고 한다며, 그러면 재단에서 건축비용을 내든지 하시며 애석해 하시었다.

학교를 그만두시고 세월이 많이 흐른 뒤 모교의 어느 총장께서 학교를 방문해 주십사고 초청하신 적이 있었다. 학교 여기저기를 둘러보시며 얼마나 좋아하시는지 연신 물어보시고 잘했다고 칭찬을 아끼지 않으셨다. 캠퍼스를 둘러보시며 녹지캠퍼스 말씀을 하시고는 당시의 서울시장을 지내신 고려대 출신 시장에게 정말 고맙다고 하신다.

김준엽 총장님 하면 담배 얘기를 빼놓을 수 없다. 처음 비서실에서 총장님을 모시게 됐을 때 정말 담배연기 속에서 하루를 시작하고 하루를 마쳤다. 그때는 '은하수'라는 담배가 있었는데 담배의 품질과 가격이 중간 정도였다. "좋은 담배를 피우시죠" 하면, "나는 흡입을 안 하고 뻐끔으로 피우는데 싼 것으로 하지, 뭐 하러 비싼 것으로 피워" 하시며 고집하셨다.

비서인 나는 항상 주머니에 은하수를 두세 갑 정도 가지고 다니게 되었다. 그렇게 되니 비서인 나와 운전기사도 은하수를 피우게 되어 조금은 창피해서 은하수 담배가 다른 담배보다 건강에 덜 나쁘다고 소문을 내서 많은 학교사람들이 그 담배를 피웠다.

총장님께서는 하루에 2갑에서 2갑 반 정도 담배를 피우시는 애연가셨다. 서울역 앞 대우재단빌딩에 사무실이 있을 때의 일이다. 총장님께서는 아침에 출근하셔서 한번 내 방에 오시든지 그렇지 않으면 부르신다. 그리고는 점심식사하시고 1시간 정도 낮잠을 즐기시고는 화장실을 다녀오시며 내 방에 꼭 들르신다.

하루는 오셔서 "문 부장, 나하고 같이 담배 끊자. 담배 피우니 지저분하고 보기 흉하고 특히 공항에 가서 흡연방에 가면 꼭 너구리들이 앉아 있는 것 같아 체면이 말이 아니야" 하시며 담배를 같이 끊자고 하시었다. "담배 끊는 사람에게 상대방이 10만 원을 주는 거야" 하시며 자신 있다고 하셨다.

3~4일이 지났다. 나는 그때부터 담배를 안 피우고 견디었다. 아침저녁으로 내 방에 들르시던 분이 그 후 일주일 정도 내 방에 오시지 않으신다. 바쁜 일이 있으신가 아니면 아주대학에 무슨 복잡한 일이 있으신가 하며 열흘 정도가 지났다. 나는 그때까지 담배 한 모금도 안 피워 어느

정도 금연에 성공하고 있었다. 결재받을 사항이 있어 전화를 드렸더니 "바쁜 일이야?" 하시며 다음 주에 결재할 테니 그냥 진행하라고 하신다.

월요일이 되었다. 점심을 드신 후 12일 만에 내 방에 오시며 싱글벙글 하신다. "총장님, 무슨 좋은 일이 있으세요?" 하니까, "담배 아직도 안 피워?" 그러신다.

"예, 아직 안 피우고 있습니다" 하니 큰소리로 웃으시며, "내가 그동안 왜 안 왔는지 알아?" 그러시며 주머니에서 담배를 꺼내시더니 느긋하게 담배에 불을 붙이시며, "담배가 흡입을 안 하면 건강에 크게 나쁘지 않대" 하시더니 다른 말씀만 한참 하시더니 가셨다. 그때야 참 나만 억울하게 되었다는 생각만 하고, 10만 원을 받아야 하는 생각을 못했다.

다음날 점심식사 후 다시 내 방에 오셨다. 다시 담배를 꺼내 피우시기에 이날은 내기 한 생각이 나서 "10만 원을 주셔야지요" 했다.

총장님은 "내기는 했지만 언제까지 끊어야 한다는 기한은 안 정했잖아. 문 국장이 이 다음에 다시 담배 피울지 알 수 없잖아. 그러니까 내기는 계속 진행중이야" 하시며 마치 아이들같이 좋아하시며 "내가 열흘 동안 이 생각을 하느라고 문 국장 방에 못 온 거야" 하신다. 10만 원은 끝내 받을 수가 없었다.

그래서 나는 지금도 어디 가서 친구들이 담배 피우라고 권하면 아직 총장님과의 게임이 끝나지 않아서 담배를 피울 수 없다고 말한다. 지난 2011년 6월 이 게임을 끝내려고 했는데 못 끝냈다. 10만 원을 받아야 끝낼 수 있는데, 나는 영원히 담배 피우기는 틀린 것 같다.

총장님께서는 평소 모임을 만드시거나 참석하시는 일을 좋아하지 않으셨다. 그리고 생신이나 회갑, 고희, 희수, 미수 등의 기념일에 절대 행사를 하신 적이 없다. 그러나 몇 가지의 예외가 있다.

그 첫 번째가 3월 28일 학병탈출 기념일이다. 총장님께서 제일 큰 의미를 두시고 이날만큼은 꼭 사회과학원 식구들과 점심식사를 함께 하신다. 빠질 수 없는 것이 술이다. 반주를 하시면서 옛날 탈출하시던 때의 상황을 정말 실감나게 말씀하시며, "나는 다른 기념일보다 오늘이 제일 뜻깊다"고 하셨다. 일본군 부대에서 수류탄과 빵을 훔쳐 탈출하시어 천신만고 끝에 강(불노하)을 건너시고, 이동 중에 중국군에 잡혀 한치륭 사령관에게 끌려가 미리 준비한 어머님과 같이 찍은 사진을 보여주고 '한국 학도병이며 일본군을 탈출하였다'고 필담을 주고받은 이야기, 사령관의 '환영! 한국혁명지사'라고 필담으로 환영한 이야기, 중국군 통역으로 일본군과의 회담에 참가하신 이야기, 말씀이 끝이 없이 이어지신다.

총장님은 평소에 기념일이나 생신 등을 못 챙기게 하신다. 아예 얘기도 못 꺼내게 하신다. 그리고 가족이나 친척, 제자 등이 계속 기념일 얘기를 하면 화를 벌컥 내시며 거절하신다. 그러나 예외가 있었다. 우리 친구들이 20년쯤 전에 여러 친구들을 모아서 모임을 만들었다. 명칭은 "한걸음회"로 총장님의 독립운동, 공산주의로부터 나라를 지켜야 한다는 신념과 나라사랑을 실천하시는 모습을 존경하는 언론계, 금융계, 관계, 학계, 의료계, 법조계, 재계, 중국에서의 사업 등에 종사하는 11명의 친구들이 모여 만든 모임이다. 총장님께서는 처음부터 우리 모임의 명칭도 손수 만들어 주시며, "내가 만들고 오랜 동안 참석한 모임이 '한길회'야. 강영훈 씨 등 여러 사람이 있지, 그러니 오래 친목을 다지고 좋은 취지로 평생 같이하게" 하시며 좋아하셨다.

이 한걸음회는 지금도 만남을 이어가고 있다. 이 한걸음회는 총장님의 칠순, 희수, 미수 등에 부부동반으로 자리를 마련해 드리며 뜻깊은 기념품과 함께 정성으로 축하를 드렸다. 기분 좋아하시며 "밖에는 절대 비밀로 해" 하셨다.

총장님의 오래된 습관의 하나는 낮잠을 주무시는 것이다. 내가 처음 총장실에서 김준엽 총장님과 같이 생활하기 시작한 1982년 7월부터 하루도 빼지 않으시고 낮잠을 주무시며, 시간은 30분에서 1시간 정도이다. 부득이한 일정으로 못 주무실 때는 집중을 못하시고 매우 피곤해 하시며 계속 하품을 하시고 짜증을 내신다. 특히 중국을 가셨을 때는 바쁜 일정 때문에 낮잠을 못 주무신다고 항상 불평을 하셨다.

낮잠 예찬론자이신 총장님은 "문 비서, 낮잠을 자면 하루에 아침을 두 번 맞는 거야. 그러면 정신이 오후에 다시 맑아져서 일에 능률이 오르지" 라고 말씀하신다. 총장님의 이 낮잠은 평생의 습관으로 끝까지 고수하시었다.

중국과의 수교가 1992년 8월부터인데, 수교 전부터 2009년 4월까지 63차례 중국을 방문(1년 3~4차례) 하시어 중국의 유명대학과의 학문적인 교류사업의 일환으로 한국학, 중국에서의 한국유적지(상해임시정부 복원사업, 최치원 기념비 건립, 고려사 건립, 중경임시정부 복원) 복원과 정비사업 등을 하셨으며, 독립운동가의 유해를 우리나라에 모셔와 국립묘지에 안장하는 사업에 전력을 다 하시어, 끝내 의도하시던 성과를 모두 이루시었다. 한 번 계획을 세우시면 매일 조금씩이라도 노력하시어 결국은 이루어내신다.

총장님의 건강

총장님께서는 아주 건강하시어 식사도 잘 하시고, 평소에 감기도 잘 안 걸리신다. 2009년 8월 31일 월요일, 집무실에서 가슴을 잡으시고 통증을 호소하시며, 안색이 창백해지시고, 식은땀을 비 오듯이 흘리셨다. 병원에 가시자고 하니 집에 가서 보고 내일 결정하자고 하신다. 급히 고려대병원에 연락하여 물어보니 심혈관 계통에 문제가 있으신 것 같으니, 한시라도 빨리 모시고 오라고 한다. 간곡히 말씀드려도 막무가내로 안 가신다고 하신다. 할 수 없이 다음날 아침 홍규(총장님의 무녀 독남) 씨가 총장님을 모시고 병원으로 오고, 나는 미리 병원으로 바로 가서 모든 준비를 하고 기다렸다. 병원에 도착하시어도 다른 사람의 눈을 의식하시어 휠체어를 한구석에 갖다 놓으라고 하시며, 고집을 부리셨다.

그날로 입원하시어 정밀검사를 받으시니 심혈관이 막힌 것이다. 다음 날 9월 1일(화) 임도선 선생이 주치의로 심장혈관 조영술을 실시하여, 막힌 심혈관에 스텐트를 끼우셨다. 연세가 있으셔서 걱정들을 많이 했는데, 워낙 건강하시어 무사히 시술을 하시고 9월 4일(금) 퇴원하셨다. 주치의의 주문에 따라 절대 금연, 금주가 시작되었다. 그러시다가 한두 잔의 술은 괜찮다는 주치의의 양보에 따라 맥주 1~2잔 정도는 반주로 하시었다.

점차 날이 지날수록 조금씩 기운이 떨어지시는 것 같았다. 병원에서 받아온 꽤 많은 양의 약을 매일 드시고, 운동을 많이 안 하시고, 평소 좋아하시던 고기를 의사가 줄이라고 해서 조금씩 드시니, 자연히 식사를 많이 못하시고, 이때부터 걸음을 걸으시는 데 힘들어 하시며 지팡이를 짚기 시작하시었다. 예전에는 중국을 1년에 3~4회 다녀오셨는데 일체 중국 가실 생각을 못하셨다.

정말 끈질기다고 해야 하는지, 쇠절구공이를 갈아서 바늘을 만드는 끈기와 집념으로, 자신의 뜻을 펼치기 위하여 10년을 준비하고 조금씩 조금씩 노력하시어 기필코 이루어 내신다.

2010년 초 어느 날, 보자고 하시더니 "내가 지금까지 계획하고 추진한 모든 것을 이루었다. 이제는 홀가분하다"고 하신다. 그러시며 "이제 내가 할 일은 다한 것 같다"며 그동안 이루신 성과들을 모두 열거하시며 흐뭇해하셨다. 어떻게 보면 마음의 정리를 하신 듯한 모습이셨다. 갑자기 이상하게 마음 한구석이 허전해지는 느낌이 밀려왔다.

2011년이 되며 총장님의 건강은 안 좋아지시기 시작했다. 2~3년 전부터는 신년에 세배도 안 받으셨다. 그러나 지인들의 점심초대에는 응하시어 시내에 가끔은 나가시었다. 외부에서의 식사는 이사회, 방문한 중국학자들과의 점심 정도(저녁일정은 일절 잡지 않으심)였으며, 그리고 일정이 없으실 때, 점심식사는 사회과학원 근처의 음식점을 이용하시었다. 워낙 운동이 부족하시어 의사의 권유로 성북동 사회과학원 근처를 걸으시기 시작하시었다. 얼마 전 짚기 시작한 지팡이를 짚으시고 걷는 모습을 뵈니 괜히 눈시울이 뜨거워졌다. 걸음 걸으실 때 비틀거리시며 중심을 잡지 못하시고 식사는 국물만 드시고, 그러나 정신만은 하나도 흔들림이 없으셔서 옛날 일을 생각해 내시고 웃으시고 하셨다.

5월 20일 아무래도 안 되겠어서 병원에 가시자고 조르기 시작했다. 나와 홍규 씨가 권유하다가 안 돼서 강제로라도 모시고 가려고 했으나 막무가내시다. 할 수 없이 월요일 모시고 가기로 했다. 편찮으시면 병원에 잘 가시는데 이번에는 정말 고집을 부리시며 화를 내시고 눈물까지 보이신다. "문 국장, 나 좀 내버려둬. 왜 이리 귀찮게 하나."

5월 23일(월)이다. 나는 아침 일찍 고려대병원에 가서 총장님이 오시면 바로 입원하실 수 있도록 모든 절차를 마치고 병원 현관에서 원무팀장과 기다리는데 차가 도착했다. 차에서 내리시면서도 웃으시며 "문 국장, 벌써 와 있었네" 하신다. 바로 입원실로 가셔서 입원하시고, 검사가 시작되었다. 여러 과의 의사선생님들이 오셔서 진찰하기 시작하였다.

극도로 말들을 조심하면서 탈진하셔서 그러시니 조금 지나면 괜찮으실 거라고 하면서 분주히 진찰하고 검사하고 하더니 오후 늦게 "총장님 상태가 좋지 않다, 위중하시다"고 한다. 이미 폐암이 돌이킬 수 없는 상태까지 번진 상태였다. 홍규 씨와 나는 이 사실을 알려야 하나, 말아야 하나 고민했다. 그러나 곧 아시게 될 것이고, 또 준비할 시간을 드리는 게 좋을 것 같아 알리기로 했다.

입원하신 지 이틀 만인 5월 25일 밤에 홍규 씨가 총장님께 병의 상태를 알려 드렸다. 26일 아침에 뵈니 표정의 변화도 없으시다.

"식사는 했느냐? 사회과학원은 별일 없느냐?"

도대체 저리 태연하실 수가 있으실까? 한 달을 못 넘기신다고 하는데?

이 사실을 당분간 나와 홍규 씨만 아는 것으로 했다. 그러나 26일 그날 아침, 총장님의 급한 성격에 바로 지난 밤 생각하신 바를 단호하게 말씀하신다. "앞으로 추한 모습 보이기 싫으니, 생명보조장치라고 하는 것들을 부착하지 말고, 생명을 연장하려고 수술이나 흉한 짓은 절대 하지 마라" 하시며, 보고 싶은 분들을 거명하시며 "연락하라"고 하신다.

평소에 친하게 지내시는 분들이 줄지어 오셨다. 문병오시는 분들은 총장님의 밝은 표정에 놀라워하시며 며칠 계시면 좋아지시겠는데 하신다. 총장님은 모든 일을 평범한 사람이라면 할 수 없는 행동을 하신다. 일찍이 생사를 초월하신 분이지만 저렇게 태연하실 수가 있으신지, 어쩌면 인간이 아니신지 모를 일이었다.

총장님은 내 손을 꼭 잡으시더니 "문 국장, 내가 대학에 잘 있는 사람 사회과학원으로 오라고 해서 고생만 시키고 해준 것이 없네. 미안해"라고 마지막일지 모를 말씀을 하셨다. 갑자기 나도 모르게 눈물이 흘렀다.

그리고 사회과학원은 설립 당시부터 감사를 맡고 있으며, 경영에 밝은 지청 교수에게 이사장직을 맡기신다는 미리 준비하신 유지(5월 26일 이후 말씀으로 하시고, 내가 받아 적고 친필로 서명하신)를 이사, 감사님들에게 제시하시었다. 정말 철저하게 준비해 두셨다. 한 가지도 준비 없이 행동하신 적이 없으셨다.

2011년 6월 7일 아침에 차례로 가족, 친지들의 손을 잡으시며 인사를 하시고는 오전 10시 2분 정말 주무시는 듯 운명하셨다. 정말 나는 저렇게 태연하고, 평화롭고, 당당하게 임종을 맞으시는 분은 지금까지도 그렇고 앞으로도 못 뵐 것으로 생각된다.

이 글을 쓰면서도 평소 총장님의 웃음소리와 함께 말씀이 귀에 생생하게 들린다.

"문 국장, 건강이 제일이야. 그러나 나이 들어서 지나치게 건강 챙기면 추해 보여."

"총장님 28년 동안 옆에서 모신 것을 큰 영광으로 생각하고, 정말 존경합니다."

수난받는 학생들 속에서 가장 빛나셨던 참스승

김영춘(金榮春)*

내가 김준엽 선생님을 가까이서 뵌 것은 4학년 막바지였던 1984년 가을에 이르러서였다. 1981년 입학 당시는 김상협 총장이었으나 곧 그분이 전두환 씨의 부름에 응해 국무총리로 입각하는 바람에, 나의 대학시절 4년의 대부분은 김준엽 선생님께서 총장으로 재직하셨다. 하지만 그분은 어쩌다 입학식이나 졸업식에서의 축사를 통해 접하는, 멀리 있는 높은 분이었기에 보통 학생들로서는 가까이서 접할 기회가 당연히 없었다. 그럼에도 불구하고 총장님은 학생들의 존경을 받으셨다. 학생사회에서 그분의 평판은 일제 식민지 시절 중국에서 광복군으로 독립운동을 했다는 풍문(?)에다 유능한 대학경영자라는 평가가 널리 퍼져 있었다.

선생님은 사학과에 재직하면서도 학과의 경계를 뛰어넘어 고려대 노문과와 중문과의 창립에 큰 역할을 하셨고, '아세아문제연구소'라는 학

---

* 민주통합당 부산진(갑)지역위원장, 부경대학교 정외과 겸임 교수(현).
민주당 최고위원, 16, 17대 국회의원 역임. 고려대 영문과 81학번(고려대학교 17대 총학생회장).
주요 저서: 《내손으로 바꾸는 정치》, 《신 40대 기수론》, 《나라 뒤집기》.

제 간의 벽을 초월한 지역학 연구기관의 설립과 발전에 지대한 공헌을 하셨다. 1960~70년대의 빈약한 국내 사정상 그 연구자금의 대부분은 선생님이 외국으로부터 조달하였고 당시로서는 드물게 활발한 국내외 교류 연구사업을 진행하였다. 그 결과 아세아문제연구소는 1970년대 후반에 이미 국내의 독보적인 동북아지역학 연구소로 자리매김하게 되었다.

김준엽 선생님은 조용한 학자의 풍모를 갖추셨으나 동시에 탁월한 교섭가이자 프로젝트 매니저였다. 1981년 졸업정원제 도입 이후 갑자기 정원이 대폭 늘어나 고려대의 교정과 대학건물들은 수많은 학생들로 바글바글했고, 때문에 건물신축과 교수 추가확보 등 대학당국의 발 빠른 대처가 절실한 때였다. 선생님은 그런 시기에 대학살림을 맡아 대학의 장기발전 비전을 설계하고 재정을 확보하는 어려운 과제를 유능하게 풀어나가고 있는 중이었다.

그러나 당시 우리 사회 곳곳이 그러했듯 우리 대학과 선생님도 독재정권과의 불화를 피해갈 수는 없었다. 나와 학우들은 1984년 여름에 서울대, 연세대와 함께 고려대에서도 총학생회를 부활시키기로 결의하고 그 준비작업에 착수했다. 그 시절의 대학 학생대표기구는 정부가 대통령령으로 정한 '학도호국단'이라는 이름의 화약 냄새 나는 기구였다. 1979년의 12·12 사태와 1980년 5·17 쿠데타로 권력을 장악한 전두환 군사정권은 학생대표마저 사단장이라는 무시무시한 이름을 붙여 임명했다. 몇 년 동안 학생들의 투쟁에 의해 간선제로 대표를 선출하는 방식으로 바뀌긴 했으나 그 기구 자체의 관변적 성격은 여전히 해소되지 않은 채 남아 있었다. 그래서 우리는 대학자율화의 요구를 내걸고 학생 전체의 직선에 의한 총학생회 부활을 추진하였던 것이다.

고려대 총학생회 선거는 당시 학도호국단 총학생장이었던 고병헌 군(현 성공회대 교수)이 총학생회 부활추진위원장을 맡아 학생기구 간의 충돌과 적법성 시비를 원천적으로 해소하면서 이루어졌다. 하지만 그럼에도 불구하고 총학생회 부활은 불법으로 간주되었고, 그 선거에 입후

보해 당선된 총학생회장은 불법단체 수괴로 제적, 구속이 불가피할 것으로 전망되었다. 나는 총 4인이 입후보하고 약 1만 명의 고려대생이 선거에 참여한 1984년 9월의 그 선거에서 6,500표의 압도적인 표를 얻어 제 17대 총학생회장에 당선되었다.

그 취임식 자리에서 나는 제 16대 총학생회장(1980년)이었던 신계륜 선배(현 국회의원)로부터 4년 만에 총학생회기를 물려받아 전국 대학 중 최초로 학생대표기구의 정통성을 부활, 계승하였다. 뒤이어 연세대에서는 송영길(현 인천시장)이, 서울대에서는 이정우(현 변호사)가 부활한 총학생회의 총학생회장에 당선되었다. 다른 대학들이 총학생회를 부활시키지 않은 이유는 학도호국단과의 학내 분규를 극복할 자신이 없거나 학생운동권 내부의 합의가 채 이루어지지 않은 탓이었다.

그러나 학생들에게는 감격적이었던 그 일이 김준엽 선생님께는 고초의 시작이었다. 전두환 정권은 학도호국단을 뒷받침했던 대통령령과 교칙위반을 빌미로 학교당국에 나의 제적을 강력하게 요구하였고, 선생님은 학생 직선에 의해 선출된 총학생회장을 그렇게 제적할 수 없다고 맞섰던 것이다. 선생님은 오히려 당시 국무총리, 안기부장 등 정부 요인들을 찾아다니면서 총학생회 부활을 인정하는 것이 마땅하다고 설득작업을 벌이셨다.

우리 선생님의 이런 행동은 뒤이어 총학생회를 부활시켰던 서울대, 연세대 총장들께도 좋은 방파제가 되었다. 고려대가 학생제적을 안 하는데 우리만 할 수는 없다는 식이었던 것이다. 우리 선생님은 취임 초 대학본관에 사무실을 갖고 있던 정보기관원들을 퇴출시키기도 했는데, 총학생회 부활을 둘러싼 정부의 지시까지 정면으로 거부하셨으니, 선생님의 이런 행동을 군사정권이 용서하기란 정말 어려웠을 것이다.

그 와중에 나는 총학생회장 취임인사를 명분으로 총장 면담을 요청했는데 대학당국은 묵묵부답이었다. 정부와의 신경전이 한창인 상황에서 불법 총학생회장을 공식적으로 면담하는 것은 학교 측으로서는 불에 기름을 끼얹는 일이라고 생각했을 것이다. 또 동시에 정부를 설득하고 있는 선생님의 입장에서도 난처한 일이 아닐 수 없었다. 하지만 총학생회 입장에서는 정부의 인정 여부와 상관없이 비공식적이나마 총장의 인정을 받고 싶었고, 그것이 총학생회 부활에 뜨겁게 참여했던 학생들의 민주화, 학원 자율화 열망에 부응하는 길이었다.

그래서 나는 학교 당국의 난처한 입장을 충분히 이해하면서도 본관 앞에서 학생들 2천 명이 참석한 가운데 총장 면담을 요구하는 집회를 열었고 결국 서진영 학생처장님으로부터 며칠 후 면담 약속을 얻어냈다.

마침내 면담이 이루어진 그날의 총장실 장면이 지금도 생생하게 잊히지 않는다. 총장실에는 김준엽 선생님과 여석기 대학원장님 두 분만이 앉아계셨고, 총학생회에서는 부학생회장인 허인회 군만이 배석했다. 면담은 짧았다. 이런저런 몇 마디 의례적인 인사 후에 선생님이 물으셨다.

"학생회장이 올해 몇 살인가?"

"예, 우리 나이로 스물네 살입니다."

그 말끝에 선생님은 창밖을 한참 응시하셨다. 그리고는 "내가 중국에서 일본군을 탈출해 광복군을 찾아간 것이 자네 나이 때 일이네. 내가 그랬듯이 자네들도 똑같은 마음이겠지. 나는 자네들의 애국심을 믿네. 학교는 학생들을 보호하기 위해 최선을 다할 터이니 자네들도 교수들을 믿고, 지킬 것은 지켜가며 일을 해 주게나" 하고 말씀하시는 게 아닌가?

내가 생각했던 것보다 훨씬 뜨거운 격려였고 더 이상 바랄 수 없는 인정의 말씀이었다. 나는 더 이상 구체적인 요구를 학교 측에 제기하지 않고 자리에서 물러나와 버렸다.

그 이후 대학당국은 총장의 말씀을 그대로 실천했다. 서울대, 연세대가 결국 정부의 압력을 견디지 못하고 총학생회장들을 제적 조치할 때도 고려대는 굳건히 버텼고, 불법적인(?) 총학생회의 활동에 대해서도 최대한의 배려와 애정을 보여주었다. 그것은 11월 중순에 고려대생이 주도한 300명의 연합시위대가 당시 집권당인 민정당 중앙당사에 들어가

민주화요구 14개 항을 내걸고 권익현 당대표와의 대화를 요구하며 집단 농성을 벌인 사건이 일어난 이후에도 마찬가지였다. 무려 20명이 구속되고 186명이 즉심에 넘겨진 대사건이었고, 나는 이 사건의 배후조종자로 수배상태가 되었다. 우리 선생님은 이 학생들에 대한 제적 및 기타 학사처벌 요구에도 저항하여 정부의 미움을 더 쌓아갔다.

내가 학교당국에 의해 제적조치된 것은 그 다음해 1월 서대문구치소에 구속된 이후였고, 바로 이어진 것이 우리 선생님의 총장직 퇴출 공작이었다. 결국 선생님은 겨울방학이 끝나지 않은 1985년 2월 총장직 사퇴를 발표하셨고, 학생들은 방학기간임에도 불구하고 총장 사퇴 반대시위를 벌였다. 신학기 개학 이후까지도 이어진 우리 학우들은 "총장님을 돌려달라"는 대학 역사상 초유의 구호를 내걸고 장기간의 시위를 벌였다. 당시는 구치소에서 신문, 방송을 일체 접할 수 없던 시절이라 나는 그러한 소식을 면회 온 친구, 가족에게서 전해 들으며 안타까워하기만 했다. 그러나 학생들의 시위만으로는 이미 골치 아픈 존재로 독재정권에 확고하게 낙인찍힌 우리 선생님에 대한 괘씸죄 집행을 막을 수는 없었다.

그렇게 해서 선생님은 1949년 중국에서 귀국하자마자 시작해서 평생을 몸 바쳤던 고려대를 타의에 의해 떠나셔야 했다. 이후 선생님은 학교에도 잘 가보지 못하셨다. 학교에서 부르지도 않았지만, 괜히 학교당국이나 다른 교수들에게 짐이 되거나 피해를 줄까봐 스스로 삼가셨다. 그 대신 회고록 집필작업과 나중에 맡게 된 사회과학원 이사장 직무에 심혈을 기울여 임하셨다. 학교에서 그분을 명예교수로 추대한 것이 총장 퇴임 2년이 지난 1987년의 일이니까 직전 총장에 대한 예우로는 이례적인 일이 아닐 수 없다. 그만큼 대학에서 정부당국의 눈치를 보았다는 말이다.

하지만 내가 구치소에서 출감한 후 작년 돌아가시기까지 오랜 세월 동안 선생님을 찾아뵈면서 단 한 번도 그렇게 떠난 총장직에 대한 미련이나 다른 이들에 대한 원망의 말씀을 들어본 적이 없다. 대신에 그분은 학생들을 보호하기 위하여, 그리고 당신이 옳다고 생각한 일을 실천하기 위하여 당한 수난을 명예롭게 생각하시고 자부심을 갖고 회고하셨다. 그리고 당신이 새롭게 맞이한 시간을 낭비하지 않고 새로운 과제를 설정하여 최선을 다하셨다.

선생님이 총장 강제퇴임 이후 지속적으로 주력하신 일 중의 하나가 바로 중국 내 항일독립운동 유적들을 보존하고 널리 알리는 일었다. 예를 들어 상해임시정부 청사 보존이나 홍구공원(현 노신공원)의 윤봉길 의사 의거 기념비 건립 등에는 선생님의 역할이 지대하였다. 우리 정부의 대중 외교역량이 미약한 상황에서 선생님의 과거 중국 인맥이 크게 작용하여 이루어진 일들이었다. 선생님은 또한 중국의 유수 대학들에 한국학 교두보를 만들어내고 중국의 한국전문가와 한국의 중국전문가를 양성하는 일에도 진력하셨다. 이러한 역할들은 한중 수교 전후의 시기에 보이지 않는 곳에서 취약한 양국 관계의 토대를 만들어가는 데 크게 기여하였다.

1980년대 후반과 90년대에 한국과 중국을 오가며 이러한 일들에 분주한 가운데 선생님은 정치권의 유혹을 많이 받기도 하셨다. 내가 정당에서 일하는 관계로 선생님을 가끔 찾아뵐 때마다 이런저런 이야기를 해주셨는데, 노태우 정부 시절부터 시작해서 국무총리직 제안을 받은 것만 3번인가 된다고 기억된다. 물론 그 이전 박정희 시대부터 크고 작은 관직을 제안받고 거절한 것은 훨씬 많다. 선생님은 대통령의 얼굴마담에 불과한 바지저고리 '대독 총리'직에 관심이 없으셨고, 정치권의 관직유혹에 초연한 학계원로가 한 사람쯤 있는 것도 우리 사회에 기여하는 일이라는 입장을 끝내 고수하였다.

이렇게 명예롭게 노후를 보내시는 선생님의 모습은 나 같은 제자의 입장에서는 참으로 존경스러운 것이었다. 더욱이 나로 인해 고초를 겪으시고 총장직에서 물러나기까지 하셨던 분인데 한결같은 모습으로 제자들뿐만 아니라 온 사회의 존경을 받는 노년을 보내시는 것은 참으로 감사한 일이었다.

선생님은 참 건강한 분이셨다. 기골이 장대한 데다 술, 담배를 많이 하셔도 건강에 별 문제가 없으셨다. 그래서 신년 초에는 며칠 동안 자택에서 세배를 받으시면서 찾아오는 세배객들과 술을 함께 나누고는 하셨다. 하지만 몇 년 전부터 기력이 떨어지면서 매년 해오던 자택 신년인사를 중지하셔서 이제는 작별을 준비해야 하는가 하는 안타까움이 있었는데 그래도 그 강건한 선생님이 이렇게 빨리 세상을 떠나실 줄은 차마 몰랐다. 그리고 벌써 1년이라는 시간이 또 훌쩍 흘렀으니 세월의 무상함을 탓함과 동시에 아직 이루어놓은 일이 별로 없다는 부끄러움이 앞서 저 세상에서 지켜보고 계실 선생님께 참으로 민망한 심정이다.

하지만 선생님이 그러하셨던 것처럼 앞으로의 중년, 노년을 더 명예롭게 잘 살아야겠다는 다짐으로 선생님의 훈도에 대한 보은의 마음을 곱새겨본다.

의지대로 행동하는 삶*

김준엽 선생님의 《장정》을 읽고

최성표(崔誠杓)**

들어가며

'존경하는 인물을 적으시오.'

지난 25년간 수도 없이 많이 받은 질문이지만 그때마다 내 대답은 '부모님'이었다. 그렇기 때문에 질문에 '부모님을 제외하고'라는 단서가 붙기라도 하면 나는 크게 당황했다. 수많은 위인들의 전기를 읽었지만 막상 존경하는 인물이 없었던 이유는 무엇일까. 여러 가지 이유가 있겠지만 아무래도 현재 내 삶의 상황에 부합하는 인물이 없었기 때문일 것이다. 항상 '존경받는 위인'의 선두를 다투는 세종대왕과 이순신 장군은 내게 너무나 먼 옛날 분이다. 그들의 삶에서 감동은 받지만 그들을 롤모델

* 이 글은 김준엽 선생 1주기 추모행사 2부 독후감 낭독회에서 발표된 "함께하는 장정"을 전제한 것임.

** 고려대 법과대학 법학과 08학번(현).

로 삼기는 어렵다. 조선시대와 지금은 모든 게 너무나 다르기 때문이다.

그러던 중 《장정》을 읽었다. 우연히 본 뉴스가 계기가 되었다.

'마지막 광복군 김준엽 선생, 타계하시다.'

부끄럽지만 나는 김준엽 선생님이 돌아가시고 나서야 그분의 존재를 알게 되었다. 그 뉴스에서 가장 먼저 눈에 띈 것은 3명의 광복군이 서 있는 사진이었다. 어쩐지 낯이 익었다. 기억을 더듬어보니 어렸을 적 장준하 선생님의 위인전에서 보았던 바로 그 사진이었다. "이분은 김구 선생님처럼 안경을 쓰셨네" 하고 무심히 살펴봤던 바로 그 인물이 김준엽 선생님이었던 것이다.

그로부터 15년이 지난 후 알게 된 선생님의 이력은 무척 흥미로웠다. 일제강점기에는 독립운동을, 군사정권 시절에는 학생들을 보호한 총장이셨다니. 독립운동을 하신 분들은 많았지만 그분들 중에서 군사정권 시절에도 주도적인 역할을 하신 분은 본 적이 없었기 때문에 그분의 삶이 궁금해졌다. 그래서 《장정》을 읽기 시작했다.

일본군에서의 탈출을 다룬 1권은 웬만한 영화보다도 긴장감이 넘쳤고, 2권부터 5권은 수많은 사료와 함께 읽을 수 있는 살아있는 역사의 증언이었다. 책을 다 읽고 나니 마치 소설을 다 읽었을 때의 기분에 사로잡혔다. 소설처럼 매우 극적인 이야기들의 연속이었기 때문이었다. 게다가 소설은 허구지만 선생님의 이야기는 실제 이야기라는 점이 나를 더욱 흥분시켰다. 왜 그렇게 나는 선생님의 삶에 감동받았을까. 이 글에서 나는 선생님의 삶에 대해 느낀 감동을 진솔하게 이야기해 보고자 한다.

선생님의 삶

우선 선생님의 일대기를 간략하게 정리하는 것이 글을 전개하는 데 도움이 될 것이다. 선생님이 겪으신 일제강점기, 해방 전후, 군사정권 시대 등은 그것 하나만으로 논문을 쓸 수 있을 정도로 내용이 방대하기 때문이다.

선생님은 평안북도 강계에서 4형제 중 막내로 태어나셨다. 고등학생 때 처음으로 항일정신을 함양했는데 이는 크게 두 가지 이유가 있었다. 첫째는 선생님 집안 가풍의 영향이었다. 집안은 부유했지만 기득권을 지키기 위해 친일행위를 하기보다는 독립운동을 지원했다. 특히 둘째 형은 독립운동을 위해 지하공작을 하다가 붙잡힌 적도 있었다. 막내였던 선생님이 이러한 부모님과 형제들의 영향을 받은 것은 어찌 보면 자연스러운 일이었을 것이다. 둘째는 평안도 환경의 영향이었다. 평안도는 예로부터 관리등용에 차별을 받아 저항정신이 드높았고 독립군의 근거지와 가까워 항일의식도 거셌다. 선생님을 비롯한 많은 평안도민들은 어려서부터 독립군의 무용담을 들으면서 자랐고 그들을 동경하게 되었다.

그러다 선생님의 삶을 바꾼 결정적인 사건이 터진다. 선생님이 게이오대학에 다니던 시절 일본군이 조선 청년들을 학병(學兵)으로 모집한 것이다. 선생님같이 항일정신이 깃든 조선의 지식인들은 그들에게 골칫거리였기 때문에 이 기회를 이용하여 제거해버리고자 하였다. 그러자 선생님은 오히려 이를 역이용하여 학병에 자원한다. 학병으로서 중국전선에 파견되면 거기서 탈출하여 독립군 부대에 합류하고자 한 것이다.

그 당시 선생님의 연세는 불과 스물 둘. 그는 나침반, 중국지도 등을 준비하는 등 치밀하게 계획하여 결국 일본군을 탈출한다. 그 뒤로 임시정부까지의 6천 리 장정이 시작된다. 6천 리는 서울과 부산을 3번 왕복하는 거리이니 어느 정도 힘든 여정이었을지 짐작할 수 있다. 선생님은 일본공군의 폭격을 받고 호랑이를 만나는 등 여러 우여곡절을 겪지만 다행히 임시정부에 도착한다. 선생님의 확고한 항일의지와 신념 없이는 불가능했던 대장정이었다. 그곳에서 그는 이범석 장군의 부관으로 임명되어 한반도에 침투하는 특수공작훈련을 받지만 작전이 실행되기 바로 직전에 일본은 무조건 항복을 선언한다. 애석하게도 선생님 손으로 직접 조국을 해방시킬 기회를 잃고 만 것이다.

해방이 되자 대부분의 임시정부 요원들은 정계에 진출했지만 선생님은 중국에서 공부하기로 결정한다. 학문의 길이 자신에게 가장 잘 맞는다고 판단하셨기 때문이다. 그 후 선생님은 여러 중국인 제자들을 가르치고 훗날 이들은 한중관계의 징검다리 역할을 한다. 그러다가 중국이 공산화되자 선생님은 귀국하여 고려대 교수가 된다. 그는 교수로서 수많은 제자들을 양성하는 동시에 아세아문제연구소의 소장으로서 연구소를 세계적인 수준으로 끌어올린다.

이러한 공로를 인정받아 선생님은 1982년 제 9대 총장으로 선임된다. 군사정권의 압력에 의해 비록 2년 8개월이라는 짧은 기간의 총장직을 맡으셨으나 그 기간 동안 고려대는 눈부신 발전을 이룩했다. 개교 이래 77년간 역대 총장들이 지은 총건평의 절반에 해당하는 23,019평의 대학 건물을 선생님이 완성한 것은 대표적인 업적이다.

무엇보다도 중요한 것은 선생님이 민주화 시위를 하던 학생들을 보호한 전무후무한 총장이었다는 점이다. 그 당시 대부분의 총장들은 군사정권의 허수아비였지만 선생님만은 유일하게 원칙과 상식에 기초하여 학생들을 보호했다. 게다가 반정부투쟁으로 인해 해직된 교수들을 복직시키고 학도호국단을 총학생회로 바꾸는 데 주도적 역할을 한다. 지금은 너무나 당연하게 생각하는 학생 자치활동의 기반은 이때 다져진 것이었다.

군사정부 입장에서는 소신 있게 총장 일을 하는 선생님이 무척 껄끄러운 존재였다. 그렇다고 아무 이유 없이 몰아내기에는 후폭풍이 너무 크니 군사정부는 어떻게든 선생님을 총장직에서 몰아낼 구실을 찾기 시작한다. 그러다가 그들은 그동안 의례적으로 존재하던 교직원 자녀 특례입학을 구실삼아 선생님을 협박한다. 당연히 선생님은 눈 하나 깜빡하지 않았지만 정부가 특례입학 대상자 25명을 제적하지 않는 대신 사퇴할 것을 요구하자 결국 사퇴하고 만다. 선생님의 학생들을 사랑하는 마음을 이용한 것이다. 이에 학생들은 무려 한 달 동안 선생님의 사퇴에 반대하며 항의운동을 벌인다. 우리나라 역사상 총장사임운동은 많았어도 총장사퇴 반대요구는 이때가 처음이자 마지막이었다.

선생님이 총장직에서 물러나신 후 얼마 지나지 않아 군사정권은 무너진다. 여당, 야당 가릴 것 없이 선생님은 몇 차례나 국무총리직을 제안받지만 모두 거절한다. 학자로 살겠노라 다짐했던 포부를 잊지 않으셨기 때문이었다. 대신 그는 언론을 통해 민주화의 필요성과 임시정부의 법통을 주장하는 등 사회참여를 게을리 하지 않으신다. 6천 리 장정의 경험으로 80세가 넘어서도 정정하셨던 선생님은 2011년 6월 7일 향년 90세로 운명하신다.

의지대로 행동하는 삶

역사의 신에 대한 믿음

앞의 짧은 요약만으로도 그분의 삶이 얼마나 주체적이었는지 알 수 있다. 선생님은 일제강점기뿐만 아니라 해방 후, 군사정권, 민주화 시대에서 모두 주도적인 역할을 하셨다. 혼란스러웠던 우리나라 근현대사에서 한 시대를 풍미한 인물들은 많았어도 살아있는 내내 주도적인 역할을 한 인물은 찾기 어렵다. 우리는 정점에 서 있던 인물들이 개인적 탐욕 등으로 인해 순식간에 무너지는 것을 수도 없이 목격했다. 시대의 이해관계에 따라 산 자들은 잠시나마 영광을 누렸어도 다음 시대에서는 반드시 몰락했다. 만약 선생님도 삶의 철학 없이 순간순간의 유혹에 이끌려 살았다면 어느 시점에선가 무너졌을지도 모른다. 하지만 군사정권이 아무리 선생님의 뒷조사를 해도 티끌 하나 찾지 못할 만큼 선생님은 깨끗한 삶을 살아왔다. 환경과 조건에 타협하지 않고 확고한 삶의 철학과 원칙을 따라 사는 주체적인 삶을 완성하신 것이다.

나는 《장정》에서 선생님의 삶의 원칙을 찾아낼 수 있었다. 그것은 바로 '역사의 신'에 대한 믿음이다. 역사의 신을 믿는다는 것은 현실에 살지 않고 정의와 선이 이끄는 역사 속에 사는 것을 의미한다. 여기서의 정의와 선은 시대에 따라 변하는 개념이 아니라 항상 고정적인 절대불변의 가치를 의미한다. 그렇기 때문에 정의와 선에 따라서 살면 환경의 변화와 관계없이 항상 주체적으로 우뚝 설 수 있는 것이다. 원칙 없는 타협적이고 기회주의적인 태도로 부정과 불의를 저지르면 당장에는 현실적 부와 명예를 가까이 누리더라도 언젠가는 반드시 역사의 심판을 받기 마련이다. 비록 눈에 보이지 않아도 역사의 신은 반드시 존재하기 때문이다.

그렇다면 선생님은 어떤 계기로 역사의 신을 믿게 되신 걸까. 우리는 평생을 역사공부에 전념하신 선생님의 삶에서 단서를 얻을 수 있다. 역사는 인류사회의 변천과 흥망의 과정이다. 선생님은 그 과정을 살펴보면서 항상 정의와 선이 승리한다는 걸 깨달으셨다. 아무리 지금 우리가 사는 세상에 문제가 많더라도 역사는 오랜 시간을 거쳐 진화한 것이다. 우리가 더 이상 독재와 야만의 역사가 아닌 인권과 자유의 역사를 살아가고 있는 것이 그 증거다. 물론 역사는 일시적으로 퇴보하기도 한다. 끔찍했던 일제강점기에 많은 국민들은 역사의 신을 의심했을 것이다. 만약 역사의 신이 있다면 왜 이렇게도 우리를 비참하게 대할 수 있느냐고 말이다. 그러나 그 어떤 반인륜적인 시대도 영원하지 못했으며 일제강점기 또한 마찬가지였다. 역사의 퇴보는 한순간일 뿐이며 결국 역사는 진보로 귀결된다. 이처럼 역사는 고통스러운 퇴보과정을 거쳐 한 단계, 한 단계 나아간다.

나는 사람들이 역사의 진보성을 의심할 거라고 생각하지 않는다. 그만큼 인류의 역사, 특히 우리나라의 역사는 짧은 시간 내 혁혁한 발전을 이루어냈기 때문이다. 다만 역사의 발전은 더디기에 당장 눈에 보이지 않을 뿐이다. 또한 역사는 오직 과거의 일이기 때문에 우리는 그것이 지금 상황과는 맞지 않는다거나 반복되지 않을 것이라는 착각에 쉽게 빠지고 만다. 그래서 우리는 역사의 진보성과 반복성을 잊고 살아가는 것이다. 우리는 역사에 살아야 한다는 것을 머리로는 알면서도 당장 눈에 닥친 현실에만 주목하게 된다. 그러나 선생님은 역사가 우리가 생각하는 것 이상으로 훨씬 더 빠르게 진보한다고 강조한다. 그의 주장은 단순히 역사책에서만 얻어진 것이 아니었다. 영원히 이어질 것만 같았던 군사 정권시절이 그렇게 갑자기 끝날 줄 누가 알았을까. 끝이 보이지 않고 한없이 암울했지만 우리는 끝내 감격적인 민주화 사회를 맞이했다. 절망 속에서도 역사의 신에 대한 믿음을 버리지 않았기에 이런 영광의 순간을 누릴 수 있었던 것이다.

결국 우리가 해야 할 일은 역사의 신이 나타나도록 인내심을 가지고 부단히 노력해야 한다는 것, 그뿐이다. 도중에 너무나 힘들어서 역사의 신이 존재가 의심될 때면 멈춰 서서 역사의 발전상을 돌아보면 된다. 그러면 마음의 위안을 얻고 다시 나아갈 수 있을 것이다. 이런 과정을 거쳐 선생님처럼 역사의 신을 '온전히' 믿게 되는 그 순간, 우리는 환경의 변화와 관계없이 항상 주체적으로 우뚝 설 수 있을 것이다.

시대정신에 부합하는 삶

역사의 진보는 '역사의 신'에 대한 믿음만으로 가능한 것은 아니다. 선생님은 그 시대에 맞는 시대정신으로 자신을 무장해야만 역사의 신이 우리의 부름에 응답한다고 보았다. 아무리 역사의 신에 대한 믿음이 확고하더라도 그 시대와 맞지 않는 시대정신을 가진다면 결코 역사를 진보시킬 수 없다. 쉽게 말해서 일제강점기의 시대정신으로는 현재의 진보를 이뤄낼 수 없는 것이다. 그렇다면 시대정신이란 무엇인가. 시대정신은 한 시대가 그 시대 구성원들에게 요구하는 이념과 정신적 태도를 뜻한다. 따라서 그때그때의 이해관계와는 구별되는 개념이다. 결국 우리는 유연하게 시대변화의 흐름을 읽고 그에 맞춰 행동해야만 한다. 그렇지 않고 구태의연하게 옛 시대정신에 얽매인다면 역사의 흐름 속에서 뒤처질 수밖에 없다.

일제강점기 시대에는 당연히 독립정신이 시대정신이었다. 그런데 현재의 관점에서 비추어 볼 때야 당연히 조선인이라면 독립운동을 해야 했지만 그 시대의 관점에서 본다면 그렇게 쉽게 말할 수는 없는 것이었다. 대부분이 독립정신을 마음속에 품긴 했지만 일제의 탄압이 워낙 극심하여 그것을 행동으로 옮기기는 무척 어려웠기 때문이다. 그래서 독립운동을 하고자 하는 사람들은 모두 죽음을 각오하고 시작했으며, 그런 대단한 각오를 가졌던 자들마저 일제의 回입과 회유에 의해 변질하기도 했다. 3·1 독립선언서와 2·8 독립선언을 주도한 최남선과 이광수가 친일파로 변질할 줄 누가 알았을까. 하지만 선생님은 끝까지 독립정신을 지키고 그것을 직접 행동으로 증명했다. 자신의 목숨을 걸고 일본군에서 탈출했고 6천 리 장정 길도 이겨낸 것이다. 당신의 후손들에게만큼은 절대로 망국의 유산을 넘겨주어서는 안 된다는 독립정신으로 그 모든 고난을 극복했다.

군사정권시절에는 민주화정신이 시대정신이었다. 하지만 일제강점기와 마찬가지로 많은 국민들이 마음속으로 민주화를 꿈꿨지만 행동으로 옮기기는 두려워했다. 군사정권도 일제만큼 잔혹하게 국민들의 민주화 요구를 짓밟았던 까닭이었다. 하지만 이번에도 선생님은 달랐다. 하물며 이보다 더한 일제강점기도 이겨냈던 분인데 군사정권이라고 해서 다를 이유가 없었다. 선생님에게 있어서 일제강점기나 군사정권은 모두 껍데기만 바뀐 부정의한 투쟁대상에 불과한 것이었다. 그렇기 때문에 그는 그 당시 학생들의 데모를 잘못된 것으로 보지 않았다. 문제의 본질은 데모의 원인이었다. 군사정권이 학생들의 정당한 민주화 요구를 수용하지 않기 때문에 데모가 발생한 것이었고, 그것이 과격하게 변한 것도 정부가 계속하여 시대정신을 거부한 탓이었다. 그렇기 때문에 선생님은 민주화가 이루어진다면 자연스럽게 데모도 없어질 거라고 보았다. 실제로 선생님의 예상은 들어맞았다. 아직도 사회에 산재한 문제들은 많이 있음에도 사회가 민주화된 이후에는 예전과 같이 과격한 데모는 일어나지 않기 때문이다. 이처럼 올바른 시대정신 함양은 사회문제를 본질적으로 바라보아 그 문제를 근본적으로 해결하는 데 도움을 준다.

또한 선생님은 해방 후 민족정기를 바로 세우는 시대정신에 주력했다. 친일파들을 제대로 처단하지 못하고 임시정부의 법통을 계승하지 못한 것이 두고두고 우리나라 역사의 발목을 붙잡고 있는 상황이었다. 나라를 팔고 동족들을 배신한 것만큼 큰 죄가 없는데도 그것을 제대로 처단하지 않다 보니 쿠데타와 부정부패 등도 별다른 걸림돌 없이 버젓이 이루어지고 만 것이었다. 그렇기 때문에 한시라도 빨리 친일행위에 대한 역사적 심판을 하고 독립운동의 가치를 알려야만 했다. 가장 큰 부정의를 바로잡지 않는 이상 우리나라의 역사는 올곧게 설 수 없는 법이다.

이러한 시대인식으로 선생님은 한국일보사에 독립운동사를 연재한다. 1990년대 세대들은 직접 일제강점기를 겪지 않았기 때문에 그들에 대한 올바른 역사교육이 요구되었다. 왜냐하면 이때 제대로 역사의 틀을 세워놓지 않는다면 앞으로도 독립운동의 가치는 훼손된 채로 이어질 것이 뻔했다. 이와 더불어 선생님은 1987년 헌법에 대한민국이 임시정부의 법통을 계승한다는 것을 표기하도록 제안하여 성공한다. 이는 단순히 추상적인 의미가 아니라 그 이상의 의미를 가진다. 헌법은 국가의 근본규범이므로 대한민국이 독립운동을 옹호하고 반민족행위를 배척하는 임시정부의 정신을 승계하게 된 것이다. 또한 정부에 구총독부 건물을 철거할 것을 요구하여 성공했다. 민족의 정기를 압살한 총독부 건물이 광복 후 40년 동안이나 남아있던 것은 어떻게 해석해야 할까. 어느 누구도 용기를 내어 민족정기를 바로잡으려고 하지 않았기 때문에 일어난 비극이었다. 국민들의 올바른 시대정신만이 그 국가의 정체성을 건강하게 다질 수 있는 것이다.

마지막으로 선생님은 통일정신을 함양하고 통일의 가치를 역설했다. 강대국들의 이해관계에 의해 얼떨결에 이루어진 분단은 우리민족에게 씻을 수 없는 큰 고통을 주고 있다. 이것은 단지 이산가족의 한 서린 슬픔의 문제만이 아니다. 좌우대립, 군비경쟁을 비롯하여 정치, 사회, 경제, 문화 등 어느 하나 분단의 그늘이 드리워 있지 않은 영역이 없다. 게다가 분단이 지속되면서 점점 더 많은 사람들이 통일의 필요성을 느끼지 못하고 지금처럼 살아가길 원한다. 그러나 선생님이 볼 때 통일은 단지 그것을 했을 때와 하지 않았을 때를 비교형량하여 결정하는 문제가 아니라고 생각했다. 그것은 우리민족이 상처를 치유하고 한 발자국 더 나아갈 수 있는 당위적 차원의 민족과제인 것이다. 선생님은 우리나라의 대표로 북한과의 적십자회담에 참석하고 통일의 필요성에 대해 주기적으로 언론에 글을 게재하는 등 온몸으로 통일정신을 실천했다.

이와 같이 그 시대에 걸맞은 시대정신을 함양하여 실천에 옮길 때 역사는 진보한다. 그렇기 때문에 우리는 시대정신의 변화와 역사의 발전에 대해 예리한 통찰력을 지녀야만 한다. 아직 겨울인가 싶은데 어느덧 봄이 와버린 것처럼 역사의 변화도 주의 깊게 살피지 않으면 쉽게 알아차리기 어려운 법이다. 선생님은 이 변화를 항상 남보다 앞서 예감하고 자신을 변화시킴으로써 늘 새 시대의 주역이 될 수 있었다.

학자로서의 길

선생님의 삶이 감동적인 이유 중 하나는 묵묵히 학자로서의 길을 걸어간 데 있을 것이다. 선생님은 해방이 된 후 정계에 진출할지 아니면 학자의 길을 걸을지 고민한다. 대부분의 임시정부 요원들은 정계의 길을 택했지만 선생님은 생각이 달랐다. 해방이 되면 정치뿐만 아니라 경제, 문화, 사회 등 모든 분야를 새로 발전시켜야 하기 때문에 굳이 모든 지식인들이 정치를 할 필요는 없어 보였다. 단지 자신의 능력에 맞는 역할을 찾아서 최선을 다하면 되는 것이다. 오히려 모든 국민이 자신의 능력에 맞는 분야에 헌신할 때 사회가 골고루 건강하게 발전할 수 있을 것이다.

여기까지 생각이 미치자 선생님은 학문의 길을 택한다. 자신의 능력으로 보나 적성으로 보나 학자로서의 삶이 제격이었다. 대학 때 전공도 역사학이었고 장정으로 대륙을 동분서주하는 동안 중국어, 중국의 지리, 실정 등을 익히면서 중국 전문가의 기틀을 다져놓은 상태였다. 게다가 선생님은 수많은 정치가들보다도 교육발전에 기여한 후쿠자와 유기치, 대학의 발전을 위해 투쟁한 채원배 북경대 총장으로부터 감명을 받지 않았던가. 선생님의 왕성한 지적호기심 또한 무시할 수 없는 요소였다. 장정 중에도 역사고적을 답사한 것을 보면 선생님의 지적 호기심이 얼마나 왕성한지 알 수 있다. 그 고적이 아무리 제갈공명의 고향인 와룡강이더라도 장정 중 어느 누가 그곳을 들렀다 오고 싶어 할까. 그러나 선생님은 기꺼이 그곳을 보고 온다. 이미 육체적·정신적으로 힘든 상황인 데다가 그곳을 보고 오려면 10km는 더 걸어야만 했지만 그 정도 장애는 선생님의 지적 호기심을 가로막지 못했다. 생사의 갈림길에서도 고적을 보고 온 선생님의 행동은 천생 학자라고밖에 설명할 길이 없을 것 같다.

고심 끝에 학문의 길을 택한 만큼 선생님은 진득하게 학문 연구에 매진한다. 선생님의 꾸준함과 성실함은 얼마 지나지 않아 그를 우리나라 최고의 사학자로 만들었다. 그러나 선생님은 이에 그치지 않고 아세아연구소를 설립하여 공산권 연구에 착수한다. 그 특유의 학문적 열정과 지적호기심이 이번에도 어김없이 발동된 것이다. 그 당시 어떤 연구소도 공산주의를 연구하려고 하지 않았지만 선생님은 나름대로 이유가 있었다. 그가 처음으로 공산주의에 관심을 가지게 된 건 중국에서 직접 목격한 '사상 전쟁' 때문이었다. 당시 일본이라는 큰 적을 앞에 두고도 국민당군과 공산당군은 격렬히 싸웠고 임시정부 내부에서도 좌우간에 세력다툼이 심했다. 일제보다도 더 시급하게 타도해야 할 대상이 다른 사상을 가진 동포라니? 선생님은 이토록 강력한 이데올로기의 실상을 파악하기 위해 공산주의 연구에 매진한 것이었다. 선생님의 연구는 훗날 북한의 실상을 파악하는 데에도 큰 도움을 주었다. 왜냐하면 북한의 모든 것은 공산주의 사상과 관련이 있기 때문이다. 조만간 통일이 이루어진다면 먼 미래를 내다보고 공산주의 연구에 전념한 선생님의 선구자적 행동이 다시 조명받을 것이다.

이처럼 선생님은 학자로서 성공적인 삶을 살았지만 다른 길로 한눈을 팔지 않았다. 무려 11번의 관직 제의를 거절한 일은 선생님의 70년 학문 외길 인생을 보여주는 대표적인 일화일 것이다. 선생님이 제의받은 관직들은 주일대사, 통일원 장관뿐만 아니라 국무총리 등으로 보통 사람들은 평생에 한 번 해볼까말까 한 영광의 자리였다. 그럼에도 불구하고 선생님은 모두 거절했다. 정치를 하려면 어느 정도 머리도 숙일 줄 알고 권모술수에도 능해야 하는데 강직한 자신의 성격과는 도저히 맞지 않는다는 이유였다. 사람들은 선생님을 마지막 선비라 칭송했고 이 일은 대단히 큰 화제가 되었다. 그동안 많은 학자들이 보여준 행보에 비추어볼 때 선생님의 관직 거절은 의외였던 탓이었다. 그도 그럴 것이 그전까지 수많은 학자들은 정치권의 제의가 들어오기만 하면 그대로 승낙해버렸다. 자신이 정치적 역량을 가졌는지 파악하지도 않은 채 눈을 감고 앞으로만 나아간 것이다. 하지만 훌륭한 학자가 반드시 훌륭한 정치인이 되리란 법은 없다. 오히려 학문적으로는 미흡해도 훌륭한 정치적 유전자를 가졌다면 그가 성공적인 정치인이 될 수도 있는 법이다. 그렇기 때문에 치열한 자기성찰이 없었던 그들 모두 정치인으로서는 실패했다. 선생님은 자기 자신을 정확히 알았기 때문에 그들과 같은 실패를 반복하지 않았던 것이다.

만약 선생님이 관직의 길로 나아갔으면 어땠을까. 선생님이 초심을 잃고 변질했으리라고는 도저히 생각하지 않는다. 일제강점기와 군사정권 때에도 자신의 뜻을 굽히지 않으셨던 분인데 그랬을 리가 없다. 하지만 기존 정치인들 입장에서 선생님같이 강직하고 깨끗한 정치인은 껄끄러운 존재일 것이다. 정당의 의견이 어떠하든 자신이 옳다고 여기는 것은 반드시 주장하고야 마는 존재일 테니 말이다. 그들은 선생님을 포섭하고자 할 테지만 이런 회유에 선생님이 넘어가실 리 없다. 그렇다면 그들은 아예 선생님을 정치판에서 제거해버리고자 할 것이다. 선생님이 정치판에 있다는 사실만으로도 자신들의 지위가 위태로울 것은 뻔한 노릇이었다. 언론은 그들의 사주를 받아 끊임없이 허위사실을 유포하고 사실을 왜곡하여 선생님을 공격할 것이다. 처음에는 국민들도 선생님의 인품을 잘 알기에 이런 공격들을 신경 쓰지 않겠지만 아무리 헛소리라도 귀에 계속 들리면 신경이 쓰이기 마련이다. 결국 하나둘씩 선생님을 의심하기 시작하고 만다. 이때 기존 정치인들은 기다렸다는 듯이 그를 실패한 정치인으로 매도해 버린다. 결국 선생님이 외치는 옳은 말씀은 공허한 메아리로 바뀌어버릴 가능성이 높다.

아마도 선생님은 이런 일련의 사태를 모두 예상하셨으리라. 그렇기에 기존의 정치에는 참여하지 않으신 것이다. 그렇다고 사회문제를 아예 방관했던 것은 아니었다. 언론을 통해 사회에 날카로운 비판을 던짐으로서 '선생님만의 방식'으로 정치에 참여하고자 한 것이다. 그 또한 역사의 진보에 보탬이 되는 정치였다고 할 수 있다.

우리에게 필요한 것 – 용기를 갖고 의지대로 행동하는 삶

선생님은 시대를 불문하고 항상 당당하게 자신의 목소리를 냈다. 분명 자신과 가족에 대한 협박과 위협이 존재했을 텐데도 이에 굴하지 않았다. 그 배짱과 용기의 원천은 무엇일까. 나는 선생님이 가진 것이 없으셨기 때문에 강해질 수 있었다고 생각한다. 무슨 말이냐면 사람은 더 많이 가질수록 그것을 지키기 위해 현실과 타협할 수밖에 없는 법이다. 더 많이 소유할수록 더 나약해지는 아이러니가 발생하는 것이다. 그러나 선생님의 삶은 무엇인가를 얻으려고 하기보다는 자신의 철학을 실현시키기 위해 사신 삶이었다. 그렇기 때문에 선생님은 잃을 것이 없었고 그 덕분에 항상 당당하게 자신의 신념을 드러낼 수 있었던 것이다. 선생님이 돌아가실 때 마지막으로 하신 말씀, "특별히 할 말은 없다. 내가 평생 살아온 것이 유언이다"도 그런 맥락이 아니었을까.

선생님의 삶을 존경하지만 그대로 따라 하기에는 무한한 용기를 필요로 한다. 옳다는 것을 '아는' 것과 그것을 '행동'으로 옮기는 것은 별개의 문제이다. 내 신념에 따라 행동하면 그 파장은 나를 넘어 의도하지 않더라도 가족은 물론 친구, 제자 등 수많은 주변 인물들에게도 영향을 미치고 마는 것이다. 이렇게 복잡한 현실의 이해관계로 인해 우리의 생각과 행동은 자주 불일치한다. 심지어 선생님마저도 이러한 경험을 한 바 있다. 그는 자신의 사퇴에 항의하는 학생들의 투쟁을 내심 지지했지만 한편으로는 학생들이 자신 때문에 희생될까 걱정스러웠다. 그래서 그는 마음으로는 그들의 행동을 지지하면서도 그들을 진정시킨 것이었다.

이렇게 수많은 이해관계가 얽혀있기 때문에 용기를 내어 그것을 떨치고 일어나기란 무척 힘든 일이다. 혹시나 내가 용기를 내면 나와 내 주변 사람들만 손해를 보고 다른 사람들은 득을 볼까 더욱 두렵다. 그래서 우리는 굳이 용기를 내려고 하지 않고 슬그머니 꽁무니를 뺀다. 내가 아니어도 누군가는 할 거란 핑계를 가지고 말이다. 그러나 모두가 이런 생각을 하기 때문에 모든 부조리와 부정의는 그대로 방치되고 만다. 일제강점기와 군사정권이 그랬다. 서로 용기 내기를 미루다가 그렇게 오랫동안 부정의한 시대가 유지된 것이다.

선생님은 이 점을 간파하셨다. 모두 다 생각만 하고 실제로 행동은 하지 않을 것임을, 그리고 누군가 나서지 않으면 이런 불합리한 상태가 계속되리란 것도 말이다. 그래서 자신이라도 용기를 내서 온몸으로 부조리와 맞서 싸운 것이다. 결국 진정한 용기는 선생님과 같이 옳다고 생각하는 것을 행동으로 실천할 수 있는 능력이다.

현대사회도 마찬가지다. 당장 일제강점기, 군사정권처럼 눈에 보이는 투쟁대상은 없지만 지금 이 시간에도 많은 부조리가 발생하고 있다. 만약 선생님이 살아계셨으면 행동하지 않는 용기는 진정한 용기가 아니라고 말씀하시면서 직접 부조리와 맞서 싸우셨을 것이다. 그렇지만 대부분의 사람들은 현실과 타협하며 살아간다. 현실과 타협한다는 건 두 가지 의미가 있을 것이다. 현실의 부조리를 인식하지 못하는 것과 인식하고서도 애써 그걸 무시한다는 것. 인간은 끊임없이 더 나은 것을 추구하므로 현실의 부조리를 아예 인식하지 못하는 사람은 극히 적을 것이다. 결국 대부분의 사람들은 현실의 부조리를 인식은 하지만 애써 그걸 무시하는 셈이다. 머리는 부조리에 맞서 싸우라고 하는데 몸은 그에 맞는 용기를 내지 못하니 당사자도 무척 괴로울 것이다. 머리와 몸이 불일치하는 데서 느끼는 무력감과 좌절감은 그를 더욱 혼란스럽게 만들 뿐이기 때문이다.

이런 고통이 지속되자 그는 점점 골치 아픈 현실을 외면하고 스포츠, 영화 등으로 고개를 돌린다. 인간이라면 누구나 고통을 피하고 싶기 마련이다. 복잡한 사회문제와 달리 이런 활동들은 단순하고 재밌기까지 하므로 현실에서 도피할 수 있는 효과적인 수단이다. 우리가 항상 정치, 사회 뉴스보다는 스포츠, 연예 뉴스에 눈길이 가는 건 바로 이런 이유 아닐까. 그러다 나중에는 사회문제를 생각하는 것조차 지긋지긋해져 버린다. “그냥 이렇게 편하게 살아도 되는데 굳이 사회와 싸워가며 머리 쓰고 고통스러워 할 이유가 없잖아?” 처음에는 현실과 투쟁하면서 지칠 때 힘을 얻는 수단이었는데 어느새 그것이 주가 돼버리고 만 것이다. 하지만 이런 활동들은 현실의 문제들을 해결하지 못할뿐더러 우리의 비판의식을 무디게 할 뿐이다. 더 나아가 사회의 모든 구성원들이 향락에 빠진다면 사회는 정체되고 역사는 멈추고 만다. 사회의 기득권층들은 언제나 이 점을 이용했다. 그들은 지금 사는 세상에 아무 문제가 없는 것처럼 문화산업 등을 이용하여 사람들의 비판정신을 희석시켰다. 3S(스크린, 스포츠, 섹스)가 군사정권 시기에 특히 활발했던 것은 결코 우연이 아니었다. 그것은 고통을 피하는 인간의 습성과 기득권층의 절묘한 계략이 맞아떨어진 정교한 결과물이었다.

하지만 다행히도 기득권층만 이런 사실을 안 게 아니었다. 선생님과 같은 시대의 선각자들은 어떤 유혹이 오더라도 항상 눈을 부릅뜨고 비판정신을 날카롭게 다듬었다. 선생님께서 일생 동안 일체의 잡기를 하지 않으신 것도 분명 이런 이유였을 것이다. 아마도 선생님은 비판정신을 녹슬게 하는 잡기에 빠지는 것을 용납할 수 없었을 듯하다. '아직도 사회에는 해결해야 할 문제가 이렇게 많은데 그런 일들에 내 시간과 정력을 소비한다는 것이 한심하지 않은가.' 그 시간에 그는 더욱 자기 자신을 채찍질하면서 수련하고 공부했다. 온힘을 다하여 투쟁함으로써 부정의와 부조리를 깨뜨리고 역사의 진보를 이루기 위함이었다.

이처럼 선생님은 용기를 원동력 삼아 모든 유혹을 이겨내고 부조리와 싸웠다. 이 과정에서 많은 사람들이 죽고 희생되었지만 결국 우리는 국민주권과 민주화된 정부 등을 누리게 됐다. 그것은 선생님과 같은 분들의 희생과 맞바꾼 소중한 선물인 셈이다. 그러나 그들이라고 해서 왜 굳이 고통을 겪고 싶었을까. 단지 자신이 하지 않으면 그 피해는 모두에게 돌아가기 때문에 입술을 깨물면서 용기를 냈던 것이다. 그럼에도 불구하고 우리는 늘 그들의 희생을 잊고 산다. 며칠 뒤는 그들의 희생정신을 기리는 현충일이지만 우리에게는 그저 여행가기 좋은 날일 뿐이다. 하지만 우리는 항상 그들의 희생을 잊지 않고 끊임없이 되새겨야만 한다. 그것은 단순히 그들의 용기와 희생에 대한 양심의 발로 때문만은 아니다. 우리가 용기를 내어 희생하지 않는다면 또 다른 의미의 일제강점기, 군사정권 시대와 같은 암흑의 시기가 찾아올지 모른다. 일제강점기와 군사정권의 상처는 얼마나 컸는가. 그 후유증은 그 시대 사람들에게만 미치는 것이 아니라 모두에게, 오랜 시간, 참혹하게 지속된다. 우리는 항상 역사의 교훈 앞에 겸손하게 깨달음을 얻어야 한다.

만약 누군가 자신은 아무것도 안 했는데 부조리 때문에 피해를 입는다고 억울해 한다면 선생님은 이런 말씀을 하실 것이다. "자네가 아무것도 안 했기 때문에 그런 참혹한 결과가 초래된 것이라네." 우리는 언제든지 용기내서 희생하고자 하는 자세가 되어 있어야 한다. 그래야만 역사가 개인주의와 이기주의에 물들어 퇴보하지 않을 것이다.

글을 맺으며

나는 《장정》을 읽고 난 후에야 이 글의 첫 질문에 답할 수 있게 되었다. 드디어 부모님 외에 존경하는 인물을 찾은 것이다. 그와 동시에 외국에는 존경할 인물이 많은데 왜 우리나라에는 없냐고 불평하던 내 자신을 반성하게 됐다. 분명히 우리나라에도 선생님과 같이 훌륭한 분들이 있었는데 내 게으름과 무지로 인해 그분들의 발자취를 찾지 못한 탓이었다. 그 벌로 나는 선생님께서 돌아가신 후에야 그분을 알게 되었다. 살아 계시는 동안 그분을 알게 되었다면 얼마나 더 좋았을까. 대신 안타까움과 부끄러움의 마음으로 선생님께서 남기신 《장정》을 두고두고 읽고자 한다.

선생님의 삶은 우리 모두에게 큰 귀감이다. 특히 선생님의 삶은 오늘날 사회의 지도자들에게 큰 교훈을 줄 것이다. 그들은 정작 자기는 부정을 저지르면서도 국민들에게 준법과 정의를 강조하기에 국민들은 그들을 비난하고 환멸감을 느낀다. 그들이 말하고자 하는 내용이 귀에 들어오지 않는 것은 말할 것도 없다. 그러나 선생님은 원칙과 양심을 지키면서 살아오셨기에 우리는 그분의 말씀을 가슴으로 받아들인다. 자신을 다스리지 못하면 타인을 다스릴 수도 없는 법이다. 만약 사회 지도자들이 진정 자신의 신념을 전파하고 싶다면 선생님처럼 우선 자신이 떳떳한 삶을 살아야만 할 것이다.

책을 다 읽은 후 내가 선생님과 같은 삶을 살 수 있을지 자문해 보았다. 솔직히 말하면 선생님을 존경하고 그분의 삶에 감동을 느끼지만 내가 그렇게 살 수 있을 거라는 확신이 들지는 않는다. 불과 22살 때 일본군을 탈출한 선생님과 달리 내 22살은 어떻게 지나갔는가. 혹시 나도 모르게 좋은 게 좋은 거라며 사회의 부조리에 눈을 감고 있지는 않았나. 나는 선생님의 삶이 옳다고는 생각하면서도 항상 눈을 부릅뜨고 부조리에 맞서는 것이 막연히 두렵다. 아직 선생님만큼의 용기가 없는 것이다. 그러나 용기는 처음부터 타고난 능력이 아니라 점차 길러나가는 것이라 믿는다. 선생님도 여러 가지 부조리를 직접 목격하면서 그것에 분개하고 용기를 얻은 것 아니었을까. 나도 앞으로 살아가면서 다양한 경험을 하고 많은 부조리를 목격할 것이다. 이때 중요한 것은 경험한다는 사실 그 자체가 아니라 그것을 보고 용기를 내어 투쟁하고자 하는 자세를 갖추는 것이다. 이런 과정을 통해서 한 단계, 한 단계 올라가 더욱 성숙한 용기를 갖출 수 있을 것이다. 그래서 언젠가는 선생님처럼 내 의지대로 행동하는 경지에 오를 수 있기를. 아무리 힘들어도 정의와 선의 역사의 신은 승리하니 그것을 믿으라는 선생님의 말씀은 나 같은 겁쟁이에게 용기를 북돋아주기 위해서 하신 말씀인 듯하다. 물론 기존의 부조리와 싸워가며 나아가는 삶은 매우 힘들 것이다. 모난 돌이 정 맞는다고 끝없는 좌절감과 고통에 역사의 신을 의심하게 될지도 모른다. 그렇지만 모난 돌은 끝없이 정을 맞아가면서 결국 하나의 작품으로 변한다. 그것은 역사가 매우 고통스러운 과정을 거치지만 결국 인간의 용기를 통해 진보한다는 의미일 것이다. 힘들 때마다 항상 이 사실을 기억하고자 한다.

선생님이 돌아가신 지 1년이 지나서도 수많은 사람들이 선생님을 그리워하고 동경하는 것을 보면 선생님이 얼마나 많은 분들에게 가르침을 주었는지 알 수 있다. 나도 비록 선생님을 직접 뵙지는 못했지만 그분의 글로 많은 가르침을 받았다. 앞으로 항상 말로만, 머리로만 생각하지 말고 선생님처럼 의지대로 행동하는 삶을 살고자 한다. 지금 내가 쓴 글이 부끄럽지 않게, 선생님에게 부끄럽지 않게 말이다. 삶을 어떻게 살아가야 하는지 가르쳐주신 선생님께 꼭 감사의 말씀을 드리고 싶다.

정말 감사합니다. 선생님.

제2편

김준엽과 중국

제 1 부

김준엽과 한국의 중국학

김준엽 선생과 한국의 중국학 발전

윤사순(尹絲淳)*

1. 시삭하는 말

과거로부터 현대에 이르기까지 한국과 중국의 관계처럼 밀접한 관계에 있는 국제관계도 흔치 않다. 그것은 주로 양국의 '입지조건'이 서로 인접한 데다가 '문화의 동질성 내지 유사성'으로 인한 상호교류가 서로에게 도움이 되었던 점이 많았던 데에 기인할 것이다. 일정한 국가들 사이의 교린에는 무엇보다도 '상호 간의 실용성(實用性)'이 가장 큰 요인으로 작용하는 데에 그러한 판단의 근거가 자리한다.

중국의 산업화가 유사 이래 최대로 진척됨으로써 오늘날 그 국력이 G2의 위상을 점유할 정도로 신장한 터에, 한국 또한 규모는 작을지언정 산업의 압축적 성장이 중국의 그 속도에 결고 뒤지지 않는 만큼, '양국의

* 사회과학원 이사, 고려대학교 명예교수, 중국사회과학원 명예교수(현). 한국철학회 회장, 국제유학연합회(북경) 부회장 역임.
주요 저서: 《퇴계철학에 관한 연구》, 《유학의 현대적 가용성 탐구》, 《실학의 철학적 특성》 등 다수.

호혜(互惠)'는 지속적으로 요구될 것이다. 그 호혜적 관계를 고려할 때, 한국의 중국학 또한 앞으로도 중요함은 물론이고, 중국학의 중요성을 인정하는 한, '중국학 발전도 계속'될 것은 뻔하다. 따라서 여기서는 한국의 중국학에 대한 미래적 전망에 고찰의 역점을 두지 않아도 무방할 것이다.

이런 사고에서 논자는 이제까지 진행된 '한국의 중국학 연구의 자취'의 추적에 고찰의 역점을 두고자 한다. 한국에서 이룬 중국학은 고(故) 김준엽(金俊燁, 1920~2011) 선생이 선도(先導)하다시피 한 분야이다. 따라서 김 선생이 '한국의 중국학에 기여한 자취'에 대한 고찰은 곧 한국의 중국학 성장발전을 파악하는 지름길이기도 하다. 마침 2012년 6월은 선생의 타계 1주기에 해당하므로, 이 고찰은 1주기에 즈음한 '그와 그의 업적에 대한 회고'의 의미도 지닌다.

그 김 선생에 대한 자료를 논자는 별로 갖고 있지 않다. 다만 그의 저서 《장정》(長征)과 《나와 중국》이 논자로서는 그에 대한 자료의 전부인 셈이다. 따라서 이 서적들에 의거하여 그와 한국의 중국학과의 관련 및 한국의 중국학 발전에 기여한 그의 업적을 살피기로 한다. 그의 업적에 대한 논자의 서술은 대체로 그의 연대기적 형식을 취하는 것임을 미리 밝힌다.

2. 전공으로 택한 중국학 연구

널리 알려진 대로, 김준엽 선생이 중국과 관련을 맺게 된 원천적 계기는 사실상 자기 의사에 의한 것이 아니었다. 적어도 그 관계의 출발은 일제의 강압으로 징집된 그 학병(學兵)의 소속부대가 중국으로 진입한 조건에서, '학병 진영에서의 탈출'로 이루어진 것이다.

인간이 시대적 환경의 영향을 받으면서, 그 환경에서 자기 의지로 선택한 결단에 의해 그 나름의 삶의 형태가 결정된다는 원론적 인생론을 여기서 떠올리게 된다. 이른바 주어진 운명과 그 운명의 인위적 변개(變改) 양상이 그대로 적용되는 경우가 곧 김 선생의 '중국과의 첫 인연'이다. 그 인연이 잠시 동안에 그치지 않고 '그의 일생 거의 전 기간'에 걸친 끈질긴 인연이라는 데 그와 중국의 관련이 지닌 남다른 특징이 있다.

일종의 불시착지에 비유될 중국에서 행한 그의 또 하나의 결단은 장정(長征)을 거쳐야 했던 '한국 광복군(光復軍)에의 가입'이었는데, 다행히도 그 군인신분으로 선생은 곧 고대하던 광복(1945. 8. 15)을 맞았다. 그의 귀국길에도 운명 개척과 연관된 선택의 고비는 또 있었다. 그 고비란 '그의 장래 직업'을 결정지어야 하던 것, 곧 정치 분야와 학문 분야의 갈래 길에서 내려야 할 선택의 결단을 가리킨다.

광복군 시절 이범석(李範奭) 장군과 지청천(池青天) 장군의 부관이었던 선생은 귀국에서 정치행로가 기다리던 그들과의 동행을 벗어난다. 선생은 중국에 머물러 조용히 진리 탐구에 침잠하는 '학문의 길'을 택하였다. 잠시(1946~49년) 중국국립동방어문전문학교에서 한국어 강사로 교편을 잡고 자신의 학구 증진을 모색한다. 그 학교가 남경으로 이동함에 따라, 그는 남경의 중국국립중앙대학(中國國立中央大學)에서 수학(1948~49년)하게 되었다. 하지만 중국의 내전 확대로 학문 연마를 더 이상 계속할 수 없어 그는 귀국을 서둘러야 했다.

선생은 1949년 귀국과 동시에, 고려대의 사학과에 조교수로 몸담게 된다. 중국사, 특히 중국 근현대사를 중심으로 한 그의 '중국학 연구자로서의 본격적 삶의 출발'이 이루어졌던 것이다. 중국사 연구를 중심으로 한 중국학이 일생 동안 스스로 연마하고 장려해야 할 학문으로 굳어진 것은 실상 이때부터라고 할 수 있다.

선생의 대표적인 저서로는 《중국공산당사》(1958), 《중국최근세사》(1958), 《중국 안의 소련》(1959), 《공신정권하의 중국》(1963), 《잃어버린 대지(大地)》(1964) 등이 있다. 이 저작들은 그의 중국학 학자로의 면모를 입증하는 증거이다.

이 서적들의 보급이 바로 '그 개인의 연구에 의한 중국학 진흥'에 속하는 업적임은 더 말할 나위가 없다. 하지만 한국의 중국학 진흥에 선생 개인의 이 저술들이 불러온 효과에 못지않고, 보기에 따라서는 그 이상의 효과를 거둔 것이 아마도 다른 학자들과의 공동체 결성을 통해 한국 중국학 진흥에 기여한 그의 업적들이 아닐까 한다.

3. 공동체를 통한 중국학 진흥

고려대의 교수로 선생이 겸직하던 교내의 보직은 대외적으로 매우 활동적인 보직들이다. 특히 아세아문제연구소 소장직과 그 대학교의 총장직이 그러한 것이다. 선생이 교외의 학술단체에서 맡았던 것은 교내의 보직에 준하는 직책들이거나, 오히려 그것보다 더 활동적인 것이었다. 예를 들면 한국중국학회(韓國中國學會) 회장이라든가, 자신이 설립한 사회과학원(社會科學院) 이사장이라든가, 대우학원 이사장, 한국공산권연구협의회 회장, 그리고 북경대학(北京大學), 항주대학(杭州大學), 복단대학(復旦大學), 요녕대학(遼寧大學), 산동대학(山東大學), 북경어언문화대학(北京語言文化大學), 남경대학(南京大學), 동남대학(東南大學), 길림성 사회과학원(吉林省 社會科學院), 절강대학(浙江大學)의 명예교수 등이 다 그러한 것이다.[1]

여기서 활동적이라 함은 중국학과 관련된 업무이행의 시각에 적용될 때에 그렇다는 표현이다. 교수 또는 명예교수로서 여러 직책을 겸직하고서, 선생은 주로 교내외의 학술기구, 또는 학술단체와 자신의 사회과학원을 통해 진력한 한국의 중국학을 위한 활동은 실로 그의 생명이 다

1) 연보(p. 711) 참조.

할 때까지 지속되었다. 특히 '한국중국학회'의 설립과 운영 및 그 활성화를 비롯하여, 규모가 조금 작지만 '고려대 내의 중국학회'의 설립과 존속, '중국학 전공자들의 국내초빙'과 '국내학자들 해외파견의 지원' 및 '중국학 지망생들의 외국유학' 등에서 보인 활약상이 다 그러한 실례이다.

한국중국학회는 한국전쟁 종료 2년 후(1955년) 폐허 속에서 김 선생 등 서울 소재 대학교수 21명의 준비위원(발기인)으로 출발했다.[2] 이는 그 해 5월 대만에서 귀국한 선생이 고려대 교수이며 철학과 교수인 이상은(李相殷) 교수와 학회 조직의 필요성을 논의한 끝에 발기에 앞장섰던 것이다. 그 출발시기의 준비위원이자 회원이었던 학자들은 서울시내 대학의 중국어문학, 중국역사, 중국철학의 대표적 전문가들로 거의 다 김 선생보다 연상의 원로들이었다. 그런 만큼 그 학회의 회장은 자연히 이상은, 김상기 등 원로들이 차례로 맡고 김 선생은 간사역을 맡았다. 노령의 학자들이 이끌던 초창기의 학회활동이 활발할 수는 없었고, 중국과의 국교가 단절되었던 상황에서 주로 대만의 유명한 학자들과의 학술교류가 주류를 이루었다. 간사로서 그가 추진하여 한국을 방문한 중국학자들로는 주가화(朱家驊), 부유(溥儒), 동작빈(董作賓)이 눈에 띈다.[3] 이들의 한국대학 방문과 학술강연으로 양국의 학술교류가 시작되었다.

미국에서 잠시(1958~59년) 연구하고 온 김 선생은 다시 그 한국중국학회의 일을 맡는다. 곧 부회장이 된 그는 그 학회업무에 전보다 더 적극적이었다. 그는 먼저 〈학보〉의 출판을 서둘러 1963년에 창간호를 간행한다. 1966년 9월부터 1971년 11월까지 5년 동안은 학회의 대표(會長)직을 세 번이나 연임하지 않으면 안 되었다. 그동안 학보를 1년에 2집씩 연속 발행하였고, 그 뒤부터 매년 1집씩 내기 위한 경비문제를 해결했

2) 〈중국학보〉 제2집 참조 및 신승하, "김준엽 선생과 한국중국학회"(김준엽, 《나와 중국》에서 재인용).

3) 앞의 글.

다. 중국학 학자들을 대만, 홍콩, 일본, 미국에서 초청하여 강연과 토론 등 학술교류를 활발히 했음은 물론이다.

미국 남가주대학 정철희(鄭喆希) 교수, 프린스턴대학 유자건(劉子健) 교수, 하와이대학 나금당(羅錦堂) 교수, 일본 동양문고 에토 신키치(衛藤瀋吉) 교수, 이치코 주조(市古宙三) 교수, 에노키 카즈오(榎一雄) 교수, 대만 근대사연구소 소장 곽정이(郭廷以) 교수, 홍콩 여병권(余秉權) 교수 등이 다 그 시기에 다녀간 학자들이다.

김 선생에 의해 중국학회가 급속히 발전하여 '황금기를 맞았던 사실'은 누구나 다 인정하는 터이다. 학회장을 내놓은 뒤에도 그는 '한국에 주재하는 대만 외교기관'을 통하여 학회의 학보 발간에 지원을 계속 받도록 하는 등 학회의 활성화에 간접적으로나마 영향력을 아끼지 않았다.

규모가 한국중국학회에 비해 훨씬 작지만, 김 선생은 고려대 총장시절 교내의 전임교원 가운데 중국학에 종사하는 교수 22명으로 '중국학연구회'(中國學硏究會)를 조직토록 하였다. 그 모임의 초대회장이었던 그는 매년 〈중국학논총〉을 간행하면서, 회원 상호 간의 학문교류를 활발히 전개하는 전통을 수립했다. 이 또한 여기에 부기하지 않을 수 없는 그의 중국학 진흥업적의 한 사례이다.

한국의 중국학회에 선생이 관여하던 시기는 또한 그가 고려대 아세아문제연구소 설립(1957년)과 그 연구소의 학술활동을 추진하던 때와 겹친다. 김 선생은 그 연구소의 부소장, 이후 소장으로서(1982년까지) 아세아문제연구소를 국내 굴지의 연구소로 키우는 데 진력했다.[4] 그 연구소는 정기간행물로 〈아세아연구〉를 발행하는 외에 《공산권총서》(共産圈叢書)를 비롯한 연구서를 발간하면서, 국내 대학으로서는 처음으로 '중국연구를 본격화'하였다. 이 연구는 특히 1962년 포드재단의 대규모 지원을 받아 가능했는데, 그 재단의 지원도 실은 김 선생의 활약에 의한

4) 연보(p. 711) 참조.

것이었다.

선생이 그 연구소에 재직할 때 중국학 학자들과의 교류 또한 매우 많았다. 그 가운데는 스스로 다녀간 학자도 더러 있지만, 대부분은 초청하여 다녀간 학자들이다. 그들의 면모를 대충 살펴보면 다음과 같다.

• 미국학자

Fairbank, Tailer, Goodrich, Scalapino, Mote, Feuerweker, Mcfarquhar, Walker, Barnett, Michael, Beckmann, Wilbur, Brzezinski, Vogel, Hinton, Rostow.

• 중국학자

董作賓, 郭廷以, 沈剛伯, 宋晞, 全漢昇, 唐君毅, 吳緝華, 陳捷先, 張存武, 胡春惠, 王庾武.

• 일본학자

石川忠雄, 衛藤瀋吉, 市古宙三, 中島嶺雄, 神谷不二, 佐伯喜一, 佐藤征三郎, 岡部達味, 河辺利雄, 池井優, 山本登.[5)]

중국의 역사·교육·정치·경제·사회 등을 연구하는 학자들 가운데 저명한 학자들이 거의 다 다녀간 셈이다. 이는 그만큼 아세아문제연구소의 '중국학 학술교류의 수준'이 높았음을 의미하는 사실이기도 하다. 그 학술수준 향상에 이바지한 장본인이 김 선생임은 더 말할 나위 없다.

중국학 연구의 수준을 직접 향상시키는 데 김 선생이 이보다 더 기여한 사례가 또 있다. 1982년 이래 아세아문제연구소가 '중한관계사(中韓關係史) 연구'를 계획하여 추진하는 데에 그가 산학협동재단의 후원을 얻어 실행하게 한 것이 그 한 예이다. 대만의 외교부와 교육부의 후원으로 한국중국학회가 지금까지 20차례 가까이 '중국학 국제회의'를 개최한 사실도 그의 교섭에 의한 사례이다. 한국 중국학의 학문적 심화에는 학

5) 박원호, "김준엽 선생과 중국학 연구"(김준엽, 《나와 중국》에서 재인용).

자로서 지닌 그의 외교가다운 수완도 작용하였던 것이다.

김 선생이 한국의 학자들을 주로 대만과 미국 등지로 '유학시켜 중국학 학자로 키운 수효' 또한 고려대 출신만 해도 10여 명을 헤아린다. "인재를 키우는 데에는 20년이 걸린다"는 그의 명언대로, 그 유학생들이 오늘날 한국 중국학의 원로로 활동하는 국면에 이르렀다. 이 밖에 1989년에 '대만에 유학한 학자'들 모임인 중국유학인회(中國留學人會)를 조직하여, 그가 초대회장을 맡았던 것도 '중국 유학의 중요성 인지'를 통한 중국학 진흥의 의의가 없지 않다.

과거 한국에 중국어문학과가 설치된 대학으로는 3개 대학(서울대, 한국외국어대, 성균관대) 뿐이었다. 그런 형편에서 선생은 정부의 교육당국에 권유하여, 고려대를 비롯한 9개 대학에 '중어중문학과'(中語中文學科)를 설립케 한 조치도 한국의 중국학 진흥에 끼친 그의 공헌이다. 전국에 걸친 중어중문학과 출신들이 지금 중국학뿐만 아니라 한국과 중국의 교육·무역·외교 등에 이바지하는 역군들임을 감안하면, 중국학자로서 시대를 앞지르는 선생의 통찰력과 선도력(先導力)을 높이 평가하지 않을 수 없다. 선생은 유능한 학자임과 아울러 한국의 중국학 발전에 기여한 교육자·행정가·외교가로서도 누구보다 더 많은 역량을 발휘한 분임에 틀림없다.

4. 한국학과 중국학의 상호 증진

1992년 한중 수교(韓中修交)의 성립은 그의 중국대륙 탐방을 매우 빈번하게 한 계기이다. 선생은 광복 후 4년째 되던 1949년 2월에 중국대륙을 떠난 뒤로, 1988년 11월에야 그곳을 다시 방문하게 된다. 중국과의 수교 4년 전부터 다시 찾기 시작하여 해마다 중국에 드나든 횟수가 2001년 9월까지(7년간) 만 해도 무려 40차례에 이른다. 그 뒤 그의 만년 경까지 드나든 횟수는 또 몇십 차례인지 모를 정도로 많다.

그렇게 빈번히 방문하는 동안 그가 한 것은 제자들과의 재회, 역사학자를 중심으로 한 중국학자들과의 면담, 고적 탐방, 자료수집, 그리고 '중국에 한국학 연구분위기를 조성'하는 일이었다. 이 가운데 그로서 정력을 가장 많이 들여 추진한 과제가 바로 중국에서의 '한국학 연구를 발전'시키는 것이었다.[6] 그가 설립토록 하였거나, 이미 설립된 대학의 한국학 연구(주로 학자의 교류와 학술회의)에 지원한 '중국의 한국학연구소'(韓國學硏究所)는 대체로 다음과 같다.

> 북경대학(北京大學), 항주대학(杭州大學), 남경대학(南京大學), 동남대학(東南大學), 복단대학(復旦大學), 요녕대학(遼寧大學), 산동대학(山東大學), 양주대학(楊州大學) 등.

선생의 술회에 따르면, 중국에서 한국학 연구의 발전을 촉진토록 한 이 일은 다행히도 항일투쟁을 위해 생사고락을 함께 한 그의 경력으로 인해, 중국인들이 그를 전폭적으로 신뢰하고 협력해 주었던 호의에 힘입었다고 한다.[7] 비록 그것이 생각보다 어렵지 않았다고 하더라도, '한국학연구소의 설립과 학술회에의 지원' 등에 기울인 노력은 이제까지 그가 해오던 중국학의 장려와 진흥에서 그 '방법의 전환'을 의미하는 현상이다. 그것은 바로 중국학의 진흥을 '한국학과의 상호발전'의 형태로 행하는 방법이다.

돌이켜 보면 김 선생이 이런 양국학(兩國學)의 상호 발전을 꾀한 일은 전에도 시행한 것이다. 그는 일찍이 중국과의 국교가 트이기 전, 이미 한국학술진흥재단으로 하여금 대만에 설립된 '한국연구학회'(韓國硏究學會)를 지원토록 하였다. 대만의 외교부와 교육부가 외교단절 이후 지

---

6) 김준엽, 《장정 5: 다시 대륙으로》, 나남출판사, 2001, p. 115.
7) 위의 책.

금까지 한국중국학회의 국제학술회의를 지원하는 이면에는, 한국학술진흥재단이 대만의 한국연구학회에 매년 후원금을 보내는 상호 호혜의 조치가 작용하고 있다. 그 상호 간에 양국의 학문을 장려함으로써 한국학과 아울러 중국학을 진흥하던 방법이 이제 중국과의 관계에서 대폭 확대 시행되었을 따름이다.

오늘날 중국의 10개 대학에 설치된 한국학연구소는 단순히 한국학만을 연구하는 기구에 그치지 않고, 한국의 중국학 연구에 직간접적으로 영향을 끼치는 교두보적 역할을 하는 기구이기도 하다. 한국의 동양사학회가 북경대학, 남개대학(南開大學), 항주대학 등에서 중국학자들과 학술회의를 할 수 있게 된 사례가 그 좋은 증거이다. 그 밖에 김 선생이 중국을 빈번히 드나들기 시작한 1991~95년의 5년 동안, 선생으로 인해 양국의 학자들이 왕래한 수효도 대단하다. 그것은 '한국을 방문한 중국학자'가 113명이고, '중국을 방문한 한국학자'가 26명에 이르는데,[8] 이 또한 학문상의 상호 영향에 해당하는 실례이다.

5. 한국 중국학 발전의 초석적 가치

김준엽 선생의 일생에 걸친 위와 같은 '그와 중국, 중국학과의 관련'은 대체로 3단계로 파악된다. ① 김 선생에게 중국은 광복군으로서 그의 독립쟁취의 항일투쟁을 위해 이용되었던 장소이자, 중국사를 중심으로 한 '중국학 연구의 출발지'이다. ② 고려대 교수로서 관여하던 한국중국학회와 아세아문제연구소 등을 통해 그는 다수의 중국학자들과 학술교류를 적극 진행하면서, '중국의 역사적 전통'을 비롯하여, 교육·정치·경제·사회 등 현대 중국문화 전반에 걸친 변화 추이를 고찰하는 방식으로

---

8) 박원호, 앞의 글.

'한국의 중국학을 진흥'시키는 데 누구보다 크게 기여했다. ③ 고려대 퇴직 이후, 자신이 설립한 사회과학원(社會科學院)을 기반으로 하여, 그는 중국의 유수 대학들에 다수의 한국연구소(韓國硏究中心)를 설치하게 하고, 그 운영을 지원함으로써 '한국학과 중국학의 상호 증진'을 통한 한국의 중국학 발전에 공헌하였다.

김 선생의 이러한 일생은 한국 중국학의 발전에 기여한 생애라고 해도 지나침이 없다. 그의 학자·교육자·행정가·외교가적 능력과 수완이 온통 한국의 중국학 발전에 집중되었던 느낌을 주는 것이 일생에 걸친 그의 모습이다. 따라서 그에 대한 우리의 평가 또한 '김 선생은 한국의 중국학 발전에 값진 초석을 놓은 분임에 틀림없다'는 것이다. 오늘날 한국에 들어와 있는 중국인 유학생이 3만에 이르는가 하면, '중국에 유학하고 있는 한국인의 수효가 5만'을 헤아리게 되었다. 이런 현실을 직시하면, 오늘날 한국의 중국학 흥성의 바탕에 선생과 같은 분의 헌신에 가까운 중국학 진흥의 노력이 선하(先河)를 이루었음을 결코 경홀시해서는 안 될 것이다.

선생에 대한 이와 같은 평가를 앞에 하고서 논자는 이제 그만 펜을 놓아야겠는데, 무엇인지 고찰상의 구비조건을 충족시키지 못한 '결핍감'(缺乏感)을 느낀다. 그 이유는 중국학 발전에 이룩한 김 선생의 자취를 돌아보면서, 한국의 중국학 발전에 초석을 놓은 그의 업적이 지닌 '함의적 가치'를 아직 밝히지 않았기 때문일 것이다. 이런 뜻에서 그가 왜 그 중국학의 발전에 열과 성을 다 했는지 그 배경의 연유부터 찾고서 그 업적의 가치를 짚기로 한다.

청년기의 선생으로서는 중국에 관한 지식 추구를 곧 조국의 '독립쟁취의 일환'이거나, 적어도 '자주독립'과 밀접하게 관련된다고 판단했을 가능성을 상정할 수 있고, 따라서 그 중국학의 진흥은 그런 의식(意識)에 말미암았을 것이다. 다음, 역사학자들은 누구나 중국과 한국이 (지정학적 요인 때문이었겠지만) 유사 이래 불가분리의 관계를 이어왔음을 다 알고 있다. 한국과 중국은 거의 역사공동체처럼 동아시아에서 역사를 함께 일구어 왔음을 익히 아는 역사학자로서는 현재와 미래에도 '양국의 관계가 이와 유사하리라'는 개연성을 예상했을 것이다. 중국사학자로서 그가 지닌 이런 '미래지향의 예상(豫想)'이 중국학 발전에 이바지한 또 하나의 인자(因子)였다고 추정된다.

그 다음, 김 선생은 단순한 역사학자에 그치지 않고 행정가와 외교가의 능력과 수완을 지닌 지성인임을 고려해야 한다. 그 점은 그가 세 차례(1961, 62, 74년)나 한국의 UN대표를 지낸 경력이 입증한다. 외교가적 예지란 오직 '국가 사이의 호혜적 교린(互惠的 交隣)'만이 국가의 번영과 안녕을 보장하는 길임을 투철히 믿는 지혜이다. 우리나라와 중국의 인접한 입지조건에서 그 지혜가 더 긴요하게 적용됨은 더 말할 나위가 없다. 이에 그의 '호혜적 교린의 필요성 인지'가 한국의 중국학 진흥과 발달에 대한 의지로 연결되었다고 해도 아마 빗나간 억측이 아닐 것이다.

끝으로 김 선생의 본령은 역사학을 중심으로 한 인문학자의 입장이다. 국제관계에 대한 파악은 그에 있어 일본과 중국과 미국으로 '유학(留學)의 발걸음'을 한 것만으로도 충분할 수 있다. 외교가 아닌 인문학자로서 행한 보다 더 원천적 동인을 찾아내야 한다. 역사학 자체가 학자에 따라서는 '전통 속에서 오늘날 살려낼 지식을 발굴'하는 학문이라 한다. 김 선생이 "역사의 신(神)을 믿는다", "현실(現實)에 살지 말고 역사(歷史)에 살라"는 좌우명을 가졌던 사실[9]로 보면, 그의 역사관도 이런 종류라고 여겨진다. 따라서 그가 중국학에서 추구한 것은 변화하고 굴절되는 역사 속에서 영속되는 '보편적 가치'와 맞먹는 '중국사의 본질적 특성'이었다고 추정된다.

바로 이런 맥락에서 그를 비롯한 중국사학자들은 모두 한국의 전통과 마찬가지로 중국의 전통에도 다른 민족의 문화들을 흡수하여 '자신의 문

---

9) 김준엽, 앞의 책, p. 593.

화로 개변(改變), 창신(創新)하는 힘'이 줄곧 있어왔음을 인정하는 터이다. 중국역사의 이러한 특성까지 감안하면 중국학 발전에 기여한 선생의 의도에는 잠재적으로나마 현대에 따른 '중국의 새 문화창조력'에 대한 기대 섞인 '그의 지적욕구'가 적지 않게 작용했으리라는 판단이 나온다.

이 점은 마르크시즘에 젖은 중국풍토에서 1980년대 이래 중국의 전통사상인 '유학(儒學)을 재조명하는 열의'가 날로 드높아가는 현상을 가리켜, 논자가 '중국 자체의 이념적 문화창신의 성향'이라고 하던 그 해석에 김 선생이 전폭적으로 동의하던 사실로 미루어 의심의 여지가 없다. 따라서 선생이 인문계의 중국사학자로서 한국의 '중국학을 발전시킨 그 업적의 가치'는 시대에 따라 사기문화를 새롭게 창조하는 중국인들의 지혜에 대한 터득에서 찾아지게 마련이다. 남북통일의 과제를 안고 있는 우리에게 선생이 초석을 놓은 '중국학의 발전적 연구'가 오늘날, 그리고 앞으로 특히 이런 점에서 그 진가를 크게 발휘할 것이라고 논자는 예단한다.

한국의 중국어문학 연구현황과 전망

최용철(崔溶澈)*

한국의 중국어문학 연구는 지난 40년간 비약적인 발전을 거듭하며 오늘에 이르게 되었다. 현대적 의미의 중국학 관련 전공이 대학에 개설된 것은 1926년 경성제대(京城帝大)에 만들어진 지나문학(支那文學) 전공[1]이지만 연구자의 양성이나 학문적 연구의 붐을 형성하지는 못하였다. 일제 강점기에는 일본을 통해 들어오는 서양의 새로운 학문에 경도되었고, 해방 이후 혼란기를 지나 남북분단이 고착화되었을 때 남한에서는 미국의 학문체계를 수용하였으며, 상호교류가 막혀버린 중국에 대해서는 관심을 잃고 있었다. 죽(竹)의 장막을 열고 중국과 미국이 대화를 시작했을 때 우리나라는 비로소 중국이란 존재를 새롭게 인식하기 시

---

* 고려대학교 교수, 민족문화연구원 원장, 동방문학비교연구회 회장(현). 고려대 중문과 졸업, 국립타이완대학 박사, 중국고전소설, 한중비교문헌학 전공, 한국중국소설학회 회장 역임.
《금오신화의 판본》, 《전등삼종》(역주), 《홍루몽의 전파와 번역》, 《홍루몽》(전6권, 공역), 《붉은 누각의 꿈》(공저).

1) 이름이 알려진 졸업생으로는 崔昌圭(1929년 졸업), 金台俊(1931년), 車相轅(1936년), 裵澔(1939년), 李明善(1940년), 朴魯胎(1943년) 등의 학자가 있다.

작하였고 인재의 양성이 시급히 필요함을 절감하게 되었다. 그리하여 기존의 세 대학 이외에 고려대학교를 비롯하여 몇 개 대학에 새로운 중국어문학과가 만들어졌다. 그때가 바로 지금으로부터 40년 전인 1972년이다. 오늘날 한국 인문학 분야에서 방대한 규모로 성장한 중국어문학 연구는 사실 지난 40년간 쌓아올린 성과라고 할 수 있다. 이 글에서는 고려대 중문과 창설 40주년을 기념하면서, 또한 학과창설의 주역으로 고려대 중문과 초대 학과장을 역임하신 김준엽 선생님의 1주기를 맞이하여 중국어문학 연구의 전반적 연구현황과 특징을 살펴보고, 특히 고려대 중문과의 활동성과를 중심으로 기술하고자 한다.

1. 중국어문 관련학과의 설립과정

1946년 국립대학으로 서울대가 설립되면서 국내 처음으로 중문과가 설치되었다. 당시 차상원(車相轅) 교수로부터 혜화전문(惠化專門)에서 수학한 차주환(車柱環), 장기근(張基槿) 교수 등이 서울대로 옮겨오고 김학주(金學主), 이병한(李炳漢) 교수 등으로 이어지면서 서울대 중문과의 학맥이 면면히 이어졌다. 한국외국어대에서는 1954년 대학 개교와 더불어 중국어과를 설립하여 허우성(許宇成), 정기엽(鄭基燁) 교수 등의 지도로 허세욱(許世旭), 노동선(盧東善) 교수 등이 배출되어 학계에 중요한 인맥으로 자리 잡았고, 1955년 중문과를 설립한 성균관대에서는 이가원(李家源), 박노태(朴魯胎), 정래동(丁來東) 교수 등으로부터 수학한 정범진(丁範鎭), 김철수(金喆洙) 교수에 의해 학파가 형성되었다. 당시 이들 대학의 교수로 활약한 분 중에는 앞서 경성제대에서 수학한 분들 외에 중국에서 유학하고 귀국한 분들도 들어 있었다.[2)]

2) 丁來東(북경민국대 영문과 졸업), 金九經(경성제대사시, 북경대 일어강

이들 3개 대학의 중문과(혹은 중국어과)는 1970년대 초까지 한국의 중문학을 대표하였으나 실제로 졸업생 중에서 학문에 종사하는 수가 적었고 일부 대만유학을 다녀온 학자들에 의해 학문적 기초가 마련되고 있었다. 당시에는 중국어 교재나 사전이 턱없이 부족하여 간략하게 만든 임시 교재를 사용하곤 하였으며 대만으로부터 입수한 주음부호(注音符號)가 달린 원서를 쓰기도 하였다.

1972년 고려대와 숙명여대, 단국대 등에 중문과가 설립되었다. 고려대는 당시 사학과 교수이면서 아세아문제연구소 소장이었던 김준엽 선생님이 전부터 꾸준히 설립신청을 내다가 중미대화가 시작된 이후 1971년 가을에 비로소 인가를 받게 된 것이었다. 따라서 중문과의 초대 학과장은 김준엽 선생님이 맡았고[3] 당시 아연에 연구원으로 재직하던 이윤중(李允中) 선생이 중국어를 담당하기 시작하여 중문과 교수로 부임한 이듬해부터는 학과장직을 이어받았다. 이 교수는 중국에서 태어나 근 40세에 이르기까지 중국에서 생활하였고 문혁이 시작된 이후 우여곡절 끝에 한국으로 귀국한 특별한 경력을 갖고 있어 현대중국어와 현대문학을 담당하며 노신(魯迅) 연구와 《홍루몽》(紅樓夢) 연구를 특히 강조하여 고려대 중문과의 학문적 특성의 일부를 형성하도록 하였다.[4] 그는 1986년

의, 만주국 봉천도서관장), 金正祿(학력미상), 宋志英(남경대 중문과 중퇴), 許宇成(동북대 중국문과 졸업, 만주국 하얼빈학원 일본어전수과 졸업) 교수 등이 그들인데 해방 이후 초기 중국어교육과 중국학연구의 기초를 다지는 데 공헌했다고 할 수 있다.

3) 김준엽 교수(1920~2011)는 일본 게이오(慶應)대학에서 동양사를 전공하다 중퇴하고 중국중앙대학에서 역시 동양사를 연구했다. 냉전으로 중국과 교류가 단절되었을 때도 중국과의 지정학적 관계로 볼 때 중문과의 설립은 필수적임을 인식하고 누차 교육부에 설치 신청을 하였다고 하며, 고대 총장을 퇴임한 이후에는 중국 각지의 주요 대학에 한국학연구소를 설립하는 데 심혈을 기울여 오늘날 중국에서의 한국학 연구기반을 마련하였다.

한림대로 이적한 이후 퇴임하였다.

1974년에는 대만대학과 일본 경도(京都) 대학에서 유학한 이한조(李漢祚) 교수가 부임하였는데 대만에서는 대정농(臺靜農) 교수로부터 삼언소설(三言小說)을 전공하였고 경도대학의 길천행차랑(吉川幸次郎)으로부터는 당시(唐詩) 연구에 전념하여 부임 이후에 고전시가와 《사기》(史記) 연구 등을 주도하였지만 아쉽게도 중년에 타계하여 학문적 성과를 열매 맺지 못하였다.[5] 1976년 부임한 이동향(李東鄉) 교수는 대만대학에서 당대전기(唐代傳奇) 소설, 귀국 이후 서울대에서 차주환 교수의 지도로 송사(宋詞)를 전공하여 고려대에서 시가를 비롯한 고전문학 연구의 기틀을 잡고 오랫동안 많은 연구자를 배출하였다. 이 교수는 진지하고 꾸준하게 학문의 외길을 닦아 퇴임 이후 최근에 완역본 《송사삼백수》(宋詞三百首)를 간행하는 등 질높은 성과를 보이고 있다. 1980년 고려대 세종캠퍼스(당시 조치원분교)로 부임한 공재석(孔在錫) 교수는 문자학연구에서 성과를 내며 오랫동안 고려대 어학 분야의 후학양성에 힘을 기울였으며,[6] 대만과 프랑스에서 중국고전과 현대문학을 전공한 이충양(李充陽) 교수[7]도 세종캠퍼스로 부임하였다. 1986년에 한국외대에서 고려대로 옮겨온 허세욱 교수는 대만사범대학에서 고전시가로 학위를 취득하였으나 또한 현대중국어로 시와 산문을 쓰는 시인과 수필

---

4) 이윤중 교수(1928~)는 중국어문학 분야에서 교재출판과 현대문학선집 등의 업적이 있으며, 노신연구와 홍루몽연구에서 고려대 출신의 활동이 두드러진 것은 그의 영향이라고 보아야 할 것이다.

5) 이한조 교수(1931~1985)의 연구 성과는 〈중국어문논총〉 제8집(1995) '故 이한조 교수 추모특집호' 참조. 당시연구, 고전소설 강의도 맡아서 《중국소설선》(신아사) 등을 펴낸 바도 있다.

6) 공재석 교수(1937~)의 연구 성과는 〈중국어문논총〉 제22집(2002) '공재석 교수 퇴임기념특집호' 참조.

7) 이충양 교수(1946~)는 현대중국을 전공하고 HSK시업 등에 깊이 관련하며 중국과 교류하였다.

가로서 폭넓은 해외교류의 경험으로 고려대에서 고전문학과 현대문학을 고루 섭렵한 연구 성과를 내고 후학을 양성하였다.[8)]

학과설립 10년 만인 1982년에 고려대 졸업생이 처음 전임교수로 부임한 이래 모교 출신의 전임교수가 속속 부임하여 학과발전에 박차를 가하기 시작했다. 이재훈(李再薰) 교수는 대만대학과 서울대에서 주자시경학(朱子詩經學)을 중심으로 경학과 고전시가연구에 매진하여 지금까지 후학 양성에 모범을 보여주고 있으며, 고려대와 일본 와세다(早稻田) 대학에서 현대문학을 전공한 백영길(白永吉) 교수와 대만대학에서 고전소설(紅樓夢)을 전공한 최용철(崔溶澈) 교수, 어학(근현대어법)을 전공한 최규발(崔圭鉢) 교수가 연이어 부임하였고 세종캠퍼스에는 어학(성운학)을 전공한 강충희(姜忠姬) 교수, 고전시를 전공한 이해원(李海元) 교수, 초사〔楚辭(神話)〕를 전공한 선정규(宣釘奎) 교수가 각각 부임하여 양쪽 중문과의 연구와 교육을 실질적으로 맡게 되었다.[9)] 2002년 학과창립 30주년을 기념하여 대규모 국제회의를 열어 교내외에 학문적 역량을 보여준 바 있으며 2012년에 40주년을 맞게 된 것이다.

고려대 중문과에서는 당시 민족문화연구소에서 추진하던 중국어사전의 편찬에 적극 참여하게 되었다. 당시 중문과 교수 및 대학원생이 오랫동안 많은 인력을 들여 마침내 1989년 《중한사전》, 1990년 《현대중한사전》, 1995년 《중한대사전》이 만들어졌고 중문과 교수진에서는 이들

---

8) 허세욱 교수(1934~2010)의 중국문학사 시리즈(고대, 근대, 현대)는 오랜 심혈을 기울인 주요 저술성과이며 현대문학작품 번역에서도 수많은 업적을 남겼다. 연구 성과는 〈중국어문논총〉 제16집(1999) '허세욱 교수 퇴임기념특집호'에 자세하며, 따로 퇴임을 기념하여 《허세욱의 중국문학론》(법문사, 1999)이 발간된 바 있다.

9) 이어서 안암캠퍼스에는 張東天(현대시), 權赫埈(성운학), 金俊淵(고전시), 趙冬梅(중국어교육, 문화전공) 교수가 부임하였고, 세종캠퍼스에는 金曉民(고전소설) 교수에 이어 최근 劉京哲(현대문학) 교수가 부임하여 현재에 이르고 있다.

성과를 지속적으로 수정 보완하여 2002년 《중한사전》 개정판을 내기도 했다. 민연에서는 2002년 《현대중한사전》 혁신판, 2004년에는 《한중사전》을 연속적으로 간행하였다. 그동안 많은 전자사전에서 고려대 중국어사전이 활용되었으며 최근에는 이를 기초로 스마트폰 어플리케이션이 개발되어 활용되고 있다. 고려대 중문과는 이러한 사전을 통해 한국의 중국학 발전에 나름대로 지대한 공헌을 했다고 평가할 수 있을 것이다.

1972년 고려대와 함께 중문과가 개설된 숙명여대(당시 학과장 이한조), 단국대〔당시 학과장서리 이장우(李章佑)〕에도 새로운 학자들이 속속 포진되었다. 이어서 1974년에 연세대학교에 중문과가 설립되었고, 1975년 청주대, 1976년 영남대, 1979년 부산대 등 70년대 말에 전국 21개 대학에 중문과가 만들어졌고 1981년 이화여대와 한양대 등에 속속 개설됨에 따라 80년대 말에 이르면 64개 대학, 90년대 말에는 149개 대학, 2000년대 말에 이르면 182개 대학에 중문과 관련학과가 만들어져[10] 급격하게 늘어남에 따라 대만보다 한국의 대학에 더 많은 중문과가 있다고 할 정도였다. 1992년 한중 수교가 이뤄짐에 따라 그동안 주류를 이루던 대만유학은 중국대륙으로 선회하게 되었고 교환교수도 중국으로부터 직접 초빙하게 되었으며, 최근에는 전임교수로서 중국인 교수를 선임하는 경우도 차츰 늘어나고 있다.

2. 관련학회와 부설연구소의 활동

중국어문학에 관련된 학회의 상황을 살펴보면, 1972년 이전까지는 '한국중국학회'가 유일하게 종합학회로서 활동을 하고 있었다. 중국의

10) 전국의 4년제 대학 200개와 일부 2년제 대학에도 중국어 관련학과가 개설되어 현재 약 200여 개가 있는 것으로 알려져 있다.

문사철(文史哲)을 아울러 연구하는 학회로서 학술지 〈중국학보〉는 1962년에 창간되어 당시 유일한 전문학술지로 중시되었는데 지금까지 꾸준히 발행되어 총 60여 집이 나왔고, 1998년에는 영어와 중국어논문을 수록하는 〈국제중국학보〉가 창간되어 매년 한 차례씩 간행되고 있다. 당시에는 문사철 중에서 문학이 가장 취약했지만 차츰 각 대학에 중문과 설립이 늘어나자 어문학전공자가 가장 많은 회원을 갖게 되었다. 이 학회에서는 초기에 공동으로 중국학총서도 여러 권 간행하여 학계에 크게 이바지한 바 있다.

그러다가 각 대학에 중문과가 좀더 많이 설립되자 전국 규모의 중어중문학회가 만들어졌다. 서울대를 중심으로 하는 '한국중국어문학회'가 1972년에 설립되어 활동을 시작하자(학회지 〈중국문학〉은 1974년부터 발행) 이에 대해 새로 만들어진 전국의 중문과 교수 및 대학원생을 중심으로 운영하는 '한국중어중문학회'를 1977년에 만들었다고 전해진다(학회지 〈중어중문학〉 발행). 처음에는 한동안 서울지역의 주요 대학에서 전국회의를 개최하였으나 80년대 이후 지방대학에 중문과 개설이 많이 늘어나자 지방으로 순회하면서 회장직을 맡았고 학회지 발간과 학술대회 개최를 담당하였다. 하지만 그것도 여러 가지 부작용이 있어서 최근 수년간은 각 대학별 학회나 전공학회를 모아 가을에 연합학회를 개최하여 공동 활동하는 것으로 알고 있다.

각 대학별 학회라는 것은 서울에서는 서울대, 고려대, 연세대, 성균관대, 한국외대, 이화여대, 숙명여대, 숭실대, 한양대 등 주요 대학별로 결성되었고, 지방에서는 영남권, 호남권, 충청권 등의 핵심거점지역 대학을 중심으로 만들어져 비교적 활발하게 활동 중이다. 이는 사제지간이나 선후배 간으로 이어지는 학맥을 중심으로 결속력을 다져가기 위해 만들어져 학진(현 연구재단)의 지원금을 받고 학술지를 등재시키기 위한 노력으로 경쟁력을 확보했다고 할 수 있다. 이를 일각에서는 부정적으로 보는 시각도 있었으나 선의의 경쟁체제에서 새롭게 늘어나는 중국어문학 연구자를 수용하고 논문발표 공간을 충분히 확보하도록 했다는 점에서는 긍정적인 효과를 인정하기도 한다. 근년에는 대부분 개방적인 태도를 취하여 전국적으로 회원을 모집하고 경계를 허물며 활동하고 있다.

중국이 개혁개방 성책을 시행한 이후 80년대 초에는 그동안 정체되어 있던 중국현대문학에 대한 연구열기가 크게 달아올랐다. 그러한 열기에 부응하기 위하여 1986년 '중국현대문학학회'가 발족하였고 허세욱, 김시준 교수 등이 회장을 역임하면서 발전시켜 〈중국현대문학〉을 60집까지 내고 있어 이 분야 연구의 견인차 역할을 하고 있다. 1991년부터 전문학술지 〈중국언어연구〉를 간행하기 시작한 '중국언어연구회'는 1997년에 '중국언어학회'로 전환하여 허성도, 임동석 교수 등이 회장을 맡아 학술지 38집을 내면서 한국의 중국어학연구의 역량을 집중시키고 있다.

고전문학 분야의 전공별 학회는 1989년 설립한 '한국중국소설학회'(당시 중국소설연구회)가 효시를 이룬다. 당시 대만유학에 돌아온 신진학자와 국내 연구자들이 연합하여 공동으로 꾸려가면서 괄목할 만한 성과를 내기 시작했다. 이 학회에선 1990년 초부터 뉴스레터 〈중국소설연구회보〉를 총 85호 발행하고 전문학술지 〈중국소설논총〉을 최근까지 총 35집을 간행하여 이 분야 연구의 활성화를 이끄는 데 크게 기여했다. '중국소설학회'에서는 국내에서 발굴한 새로운 자료와 명작이나 대작의 번역에 힘을 기울여 지난 20여 년 사이 상당한 성과를 거두었고 해외에도 명성을 날린 바 있다. 중국의 학술대회에는 한국학자들이 반드시 참가하여 한국인의 적극성을 드러냈고 별도로 일본의 중국소설연구자들과 정기적인 교류학회를 열기도 하여 새로운 연구시도로 주목받기도 하였다.

'중국희곡학회', '중국문학이론학회' 등의 학회도 대체로 1990년대에 만들어져 꾸준히 활동해 왔으나 학회관리가 엄격해지고 학술지의 등재 문제가 까다로워 운영이 쉽지 않은 것으로 알고 있다. 희곡학회에서는 중국 각지의 전통연희를 직접 탐사하는 팀을 파견하여 좋은 성과를 거둔 것으로 알고 있으며, 이론학회에서는 중국시가의 비평용어를 상세히 고찰하는 작업을 오랫동안 진행하여 어느 정도의 성과를 이루었다. 국내 주요 대학의 한중일 비교문학 연구자(차주환, 정규복, 이병한, 이상익, 전인초, 박전열 등)들이 만든 '동방문학비교연구회'도 1984년 창립된 이래 28년 동안 꾸준히 명맥을 이어오고 있다.

고려대에서 '중국어문연구회'가 태동된 것은 1986년이다. 당시 일부 졸업생이 이미 유학을 마치고 귀국하여 전임교수로 있었으므로 교수와 대학원생들이 함께 학술토론을 가질 필요성이 제기되었고 동시에 학문적 유대감을 돈독히 해야 하겠다는 생각도 하여 소규모 발표회가 준비되었다. 첫 번째 학술지는 출판경비의 조달을 위한 우여곡절 끝에 〈중국학논총〉(창간호)의 이름으로 만들어지고, 이어지지 못하다가 1988년 정식으로 창립총회가 열리고 〈중국어문논총〉 제1집을 내면서 공식 출범하게 되었다. 허세욱, 공재석, 이동향 교수 등이 회장으로 활동하면서 점차 전국규모의 학회로 발전하여 최근까지 총 56차례 정기학술대회를 개최하였고 4차에 달하는 대규모 국제회의를 열었으며[11] 정기간행물 〈중국어문논총〉을 총 51집까지 발행하여 국내 중국어문학 연구회의 대표적인 학회로 발전하였다.

대학의 부설연구소 중에서 중국어문학 연구를 직접적인 목적으로 내걸고 설립된 연구소는 드물다. 대체로 중국학, 중국문화, 동아시아문화 등의 명칭으로 설립된 연구소에서 일부 연구자가 중국문학이나 중국어학의 연구로 동참하게 되는 경우가 많았다.

고려대학교 아세아문제연구소는 1957년 대학 부설연구소로 발족하였

11) 1998년 12월 중국어문연구회 창립 10주년 기념 국제회의, 2002년 12월 고려대중문과 창설 30주년 기념 국제회의, 2005년 10월 고려대 개교 100주년 기념 국제회의, 2008년 10월 중국어문연구회 창립 20주년 기념 동아시아 비교문화 국제회의 공동주최 '동아시아 인문전통과 문화역학' 국제회의 등을 개최하였다.

다. 아연은 사회과학연구 외에 중국이나 일본 등지의 인문학 분야도 폭넓게 연구대상으로 하고 있었으므로 중국어문학 논문도 학술지 〈아세아연구〉에 실린 바 있다. 그러나 1997년 중국의 문사철을 중심으로 하는 중국학연구소가 새로 설립된 이후로는 그 기관지 〈중국학논총〉을 주로 활용하게 되었다.

고려대 '중국학연구소'는 본래 1984년 교내 중국학 전공교수를 중심으로 만든 중국학연구회가 모태가 되었으며, 김준엽, 정규복 교수 등이 회장을 역임했고, 1997년 교내부설 연구소로 발족하여 이춘식(李春植), 신승하(辛勝夏) 교수 등이 소장을 맡아 중국의 문사철을 아우르는 인문학 전반을 대상으로 연구하고 있다. 정기학술지 〈중국학논총〉은 현재까지 35집을 내고 있으며 연구재단으로부터 기초토대사업, HK사업 등을 수주하여 발전에 힘써왔다.

이 연구소는 물론 중국의 역사와 철학 분야까지도 아울러 추진하고 있지만 중문과의 활동위상이 확대됨에 따라 중국어문학 분야에서 다양한 연구활동을 진행하였다. 특히 국내 각 대학의 부설연구소의 경우 중국문학 연구에 집중하는 곳이 흔치 않은 점을 감안하면 고려대 중국학연구소의 활동은 눈여겨볼 만하다고 하겠다. 그동안 주요 활동을 추려보면, 2006년에 '타이완의 문학과 문화'와 '중국문학과 동아시아 비교문화' 국제회의를 열었고, 2008년에는 동아시아 비교문화 국제회의 한국지부와 공동으로 '동아시아 인문전통과 문화역학'을 주제로 대규모 국제회의를 가졌다. 2011년에는 마침 방한한 노벨문학상 수상자인 가오싱젠(高行健) 선생을 초빙하여 국제심포지엄을 개최하였는데 중국의 반체제인사로서 중국사회과학원 문학연구소장을 역임한 류자이푸(劉再復) 교수, 홍콩작가협회의 회장이며 〈明報〉의 편집장인 판야오밍(潘耀明) 선생 등을 비롯한 프랑스, 홍콩, 일본 등지의 학자들이 다수 참가하였다.

최근 수년간의 개별 초청강연만 보더라도 2006년 상하이 복단대학의 장더싱(張德興) 교수, 홍콩성시(城市)대학의 비교문학 전문가 장룽시

(張隆溪) 교수, 일본 동경학예(學藝) 대학의 한자전문가 마츠오카 에이지(松岡榮志) 교수, 타이완의 저명한 어법전문가 메이광(梅廣) 교수, 상하이 작가협회의 자오리훙(趙麗宏) 선생 등을 청하여 강연을 들었다. 2007년에는 상하이 복단대학의 명대문학 전문가 황린(黃霖) 교수, 중국 현대작가로서 문화부장관을 역임한 왕멍(王蒙) 선생 초청강연회도 가졌으며, 일본의 동아시아 문헌전공자 이소베 아키라(磯部彰) 교수와 중국 희곡 전문가인 이소베 유코(磯部祐子) 교수를 함께 불러 강연을 들었다. 2008년에는 미국과 일본의 중국학 현황을 살피기 위하여 예일대학의 손캉이(孫康宜) 교수와 도쿄대학의 오키 야스시(大木康) 교수를 함께 불러 유익한 강연을 들었으며, 또 스탠퍼드대학의 손차오펀(孫朝奮) 교수로부터 미국의 중국 언어학 연구에 대해서도 유익한 고견을 들었다. 2010년의 활동을 보면 국내에서는 경남대 박재규 총장(전 통일부장관)을 초청하여 남북통일문제에 대한 전망을 들었고, 해외로부터는 북경대학의 위안위린(袁毓林) 교수를 청하여 어학강연, 화동사대의 양쥔(楊焄) 교수를 청하여 고전〔륙기(陸機)의 문부(文賦)〕 강연, 위스콘신대학의 장훙밍(張洪明) 교수를 청하여 중국 음운학에 대해 열띤 토론을 하기도 했다. 하버드대학의 현대문학 대가 왕더웨이(王德威) 교수, 대만 중국문철연구소의 후샤오전(胡曉眞) 소장 등도 최근에 연구소를 방문하여 강연을 한 해외 주요 학자다. 이처럼 중국학연구소의 최근 수년간의 활동은 중국어문학 연구의 국제화에 지대한 역할을 하였던 것으로 평가된다.

이밖에 중국학 관련 연구를 진행하는 다른 대학의 연구소를 일별하면 대체로 다음과 같다.

서울대 '동아문화연구소'는 1961년에 설립되었으니 그 역사가 유구하며 그동안 동양사학과, 중문과, 철학과(동양철학전공) 교수가 번갈아 소장을 맡고 있으며, 학술지 〈동아문화〉를 50집 가까이 발행하고 있다. 최근에는 인문학연구원 산하연구소로서 활동 중이다.

연세대학교에서는 1948년 하버드 옌칭연구소의 후원을 받아 '동방학

연구소'를 창립했는데 초기에 백낙준, 최현배 등의 소장들에 의해 발전의 초석을 다져 한국문화를 비롯하여 동양학을 포괄하여 연구하였다. 1977년 이를 개편하여 '국학연구원'으로 새롭게 출범했지만 당시 이미 개설된 중문과의 교수진이 동참하였으며 이후 지속적으로 참여하고 있다. 1954년 시작된 학술지 〈동방학지〉는 최근 154집을 냈다. 이밖에도 인천대에는 '중국학연구소'가 있고, 국민대에 '중국인문사회연구소'가 있지만 어문학 분야에서의 활동은 충분치 않은 것으로 보인다.

주요 학술지를 보면 '중국학회'의 〈중국학보〉와 〈국제중국학연구〉, '중어중문학회'의 〈중어중문학〉 등이 당초부터 전국규모로 시작된 것이고, 각 대학별 중심을 이루는 것으로는 〈중국어문논총〉(고려대), 〈중국학논총〉(고려대), 〈중국문학〉(서울대), 〈중국어문학〉(영남대), 〈중국어문학논집〉(연세대), 〈중국어문학지〉(이화여대), 〈중국인문과학〉(전남대), 〈중국학연구〉(외대), 〈중국문학연구〉(성대), 〈중국어문논역총간〉(숭실대)[12] 등을 들 수 있으며, 전공학술지로는 〈중국소설논총〉, 〈중국어교육과 연구〉, 〈중국언어연구〉, 〈중국현대문학〉 등이 20여 개 이상에 이른다. 대부분의 논문집에서 매년 2회 이상 15편 내외의 논문이 발표되고 있다는 것을 감안하면 어림잡아도 연 600편 이상의 논문이 발표된다는 것을 알 수 있다. 실질적으로 동아시아 문학이나 인문학관련 논문집이나 연 4회 발행되는 학술지 혹은 국제학술지 등에 실리는 연구 등을 총 망라하면 연간 천여 편에 이르는 중국관련 논문이 발표될 것이라고 보면 이는 지난 40여 년간 중국어문학의 비약적 발전을 단적으로 보여주는 것이라고 하겠다.

12) 현재 이들 학술지는 대부분 회원가입을 전국으로 개방하였으므로 어느 대학의 소속으로 보기 어렵기는 하나 창설 당시의 주체를 감안하여 일반 학계의 인식을 그렇게 표현한 것임.

3. 중국고전문학 분야의 연구현황

우선 중국고전문학 연구에 대한 필자의 소견을 개괄적으로 피력해보고자 한다. 1972년 이전에는 현대문학에 대한 연구가 거의 전무하였고 대체로 고전에 머물러 있었다. 그러나 고전문학사의 경우에도 너무나 많은 분량 때문에 대학에서의 문학사 수업은 언제나 당송(唐宋)이나 혹은 겨우 송원(宋元) 정도까지 배울 정도였고 명청(明淸)시기, 특히 청대(淸代)문학을 상세하게 배우기는 매우 어려웠다.

전체적인 시기구분과 연구경향을 살펴보더라도 시사(詩詞)의 연구에서는 당송시가(唐宋詩歌)에 집중되었고 산문(散文) 연구는 당송팔대가(唐宋八大家)가 중심을 이루었다. 《시경》(詩經)과 《초사》(楚辭)에서부터 시작된 고전문학 연구는 초기에 정통문학의 범주에 드는 시문과 평론 위주로 연구되었지만 차츰 희곡과 소설 분야로 넓혀갔다. 새로운 연구자들의 흥미가 좀더 확장되고 있었기 때문일 것이다. 특히 5·4(五四)시기 이후로 중국문학사에서는 통속문학의 가치를 강조하였고 대만이나 대륙으로부터 많은 자료가 새로 유입되고 있었으므로 연구환경은 좋아지는 상태였다. 다만 통속문학의 연구에 종사하고자 할 때 대만에서는 간혹 부정적 시각으로 바라보는 연구자들이 있었다. 그것은 제도권 학문세계인 대학원의 개설 과목에는 이른바 국학에 해당하는 문사철 각 분야의 고전을 망라하고 있으면서도 정작 희곡이나 소설 등의 통속문학을 직접 개설하는 것이 꺼려지는 그런 분위기 때문이었을 것이다. 그러나 오히려 바로 그러한 분위기 때문에 유학생들이 소설이나 희곡에 쉽게 접근할 수 있었고, 이른바 정통문학을 강조하는 현지 학자들도 유학생들에게 약간은 개방적인 태도를 취하고 있었던 것이 사실이다. 그런 덕분에 대만대학이나 대만사범대학, 대만정치대학, 중국문화대학에서 소설이나 희곡 전공자는 한국출신 유학생들이 상대적으로 많은 비율을 차지했다. 이들이 귀국하기 시작한 1980년대 후반부터 이 분야 연구의 역량이 갑자기 확대되었고 그것은 한국에서 장르학회로서 중국소설학회를 가장 먼저 형성하게 되는 계기가 되었다.

중국문학사는 언제나 《시경》과 《초사》로 시작되기 때문에 이 분야에 대한 연구는 꾸준히 이루어져 왔다. 근년의 《시경》 연구자로는 이재훈과 이강범이 중견이고 《초사》 연구자로는 신화 분야로 확대되고 있는 선정규와 송대 초사학을 전공한 박영환 등이 있다.

양한시(兩漢詩)의 연구는 일찍부터 서울대의 전통이 되어서 1974년 김학주의 박사논문에 이어 1990년대에도 김근, 김상호 등의 연구로 이어지고 있으며 위진시(魏晉詩)에서도 이 시기에 변성규, 노경희, 김만원 등으로 전통을 이어갔다. 근년에 이치수의 《도연명전집》 번역 등이 주목되는 성과라고 하겠다. 당시(唐詩)는 전통적으로 한국에서 가장 강세를 보이는 분야였기에 초기에는 정통 한학자나 시인, 심지어 영문학자들이 당시의 번역에 참여하기도 하였다.[13] 그러나 90년대 이후 중문학계의 젊은 연구자에 의해 새로운 번역과 연구가 등장하였다. 김원중의 《당시감상대관》 등이 그러한 예다. 1970년대부터 1990년대 말까지 당시 관련 박사학위는 30여 명을 헤아린다. 그중에서는 조선에서 간행된 두시집(杜詩集)을 연구하고 중국에 흩어진 한국관련 유적을 찾아 고증하는 민경삼의 연구도 주목된다. 유성준은 당시를 중심으로 한중비교 연구에서 많은 성과를 냈다. 송대시사(宋代詩詞)의 경우 소개서로 김원중의 《송시감상대관》이 있어 참고하기 좋고, 중국문학이론학회에서 《중국시와 시인-송대편》을 내서 학계에 도움을 주고 있다. 이치수의 육유(陸遊) 연구, 오헌필의 왕안석(王安石) 연구 그리고 서예와 관련하여 연구한 김병기의 황산곡(黃山谷) 연구가 주목된다. 서울대에서 차주환 교수가 사곡(詞曲)을 연구함으로써 후학 중에는 사(詞)의 연구자가 많이 나왔다. 이

13) 임창순의 《당시정해》(1956), 신석정의 번역(1961), 이원섭의 《당시》(1965), 김달진의 《당시전서》 등이 그 예다.

동향 교수를 비롯하여 이종진, 송용준, 유종목 등이 학계의 중진으로서 이 분야 연구를 선도하였다. 산곡(散曲)의 경우는 더욱 연구자가 드물며 윤수영과 양회석 등이 그 명맥을 이어 연구를 진행한 바 있다.

명청대 시가에 대한 연구는 당송시에 비해 현저히 드물다. 산문의 경우도 당송팔대가에 집중되어 있는 편이다. 오수형과 홍승직, 김용표 등이 산문연구에 주력하였으며, 따로 중국산문학회를 만들어 활동했다. 명대 산문에는 원종례의 연구가 오랫동안 꾸준히 진행되어 많은 성과를 냈다.

소설 분야에 대해서는 최근 기존의 연구통계가 책으로 만들어져 해방 이후 지난해까지의 연구동향을 보다 쉽게 살펴볼 수 있게 되었다. 시기별과 분야별로 분석하면 다음과 같다.

선진(先秦)시대는 주로 신화와 우언(寓言)에 집중되어 있으며 당대(唐代)에는 전기(傳奇)소설이 두드러지고, 돈황변문(敦煌變文)에 대한 연구는 막고굴(莫高窟)이 유네스코 세계문화유산으로 등재된 80년대 이후 관심이 높아져 연구가 촉발되었다. 최근(2010. 12)에는 고려대 민족문화연구원에 국제둔황프로젝트(IDP) 서울센터가 개소됨에 따라 돈황학(敦煌學)과 돈황문학(敦煌文學)의 연구에 관심이 더욱 높아지고 있다.

송대(宋代)에는 방대한 소설모음집이라고 할 수 있는 《태평광기》(太平廣記)에 대한 연구가 중심이 되며, 특히 기존에도 국문학계에서 연구가 있었지만 김장환 교수팀에서 번역작업을 진행하면서 다양한 연구 성과가 동시에 이루어졌다고 할 수 있다. 명대(明代)에는 장회소설(章回小說)을 비롯한 사대기서(四大奇書)에 대한 연구가 두드러지는데 그중 《삼국지연의》(三國志演義) 관련 연구가 단연 앞서고 있다. 이는 조선시대 이래로 《삼국지》에 대한 관심과 애호가 그대로 전공자들에게도 나타남을 의미한다. 특히 최근(2010)에 1560년대 병자자(丙子字) 금속활자로 교서관(校書館)에서 간행된 《삼국지통속연의》의 발견으로 한중일 전문가들이 모이는 국제회의도 열려[14] 비상한 관심을 모은 바 있다. 금속활자로 간행된 소설은 동아시아에서 이 책이 유일한 경우인데 필자는 당시 이 책의 간행에 결정적인 역할을 했을 가능성이 가장 높은 사람으로 윤춘년(尹春年)을 지목하는 논문을 발표한 바 있다. 그는 당시 임기(林芑)가 주해를 집석한《전등신화구해》(剪燈新話句解)를 간행하도록 하였고, 김시습(金時習)의《금오신화》(金鰲新話)도 편집, 간행한 바 있어 소설에 대해 가장 적극적이고 개방적인 문화계 인물이었다.

명대(明代) 전기소설집《전등신화》(剪燈新話)에 대한 연구는 그동안 한국최초의 한문소설로 인정받는《금오신화》와의 비교연구 차원에서 연구되었지만 지난 수년 동안 이 책의 중국판본과 일본판본 그리고 조선에서 전파된 과정을 세밀히 연구한 논문으로 중일학계의 주목을 받았다.

청대(淸代) 소설 중에서는 중국에서와 마찬가지로 역시《홍루몽》관련 연구가 가장 두드러지는데 작자와 판본, 속서와 홍학사, 한중 전파 및 번역사를 비롯하여 작품속의 시사와 사상성, 예술성 등 다양한 분야에서 연구가 진행되고 있다. 전문 연구자에 의한 완역본《홍루몽》(최용철·고민희, 2009)의 출현으로 인해 시사와 호칭, 풍속 등의 번역에 관한 연구가 새로 시작되고 있는 점도 고무적이며, 조선 말에 나온 낙선재본 언해본을 중심으로 고어사전을 만들어낸 박재연 교수의 노력도 특기할 사항이다. 이밖에도 재자가인(才子佳人) 소설,《유림외사》(儒林外史),《요재지이》(聊齋志異),《열미초당필기》(閱微草堂筆記),《자불어》(子不語),《경화연》(鏡花緣) 등의 작품과 청말견책소설(淸末譴責小說) 등의 연구도 고루 진행되고 있어 균형적이고 면밀한 연구분위기가 형성되어 있음을 알 수 있다.

비교문학 연구는 다음의 표에서도 확인되듯 가장 이른 시기에 연구가 시작되어 가장 많은 연구가 진행된 분야이다. 통상 비교연구라 함은 둘 이상의 대상을 견주어 유사점이나 차이점, 더 나아가 이들 사이의 일반

14) 중국소설학회와 성균관대학교 동아시아학술원이 공동으로 주최한 국제회의(2010. 8)에는 중국사회과학원의 劉世德 교수, 일본 京都大學의 金文京 교수 등 국제 저명학자들이 모여 깊은 토론을 벌였다.

적 법칙을 도출해야 하므로 각각에 대한 연구가 일정부분 선행된 후 진행되어야 비로소 가능하다. 그러나 실제로 한국 중문학계에서는 중국소설에 대한 기본적인 연구가 안정적으로 착수되기 전부터 비교연구가 진행되었다. 이는 초기 중국 소설과 관련된 비교연구의 대부분이 정규복(丁奎福), 이상익(李相翊) 교수 등과 같은 국문학자들의 연구로 촉발되었고 대부분의 연구가 주로 한국소설과 중국소설 간의 내용비교가 주를 이루고 있기 때문이다. 일찌감치 진행된 비교연구를 바탕으로 이후 중국 소설과 관련된 판본 발굴과 중국과의 원활한 교류로 서지학적 비교 및 중국 소설의 국내 유입과 번역 출판까지 확충되었다.

중국 희곡에 대한 관심은 일찍이 일제강점기인 1920년대부터 양건식(梁建植, 白華)에 의해 진행된 작품의 주해와 번역 등으로부터 시작되었다. 이 시기 관련 연구는 원전번역을 통한 외국문학의 국내 소개로 당시 지식인들의 관심과 지식척도를 엿볼 수 있는 자료가 된다. 해방 이후 오랫동안 공백기를 거치고 1963년 김학주 교수가 중국희곡과 관련된 학위논문을 발표하면서 본격적인 연구가 시작되었다. 그는 중년에 고전번역과 문학사 저술 등에도 다양한 노력을 기울여 한국 중문학계에 지대한 영향을 끼쳤고, 중국고전 독자들에게 적잖은 편리함을 제공했지만 만년에 이르도록 본업인 희곡연구에도 정성을 다하여 비교적 많은 업적을 남겼다. 예를 들면 《중국고대가무희》(1994, 2001), 《한중 두 나라의 가무와 잡희》(1994), 《원잡극선》(2001), 《중국 전통연극과 희곡문물 민간연예를 찾아서》(2007), 《중국의 탈놀이와 탈》(2008), 《경극이란 어떤 연극인가》(2009), 《위대한 중국의 대중예술 경극》(2010) 등이 있다. 1992년에 '한국중국희곡학회'를 결성하고 학술지 〈중국희곡〉을 간행하였으며 중국의 현지탐방 등 다양한 활동을 펼치기도 하였다.[15] 김

15) 김학주(1934～) 교수는 80세에 가까운 현재 학술원 회원으로서 여전히 왕성한 연구활동을 하고 있어 후학의 귀감이 되고 있다. 〈학술원논문집〉(2011년 제50집 1호) 최근호에도 "중국의 경극 현황 연구"를 발표했다.

〈표 1〉 시기별 중국고전소설 연구논저 발표 현황[16)]

장르	시기	2000	1990	1980	1970	1960	1950	1950 이전	총수
	總論	117	60	16	1	1	4	1	200
先秦魏晉六朝	神話	89	84	29	8				210
	山海經	9	7	8	2				26
	寓言	7	13	7	1				28
	神仙說話 漢代小說	20	15	16	2	1			54
	傳說,說話,民譚	19	14	8	1				42
	志怪	31	27	1	1				60
	志人	19	18	6					43
	其他	9	6	6	3	2			26
唐	傳奇總論	54	58	30	16	17	3		178
	敦煌變文	22	26	10					58
	其他	10	8	3	2	1			24
宋元	太平廣記	30	9	4	5		1		49
	文言	36	14	9	7	4	1		71
	話本	46	48	14	1	1			110
明	三國演義	54	40	15	13	8	1		131
	水滸傳	21	29	8	5	4	1		68
	西遊記	36	17	8	2				63
	金瓶梅	20	25	1	1				47
	三言二拍	30	36	28					94
	其他	61	36	11	5				113
	小說理論	18	19	4	1				42
淸	紅樓夢	112	73	29					214
	儒林外史	9	19	18	1	2			49
	聊齋志異	26	24	10	2	1			63
	鏡花緣	10	14	8					32
	其他小說	111	82	8	3	2			206
	譴責小說	6	31	28	1	3			69
	小說理論	26	45	13	1	3	1		89
	比較	126	146	78	56	48	9	7	470
計		1,184	1,043	434	141	98	21	8	2,929

16) 이 통계는 《중국고전소설 및 희곡 연구자료 집성》(민관동·정선경 공편, 2011)의 연구목록(2,798편)을 도대로 2012년 4월 현재의 자료들 김수경 동학(고려대 박사과정)이 수정 보충한 것임.

학주 교수로부터 수학한 오수경, 양회석에 의해 '중국희곡학회'는 본격적 활동을 시작하고 이어서 이창숙, 하경심, 박성훈 등의 연구자가 이어졌으나 문학사 전체적으로 보았을 때 연구자의 수는 적은 편이어서 학술지를 등재지로 만드는 데 여전히 어려움이 있었다. 오수경은 베세토(BeSeTo) 연극제 등에도 적극 참여하는 등 동아시아 연극계에서 적극적인 활약을 하고 있다. 연구 분야는 그동안 중시되었던 원대 잡극(雜劇)과 명대 전기(傳奇) 및 청대 이후의 경극(京劇)에 치중해 있지만 최근

〈표 2〉 시기별 중국고전희곡 연구논저 발표현황[17)]

장르 \ 시기		2000	1990	1980	1970	1960	1920 이전	
先秦宋元	기원	33	14	12	3	6		68
	이론	5	9	2	1			17
	諸宮調	5	10	6	4	1		26
	南戲	26	13	4	1	3	2	49
	雜劇	145	113	30	3	8	1	300
	散曲	13	19	14				46
	기타	6	9	4				19
明清	이론	37	23	5				65
	傳奇	62	44	7	2	4		119
	雜劇	9	9	3				21
	京劇	36	5	3		1		45
	其他	40	11	2		1		54
	총론	94	36	10	4	4		148
	彈詞·鼓詞	18	13	1				32
	비교	75	27	18	3	11	3	137
계		604	355	121	21	39	6	1,146

17) 희곡 연구 성과에 관한 이 통계도 김수경 동학의 조사자료에 근거한 것임.

특히 남방극 곤곡(崑曲)이 유네스코 무형문화재(非物質文化遺産)로 선정됨에 따라 중국에서 관심이 높아지고 이에 부응하여 연구자도 늘어나는 추세라고 하겠다.

고전문학의 연구와 더불어 원전의 번역문제는 매우 중요하다. 한국에서의 중국학 연구가 일천하므로 번역이 우선적으로 필요함에도 불구하고 일본어 번역을 손쉽게 이용할 수 있다는 점에서 번역의 성과를 학술적으로 인정하지 않으려는 분위기가 팽배하였다. 특히 통속문학인 고전소설의 경우 대부분 전문가가 아닌 작가들의 여가활동의 일종으로 의역을 위주로 한 중역본이 독서계를 석권하였으므로 정상적인 학문활동으로서의 번역을 기대하기 어려웠다.

1990년대 이후 중문학계에서는 번역의 중요성을 의식하고 고전논문에서 반드시 원문과 대조하는 번역문을 제시하도록 하여 고전연구의 질적 향상을 꾀하고자 하였다. 학자 개인의 관심과 노력으로 고전번역이 다수 시작되었으며 학진(연구재단)에서 추진하는 명저번역 사업의 지원에도 힘입어 지난 20여 년 사이에 수많은 고전이 번역되었음은 다행스런 일이다.

그동안 학술명저번역총서로 나온 목록 중에서 중국어문학 관련서를 보면 《창랑시화》(滄浪詩話), 《역주 원중랑집》(袁中郎集, 총 10권), 《이아주소》(爾雅注疏, 총 6권), 《중국시율학》(中國詩律學, 총 4권), 《전등삼종》(剪燈三種, 총 2권), 《혜강집》(嵇康集), 《옥대신영》(玉臺新詠, 총 3권), 《양주화방록》(揚州畵舫錄, 총 3권), 《조자건집》(曹子建集), 《우초신지》(虞初新志, 총 4권), 《역주 유양잡조》(酉陽雜俎, 총 2권) 등이 있다. 고전의 번역은 아무리 강조해도 지나치지 않을진대 연구재단의 지원으로 이 같은 성과가 나오고 있음은 고무적인 일이다.

그러나 최근 대학원에는 고전문학 전공자가 차츰 줄어들고, 특히 고전원전의 해독능력이 문제됨에 따라 학문발전의 위기가 오지 않을까 우려하는 목소리도 있다. 한편 중국의 중문학계에서는 새로운 연구 분야의 개척이란 점에서 이른바 역외한적(域外漢籍)에 대한 관심을 드높이고 있으며, 한국고전 한시나 한문학, 한문 연행록(燕行錄) 등을 대대적으로 연구하기 시작하였는데 이에 대해 한국의 중문학계에서는 거의 감지조차 하지 못하고 있음이 안타깝다.[18]

4. 중국현대문학 분야의 연구현황

중국의 개혁개방 정책이 본격적으로 시행된 이후 1980년대 초기에 비로소 중국현대문학에 대한 본격적인 연구와 자료가 유통되었다. 그나마 한국에서는 공산권 자료를 마음대로 다루지 못하였고 대만에 유학하는 학생의 경우 역시 대륙의 자료를 열람하고 활용하는 데 제약이 있었다. 일본과 미국으로 유학 간 한국학생들은 비교적 자유롭게 현대문학 자료를 열람하고 연구할 수 있었으며, 그들의 귀국으로 인하여 한국의 현대문학 학계를 선도하게 되었다. 1985년 '현대문학학회'의 결성이후 조직적으로 중국현대문학 연구가 진행되었으며 짧은 시간 내에 방대한 연구조직과 세력을 확보할 수 있었다. 그만큼 중국의 현대에 대한 지적 갈증은 극심했다고 할 수 있다. 초기에 일본이나 미국을 통해 유입되던 자료는 1990년 전후하여 중국으로부터 직접 입수되었고, 중국의 생존한 노작가들과의 접촉이 보다 활발하게 이루어졌다.

중국에서 통용되는 용어는 근대(近代)와 현대(現代) 그리고 당대(當代)라는 개념으로 20세기를 통틀어 삼분하고 있지만, 여기서는 현당대(現當代)에 해당하는 5·4시기 이후 지금까지의 문학을 현대문학으로

18) 남경대학 중문과에 소속된 역외한적연구소 張伯偉소장팀은《朝鮮時代書目叢刊》(9권), 《朝鮮時代女性詩文集全編》(3권) 등을 냈고, 상해사범대학 중문과의 孫遜원장팀은 고려대 연구팀과 공동으로 방대한《韓國漢文小說集成》의 교감본을 내고자 준비 중이다(上海古籍出版社).

지칭한다. 중국의 경우에는 문학전공 아래 현대 분야가 3분의 2에 이르지만 한국에서는 고전문학의 위세에 눌려 4분의 1에 미치지 못한다고 불만을 가진 학자들이 많다. 2000년대 이후의 최근 연구상황에 대해서는 이 분야전공자로서 면밀하게 조사 연구한 김혜준 교수의 관련 글을 참조하여 소개하도록 한다.19)

20세기 이후 한국에서 중국의 현대문학이 소개된 것은 1910년대 후반부터 번역가로 활약한 양건식(白華 梁建植) 등에 의해 시작되었다. 그는 일찍이 《홍루몽》과 《삼국연의》를 번역, 연재하기도 하였고, 고전희곡을 번역하기도 했지만 동시에 중국에서의 5·4 문학운동과 현대문학 논쟁 등을 시의적절하게 입수하여 신문에 소개했다. 그러나 해방 이후 남북이 분단으로 치닫고 6·25 전쟁의 여파로 중국과의 교류가 단절됨에 따라 현대문학 연구는 오랫동안 정체기에 들어선다. 1970년대 이후 차츰 현대문학이 소개되었지만 대만쪽으로 전향한 일부 작가를 중심으로 겨우 명맥을 이을 정도였고, 1980년대에 와서 비로소 본격적인 학위논문이 나오기 시작했다. 앞서 언급했듯이 중국에서 온 이윤중 교수의 강조 덕분에 고려대에서 김명호를 필두로 논문이 나오기 시작했다. 백영길, 김영철, 김하림, 김혜준, 박난영 등이 고려대에서 현대문학으로 학위를 했다. 1990년 이후 전문연구서가 본격적으로 나오기 시작했는데 허세욱, 김시준, 전형준, 박운석, 조대호, 백영길, 임춘성 등의 단행본이 간행되어 학계를 선도하게 되었다.

연구 분야별로 나누면 혁명문학 논쟁에서 김하림, 문예대중화론에서 임춘성, 민족형식 논쟁에서 김혜준 등이 적극적으로 논문을 발표하였다. 1990년대에는 동시대의 문학, 즉 당대문학이 연구대상으로 수용되어 동일시간대에 작품발표와 연구가 함께 진행되기 시작했다는 점이다.

19) 김혜준 "한국의 중국현대문학 번역과 연구-한국내 중국관련 학과의 변동상황" 참조(이 글의 중문논문인 "中國現當代文學的翻譯和研究在韓國-以2000年代爲主"는 〈한중언어문화연구〉 제22집(2010. 2)에 발표되었다).

백원담과 김종현 등의 연구가 나왔고 인문정신에 대해서는 유세종 등의 연구가 있었다. 신시기 초기에 대한 반성적 재고찰도 김종현 등에 의해 연구되었다. 다양한 사조와 유파가 별도로 연구되었으며 또한 작가별, 작품별 연구도 진행되었다.

루쉰에 대한 연구가 단연 가장 많은 수를 차지하고 있으며 대표연구자는 김하림이다. 다음은 마오둔(茅盾) 연구인데 백영길, 김영철 등이 중심이었고 바진(巴金) 연구는 박난영이 석·박사를 모두 이 주제로 썼다. 이밖에도 작가별로 보면 궈모뤄(郭沫若)과 라오서(老舍), 딩링(丁玲), 위다푸(郁達夫), 후스(胡適), 선충원(沈從文), 쉬즈모(徐志摩) 등의 순으로 연구가 진행되었다. 신시기 문학에 대한 연구도 부단히 증가하여 왕멍(王蒙) 연구가 가장 많고 꾸청(顧城), 장셴량(張賢亮), 다이호우잉(戴厚英), 왕수오(王朔) 등에 대한 연구가 진행되었으며 2000년대 이후에는 최근의 젊은 작가에 대한 연구도 과감히 시도되었다.

2000년대 이후 한국에서 나온 현당대 문학의 번역에 대해 먼저 살펴본다. 그동안 대륙일변도의 지역적 편중현상에서 차츰 벗어나 대만이나 홍콩의 작품에 대해서도 관심을 기울이기 시작했다는 점이 하나의 특색이라고 하겠다. 해외로 망명한 노벨상 수상작가 가오싱젠(高行健)이나 반체제 시인 베이다오(北島) 등의 작품도 번역되었다. 이전에는 중국문학 번역 중에서 소설이 대다수를 차지하고 그중에서도 루쉰과 충야오(瓊瑤)에 집중되었지만 2000년 이후에는 다양한 작가들이 새롭게 소개되고 있다. 그중에서 모옌(莫言), 쑤퉁(蘇童), 위화(余華) 등의 작품이 비교적 여러 편 번역 소개되고 있는 것으로 나타나 한국독자의 취향이 다양해지고 있음을 보여준다. 기타 소설로는 여전히 무협소설의 번역이 인기를 끌고 있다. 산문의 경우는 20세기 전체에 걸쳐 전체의 절반에 해당하는 것이 린위탕(林語堂)의 《생활의 발견》이었다고 하는데 21세기에 들어와서는 새롭게 두각을 나타낸 중국의 산문작가, 위치우위(余秋雨), 지셴린(季羨林), 쟈핑와(賈平凹), 스티에성(史鐵生) 등의 작품이 다양하게 번역되고 있어 고무적이다. 그러나 20세기 중반의 주요 작가들이 그대로 잊힌 채 소개되지 못하는 면도 있어 아쉽다고 하겠다. 소설과 산문에 비해 시의 번역은 극히 저조하여 전체의 6%가량 되는 것으로 나타난다. 일찍이 《현대 대표시인 선집》이나 《중국 현대명시선》 등의 선집류가 나왔는데 2000년대 이후 다양한 시인의 작품이 번역되기 시작했고 대만 시인의 시도 새롭게 번역되어 주목된다. 극본의 번역은 비록 가장 적기는 하지만 민국시기 주요 작가의 작품이 다양하게 번역되고 있어 다행이다. 다만 신중국 이후의 극본은 거의 번역되지 않고 있다. 당대문학의 번역도 최근 신진 번역가들에 의해 꾸준히 늘어나는 상황이지만, 여전히 중국의 현당대 문학이 한국 독서계에서 영향력 있는 수준으로 제고되지 못하고 있다는 점은 향후 심사숙고하여야 할 과제라고 생각한다.[20]

2000년대 이후의 주요 저술로는 김시준의 《중국 당대문학사조사 연구》(2001)와 《중국당대문학사》(2005), 김혜준의 《중국 현대문학의 민족형식 논쟁》(2000), 박난영의 《바진》(2006), 박재우·이영구의 《일제시대 중국현대문학 수용사》(2007) 등의 전문서가 주목을 받고 있다.

비교문학적 연구도 다방면에서 시도되었는데 한중비교, 중일비교, 중서비교, 동아삼국의 비교 등 네 가지 분야에서 진행되었다.

한중비교의 대표는 허세욱으로 1980년대 초부터 꾸준한 관심을 보였다. 스스로 중국과 한국에서 창작에도 종사하고 있으므로 연구에도 관심을 기울인 것으로 보인다. 1990년대에 루쉰과 김수영(金洙暎)을 비교한 유중하의 연구도 돋보인다. 라오서와 채만식(蔡萬植)의 작품, 선중원과 김유정(金裕貞)의 작품이 대비되는 연구도 있었다. 중국현대문학

20) 교보문고가 발표한 지난 수십 년간의 베스트셀러 목록에 중국의 현당대 문학이 전혀 포함되지 못하고 있다. 이것이 원작의 문학성 문제인지, 독자층의 성향 때문인지, 아니면 번역본의 수준 문제인지는 향후 학계와 번역계가 함께 고민해 보아야 할 것이다.

에서 한인을 소재로 한 작품들을 분석한 연구로는 박재우의 연구가 비교적 돋보인다. 박재우는 석·박사를 고전문학으로 했으나 현대문학을 집요하게 연구하여 '현대문학학회'의 회장도 맡고 중국과 홍콩 문단과의 교류에도 힘쓰며 일정한 성과를 내고 있다.

대만문학에 대한 연구는 주로 허세욱이 중심이 되었는데 실제로 문단에서 활약한 경험이 큰 도움이 되었기 때문이었을 것이다. 대만 초기 작가 양쿠이(楊逵)에 대한 연구는 원로교수 김철수의 연구가 거의 독보적이었고 김종현 등이 대만의 시를 다루었다. 홍콩문학에 대해서는 김혜준이 적극 연구하고 실제로 홍콩문단과의 교류에도 참여하여 좋은 반응을 얻고 있다.

한국의 중국현대문학 연구는 중국의 개혁개방, 한중 수교 등의 상황 변화에 의해 현실적인 교류가 진행됨에 따라 비약적인 발전을 하였다고 하겠다. 민국시기의 작품번역은 물론 당대 신시기 이후의 작품번역도 다양하게 나타났다.

초기 대만유학생들은 현대문학을 하기 어려웠고 일부 일본유학생을 제외하면 대부분의 연구자들이 한국에서 공부한 토박이 학자들이다. 따라서 간혹 국제적인 감각이나 해외교류의 필요성을 느끼지 못하고 현란한 수사로 논쟁을 중심으로 할 때 학문의 발전을 오히려 저해할 수 있다는 우려가 있다. 현대문학 중에서 특히 당대문학은 현재 진행형인데 이에 대한 종합적인 통찰력 없이 소수의 연구자가 다방면으로 흩어져 부분적으로만 연구에 집착하다 보면 전체를 이해하고 장악하기가 어려워지고 시대의 변화와 작가의 변모에 따른 문학사적 평가가 엇갈리게 될 염려도 있으므로 연구자로서 신중할 필요가 있다는 점이다. 한국은 1992년 대만과 단교하고 중국과 수교하면서 기존에 긴밀했던 대만과의 학술교류가 급감하게 되었다. 더욱이 현대문학 분야는 애초부터 대만과의 교류가 극히 적었으므로 오로지 대륙으로만 치닫게 되는 쏠림현상이 있다. 이를 가늠하여 균형잡힌 현대문학 연구도 필요하지 않을까 생각된다. 많은 중견학자들이 지적하는 바이지만, 현대문학 분야의 신진연구자들이 원전 읽기에 허약하다는 점이다. 특히 근대 이전의 문헌을 직접 검토하지 못하고 역사적 발전궤적을 동시에 감안하여 통시적 입장에서 바라보아야 하는 연구방법을 개발해야 한다는 것이다. 물론 그럼에도 불구하고 현대문학 연구의 성과가 오늘날 중국을 다시 보고 재평가할 수 있는 기반을 마련하고 있다는 점에서 긍정적으로 인식되는 것은 분명하다고 하겠다.

5. 중국어학 연구 분야의 연구현황

중국어학의 연구는 고전어학에서 문자학, 성운학, 훈고학으로 구성되고 현대어학은 어법을 중심으로 다양한 분야가 새롭게 만들어지고 있다. 대만에 유학한 초기 연구자들은 고전 어학에 많이 치중하였으나 귀국 이후 실제적인 필요에 의해 현대어학으로 전향하여 어법연구나 음운학, 중국어교학 및 한중비교 어휘학 등으로 전공 분야를 넓히는 경우가 많았다. 그리고 중국어 학습인구의 급격한 증가로 인해 어학 전공자들은 자연스럽게 중국어 학습교재를 편찬하는 일을 도맡게 되었다.

1980년대까지 가장 많이 쏟아져 나온 중문과 교수들의 성과는 일단 중국어교재라고 할 수 있다.[21] 1979년에 창간된 〈중어중문학〉에는 문자학 논문 3편이 실리는 데 그쳤지만, 단행본 중국어교재는 22종에 이르러 당시에는 어학연구보다도 언어교육을 위한 기초교재의 편찬에 주력했음을 알 수 있다. 80년대에는 고전어학이 현대어학보다 많이 발표되었으며 여전히 중국어교재의 출판이 성황을 이루었다. 1989년 고려대 민족

21) 이하 어학연구에 관한 통계는 박민아 동학(고려대 박사과정)의 조사 자료에 의거한 것임.

문화연구소에서 《중한사전》이 간행됨으로써 본격적으로 중국어 학습을 위한 기초가 마련되었다.

1990년대부터 각 학술지에 발표되는 어학논문 수가 급격히 증가하여 주요 학술지 6종[22]에 실린 논문의 총수는 260편에 달하였다. 그중에서 고전어학은 127편에 이르는데 성운학 분야에서 권혁준의 연구와 엄익상의 한국한자음 연구가 주목된다. 문자학의 경우는 양동숙의 갑골문, 이규갑의 이체자 연구 등이 돋보이며 고전문법 연구는 비교적 적었다. 이 시기의 현대어학은 133편으로 그중에서 66%가 어법 분야인데 최규발, 이창호 등의 보어연구와 최병덕 등의 개사연구가 중심을 이룬다. 이 시기에 나온 엄익상과 박덕준 등의 중국어교육 관련 연구도 새로운 경향을 보여준다. 이 시기에 나온 47종의 단행본을 보면, 중국어교재나 사전류가 절반을 넘었고 10여 종이 전문서였는데 최영애의 《한자학강의: 갑골문에서 현대 중국어까지》(1995), 《중국어란 무엇인가》(1998) 등과 번역서 《표준 중국어 문법》(찰스 리 · 샌드라 톰슨, 1996), 《중국어 어법 발전사》〔왕리(王力), 1997〕, 《현대 중국어 어법》(朱德熙, 1997) 등이 나왔다.

2000년대에는 학술지들의 발행빈도가 증가함에 따라 각 분야의 논문 게재 수 또한 급격히 증가되어 총 1,321편의 논문이 발표되었다. 그중에서 547편이 고전어학 논문인데 여전히 성운학과 음성학, 문자학, 고전문법 등의 분야에서 강세를 보인다. 한국고대의 역학서와 관련된 연구도 양오진 등에 의해 꾸준히 진행되고 있어 국문학계와 중문학계의 주목을 동시에 받았다.[23] 이 시기에는 현대어학의 논문 수가 훨씬 늘어나 총 774편에 이르렀고, 특히 본격적으로 중국어 교육에 관한 연구가 23%를

---

22) 6종의 학술지에 실린 어학 논문은 각각 〈중국어문논총〉에 34편, 〈중국학논총〉에 2편, 〈중어중문학〉에 54편, 〈중국어문학논집〉에 72편, 〈중국언어연구〉에 82편, 〈중국어문학지〉에 16편 등이다.

23) 양오진, "한국에서의 중국어 역관 양성에 대한 역사적 고찰"(2000), 윤영도, "19세기 중엽 관립 번역기구와 근대 언어 공간의 형성"(2004) 등.

차지하여 제자리를 잡아가는 느낌이다. 현대어학에서 어법의 비중은 꾸준히 높아져 이 시기에도 전체의 52%나 차지하고 있으며 상(*aspect*)에 대한 연구나 생성문법이 주목되고, 코퍼스(*corpus*)의 활용방안 등을 연구한 강병규의 연구 등이 새롭게 두각을 나타냈다. 어휘에 대한 연구도 늘어나 IT용어, 채팅용어 혹은 광고용어에 이르기까지 다양한 분야에서 새롭게 등장하는 신조어에 대한 연구가 끊임없이 진행되고 있다.

2000년대에 나온 단행본 202권 중에서 교학서의 비중은 여전히 높지만(79%), 어휘학 전문서인 《현대중국어 어휘학입문》이나 《중국어 어휘론》과 같은 책이 나왔으며, 판샤오(范曉)와 루젠밍(陸檢明)의 저술이 번역 출간되기도 하였다. 개인 저술로는 이재돈의 《중국어음학》이 나왔다.

2010년 이후 불과 3년째인데 연구 성과는 부단히 증가하고 있어 총 421편이 나왔으며, 그중 고전어학의 127편 중에는 《논어》 속의 문장구조 연구(김종호, 장호득)나 《금병매사화》(金甁梅詞話)에 나타난 '장(將)자구' 등의 연구(모진석) 등이 들어있어 주목된다. 현대어학 294편 중에는 맹주억과 김현철 등에 의해 주도되는 중국어 교육관련 연구가 큰 비중을 차지하고, 방언연구 및 한중어휘 비교 등이 늘어나는 추세다. 단행본 53권 중에서 83%가 교학서를 차지하지만 김종호의 《현대중국어 화제와 이중명사구문 연구》와 최영애 《중국음운학논집》 등 단행본 연구서와 류단칭(劉丹青)의 저서 《어순 유형론과 개사 이론》의 번역간행은 주목되는 성과다.

지난 40년간의 중국어학 연구를 개괄하면 고전어학의 경우 성운학과 문자학의 비중이 높았고, 현대어학의 경우 어법이 압도적으로 많으며 이어서 음성학 분야이고 중국어 교육(漢語教學)의 연구는 증가추세에 있다. 단행본의 경우는 교재가 거의 대부분이고 언어학일반에 관한 저서와 번역이 일부 있으며 기타 분야는 학문적 성과로 아직 미흡한 실정이다.

최근 10여 년간의 연구 성과 통계를 도표화한 것을 보면 다음과 같다.

〈표 3〉 2000년대 고전어학 게재 논문 현황

분류	교육	문법	문자학	훈고학	성운학/음성학	어휘	번역	기타일반
2000년대 초반	-	26	56	6	75	17	1	1
2000년대 중반	1	29	49	2	62	12	1	-
2000년대 후반	2	33	70	6	79	16	-	3
총 편수	3	88	175	14	216	45	2	4
백분율(%)	0.55	16.09	31.99	2.56	39.49	8.23	0.36	0.73

〈표 4〉 2000년대 현대어학 게재 논문 현황

분류	교육	문법	문자학	훈고학	성운학/음성학	어휘	번역	기타일반
2000년대 초반	40	117	4	-	23	24	6	4
2000년대 중반	59	124	3	-	18	29	5	1
2000년대 후반	78	161	2	-	21	45	6	4
총 편수	177	402	9	-	62	98	17	9
백분율(%)	22.87	51.94	1.16	-	8.01	12.66	2.20	1.16

〈표 5〉 2000년대 단행본 출간 현황

분류	언어학 일반	교학서	사전	문법	성운학/음성학	문자학	학술지	어휘
2000년대 초반	2	20	2	2	1	-	3	1
2000년대 중반	4	60	2	4	-	-	7	-
2000년대 후반	6	79	1	4	1	1	1	1
총 편수	12	159	5	10	2	1	11	2
백분율(%)	5.94	78.71	2.48	4.95	0.99	0.49	5.45	0.99

〈표 6〉 2010년부터 현재까지 고전어학 게재 논문 현황

분류	교육	문법	문자학	훈고학	성운학/음성학	어휘	번역	기타일반
2010년	-	13	20	1	28	3	-	-
2011년	4	12	12	-	22	4	1	3
2012년	-	1	2	-	-	-	-	1
총 편수	4	26	34	1	50	7	1	4
백분율(%)	3.15	20.47	26.77	0.79	39.37	5.51	0.79	3.15

〈표 7〉 2010년부터 현재까지 현대어학 게재 논문 현황

분류	교육	문법	문자학	훈고학	성운학/음성학	어휘	번역	기타일반
2010년	33	62	-	-	9	19	4	-
2011년	49	73	-	-	5	24	3	3
2012년	3	7	-	-	-	-	-	-
총 편수	85	142	-	-	14	43	7	3
백분율(%)	28.91	48.30	-	-	4.76	14.63	2.38	1.02

〈표 8〉 2010년부터 현재까지 단행본 출간 현황

분류	언어학 일반	교학서	사전	문법	성운학/음성학	문자학	학술지	어휘
2010년	-	28	-	1	-	-	1	-
2011년	-	15	-	2	1	3	1	-
2012년	-	1	-	-	-	-	-	-
총 편수	-	44	-	3	1	3	2	-
백분율(%)	-	83.02	-	5.66	1.89	5.66	3.77	-

6. 결어: 중국어문학 연구의 전망

오늘날 중국어문학 연구는 새로운 도전에 직면해 있다. 우선 학계 전반에 걸쳐 어문학 연구는 관심의 대상에서 멀어지고 있으며 단순히 중국어를 배우기 위해 중문과를 찾아야 할 필요성은 점차 줄어들고 있다. 전반적으로 순수 인문학에 대한 연구는 감소되고 대학교육의 현장에서 실용적이고 융복합적인 연구에 집중하는 추세도 늘고 있다.

한중 수교 20주년을 맞는 오늘날까지 전국에 200여 개의 중국어문 관련학과가 있다고 하지만 대부분은 취업을 위한 실용적 학습기관의 역할을 하고 있다. 한국의 중국어문학 연구를 발전시키고 세계적인 학문적 위상을 높이고자 하는 소수의 연구자는 환경의 변화나 주변의 시각에 상관없이 정진해야 함은 물론이다. 이는 우리의 선배 학자들이 한중 수교 훨씬 이전의 어려운 시기부터 흔들림 없이 매진해 온 일관된 정신이다.

그중에서도 중국고전문학의 연구는 분명히 가장 큰 위기에 직면한 느낌이다. 고전은 역사적으로 긴 생명력을 지닌 학문이며 쉽게 변하지 않는 학문이다. 그러나 감당하기 어려울 만큼의 방대한 연구대상을 앞에 두고 단순한 접근방법으로 연구를 진행하는 것은 지양해야 한다. 좀더 거시적으로 연구방향을 점검하고 다양한 방법을 강구하여 새로운 시대에 걸맞은 다양한 발상을 도입하는 것이 필요하다. 고전문학 간의 자체적인 비교연구는 물론 인접학문이나 국가 혹은 민족 간의 경계를 넘어서 융합과 통합의 연구를 생각해야 한다. 고전의 연구가 현실적으로 어떤 의미를 부여할 수 있는지도 고민하여 제시하면 신진 연구자의 영입을 기대할 수 있을 것이다. 중국의 중문학계에서 최근 새롭게 부각하는 한국한문학이나 고전학에 대한 연구 붐에 부응하여 한국의 중문학계에서도 동아시아의 고전학에 대한 공동의 관심을 기울여서 동참할 필요가 있다.

현대문학의 경우는 최근 백 년간의 문학을 대상으로 연구한다. 격동하는 시대적 변화와 우리 민족이나 세계적 변화의 현실과도 맞닿아 있으므로 훨씬 더 감각적이고 현실감 있게 다가올 수 있다. 움직이는 중국의 현실과 연동하여 최근 작가와 작품 혹은 문학사조에 대해서는 좀더 신중하게 접근하고 평가를 내려야 할 필요가 있을 것이다. 20세기 전반기 한중 작가의 비교연구뿐만 아니라 개혁개방 이후의 최근 30여 년 사이의 한중 양국의 문학적 환경의 변화와 작품의 경향을 함께 살펴보는 것도 필요할 것이다.

중국어학 연구는 최근 고전보다는 현대 분야로 점차 비중이 높아지고 있다. 하지만 동아시아의 언어와 문자를 동시에 살펴보고 자원과 어원을 고찰하며 언어발전 현상을 함께 비교연구하기 위한 기초연구로서의 고전어학은 여전히 강조되어야 한다. 다양하게 발달한 한자에 대한 연구나, 표음문자와 표의문자 사이에서 발전한 한중일 삼국의 어음변화 등을 면밀히 연구하기 위한 음성학 분야도 좀더 넓은 시각에서 접근할 필요가 있다. 중국어 교육의 문제는 현실적으로 확산일로에 있는 중국어 학습자를 위한 기초이론과 방법을 제시하는 것이지만, 고전과 현대를 막론하고 중국어학의 기본적인 연구 성과와 한중 언어의 비교연구는 향후 좀더 일반인을 위한 대중화에도 힘써야 한다. 한국에서의 중국어학 연구가 가져야 할 또 하나의 과제는 한국어학과의 긴밀한 연계성을 강화하는 일이 아닐까 생각한다.

이제 한국에서 중국학의 연구는 그 위상이 단순한 외국학으로서의 범주를 벗어나고 있다. 중국과 중국문화의 국제적 위상이 커질수록 우리가 연구하는 중국학은 곧 한국의 미래와 한국문화의 세계화를 위한 길과도 직결되기 때문이다. 중국어문학 연구자들의 시각이 좀더 새롭게 확대되어야 할 시점에 와 있다고 생각한다.

■ 참고문헌

차주환, 2001, 《韓國의 學術硏究-中文學》, (인문사회과학편 제 2집), 학술원.

김시준, 2001, 《韓國中國學硏究論著目錄: 歷史, 哲學, 語文學(1945~1999)》, 솔.

조성환, 1996, 《한국 현대문학비평가 사전》(상·하), 중문출판사.

______, 2000, 《韓國의 中國語文學硏究家事典》, 시놀로지.

학술원, 1992, 《학술총람48, 중국어문학논저해제》, 학술원.

서경호, 1991, 《國內中國語文學硏究論著目錄》, 정일출판사.

최용철, 2001, "한국에서의 중국문학 저술과 번역", 〈중국어문논총〉, 제 18집.

김혜준, 2010, "한국의 중국현대문학 번역과 연구"(中文: "中國現當代文學的翻譯和硏究在韓國-以2000年代爲主"), 〈한중언어문화연구〉, 제 22집.

한국에서의 중국사 연구의 전통
중국사의 공간적 범주 설정을 중심으로

김태승(金泰丞)*

1. 서론

보통 역사연구의 전통을 정리할 때, 우리는 학문 콘텐츠의 내용에 대한 논의를 중시하는 경향이 있다. 그리고 그에 따라 실제 연구자의 학문적 성찰에 작동하는 다른 요소들, 예컨대 연구자에게로 전승된 문화기억의 유산, 학술적 연구를 진행하고 운영하는 체제에 대한 것 등은 그다지 주목되지 않는다. 하지만 학문적 전통의 축적과정에서, 거시적 혹은 개인적으로 연구자에 영향을 끼치는 연구환경과 연구 성과가 유통되고 공유되는 체제가 미치는 영향은 결코 무시할 수 없는 중요성을 가진다.

특히 역사학이 기억과 관련된 학문이라는 점에서 그러한 요소는 매우

* 아주대학교 인문대학 사학과 교수(현).
중국 근현대사학회 회장, 도시사학회 회장 역임.
주요 저서: 《20세기의 중국》(공서), 《한중일 동아시아 교육의 현황과 과제》(공저) 등.

중요하다. 기억은 몇 가지 방향에서 역사연구에 영향을 준다. 우선 기억은 그 자체로 역사적 성찰의 대상이 된다는 점에서 역사학이라는 학문의 핵심을 구성한다. 이때의 기억은 아카이브에 분류되고 저장된 문서나 기억의 근거물(통칭 사료 혹은 유물)의 형태로 존재할 수도 있고, 학자들의 연구를 통해 정련된 형태의 문서로 존재할 수도 있다. 그리고 이처럼 '물화(物化)된' 기억의 근거들은 '절대적' 권위를 가지고 역사학자들의 연구영역을 규정하고 역사학자들의 연구를 제한하며, 한계를 설정한다. 그런데 이러한 점 때문에 기억의 목록에 올라있지 못한(가억으로 선택되지 못한) 것은 역사연구의 대상에서 자연스럽게 배제된다. 그리고 그러한 사실은 대부분의 역사연구자들에게 주목받지 못한다.[1]

두 번째로 기억은 보다 근본적으로 역사학자의 시야에 영향을 끼친다는 점에서 성찰이 필요하다. 역사학자가 특정 지역을 선택하고, 특정 연구주제를 선택하는 과정에서 기억이 개입하는데, 이때의 기억은 집단적인 것일 수도, 매우 사적인 것일 수도 혹은 그 두 가지가 중첩되는 것일 수도 있다. 물론 개별적 연구에서 이러한 기억은 논리적이며 이성적인 근거를 가진 것으로 정리되어 반성적 검토의 대상이 될 수 있지만, 현실에서 역사연구의 출발점에서부터 개입하는 근원적 유산으로서의 집단기억에 대한 성찰은 말처럼 실천하기가 쉽지 않다. 예컨대 우리가 중국이라고 부르는 역사학적 연구대상은 수천 년의 시간동안 전승된 기억-민족(*memory-nation*) 단위[2]로 보아야 하는가 아니면 시대에 따라 그 장소성

---

1) 스웨덴의 한 박물관의 교육전시장에서는 전시목록에 공백이 존재한다고 한다. 그리고 그 자리에는 '이 부분은 해명되어야 할 중요한 부분이지만 현재 우리는 그에 대해 알지 못한다'는 설명이 붙어있다고 한다. 거시적 측면에서 이러한 태도는 역사연구에서 반드시 필요한 덕목이라고 할 수 있다. 사실 우리가 과거에 대해 알고 있는 것은 극히 일부분에 불과하지 않은가?

2) 제프리 K. 올릭 지음/강경아 옮김, 2011, 《기억의 지도》, 옥당. p. 299 참조. 저자는 nation-state를 memory-nation과 등치시키면서 '기억-민족

을 재구성해야 할 대상으로 보아야 하는가. 아마도 대부분의 연구자들에게 중국은 기억-민족단위로만 존재할 것이다. 그래야 중국사라는 연구영역이 연속성과 통합성을 가지고 존재할 수 있기 때문이다(그리고 집단기억도 그러한 태도를 지지할 것이다). 바로 이 지점에서 중국이라는 장소에 대한 우리의 집단기억이 어떻게 중국이라는 역사 연구대상을 규정하는지와 관련하여 보다 근원적인 문제에 직면하게 된다.

중국이라는 공간을 특정 장소로 전환시키는 한국에서의 집단기억 전승은 무엇에 의존하고 있는가. 그것은 아마도 한국의 인문학적 전통과 관련되어 있을 것이다. "좌전, 사기, 한서 등에서 사통에 이르기까지"[3)]의 중국문헌을 읽는 것이 한국 전통사회에서 인문학적 지식체계의 형성과 관련하여 상식적 현상이었을 것이다. 주류 사대부세계에서 중국역사를 공부하고 중국 경전을 이해하는 것은 일반적 현상이었고 그러한 토양위에서 이해된 중국은 보다 원천적으로 우리의 인문학적 지식을 규정하는 장소가 되었을 것이다. 그래서 '장소에 내재되어 있는 기억의 힘은 위대하다'라는 언설은 현실적이 된다.[4)] 한국에서 중국이라는 장소에 대한 집단기억은 보다 원천적으로 우리의 중국에 대한 인식을 규정하게 되었던 것이다. 그런데 문제는 그러한 중국이 '주체'가 구성한 '기억의 장소'라기보다는 성찰 없는 집단기억의 복제된 결과물이라는 사실이라는 데 있다. 그래서 중국사 연구는 타자의 공간을 자신의 공간으로 전화시킨 것을 그 연구대상으로 삼게 되었고, 이러한 인식은 중국이라는 장소를

은 정체성을 통한 연속성을 제공하기 위해 민족의 역사서사에 의존하면서 그 영향력을 획득한다'고 말한다.

3) 민두기, "韓國に於ける中國史硏究の展開", 1985, 〈東アジア世界史探究〉, 東京, p. 42의 김상기 교수에 대한 회고 참고.

4) 마르쿠스 슈뢰르 지음/정인모·배정희 옮김, 2010, 《공간, 장소, 경계》(부산대학교 한국민족문화연구소 로컬리티 번역총서 1), 에코리브르, p. 410. 이것은 키케로의 말이다.

객관화하기 어려운 지점에 위치하게 만들었다.

한국에서의 중국사 연구의 전통은 기억의 기반, 연구대상의 장소성에 대한 인식기반 등의 측면에서 여러 가지 근원적 제약과 대응하면서 전개되어 왔다고 말할 수 있다. 중국은 결코 일관된 기억-민족단위가 될 수 없음에도 불구하고 그렇게 설정되어 왔으며, 그에 대한 성찰은 집단화되어 전승된 기억에 대한 반성을 통하여 새로운 길을 찾는 방식으로 진행될 수밖에 없다. 아래에서는 한국에서의 중국사 연구가 중국이라는 장소를 어떤 방향에서 포착해 왔는가를 연구교육체제, 정보유통체제 등과 주요 담론을 검토하는 방식으로 살펴보고자 한다.[5)]

---

5) 동양사라는 관점에서 보면 중국사 연구에 대한 학문사 연구는 이미 선학들에 의해 상당수 진행된 바 있다. 그 대표적인 것은 민두기(1), 1986, "韓國における中國史硏究の展開", 〈東アジア世界史探究〉; 민두기(2), 1986, "韓國に於ける中國現代史硏究について", 〈近きにありて〉, 제10호; 이성규, 1983, "당말 이전의 중국사 연구동향분석"과 신승하, "동양사연구의 발전과 성과—宋史에서 民國史까지"가 수록된 〈현대한국역사학의 동향(1945~1980)〉, 일조각; 윤남한, 1971, "동양사연구의 회고와 과제", 〈역사학보〉 68집; 이용범, "한국의 학보—동양사학계" 132, 〈대한일보〉, 1972. 12. 26일자; 하세봉, "한국 동양사학계에 대한 비판적 검토", 〈역사비평〉 5호(1989 여름) 등과 서울대에서의 역사학 연구의 전통에 대해 정리한 한영우·이성규·나종일·임효재, 1987, "역사학 및 고고학의 회고와 전망", 〈서울대 학문 40년〉과 한국교육사고편, 1999, 〈서울대 사범대학 50년 구술사 자료집(1)〉, 서울대 사범대학 등이 있다. 필자 역시 한국에서 중국사연구 동향에 대하여 몇 가지 방향에서 검토를 수행한 바 있다. 중국근현대사와 관련해 한국역사연구회편, 1999, 《20세기의 역사학, 21세기의 역사학》, 역사비평사 그리고 대학의 동양사 교육체제와 동아시아 교육문제는 아시아 평화와 역사연구소편, 2008, 《한중일 동아시아사 교육의 현황과 과제》, 선인에서, 한중관계사 연구와 관련하여 초기 한국에서의 동양사 전통은 동북아역사재단 편, 2009, 《한중일 학계의 한중관계사 연구와 쟁점》, 동북아역사재단에서 각각 검토한 바 있다.

2. 중국사 연구체제의 형성

1) 근대 대중국관의 형성

한국에서의 중국사 연구의 전통은 오랜 역사적 연원을 가지고 있다. 중국사 지식이 지배와 정치적/문화적 판단의 인용준거로서 폭넓게 활용되어 왔다는 점을 고려한다면 중국사는 조선왕조 양반사회가 의탁하는 기억의 저장고 역할을 수행했다고 말할 수 있다. 그래서 일부 선각자들을 제외하면 조선 사대부사회에서 중국은 외국으로 인식되기 어려운 측면이 있었고, 그에 따라 중국사는 객관적 탐구의 대상이 되기 쉽지 않았다. 게다가 조선이 식민지화되면서 학문적 권위를 제국주의 일본이 독점하고, 그들의 논리가 지배하는 교육체제 안에서 형성된 근대적 역사학 역시 외국사 연구로서의 중국사 연구를 사실상 불가능하게 만들었다. 이와 관련하여 〈아세아연구〉 창간호에 수록된 이상은(李相殷) 교수의 다음과 같은 지적은 음미할 가치가 있다.

> 인근국가에 대한 연구는 일제통치 하에서 거의 일종의 '금물'이 되었다. 현대 중국은 우리와 식식상관(息息相關)의 처지에 있음에도 불구하고 36년간 일제정책 때문에 완전히 우리와 격리되었던 관계로 우리의 대중인식이나 중국의 대한인식은 모두 일본인의 중간'소개'로 통하게 되어 피차 다 부정확할 뿐 아니라 이 '중간소개' 속에서 퍼뜨린 독소로 인하여 상호이 이해에 상처도 입게 되었다. 그리고 전세계에 있어서 한국은 완전히 하나의 '은자'(隱者)가 되어버렸다.[6]

여기서 말하는 '중간소개'라는 지적은 흥미롭다. 식민지 시대를 통해서 조선인이 중국에 대해서 갖고 있었던 이미지는 상당부분 일제의 '관

---

6) 이상은, 1958, "창간사에 代하여", 〈아세아연구〉, 창간호, pp. 5~6.

리' 아래 놓인 정보유통체제를 통해서 형성된 것이었다.[7] 식민지 조선인들은 한국인이면서도 일본인이라는 기묘한 상황 아래에서 중국을 인식하게 되었던 것이다. 학문의 측면에서 보아도 일제의 대학교육 체제 아래에서 육성된 학문은 보편성보다는 일제의 특수성에 의해 더 많은 영향을 받고 있었으므로 그런 체제에서 교육받은 학생들 역시 근본적으로는 일본식 중국사 인식의 한계를 벗어나기 어려웠다. 개인적으로 그에 대해 저항의식을 가진다고 하더라고 학문적 지식의 근저에서 작동하는 일본적 헤게모니의 그림자를 극복하기란 쉬운 일이 아니었다.

일제치하에서 중국에 대한 대중적 관심은 만보산 사건을 비롯하여 각종 언론에 게재된 기사분량으로 보아도 결코 적다고 할 수 없으나[8] 그것이 주체에 의한 학문적 관심으로 발전할 수 있는 상황이 마련되어 있지 못하였다. 또한 대중적 인식 역시 우호적 중국관[9]과 식민지적 중국관 사이에서 요동치고 있었으므로 일관성을 지닌 중국관이 유지되기는 어려웠다.

이러한 중국관의 혼란은 해방 이후에도 지속되었다. 냉전체제에서 대만의 중화민국과 대륙의 중화인민공화국의 병존은 중국에 대한 학문적 범주설정에 장애가 되었다. 인문학적 전통 속에서 중국은 하나로 인식되

---

7) 이것은 일반인에 한정된 것은 아니었다. 역사학자를 포함한 지식인들도 그러했다. 예컨대 러일전쟁과 관련하여 김상기 교수가 〈개벽〉(1942년)에 발표한 "世界海戰史 一回 日露海戰史(上)"에 나타난 세계관에는 대동아공영권을 주장한 일본 조야와 학계의 관점이 반영되어있다.

8) 중국관련 기사는 당시 국제정치 환경 때문이기도 하지만, 언론지면에 다수 등장한다.

9) 독립운동을 하면서 중국과 협력하거나 중국의 지원을 받아야 했던 사람들과 중국인과 이해관계가 충돌되는 사람들 사이의 인식차가 광범위하게 존재했다. 예컨대 민두기 편, 2000, 《신언준 현중국관계 논설선》, 문학과 지성사, p. 138에 따르면 "내가 일본 신민이야. 너희 되놈이 나를 잡아가두어"하면서 기운을 내는 동포가 적지 않다는 사실이 지적되고 있다.

었으나 현대사에서 경험한 현실의 중국은 두 개의 세계로 분열되어 있었던 것이다. 그것은 1950년대와 60년대의 대표적인 교양지로 알려졌던 〈사상계〉에 수록된 기사들을 통해서도 확인된다. 한 연구자에 따르면 〈사상계〉의 중국관은 "훌륭한 교양서적을 낳은 과거의 세련된 중국/비도덕적이고 무식한 공산당이 점령한 중공이라는 대비를 통해, '동양적인 것'을 되살려야 할 인문적 가치로 자리 매기려는 동양학자들의 전략"10)으로 설명된다. 즉, 인문학적 중국과 정치적 중국을 구분함으로써 인문학적 전통의 중국적 가치를 재구성하고 그러한 과정을 통하여 사실은 주체(한국)의 재구성(식민사관의 극복)으로 나아가려 했던 것이다.11)

우리 스스로를 알아야 한다고 말하면서 선배들이 소개하는 책자들은 대부분 중국의 고전들이었다. 중국은 우리와 등치될 수 없는 것이었음에도 불구하고, 현실적으로 일반 독서인들이 접근할 수 있는 한국어로 된 문헌이 부족한 상황에서 중국고전이 우리의 전통으로 치환되어 이용되는 경향은 널리 사회적, 학문적 기반을 확보하고 있었다. 중국은 이러한 측면에서 한국적 정체성의 기반에 개입하는 수사학적 도구였다고 말할 수 있다.

따라서 Nation-State로서의 현실중국을 소급하여 연구대상을 설정한 중국사 연구는 '동양사'라는 명칭 아래 그 모호성을 은폐하게 되었다. 말하자면 중국사 연구는 동양사 연구라는 명칭 아래에서 보편적 그 무엇을 매개하는 도구가 되었고, 그에 따라 전통시대의 중국을 국민국가 중국의 영역으로 통합하는 과정에 대한 지적/학문적 성찰은 제대로 이루어질 수 없었다. 전통시대 조선 사대부들의 인문학적 기반이었던 '세계로서의 중국'과 근대 이후 대립과 갈등 그리고 공존의 대상으로 전화한 '단

10) 김주현, 2011, "〈사상계〉 동양담론 분석", 〈현대문학의 연구〉, p. 447.
11) 〈사상계〉에서 '동양'고전으로 논어를 소개하는 문장 속에서 김준엽 교수는 "좋든 나쁘든 과거에 우리들한테 많은 영향을 주었고 현재에도 그림자를 지울 수 없으므로…"라고 말한다. 김수현, 위의 글, p. 465에서 재인용.

위국가로서의 중국'은 각각의 방향에서 해방 후 한국의 중국사 연구에 영향을 끼치게 되었던 것이다.

따라서 전자, 즉 인문학적 기반으로서의 '중국문화'는 대체로 '동양'이라는 모호한 표현으로 지식인 세계의 일부와 문학, 철학, 역사 연구자들에 의해 '기억의 장소'로 받아들여졌고, 현존하는 중국은 '중공' 혹은 '중화민국'으로 분리되어 논의의 대상이 되었다. 역사연구 역시 20세기 말 이후 '역사분쟁'이 본격화되기 이전까지는 대체로 전자의 전통에 속했다고 말할 수 있다. 후자는 사회과학이나 지식인 혹은 사회운동권 영역에서 각기 다른 방식으로 연구되었다. 그리고 그 결과는 '한족(漢族)의 역사'를 '중국의 역사'로 학문적 성찰 없이 통합하는 결과를 만들어 냈다.

2) 해방 후 중국사 연구체제 건설

학문후속세대 양성을 위한 교육체제 건설에서도 그러한 혼란은 반영되었다. 대부분의 대학에서 뚜렷한 학문적 검토 없이 한국사/서양사/동양사라는 3분법에 따른 전공구획이 이루어졌던 것은 그러한 정황을 반영한다. 어쨌든 해방 후 경성제국대학이 상당한 갈등을 거치면서 국립서울대학으로 개편되고,[12] 건국 후 지방 국립대학 체제가 확립되고 기타 사립대학들도 자리를 잡게 되면서 역사연구를 위한 국가적 체제가 갖추어졌다. 교육체제가 정돈되면서 중국사 전문연구자의 육성체제도 갖추어지기 시작하였다. 그러나 해방직후의 혼란으로 인해, 그리고 곧바

12) 1946년 8월 22일자로 '재조선 미국 육군사령부 군정청 법령 제102호 국립 서울대학교 설립에 관한 법령'을 발표함으로써 국립서울대학이 출범. 이 과정에서 429명의 교수 중 380여 명의 교・강사진이 학교를 떠남. 고려대는 1946년 보성전문학교에서 종합대학인 고려대로 교명변경. 연세대학도 마찬가지 과정을 거침. 지방 국립대들은 대체로 1950년대 초에 종합대학으로 승격.

로 이어진 한국전쟁의 영향으로 인해 연구자 육성은 제한적으로 진행될 수밖에 없었고 대학에서의 중국사 교육은 '동양사'라는 이름 아래 진행되는 것이 일반적이었다.[13] 어쨌든 1947년 이후 각 대학에서 역사전공자들이 배출되기 시작했고 그중에는 1세대 중국사 연구자들도 포함되었다.[14] 그러나 역사학계 전체로 보면 중국사 연구자들은 그 수가 제한적이었고, 해방 이후 독립국가 건설의 과정과 관련하여 민족사를 재건하려는 한국사 연구자들이 대거 등장하게 되었음에 비해 동양사로서의 중국사 연구는 그 주변부에 위치하게 되었다. 그래서 대체로 1960년대까지 일종의 소수정예에 의한 중국사 교육과 연구가 진행되었다.

초기 개척자들의 노력으로 학문후속세대 양성을 위한 교육체제의 정비와 함께 학문의 발전을 위한 전문연구자들을 위한 학술정보 교환체제의 구축도 진행되었나. 전문직 역사교육을 받은 인원이 소수였고, 가용자료의 제한도 심각한 상황에서 학문공동체 건설을 매개로 한 정보공유와 연구 활성화의 욕망이 학회 창설로 나타나게 된 것은 자연스러운 현상이었을 것이다. 하지만 해방 후 한국에서 역사관련 최초학회는 "해방의 흥분이 아직 식지 않은"[15] 1945년 12월, 대학교육체제가 정비되기도 전에 '역사학회'라는 이름으로 출범하였는데, 이 학회는 1947년 본격적인 연구발표회를 개최하고 1949년 〈역사학연구〉라는 학회지를 발간하는 데까지 이르게 되었다. 여기에는 당시 서울대의 사학과 창설에 진력하던 김일출 교수[16]와 1947년 서울대 졸업자로 기록된 고병익, 전해종

13) 예컨대 중국사상사를 강의하면서 동양사상사라고 한다든가, 동양사회경제사의 교과목은 중국사회경제사로 내용구성이 되어있었다든가 하는 등.

14) 고병익, 전해종 교수 등은 이전 일제시대의 학력을 기반으로 47년 서울대학 졸업.

15) 민두기, 앞의 책, p. 41.

16) 당시 서울문리대 교수. 문교부검정의 중등사회 생활과 《이웃나라의 생활(역사)》, 동지사, 1949를 김상기·김성칠과 함께 공동 집필했던 중국사 연구자. 월북 이후 주로 중국사 연구를 포기하고 한국 민속학의 체계를

교수 등 1세대 연구자들의 연구 성과가 중국사 관련논문으로 발표되었다. 그러나 정치적 혼란의 와중에서 이 〈역사학회〉는 단명했다.

대신 공백기를 거쳐 서울대의 문리대 출신들이 주축이 된 '역사학회'가 1952년 한국전쟁이 진행되던 시기의 부산에서 출범하게 되었다. 초기 중국사 관련 연구는 주로 바로 이 '역사학회'에서 발간되는 〈역사학회〉를 통해서 발표되었으며, 1958년 창간된 고려대 아세아문제연구소 간행의 〈아세아연구〉도 중국사 연구자들의 논문을 발표하는 유력 학술지 중의 하나였다. 그러나 1963년 '중국학회'를 기반으로 한 〈중국학보〉가 창간호를 발간하고 문학/역사/철학의 3분과로 나누어 학술활동을 시작한 직후, 중국사를 포함한 동양사의 독자적 학회를 모색하던 연구자들에 의해 1965년 '동양사학회'가 출범한 것은 중국사 연구에서 중요한 전환점이 되었다. 학회지 〈동양사학연구〉가 발간되면서 중국사 관련 연구논문은 주로 이 학회지에 모여들게 되었기 때문이었다.[17]

'동양사학회', '한국중국학회' 등으로 조직화되기 시작한 중국사 연구인력은 대체로 1960년대 중반에 대학에 들어간 세대부터 뚜렷한 증가세를 보이다가 70~80년대에 들어가면서 폭발적 증가세를 보였다. 이러한 연구자의 증가는 학술정보 유통체제의 정비와 대학교육체제의 안정화와

정리하는 데 집중했던 것으로 알려짐. 이 교과서는 1950년 판에서는 김상기 단독저자로 되어있음.

17) 〈동양사학연구〉 창간호 휘보에 따르면 "1965년 11월 5일 서울대 문리과대학 동양사 합동연구실에서 高柄翊, 全海宗, 李龍範, 鄭秉學, 咸洪根, 閔斗基, 鄭起燉, 吉玄益, 金鐘圓, 尹南漢(무순) 등이 회합하여 동양사 연구에 종사하는 동호인들의 발기인으로 위의 10명 외에 정재각, 김준엽, 조좌호, 민영규, 채희순, 이공범, 김재만, 엄영 … (생략) … 諸氏(무순)을 선정하여 동의를 얻기로 하였으며 준비를 위한 사무를 전해종, 김종원, 윤남한 제씨에게 위촉하고 11월 20일 하오 3시 이화대학교 문리대학 사학과 교수실에서 발기회를 겸한 창립총회를 가지기로 하였다." 1966년 10월에 〈동양사학연구〉 창간호 간행됨.

교수직의 보장 그리고 미국식 학위체제의 도입[18] 등 다양한 요소에 힘입은 바 크다. 〈동양사학연구〉에 석・박사학위 논문목록을 따로 작성하여 게재하기 시작한 게 1984년부터라는 사실은 그러한 정황을 반영한다.

이러한 새로운 연구자들 대부분은 '동양사'라는 명칭으로 학위를 취득하였으나, 실제로 거의 대부분이 중국사 연구자들이었다.[19] 하지만 80년 전후시기에 대학교수 생활을 시작하고, 이어서 박사학위를 취득한 연구자들은 선배들과 함께 과거에 비해 훨씬 발전된 중국사연구 업적들을 세상에 내놓음으로써 한국에서의 중국사 연구수준은 비약적으로 발전되었다.

3) 동양사의 분화, 중국사 연구의 분리

그러나 이러한 전문학회의 출범과 학술적 논의의 심화에도 불구하고 전체적으로 보면 여전히 중국은 동양이라는 범주에 갇혀 있었다. 이러한 정황을 1980년대 동양사학회 회장을 맡았던 한 연구자는 다음과 같이 회고하였다.

> 1945년 8월의 민족해방과 더불어 우리의 학문 분야는 새로운 시발을 하게 되었다. 이때부터 '동양사학'도 역사학의 일분야로서 성립되어 … 일본에서는 '동양사학'이 '중국사학'과 동의어로 사용되었다. 우리나라에서도 일본의 관례에 따라 동양사는 즉 중국사로 인식되어 왔다.[20]

---

18) 1970년대 교육법 시행령 개정을 통하여 대학원 교육과정(박사학위과정)을 이수한 자에 한해서 박사학위를 수여. 단 1975년 2월 25일까지 논문을 제출하면 '논문박사'로 인정하는 소급규정을 통해 대학원 교육과정을 제대로 거치지 못한 대학교수들을 구제함. 이 이후 대학원 교육과정이 정비됨.

19) 일부 해외에서 일본사로 학위를 취득한 연구자가 대학에 정착하면서 일본사 연구자들도 등장하였으나 전체적으로 그 비중은 미미하였다.

중국이라는 역사 연구대상으로서의 공간이 보편적 의미를 가진 역사 중심으로 해석되었던 것이다. 연구작업 역시 전문화에 집중되어 폭넓은 지역적 비교 등의 방식을 통한 연구는 중국사 연구에서 그다지 존중되지 않았다.

그러나 이러한 과정을 통하여 중국에 대한 역사적 관심은 고전적(보편 논리로서의) 기반을 가진 대학에서의 연구로 통합되었고, 현대중국을 학문적으로 성찰하는 일은 나중의 과제로 남겨지게 되었다.

물론 이러한 동양사로서의 중국사 연구라는 학문범주 설정에는 전략적 측면이 있었던 것도 사실이었다. 소수의 연구자층, 연구자료의 제한, 독자적 학문연구 전통의 부재 등을 극복할 수 없었던 상황 속에서 초기의 개척자들은 주어진 상황을 최대한 활용하면서 한계를 돌파해야 했으므로 동양이라는 보다 애매하고 광역의 영역설정을 통하여 연구상의 제약을 극복하려 했던 것이다.

하지만 학문후속세대 육성을 위한 대학의 중국사 교육체제나 교육내용에서 한국은 식민지 유산을 즉각적으로 극복할 수 없는 상황에 있었다. 그것은 역사연구의 기반이 되는 인문학적 유산이 일본의 것인 경우가 많았고, 주요 텍스트들 역시 대부분 일본의 것들이었다는 점도 관련되어 있었다. 초기에 연구자료는 주로 경성제국대학 도서관(서울대 구관도서)을 포함한 각 대학도서관이나 개인장서(일본과 관련된), 총독부 도서관(국립도서관) 등에 소장된 것들이었고, 해방 직후 외국 유학을 다녀온 연구자들을 매개로 미국과 유럽의 자료들을 구하기는 했으나 그것은 상당히 제한적이었다. 당시 '자유중국'으로 불리던 대만쪽 자료와 1970년대 중엽 중국의 변화가 시작되면서 홍콩을 매개로 한 자료의 유입이 시작되었고 그 과정에서 아세아문제연구소 자료실 등은 1980년대를 거

20) 李公範, 1983, "刊行의 말", 《概觀 東洋史》, 지식산업사, p. ii. 동양사학회가 학회차원의 작업을 통하여 동아시아 이외의 지역까지를 포괄한 개설서를 출판.

치면서 연구자들의 자료열을 충족시키는 중요한 역할을 수행하였다. 사실 이 시기에는 외국자료를 누가 먼저 볼 수 있느냐가 학문적 성과를 확보하는 데 결정적 영향을 끼칠 정도였다. 이런 상황이었으므로 연구자들은 외국의 연구정보에 목말라 있었다.[21] 초기 학회지들이 해외 학술동향 소개에 열심이었던 것도 그러한 정황에 대한 일종의 전략적 대응방식이었다고 말할 수 있을 것이다.

사료의 제약, 정치적 환경에 따른 표현의 제약, 사실상의 자기검열 등에서 자유로운 연구는 1970년대와 80년대의 부분적 해금을 거쳐 90년대 이후에야 비로소 가능해졌다.[22] 중화인민공화국과의 수교로 인하여 '중공'은 '중국'으로 '자유중국'은 '대만'으로 변화되는 상황이 공식화됨으로써 중국사 연구는 '금구'(禁拘) 없는 연구를 수행할 수 있게 된 것이었다.

그리고 그 과정에서 학문후속세대에게 중국과 관련하여 커다란 영향을 끼친 것은 이영희 교수의 《전환시대의 논리》라는 책이었다. 특히 70년을 전후로 대학에 입학한 세대들에게 이 문헌은 어떤 중국관련 연구보다도 중국에 대한 관심을 제고시켰고, 사회과학적 방법을 참고하는 중국사 연구, 특히 중국 근현대사 연구가 90년대에 접어들면서 대거 출현하고 냉전적 중국관을 반성적으로 검토하는 데 중요한 기여를 하였다. 하지만 학계 일부에서 천하관/화이관 등의 연구를 통한 노력이 있었음에도 불구하고, 중국이라는 역사단위에 대한 성찰은 여전히 본격적으로 진행되지 않은 상태에 있었다.

---

21) 1960년대에 김상협 교수의 《모택동사상》이 학자들이나 사회의 주목을 받았던 것, 1970년 학회에서 고병익·민두기 교수 등의 중국학계 소개가 대중적 관심을 받았던 것 등은 현실 중국과 관련된 정보에 대한 목마름을 반영했다.

22) 학계나 재야에서는 1971년 중화민국이 UN에서 축출되고 중화인민공화국이 그 자리를 대신하게 되면서 관점의 전이가 이미 이루어지고 있었다.

3. 중국사 공간적 범주의 재설정

1) 동양사로서의 중국사 연구, 한국사로서의 중국사 연구

많은 사람들이 지적하듯이 초기 중국사 연구는 해방이 "주체 확인의 장을 일거에 확립"[23] 시킴으로써 비로소 하나의 학문적 연구영역으로 떠오르게 되었다. 그리고 그것은 주로 한중관계사 연구의 형태로 출발하게 되었다. 이 시기에 초기 중국사 연구자들이 한중관계사 연구에 주목했던 것은 ① 식민사관의 극복, ② 동아시아의 전체적인 구조와 질서를 해명함으로써 동양사 연구의 개념을 정립,[24] ③ 한국전쟁 이후 보이지 않는 압력, 연구자료 또는 연구 정보이용의 한계 등 중국사 연구의 어려움을 극복하여 중국사에 대한 관심을 보존한다는 3가지 측면에서 설명될 수 있었다.[25] 그러나 이 점이 일제의 학문적 전통의 연속을 보여준다는 지적도 있었다. 즉, 일제시대에 "만몽사(滿蒙史)로 불렸던 동북 아시아사"에 대한 연구가 성행했던 것[26]은 사료의 활용과 축적된 지식의 범위에서 이미 익숙한 연구를 지속하는 것이 용이하기 때문이었을 것이다.

그러나 이러한 한중관계사 연구에서 부족함을 느낀 연구자들은 1950년대 말부터 한대사(漢代史) 연구에 관심을 집중시키기 시작하였고, 그 결과 중국사 연구의 제 2세대라고 부를 수 있는 연구집단이 출현하게 되었다. 이들이 출현으로 "중국사에의 관심을 한중관계사의 형태로 파악해 온 50년대까지의 경향을 반성하여, 중국사 자체의 연구를 진흥"시키

23) 민두기, 앞의 책, p. 41.

24) 조병한, 2004, "회고와 전망: 동양사총설", 〈역사학보〉 제183집, p. 199.

25) 김태승, 2009, "한국과 일본학계의 1910년대 이후 한중관계사 연구상황", 《한중일 학계의 한중관계사 연구와 쟁점》, 동북아역사재단, pp. 240~241 참조.

26) 한영우 외, "역사학 및 고고학의 회고와 전망", 《서울대 학문 40년》, 1987, p. 44.

기 위해 '동양사학회'가 출범할 수 있게 되었다.[27]

그러나 그러한 과정에서도 한중관계사 연구를 통해 형성된 동양학으로서의 중국사 연구라는 측면이 온전히 극복된 것은 아니었다. 역사연구 단위로서의 중국은 여전히 동양이라는 추상화된 세계에서 벗어났다고 말하기 어려운 측면이 있었다. 연구와 대학교육에서 중국사는 동양사와 거의 등치되었고, 그 과정에서 중국사 연구는 보다 보편화된 연구영역으로 전화되었던 것이다. 그래서 소수의 학자들에 의해 지속되던 중앙아시아와 만주, 러시아 동부지역의 역사단위에 대한 연구 역시 중국사 연구영역 안에서 진행되게 되었다.

1981년에 처음으로 열린 동양사연구토론회에서 이 지역의 연구동향을 소개했던 이용범 교수는 중국사와 구분하여 '동북아사'라는 표현을 사용하고 있다.[28] 그러나 이러한 용법은 몇 사람에 의해 예외적으로 사용되었을 뿐, 〈동양사학연구〉의 논문목록에서는 중국사의 시대범주에 포함시켜 정리되고 있다. 다만 80년대 중엽 이후 유목민족사 연구가 중국사연구에서 벗어나 독자적인 영역을 확보하고 있지만 아직은 개척단계라고 할 수 있다. 흉노, 여진, 거란, 몽골 등 동아시아의 역사전개에서 중요한 역할을 수행했던 북방민족들에 대한 연구는 여전히 중국사의 영역 안에서 연구되고 있다고 말할 수 있다.

말하자면 전근대 중국사 연구영역의 설정에서 한족의 중국과 별개의 역사단위를 형성하고 살아왔던 북방민족을 포함한 다양한 민족들의 역사

27) 민두기, 앞의 책, p. 46.

28) 이용범, "동북아시 연구동향과 그 과제"(제1회 동양사연구토론회 발표요지), 〈동양사학연구〉, 16집, p. 111. 1, 2회는 연구동향 소개, 3회는 시대구분 논의 및 소개, 4회는 송대까지의 중국의 토지제도에 대한 연구사적 검토, 5회는 중국 사상사를 유교의 관점에서 현대까지 개관, 6회(1987년 개최)에 북방유목민족사연구의 제문제라는 주제로 진행, 7회는 중국의 민중반란, 8회는 중국사에서의 지배계층을 주제로 연토회 개최.

는 거의 독립적으로 성찰되지 않은 채 중국사 중심의 동양사에 통합되어 있었던 것이다. 유목민족이나 북방민족에 대한 독립적 연구도 대체로 한족과의 관계를 통해서 이해하는 형태가 많았고, 그래서 중국사 강의는 동양사 강의와 등치될 수 있었다. 그러나 근대적 국가체제가 구현되고 국가주권 개념이 국제법적으로 정립된 이후의 역사는 중국사로 정의되었으므로 동양사와 중국사 연구의 영역불일치의 문제가 등장하게 되었다.

사실 역사가 기억의 조작을 통하여 민족정체성(*National Identity*)을 형성하는 매개물로 기능했던 사회에서 전통사회 연구를 현재로의 소급적용을 통해 주류 민족사로 통합시키려 했던 것은 중국사의 문제만은 아니었다. 근대국가 대부분이 그러한 과정을 거쳐 주변을 중심에 통합시켜 나갔던 것이다. 그러나 그 과정에서 겹쳐지는 부분이 불가피하게 출현하였고, 그것은 역사분쟁이라는 기억투쟁의 원인으로 작동하게 되었다.

2) 역사분쟁과 중국사 영역의 재설정

동양사라는 '정체불명의 어휘'로 중국사 연구를 진행한 방식은 적어도 중국에서 20세기 말부터 본격적으로 제기하기 시작한 '통일적 다민족 국가론'이 등장하기 이전까지 별다른 도전 없이 지속될 수 있었다. 대부분의 연구가 미시적 연구에 집중되고 주로 중심부에 대한 정치, 사회, 사상사적 연구였으므로 동양이라는 표현은 그 자체로 별다른 문제를 발생시키지 않고 사용될 수 있었던 것이다. 그러나 이러한 관점은 주변민족의 역사를 자국사로 통합해 나가는 중국정부와 학계의 전략이 동북공정을 매개로 표출되자 상황을 변화시켰다. 중국에서 이러한 관점은 이미 건국초기에 나타나고 있었으나 공식적 구호로 등장하기 시작한 것은 대규모 역사관련 프로젝트를 중국정부가 지원하면서부터이고 그에 따라 민족문제는 고구려사 문제, 티베트와 위구르 지역의 저항운동을 매개로 국내학계의 주목을 받게 되었다.

동양사상, 동양철학, 동양사회 등으로 표현할 때, 말하는 사람은 대체로 중국을 중심에 놓고 이야기하기 마련이다. 그러나 그러한 과정 속에서 결국 한족 이외의 민족들은 역사적 기억에서 사라지게 된다. 중국의 일부학자들이 제시한 '일사양용'(一史兩用)의 주장은 그러한 간극을 현실적으로 해소하기 위한 전략으로 보인다. 그러나 현실 속에서 그러한 타협적 전략은 무력하다. 위구르 지역을 여행해 본 사람들 대부분이 그 지역을 '개척'한 한족의 기념물의 거대함에 비해 위구르족의 전통이 상대적으로 왜소하게 취급받고 있다는 사실을 느끼기는 어렵지 않다. 결국 통일적 다민족 국가론은 주권지역 내의 모든 민족의 역사를 '한화'(漢化) 시킴으로써 수많은 민족들의 역사를 제거하게 될 것이다.[29]

물론 전통중국에서 자신을 이해하는 방식으로서의 '천하관', '화이관' 등에 대한 연구는 국내에서도 소수이기는 하지만 존재했으나,[30] 대부분의 연구자들은, 그러한 노력을 이해하면서도 '중국사'라는 명칭이나 공간설정에 구애받지(관심 갖지) 않고 미시적으로 역사적 진실을 추구하는 연구에 몰입하는 것이 보다 일반적이었다. 그러나 역사분쟁의 진행은 그러한 국민국가 기반의 역사연구가 어떤 문제를 갖는지를 드러내는 중요한 계기가 되었던 것은 분명하고, 이러한 성찰이 만주연구자 및 티베트, 위구르연구자의 배출을 통해서 구체적으로 학문적 논의의 영역을 확장시켰다는 점은 한국 중국사학계의 중요한 변화라고 생각된다.

주지하다시피 중국이라는 용어는 17세기 러시아와의 국경분쟁시 체결된 네르친스크 조약에서 처음 확인되지만 20세기 초두까지도 일반화된 명칭은 아니었다.[31] 또한 중국이라는 명칭은 "단순한 영토의 개념만

---

29) 유용태, 2009, "근대 중국의 민족제국주의와 단일민족론", 〈동북아논총〉, 23호에서는 이러한 경향을 '민족제국주의'라고 부른다.

30) 그러한 연구의 종합적 정리가 윤내현 외, 1988, 《중국의 천하사상》, 민음사이다.

31) 신해혁명을 통해 중화민국이라는 국호 확정. 이 이후 우리나라에서 중국

은 아니었고, 종족(민족)적 개념과 문화적 개념이 중첩된 복합개념이었다." 그래서 중국에서도 '정통론'의 문제가 끊임없이 제기되었던 것이다.[32] 이렇게 보면 전근대의 중국사를 보다 엄밀하게 재구성할 필요가 있다고 말할 수 있다. 그리고 그러한 학문적 노력을 통해 국민국가적 논리에 의해 억압되었던 많은 민족들의 역사를 해방시켜야 하지 않을까.

3) 지역사적 이해와 중국사의 공간

한국 고대사를 둘러싼 한중 양국 간의 역사분쟁이 전개되는 과정에서 한국에서의 중국사 연구도 새로운 영역을 개척하기 시작하였다. 그것은 중국에서의 다원적 통일국가론에 대한 국가적 대응전략과 관련하여 동북아역사재단을 중심으로 하여 진행된 중국 변강연구에 대한 담론분석과 대응논리의 개발이었으며,[33] 다른 하나는 계간지 〈창비〉 그룹이 중심이 되어 줄기차게 제기해 온 동아시아 구상이었다. 전자의 경우 고구려재단과 그를 개편하여 한국 외교부 산하에 배치된 동북아역사재단의 연구비 지원, 직접연구 등을 통하여 다방면에서 다수의 연구자들이 참여하는 거대 프로젝트로 확산되었다. 재단의 명칭변화에서 보듯이 처음에는 다소 방어적인 측면에서 연구프로젝트가 진행되었다면 동북아역사재단으로 개편된 이후는 보다 포괄적으로 동아시아 지역 전체와 현대 중국의 역사학에 대한 이해를 위해 노력하는 점은 주목할 만하다.

이라는 국호 일상화. 이성규, 2005, "중화제국의 팽창과 축소: 그 이념과 실제", 〈역사학보〉, 186집, p. 87의 주1) 참조.

32) 이성규, 위의 글, p. 88.

33) 이러한 논란의 과정에서 나타난 흥미로운 점은 뜻밖에도 고대사연구가 매우 정치적 학문영역이라는 사실이었다. 夏商周 단대 공정을 포함하여 중국에서 진행된 역사 재구성 작업을 통하여 역사학이 가치중립적 학문이 아니라는 점에 우리가 동의할 수 있게 된 것은 상당한 부가적 수확이라고 할 만하다.

다소 논란이 있기는 하나 어쨌든 국가기구의 재정적 지원(연구방향에 대한 구체적 간섭은 배제된)과 국제적 환경변화로 인하여 그 사이 미시적 연구에 몰입하던 중국사 연구 역시 외연을 확장시키게 되었다. 그것은 인문학적 전통의 근거로서의 중국에 대한 학문적 이미지를 새로운 각도에서 조명하게 만들었고, 그 과정에서 우리 자신의 중국사 인식의 한계 역시 성찰하기 시작하였다. 그리고 그 결과는 중국이라는 장소에 대한 재구성이 필요하다는 것이었다. 학문적 엄밀성 없이 국민국가를 '초역사적 존재'화 했던 중국사의 범주 인식은 재론되지 않으면 안 되는 상황에 놓이게 되었던 것이다. 그리고 아직은 논란의 대상이기는 하나 국민국가적 역사인식의 한계를 넘어서는 새로운 중국사의 구축이 역사적 상황의 변모와 관련하여 필요하게 되었다는 의견도 나올 수 있게 되었다.

따라서 전체적으로 보면 이러한 문제의식은 ① 중국(사실은 한족) 중심주의적 중화주의의 역사성을 '실증적'으로 연구하여 그 한계와 문제를 폭로함으로써 중국에서의 역사연구가 본령을 회복하기를 기대하는 관점, ② 사회주의국가 중국의 팽창주의와 그러한 역사기획을 결부시켜 한미동맹 대 중북동맹의 연장선에서 파악하려는 냉전적 이해방식, ③ 동아시아라는 보다 광역화된 지역공간 속에서 단위국가의 역사를 재조명하려는 노력, ④ 초국가적 역사공간을 탐구함으로써 특정지역의 역사적 헤게모니 행사를 넘어서려는 학문적 성찰 등의 형태로 나타나게 되었다.

이 가운데서도 ③, ④의 경향은 비슷한 문제의식에서 출발하고 순서로 보면 동아시아 담론의 형태로 ③이 먼저 제기되고 그에 대한 학문적 비판의 형태로 ④가 등장한다는 점에서 연계점을 가지고 있는 것으로 여겨지며, 역사적 전망이라는 점에서의 미묘한 차이에도 불구하고 연속선에서 이해될 수 있다고 생각된다. ③이 실재하는 국민국가를 인정하면서도 그것을 보다 넓은 차원의 역사적 전망으로 매개하기 위한 이론적 도구로 동아시아라는 지역개념을 다시 이끌어냈다면, ④는 사실상 기억 민족단위를 재구성하기(한 연구자의 표현을 빌리면 '동아시아를 내재화'함으로써) 위한 초국가적 역사공간을 설정함으로써 한반도 중심성을 극복하려는 경향을 나타낸다. 어쨌든 이러한 논의들은 대체로 ②의 관점을 제외하면 ①, ④의 논의는 ④의 견해가 동아시아적 전망을 가진 역사연구 역시 또 다른 민족주의적 역사기획이라는 점[34]을 지적함에도 불구하고 ③의 동아시아적 구상으로 연결되는 것으로 보인다.

그것은 대체로 동아시아 담론으로 불리는 현상 가운데서 한국학계 스스로 직면한 현실이 구체화된 점과 관련되어 있었다. 한국에서의 동아시아 담론에 대해 한 연구자는 크게 3가지 흐름이 있다고 지적한다.[35] 그것은 서구적 근대에 대한 대안적 의미로서의 동아시아, 동아시아 정체성(*identity*)론에 입각한 동아시아, 동아시아 공동체론의 전망과 결부된 동아시아이다. 이러한 관점에서는 결국 동아시아 담론이 전략적 개념으로서가 아니라 또 다른 민족주의 담론으로 해석될 수밖에 없다.

결국 역사분쟁에서 분명해진 것은 가해자와 피해자라는 단순한 이분법적 논리만으로는 넘어설 수 없는 벽이 존재한다는 것이고, 그런 한계를 뛰어넘는 적극적 노력이 필요하다는 점이었다. 사실 일본에서의 오키나와 문제, 중국의 티베트, 위구르 문제 등은 일반의 국민국가적 관점에서는 해결될 수 없는 것들이다. 고구려사나 발해사에 대한 우리의 이해방식 역시 진지한 성찰의 대상이 되어야 한다. 중국의 '민족제국주의'적 인식[36]에 대한 비판에서 지적하는 '한족동화주의'(漢族同化主義)로서의 중국의 민족주의 담론을 문제시하듯이, 중국을 바라보는 시각에 내재한 우리 자신의 시각 역시 진지하게 성찰되어야 한다는 말이다.

---

34) 한국발 동아시아적 시각에 대한 학문적 관심이 중국과 일본 등지의 학계에서는 그다지 크지 않은 것도 이와 관련되어있지 않을까 생각된다.

35) 박상수, 2010, "한국발 '동아시아론'의 인식론 검토: 동아시아 연구, '초국가적 공간'으로부터 접근하자", 《동아시아, 인식지평과 실천공간》, 아연출판부.

36) 유용태, 위의 글.

중국사의 공간이라는 입장에서 보면, 지역사적 관점의 등장은 기본적으로 국민국가적 기억공간의 해체 및 재구성과 결부되지 않을 수 없다. 그리고 그와 관련하여 주목할 만한 현상은 2005년을 전후하여 나타난 중국사 연구자들의 '만주연구 열기'였다.37) 그 이전까지 만주는 사실상 한국사의 연구공간에 속했다. 말하자면 한국 민족사의 확장대상으로 만주가 포착되었던 것이다. 그러나 중국 근현대사 연구자들을 중심으로 한 만주연구는 만주라는 공간의 초국적(*Trans-National*) 성격을 드러내는 경향을 가지고 있었고, 그것은 지역사적 조망이 역사적 공간에서 활동하는 인간의 현실과 결합될 때, 기억단위 공간에 집착한 역사연구가 발견할 수 없는 새로운 현상을 포착할 수 있다는 사실을 보여주게 되었다.

4. 결론

한국에서의 중국사 연구는 최초 한중관계사, 즉 한국사의 확장이라는 형태로 시작되었다. 여기에는 식민지 유산/인문학적 전통/외국사 연구를 시작하는 전략적 선택 등의 요소가 작동되고 있었다. 1960년대에 들어서면서 성장하기 시작한 중국사 연구는 독립적인 '동양사 연구'로 진행되었다. 그러나 각종 제약요건으로 인하여 활성화되지 못했던 중국 근현대사 연구가 본격화되면서 동양사라는 명칭은 더 이상 중국사를 내재화하기 어렵게 되었다. 전근대의 중국사 연구에서 다민족성은 왕조사라는 범주와 충돌 없이 서술될 수 있었으나, 근현대사의 경우는 그러한 관용을 유지하기 어려웠기 때문일 것이다(분명한 주권영역이 존재했으므로). 이후 중국사는 대체로 중화인민공화국의 영역을 그 대상으로 연구하는 학문이 되었다. 그러나 20세기 말부터 격화되기 시작한 역사분쟁은 그러한 인식의 유지를 어렵게 만들었다. 역사는 공존과 화해가 아니

37) 〈만주연구〉라는 학회지가 창간된 것도 이즈음인 2004년이었다.

라 대립과 갈등을 조장하는 정치적 도구로 전락할 위기에 직면했던 것이다. 중국사의 역사공간에 대한 관점의 대립은 따라서 새로운 화해의 방향을 모색하게 되었고, 국내학계는 그것을 지역사로의 확장 내지는 '초(=跨) 국가 공간 역사영역'의 발굴을 통해서 대응하게 되었던 것이다.

오늘날 역사연구단위로서 중국을 어떻게 포착할 것인가 라는 문제는 현실의 정치적 이해, 문화적 충돌, 시장경제 등의 문제와 결합된다. 중국의 한 평론가는 '다원일체격국'(多元一體格局)의 민족론을 설명하면서 "중화민족은 수천 년의 역사적 과정에서 점차 형성된 **자유로운** 민족적 실체를 의미한다. 이뿐만 아니라 100년 가까이 서양열강에 대항하면서 **자각적** 민족으로 탈바꿈한 정치적 실체를 의미하기도 한다"고 주장한다(강조는 필자).[38] 그러나 문제가 되는 것은 그 자유로움을 동일한 수준에서 모두가 이의 없이 인정했는가 이고 자각 또한 마찬가지이다. 중국의 언론이나 학자들이 중국의 전통사상을 이야기하면서 유교 혹은 유학 등을 제시할 때, 그 논리에서 배제되는 다른 민족의 사상사적 전통들은 어떻게 해석해야 하는가의 문제는 현재의 한족 중심의 역사인식 논리로는 설명하기 쉽지 않다.

한국에서의 중국사 연구는 연구영역, 기억공간의 설정이라는 측면에서 진화를 거듭해 왔다. 그리고 나아가는 방향은 국가적 정체성을 인정한 전제 위에 현실의 사람들이 교류하고 혼합하는 공간으로 역사연구를 확장해 나가는 것이다. 한국인으로서 외국사를 공부하는 학자의 입장에서 말하자면 한국의 중국사 연구자들 역시 민족적 정서로부터 자유롭기는 쉽지 않다. 하지만 역사를 특정 중심의 관점에서 서술하고 힘(문화적, 정치적, 경제적 등)에 의해 타의로 주변화된 세계를 소거해 가는 것이 문제가 있다는 사실은 우리 모두가 공유하는 인식기반이다. 한국에서 중국사 연구는 더디기는 하지만 이러한 방향으로 이동하고 있다고 생각된다.

---

38) 왕후이(송인재 옮김), 2011, 《아시아는 세계다》(원제 亞洲視野), 글항아리, p. 221

한국에서 중국철학 연구현황과 문제 및 과제

홍원식(洪元植)*

1. 서언: 한국에서 중국철학을 연구한다는 것

중국철학을 한국의 학자가 연구하는 것과 중국의 학자가 연구하는 것이 다를 수 있다. 아니 다를 수밖에 없다. 그것은 무엇보다 중국인에게서 중국철학은 '국학'(國學)일 수 있지만, 한국인에게서 중국철학은 어디까지나 중국의 철학일 뿐 '국학'일 수 없기 때문이다. 이것은 한국학자들에게서 '한국철학'이 순수하게 '한국학'(*Korean Studies*)일 수 없고 '국학'으로 받아들여지는 것과 다를 바 없다. 중국철학이든 한국철학이든 '국학'으로서 그것을 연구할 경우 '현대적 계승'이라 말하는 것을 흔히 들을 수 있다. 그것은 살아있음을 전제로 하고, 되살림을 목표로 하는 말

* 계명대학교 철학과 교수, 한국사상사학회 회장, 〈오늘의 동양사상〉 발행인 및 편집주간(현).
북경대학 방문학자 역임.
주요 저서: 《元代 성리학》, 《心經附註와 조선유학》, 《寒洲 李震相의 생애와 사상》.

이다. 이에 따라 연구의 관점과 방법도 달라질 수 있다.

마찬가지로 미국이나 유럽 등 서양학자들의 중국철학 연구관점과 방법이 중국학자들의 그것과 다르기도 하다. 일찍이 1958년 대표적인 '현대 신유학(新儒家)'으로 일컬어지는 모종삼(牟宗三) 등이 주도한 이른바 '문화선언'(文化宣言)[1] 에서 중국철학을 위시한 중국문화를 연구하는 세계의 학자들에게 '경고'한 것에서도 우리는 그것을 잘 볼 수 있다. 그들은 중국의 철학과 문화는 "심하게 병들었을 뿐 죽지 않았으므로" 살아있는 생명에 대해서와 같이 '외경심'을 가져줄 것을 당부하였으며, 연구를 함에서도 '해부학적 방법'이 아닌 '병리학적 방법'으로 대해 줄 것을 요구한 적이 있다. 이것은 연구관점이나 방법과 관련하여 국학자로서 중국 출신의 학자들이 여타 세계의 중국철학과 문화연구자들에게 정중하고도 간곡히 요구한 것이라 볼 수 있다. 하지만 이것은 아무래도 무리 섞인 요구일 것이다.

한국학자들의 경우는 더욱 복잡하다. 한국의 학자들에게서 중국철학이 비록 '국학'일 수는 없지만, 그렇다고 서양의 학자들처럼 순수히 객관적으로 바라볼 수 있는 '남'의 철학은 아닌 것이다. 이렇듯 한국의 학자들에게 중국철학은 '우리'의 철학이 아니면서도 동시에 '우리'의 철학이며, 또한 '우리'의 철학이면서도 동시에 '우리'의 철학이 아닌 그 무엇이다. 이것은 일단 한국철학의 많은 부분이 중국철학에 연원을 대고 있다는 역사적이며 객관적 사실 때문이기도 하겠지만, 한편으로는 한국철학이 서양철학과 마주하게 되면 중국철학이 '우리' 철학이 되었다가 중국철학과 마주하게 되면 '남'의 철학이 되어 버리는 특수한 위치와 그에 따른 주관적 태도와 관련이 있을 것이다.

그렇다면 지금 한국에서 중국철학을 연구하는 자들, 그들은 누구인

---

1) 원명은 '爲中國文化敬告世界人士宣言'(중국문화를 위해 세계의 인사들에게 삼가 알리는 선언)이며, 이 선언에는 牟宗三을 위시하여 徐復觀, 唐君毅, 張君邁(칼슨 장) 총 4명이 참가하였다.

가? 연구자들에 따라 주관적 태도와 연구관점 및 방법이 다를 수 있기 때문에 이를 한번 자세히 살펴볼 필요가 있다. 크게 보면 다음과 같이 셋으로 나눠 볼 수 있겠다.

먼지 '철학'에 주안점을 두어 중국철학을 연구하는 자들이다. 이들은 철학, 곧 필로소피(*Philosophy*)라는 학이 서양 고대 그리스에서 시작되어 로마와 유럽을 거쳐 미국 등지로 퍼져 나간 것이란 인식 아래, 그것과 유사한 학이 일찍이 중국에도 있었음을 밝히는 데 주력한다. 따라서 이들은 중국철학을 곧잘 서양철학과 대비시키는 가운데 비교철학의 방법을 즐겨 사용한다. 이들에게서 중국철학은 동양철학과 등치되고, 결과적으로 한국철학은 중국철학의 아류 정도로 이해된다.[2] 이들은 보편의 학으로서 철학을 인정한 바탕 위에, 때로는 보편성을 통해, 또 때로는 특수성을 통해 동양철학, 곧 중국철학의 존재를 확보하고 강화시키는 데 힘을 쏟는다. 이렇게 볼 때, 이 속에는 물론 정도의 차이는 있겠지만 의식하든 의식하지 않든 중국철학은 곧 동양철학으로서 '우리'의 철학이라는 생각이 바탕에 깔려 있음을 알 수 있다. 달리 말하면, 이들에게서 주관심사는 '철학'일 뿐 중국철학과 한국철학의 구분에는 별다른 관심을 두지 않는다고 할 수 있겠다.

다음은 한국철학의 연원이란 관점에서 중국철학을 연구하는 자들이다. 이들은 계보학의 관점에 서서 중국철학을 헤집고 다니거나 연원을 찾아 거슬러 올라가기도 하고, 비교의 방법을 통해 한국철학의 차별적 특성을 확보해내기도 한다. 이들에게서 중국철학 연구의 일차적인 목표는 한국철학에 대한 역사적, 심층적 이해에 있으므로 중국철학에 대해서는 자칫 단편적 이해에 머물기 쉽다. 이들은 중국철학이 한국철학의 원류이긴 하지만 '우리'의 철학이 아닌 것으로 주로 인식된다. 하지만 이

2) 한국에서는 '東西哲學'이란 말을 주로 쓰지만, 중국에서는 '中西哲學'이란 말을 즐겨 쓰는 것을 눈여겨볼 만하다.

경우에도 서양철학과 마주했을 때는 중국철학이 돌연 '우리'의 철학이 되어 버리곤 한다.

마지막으로 '중국학'(*Chinese Studies*)이란 관점에서 중국철학을 연구하는 자들이다. 일종의 지역학 연구라고 볼 수 있는데, 이들은 그것이 과거 중국이 되었든, 아니면 현재 중국이 되었든 중국에 대한 심층적이면서도 다각적인 이해의 일환으로 철학을 통한 중국 이해와 해석을 시도한다. 이들에게서 학문적 객관성은 필수적인 덕목이다. 중국은 분석되고 해석되어야 할 대상일 뿐 더 이상 부활을 고민할 대상은 아니다. 따라서 중국철학이 '우리' 철학이라는 생각은 전혀 끼어들 필요도, 틈도 없다. 이러한 관점과 방법은 주로 서양의 학자들이 갖고 있으며, 한국의 학자들 가운데에서도 이러한 관점과 방법에 따른 연구가 점차로 늘어나는 추세이다.

이상과 같이 한국 학자들의 중국철학 연구를 크게 세 부류로 나눠 보았다. 그런데 사실은 이처럼 확연히 세 부류로 나눠져 있는 것이 아니며, 많은 경우 한 학자에게서 동시적으로 나타나기도 한다. 그럼에도 이렇게 애써 나눠본 것은 지난 20~30년 동안 연구자의 증가로 연구물의 양적 증대가 비약적으로 이뤄졌으나, 개별 연구자나 학계가 정작 왜 중국철학을 연구하고, 어떠한 관점이나 방법으로 연구할 것인지에 대해서는 별다른 관심을 두지 않았으며, 이로 말미암아 질적 성장을 이루지 못하고 있다는 반성적 자각 때문이다.

2. 회고

중국철학 연구의 현황을 논하기에 앞서 회고의 필요성은 새삼 말할 필요가 없을 것이다. 두말할 나위 없이 이것은 지금의 모습을 되짚어 보고, 앞으로 나아갈 길을 모색하기 위해서이다. 회고를 함에서도 여러 가지 방법이 있을 수 있다. 먼저 시기별로 살펴보는 것이 가장 일반적인 방법일 터이고, 흔히 동양철학은 유(儒)·불(佛)·도(道) 삼교라고 일컬으니 학문 분야별로 살펴볼 수도 있으며, 대표적 인물을 중심으로 살펴볼 수도 있을 것이다. 이밖에도 여러 방법이 있을 수 있다. 여기에서는 가장 일반적 방법인 시기별로 살펴보되 분야별이나 대표인물도 곁들여 살펴보기로 한다. 그런데 불교철학은 동양철학 중에서 독자적으로 연구되는 측면이 강하였고, 중국 불교철학이 한국이나 인도의 불교철학과 함께 연구되어 따로 구분해 논의하기가 쉽지 않으며, 도가철학은 남은 유가철학에 비해 양적으로나 중요성으로 비교가 되지 않고, 논의의 초점도 흐릴 수 있을 것 같아 유학을 중심으로 논의하기로 한다.

한국에서의 중국철학 연구 시작점을 경성제국대학과 여러 민립(民立) 전문학교들이 1920년대 중반 이후에 연이어 설립되었기 때문에 일제강점기로까지 거슬러 올라가 잡아볼 수 있겠으나 뚜렷한 자료들이 없다.[3] 따라서 그 이후로 중국철학 연구의 시점을 잡는 것이 큰 무리가 없을 듯하다. 해방과 건국 무렵 여러 대학들이 설립되는 가운데 철학과에 중국철학 관련 강의가 개설되면서 중국철학 연구도 본격적으로 시작되었으며, 1960년대까지를 그 터전을 마련한 첫 번째 시기로 상정해 볼 수 있겠다. 그 대표적인 예가 고려대학교 철학과와 성균관대학교 동양철학과이다. 이 시기에 이상은(李相殷, 1905~1976)과 김경탁(金敬琢, 1906~1970)은 고려대학교에, 류정기(柳正基, 1910~1997) 등은 성균관대학교에 교수로 재직하면서 앞장 서 중국철학 연구의 길을 터 나갔다.

먼저 이상은(호 卿齡)은 북경대학 철학과(1927~1931)를 졸업하였으며, 해방 후 고려대학교가 설립되자 바로 철학과 교수(1946~1970)로 재

3) 경성제국대학 철학과에는 '支那(中國)哲學' 강좌가 개설되었으며, 동국대학의 선신인 혜화전문학교에서는 불교관련 강좌가, 성균관대학의 전신인 명륜전문학교에서는 유교관련 강좌가 개설되었을 것으로 짐작된다. 이한우, 1995, 《우리의 학맥과 학풍》, 문예출판사, 63쪽 참조.

직하는 가운데 문리과대학 학장과 아세아문제연구소장 등을 지냈으며, 대외적으로 1956년 '한국중국학회'를 창설하여 초대회장과 대한민국 학술원 회원(1961~1976) 등을 지냈다.[4] 대표적인 저술로 "중국철학사 강의"[5] 와 《현대와 동양사상》(1963),[6] 《퇴계의 생애와 학문》(1973)[7] 등이 있으며, 사후 20여 년이 지난 1998년에 《이상은선생전집》(전4권) 이 발간되었다.

이상은은 한국에서 중국철학 연구의 길을 연 학자이자, 대표적인 한국의 '현대 신유가'로 평가받고 있다. 그의 중국철학 연구관점과 방법은 유학시절 북경대학 철학과 학풍의 영향을 많이 받았다. 당시 북경대학 철학과는 5·4 신문화운동을 선도하는 등 중국 근대화의 중심에 서서 호적(胡適) 등이 주도한 의고(擬古)의 학풍 아래 국고정리운동(國故整理運動)을 진행하는 가운데 한편으로는 이에 맞서 중국 철학과 문화의 고유한 가치를 되살리려는 '현대 신유가'가 막 태동하고 있었다. 그는 다소 상반되는 이 두 학풍의 영향을 모두 받았다. 그는 유학시절 귀국하면 중국에서 배운 국고정리를 반드시 실행하리라 다짐하였으며, 실제로 그의 연구는 철저한 문헌비평과 객관적 관점 위에서 전개되었다. 한편으로 그는 '현대 신유가'로서의 모습도 다음의 글에서 잘 보여주고 있다.

---

4) 이상은의 생애와 학문에 관해서는 《이상은선생전집》(예문서원, 1998) 속 "경로 이상은 박사 연보"와 윤사순의 "경로 이상은 박사를 추모하며", 그리고 《이상은 선생과 한국 신유학》(한울아카데미, 2006), 김병채의 "유학의 현대적 의의-이상은 선생의 견해를 중심으로"(〈해방 50년의 한국철학〉, 철학연구회, 1991), 최영성의 "한국의 현대 신유가, 경로 이상은"(〈오늘의 동양사상〉 제21호, 2010) 등 참조.

5) 이 글은 〈한국사상〉(한국사상연구회) 제3집에서 8집까지 연재한 것으로 先秦 유가철학이 중심적 내용이다.

6) 이를 증보하여 1975년 《유학과 동양문화》로 발간되었다.

7) 1999년 예문서원에서 이를 증보하여 같은 이름으로 발간되었다.

> 유학연구의 방법도 다른 분야에서와 같이 단순히 객관적·방관적·외형적인 분석, 서술에만 그치지 않고, 시대를 초월한 '인간정신'에 들어가서 고인을 그 시대에 즉하여 이해해주는, 동정적(同情的)·체험적인 방법을 겸채(兼採)해야 옛 사람의 참 정신을 파악할 수 있을 것이니, 이렇게 되면 이것이 고전을 현대에 살리는 길이며, 따라서 유학 재생(再生)의 길이 될 수 있는 것이 아니겠는가.[8]

여기에서 이상은은 유학과 중국철학을 연구한 궁극적 목적이 이것의 '재생'이며, 이를 위해서는 반드시 객관적 분석과 연구가 필요하되 그것만으로는 충분치 않고 반드시 '동정적', '체험적' 태도와 방법이 함께 필요함을 역설한다. 이것은 중국의 현대 신유학자들이 앞서 행한 '문화선언'에 대해 절대적 동의를 표한 것이라고 볼 수 있겠다. 이렇듯 그는 전통유학에 대한 비판적 분석과 객관적 연구를 통해 이를 현대화하고 재생, 부활시키는 데 온 힘을 쏟았으며, 후년에는 이황(李滉)의 퇴계철학(退溪哲學)을 중심으로 한 한국유학 연구에 힘썼다. 그는 중국철학과 한국철학을 굳이 구분하지 않은 채 말 그대로 '동양철학'으로 인식하였으며, 서양철학에 대해서도 대립 혹은 부정적으로 생각하지 않고 보편성을 바탕으로 동양철학을 더욱 발전시켜 나가고자 하였다.

김경탁도 선구적 업적을 많이 남겼다. 그는 1930년대에 중국과 일본 등지에서 동양철학을 공부하였으며, 1949년 고려대학교 철학과 교수로 부임한 뒤 이상은과 같은 학과에 재직하면서 한국의 중국철학 연구를 선도하였으며, 이른바 고려대학교 '동양철학학단'의 터를 다졌다. 그의 대표적인 저술로는 《중국철학사상사》와 《중국철학개론》, 《노자의 도(道)》, 《율곡(栗谷)의 연구》 등이, 역서로는 사서(四書)와 《주역》(周易), 《노자》(老子), 《장자》(莊子), 《열자》(列子), 《율곡전서》(栗谷全書) 등이 있다. 저술의 목록만으로도 알 수 있듯이 그는 유학만이 아니라

8) 이상은, "학문의 길"(〈한국일보〉, 1973. 1. 19) 참조.

도가철학 방면에도 주목한 점, 원전 번역에 힘쓴 점, 한국유학에서 율곡 이이(李珥)를 주목한 점 등을 높이 평가할 만하다. 앞에서 말했듯이 그는 일찍이 여러 나라에서 공부하는 가운데 자신의 '생성철학'(生成哲學)적 관점을 마련하여 이를 통해 동양철학을 꿰고 있는 점도 주목할 만하다. 또한 이상은과 마찬가지로 그에게서 중국철학과 한국철학을 구분해보려는 시도는 보이지 않는다. 이것은 동양철학 연구 1세대의 특징이자 한계로 볼 수 있겠다.

이들에 이어 한국에서의 중국철학 연구 두 번째 시기는 1970년대와 1980년대 전반까지로 잡아볼 수 있겠다. 이 시기의 중요한 특징은 국내적으로 철학과가 있는 대부분의 대학에서 중국철학 관련강좌 개설이 일반화되고 세분화되면서 자연스레 연구자 수가 늘어나고 이에 따라 연구분야가 다양해지고 양적으로 팽창함과 동시에 외국유학 출신 학자들이 하나둘 귀국하면서 그곳의 연구관점과 방법도 함께 따라오게 된 점이다. 그런데 대부분 유학한 나라가 대만이어서 이 시기에는 대만 학풍의 영향을 절대적으로 받게 된다. 당시 대만과 홍콩에서는 이념적 문제로 대륙에서 피난 온 전목(錢穆)과 방동미(方東美), 당군의(唐君毅), 모종삼(牟宗三) 등과 같은 학자들이 중국철학 연구를 주도하고 있었다. 그들은 바로 대표적인 '현대 신유가' 2세대들로, 그들의 학풍은 한국의 중국철학계에 여과 없이 이식되었다. 이 시기의 대표적인 학자로 김충렬에 이어 제자백가철학 분야의 이운구, 도가철학 분야의 송항룡과 이강수, 유학 및 송명 성리학 분야의 안병주, 정인재, 김길락, 송하경, 김병채, 유인희 등을 들 수 있다.

이 시기에는 김충렬(金忠烈, 호 中天, 1931~2008)이 가장 대표적인 이로, 그는 1950년대 중반 대만에 유학하여 대학과 대학원 석, 박사과정을 모두 그곳에서 마친 뒤 귀국하여 경북대와 계명대를 거쳐 30년 가까이 고려대 철학과에 재직하였다. 정년퇴직 후 대한민국 학술원 회원이 되었으며, '예문동양사상연구원'을 설립하여 초대 원장으로 재직하면서

〈오늘의 동양사상〉을 창간(1998)하는 등 활발한 학술활동을 이어갔다.

김충렬은 대만 유학시절 방동미의 사사를 받으면서 중국철학 연구에 있어서 특히 그의 영향을 많이 받았다. 방동미는 중국 안휘성 출신으로 남경대학 교수로 재직하다 대만에 온 학자로, 그는 크게 보면 현대 신유가에 속하지만 남경대학 중심의 학풍 또한 많이 지니고 있었다. 남경대학의 학풍은 당시 북경대학 중심의 학풍과 대비되는 것으로, 북경대학의 학풍은 1910년대 후반에 불어 닥친 신문화운동의 진원지로서 그 영향을 절대적으로 받아 전통 철학과 문화에 대해 비판적이고 의고적이었으며, 유교중심적이었다. 철학 방면의 대표적인 인물로 호적과 풍우란(馮友蘭) 등이 있는데, 그들은 젊은 날 구미(歐美) 유학을 다녀와 서양철학으로 훈련된 중국철학 연구자들이었다. 이와 달리 남경대학 중심의 학풍은 전통주의적이었고, 신고적(信古的)이었으며, 유·불·도 3교 모두에 관심을 두었다. 하지만 1930~40년대로 접어들면 두 곳의 학풍 모두 서양철학을 학습하고, 동서철학의 공통성을 바탕으로 회통(會通)과 더불어 중국철학의 특수성을 통한 극복과 지양을 강조하는 점에서는 같은 모습을 보였다. 이러한 점에서 방동미도 현대 신유가의 일원이 된 것이다. 방동미는 특히 니체의 철학을 사숙한 뒤 중국 전통의 역(易)·용(庸) 철학과 도가(道家), 화엄(華嚴) 등의 철학을 종합하여 자신의 '생명철학'(生命哲學)론을 전개하였다.

김충렬은 방동미와 여타 대만의 걸출한 현대 신유학자들의 철학적 관심과 관점, 정수를 충실히 이어받아 한국의 중국철학계에 전파하였다. 그는 유학중심적 한국학계에 유·불·도 3교를 거침없이 넘나들며 연구 수준을 한 단계 끌어올렸다. 그는 무택동 등 중국 현대철학에도 관심을 가졌으며, 중국철학의 연원을 선사전설(先史傳說)시대로까지 끌어올렸고, 만년에는 마왕퇴(馬王堆)와 곽점초간(郭店楚簡) 등 출토자료도 자신의 연구에 적극적으로 반영하였다. 이렇게 현대 신유학자들의 관점을 여과 없이 받아들인 탓에 그에게는 중화주의에 빠졌다는 비판이 종종 따라다니기도 했다. 그를 의식해서인지 만년에는 한국철학 연구에도 힘을 쏟았다.

1980년대 후반을 지나 90년대로 오면 한국의 중국철학 연구는 세 번째 단계로 접어든다. 대만 유학을 마친 연구자들이 속속 귀국하면서 먼저 귀국해 터를 닦아 놓았던 선배들과 합류하여 학계의 중심을 차지하는 가운데 일본과 미국, 유럽 등지에서 공부한 연구자들도 모여들었다. 한편 이 시기에 오면 국내에서 중국철학을 전공한 이른바 자생적 국내파 연구자들도 많아졌다. 이들은 연구와 번역, 출판활동을 활발하게 벌여 한국의 중국철학계는 일순간 세계 중국철학 연구의 총집결지요 마치 경연장이나 되는 듯하였다.

이미 말한 바와 같이 1980, 90년대는 70년대에 이어 대만 유학파들이 학계를 주도하면서 한국의 중국철학 연구 수준은 한층 높아졌지만, 한편으로 그들의 관점과 연구방법에 대한 비판적 시각과 담론이 생겨나기 시작하였다. 특히 문제가 된 것은 현대 신유학자들이 지닌 철저한 중국중심주의, 바로 현대판 중화론적 관점이었다. 그것은 원래 서구 열강의 제국주의적 침략과 함께 들어온 서양철학과 문화에 대한 저항과 대항에서 비롯된 것이었지만, 한국학계에서 그것을 무비판, 무자각적으로 받아들임으로써 한국철학과 문화도 중화의 일원이 되어버리는 결과를 빚게 된 것이다.

이렇게 대만 학풍이 서서히 주도적 자리를 굳혀 갈 즈음인 1980년대 중반 고려대 철학과에서 김충렬의 훈도를 받은 뒤 대만대와 동경대를 거쳐 미국 하버드대학에서 박사를 받은 김용옥이 귀국하여 고려대학 철학과 교수에 부임하면서 동양철학계에 새로운 바람을 불러일으켰다. 그는 4년가량 고려대에 재직한 뒤 대학을 떠난 뒤에도 다양한 저술활동과 사회활동을 통해 당시 학계와 사회에 많은 주목을 받았다. 그는 IMF 금융위기 사태 이후에 공중파 TV에서 '노자철학'과 《논어》 강독을 진행하여 많은 사람들의 주목을 받기도 하였다. 이것은 뒷날 중국 우단(于丹) 교수의 CCTV 백가강단(百家講壇) '논어심득'(論語心得) 강의와 비교되는 것으로, 하나의 중요한 사회문화현상으로 이해되기까지 하였다. 김용옥이 한국 동양철학계에 제일 먼저 던진 화두는 '번역'의 문제였다. 그는 수백 년에 걸친 불경의 한역(漢譯) 과정을 예로 들면서, 번역은 단순히 문자와 책 속의 내용번역에 끝나는 것이 아니라 하나의 거대한 문명과 문화의 번역임을 역설하며, 뒤늦었지만 지금에라도 중국 고전의 한글 번역을 이룸으로써 한국에서의 진정한 '중국문화' 번역의 완수와 더불어 고전국역사업의 중요성을 역설하였다. 또한 그는 중국의 한의학(漢醫學)과 한국의 한의학(韓醫學)을 바탕으로 자신의 기철학(氣哲學) 체계를 세운 뒤 이를 다양한 분야에 접맥하면서 활발한 저술활동을 전개하였다. 그의 학술활동은 다소 저널리즘과 계몽적 성격을 띠는 것이긴 하였지만, 한국 동양철학계와 동양학계에 미친 영향은 적지 않았다. 그리고 중국 고전의 한글번역을 강조한 것에서 볼 수 있듯 한국인의 입장에서 중국철학을 보려는 자각적 태도도 엿보인다.

1980년대 초 서울대와 대만대를 거쳐 독일 프랑크푸르트대학에서 박사를 마친 뒤 귀국하여 서울대에서 재직하다 퇴직한 송영배도 이 시기 주요 인물 가운데 한 사람이다. 그는 그의 대표적 저서인 《중국사회사상사》[9] 서문에서 "공자 이전의 서주(西周) 시대 이전부터 현대중국의 사회주의혁명에 이르기까지 3천 년 이상의 중국사회 발전에 있어서 그것의 사회경제적 토대의 변화와 구조 및 사상의 흐름"을 기술한 책이라고 밝히고 있듯이 한국에서 최초로 마르크스주의 철학의 바탕 위에서 중국

9) 독일어판 원명은 《유교사상, 유교적 사회와 마르크스주의의 중국화》(*Konfuzianismus, Konfuzianische Gesellschaft und die Sinisierung des Marxismus*)(1983)이며, 약간 증보해 1986년 《중국사회사상사》란 이름으로 번역 출간하였으며, 1992년 다시 이를 증보해 《유교적 전통과 중국혁명》이란 이름으로 출간한 뒤, 1998년 또다시 증보해 원래 이름인 《중국사회사상사》로 출간하였다.

철학을 연구하여 많은 주목을 받았다. 마침 당시 한국사회는 민주화의 열기 속에서 막 마르크스주의 철학과 방법론에 눈뜨고 있던 상황이어서 중국 대륙의 중국철학 관련 연구저작들이 속속 들어오고 번역, 출간되면서 그는 이 새로운 경향에 자연스레 선두적 위치에 서게 되었다.

이와 연관하여 한국에서 마르크스주의 철학과 방법론에 적극적인 관심을 가지면서 집단적인 연구를 진행한 '한국철학사상연구회'도 주목할 필요가 있다. 한국철학사상연구회에서는 여러 분과들이 활동하였는데, 이 가운데 '기철학'이나 '논전사'(論戰史), '현대신유학' 등 동양철학 관련분과에서 중국 대륙의 마르크스주의 관점에 선 연구들을 적극적으로 소개, 연구하는 한편 개혁개방 이후 '문화열'(文化熱) 등 중국 내부의 논쟁에도 바싹 다가가 귀 기울였으며, 20세기 초 5·4 신문화운동에 뒤이어 등장한 '현대 신유학'이며 20세기 후반 서구와 일본, 대만, 홍콩 등지에서 크게 제기되었던 '유교자본주의론', '공동체주의론', '동양생태론' 등 이른바 '동아시아 담론'에도 적극적으로 뛰어들었다. 사회주의 종주국 소련(소비에트 연방공화국)의 해체와 더불어 전 세계적으로 사회주의가 퇴조하자 이들의 연구주제와 관점도 변모하고 다양해져 갔다.

짧게 언급했지만, 90년대 말에 거세게 일어났던 '동아시아 담론'은 좀 더 자세히 되돌아볼 필요가 있다. 본 담론은 일군의 서양학자들이 자신들의 서구문명 한계를 의식하는 가운데 동아시아 문명을 주목하면서 촉발되었으며, 여기에 동아시아 지역 출신 학자들이 합세하면서 일시에 뜨거운 열기로 달아올랐다. 담론의 중심 주제는 서구 근대문명으로부터 야기된 문제들, 가령 생태환경 위기, 공동체 해체, 인간 소외와 같은 것들이었다. 마침 이 시기에 동아시아의 경제적 성취마저 눈에 두드러지자 자본주의 문제며, 과학에 대한 새로운 인식 등도 담론의 목록 속에 포함되었다. 서양의 학자들은 기본적으로 자신들의 문명을 점검, 비판하고 대안을 모색해 보고자 하는 생각이 컸으며, 동양의 학자들은 그동안 부정당해 왔던 동아시아 문화와 학술에 대한 자신감을 회복하는 좋은 기회가 되었다. 그러나 동양의 학자들 가운데 더러는 지나친 자신감에 흥분되어 담론의 내용은 뒤로 한 채 동아시아 문화와 학술의 전도사가 되어 부흥을 외쳐대기도 했다.

전체적으로 말한다면, 지난 시간 동안 한국의 중국철학 분야는 제자백가류의 원전은 물론이고 어지간히 중요한 철학 원전류는 거의 다 번역되었으며, 《주자어류》(朱子語類)와 《주자대전》(朱子大全), 《성리대전》(性理大全)과 같은 방대한 분량의 원전들도 부분적으로 번역되었거나 완간을 눈앞에 두고 있다. 그리고 중국과 대만, 일본, 미국 등지에서 발간된 주요 연구서들도 속속 번역되었으며, 이 지역에서 박사학위를 받은 연구자들도 대거 합류하여 연구인력 또한 적지 않다. 이에 따라 중국철학에 대한 다양한 연구관점이 한곳에 모이게 되어, 어느 나라보다도 중국철학 연구의 좋은 조건과 토대를 한국의 중국철학계는 가지고 있다.

3. 현황과 문제점

지난 세기 말 새천년을 눈앞에 두고서 마치 '동양의 세기'라도 도래하는 듯 세계의 많은 학자들은 동양을 주목하였고, 한국 및 동양의 중국철학 연구자들은 한껏 들떠 있었다. 이른바 '동아시아 담론'이 그것을 잘 말해 준다. 하지만 그 떠들썩했던 담론의 열기는 어느 순간 식어버린 채 사그라져버렸고, 한때 그렇게도 많이 몰려들었던 담론 마당의 인파들은 어디론가 흩어져버렸다. 한국의 경우 1997년 'IMF 사태' 이후 신자유주의의 물결이 뒤덮은 가운데 '인문정신'의 가치는 날로 추락하고, 여기저기에서 '인문학의 위기'를 외쳐대는 소리가 들려오더니, 여러 대학들은 앞다투어 구조조정에 나서면서 인문학 관련학과, 특히 철학과, 그 중에서도 중국철학을 포함한 동양철학 분야는 맨 먼저 축소되거나 퇴출되어 갔다.[10] 이에 따라 이 분야 차세대 연구 지망생들의 발길도 점점 뜸해져

가고 있다.

이렇게 외적으로 무척 어려운 상황 속에서도 기존의 학자들과 90년대에 유학을 떠났던 연구자들이 연이어 귀국함으로써 당분간 연구인력의 수가 크게 부족한 상황은 아니며, 이들은 현재 적지 않은 연구 결과들을 내놓고 있다. 한국학술진흥재단(현 한국연구재단) 등이 중심이 되어 중국철학 등 인문학 방면 연구지원에 힘을 쏟음으로써 많은 논문과 저서, 번역서들이 출간되었으며, 특히 개인적으로 수행키 어려웠던 거질(巨帙)의 원전 번역사업들이 속속 이루어지고 있다. 이것은 우리 학계의 숙원사업이기도 했다. 그리고 '주역학회', '도가철학회', '양명학회'와 같은 분과학회들의 활동이 두드러져 분야별 연구의 심화양상을 보이기도 하였다. 여기에다 교육인적자원부가 주도한 대학별 평가작업이 개별연구자들에게도 직접적으로 영향을 미쳐 이전 시기와는 비교될 수 없을 정도의 많은 연구업적들이 쏟아져 나오고 있다. 이런 현상은 유독 중국철학 분야만이 아닐 것이다. 이러한 연구의 양적 증대가 질적 심화를 가져온 것은 분명한 사실이다. 하지만 여기에는 빛만 있는 것이 아니라 어둠도 함께 있는 것임은 간과할 수 없는 현실이다. 그러면 두드러진 현황 몇 가지를 가려 비판적 관점에서 살펴보기로 한다.

먼저 소통의 부재를 들 수 있다. 여기에서 소통의 부재란 연구자들 간의 소통 부재를 말한다. 일반 독자들이 중국철학에 가깝게 다가올 수 있도록 쉽게 혹은 다양하게 풀이하는 노력들은 비교적 활발하게 이루어지고 있다. 이것은 상업적 출판과 맞물려 있는 것이기도 하지만, 이를 위

10) 그 대표적인 예로 성균관대의 경우 유학과, 한국철학과, 동양철학과 3개과로 되어 있던 유학대학이 학과가 통합된 채 학부로 격하되었으며, 안동대의 동양철학과도 여러 개의 학과와 함께 국학부로 통합되었으며, 대구한의대의 동양철학과는 아예 없어져 버렸다. 전국적으로 보아 지난 10여년간 철학과 가운데 3분의 1가량이 폐과되었으며, 존속하는 철학과들도 폐과나 축소의 위기에 직면해 있는 것이 대부분이다.

해서는 일반 독자의 관점에서 중국철학을 바라본다거나 그들에게 다가갈 수 있는 글쓰기가 반드시 필요한 덕목이란 점에서 들여야 할 노력의 품은 적지 않으며, 기여하는바 또한 적지 않다. 이 방면에서 근자에 강신주의 활동이 눈에 크게 띄며, 한형조와 신정근 등의 저작들도 학문적 수준을 유지하면서 일반 독자들에게 비교적 가까이 다가가고 있다. 문제는 연구자들 간이다. 서로의 연구에 별 관심을 두지 않고, 말 그대로 마냥 열심히 논문과 책만 쓰고 있다. 이 책 저 책, 이 논문 저 논문을 뒤져 필요한 것만 가려 쓴다. 그것이 어떠한 관점과 방법에 따라 쓰인 것인지에 대해서는 별 관심을 두지 않는다. 아직까지 한국 연구자들의 연구에 대해서는 외면하는 이들도 많다. 상황이 이렇고 보니 한국의 중국철학계에는 '문제'도 없고, '관점'이나 '방법'도 없다. 무거운 침묵 속에 모두들 '연구실에 박혀' 마치 큰 공장에서 밤낮 쉼 없이 제품을 찍어내듯 진땀 흘리며 논문과 책을 쓰는 데 골몰하고 있다.

말한 바와 같이 연구자들 간 소통의 부재는 여러 가지 문제들을 낳고 있다. 먼저 소통의 부재는 '문제'의 부재를 낳고 있다. 때로 누군가가 우리 중국철학계의 현재 주요 학술적인 논쟁거리가 무엇이고 관심사가 무엇인지를 물어올 때가 있다. 내 스스로 물어볼 때도 있다. 대답을 위해서는 한참이나 생각을 해야 하며, 이리 저리 생각해 보아도 끝내 대답을 못 찾을 때가 대부분이다. 너와 내가 함께 그것을 '문제'라고 여기고서, 그것을 풀어보려는 노력도 없이 마냥 쏟아져 나오기만 하는 논문과 저작들, 그 앞에서 가슴 답답함을 느끼는 것은 오히려 당연할 것이다. 이럴 경우 연구의 저술행위 자체가 그 목적이 될 수 있다. 흔히 말하듯 연구를 위한 연구가 필경 이것을 가리킬 것이다. 물론 이때 각 연구자들의 개별적인 문제의식이 없는 것은 아니다. 그러나 그것이 한곳에 모여 여럿의 문제가 되지 않을 때, 그 문제는 큰 의미도 없으려니와 그 깊이도 더해지지 못한다는 데에 실로 문제가 있는 것이다.

이러한 문제의 부재는 한편 '현실'에 대한 인식의 결여와 관계되어 있기도 하다. 중국철학 연구는 다른 어떤 분야보다도 산더미와 같은 고전의 숲을 운명처럼 헤매고 다녀야 한다. 그 결과 자칫하면 그 숲을 빠져나오지 못한 채 그 속에 파묻히고 만다. 문제는 잃어버린 채, 혹은 잊어버린 채 고전학자의 모습으로 일생을 보내는 경우가 허다하다. 결국 그들에게서 문제는 '현실'에 있지 않고 고전 속에 있다. 이러한 탓에 우리는 중국철학 연구자들에게서 현대판 훈고학자, 바로 신훈고학자(新訓詁學者)의 모습을 어렵지 않게 찾을 수 있는 것이다. 그것이 중국철학 연구의 한 과정이나 일면일 수는 있겠으나 어떠한 경우이든 본령일 수는 없는 노릇이다.

한국학자들의 중국철학 연구에 나타나는 신훈고학적 경향은 중국 대륙학자들과 곧잘 대비된다. 그들은 어제 공자를 비판하다 뒤돌아서서 오늘 여상스럽게 공자를 높인다. 마치 공자상(孔子像)이 때 이르게 천안문 광장에 나섰다가 황급히 쫓겨 되돌아가는 중국 현실의 모습과 흡사하다. '현실'이 압도하는 한 전형이다. 중국철학 연구가 현실의 논리와 이념에 놀아난다는 생각을 지울 길이 없다. 사실 이것은 어제 오늘만의 일이 아니다. 한 무제(漢 武帝)가 유교를 높이 쳐든 이후 지금까지도 그 전통은 이어져오고 있다. 이렇게 현실이 지나치게 앞세워진 연구가 학문적 객관성을 심대하게 손상시키는 것은 두말할 나위가 없겠지만, 그렇다고 현실을 잃어버린 채 고전 속에만 탐닉하는 것 또한 심각한 문제가 아닐 수 없다.

또 하나 한국의 중국철학 연구에 나타나는 특이한 모습 가운데 하나는 그 스스로가 특정 철학과 사상에 깊이 빠져 연구하는 경우이다. 어떻게 보면 깊이 있는 연구를 하는 데에 도움이 되는 측면이 있다고 볼 수도 있겠지만, 자칫하면 호교론자(護教論者)의 모습을 드러내 보일 수가 있다. 이럴 경우 그에게서 학문적 객관성을 기대하기란 어려운 일이 되고 말 것이다.

이와 유사한 것으로 중국철학 혹은 동양철학의 부흥을 먼저 앞세우고서 연구하는 경우도 있다. 진지한 연구의 결과 그것이 진정 가치가 있다면 부흥될 필요가 있고, 또한 부흥시키기 위한 노력을 기울일 필요도 있다. 하지만 애초 부흥을 목적으로 두고 중국철학을 연구하는 것은 상황이 다르다. 동양철학 관련학회들의 발표 제목에 습관처럼 따라 붙는 '현대적 계승'이란 말이 그것을 잘 말해주고 있다. 마치 '현대적 계승'을 위한 발표회처럼 들린다. 이것은 어찌 보면 '문제의식'이 투철한 것처럼 보인다. 그들은 강변한다. 근대 이후 동양철학은 부당하게 폄하되고 부정되었으므로, 지금에라도 그것을 되살리는 것이 마땅하다고. 그래도 그것은 앞뒤가 바뀐 것이다. 유교 부흥의 정당성을 부여받기 위해 유교가 자본주의 발전에 기여했음을 애써 밝힌다거나, 마치 일거에 환경생태문제를 해결할 듯 여러 경전들을 뒤지고, 유교적 공동체가 현대 개인주의 사회의 폐단을 대체할 수 있는 것처럼 말하는 것 등은 아무래도 너무 지나친 주장 같다. 충분히 가치가 있는 담론임에도 불구하고, '동아시아 담론'이 이렇게도 쉬이 잦아들어버린 까닭도 바로 여기에 있다고 생각한다. 이것은 일종의 '문제의식' 과잉으로 볼 수도 있겠지만, 앞서 제기한 '문제'의 부재와 본질적으로 다를 바 없다고 생각한다.

소통과 문제의 부재는 다시 '관점'과 '방법'의 부재를 낳는다. '왜'가 '문제'와 관계된다면, '어떻게'는 '관점'이나 '방법'과 관계된다고 볼 수 있다. '문제'가 그렇듯 '관점'과 '방법'도 홀로 마련해 가질 수 있는 것이 아니다. 한국의 중국철학계에 관점과 방법이 없는 것은 아니다. 각자 나름대로는 그것을 가지고 있다. 더욱이 한국에는 세계의 중국철학 연구관점과 방법이 죄다 들어와 있다고 해도 과언이 아닐 것이다. 오히려 그것의 전시장을 방불케 하고 있다. 이것은 세계 어느 나라에서도 보기 힘든 경우이다. 그럼에도 문제가 되는 것은 관점이나 방법들 간에 제대로 된 토론 한번 이뤄지지 않았다는 것이다. 각자 자기가 필요로 하고 선호하는 관점과 방법을 취하기만 할 따름이다. 그렇다고 자기가 취한 관점과 방법을 심화시켜 나가는 것도 아니다. 소통과 문제가 없는 마당에 그것이 심운 일도 아니다. 결론적으로 지금과 같은 상황이라면 앞길은 암울하다. 그래도 연구물들은 계속 쏟아져 나올 것이다.

4. 전망과 과제

분명한 것은 중국철학 연구자의 수가 급감할 것이란 것과, 그에 따른 연구의 질적 저하가 뒤따를 것이란 전망이다. 이것은 이 분야 연구자가 어떻게 해볼 수 없는 문제이다. 같은 중국학이라도 실용적인 분야로만 몰려들 것은 불 보듯 뻔한 상황이다. 할 수 있는 것은 중국의 전근대시기 철학에만 매달리지 말고 근현대시기의 철학에도 관심을 가져 연구의 외연을 넓혀본다거나 전근대시기의 철학을 연구하더라도 현대 중국사회를 분석한다는 관점 아래 연구에 임함으로써 지역학으로서 역할을 강화하는 것 정도일 것이다. 아무튼 희망적이지 않으며 외적 상황의 호전을 기다릴 뿐이다.

지금 우리 중국철학 연구자들이 스스로 할 수 있는, 그러면서도 앞서 해야 할 일은 앞에서 제시된 문제점들을 해결하는 것이다. 무엇보다 먼저 자기만의 연구실에서 나와 다른 학자들의 연구에 귀 기울이고 적극적인 대화를 시도할 필요가 있다. 함께 풀어야 할 문제가 무엇인지, 그것을 어떻게 풀 것인지 서로 만나 얘기해야 한다. 자기만의 문제에 빠져서는 안 된다. 특히 우리 동양철학계는 자기만족적, 자기신념적 연구경향이 팽배해 있다. 또한 동양철학을 마치 신앙처럼 대하여 서둘러 그것의 부흥을 위해 힘을 쏟는 이들도 있다. 이 모두 '문제의식'은 분명하나 도리어 심각한 문제를 불러올 수 있으며, 실은 그것이 문제의식이 아닐 수도 있다. 문제는 '지금, 바로 여기에' 있는 것이다. 우리 학계의 또 하나 고질적 병폐는 훈고학적 연구에 매몰된다는 것이다. 중국철학 관련 고전은 너무나 많다. 자칫하면 고전의 감옥, 고전의 무덤 속으로 빠져들 수 있다.

우리 한국 연구자들에게 중국철학은 자주 이중적 모습으로 존재한다. 우리의 철학이 되기도 했다가, 그렇지 않기도 한다. 마치 국학처럼 인식되기도 하고, 전혀 달리 어떻게든 구분해 인식해야 한다는 생각이 들기도 한다. 중국이 공자와 그의 유학을 앞세워 문화패권주의의 모습을 드러내면서 더욱 우리들을 불편하고 긴장하게 만든다. 상황이 이러하니 그들의 연구를 순순히 학문적이고 객관적인 것으로 받아들이기 어렵게 만든다. 중국의 발걸음을 멈추게 할 수는 없는 노릇이다. 문제는 우리가 어떻게 인식하고, 대처해야 할 것인가 이다. 여기에서 '관점'과 '방법'에 대한 논의가 절실해진다. 이미 중국철학 연구관점과 방법은 갖가지로 제시되어 있다. 어느 나라보다도 풍부하다. 지금 필요한 것은 단순히 가려 소비만 할 것이 아니라 이를 놓고 치열한 논쟁을 거칠 필요가 있다. 그 가운데에는 한자리에 같이 있을 수 없는 것들도 있다. 분명 이에 대한 치열한 논쟁만이 한국의 중국철학계가 질적으로 한 단계 더 나아갈 수 있는 계기를 만들 것이란 확신을 가진다. 거듭 말하지만 이를 위한 조건은 이미 충분히 갖춰져 있다.

한국의 중국정치 연구

학문적 정체성과 이념적 지형 톺아보기

신봉수(辛奉受)*

1. 서론

한국의 중국정치 연구는 그 동안 괄목할 만한 성장을 이루었다. 연구자 수와 연구 성과에서 나타나난 양적 성장은 물론 연구 분야가 점차 확대 심화되는 현상도 이를 잘 반영한다(전성흥 2006; 이정남 2006). 중국정치 연구 분야에서 일어나는 이런 양적, 질적인 변화는 한중 수교, 중국의 부상, 한반도에 대한 중국의 영향력 확대 등과 같은 현실적 요인도 무시할 수 없지만, 지역연구의 중요성에 대한 인식의 확산과 이에 따라 연구가 활발히 전개되는 학문적 추세와도 맞물려 있다(이문영 2010; Acharya 2007; Katzenstein 2001). 그러나 한국에서 이루어지는 중국정

* 고려대 강사, 고려대 중국학연구소 연구교수, 서울대 국제문제연구소 선임연구원(현).
주요 저서: 《마오쩌둥》, 《중국은 제국을 꿈꾸는가》, "중국식 발전의 사상적 특징", "중국정치엘리트들의 민주주의사상, 수용과 변화".

치 연구는 외형적인 성장으로 인해 발생한 다양한 문제에 직면했다. 이런 문제는 중국정치 연구에 대한 현실적, 학문적 요구의 증대로 인해 발생한 자연스런 현상도 있지만, 보다 근원적인 해결을 기다리는 과제들도 만만치 않다. 특히 중국정치 연구가 다른 인접학문들과 원활한 소통을 하지 못하고 있기 때문에 학문적인 고립상태가 지속되고 있다는 지적은 관련 연구자들에 의해 공통적으로 언급되는 문제이기도 하다(김도희 2006; 전성흥 1996).

이 글은 이런 문제의식에 기초하여 중국정치 연구에서 나타나는 학문적 정체성과 그에 따른 이념적 지형을 톺아본다. 한국에서 중국정치를 연구하는 이들은 스스로 어떤 정체성을 갖고 있는가? 정치학자인가? 아니면 지역학자인가? 이런 물음에 대해 직접적인 해답을 시도했던 한 연구는 의미심장한 결과를 보여준다. 그것은 중국정치 연구자들은 정치학자 혹은 지역학자라는 정체성에서 혼란을 겪고 있다는 사실이다(김도희 2006). 일부 학자들은 중국정치 연구가 학문적 고립상태에서 벗어나지 못하는 주요한 원인의 하나로 이런 혼란스런 정체성을 원인으로 꼽기도 한다(전성흥·이민자 2000). 특히 이런 정체성 문제는 한국의 중국정치 연구가 자리 잡고 있는 위상을 둘러싸고 연구자들 사이에서 벌이지는 논쟁이 어떤 방식으로든 정리되지 않은 상태이기 때문에 여전히 해결을 기다리는 과제이기도 하다.

한국의 중국정치 연구자들이 겪는 정체성 문제는 곧바로 중국정치 연구의 이념적 지형과 맞물려 있다. 다시 말해 정치학자로서 정체성을 갖고 있는 이들은 중국정치를 비교정치 분야로 인식하고, 정치학에서 사용되는 개념과 이론, 방법론을 보편적인 것으로 여기는 경향이 강하다. 이와 달리 지역학자로서 정체성을 갖고 있는 이들은 중국정치를 지역학의 한 분야로 인식하고, 서구의 경험에서 형성된 정치학의 개념과 이론, 방법론을 보편적인 것으로 여기기보다 중국정치를 연구하기 위한 참고자료로 생각하는 경향이 강하다(김경일 1998).[1] 이로 인해 연구자들은 중국정치 연구가 직면한 소통의 문제에 대해 서로 진영을 달리하며 사회과학의 보편적인 학문성과에 미치지 못하는 중국정치 연구자들의 질적 수준과 중국의 특수성을 강조하는 중국중심주의를 거론한다거나, 아니면 중국의 현실정치 기제를 도외시하고 지나치게 일반화를 시도하는 서구중심주의에 경도되었다고 하며 그 책임을 상대에게 전가하는 양상을 띤다.

이 글은 한국에서 이루어지는 중국정치 연구의 성과들을 분석하여 학문적 정체성이 실제 연구 성과에 어떻게 반영되어 나타나는지를 살펴본다. 이와 함께 정치학으로 분류될 수 있는 연구 성과는 서구중심적 경향이 강하고, 지역학으로 분류될 수 있는 연구 결과는 중국중심적 경향이 강한지 실증적 분석을 실시하게 된다. 이를 통해 일반적으로 알려진 것처럼 학문적 정체성과 이념적 지형이 상관관계를 갖고 있는지 분석한다. 결론적으로 학문적 정체성과 이로 인해 형성된 이념적 지형이 중국정치 연구에 미치는 문제점과 한계를 비판적으로 검토하고, 이런 편향성을 극복하기 위해 필요한 과제를 제시하는 것으로 글을 맺는다.

2. 연구설계

1) 연구범위

한국의 중국정치 연구자들이 갖고 있는 학문적 정체성과 이념적 지형을 분석하기 위해 이 글은 1992년부터 2011년까지 〈한국정치학회보〉에 게재된 논문들을 대상으로 분석했다. 중국정치 연구자들이 논문을 게재하는 학술지들은 정치학 전문학술지와 중국학 전문학술지를 넘나들고 있기 때문에 매우 폭넓은 선호를 갖고 있다.

---

1) 김경일은 미국을 중심으로 발전한 지역연구가 비서구지역을 대상으로 하면서 서구중심주의적인 편견을 내재하게 됐다고 주장한다. 김경일(1998)을 참조.

그럼에도 불구하고, 〈한국정치학회보〉를 선택한 이유는 첫째, 전문성이다. 이 잡지가 정치학 전문학술지이지만 지역정치를 비교정치의 한 분야로 다루면서 중국은 물론 러시아, 동남아시아, 유럽 국가들의 정치를 다룬 논문에 대해서는 심사를 거쳐 일정한 조건을 충족하면 게재하고 있기 때문이다. 반면 중국학 전문학술지는 역사, 사회, 경제 등 다루는 주제가 광범위하면서도, 정치를 전문적으로 다루지 않는다. 따라서 중국정치를 다룬 논문은 극히 제한적으로 게재되고 있다. 또한 중국학 전문학술지는 발행된 연한이 상대적으로 짧거나, 역사학 등과 같이 학문적 배경이 인문학에 집중되어 있어 중국정치를 다룬 연구논문에 대한 심사의 전문성도 떨어지는 것으로 판단해 제외했다.

두 번째 이유는 자율성이다. 〈한국정치학회보〉 이외의 다른 정치학 혹은 중국학 전문학술지들은 대학의 연구소나 전문연구기관에 의해 출판되고 있기 때문에 일정한 학문적인 선호에서 자유롭지 못한 한계를 갖고 있다고 판단해 제외했다. 반면 〈한국정치학회보〉는 1959년 이후 매년 지속적으로 발행되고, 1,730명의 회원[2]에 의해 운영되고, 편집진들도 매년 교체되기 때문에 어느 정도 이런 선호에서 자유롭다. 이로 인해 질적 분석이 필요한 이 글의 성격을 감안할 때 비교적 적은 사례에도 불구하고, 유의미한 특징을 발견하는 데 도움을 줄 수 있다고 판단했다.

세 번째 이유는 연구 분야의 다양성이다. 〈국제정치논총〉도 〈한국정치학회보〉와 마찬가지로 정치학 전문학술지이며 회원제로 운영되지만 대외관계를 중점적으로 다룬다. 대외관계는 미국을 중심으로 한 서구의 개념과 이론이 지배적 담론으로 자리 잡고 있기 때문에 서구중심적, 특히 미국중심적인 경향이 강하다(Wæver 1998; Hoffmann 1977). 또한 국제관계 분야의 논문이 편중되기 때문에 연구 분야에서 일반적인 경향을 반영하지 못한다고 판단했다. 그리고 〈한국정치학회보〉에서도 중국의

2) 2011년 12월 십세.

대외관계를 연구한 논문이 게재되고 있다는 점도 고려해 조사대상에 포함시키지 않았다.

한편, 조사대상 논문의 범위를 1992년 이후부터 2011년까지로 제한한 것은 1992년은 한중 수교가 맺어진 상징적 의미를 갖고 있을 뿐만 아니라, 이때를 기점으로 중국정치 연구는 새로운 전기를 맞은 것으로 평가받기 때문이다. 한국에서 중국정치 연구는 크게 3시기로 나누어 설명되는데, 이 가운데 세 번째 시기에 해당하는 1992년 이후에는 중국정치 연구자들의 학위수여 지역이 과거 미국과 대만에 편중됐던 것에 반해 중국현지에서 학위를 수여받은 연구자들이 크게 늘어났다(이정남 2006; 정재호 2000). 학위수여 지역은 중국정치 연구자들의 학문적 정체성과 그 이념적 지형의 변화를 파악하는 데 필요한 표본대상 논문의 편중현상을 보완할 수 있다. 따라서 이 세 번째 시기는 이 글의 연구목적에 부합되는 조건들을 구비하고 있는 것으로 판단했다.

그리고 연구에 사용될 논문의 선정기준은 이 시기에 발간된 〈한국정치학회보〉에 게재된 논문들을 모두 검색하여 중국정치 연구와 직접적으로 관련된 성과들만 선정했다. 예를 들어 대만정치를 사례로 삼거나 경제, 역사, 철학 등의 주제를 설명하기 위해 중국정치 상황을 인용한 경우 등은 모두 제외했다. 그리고 분석대상 논문은 연구주제에 따라 7개 분야로 분류했는데, 정치사상, 정치이론, 정치제도, 정치엘리트, 중앙지방관계, 국가사회관계, 대외관계 등이다.

2) 연구방법

이 글의 연구목적을 달성하기 위해 분석대상 논문의 학문적 정체성을 정치학과 지역학으로 구분했다. 이런 구분의 기준은 지역학이 갖고 있는 방법론적 특징을 근거로 했다. 방법론적으로 지역연구의 가장 큰 특징은 학제연구이다(Saxonberg and Linde 2003; Schwartz 1980). 학제연구는 지역연구를 분과학문과 구분짓는 중요한 근거가 되고 있다. 이 글에서 사용하는 학제연구의 기준은 연구에 사용된 이론과 방법을 근거로 했다. 분석대상 논문이 정치학으로 분류되는 경우는 정치학의 이론과 방법에 의존하는 경우이며, 지역학으로 분류되는 경우는 정치학과 인접 학문의 이론과 방법을 함께 사용하는 경우이다. 예를 들어 중국의 국가사회관계를 분석하기 위해 정치학에서 사용하는 시민사회이론에 의존하게 되면 정치학, 시민사회이론과 함께 역사적 방법을 활용하거나 아니면 아예 시민사회이론을 적용하지 않고 중국의 국가사회관계를 분석하면 지역학으로 분류했다.

정치학에서도 학제연구가 활발히 이루어지기 때문에 최근의 학문경향과 관련해 볼 때 학제연구가 갖고 있는 의미는 크게 중요하지 않을 수 있다(Graham and Kantor 2007). 이를 보완하기 위해 실증적 연구가 이루어졌는지 여부를 첨부했다. 다시 말해 중국정치를 연구하기 위해 현지조사 혹은 중국의 정치현상을 설명하는 1차 자료들을 이용한 귀납적인 연구가 이루어진 경우에 한해 지역학으로 분류했다. 현지조사는 지역학의 중요한 연구방법 가운데 하나이다. 이로 인해 전체적인 연구방법이 학제연구에 기반을 두고 있는 연역적 성격을 띠고 있다고 하더라도 귀납적 연구가 반드시 연구방법에 포함돼야 한다. 다시 말해 중국에서 실제 발생했거나 일어나는 현상에 기초한 1차 자료들을 활용했거나 현지조사를 바탕으로 연구를 진행한 경우에 한해 지역학으로 분류했다. 그러나 비록 중국정치에 대한 실증적 연구가 이루어졌더라도 정치학에서 사용되는 이론과 방법론에 의존한 경우에는 정치학으로 분류했다.

또한 이 글에서 조사대상 논문을 서구중심 혹은 중국중심으로 분류하는 기준은 빈델반트(W. Windelband)의 연구방법을 차용했다. 빈델반트는 연구의 접근방법에 따라 자연과학은 법칙정립적(*nomothetic*), 역사과학은 개성기술적(*idiographic*) 특징을 갖고 있다며 두 학문 분야를 구분했다(Ollig 1998). 이런 그의 분류방법은 사회과학연구자들에 의해 연구의 방법론적 차이를 설명하는 데 종종 인용되고 있다. 그리고 월러스타인(I. Wallerstein)은 사회과학의 분과학문으로서 정치학은 법칙정립적 접근방법을 사용한 연구자들에 의해 지배되었다고 주장한다(Wallerstein 2004). 따라서 이런 방법론적 분류법에 근거하여 이 글은 정치학에서 사용되는 이론을 보편적인 것으로 전제하고, 중국의 현상을 법칙정립적으로 다루는 것을 서구중심적인 것으로, 이와 반대로 중국정치에서 나타나는 현상을 개성기술적으로 다루거나 검증을 거치지 않은 새로운 개념이나 이론을 사용하여 설명하려는 것을 중국중심적인 것으로 분류했다.

이런 기준에 따라 학문적 정체성과 이념적 지형을 도식화하면 〈표 1〉과 같이 4가지 유형으로 나눌 수 있다. 분석대상 논문 가운데 Ⅰ유형은 정치학으로서 법칙정립적 접근방법을 사용했기 때문에 서구중심적 경향이 강하고, 이와는 반대로 Ⅳ유형은 지역학으로서 개성기술적 접근방법을 사용했기 때문에 중국중심적인 경향이 강한 것으로 분류했다. 그리고 Ⅱ유형은 정치학으로 개성기술적 접근방법을 사용한 경우이며, Ⅲ유형은 지역학으로서 법칙정립적 접근방법을 사용한 경우이다. 물론 학문적 정체성과 이념적 지형을 이처럼 4가지 유형으로 도식화한 것은 실제 연구경향을 정확하게 반영한 것으로 보기에는 무리가 있다. 그러나 이런 도식화는 연구의 편의를 위해 매우 거칠게 분류한 이념형(*Ideal-Type*)이라는 점을 미리 밝혀둔다. 조사대상 논문을 분류하는 과정에서 상술한 이념형의 어떤 범주에도 포함하기 어려운 경우, 예를 들어 중국의 전통시대 정치사상에 대한 연구는 서구중심주의 혹은 중국중심주의로 분류하기 어려울 뿐만 아니라 학문적 특징이 인문학적 배경을 갖고 있다. 따라서 이들 논문은 모두 지역학으로 분류했다.

한편 조사대상 논문에 대한 질적인 분석으로 인해 분류과정에서 발생할 수 있는 자의적인 판단, 조사대상 논문의 선정과정에서 발생할 수 있는 누락 등과 같은 오류는 이 글이 갖고 있는 한계로서 이에 따른 문제는 향후 보완될 수 있을 것으로 기대한다. 또한 분류의 자의성에 따른 오차

〈표 1〉 학문적 정체성과 이념적 지향에 따른 유형분류

	정치학	지역학
법칙정립	Ⅰ유형	Ⅲ유형
개성기술	Ⅱ유형	Ⅳ유형

〈표 2〉 연구 분야별 및 유형별 분류

	Ⅰ유형	Ⅱ유형	소계	Ⅲ유형	Ⅳ유형	소계	합계
정치사상	1	2	3	5	15	20	23(33.8)
정치이론	1	1	2	0	1	1	3(4.4)
정치제도	0	1	1	2	1	3	4(5.9)
정치엘리트	0	1	1	1	0	1	2(2.9)
중앙지방관계	0	1	1	0	4	4	5(7.4)
국가사회관계	1	3	4	0	7	7	11(16.2)
대외관계	6	2	8	2	10	12	20(29.4)
합계	9(13.2)	11(16.2)	20(29.4)	10(14.7)	38(55.9)	48(70.6)	68(100)

* 괄호( ) 안은 백분율(%)을 표시.

를 줄이기 위해 대상논문들을 두 차례 이상에 걸쳐 반복적으로 분류하고, 이런 분류과정에서 매번 당초와 다른 분류결과가 나온 논문에 대해서는 각주에서 이를 상세히 설명하기로 했다.

이런 방법에 근거해 〈한국정치학회보〉에 게재된 논문을 조사한 결과 〈표 2〉에서 나타난 것처럼 분석대상 논문은 총 68편이었다. 이 중 정치학으로 서구중심적 경향을 가진 Ⅰ유형의 논문은 총 9편으로 전체논문 중 13.2%를 차지했고, 정치학으로 분류될 수 있지만 개성기술적 접근방법을 사용한 Ⅱ유형의 논문은 총 11편으로 전체의 16.2%를 차지했다. 그리고 지역학으로서 중국중심적 경향을 가진 Ⅳ유형의 논문은 총 38편으로 전체의 55.9%를 차지했으며, 지역학으로서 법칙정립적 접근방법을 사용한 Ⅲ유형의 논문은 총 10편으로 전체논문 가운데 14.7%를 차지했다.

〈표 3〉 정치사상논문의 유형별 분류

	Ⅰ유형	Ⅱ유형	Ⅲ유형	Ⅳ유형	합계
전통정치사상	0	0	4	15	19
현대정치사상	1 (2009)	2 (1995, 1997)	1 (2009)	0	4
합계	1	2	5	15	23

* 괄호( ) 안은 발표연도.

또한 이들 논문을 연구주제별로 각각 정치사상, 정치이론, 정치제도, 정치엘리트, 중앙과 지방관계, 국가사회관계, 대외관계 등 7개 분야로 분류한 결과, 각 분야별 논문 수는 정치사상 분야가 가장 많은 23편(33.8%)를 차지했으며, 다음으로 대외관계 20편(29.4%), 국가사회관계 11편(16.2%), 중앙지방관계 5편(7.4%), 정치제도 4편(5.9%), 정치이론 3편(4.4%), 정치엘리트 2편(2.9%) 순이었다.

한편 〈표 3〉에서 나타난 것처럼 정치사상을 다룬 논문은 총 23편이며, 이 가운데 중국의 전통정치사상을 다룬 논문은 19편이다. 그리고 전통정치사상을 현실주의, 이상주의, 이상적 현실주의, 입헌주의 등으로 분석한 4편의 논문에 대해서는 법칙정립적 접근방법을 사용한 것으로 판단하여 Ⅲ유형으로 분류했다. 또한 현대정치사상을 다룬 논문은 4편으로 유형별로는 Ⅰ유형, Ⅱ유형, Ⅲ유형이 각각 1편, 2편, 1편으로 나타났다.

3. 연구 결과

1) 학문적 정체성

〈표 2〉에서 나타난 것처럼 총 68편의 분석대상 논문 가운데 정치학으로 분류할 수 있는 논문은 20편으로 전체 논문의 29.4%를 차지했으며, 지역학으로 분류된 논문은 48편으로 전체 논문 가운데 70.6%를 차지했다. 또

한 중국의 전통정치사상을 다루어 일괄적으로 지역학으로 분류한 19편의 논문을 제외한 49편의 논문에서 정치학이 차지하는 비중은 20편으로 40.8%, 지역학이 차지하는 비중은 29편으로 59.2%를 차지했다. 이런 분석결과에 따르면, 한국의 중국정치 연구자들이 자신의 학문적 정체성을 묻는 질문에 대해 정치학사와 지역학자가 각각 절반씩 차지했다는 선행연구 결과와 달리 지역학 논문이 다소 많은 경향을 보였다(김도희 2006).[3]

특이한 점은 정치학에서는 법칙정립적 접근방법으로 서구중심적인 경향이 강한 논문과 개성기술적 논문이 각각 9편과 11편으로 비슷한 수준을 보였지만, 지역학에서는 각각 10편과 38편으로 큰 차이를 보인다. 이는 지역학으로 분류된 논문들의 강한 중국중심성을 설명해 준다. 그 원인은 지역학의 학문적 특징에서 찾을 수도 있지만, 중국의 정치현상을 설명하기 위한 적절한 개념 혹은 방법론을 찾기 어렵기 때문에 법칙정립적으로 접근하기에는 일정한 한계가 있음을 보여준 것으로 해석된다.

또한 이들 분석대상 논문들을 연구 분야별로 살펴보면, 특정 분야에 대한 편중현상이 심하게 나타났다. 〈표 2〉에서 알 수 있듯이 전체 논문 가운데 정치사상을 다룬 논문은 23편으로 가장 많았으며, 다음으로 대외관계 20편, 국가사회관계 11편, 중앙지방관계 5편, 정치제도 4편, 정치이론 3편, 정치엘리트 2편 등의 순으로 나타났다. 이 가운데 가장 많은 비중을 차지한 연구 분야는 정치사상으로 전체 논문 가운데 23편으로 33.8%를 차지했다. 그리고 이들 정치사상 논문 23편 가운데 전통정치사상이 절대다수인 19편을 차지했다.

연구 분야에서 나타난 이런 편중현상은 과거는 물론 현재까지 한국에

3) 김도희의 연구에 따르면, 한국의 중국정치 연구자 12명을 대상으로 실시한 인터뷰조사에서 정치학자와 지역학자로 자신의 정체성을 밝힌 이들은 각각 4명인 것으로 나타났으며, 나머지 4명은 정치학자와 지역학자의 정체성을 각각 절반씩(비율에 있어서 약간의 차이는 있지만) 갖고 있는 것으로 조사됐다.

서 이루어진 중국정치 연구는 전통정치사상이 중요한 몫을 차지했음을 보여준다. 이런 편중현상은 사회주의중국과 정식으로 수교를 맺지 못한 상태에서 중국정치 연구가 동양정치사상을 다루는 연구자들에 의해 주도되면서 나타난 결과로 풀이된다. 그럼에도 불구하고 〈표 3〉에서 알 수 있듯이 이 글이 분석대상으로 삼은 1992년 이후에는 현대정치사상에 대한 연구 성과도 간헐적으로 발표되고 있음을 알 수 있다.

다음으로 많은 비중을 차지한 연구 분야는 대외관계로 총 20편(29.4%)을 차지했다. 대외관계연구는 정치사상 분야에서 전통정치사상을 다룬 19편의 논문을 제외할 경우 가장 많은 비중을 차지한다. 그리고 대외관계 분야에서 지역학논문은 12편으로 정치학 논문 8편에 비해 다소 많은 것으로 조사됐다. 그러나 정치사상과 비교할 때 상대적으로 지역학 논문에 대한 편중현상이 약한 것으로 나타났다. 이는 정치사상과 달리 대외관계가 주요하게 서구의 이론과 방법론에 의해 주도되고 있기 때문인 것으로 판단된다. 한편 중국의 대외관계에 대한 한국연구자들의 이런 관심은 중국정치가 한국에 주는 의미를 현실적 측면에서, 그리고 수요자 중심적 측면에서 볼 때 자연스런 현상으로 분석된다. 한반도를 둘러싼 국제질서에 중국이 미치는 영향의 범위가 점차 확대되고 있으며, 미중관계, 북핵문제, 한중무역 등과 같이 한국의 국가이익과 직결되는 사안에 중국이 중요한 행위자로 부상하고 있기 때문이다.

이는 대외관계 다음으로 많은 비중을 차지한 국가사회관계에서도 발견할 수 있는 특징이다. 왜냐하면 중국은 개혁개방 이후 자본주의 시장경제를 받아들이면서 급속한 경제성장은 달성했지만, 이로 인해 사회적으로 다양한 문제에 직면하게 됐다. 특히 1989년 천안문사건 이후 중국에 대한 한국의 관심은 서구의 중국정치 연구경향과 마찬가지로 중국의 정치체제가 향후 어떻게 변화 발전할 것인지에 모아졌다. 따라서 국가사회관계를 통해 중국의 정치체제변화를 전망하여 한국에 주는 함의를 발견하려는 연구자들의 관심이 이들 분야의 연구논문이 늘어나게 된 배경으로 분석될 수 있다. 그러나 국가사회관계 분야에서 나타난 학문적 정체성의 특징은 대외관계 분야와 마찬가지로 지역학 논문이 많았는데, 지역학 논문은 7편인 데 반해 정치학 논문은 4편인 것으로 나타났다.

이와는 달리 중앙지방관계, 정치제도, 정치이론, 정치엘리트 분야의 논문은 그 수가 상대적으로 적은데, 이는 앞서 언급한 것과 대조적으로 한국사회에 주는 의미가 상대적으로 낮기 때문인 것으로 풀이된다. 그리고 이들 분야에서 중국의 정치현상을 설명할 수 있는 개념과 이론이 아직 정립되지 못한 것도 일정한 관련이 있는 것으로 판단된다. 이로 인해 이들 분야의 연구수행을 위해 필요한 방법과 도구는 서구의 개념과 이론에 의존할 수밖에 없으며, 이런 현실은 중국의 정치현상을 적절하게 설명할 수 있는 도구를 찾기 어렵게 만들고 있는 것으로 판단된다. 그리고 이들 분야의 학문적 정체성도 조사대상 논문이 현저하게 적기 때문에 유의미한 결과를 발견하기가 힘든 것으로 나타났다. 다만 전반적으로 징치학 논문이 지역학 논문에 비해 상대적으로 적은 것으로 조사됐는데, 중앙지방관계는 4편에 비해 1편, 정치제도는 3편에 비해 1편, 정치엘리트는 각각 1편으로 나타났다. 정치이론은 연구 분야의 특징으로 인해 정치학 논문이 2편으로 지역학 논문에 비해 많은 것으로 나타났다.

또한 〈표 4〉에서 알 수 있듯이 분석대상 논문들의 학문적 정체성을 연도별로 분석한 결과 정치학과 지역학으로 분류할 수 있는 논문의 수에서 특이할 만한 추세는 나타나지 않고 있다. 다만 2008년에 정치학으로 분류될 수 있는 논문이 일시적으로 증가하고 있음을 알 수 있다. 또한 중국의 전통정치사상에 대한 연구는 2000년 이전에는 거의 매년 1편씩 논문이 발표됐지만, 2000년 이후에는 발표 횟수는 물론 양적으로도 점차 감소하고 있음을 알 수 있다. 이는 중국정치를 다루는 연구 분야가 점차 확대되면서 전통정치사상에 대한 관심이 상대적으로 줄어들고 있는 데 따른 것으로 해석된다.[4)]

〈표 4〉 학문적 정체성과 이념적 지향의 연도별 분포

	Ⅰ유형	Ⅱ유형	소계	Ⅲ유형	Ⅳ유형	소계	합계
1992	0	0	0	0	1(1)	1(1)	1(1)
1993	0	1	1	0	1(1)	1(1)	2(1)
1994	0	1	1	0	1(1)	1(1)	2(1)
1995	0	1	1	0	3(1)	3(1)	4(1)
1996	0	1	1	2(2)	5(2)	7(4)	8(4)
1997	0	2	2	0	3(3)	3(3)	5(3)
1998	0	0	0	0	2	2	2
1999	1	0	1	1(1)	1(1)	2(2)	3(2)
2000	1	0	1	1	2	3	4
2001	0	1	1	0	3	3	4
2002	0	1	1	1	2(1)	3(1)	4(1)
2003	0	1	1	1	2	3	4
2004	0	0	0	0	5(2)	5(2)	5(2)
2005	0	0	0	0	2(1)	2(1)	2(1)
2006	0	1	1	1	0	1	2
2007	1	1	2	0	0	0	2
2008	4	0	4	1	0	1	5
2009	2	0	2	2(1)	2	4(1)	6(1)
2010	0	0	0	0	2(1)	2(1)	2(1)
2011	0	0	0	0	1	1	1
합계	9	11	20	10(4)	38(15)	48(19)	68(19)

* 괄호( ) 안은 해당 분야의 논문 수 가운데 중국의 전통정치사상을 다룬 논문 수를 표시.

---

4) 한편 조사대상 논문들의 학문적 정체성을 분류하는 과정에서 정치제도를 분석한 이정남(2006)의 논문은 1차분석에서는 정치학이면서 서구중심적인 Ⅰ유형으로, 2차분석에서는 지역학이면서 법칙정립적인 Ⅲ유형으로 분류됐다. 이는 신해혁명으로 등장한 공화제정부에서 정치적 시민권이 제도화되는 과정을 다루기 때문에 당초에는 정치학으로서 서구중심적인 논문으로 분류됐다. 그러나 이런 제도화과정을 청말민초의 역사적 배경을 통해 살펴볼 뿐 아니라 연구의 접근방법도 "중국의 정치적 시민권의 제도화의 특수성 및 그 정치적 의미를 설명"하면서 서구와 달리 "개인의 권리보다 국가의 권리를 강조"했다고 주장하기 때문에 법칙정립적인 접근방법을 사용한 것으로 판단하여 Ⅲ유형으로 분류했다.

2) 이념적 지형

〈표 2〉에서 알 수 있는 것처럼 정치학으로서 서구중심적인 논문은 모두 9편으로서 13. 2%를 차지한 반면 지역학으로서 중국중심적인 논문은 모두 38편으로서 55. 9%를 차지했다. 이는 한국에서 이루어지는 중국정치 연구가 중국중심적인 경향을 갖고 있음을 보여주고 있다. 또한 정치학이면서 서구중심적인 논문이 9편인 데 반해, 개성기술적인 논문은 11편으로 서구중심적인 논문과 비슷한 수준을 보였다. 이에 비해 지역학이면서 중국중심적인 논문은 38편으로서 법칙정립적인 10편의 논문에 비해 세 배 이상 많은 것으로 나타났다. 특히 〈표 4〉에서 알 수 있듯이 지역학 논문 가운데 전통정치사상을 다룬 19편을 제외하면, 지역학으로 분류되면서 중국중심적인 논문은 23편으로 법칙정립적인 6편의 논문에 비해 4배 정도 많은 것으로 나타났다.

이는 지역학에서는 중국중심적인 경향이 강한 데 반해, 정치학에서는 서구중심적인 경향이 상대적으로 약하다는 것을 보여준다. 이런 현상은 기존연구에서 지적된 것처럼 한국에서 이루어지는 중국정치 연구가 학문적인 고립상태에서 벗어나지 못하고 있는 현실을 반영하고 있는 것으로 판단된다. 왜냐하면 중국정치 연구가 지역학에 치우쳐 있을 뿐만 아니라 중국중심적인 경향이 강해 법칙정립적인 연구가 이루어지지 못하고 있기 때문이다. 이런 현상은 개념과 이론의 발전보다 단순히 1차 자료의 수집과 분석에 치우치면서 다른 학문과의 소통을 어렵게 만드는 요인으로 작용하고 있다. 다시 말해 한국의 중국정치 연구는 지역학의 초보적인 단계인 사료의 수집과 분석에 머물러 있으며, 이로 인해 다른 학문분과에서 활용할 수 있는 도구들을 개발하지 못하고 있는 상태로 분석할 수 있기 때문이다.

이런 이념적 편중현상은 연구자들의 학위수여지역과도 무관하지 않은 것으로 보인다. 선행연구에 따르면, 대만을 포함한 중국지역의 학위수여자는 1992년 이후 급속히 증가하고 있는 것으로 나타났다. 2005년 현재 중국정치연구회의 회원 수를 대상으로 박사학위 수여지역을 분석한 결과에 따르면, 영미권 11명, 국내 11명, 대만 3명, 중국 26명 등인 것으로 나타났다(김도희 2006). 특히 1992년 수교 이전 대만을 제외한 중국학위자가 거의 전무했던 것과 비교하면 커다란 차이를 보인다. 그리고 이들 중국지역에서 학위를 수여한 연구자들은 중국의 정치현상을 이론적으로 분석하기보다 현지조사를 통해 개성기술적으로 접근하는 경향이 강하다(김영진 2003). 따라서 이들 연구자들이 중국정치 연구에 가세하면서 중국중심적인 지역학으로 분류될 수 있는 논문이 전체 논문 가운데 다수를 차지하고 있는 것으로 판단된다.

그럼에도 불구하고, 〈표 4〉에 나타난 것처럼 서구중심과 중국중심에서 벗어나 정치학이면서 개성기술적인 접근을 하거나(Ⅱ유형) 지역학이면서 법칙정립적인 접근을 한(Ⅲ유형) 연구 성과들도 지속적으로 발표되고 있는 것으로 나타났다. 이는 중국정치 연구의 양극을 이루고 있는 서구와 중국중심성에서 벗어나 분과학문과 지역학적인 특징을 아우르는 연구도 지속되고 있음을 보여주고 있다.

연구 분야별로 보면, 정치사상, 대외관계, 중앙지방관계, 국가사회관계 등에서 중국중심적인 연구경향이 강하게 나타나고 있는데, 정치사상은 〈표 3〉에서 나타난 것처럼 23편의 논문 가운데 15편이 중국중심적인 경향을 보인 것으로 나타났다. 특히 전통정치사상의 경우에는 19편의 논문 가운데 4편을 제외한 15편이 모두 중국중심적인 것으로 분석됐다. 특이한 점은 현대정치사상을 다룬 4편 가운데 중국중심적인 Ⅳ유형의 논문은 한 편도 없는 반면에 서구중심적인 Ⅰ유형의 논문은 1편, 정치학이면서 개성기술적인 Ⅱ유형의 논문은 2편, 지역학이면서 법칙정립적인 Ⅲ유형의 논문은 1편인 것으로 각각 나타나 대조를 이루었다.

또한 〈표 2〉에서 알 수 있듯이 대외관계의 경우 서구중심적인 연구는 6편인 데 반해 중국중심적인 연구는 10편으로 나타났다. 국가사회관계는 서구중심적인 연구가 1편, 중국중심적인 연구는 7편이며, 중앙지방관계는 전자는 한편도 없는 데 반해 후자는 4편인 것으로 조사됐다. 반면 정치이론과 정치제도, 정치엘리트 분야는 서구중심적인 연구와 중국중심적인 연구가 비슷한 분포를 나타내고 있다. 이런 현상은 이들 연구분야에서 서구의 개념과 이론을 사용하지 않을 경우 분석적인 접근이 어려운 반면, 대외관계, 국가사회관계, 중앙지방관계는 서구의 개념과 이론을 차용하지 않더라도 개성기술적인 접근을 통해 그 특징을 발견할 수 있기 때문인 것으로 분석된다. 예를 들어 국가사회관계에서 사용되고 있는 서구의 시민사회이론은 중국의 국가사회관계를 분석하는 데 적용하기 어려운 것이 현실이다. 이는 중국사회의 역사적인 발전과정이 서구와 다를 뿐만 아니라 비록 자본주의 시장경제를 도입했지만, 레닌주의 정치체세가 여전히 관철되고 있는 중국에서 시민사회는 국가에 의해 포섭되는 현상이 강하기 때문인 것으로 분석된다.5)

5) 한편 국가사회관계를 다룬 김재철(1998)의 논문은 1차 분석에서는 지역학이면서 중국중심(Ⅳ유형), 2차 분석에서는 정치학이면서 서구중심(Ⅰ유형)으로 각각 분류됐으나, 최종적으로 Ⅰ유형으로 처리했다. 김재철은 이 논문에서 시민사회이론을 중국에 적용하여 분석하는데 대해 비판하고, 정치권력과 사회단체의 상호관계를 역사적인 발전과정을 통해 분석하고 있기 때문에 당초 Ⅳ유형으로 분류했다. 그러나 이런 비판 역시 중국시민사회가 서구와 다른 "출현과 성장"이 국가로부터 "독자성"을 추구하지 않는다는 점에 주목하고 있다. 다시 말해 중국시민사회의 특징을 시민사회이론에서 사용하는 개념을 통해 발견하고 있다. 또한 결론에서도 정치권력은 사회단체들을 편입을 통해서, 사회단체는 정치권력과 제휴를 통해서 서로를 활용하고 있다고 주장하고 있다. 따라서 이 논문은 중국의 국가사회관계를 시민사회이론에 기초하여 일정한 법칙을 통해 설명하고 있다고 판단했기 때문에 Ⅰ유형으로 분류했다.

4. 결론: 과제와 전망

결론적으로 한국의 중국정치 연구자들이 갖고 있는 학문적 정체성은 통일되지 않았을 뿐만 아니라 그 분포도 정치학보다 지역학이 다소 많은 것으로 나타났다. 또한 이념적인 지향성은 중국중심적인 경향이 뚜렷이 나타난다. 이는 선행연구들이 지적한 정체성의 혼란과 학문적인 고립상태가 연구 성과에서도 그대로 반영되어 나타나고 있음을 보여주는 것이다.

우드(B. Wood)는 지역학과 분과학문의 관계정립을 크게 네 단계로 나누어 설명하고 있다. 첫 번째는 지역전문가들이 현지조사를 통해 해당 지역자료들을 수집하는 단계, 두 번째는 지역전문가들에 의해 다른 지역에서 나타나는 유사한 문제들을 비교하는 단계, 세 번째는 새로운 이론을 개발하고, 기존의 편협한 사회과학이론들을 극복하기 위해 사회과학자들에 의해 여러 지역의 자료들이 사용되는 단계, 네 번째는 이론의 발전으로 지역전문가들이 조사한 문제들에 대해 영향을 미치는 단계 등이다(Wood 1968). 중국 전통정치사상에 관한 연구를 제외하면 한국에 이루어진 중국정치 연구는 미국 및 일본 등과 비교해 그 역사가 매우 일천할 뿐만 아니라, 중국에 대한 1차 자료 확보와 현지조사도 1992년을 전후해 비로소 활기를 띠기 시작했다. 따라서 중국중심적인 연구 성과가 지배적인 한국의 중국정치 연구는 우드의 기준에 따르면 첫 번째 단계에 머물러 있다고 볼 수 있다.

만약 한국의 중국정치 연구가 자신의 정체성을 확보하는 데 관건이 되는 요인으로 고유한 방법론 및 시각의 개발이 중요하다고 주장하면, 이를 해결하기 위해서는 오랜 시간과 부단한 노력이 필요하기 때문에 단시간에 해결될 수 있는 사안은 아니다. 이 글의 연구 결과에서도 나타났듯이 한국의 중국정치 연구는 정치학과 지역학의 관계정립이 이루어지지 않고 있을 뿐만 아니라 원활한 소통마저 어려운 상황인 것으로 판단된다. 그러나 연구 결과에서도 알 수 있듯이 한국의 중국정치 연구는 서구

중심적인 경향에서 일정 정도 벗어나 있을 뿐만 아니라 지역학 분야의 연구도 이제 활성화되는 단계에 있기 때문에 중국정치 연구가 예상보다 빠르게 학문적 고립상태에서 벗어날 가능성도 배제할 수 없다고 판단된다. 이런 현실을 감안할 때 중국정치 연구자들에게 당장 주어진 과제는 지역학으로서 중국정치에 대한 지식의 축적은 물론 정치학과의 소통을 위한 통로로서 중국정치 연구에 필요한 도구들을 개발하는 데 더 많은 노력을 기울일 필요가 있는 것으로 판단된다.

■ 참고문헌

김경일, 1998, "지역연구의 정의와 쟁점들", 김경일 편, 《지역연구의 역사와 이론》, 서울: 문화과학사, pp. 17~49.

김도희, 2006, "한국의 중국연구: 시각과 쟁점", 〈동아연구〉 제50집, pp. 55~89.

김영진, 2003, "중국정치 연구의 정체성에 관한 시론", 〈국제지역연구〉 제6권 4호, pp. 55~80.

김재철, 1998, "편입과 제휴의 정치: 개혁기 중국에서의 정치권력과 사회단체", 〈한국정치학회보〉 제33집 3호, pp. 199~217.

이문영, 2010, "1990년대 이후 지역연구의 쟁점과 전망", 〈중소연구〉 제34권 2호, pp. 239~260.

이정남, 2006, "근대 중국의 공화주의 정치체제의 등장과 정치적 시민권의 형성: 제한된 정치적 시민권의 제도화를 중심으로", 〈한국정치학회보〉 제40집 1호, pp. 161~231.

전성흥, 1996, "중국 국내정치 분야에 관한 연구의 동향과 발전방향", 백권호, 이문형, 이태환, 전성흥, 〈중국 정치경제에 관한 국내연구의 현황과 과제〉, 대외경제정책연구원, pp. 9~67.

______, 2006, "지역연구로서의 중국정치 연구", 중국정치 연구회 발표문.

______·이민자, 2000, "한국과 중국정치 연구", 정재호편, 《중국정치 연구론》, 서울: 나남, pp. 259~328.

정재호, 2000, "중국정치 연구의 영역, 쟁점, 방법 및 교류에 관하여", 정재호 편, 《중국정치 연구론》, 서울: 나남, pp. 3~28.

〈한국정치학회보〉

Acharya, Amitav, 2007, "The Emerging Regional Architecture of World Politics", *World Politics*, Vol. 59, No. 4, pp. 629~652.

Graham, Loren and Jean-Michel Kantor, 2007, "'Soft' Area Studies versus 'Hard' Social Science: A False Opposition", *Slavic Review*, Vol. 66, No. 1, pp. 1~119.

Hoffmann, Stanley, 1977, "An American Social Science: International Relations", *Daedalus*, Vol. 106, No. 3, pp. 41~60.

Katzenstein, Peter, J., 2001, "Area and Regional Studies in the Unites States", *Political Science and Politics*, Vol. 34, No. 4, pp. 789~791.

Ollig, Hans-Ludwig, 1998, Translated by Jane Michael and Nicholas Walker, "Neo-Kantian", in Edward Craig(ed.), *Encyclopedia of Philosophy* Vol. 6, New York: Routledge, pp. 776~792.

Saxsonberg, Steven and Jonas Linde, 2003, "Beyond the Transitology: Area Studies Debate", *Problems of Post-Communism*, Vol. 50, No. 3, pp. 3~16.

Schwartz, Benjamin I., 1980, "Presidential Address: Area Studies as a Critical Discipline", *Journal of Asian Studies*, Vol. 40, No. 1, pp. 15~25.

Wallerstein, Immanuel, 2004, "The Actor in the Social Sciences: A Reply to Hans Joas", *International Sociology*, Vol. 19, No. 3, pp. 315~319.

Wallerstein, Immanuel(ed.), 1996, *Open the Social Sciences: Report of the Gulbenkian Commission on the Reconstruction of the Social Sciences*, Stanford: Stanford University Press.

Wæver, Ole, 1998, "The Sociology of a Not So International Discipline: American and European Developments in International Relations", *International Organization*, Vol. 52, No. 4, pp. 687~727.

Wood, Bryce, 1968, "Area Studies", David L. Sills(ed.), *International Encyclopedia of the Social Sciences*, Vol. 1, The Macmillian Company & The Free Press, pp. 401~407.

한국에서의 중국 경제·경영에 대한 연구현황, 문제점 및 향후 과제

김익수(金益洙)*

1. 서론

중국과 수교한 지도 만 20년이 되었다. 지난 20년 동안 중국경제는 연평균 9% 이상의 고성장을 구가했고, 중국은 이제 무역, 투자, 관광, 유학 교류 등 모든 면에서 한국의 명실상부한 제 1의 교류 동반자가 되었다.

1992년 수교 당시 63억 달러에 불과했던 양국 간의 교역액은 2011년에는 2,200억 달러로 늘어나 20년 만에 35배가량 증가했다. 이제 중국은 미국을 제치고 우리의 제 1위 교역 대상국이다. 해외직접투자 면에서도 중국은 최근 몇 년간 미국에게 1위 자리를 내주기는 했으나 수교 이후 18여 년간 우리의 제 1 해외직접투자 대상국이었으며, 지난 33년간 한국

* 고려대학교 경영학과 교수(현).
현대중국학회장, 한국동북아경제학회 부회장, 국제경영관리학회부회장 역임.
주요 저서: 《비단장수 왕서방의 기업가 정신》, 《사늘이는 중국, 팔리는 한국》, 《중국시장 마케팅: 전략과 사례》.

의 대중(對中) 누적투자액은 360억 달러에 달한다. 건당 투자규모도 수교 당시 100만 달러 미만이 대종을 이루었으나, 2000년 이후에는 대기업의 중국 내수시장 개척형 투자가 꾸준히 늘어나면서 대형화되고 있다. 업종도 노동집약형 제조업에서, 하이테크 제조업, 서비스업 등으로 다양화되고 있다. 중국 입장에서도 한국은 투자유치 측면에서 홍콩·싱가포르·일본·미국에 이은 다섯 번째 투자국이다.

양국 간의 인적 교류도 늘어나고 있다. 20년 전 10만 명을 갓 넘던 양국 간 방문자는 2011년에는 600만 명을 넘어섰으며, 교육, 관광, 금융, 투자 등 서비스 교류 확대가 양국 간의 인적 왕래 확대를 촉진하고 있다.

그러나 양국 간 교류 규모, 경제력 규모 격차가 확대되고 양국의 산업구조가 고도화되면서 교역, 투자, 통상분쟁 면에서의 이해대립과 갈등도 커지고 있다. 연평균 9%를 넘는 고성장을 지속해 온 중국과는 달리, 한국은 3~5%의 초기 선진국 함정(*trap*)에 빠져 허덕이고 있으며, 대중(對中) 기술격차도 꾸준히 좁혀지고 있다. 또한 중국의 투자환경과 시장경쟁 환경이 악화되면서 기업들의 고민도 늘어나고 있다. 90년대 말 이후 연평균 10~15%에 이르는 가파른 임금인상, 신노동계약법의 발효(2008년 1월), 조세 및 토지관리, 환경보호 정책의 강화 등으로 저임금 생산기지로서의 중국의 매력이 약화되고 있으며, WTO 가입(2001년 말) 이후의 개방된 중국 내수시장에서의 브랜드 경쟁도 날로 격화되고 있다. 원가부담 상승을 견디다 못한 일부 기업들은 제3국이나 중국 내륙으로 생산기지를 옮기거나 본국으로 유턴하는 사례도 늘어나고 있다.

다른 한편, 2012년에 한·중 양국 간에 자유무역협정(FTA, *Free Trade Agreement*) 협상을 위한 공식적 절차가 개시됨에 따라, FTA 이슈가 양국 간 초미의 관심사로 부상하고 있다. 2004년 9월 아세안+3 경제장관회의에서 양국 통상장관이 민간공동연구를 개시하기로 한 지 8년 만의 일이지만, 한·중 FTA는 농수산 및 축산 등 민감한 분야를 포함하고 있어 농어민 피해를 최소화해야 하는 정부에게도 커다란 경제적·정치적 부담이 되고 있다.

이 같은 상황에서 중국의 경제·경영 분야에 대한 연구의 중요성이 부각되고 있다. 수교 이후 지난 20여 년 동안 한국 내 중국 전문가의 숫자는 계속 늘어나고 있지만, 언어, 역사, 정치, 국제관계 등의 중국 지역 전문가 숫자에 비해서는 아직도 적다. 더욱이 G2의 일원으로 부상한 거대중국의 경제·무역·산업·기술구조를 제대로 분석하고, 시장경쟁구조와 투자환경 변화에 맞는 전략적 시사점을 도출하는 데는 역부족이다. 사실 그동안 진출기업의 투자성과 부진 혹은 실패는 당해 기업의 전략적 무적응 혹은 오적응에 의해 직접적으로 초래된 바가 크지만, 간접적으로는 중국 경제와 경영을 연구하는 학자와 연구자들의 책임도 크다.

이 같은 배경에서 이 글은 대한민국학술원의 요청에 따라 한국에서의 중국 경제·경영 현황, 문제점 및 향후 연구방향을 검토하고자 한다. 이 글은 다음과 같이 구성되었다. 첫째, 2장에서는 한국 내 중국 경제·경영 분야를 연구하는 학자들을 세대별, 소속별로 살펴본다. 3장에서는 한국학술정보원(www.riss.kr) 데이터베이스에 등록되어 있는 7천 3백여 개의 중국 경제·경영 관련 저서와 논문 등 연구물을 정량적으로 분석하여, 한국 내 중국 경제·경영 분야의 연구 트렌드를 살펴보고자 한다. 그리고 마지막 장인 4장에서는 정량적 분석결과에 기초하여 연구주제, 접근방식, 자료, 통계 등과 관련된 문제점을 살펴본 다음, 1984년 이후 지난 28년간 중국 경제·경영 연구에 몰두해 온 저자의 경험에 비추어 추가연구가 필요한 분야와 연구방향을 나름대로 제시하고자 한다.

2. 한국 내 중국 경제·경영 연구자들

우선, 한국 내 중국 경제·경영 연구현황을 살펴보기 전에 경제·경영 분야의 연구자들을 살펴볼 필요가 있다. 연구자는 연구시기, 소속,

유학배경, 연구대상, 연구방법론 등에 따라 다양하게 분류할 수 있지만, 이 글에서는 자료의 한계를 감안하여 연구개시 시기를 기준으로 1세대에서 4세대로 구분해 세대별로 연구자를 살펴보고, 소속별로 연구자의 특성도 간략히 소개하고자 한다.

1) 세대별 분류

(1) 1세대 연구자들

한국에서의 중국 경제·경영 연구의 역사는 매우 일천하다. 그 효시는 70년대 중반~80년대인데 이때 중국에 관한 경영 분야 연구는 전무하였고, 경제 분야 연구마저 대만 유학파를 중심으로 정치·역사 등 인문 분야를 전공한 비전공자에 의해 수행되었다. 1세대 연구자들은 국제경영연구원 해외경제연구소, 산업연구원 공산권 연구실, 특수지역실에 소속되어 주로 중국 경제체제 개혁의 진행과정과 배경, 내용, 개방정책 추이를 추적하는 데 연구의 중점을 두었다.

대표적인 1세대 중국 경제 연구자로는 고 오진룡 박사와 고 노희목 박사, 오용석 박사(경성대 명예교수)를 들 수 있는데, 이들은 주로 경제체제 개혁과 산업 및 무역구조 분석으로 중국 경제 연구에 관한 기틀을 다진 분들이다. 특히 오용석 박사는 대외경제정책연구원(KIEP) 중국연구팀 및 추후 경성대 무역학과에서 1990년 이후 중국의 무역, 통상정책 등에 관한 연구를 했다. 국내파인 강정모 교수(경희대)도 개발경제학적 관점에서 중국 거시경제 정책방향 연구에 기여하였다.

이외에도, 산업연구원 출신인 신태용, 한광수, 백권호 박사도 중국 경제 연구의 개척자 그룹에 속한다고 볼 수 있다.

(2) 2세대 연구자들

2세대 연구자들은 1985~1991년의 시기에 주로 중국 경제·경영 연구를 시작한 부류이다. 이때 중국은 '가족영농책임제' 중심의 농업개혁에 성공을 거두고, 도시 공상업 부문으로 개혁정책의 중점을 바꾸는 한편, 대외개방정책을 경제특구중심의 부분개방정책에서 1988년 하이난다오(海南島) 추가개방, 18개 연해 주요 도시(1988년) 개방의 단계적 전면개방정책으로 전환하던 시기이다. 중국 경제개혁개방정책이 본궤도에 들어섰고, 한국기업의 주요 투자대상지 및 대안시장으로서 중국의 전략적 중요성이 더 커질 것으로 판단한 2세대 젊은 학자들은 대중(對中) 국교수립이 안 된 시점에 미국, 영국, 일본, 홍콩 등 중국 경제 연구 선진국에 유학을 떠났다. 이들은 90년대 초반에 귀국하여 중국 경제 연구에 매진했다(〈표 1〉 참조).

〈표 1〉 한국 내 중국 경제·경영 연구자의 세대별 분류

연구자 세대별	연구자의 연구개시 시기	연구자들의 배경	연구 대상/분야상의 주요 특징
1세대	1984 이전	대만 유학파	- 정치 인문 전공자가 중국 경제체제 개혁의 흐름을 주로 연구
2세대	1985~1991	미국, 영국, 일본 해외유학파 주축	- 선진국의 연구방법론을 접목, 다양한 경제 분야 체계적인 연구개시
3세대	1992~2002	중국 유학파와 국내 박사들 가세	- 연구자 수의 급증에 따라, 경영 분야 연구증가 - 국내 대학 경제학과, 경영학과에 중국 경제, 중국 통상학과와 관련 과목 개설 - 중국 경제·경영 연구 관련 석·박사 학위논문 급증
4세대	2003~	중국에서 유학 온 중국인 연구자 가세	- 한국으로 유학 온 젊은 중국 연구자들에 의한 마케팅, 재무관리, 인적자원관리 등에 1차 자료를 바탕으로 한 보다 현장감 있는 연구 증가 - 대학 내 중국관련 연구소 개설 급증 - 중국의 경영연구 관련 저서, 학위논문 대폭 증가

출처: 저자의 인적네트워크와 학회 활동실적에 기초하여 작성

2세대 해외유학파 중국 경제연구자들로는, 김익수(당시 KIEP, 현 고려대), 김시중(당시 KIEP, 현 서강대), 정영록(당시 KIEP, 현 서울대), 이근(서울대), 박정동(인천대), 오승덕(한국외대 중국학과) 등이 대표적이다. 이들은 선진국의 경제학적 방법론을 배워와 대학 혹은 대외경제정책연구원(KIEP), 한국개발연구원(KDI) 등 정부출연 연구기관에서 중국의 경제체제개혁, 산업정책, 재정관리, 대외무역과 해외투자유치, 금융개혁, 한중경제협력 등 거시적 이슈는 물론, 국유기업 개혁, 향진기업 발전과정과 현황 등을 체계적으로 연구했다.

연구자별 중점 연구 분야를 보면, 김익수는 주로 중국의 산업정책과 WTO 가입 전후의 통상이슈, 한·중 경제협력을, 김시중은 중국의 FDI 유치정책과 국유기업개혁을, 이근은 국유기업과 중국기업의 기술추격 문제를, 정영록(당시 KIEP; 현 서울대 교수)은 금융개혁을, 박정동은 경제특구와 지역개발전략을, 오승덕은 대중 무역과 경제협력 문제를 각각 중점적으로 연구하였다. 물론 이때에도, 고재모(협성대), 서석홍(부경대), 백권호(당시 계명대) 등의 국내파가 각각 중국의 농업, 기업개혁, 대중국 직접투자 등의 토픽을 중심으로 연구를 적극화하기 시작했다.

(3) 3세대 연구자들

1992년 중국과 공식수교가 이루어지면서, 중국 경제·경영 연구자의 숫자는 관련학회, 대학 학과, 연구소 등이 증가하면서 괄목상대할 만한 양적 팽창의 계기를 맞게 된다. 국내 상당수 종합대학의 중어중문과가 중국학과로 개칭되고, 수도권 일부 사립대학과 지방 사립대학에 중국학과, 중국지역학과, 중국통상학과 등이 개설되었다. 또한 주요 대학에 정부 예산지원으로 국제대학원과 동북아통상대학원(인천대) 등이 설립되고, 삼성그룹에 인수된 성균관대학이 동아시아학술원, 현대중국연구소 등의 기능을 확충하면서, 중국 통상 혹은 지역전공 석·박사들이 다수 배출되기 시작했다.

또 많은 중학생, 고등학생이 중국 대학으로 조기유학을 떠나고 대학의 중국 주요 대학과의 교환·방문학생 프로그램이 활성화되었다. 중국 유학생들의 상당수는 베이징대(北京大學), 칭화대(清華大學), 런민대(人民大學), 푸단대(復旦大學), 자오통대(交通大學) 등 명문대에서 경제·경영 분야의 학위를 취득하고 돌아와 대학, 정부출연연구소, 전국경제인연합회 산하 한국경제연구원, 민간연구소(삼성경제연구소, LG경제연구원, 포스코경영경제연구소, SK경영경제연구소 등)에서 정책연구와 실용적인 연구를 개시하기 시작하였다. 조선족 출신 학자도 학계에 진입했는데, 한홍석(광운대 중국학과) 교수가 대표적이다. 국내파로는 고정식(배재대), 김화섭(산업연구원), 이강표(성균관대), 박승록(한국경제연구원) 등이 중국의 대외무역, 산업정책과 산업구조, 중국 기업집단, 중국기업의 경쟁력 관련 연구를 진행하였다.

이 시기에 나타난 또 하나의 특징은 경제 분야에 국한되어 있던 중국연구가 대중(對中) 직접투자, 마케팅, 인적자원 관리, 현지 경영전략 등 경영학 분야로 다양화되기 시작했다는 점이다. 20여 년간 중국경제연구에 천착해오던 김익수 교수가 중국투자론, 중국시장마케팅 등의 저서를 출판해, 중국경영 분야 연구의 기초를 다졌고, 백권호(영남대), 안종석(우석대), 박상수(충북대) 교수가 대중국 투자진입전략 등 국제경영전략 분야의 연구에 매진하기 시작했다. 이외에도, 다년간 서구의 마케팅 전략을 연구해온 김용준(성균관대), 한충민 교수(한양대)가 중국의 마케팅 전략과 사례, 브랜딩 전략에 관한 연구물을 발표했고, 박종한(가톨릭대), 김민수(메타브랜드 부대표) 등도 중국 내 브랜드 네이밍 전략 등 보다 구체적인 주제를 연구하기 시작하였다.

(4) 4세대 연구자들

4세대 연구자들은 기존의 선진국 구미 유학파, 국내파에 추가해 1992년 한중 수교 이후 중국에 유학한 귀국파, 한국에 유학을 온 젊은 중국학자들, 한국의 대학과 정부출연 연구기관, 민간연구소 등지에 자리를 잡은 중국인 연구자들이 가세한 시기이다. 특히 2003년 이후 국내 종합대학 내 중국관련 연구소들이 늘어나면서 국내의 중국 경영연구 분야의 저서, 학위논문이 대폭 증가하였다.

중국 유학 귀국파로는 한동훈(가톨릭대), 은종학(국민대), 서봉교(동덕여대) 등을 들 수 있고, 국내파로는 김병구(대전대), 한병섭(전남대) 등이 다국적기업 본사의 자회사 통제, 향진기업 창업, 중국기업의 글로벌화 결정요인, M&A에 의한 중국시장진입 등에 관한 연구를 진행했으며, 김주원, 문철주, 김주원 등 성대 현대중국문제연구소 연구원들도 제조지역 정보, 국가이미지 등이 제품평가에 미치는 영향 등의 주제로 마케팅 분야의 연구에 집중했다.

3세대 연구자들이 중국 경제·경영연구의 저변을 확대하였다고 한다면, 4세대 연구자들은 중국 내 인터뷰와 설문조사, 중국 체재경험 등을 바탕으로 보다 현장감 있는 연구를 진행하였다. 또한 경제·경영 분야의 연구주제도 3세대 연구자들보다 보다 세분화·구체화되었는데, 중국의 IT산업기술구조 고도화, 중관촌(中關村) 등 하이테크파크, 중국 내 창업, 본-지사 간 통제수준 연구, 중국 자본시장의 운용메커니즘 연구, 중국인 내한관광, 영화, 드라마, 공연, 가무 등 한류문화나 기업 국적배경이 한국 상품의 마케팅 성과나 브랜드 가치에 미치는 영향 등의 연구물이 그 좋은 예라고 할 수 있다.

2) 소속별 분류

중국 경제·경영 연구자들은 소속 학회 단체, 소속 연구기관 등으로도 구분할 수 있다. 우선, 학회의 경우, 중국 경제·경영을 연구자들이 소속되어 있는 학회는 수없이 많지만, 발간하는 학회지 중 중국 경제·경영 연구물을 비중 있게 게재하는 학회는 그리 많지 않다. 경제 분야의 경우, 국제경제학회, 동북아경제학회, 비교경제학회, 국제통상학회, 국제지역학회, 현대중국학회, 한중사회과학회가 대표적이며, 경영 분야의 경우, 한국경영학회, 국제경영학회, 국제경영관리학회, 전략경영학회 등이 대표적이나 한국마케팅학회, 인사조직학회 등도 비교적 중국 관련 논문들을 많이 싣고 있다(〈표 2〉 참조).

한편, 대학의 경우 〈표 3〉과 같이 서울 및 수도권, 지방대학에서 중국 경제·경영 관련 연구를 하는 교수와 연구원들이 주축을 이루고 있는데, 주로 각 대학, 대학원의 경제학과, 무역학과, 경영학과, 국제통상학과,

〈표 2〉 중국 경제·경영 연구관련 학회, 연구소 및 기관·단체

	중국 경제 분야	중국 경영 분야
학회	국제경제학회, 동북아경제학회, 비교경제학회, 국제통상학회, 국제지역학회, 현대중국학회, 한중사회과학회 등	한국경영학회, 국제경영학회 국제경영관리학회, 전략경영학회, 경영관리학회, 한국마케팅학회, 한국인사조직학회 등
정부 유관단체	무역협회, KOTRA, 한국무역협회(KTA), 대한상의 (코참차이나)	대한무역투자진흥공사(KOTRA)
정부출연연구기관	대외경제정책연구원(KIEP) 신흥지역연구센터 중국팀, 산업연구원(KIET), 한국개발연구원(KDI)	
기업그룹 부설연구소	전경련 한국경제연구원, 포스코경영연구소, 삼성경제연구소, LG경제연구원	포스코경영연구소, 삼성경제연구소, LG경제연구원 등
금융기관 부설연구소	한국은행 조사부, 수출입은행 해외연구소, 금융연구원, 자본시장연구원, 하나금융연구소, 산은경제연구소, 기은경제연구소, 대신경제연구소	
언론기관 부설연구소	한국은행 조사부, 수출입은행 해외연구소, 금융연구원, 자본시장연구원, 하나금융연구소, 산은경제연구소, 대신경제연구소	

출처: 저자가 각종 자료를 참조하여 작성.

국제학부에 소속되어 있다. 90년대 중반 이후에는 정부의 예산지원을 받아 설립된 국제대학원, 동북아통상대학원 등의 교수와 연구원들에 의한 중국 경제·경영의 연구도 증가하기 시작했다.

다만, 전체적으로 보면 아직은 중국 경제·경영 연구자들은 중국어문학, 역사, 정치 연구자들에 비해 그 풀(*pool*)이 적으며 중국경제학회(가칭), 중국경영연구학회(가칭) 등과 같이 명칭 자체가 중국 연구에 특화된 학회는 구성되어 있지 않다. 따라서 연구자들은 주로 국제지역학회, 현대중국학회, 한중사회과학회 등 인문, 사회, 정치를 통괄하는 학회에 회원으로 가입하여, 간헐적으로 경제·경영 관련 연구물을 발표하는 실정이다.

이외에도, 정부관련단체, 정부출연기관, 기업그룹이나 금융기관 언론기관의 부설 연구소 등에서 중국 경제·경영 관련 연구를 하는 연구원

〈표 3〉 전국 주요 대학, 연구소의 중국 경제 경영 관련 대표적 연구자들

	중국 경제 분야	중국 경영 분야
대학 (서울 + 수도권)	건국대(조현준), 경희대(강정보, 김준엽), 고려대(김익수), 동국대(김미정), 서울대(이근, 정영록), 서울신학대(정우식), 성균관대(이강표), 숭실대(구기보), 인천대(박정동, 김민수), 한남대(정상은), 동덕여대(서봉교)	고려대(김익수, 이장로, 정인식, 신만수, 문정빈), 서울대(민상기), 성균관대(김용준, 박주희, 김주원, 문철주), 연세대(박영렬, 곽주영), 한양대(한충민)
대학 (지방)	동아대(원동욱), 배재대(고정식, 한재진), 부산대(강상목), 동아대(지만수), 부경대(서석흥, 이춘수), 영남대(최의현, 손상범), 호남대(최문)	계명대(윤성환), 공주대(최병헌), 영남대(백권호), 우석대(안종석), 충남대(이상빈), 충북대(박상수), 전남대(한병섭)
정부출연연구소, 기타 단체 소속연구소	대외경제정책연구원(이장규, 박월라, 양평섭, 이승신), 국제무역연구원(이봉걸), 한국경제연구원(박승록)	

출처: 필자가 연구자의 논문과 저서 등 각종 자료를 참조하여 작성.

들이 있다. 그러나 이들의 연구물 중 학술적인 것은 많지 않고 주로 정부, 기업회원, 소속 계열사, 금융기관 등을 위한 연구보고서, 동향분석 자료, 정책적 연구인 경우가 대부분이다.

3. 한국의 중국 경제 · 경영 연구현황: 정량적 분석

1) 정량분석 결과

(1) 대상 데이터에 대한 설명

그러면 과연 지난 20여 년간 한국 내 중국 경제 · 경영 분야 연구물은 실제로 얼마나 되며, 연구물은 어떤 특징을 갖고 있는가? 이 글에서는 이를 알기 위해, 한국학술정보원(www. riss. kr) 데이터베이스에 의거, 1992년 1월 1일부터 2011년 12월 31일까지의 20년 동안 국내에서 출간된 연구물을 '중국, 경제, 경영' 검색어를 통해 총 7,303건을 뽑아 재분류한 다음, 여러 기준에 따라 정량적으로 분석하였다.

1992년을 출발연도로 잡은 것은 해당연도에 한 · 중 간에 국교가 수립되어 중국관련 연구가 본격화되기 시작하였기 때문이다. 7,303건의 분석대상 샘플 중에는 국내 관련학회, 기관에 소속된 한국인 연구자의 연구물은 물론, 국내 대학 및 연구기관에 소속되어 있는 외국인도 포함되어 있다.

연구물은 가급적 경제, 경영 분야를 나누었고, ① 발표기간, ② 출간물 유형, ③ 내외국인 구분, ④ 연구주제 분야, ⑤ 연구방법론, ⑥ 연구자료의 성격 등 6가지 기준을 사용하여 증가추이와 현황을 분석하였다.

(2) 경제 · 경영 연구물 발표기간별 증가추이

〈표 4〉는 한국 내 중국 경제 · 경영 분야 연구물의 발표기간별 증가추

〈표 4〉 중국 경제 · 경영 분야 연구물의 기간별 내역

(단위: 건)

	1992~1996	1997~2001	2002~2006	2007~2011	전체
전체	697(100.0)	994(100.0)	2,139(100.0)	3,473(100.0)	7,303(100.0)
경제	285(40.9)	313(31.5)	702(32.8)	1,166(33.6)	2,466(33.8)
경영	412(59.1)	681(68.5)	1,437(67.2)	2,307(66.4)	4,837(66.2)

주: ( ) 안의 수는 전체 대비 해당년도 자료의 비중(%)임.
출처: 한국학술정보서비스(www.riss.kr).

이를 1992년 이후 5년씩 끊어 살펴본 것이다. 여기서 알 수 있는 바와 같이, 2002년 이후가 한국 내 중국 경제 · 경영 연구의 도약기로 전체 7,303건의 76.9%인 5,612건의 연구물이 이 기간에 발표되었다(〈표 4〉 참조). 2001년 말에 중국이 WTO에 가입하고, 재정 · 금융, 무역, 산업, 기술, 해외투자유치 등 경제 전 부문에 걸쳐 진행된 중국의 경제개혁개방 노력이 성과를 거두고, 2008년 베이징 올림픽을 전후하여 중국 경제와 중국 시장에 대한 한국 연구자들의 관심이 증가하였기 때문이다.

2002년 이후 중국 경제 · 경영 관련 연구실적이 급증한 또 다른 이유는 1992년 한중 수교 직후 구미 선진국과 중국 등지에 유학을 떠났던 청년들이 귀국하여 각 대학 경제 · 경영학과, 중국학과, 정부출연기관, 민간 연구소 등에 소속되어 본격적인 연구를 시작하였기 때문이다.

(3) 출간물 유형별 현황

〈표 5〉는 중국 경제 · 경영 관련 연구실적을 출간물 유형별을 구분해 분석한 것이다. 여기서 알 수 있는 바와 같이, 학술지와 석 · 박사 학위 논문이 각각 36.9%, 37.4%로 전체의 74% 이상을 점하고 있다.

분야별로 보면, 경영 분야의 경우, 학술지 발표 건수와 비중이 비교적 높은 반면, 경제 분야의 경우 단행본의 비중이 상대적으로 높다. 이는

경제 분야의 경우 경영 분야보다 중국경제론, 지역연구, 동북아경제론, 지역연구 등 대학에서 개설된 경제관련 과목이 많아 경제학과나 중국 지역학과 교수들이 경제 분야 서적 출간에 보다 많은 관심을 갖고 있기 때문인 것으로 풀이된다.

〈표 5〉 중국 경제 · 경영 분야 연구물의 출판물 유형별 분포

(단위: 건)

	단행본	학술지	학위논문	기타	전체
전체	1,649(22.5)	2,792(38.2)	2,767(37.9)	95(1.3)	7,303(100.0)
경제	600(24.3)	910(36.9)	922(37.4)	34(1.4)	2,466(100.0)
경영	1,049(21.7)	1,882(38.9)	1,845(38.1)	61(1.3)	4,837(100.0)

주: ( ) 안의 수는 전체 대비 해당년도 자료의 비중(%)임.
출처: 한국학술정보서비스(www.riss.kr).

〈표 6〉 중국 경제 · 경영 분야 연구물의 출판물의 기간별/유형별 현황

(단위: 건)

	1992~1996	1997~2001	2002~2006	2007~2011	전체
전체 (전체대비 비중, %) (전년대비 증가율, %)	697 (100.0)	994 (100.0) (42.6)	2,139 (100.0) (115.2)	3,473 (100.0) (62.4)	7,303 (100.0)
단행본 (전체대비 비중, %) (전년대비 증가율, %)	325 (46.6)	257 (25.9) (−20.9)	494 (23.1) (92.2)	573 (16.5 (16.0	1,649 (22.6)
학위논문 (전체대비 비중, %) (전년대비 증가율, %)	120 (17.2)	215 (21.6) (79.2)	785 (36.7) (265.1)	1,647 (47.4) (109.8)	2,767 (37.9)
학술지 (전체대비 비중, %) (전년대비 증가율, %)	251 (36.0)	503 (50.6) (100.4)	817 (38.2) (62.4)	1,221 (35.2) (49.4)	2,792 (38.2)
기타 (전체대비 비중, %) (전년대비 증가율, %)	1 (0.1)	19 (1.9) (1800.0)	43 (2.0) (126.3)	32 (0.9) (−25.6)	95 (1.3)

주: ( ) 안의 수는 전체 대비 해당년도 자료의 비중(%)임.
출처: 한국학술정보서비스(www.riss.kr).

기간별로 비교해보면, 단행본의 경우 1992~1996년의 46.6%에서 2007~2011년에는 16.5%로 그 비중이 급감하고 있고, 학술지 비중이 35~38%대에서 거의 큰 변화를 보이지 않은 반면, 학위논문의 비중은 17.2%에서 47.4%로 획기적으로 늘어났다(〈표 6〉 참조). 이는 전국 주요 대학의 국제대학원, 중국학과, 중국 통상학과 등의 신설로 석·박사 학위 졸업생이 많이 배출되었기 때문인 것으로 해석된다.

1992~2011년 기간 중 중국 경제관련 논문이 비교적 많이 발표된 국내 학술지·학회지로는 〈동북아경제연구〉(44편), 〈중국학논총〉(20편), 〈한중사회과학연구〉(18편), 〈중국학연구〉(17편), 〈산업경제연구〉(15편), 〈국제지역연구〉(12편) 등이 있다. 경영 분야의 경우, 〈동북아경제연구〉(73편), 〈국제경영리뷰〉(52편), 〈중국학논총〉(52편), 〈한중사회과학연구〉(39편), 〈중국학연구〉(38편), 〈경영학연구〉(30편), 〈한국동북아논총〉(30편), 〈현대중국연구〉(24편), 〈국제경영연구〉(22편), 〈한국항만경제연구〉(22편) 등이 있다.

(4) 내/외국인별 현황

〈표 7〉은 1992~2011년 기간 동안의 7,303건의 연구물을 내/외국인별로 구분해 본 것이다. 경제 분야의 경우, 내국인이 20년 동안 연구물 총 건수의 91.2%라는 압도적인 비중을 점하고 있지만, 2008년부터 국내 대학 및 연구기관 소속 외국인 연구자의 비중이 눈에 띄게 늘어나 2011년 현재에는 15.1%에 이르고 있다.

주목을 끄는 사실은 2006년까지만 해도 한국 내 외국인 연구자에 의한 연구는 경제 분야에 집중되어 있었으나, 2007년부터는 경영학 분야로 급속도로 확산되고 있다는 점이다. 2007~2011년의 경우 전체 중국 경제 관련 국내 연구의 16.3%를 외국인이 차지했으며, 전체로 봐도 396건으로 8.2%나 된다. 경영 분야 역시 외국인의 연구 기여도가 높아지고 있는데, 1992~1996년에 6%에 불과하던 외국인의 연구발표물 점유율

이 2007~2011년에는 12.4%로 높아졌으며, 전체 기간을 봐도 총 242건으로 전체(2,466건)의 8.7%를 점해, 경제 분야보다 기여도가 높음을 알 수 있다.

경제·경영 분야를 합할 경우, 국내 외국인 연구자의 비중은 8.76% 정도이지만, 2007~2011년의 5년만을 보면 그 전 기간(2002~2006년)의 두 배 이상인 12.5%에 달한다. 이는 국내 중국인 석·박사 과정 유학생 증가와 무관하지 않으며, 졸업자들 중 상당수가 정부출연기관, 민간연구소(특히 기업그룹, 은행, 증권 부설)에 취직해 중국 경제·경영 연구를 하고 있기 때문이다.

〈표 7〉 중국 경제·경영 연구자의 기간별/내외국인별 구분

(단위: 건)

	1992~1996	1997~2001	2002~2006	2007~2011	전체
전체	697(100.0)	994(100.0)	2,139(100.0)	3,473(100.0)	7,303(100.0)
내국인	653(93.69)	930(93.6)	2,036(95.2)	3,044(87.7)	6,663(91.2)
외국인	42(6.3)	64(6.4)	103(4.8)	429(12.5)	638(8.8)
경제	412(100.0)	681(100.0)	1,437(100.0)	2,307(100.0)	4,837(100.0)
내국인	410(99.5)	678(99.6	1,420(98.8	1,931(83.7	4,439(91.8
외국인	0(0.0)	3(0.4)	17(1.2)	376(16.3)	396(8.2)
내/외국인	2(0.5)	0(0.0)	0(0.0)	0(0.0)	2(0.0)
경영	285(100.0)	313(100.0)	702(100.0)	1,166(100.0)	2,466(100.0)
내국인	243(93.7)	252(93.6)	616(95.2)	1,113(87.6)	2,224(91.2)
외국인	42(6.0)	61(6.4)	86(4.8)	53(12.4)	242(8.7)

주: 1. 각 연도별 자료를 원고의 공간적 제약 때문에 5년씩 합산하여 재정리함.

2. ( ) 안의 수는 기간별 전체, 경제, 경영 각 분야의 합계 대비 해당기간 자료의 비중(%)임.

출처: 학술연구정보서비스(www.riss.kr).

(5) 연구주제 분야별 현황

연구주제 분야별 현황은 〈표 8〉과 〈표 9〉에 나와 있다. 경제 분야 연구의 경우, 2,466건으로 1992~2011년 기간 동안 전체(7,303건)의 34%를 점하고 있고, 경영 분야가 4,837건으로 66%를 점하고 있다.

경제 분야의 경우, 주제별로는 재정·금융 등 거시경제정책 연구가 전체의 29.2%로 가장 많고, 다음으로 국제무역 및 통상(25.4%), 산업경제 관련 연구(18.7%)가 그 뒤를 따르고 있다. 이처럼 경제정책 및 통상관련 연구가 많은 것은 중국의 산업, 무역 및 재정 금융 등 거시경제정책 전반이 빠른 속도로 진화하고 있는 데다가, 중국이 2001년 말 WTO에 가입한 이후 중국의 대외통상 및 투자환경이 급변하고 있어 보다 체계적인 연구가 필요해졌기 때문이다.

경영 분야의 경우, 전체 경영 분야 연구(4,837건)의 85.1%가 전략(*strategy*) 분야이다. 주로 중국시장 진입방식(*entry mode*), 진입시기,

〈표 8〉 중국 경제 분야 연구물의 연구 분야별 구성

(단위: 건)

	경제 동향	경제사	경제 정책	기술 경제	산업 경제	지역 경제	대외 무역	통상	전체
경제 분야 자료	37 (1.5)	163 (6.6)	721 (29.2)	34 (1.4)	463 (18.8)	103 (4.2)	318 (12.9)	627 (25.4)	2,466 (100.0)

주: ( ) 안의 수는 전체 대비 해당년도 자료의 비중(%)임.
출처: 한국학술정보서비스(www.riss.kr).

〈표 9〉 중국 경영 분야 연구물의 연구 분야별 구성

(단위: 건)

	마케팅	인사	재무	전략	회계	전체
경영 분야 자료	381 (7.9)	168 (3.5)	131 (2.7)	4,115 (85.1)	42 (0.9)	4,837 (100.0)

주: ( ) 안의 수는 전체 대비 해당년도 자료의 비중(%)임.
출처: 한국학술정보서비스(www.riss.kr).

〈표 10〉 전체 연구물의 연구방법론별 비중 변화 추이

	1992~1996	1997~2001	2002~2006	2007~2011	전체
전체	697 (100.0)	994 (100.0)	2,139 (100.0)	3,473 (100.0)	7,303 (100.0)
문헌연구	647(92.8)	903(90.8)	1,939(90.6)	3,082(88.7)	6,571(90.0)
단순계량	20(2.9)	21(2.1)	55(2.6)	108(3.1)	204(2.8)
실증분석	18(2.6)	48(4.8)	104(4.9)	201(5.8)	371(5.1)
사례연구	12(1.7)	22(2.2)	41(1.9)	82(2.4)	157(2.1)

주: ( ) 안의 수는 전체 대비 해당년도 자료의 비중(%)임.
출처: 한국학술정보서비스(www.riss.kr).

파트너링(partnering), 투자지분 등 진입전략 관련 연구가 대종을 점하고 있고, 진입전략과 기업의 경영성과 간의 인과관계를 분석하려는 연구자도 많았다. 이외에도, 중국의 외자유치정책 변화에 따라 인수합병(M&A)형 진입, 중국의 글로벌화 전략, 중국 내 현지화 전략 등에 관한 연구가 늘어나고 있는 점도 작용하였다.

전략 다음으로는 마케팅 분야 연구가 381건으로 경영 분야 연구의 7.9%를 점하고 있는데, 중국 내수시장의 구조적 특성, 마케팅 믹스 전략, 중국 내 브랜드 전략 등에 관한 연구가 주축을 이루고 있다.

(6) 연구방법론별 현황

연구방법론별 현황을 살펴보는 것도 중요하다. 〈표 10〉은 1992~2011년 기간 동안의 경제·경영 분야 연구 7,303건을, ① 문헌연구, ② 단순계량, ③ 실증분석, ④ 사례연구 등 4가지 연구방법론으로 나누어 분석한 것이다.

여기서 문헌연구란 계량분석, 실증분석이나 사례연구 없이 중국의 제도 정책적 환경을 기존 발표자료에 의해 개념적으로 분석한 연구를 말한

〈표 11〉 전체 연구 내 연구자료 비중 추이

	1992~1996	1997~2001	2002~2006	2007~2011	전체
전체 (전체대비 비중, %) (전년대비 증가율, %)	697 (100.0)	994 (100.0) (100.0)	2139 (100.0) (100.0)	3473 (100.0) (100.0)	7303 (100.0)
1차 (전체대비 비중, %) (전년대비 증가율, %)	21 (3.0)	48 (4.8) (0.3)	100 (4.7) (0.5)	202 (5.8) (1.0)	371 (5.1)
2차 (전체대비 비중, %) (전년대비 증가율, %)	676 (97.0)	946 (95.2) (2.7)	2039 (95.3) (10.9)	3271 (94.2) (12.3)	6932 (94.9)

주: ( ) 안의 수는 전체 대비 해당년도 자료의 비중(%)임.
출처: 한국학술정보서비스(www.riss.kr).

다. 단순계량 분석은 2차 자료를 통한 정량 분석을 말하며, 실증연구는 저자가 직접조사(설문조사, 전화조사, 온라인 조사 등) 한 자료에 기초하여 연구조사방법론과 통계학적 기법을 이용해 분석한 연구물을 의미한다.

〈표 10〉에서 보는 바와 같이, 문헌연구가 6,571건으로 전체의 90%를 점하고 있으며, 실증분석(371건) 은 5.1%, 계량분석(204건) 은 2.8%를 각각 점하고 있다. 반면, 사례분석은 157건으로 2.1%의 미미한 비중을 점한다. 다만 다행스러운 것은 2007년 이후 문헌연구에 기초한 개념적 연구의 비중은 낮아지고 있는 반면, 단순계량, 실증분석, 사례연구 모두 증가 추이를 보이고 있다는 점이다.

(7) 연구자료 성격별 현황

마지막으로, 1차 자료와 2차 자료 중 어떤 자료에 주로 기초하여 연구가 진행되었는지, 기초 연구자료의 성격별로 연구실적을 구분해 볼 필요가 있다. 여기서 1차 자료라 함은 문헌연구를 포함하되 실제 인터뷰, 설문조사에 기초하여 연구를 수행한 경우이며, 2차 자료는 직접적인 인터뷰나 설문조사 자료 없이 문헌과 공개된 정부통계에 의해서만 연구를 진행한 경우이다.

분석결과인 〈표 11〉에서 알 수 있는 바와 같이, 전체 중국 경제·경영 관련 연구의 95%(6,932건) 가까이가 2차 자료를 이용하여 분석한 것이고, 5.1%(371건)만이 설문조사, 인터뷰 등을 통해 수집한 1차 자료에 기초하여 연구를 수행한 것으로 나타났다. 다행스러운 것은 1992~1996년의 초창기에 비해 2007~2011년의 기간에는 1차 자료에 기초한 연구 비중이 3%에서 5.8%로 늘었다는 점이다.

2) 연구주제에 대한 정성분석

앞에서는 1991년 이후 20년 동안의 연구물을 6가지 기준에 의해 정량적으로 분석하였으나, 한국의 연구자들이 어떤 주제로 경제·경영 분야의 연구를 수행했는지를 아는 데는 미흡하다. 그렇다고 해서 7,303건의 연구를 연구토픽별로 세분화시켜 구분하는 것은 사실상 불가능하다.

따라서 저자는 1984년 이후 28여 년간의 연구경험에 비추어 1992년 이후 20여 년간에 걸쳐 이루어진 한국 내 학자, 연구원들의 주요 연구주제들을 〈표 12〉에 정리해 보았다. 물론 예시된 연구주제들 이외에도 저자가 제대로 파악하지 못한 세부 연구주제가 많겠지만, 〈표 12〉는 한국 내 중국 경제·경영 이슈를 연구하는 연구자들의 연구 트렌드를 파악하는 데는 충분하다고 판단된다.

4. 나타난 문제점, 과제 및 향후 연구방향

1) 나타난 문제점과 과제

(1) 연구물 발표의 국내 저널 편중성향

앞의 정량분석에서는 잘 노출되지 않았지만, 국내 중국 경제·경영 연구는 여러 가지 문제점을 노정한다. 첫째, 연구 성과물이 주로 국내교과서, 단행본, 국내 학회지 등에 편중되어 발표되고 있고 국제저널이나 외국단행본 출간비중이 매우 낮다는 것은 중장기적으로 개선할 점임에 틀림없다. 국내 전문가들의 연구수준 향상을 위해서는 외국학자나 연구자들에 의한 보다 엄격한 검증이 이루어져야 하고, 이를 위해서는 경제·경영 분야의 Top SSCI (Social Science Citation Index) 저널과 중국연구 전문 해외저널에 보다 많은 연구물이 발표되어야 할 것이다.

그러나 국내 주요 대학의 연구실적 인정기준은 정량평가에 치우쳐 있어서 국내 학회지나 학술지에 여러 편을 내는 것이 SSCI급 해외저널에 발표하는 것보다 쉽고 시간과 노력이 적게 든다. 이 같은 상황에서 연구물 발표의 국내저널 편중성향을 완화시키기 위해서는 검증기간이 길고 검증절차가 까다로운 해외저널에 논문을 발표할 때보다 많은 가점과 인센티브를 부여해야 할 것이다.

또한 주요 대학 경제학과·경영학과에서 Top Journal로 인정하는 해외저널 목록에 대부분의 중국관련 전문저널이 빠져 있는 것도 문제다. 중국연구 분야에서 인용빈도 등 영향력 지수(*impact factor*)가 큰 *China Quarterly*, *Journal of Contemporary China*, *Chinese Economic Journal* 등 중국 관련 해외저널을 경제·경영 관련 연구비 지원대상 주요 저널 목록에 포함시켜주는 것이 필요하다고 본다.

이 같은 인센티브나 제도개혁 없이는 중국 지역연구가 경제학 및 경영학 주력 연구 분야의 주변부(*periphery*)로부터 벗어나기 어려울 것이다.

〈표 12〉 한국 연구자들이 주로 연구한 중국 경제 · 경영 분야 연구주제

	세부 분야	지금까지 연구된 주제
경제 분야	거시 경제	중국 경제체제 개혁 진화과정, 경제발전모델, 중국의 경제성장전략, 성장방식의 전환, 중국경제의 경착륙 가능성과 세계경제에 대한 영향, 중국의 경기변동과 과도투자 연구
	기업 연구	중국 국유기업, 기업집단, 민간기업, 향진기업, 외자기업, 현대기업 경쟁력 분석
	산업 연구	중국의 산업정책, 한중 산업경쟁력 비교, 중국의 기술추격과 한중 간 기술격차
	지역 경제	중국 지역경제발전, 서부 大地域 개발, 경제특구, 지역 간 소득 및 발전격차, 지역 간 교역과 유통
	재정	중국 재정관리체제 개혁, 중앙-지방 재정관계, 지방보호주의, 지방의 부채문제
	금융 · 외환	중국 은행 및 금융 시스템 개혁, 중국 자본시장 연구, 비유통수 개혁, 글로벌 금융위기와 중국 경제, 중국의 환율정책, 인민폐의 국제화, 한-중-일 통화통합 협력
	대외경제	중국의 대외무역 현황 분석, 한 중 FTA, 한-중-일 FTA, 지역경제통합, WTO 가입 전후의 중국 무역법규 제도 변화, 중국의 FDI유치정책, 대외직접투자, 북-중경제협력, '창지투'(長春-吉林-圖們)개발계획
경영 분야	시장구조	중국 내수시장의 기초조사 및 심층연구
	소비자	중국 소비자 연구: 소비심리 및 소비자 행동
	투자환경	중국의 기업설립절차, 조세 및 재무환경 중국의 노동환경 변화(신노동계약제, 채용 및 이직관리)
	진입전략	외자기업이 중국시장 진입전략(진입방식, 시기, 지역, 업종), 진입전략 결정요인 분석, 對中 FDI 결정요인, 소유권, 파트너링 전략 연구
	성과분석	중국 진출기업 투자성과 및 분석, 중국진출기업의 경영실태 조사, 진입전략과의 상관/인과관계 분석, 진출 성공 및 실패 사례 연구
	마케팅 믹스	중국 내 가격결정, 제품, 유통 판촉, 광고 전략 등, 중국 시장 내 브랜드 전략, 한류가 한국제품 마케팅 성과에 미치는 영향

〈표 12〉 계속

	세부 분야	지금까지 연구된 주제
경영 분야	유통	중국 유통시장 진출 (백화점, 할인점, 홈쇼핑, 프랜차이징) 중국정부의 인터넷 정책, 중국 내 온라인 마케팅,
	현지화	R&D, 제품, 인적자원관리, 마케팅의 현지화 전략
	지재권	지재권 침해 실태조사, 중국 내 특허, 저작권, 상표권 등 지적재산권 보호 전략, 기술유출 원인과 경로 분석
	CSR	중국 내 사회공헌활동(CSR) 전략과 성과분석
	기타	정부의 대 중국진출 기업 지원방안 연구

출처: 저자가 20여 년간 5편 이상의 연구물을 남긴 130여 명의 저서·논문의 주제를 조사하여 작성함.

(2) 접근방식 및 연구방법론의 문제점

두 번째 해결해야 할 과제는 연구방법론의 문제다. 중국 경제·경영 연구 접근방식에는 정치경제학적 접근방식(*politico-economic approach*), 제도론적 접근방식(*institutional approach*), 구조론적 접근방식(*structuralist approach*), 비교문화론적 접근방식(*comparative culture approach*), 행태론적 접근방식(*behavioral approach*) 등 다양한 접근방식이 있다. 그러나 한국의 중국 경제·경영 연구는 전(前) 3자에 집중되어 있다. 따라서 중앙정부, 지방정부의 다양한 동기와 모럴해저드, 다양한 기업주체(국유 비국유기업, 향진기업, 민간기업, 외자기업)들의 전략적 행동이나 소비자들의 행태에 관한 연구는 매우 드물며, 대부분의 분석은 '중국식 특색을 지닌 사회주의 시장경제 체제'나 신흥시장 발전모델의 변화과정과 그 안의 구조분석에 치우쳐 있다.

연구방법론 면에서도 설문조사, 인터뷰 등 1차 자료에 기초한 연구가 상대적으로 적고 공개된 2차 자료나 언론 및 인터넷 자료를 재가공하여 분석하는 수준에 그치는 경우가 많다. 또한 대부분의 연구가 한국인 연구자 개인 연구이거나 한국인 간 공동연구가 많다. 그러나 중국의 상황을 보다 잘 이해하고, 현장감 넘치는 인터뷰나 정밀한 조사를 하기 위해서는 중국에 상주하고 있는 중국인 학자나 연구원들과의 공동연구가 절실하다.

따라서 학술진흥재단 등에서 사회과학 분야의 연구프로젝트를 심사할 때, 2차 자료에 의거한 연구보다는 1차 자료에 의한 연구, 개인의 연구프로젝트보다는 중국인 혹은 외국인 학자와의 공동연구(*joint research*)에 보다 높은 점수를 주고 좋은 평가를 해주는 것이 필요하다고 판단된다. 출장비나 기타 연구지원비도 중국의 소비자 물가상승률과 숙박업계 사정을 고려하여 현실화하는 것이 필요하다고 본다.

(3) 중국통계 및 기업 데이터 획득의 제약

셋째, 한중 수교 이후 중국 경제·경영 관련 연구물의 양적 증가에도 불구하고, 한국의 중국 연구, 특히 경영학 분야 연구에서는 미시적이고도 계량적인 분석이 드물다.

여기에는 공개되지 않은 중국정부 통계자료 획득이 어렵고 현지의 인적 네트워크가 취약하며 중국정부에 의한 보안장벽이 존재한다는 점이 복합적으로 작용하고 있다. 더욱이 지방정부 통계연감이나 분야별 연감의 경우, 신뢰도가 매우 낮아 특정연도의 지방 성·시의 GDP합계가 중국국가통계국 통계와 다른 경우가 많고, 통계지표 항목이 갑자기 변경되거나 빠지는 등 일관성도 부족하다. 여기에 해당지역의 생산 및 투자유치 실적을 부풀리려는 지방 당·정 리더들의 모럴해저드(*moral hazard*)까지 가세해 통계를 믿을 수 없는 경우가 많다.

중국 경영 분야 연구자들이 봉착하는 자료상의 문제는 기업 데이터(*firm-level data*) 구입·획득의 어려움이다. 수천 개 기업의 재무성과 자료가 담긴 데이터베이스는 최소 500만 원에서 최대 1천만 원을 넘는 경우가 많으며, 개인적으로 연구비를 받더라도 구입이 힘들고 저렴한 가격의 데이터베이스는 그 신뢰도에 문제가 있다.

향후 경제학, 경영학 분야의 중국연구를 장려하기 위해서는, 국가나 정부 차원에서 기업 수준의 데이터베이스를 국회도서관, 국립대학 도서관, 정부출연기관 정보자료실 등에 정부예산이나 관련기관의 예산으로 구입케 하고 연구자들이 부담 가능한 정도의 실비수수료를 내고 이용할 수 있게 해야 할 것이다. 또한 중국 출장시 획득한 희귀한 통계자료나 기업조사 데이터베이스가 개인 차원에서 보관되다가 없어지는 경우도 많은데, 자료를 기증할 경우 그 기여를 공식적으로 인정하거나 도서관이 사주는 것도 필요하다고 본다.

(4) 정부나 재계의 미약한 관심과 지원

정부나 재계의 미약한 관심과 지원도 한국 내 중국 경제·경영 연구의 또 다른 제약이다. 제국주의(*imperialism*) 식민통치 경험을 갖고 있는 영국, 일본의 경우, 중국연구 경험이 130년을 넘으며, 중국연구에 70년 이상의 경험을 갖고 있다. 미국의 경우, 1941년 제 2차 세계대전 참전 이후 중국연구의 필요성을 깊이 인식하고 1949년 중화인민공화국 정부 수립 이후 12개 주요 대학 내 중국연수센터 설립에 관한 막대한 자금을 연방정부 예산으로 지원하였다.

미국 재계는 대학, 대학원의 '차이나 스터디'(China Study) 관련학과, 중국연구소를 지원하여 여기서 배출된 미국 내 중국 전문인력만 해도 2010년 말 현재 1천여 명을 넘고 있으며, 이들 중 절반 이상이 경제·경영 연구인력이다. 더욱이 1990년대 들어 주요 대학의 경제, 경영학과와 비즈니스 스쿨에 유학 온 중국인들이 늘어나고 이들이 각 대학과 연구소에 연구인력으로 정착하면서 경제·경영 연구 분야 주요 국제저널에 중국인 학자들이 논문을 발표하는 빈도가 높아지고 있다.

반면, 한국의 경우, 중국연구소를 설치한 대학이 늘어나고는 있지만 자체 유보자금이 없고 대학본부의 예산지원도 부족해 대부분 조교를 활용하고 있는 실정이다. 상임연구원을 두는 경우는 인문학 분야 연구소,

특히 정부의 HK 연구 프로젝트 지원을 받는 유수대학의 연구소에 한정되어 있다. 대외경제정책연구원(KIEP) 등 정부출연연구기관이 있긴 하지만, 인력유출로 연구인력이 태부족하고, 대부분이 정책적 연구를 진행하고 있다. 2012년 1월 외교통상부 외교안보연구원 산하에 설립된 중국연구센터도 중국관련 이메일 정보서비스를 제공하는 수준이다.

〈매일경제〉 신문사나 〈중앙일보〉 등 언론사의 경우 중국연구소라는 명칭을 쓰고 있긴 하지만, 대부분 자체 신문이나 잡지에 중국관련 특집기사를 기획·지원하거나 '중국CEO 과정'을 운영하는 실무적 성격의 부서이다. 삼성과 LG, 포스코, SK, 현대 등 대기업 그룹이 자체 경제경영연구소를 설치해 중국경제 동향자료를 출간하고, 중국의 투자환경과 정책변화를 추적하고 있는 것이 그나마 도움이 되지만, 학술적 연구와는 거리가 있다. 대한상공회의소, KOTRA, 무역협회 등도 중국을 연구하고 있긴 하나 주로 기업회원에 최적화된 정책 혹은 중국 시장정보만을 제공하고 있다. 그나마 수출입은행 해외경제연구소가 〈수은월보〉와 해외직접투자 관련 데이터베이스를 제공하고 있는 것이 학술적 연구를 하는 연구자들에게는 큰 도움이 되고 있다.

(5) 학계로의 연구인력 이탈

마지막으로, 앞의 문제점과 연결되어 있는 것이긴 하지만, 현재 정부출연연구소나 민간연구소 인력의 대학으로의 이탈이 심각하다는 점이다. 여기에는 구축요인(*push factors*)과 유인요인(*pull factors*)이 복합적으로 작용하고 있다.

우선, 구축요인을 보면, 정부출연연구소의 경우, 방대한 정보자료나 데이터의 보유가 강점이긴 하나, 연구환경이 불안하다는 문제점이 있다. 정권만 바뀌면 정부출연연구기관의 통폐합 문제가 수면 위로 떠올라 연구자를 불안하게 하고, 최근에는 KIEP 등 정부출연연구소의 세종시 이전이 확정됨에 따라 수도권 거주를 고집하는 중국 연구인력의 재계

· 학계로의 이탈이 늘어나고 있다.

유인요인은 대학의 경우, 학생들의 중국에 대한 관심이 늘어남에 따라 미국, 영국, 일본 등 선진국에서 유학한 박사급 인력을 교수요원으로 신규채용하고 있고, 지방대학 중국학과의 경우 중국 유학파나 국내파 중국 연구인력을 긴급수혈 받는 경우도 늘어나고 있다. 그러나 대학의 경우, 정부출연 연구기관만큼 중국관련 통계나 데이터를 방대하게 보유하고 있지도 않고, 관련자료나 정보를 지속적으로 구입할 예산도 부족한 형편이어서, 안정된 연구환경을 찾아 학계로 온 연구자들은 자료획득비용 등의 면에서 또 다른 연구환경상의 딜레마에 봉착하게 된다.

2) 향후 연구방향

앞에서 한국에서의 중국 경제 · 경영 연구 분야에 관한 그동안의 성과를 연구자, 연구물 정량분석, 연구주제를 중심으로 검토해 보았다. 여기서 알 수 있듯이, 우리의 중국 경제 · 경영 분야 연구는 1992년 수교 이후 연구자 수, 연구실적, 학회, 회원 수 등 양적인 면에서 괄목할 만한 성장세를 보여왔다. 그러나 ① 연구물의 국제학회지 발표 및 해외 단행본 출간, ② 1차 자료의 활용률, ③ 과학적이고 실증적인 연구방법론의 채택, ④ 중국인 혹은 외국인 학자와의 공동연구 등 연구수행 · 발표 방식 면에서는 아쉬운 점을 드러내고 있다. 정부나 재계의 미약한 지원과 관심, 학계로의 연구인력 이탈, 대학의 중국 경제경영 관련 데이터베이스 부족, 미시적 중국 통계와 및 고가격 기업데이터 획득상의 제약 등도 향후 해결해야 할 과제다.

학계의 중국 경제 · 경영 분야 연구자들은 이 같은 취약점을 보완하기 위해 노력해야 할 것이고, 정부나 재계도 ① 중국 연구자 풀의 구성과 공동연구 인프라 구축, ② 고가 중국기업 데이터베이스 구입에 대한 예산 지원, ③ 정부출연기관 연구환경의 안정화 등을 통해 중국 경제 및 경영학 분야의 연구인력 양성에 힘써야 할 것이다.

또한 한·중 양국 간의 경제교류 규모가 커지고, 무역구조, 산업 및 기술협력 면의 경쟁구조가 심화됨에 따라 중국과의 산업협력, 지역경제 통합, 통상분쟁 등에 관한 연구를 보다 적극화해야 할 것이고, ① 중국과의 FTA가 대한(對韓) 직접투자 유치에 미치는 영향, ② 중국 지방부채의 증가원인, ③ 중국 서비스시장의 대외개방, ④ 위안화의 국제화, ⑤ 지속가능한 한류 활용, ⑥ 중국 농촌 금융, ⑦ 중국 내 사회공헌(CSR) 전략 등 그동안 연구가 미진한 분야에 관한 정책연구와 학술연구를 장려해야 할 것이다.

아래에 예시된 연구 주제는 한·중 양국 간 경제교류의 확대 추이에 비추어 저자가 심층연구가 필요하다고 생각하는 주제들이다.

- 한·중 FTA가 중국의 한국 기술추격에 미치는 영향
- 중국 대륙과 대만, 홍콩, 마카오와 CEPA 영향에 관한 연구
- 중국 서비스시장의 개방과 한·중 서비스교역 확대방안
- 중국 기업의 글로벌 전략과 對韓 직접투자 동향과 업종별 영향 분석
- 중국 거대화의 대 아시아 경제 영향
- 글로벌 금융위기와 한·중 금융협력 방향
- 중국 환율결정 메커니즘과 위안화 국제화
- 지방부채의 구조적 증가원인과 해결방안
- 중국 농촌금융, 개인금융, 신용평가제도에 관한 연구
- 중국 기업가 정신에 관한 연구
- 한류의 이용전략
- 중국 프랜차이스산업 내 경쟁전략
- 중국 내 CSR 전략과 사례

특히 한·중 양국 간 FTA 협정은 중국 정부가 협상 개시에 매우 적극적이고, 국내업계와 재계의 관심도 지대하기 때문에 2012년 5월 한·중

· 일 정상회담에서 협상이 개시되는 동북아 3국 간 FTA보다 더 빨리 타결될 가능성이 크다. 이와 관련, 그 동안 연구가 미진한 국내 민감산업(농어업 축산업, 일반 공산품과 잡화 등)에 미치는 영향, 한 · 중 · 일 FTA와의 영향력 비교, FTA 체결시 중국기업의 대한(對韓) 투자추이 변화 등의 주제에 관해 보다 심층적인 연구가 필요하다고 본다. 또한 2011년을 기준으로 한국에 대한 중국의 누적투자액은 30억 달러에 불과하고 그나마도 대부분이 금융, 관광 및 연예산업에 집중되어 있는 점을 감안, 앞으로는 중국기업들의 글로벌 전략과 M&A 투자 등 대한(對韓) 투자동향에 관한 연구도 강화되어야 한다. 지금까지는 주로 한국기업이 중국에 투자하는 상황이었지만, 앞으로는 중국기업들이 합자 · 합작 투자, 인수 · 합병 등의 방식을 통해 한국에 투자하는 일이 늘어날 것이기 때문이다. 중국기업들은 한국의 내수시장을 개척함과 동시에 반도체, 정밀전자, 이동통신 장비 및 부품, 신소재 등 한국의 기술우위를 중국 자본과 결합시킴으로써 EU · 미국 시장에서 경쟁력을 강화하려 할 가능성이 크다.

이외에도, 경제학 분야에서는 대만 · 홍콩 등과의 CEPA(*Closer Economic Promotion Agreement*) 효과, 중국 환율결정 메커니즘, 위안화의 국제화, 지방부채의 구조적 증가원인과 해결방안, 중국 농촌금융, 개인금융, 신용평가제도에 관한 연구 등이 필요하다. 경영학 분야에서는 중국 중서부지역 투자환경 변화, 서비스 부문의 개방, 노동력 부족, 환경기준, 규제강화 등 중국 투자환경 전반에 관한 연구가 보다 실무적으로 진행되어야 하며, 중국 내 기업가 정신, 중국시장 개척에 관한 한류 이용전략, 중국 프랜차이즈산업 내 경쟁전략, 중국 내 CSR(*Corporate Social Responsibility*) 전략에 관한 연구가 강화되어야 할 것으로 판단된다.

■ 참고문헌

강승호, 2005, 《중국 따렌의 외국인 투자환경 변화와 진출기업에 관한 연구: 한일 비교를 중심으로》, 인천: 인천발전연구원.

_______, 2005, 《한일 양국의 대중국 직접투자 비교연구》, 인천: 인천발전연구원

강정모·박원규, 2005, "동북아경제 중심전략", 〈기업경영연구〉, 제11집 1호, pp. 157~189.

강정모·원상호, 2001, "동북아 국가들의 수출 비교우위분석", 〈경제학연구〉, 제49집 4호, pp. 251~278.

강한균, 2007, "대중국 범 중화권 FDI의 경제적 효과와 활용전략", 〈국제경영리뷰〉, 제11권 1호, pp. 51~72.

강효백, 2006, "중국-홍콩 CEPA의 법적 성격에 관한 연구", 〈중국학논총〉, 제22집 1호, pp. 1~17.

고정식, 2007, "중국의 무역통계 오차 일반화 검증과 재조정 문제", 〈동북아경제연구〉, 제19권 1호, pp. 1~41.

고재모, 2011, "중국산 수입식품 현황과 안전관리 연구", 〈동북아경제연구〉, 제23권 1호, pp. 187~214.

구기보, 2004, "중국 은행산업의 소매금융에 관한 연구", 〈한중사회과학연구〉, Vol. 4. pp. 45~56.

_______, 2012, "중국 상장기업의 비유통주 개혁에 따른 주식시장의 반응", 〈현대중국연구〉, 제13집 1호, pp. 197~231.

구기보·황원일, 2011, "중국의 위안화 국제화 정책과 일본 무역업자의 반응", 〈현대중국연구〉, 제12집 1호, pp. 285~323.

김경원, 2009, 《베이징올림픽 이후 중국경제》, 서울: 삼성경제연구소.

_______·최준환, 2006, "한국 주식시장과 중국 주식시장의 정보이전효과 연구", 〈국제경영연구〉, 제17권 4호, pp. 31~49.

_______, 2008, "중국 기업의 해외상장 연구", 〈전문경영인연구〉, 제11권 2호, pp. 43~62.

김경환, 2006, "중국의 투자환경 변화와 대응방안", 〈한중사회과학연구〉, 제7권, pp. 2~25.

_______, 2008, "중국의 이전가격조사와 그 대응 방안", 〈한중사회과학연구〉,

제12권, pp. 257~283.

김동하, 2007, “중국 거시경제정책의 한계성에 관한 연구”, 〈현대중국연구〉, 제8집 2호, pp. 91~135.

______, 2004, “한국기업의 중국투자 실패원인 규명을 위한 탐색적 연구”, 〈산업경영연구〉, 제27권 2호, pp. 353~364.

김민수, 2007, “인천국제공항의 서비스품질과 한국, 중국, 일본 여객의 고객만족 및 충성도에 관한 비교에 관한 연구”, 〈한국항공학회지〉, 제5권 1호, pp. 77~88.

김병구, 2011, “중국 내 지주회사 설립을 통한 중국시장 진출전략에 관한 연구”, 〈China연구〉, 제10집, pp. 1~29.

______ · 김익수, 2010, “한국 다국적기업의 해외자회사 통제수준 결정요인에 관한 실증분석: 중국 진출 한국기업의 전략요인과 자회사 역량을 중심으로”, 〈경영학연구〉, 제39권 5호, pp. 1227~1252.

김병순, 2003, “중국시장 개척을 위한 CEO의 역할”, 〈전문경영인연구〉, 제6권 1호, pp. 46~76.

김상욱, 2008, “중국 고급인력의 잠재적 이동요인에 관한 연구”, 〈현대중국연구〉, 제10집 1호, pp. 201~242.

김순우 · 김병구 · 이춘수, 2011, “꽌시가 중국진출 중소IT기업의 성과에 미치는 영향에 대한 실증연구”, 〈무역학회지〉, 제36권 5호, pp. 321~345.

김시중, 2007, “한중 경제관계의 평가와 한중 FTA 전망”, 〈국제통상연구〉, 제12권 3호, pp. 135~158.

김용선, 2003, “중국 민간 소비수요의 변화와 전망”, 〈중국학논총〉, 제16집, pp. 215~233.

______, 2004, “중국 경제개혁의 회고와 전망”, 〈인문사회연구〉, 제6권, pp. 3~28.

______, 2008, “WTO 가입 이후 중국 산업구조 고도화 정책의 추진과 평가”, 〈중국학논총〉, 제26집 1호, pp. 182~203.

김용준, 2004, 《*China Marketing*: 중국 마케팅》, 서울: 박영사.

______ · 김주원, 2008, “중국진출기업의 CSR과 경영성과에 관한 사례연구”, 〈고객만족경영연구〉, 제10권 2호, pp. 85~106.

______, 2012, 《중국 시장문화와 중국 내수시장 공략》, 서울: 성균관대학교 출판부

______ · 문철주, 2009, “중국 주요지역 소비자의 구매패턴의 특성에 따른 브랜드평가에 관한 실증연구”, 〈국제경영연구〉, 제20권 1호, pp. 27~54.

김익수, 1999, 《중국투자론: 이론과 실제》, 서울: 박영사.

______, 2004, 《중국 시장 마케팅: 전략과 사례》, 서울: 박영사.

______, 2005, 《사들이는 중국, 팔리는 한국》, 서울: 삼성경제연구소.

______, 2005, 《현대중국의 이해》, 서울: 나남.

______, 2006, “중국 기업의 국제화 전략: 추진배경, 기대효과 및 한계”, 〈현대중국연구〉, 제7집 2호, pp. 7~70.

______, 2007, 《비단장수 왕서방의 기업가정신》, 서울: 삼성경제연구소.

______, 2008, “Inward and Outward Internationalization of Chinese Firms”, *SERIQuarterly*, Vol. 2. No. 3. pp. 23~30.

______, 2009, “중국 프랜차이즈 산업의 시장환경과 한국기업의 진입전략”, 〈현대중국연구〉, 제11집, pp. 195~242.

김익수 · 김병구, 2007, “M&A 방식에 의한 중국 시장 진입: 현황과 전략적 시사점”, 〈국제통상연구〉, 제12권 3호, pp. 105~134.

______, 2010a, “본사의 기업문화, 본-자회사 간 신뢰 및 커뮤니케이션이 자회사 통제수준에 미치는 영향분석: 중국 진출 한국기업을 중심으로”, 〈전략경영연구〉, 제13권 3호, pp. 35~58.

______, 2010b, “한국 다국적기업의 해외자회사 통제수준 결정요인에 관한 실증분석: 중국 진출 한국 기업의 전략 요인과 자회사 역량을 중심으로”, 〈경영학연구〉, 제39권 5호, pp. 1227~1252.

김익수 · 김종수 · 문정빈, 2011, “China's Outward Foreign Direct Investment: Evidence from 2003~2008”, 〈국제경영연구〉, 제22권 3호, pp. 29~64.

김익수 · 한병섭 · 김병구, 2008a, “M&A방식을 통한 중국기업의 글로벌 전략에 관한 연구”, 〈무역학회지〉, 제33권 2호, pp. 79~113.

______, 2008b, “중국 향진기업 창업결정요인에 관한 실증분석: 지배구조를 중심으로”, 〈무역학회지〉, 제33권 4호, pp. 143~170.

김홍기 · 이준엽, 2007, “한 · 중 첨단산업단지의 기업경쟁력 비교분석”, 〈경제발전연구〉, 제13권 2호, pp. 109~132.

김화섭, 2004, 《중국의 해외직접투자(走出去) 전략과 시사점》, 서울: 산업연구원.

남수중, 2004, "중국 금융시스템의 불안정 요인과 영향", 〈중소연구〉, 제27권 4호, pp. 133~154.

______, 2008, "중국의 환율제도 개혁과 결정요인 분석", 〈아태연구〉, 제15권 1호, pp. 147~171.

노성호, 2011, "기술불연속성과 산업추격: 중국 평판디스플레이 산업에 대한 연구", 〈현대중국연구〉, 제12집 1호, pp. 155~194.

박병인, 2006, "지역경제협력기제로서의 상하이협력기구", 〈중국연구〉, 제38권, pp. 123~147.

박상수, 2003, "중국경제의 글로벌화 산업 리스트럭춰링에 대한 전망", 〈중국학연구〉, 제24집, pp. 409~436.

박승록, 2003, 《동북아 경제중심 기초여건: 무역거래, 수출경쟁력, 경합보완관계 측면에서》, 서울: 한국경제연구원.

______, 2007, 《중국의 세계기업 인수·합병 현황과 시사점》, 서울: 한국경제연구원.

______, 2007, 《한·중·일 기업경쟁력 비교》, 서울: 한국경제연구원.

박승록 외, 2008, 《베이징 올림픽 이후 중국의 변화와 한국의 과제》, 서울: 한국경제연구원.

박월라, 2006, 《중국의 비즈니스환경 변화와 외자기업의 대응전략》, 서울: 대외경제정책연구원.

박인성, 2004, 《중국의 건설 및 부동산시장 구조 및 동향연구》, 서울: 한국건설산업연구원.

박정동, 2003, 《거대한 소비시장 중국》, Book & Book.

______, 2003, 《세계의 공장 중국》, Book & Book.

______, 2004, 《한·중 교류의 어제, 오늘, 내일》, 서울: FKI미디어.

______, 2006, "한·중 간 주요산업의 경합도 비교 분석: 전기, 전자산업", 〈국제지역연구〉, 제9권 2호, pp. 11~34.

박종한 김민수, 2008, 《2010. 중국시장 브랜드 전략》, 서울: 궁리.

박찬일, 2003, "중국 주식시장의 형성배경, 발전과정, 구조적 결함 및 제도적 제약", 〈비교경제연구〉, 제10권 2호, pp. 115~146.

______, 2003, 《중국진출 한국기업의 자금조달과 현지금융》, 서울: 한국경제연구원.

______, 2008, "중국 신용정보공유제도의 발전", 〈동북아경제연구〉, 제20권 1호, pp. 273~297.

배정민·김미정·이춘수, 2011, "한류가 중국소비자의 구매태도에 미치는 영향에 관한 실증연구: 음식제품 및 음식기업이미지 중심으로", 〈현대중국연구〉, 제11집 2호, pp. 123 ~155.

백권호, 2003, "'원저우 모델'의 혁신요소와 사회주의 시장경제의 관계에 관한 연구", 〈중국학연구〉, 제24집, pp. 341~359.

______, 2004, 《중국 내 한국계 외자기업의 경영 현지화》, 경기: 미래인력연구원.

______, 2004, "중국 국유기업제도 개혁에 관한 역사적 접근", 〈경영사학〉, 제19집 3호, pp. 125~155.

백승욱, 2008, "중국 외환보유고 증가를 통해 본 중국 금융적 변신의 현황", 〈동향과 전망〉, 제73호, pp. 53~99.

서봉교, "중국과 한국의 개인 신용정보제도 비교와 중국 신용카드 시장에 대한 시사점", 〈현대중국연구〉, 제11집 2호, pp. 89~122.

서석흥, 2007, "중국 국유 상장회사의 기업지배구조 실태와 개혁방향", 〈동북아문화연구〉, 제16집, pp. 465 -493.

______, 2007, "중국 장강(長江) 삼각주 지역의 경제통합과 외자유치를 둘러싼 경쟁과 협력", 〈비교경제연구〉, 제14권 2호, pp. 63~97.

성용모, 2007, "중국자회사 현지화 전략과 투자성과결정요인 비교연구: 한국, 일본, 대만계 기업 자회사를 중심으로", 〈경영학연구〉, 제36권 2호, pp. 443~478.

신주식·박혜영·박정동, 2011, 《중국에서 기업하기》, 경기: 생능출판사.

신태용, 2008, 《중국의 성장 유형 전환과 외국인 투자환경 변화: 공업 부문을 중심으로》, 서울: 산업연구원.

안종석·김윤태, 2008, "정(情), 이(理), 법(法)패러다임을 활용한 중국 진출 한국기업의 경영현지화 실증분석", 〈국제경영연구〉, 제19권 3호, pp. 19~45.

양성보·심화섭, 2000, "동북아시아 경제통합 현황과 전망", 〈동북아경제연구〉, 제11권 2호, pp. 1~18.

양평섭, 2007, "산업패널을 이용한 한국의 대중국 수출결정요인 분석", 〈동북아경제연구〉, 제19권 1호, pp. 93~130.

______·최의현·남수중, 2006, "중국의 중단기 경제발전 전망과 한·중 교역구조 변화 추정", 〈현대중국연구〉, 제8집 1호, pp. 109~140.

양효령, 2004, "중국의 외국인 투자 지주회사 설립에 관한 연구", 〈중국법연

究〉, Vol. 4. pp. 149~160.
오승렬, 2008, "중국 반독점법의 시행이 '시장성격'에 미칠 영향", 〈중국학연究〉, 제45집, pp. 449~470.
오용석, 2004, "중국경제의 발전과 장보고 모델의 현대적 응용", 〈동북아경제연구〉, 제16권 3호, pp. 73~111.
원동욱, 2012, "북·중 경협의 빛과 그림자: '창지투' 개발계획과 북·중 간 초국경 연계개발을 중심으로", 〈현대중국연구〉, 제13집 1호, pp. 41~73.
윤성환, 2011, "한국의 국가 및 기업이미지가 중국 소비자들의 한국 제품 선택에 미치는 영향: 상하이 엑스포 참관 중국인을 중심으로", 〈현대중국연구〉, 제12집 2호, pp. 205~240.
은종학, 2009, "중국의 과학 역량에 대한 미시적 탐색: 학문적 리더십과 국제적 연구 네트워크", 〈중국연구〉, 제47권, pp. 449~477.
______, 2009, "중국 대학의 과학연구와 기술상업화", 〈국제지역연구〉, 제17권 1호, pp. 71~99
______, 2010, "중국 기업의 혁신행위 패턴분석", 〈국제지역연구〉, 제19권 4호, pp. 1~34.
이강표, 2008, "이행기 중국 경제에 있어 사회적 자본 및 제도 구조가 기업 간 거래관계 지속성에 미치는 영향", 〈국제경영연구〉, 제19권 4호, pp. 51~81.
이강표, 2009, "중국의 지역 보호주의 및 산업구조 조정에 대한 일고찰", 〈무역학회지〉, 제34권 2호, pp. 117~140.
이규택, 2003, "중국 WTO 가입과 외자이용", 〈중국학논총〉, 제16집, pp. 235~259.
______, 2004, "중국 3차 산업의 발전 전망", 〈중국학논총〉, 제18집, pp. 625~652.
이 근, 2007, 《2020 중국리스크: 중국경제 중장기예측과 리스크분석》, 서울: 동아시아연구원.
이민자, 2007, "중국의 외국인 직접투자와 중국식 발전 모델", 〈신아세아〉, 제16권 2호, pp. 155~182.
______, 2008, 《중국 인문사회 부문 싱크탱크 현황과 정책결정과정 연구》, 서울: 경제·인문사회연구회.
이일영, 2004, "중국기업·노동의 인센티브체계 개혁: 성격과 유형", 〈동향과 전망〉, 제62호, pp. 242~280.
이장로·정인식·박지훈·나우희, 2006, “중국 시장에 진출한 한국 다국적기업의 마케팅 지식이전 결정요인에 관한 실증연구”, 〈국제경영학연구〉, 제17권 3호, pp. 23~56.
이재유, 2003, 《중국의 서부대개발과 한국기업의 진출전망》, 서울: 국제무역경영연구원.
이창영, 2007, 《중국 증권시장의 이해》, 경기: 한국학술정보.
이춘삼, 2004, “중국 반덤핑제도의 규범체계”, 〈산업경영연구〉, 제27권 1호, pp. 111~125.
______·이재영, 2004, “중국의 무역구제제도와 WTO DDA 규범과의 비교연구”, 〈산업경영연구〉, 제27권 3호, pp. 267~294.
장영석, 2003, “중국 국유기업의 소유권 구조 개혁과 기업지배구조의 변화”, 〈중소연구〉, 제27권 1호, pp. 13~36.
장윤미, 2012, “중국 모델에 관한 담론 연구”, 〈현대중국연구〉, 제13집 1호, pp. 75~116.
장호준, 2011, “중관촌 모델과 비공식 신용거래 관행”, 〈현대중국연구〉, 제12집 2호, pp. 83~125.
전병곤, 2006, 《중국의 ‘동아시아 발전경험’ 수용에 관한 연구》, 고양: 한국학술정보.
전성흥, 2008, 《중국모델론: 개혁과 발전의 비교역사적 연구》, 서울: 부키.
전의천, 2003, “한국 패스트푸드업체의 대중국 마케팅 전략에 관한 연구”, 〈전문경영인연구〉, 제6권 1호, pp. 135~153,
______·김석민, 2006, “대중국 반덤핑조사 시 비시장경제체제 적용의 법원에 관한 분석적 고찰”, 〈국제지역연구〉, 제9권 2호, pp. 59~83.
정명기, 2004, 《서울: 중국 국유기업 개혁의 부작용: 기업경영의 사유화》, 서울: 코스닥등록법인협의회.
______, 2006, “중국 기업소유지배구조와 기업경영성과와의 연관성”, 〈사회경제평론〉, 제26호, pp. 145~179.
정상은, 2012, “중국경제의 성장전략 전환과 미래전망”, 〈현대중국연구〉, 제13집 1호, pp, 271~313.
정영록, 2003, 《중국경제의 위상과 우리나라의 산업정책방향》, 서울: 한국은행 금융경제연구소.
정우식, 2011, “중국 문화산업 시장참여자 연구: 3C(Company, Customer,

Competitor)를 중심으로", 〈현대중국연구〉, 제11집 1호, pp. 145~193.

정인교, 2003, 《중·아세안 FTA의 추진과 파급영향》, 서울: 대외경제정책연구원.

정재호, 2006, 《중국 동북지역 진흥정책과 발전전략》, 서울: 전국경제인연합회.

정해용, 2003, "시장체제 전환중의 중국 정부개혁과 정책망", 〈21세기 정치학회보〉, 제13권 1호, pp. 227~257.

정환우, 2003, "개혁체제하의 지방간 교류와 협력", 〈중소연구〉, 제27권 1호, pp. 65~89.

______, 2006, 《중국 장강삼각주지역과 수도권지역의 발전》, 서울: 한국무역협회 무역연구소.

______, 2008, "중국의 산업통상정책 변화", 〈중국학연구〉, 제45집, pp. 329~356.

조대우·김정호, 2008, "중국 혁신클러스터의 환경요인이 벤처기업의 성과에 미치는 영향", 〈국제경영리뷰〉, 제12권 1호, pp. 93~118.

조동제, 2007, "중국 사회주의시장경제하의 물권법 특색", 〈비교사법〉, 제14권 호, pp. 279~310.

조준현, 2008, "최근 중국의 농촌경제 및 농촌정책과 향진기업", 〈현대중국연구〉, 제9집 2호, pp, 213~240.

______, 2008, "최근 중국의 농촌경제와 향진기업의 동향", 〈농촌경제〉, 제30권 6호, pp. 111~131.

______, 2005, "중국 FDI 정책의 목표: 전개, 성과 및 과제." 〈국제지역연구〉, 제14권 3호, pp. 1~39

______·지만수, 2006, "제조업체의 중국내 투자, 경영성과 실증분석", 〈중소기업연구〉, 제28권 1호, pp. 119~140.

지만수, 2004, 《중국의 과학기술 상용화 동향과 한국의 대응전략》, 서울: 대외경제정책연구원.

______, 2004, 《중국진출 한국기업의 경영실태와 시사점》, 서울: 대외경제정책연구원.

______, 2008, 《중국 부실채권 문제의 원인과 해결전망》, 서울: 대외경제정책연구원

______, 2008, "중국 경제의 안과 밖, 그리고 한국", 〈황해문화〉, Vol. 61,

pp. 36~55.

______, 2011, "G20 정상회의에서 나타난 중국의 전략과 이해관계", 〈현대중국연구〉, 제12집 1호, pp. 245~283.

최 문·이상빈, 2011, "한·중 FTA협상에 대비한 섬유산업의 품목별 원산지 결정기준에 관한 연구", 〈현대중국연구〉, 제12집 2호, pp. 241~277.

최백렬, 2004, "외국인직접투자가 중국경제에 미친 영향에 관한 연구", 〈국제경영리뷰〉, 제8권 1호, pp. 199~219.

최병헌, 2007, "치루이자동차의 등장과 전략에 대한 함의: 자원준거관점의 확산", 〈현대중국연구〉, 제9집 1호, pp. 171~211.

______, 2011, "중국 자동차 산업에서의 전략집단 형성에 관한 연구: 분리기제 형성 요인을 중심으로", 〈현대중국연구〉, 제11집 1호, pp. 243~287.

최상분, 2007, "중국 상장 석자기업의 이익조정에 관한 연구", 〈경영경제연구〉, 제26권 1호, pp. 15~37.

Choi, Yong Jin, 2011, "Loosely-Coupled Institutional Environment and Migrant Workers' Turnover: Evidence of East Asian-Invested Enterprise in China", 〈현대중국연구〉, 제12집 2호, pp. 327~379.

최의현, 2006, "중국 첨단산업의 구조와 교역패턴 분석", 〈국제지역연구〉, 제15권 1호, pp. 1~34.

______, 2007, 《주요 선진국의 대중국 경제협력 현황과 통상전략》, 서울: 대외경제정책연구원.

______·치셩주, 2011, "중국 농촌금융 개혁에 관한 연구: 신형 농촌금융기구를 중심으로", 〈현대중국연구〉, 제11집 2호, pp. 157~191.

최필수·닝샹동, 2011, "중국 기업집단의 규모와 밀도", 〈현대중국연구〉, 제12집 2호, pp. 279~326.

한재진, 2011, "중국 주식시장과 외환시장간의 동태적 관계분석", 〈현대중국연구〉, 제12집 제 1호, pp. 353~381.

한광수, 2000, "아시아 통화위기와 중국의 금융구조조정", 〈비교경제연구〉, 제8권 1호, pp. 63~111.

______, 2001, "중국 서부개발 전략의 성격 분석", 〈현대중국연구〉, 제3집, pp. 127~190.

______, 2010, "중국 자본시장 개방의 특성: WTO 가입 이후 QFII제도 도입을 중심으로", 〈동북아경제연구〉, 제22권 1호, pp. 141~172.

한동훈, 2002, “중국 국유기업의 내부자통제와 사유화”, 〈경제발전연구〉, 제8권 2호, pp. 82~102.

______, 2003, “중국의 기업 인수합병의 유형 및 기업지배구조에서의 의미”, 〈경제발전연구〉, 제9권 1호, pp. 131~154.

한병섭, 2007, “대중투자기업의 투자지역 선택에 관한 연구”, 〈국제경영리뷰〉, 제11권 2호, pp. 1~21.

______·김병구, 2008, “A Study on Human Resource Management Strategy of Foreign Shipping and Port Logistics Companies under the China's New Labor Contract Law”, 〈한국항만경제학회지〉, vol. 24. No. 2. pp. 43~69. 〈국제경영리뷰〉, 제12권 1호, pp. 119~140.

______·김익수, 2004, “중국 투자기업의 철수 결정요인 분석”, 〈국제경영연구〉, 제15권 1호, pp. 107~143.

______·서민교, 2007, “해외투자대상국 내 직접효과와 해외자회사의 생존”, 〈경영연구〉, Vol. 22, No. 2, pp. 95~126,

한우덕, 2006, 《중국의 13억 경제학: 상하이특파원의 중국경제 현장리포트》, 서울: 한국경제신문.

한정화, 2006, 《중소기업의 차이나 리스크 실태와 대응방안》, 서울: 한국중소기업학회·기은경제연구소.

______·신중경, 2006, “중국진출 한국 중소기업의 경영성과와 결정요인에 관한 연구”, 〈국제경영연구〉, 제17권 4호, pp. 105~126.

한충민, 2000, “중국진출 한국기업의 직접투자 성과 결정요인에 관한 실증적 연구”, 〈국제경영연구〉, 제11권 2호, pp. 375~396.

______, 2000, “중국 시장에서의 마케팅전략”, 〈마케팅연구〉, 제15권 2호, pp. 1~12.

허흥호, 2007, “화교기업과 중국의 경제발전”, 〈중국연구〉, 제41권, pp. 349~375.

______, 2008, “대만기업의 대중국 투자: 변화와 전망”, 〈동북연구〉, 54집, pp. 193~227.

홍인기, 2004, 《중국의 주요 IT산업》, 서울: 박영사.

______, 2006, 《중국금융시장론》, 서울: 박영사.

______, 2011, 《중국과 견주어본 인도》, 서울: 기파랑.

관련기사

Ding, Qingfen, 2012, "China-South Korea pact first on agenda". *The China Daily*(April, 6)

웹사이트

한국학술정보원 데이터 베이스 www.riss.kr

한국무역협회 무역통계 www.kita.net

한국수출입은행 해외투자통계 www.koreaexim.go.kr

제 2 부

김준엽과 중국의 한국학

김준엽과 중국의 한국학 연구

선딩창(沈定昌)*

중한 양국관계가 정상화되고 나서 한국은 즉시 중국의 많은 학자들이 연구하는 대상국이 되었고 한국문제도 학계에서 열띤 토론을 하게 되는 이슈가 되었다. 특히 21세기에 들어서면서 "한류"가 중국에서 형성되고 발전하면서 중국학자들의 한국학에 관한 연구 열기 역시 하루가 다르게 상승하였다. 학자들은 수많은 저작, 역작, 사전 및 교과서 등을 출판하였을 뿐만 아니라 학술간행물과 학술회의에서도 많은 논문을 발표하였는데 그 내용을 보면 한국의 역사, 정치, 경제, 외교, 문학, 언어, 철학, 종교, 사회 등 한국학의 제반 영역을 넘나든다. 초보적 통계에 따르면 1992년 중한 수교로부터 2005년까지 단 14년이란 기간 동안 중국에서 공식적으로 출판된 한국학 관련 연구저서는 1,300여 부에 달했으며, 공식 출판되는 잡지와 간행물에 발표된 논문은 약 5,700여 편에 이른다고

* 북경대학 외국어학원 조선어문학부 교수, 북경대학 한국학 연구센터 주임, 한국 사회과학원 객원연구위원(현).
한국관동대학 객좌교수, 중한 우호협회이사, 〈당대한국〉 편집위원 역임.
주요 저서: 《韩国对外关系》, 《韩国外交与美国》, 《中国对朝鲜半岛的研究》, 《韩国学概论》.

한다.[1] 중국에서 이 같은 거대한 성과를 이룩한 한국학 연구의 발전을 논하노라면 대부분 사람들은 모두 존경하는 한국친구 — 한국사회과학원 전 이사장이신 김준엽 선생님을 떠올리게 된다.

김준엽 선생님은 1920년에 압록강변에서 태어나 중학교를 졸업한 후 일본유학을 떠나셨다. 1944년 2월, 선생님은 일본군에 의하여 강제로 "학도병"이 되어 중국 서주(徐州)에 파견되었다. 그 해 3월 선생님은 생명의 위협을 무릅쓰고 일본군의 마수에서 벗어나 중국의 항일유격대에 합류하게 되었고, 11월에는 4개월간의 "장정"을 거쳐 당시 대한민국 임시정부 소재지였던 중경(重慶)에 도착하여 한국 독립군(광복군)에 가입하셨다. 일본군이 투항한 후 선생님은 심사숙고 끝에 잠정적으로 중국에 남아 교육에 종사하기로 결정하셨다. 1946년 2월 선생님은 중국국립동방어문전문학교(이하 "동방어전"[2] 이라고 약칭함)에 가서 한국어과 강사직을 담당하면서 중국 학생들에게 한국어를 가르치게 되었다. 동방어전이 남경(南京)으로 이전한 후 선생님은 교학을 계속하는 한편 동시에 중국국립중앙대학교 대학원에서 중국근대사를 전공하셨다. 이로써 선생님은 중국의 한국학 연구와 인연을 맺게 되었다.

1. 중국의 한국학 발전을 위한 토대 마련

일찍부터 김준엽 선생님은 중한 양국의 문화발전에 대하여 자신만의 웅장한 설계도를 갖고 계셨다. 1948년 여름, 선생님께서 열성을 다하여 양성한 한국어과의 제 1기 학생들이 졸업하게 되었다. 그리고 중한 문화

1) 〈조선반도유관문헌목차(1992~2005)〉, 2008, 요녕민족출판사.
2) 동방어전은 그 후 북경대학교에 편입되어 북경대학교 동방어학과의 전신이 되었다.

교류라는 정원에 처음으로 뿌린 씨들이 싹이 트고 뿌리를 내려 꽃을 피우고 열매를 맺도록 하기 위하여 그는 졸업생 중에서 3명의 우수한 학생을 선발하여 친히 서울로 데리고 가서[3] 서울대학교[4] 역사학과에서 유학시켜 연수하도록 도와주셨다. 기록에 의하면 그들은 중국 송나라 이후 천여 년이란 세월을 거치는 동안 처음으로 한국에 유학 간 중국 학생들이었다.[5] 그 당시 한국은 식민통치에서 벗어난 지 얼마 되지 않은 시기였고 아직은 빈곤하고 낙후한 국가였기에 유학생들에게 장학금을 제공할 수가 없었다. 이 유학생 세 명의 생활비를 해결하기 위하여 선생님은 서울의 화교중학교에 연락하여 그들이 서울대학교 역사학과에서 공부하면서 화교중학교에서 학생들을 가르칠 수 있도록 도와주셨다.

제 1기 유학생들이 한국에서 진정으로 무엇인가 습득할 수 있고 그들을 하루빨리 한국을 연구하는 학자로 양성하기 위하여 선생님은 성심껏 일정을 배치해주셨고 열성적인 도움을 아끼지 않으셨다. 선생님은 중국 유학생들을 위하여 전임 대한민국 임시정부 주석을 임하였던 김구 선생님과 같은 한국독립운동 지도자들을 만날 수 있는 기회를 만들어 주시면서 그들이 학업의 목적을 한층 명확히 하고 학업에 대한 동력을 증강하도록 해주셨다. 또한 그는 중국 유학생들이 한국사학계의 원로이신 이병수 선생님을 뵐 수 있는 자리를 만들어 그들로 하여금 한국에 대하여 더욱 깊은 이해를 가질 수 있도록 해주셨다. 뿐만 아니라 그는 중국 유학생을 추천하여 한국어학계 거장이신 최현배 선생님을 스승으로 모시도록 하여 한국언어에 대한 학습을 강화하도록 해주셨다. 이러하듯 선생님은 한국학 연구 분야의 인재양성을 위하여 모든 심혈을 쏟아 부으셨다. 이에 대하여 선생님은 자신의 회고록에서 "이는 나 자신이 한중 문하

3) 한국정부는 한국의 수도 '한성시'의 지명을 '서울시'로 개정하였다.

4) 수도 이름이 '서울시'로 개정됨에 따라 '한성대학교'도 '서울대학교'로 이름을 바꾸었다.

5) 김준엽 저, 沈定昌 역, 《我的长征》(김준엽 회고록 5), p. 258.

교류를 위하여 해낸 첫 번째 성공일 뿐만 아니라 나의 일생에서 외국과 학술 및 문화교류 사업의 시작이기도 하였다"[6] 라고 하셨다.

김준엽 선생님은 동방어전에서 교학하는 동안 2기 한국어과 학생들을 가르쳤고 매 기에 30여 명의 학생이 있었는데 이들은 모두 선생님이 중한문화교류를 위하여 근면하게 뿌려놓은 씨앗들이었다. 당시 선생님께서 주선하여 한국유학을 다녀온 양통방(杨通方) 교수는 귀국한 후 북경대학교 동방어학과 조선어과에서 근무하였고 한국사 연구 분야의 저명한 전문가가 되었다. 양 교수님은 교학과 연구과정에서 모두 괄목할 만한 성과를 거두었고 또한 북경대학교 한국학 연구센터를 창립하였으며 중국의 한국학 연구를 위하여 커다란 공헌을 하셨다. 양 교수님은 몇십 년간 시종일관 교학의 최전방에 서셨고 학부생, 대학원생들을 위하여 조선개황, 조선사, 조선역사특강, 중한관계 등을 강의하셨다. 뿐만 아니라 양 교수님은 학술연구를 특별히 중시하면서 차례로 《중한고대관계사》, 《선진부터 당나라시기의 중국과 신라의 관계》, 《중외문화교류사》(공동저작), 《한(汉) 문화논강》(공동저작), 《한당시기 중국과 백제의 관계》 등 저작을 발표하셨다. 그리고 중국 교육부의 위탁을 받고 초·중·고등학교 교과서에 들어있는 한국사 부분과 《백과전서》의 한국사 부분을 편찬하셨다. 10여 년간 양 교수님은 연구센터를 이끌고 북경대학교에서의 한국역사, 문화, 정치, 경제 및 언어문학 분야의 학술연구를 협력하고 조직하셨다. 이와 동시에 국내외, 특히 한국의 교육학술연구단체 및 관련 전문가와 학자들과 연계를 취하면서 학술연구를 진행하여 중한 양국의 상호이해와 문화교류 그리고 우호적인 협력을 강화함에 있어 커다란 기여를 하셨다.

허유한(许维翰) 교수님도 동방어전에서 수학한 김준엽 선생님의 학생이었는데 졸업 후 학교에 남아 교편을 잡게 되어 북경대학교의 교사가

6) 김준엽, 《장정 4: 나의 무직시절》, p. 28.

되었으며 그 후에는 북경어언문화대학교로 전근하여 강의를 계속하게 되었다. 1992년 중한 수교 직후 북경어언문화대학교는 중한문화교류를 진행하기 위하여 한국교육문화연구센터를 설립하였고 허 교수님을 센터 주임으로 초빙하였다. 허 교수님은 센터주임을 담당하시는 동안 북경어언문화대학교와 한국의 여러 대학교 간의 교류와 협력, 그리고 중한 문화교류를 위하여 많은 일들을 하셨다. 1995년 9월, 중한 양국 간의 협력과 교류의 수요를 만족시키고자 더 많은 한국어 인재를 양성하기 위하여 허 교수님은 북경어언문화대학교에서 한국어과를 창설하셨다. 10여 년 동안 이 학과는 허 교수님의 인솔 아래 어려웠던 초창기를 지나 끊임없는 노력을 경주한 끝에 주목받을 만한 성과를 가져왔다. 탄탄한 교수진과 연구실력을 겸비한 이 학과는 수많은 우수한 한국어 인재를 양성해냈고 최근 허 교수님은 교학과 동시에 《현대한국어문법》, 《실용한국어문법》, 《속성 한어초급교정》(한국어 주석본) 등의 저작을 집필하셨다. 뿐만 아니라 국내외 학술지에도 한국학 연구에 관한 여러 편의 논문을 발표하셨다.

2. 연구기관 설립을 위한 김준엽 선생님의 노력

1949년 초기, 당시의 중국정세를 비추어 김준엽 선생님은 여러 해 동안 갈 수 없었던 조국으로 돌아갔고 그 해 9월에 고려대에 초빙되어 중국근대사를 가르치셨다. 그 후 냉전으로 인하여 중한 양국은 장기간 대치하면서 모든 관계를 중단하게 되었다. 1988년에 들어서 중한관계가 점차 완화되면서 김준엽 선생님은 끝내 꿈에서도 바라던 소망을 실현하여 39년간이나 그려왔던 제 2의 고향, 중국에 다시 한 번 돌아오게 되었다. 이를 시작으로 선생님은 중한 문화교류의 다리를 구축하기 위하여 해마다 수차례에 거쳐 중국을 방문하고 학술활동에 참가하셨는데 1988년부터 2010년까지 60여 차례나 중국을 방문하셨다. 만년에 들어선 선생님은 중한 문화교류사업에 전력하면서 중국에서의 한국학 발전을 위하여 심혈을 기울이셨다. 중국 국민들에게 진정한 한국을 보여주고, 양국 간 학술기구의 교류와 협력을 추진하기 위한 목적으로 한국국제교류재단, 대우재단, 참이슬문화재단 등 재단들이 중국의 대학교에서 한국학 연구기구를 설립할 수 있는 경제적인 지원을 하도록 주선하셨다. 바로 선생님의 도움으로 북경대학교, 복단대학교, 항주대학교(현재 절강대학교에 편입됨), 남경대학교, 산동대학교, 요녕대학교 그리고 중국사회과학원 등에서는 차례로 한국문제 및 한반도문제를 연구하는 전문기구를 설립하였다.

북경대학교 한국학 연구센터는 1991년 4월 12일에 설립되었고 그 전신은 '북경대학교 조선역사문화연구소'였는데 1993년 9월 11일에 북경대학교의 허가를 받고 정식으로 지금의 명칭을 사용하기 시작하였다. 이 연구센터는 북경대학교의 여러 학과와 전공을 포함하여 한국학을 전면적이고도 종합적으로 연구하는 학술기구로서 문화학술계의 저명한 학자들인 북경대학교 계선림(季羨林) 교수, 주일량(周一良) 교수 그리고 한국 학술계의 저명한 학자이신 김준엽 선생님을 특별히 초청하여 고문으로 모시였다. 연구센터는 중국의 대학교 중에서 비교적 일찍 설립된 한국학 연구기구였는데 한국전통문화를 주로 연구하면서 동시에 한국의 근현대 역사, 정치, 외교, 경제, 사회, 언어, 문학, 교육, 철학 등 분야에서도 연구를 진행하고 있다. 김준엽 선생님은 그 연구센터에서 필요로 하는 경비를 마련하여 연구센터가 지속적인 발전을 할 수 있도록 심혈을 기울이셨다. 이 같은 선생님의 노력으로 연구센터는 한국국제교류재단과 대우학술재단의 후원을 받게 되었다. 연구센터는 선생님의 지지와 도움 그리고 지도 아래 한국학 연구와 한중 학술교류 분야에서 괄목할 만한 성과를 거두었다. 결코 길지 않은 20년이란 시간 동안 연구센터에서는 이미 한국학에 관한 저작 70여 부(저서, 역서, 편찬서 포함)를 출판하였고 센터의 학술지 〈한국학논문집〉도 21호까지 발간하였다. 이러한 저작들은 중국에서의 한국학 연구를 추진하였으며 그중의 많은 저작들은 중국의 한국학 연구가 가진 공백을 메우기도 하였다. 그리고 연구센터에서 출판한 《한문화논강》(汉文化论纲) 은 중국 1991~1994년 대학교 우수저작상을 획득하였고 《소선어기초문법》은 한국 1999년 동숭학술상을 받았으며 《한국외교와 미국》(한국어판) 은 대한민국 학술원으로부터 2007년도 우수학술저작으로 평가받았다. 또한 〈한국학논문집〉은 중국의 한국학계에서 가장 영향력 있는 학술지로 인정받고 있다. 연구센터에서는 선후로 "한국전통문화 국제학술포럼", "제 5회 환태평양 한국학 국제학술회의", "제 2회 세계한국학대회" 등 대규모 국제학술회의, 그리고 여러 가지 주제의 학술포럼 등을 주최하면서 한국학의 연구와 교류를 촉진해 왔다.

복단대학교 한국연구센터는 1992년 10월에 설립되었다. 이 연구센터의 목적은 전면적으로 한국의 정치, 경제, 문화를 연구함으로 중한 양국 국민들 간의 이해를 증진하고 중한관계의 발전을 추진하여 이로써 한반도 그리고 동북아 나아가 환태평양지역에 대한 연구를 활성화하고자 하는 것이다. 이 같은 취지 아래 연구센터의 사업들은 한국국제교류재단, 한국학술진흥재단 등 해외재단의 후원을 받게 되었다. 이 연구센터는 전문적인 연구원을 중심으로 하고 겸직 연구원을 보조로 하여 여러 국가와 도시를 넘나들고 여러 단체들이 함께 협력하는 연구를 진행하였다. 그 연구 분야에는 한반도의 정치, 경제, 외교, 법률, 군사, 역사, 사회, 문화, 종교 등을 포함한다. 지금까지 〈한국연구논총〉 20여 호, 그리고 학술저작과 자료집 등을 50여 부 출판하였고 한반도문제를 둘러싼 10여 부의 TV 영상물 제작에 참가하였다. 연구센터는 여러 학술활동을 적극적으로 조직하여 해마다 적어도 한 차례의 대형 국제심포지엄을 주최하고 3~4차례 중소형 국제, 국내 워크숍을 진행한다. 이러한 행사를 통해 국내외의 전문가와 학자들을 초청하여 한반도와 동북아 지역에 관한 무제들을 연구, 토론한다. 2005년부터 시작하여 이 연구센터는 해마다 복단대학교 대학원, 국제문제연구원과 공동으로 '중국 한국학 박사포럼'을 열어 중국 차세대학자들이 한국학 연구성과를 교류할 수 있는 장을 마련하였다. 또한 이 연구센터는 비정기적으로 한국학 최신연구 시리즈 특강을 진행하여 한중 경제무역협력을 촉진하고, 중국 내 한국기업들이 지방정부와 대화, 협력하도록 도우며, 중국의 각계인사들이 한국과의 교류를 위한 여러 가지 자문과 서비스를 제공하도록 하였다.

절강대학교의 한국연구소[7]는 1993년 4월 15일에 설립되었는데 역시 김준엽 선생님의 전폭적인 도움을 받았다. 김 선생님은 한국 대우재단을 통하여 이 연구소를 위해 기금을 설립하여 그 기금으로 학술연구와 교류를 할 수 있도록 보장하여 주셨다. 절강대학교 한국연구소의 학술연구는 한국전통문화를 중점으로 하는데 주로 한국의 역사와 문화, 중한 문화비교와 교류 및 동아시아 역사와 문화를 연구한다. 연구과제로는 한국의 역사, 철학, 문학, 언어, 예술, 정치, 종교, 경제, 교육, 법률, 신문, 관광 등 여러 분야를 넘나든다. 이 연구소의 연구성과인 〈한국연구총서〉는 논문집 또는 저서 형식으로 지금까지 40여 권을 출판하였다. 그중에는 《한민족문화원류》, 《송려관계연구》, 《중한해상교류사》, 《중국강남과 한국문화교류》, 《퇴계철학사상연구》, 《중한경제발전비교연구》, 《중한교육비교》 등 학술적 가치를 지닌 저서들이 있다. 학술연구 외에도 이 연구소에서는 한국의 교육학술기구들과의 교류와 협력을 중요시하여 국내 각계 학자들을 위하여 한국의 도서자료와 정보를 제공하는 데 혼신을 다하고 있으며, 양측을 이어주는 매체로서의 역할을 해내고 있다. 이 연구소는 한국탐험협회, 동국대학교 등과 공동으로 두 차례에 걸쳐 중한 항해 학술탐험활동을 거행하였다. 1996년 7월의

7) 전신은 항주대학교 한국연구원, 항주대학교가 절강대학교에 편입되면서 지금의 이름으로 바뀜.

첫 항해 도중에 태풍을 만나 산동(山東)의 석도(石島)에 표류했는데 그 과정에서 한국의 대항해가 장보고의 고대해상상도를 고찰하였다. 두 번째 항해는 1997년 6월 15일에 중국 절강 주산(浙江舟山)에서 시작하여 중국대원 한 명과 한국대원 네 명으로 탐험팀을 구성하여 대나무 뗏목을 타고 오로지 계절풍과 해류에 의거하여 항해하면서 중국의 동해와 황해를 가로질러 끝내는 7월 8일에 한국 인천에 도착하여 중한관계에 유례없는 업적을 이룩하였다. 이로써 중국 강남과 한국의 해상 교류는 조선업이 발달하기 전의 뗏목시기부터 시작되었다는 것이 증명되었다.[8]

3. 중한 학술교류 촉진

김준엽 선생님은 학자로서의 사명을 평생 잊지 않으셨고 다시 한 번 중한 문화교류의 유대를 만들고자 고심과 수고를 아끼지 않으셨다. 1988년 11월, 39년이 지난 후 중국땅을 다시 밟은 17일 동안에 선생님은 북경, 상해, 남경에서 차례로 북경대학교, 복단대학교, 상해교통대학교, 남경대학교, 화동사범대학교, 동남대학교 그리고 중국사회과학원 등 대학교와 연구기관을 방문하시면서 60여 명의 전문가, 학자들과 회담을 가지셨다. 선생님은 중국 대학교들의 상황을 자세하게 알아보고 당대의 한국을 소개하면서 중한 학술교류 등의 문제를 놓고 중국의 전문가와 학자들과 충분한 의견교환의 시간을 가지셨다. 1989년 그는 다시 한 번 중국을 방문하였는데 이번에는 45일 일정으로 여러 곳을 다니면서 중한 문화교류의 유대를 구축하셨다.

1991년 5월, 중한 양국이 공식수교를 하지 않은 상황에서 선생님은 해당기관의 협조 아래 북경대학교의 학술 거장이신 계선림 교수와 중국교

8) 절강대학교 한국연구소 사이트 참조.

육 국제교류협회 주임 이도(李滔) 선생 그리고 북경대학교 한국학 연구센터 주임 양통방 교수 등을 한국으로 초청하셨다. 선생님의 정성스런 배려로 계선림 교수 일행은 한국 방문기간에 한국 각계 인사들과 교류하고 서로 학술토론을 하였을 뿐만 아니라 중한관계 발전에 관한 의견도 나누었다. 그해 10월 선생님은 또 한 번 친히 한국 사회과학원 원장 김경원 박사와 고려대 경영학과 지청[9] 박사를 이끌고 중국을 방문하여 중국 각계 인사들과 광범위한 접촉과 교류를 진행하였다. 양국 고위층 학자들의 상호 방문은 학술교류를 촉진하였고 상호간의 이해를 증진하였으며 양국 학자들 간의 연계와 우의를 강화하였다.

전문가와 학자들에게 자신의 연구성과를 발표하고 학술을 교류할 수 있는 더 많은 기회를 만들기 위하여 선생님은 중국에서 한국학 국제학술대회를 적극적으로 기획하셨다. 선생님의 선도에 따라 북경대학교, 복단대학교, 항주대학교(그 후 절강대학교에 편입됨), 산동대학교, 요녕대학교, 남경대학교, 동남대학교 등 중국의 주요 대학 한국연구소(센터)에서 참여한 '한국전통문화 국제학술회의'[10]는 1995년 가을 북경대학교에서 성황리에 열렸다. 중국, 한국, 일본, 미국 등의 학자들이 회의에 참석하였다. 이번 회의는 중국에서 열린 진정한 의의를 가진 한국학 국제학술회의였고, 중국의 한국학 연구사업의 발전에 긍정적인 영향과 추진력을 가져다주었다. 선생님은 이에 그치지 않고 한국 동양사학회와 중국 학술기구 간의 학술교류를 추진하셨다. 그의 열성적인 도움에 동

---

9) 지금은 한국사회과학원 이사장으로 계신다.

10) '한국전통문화 국제학술회의'는 2년에 한 번씩 지금까지 12차례 거행되었다. 참여하는 연구소가 매년 증가하여 제 6회부터는 매년 거행한다. 동시에 학술회의에서 다루는 내용도 한국의 역사문화 등에서부터 점차 언어, 문학, 역사, 정치외교, 경제, 철학, 종교, 사회 등 영역까지 확장되어 한국학 내용 전체를 포괄하게 되었다. 따라서 2009년부터 '한국전통문화 국제학술회의'는 '중국(제10회) 한국학대회'로 개칭하였다.

양사학회는 차례로 고려대와 북경대학교, 아주대학교와 남개대학교, 동국대학교와 항주대학교를 조직하여 중한 역사문제 그리고 한국과 중국 강남 등을 주제로 한 학술회의를 가지면서 양국 학자들이 이러한 분야에서의 연구성과를 발표하고 학술교류를 진행할 수 있는 장을 마련하였다.

20여 년간 선생님은 수십 명의 한국학자들을 선발하여 중국에 학계에 파견하였고 동시에 중국의 북경대학교, 청화대학교, 복단대학교, 남개대학교, 화동사범대학교, 북경어언문화대학교, 중앙민족대학교, 외교학원, 길림대학교, 연변대학교, 중국정법대학교, 절강대학교, 산동대학교, 요녕대학교 등 대학교와 중국 사회과학원 등 일부 연구기관 및 국제교류 관련인사 100여 명을 한국에 초청하여 중한 양국의 학술교류와 협력을 촉진하셨다. 이 과정에서 선생님은 중국의 많은 대학교들과 우의를 다지고 북경대학교, 복단대학교, 절강대학교, 산동대학교, 요녕대학교, 북경어언문화대학교, 남경대학교, 동남대학교, 양주대학교, 연변대학교 등 중국 10여 개 대학교에서 명예교수 칭호를 수여받으셨다.

김준엽 선생님의 중국학에 대한 연구, 중국어언문화에 대한 깊은 조예 및 중한우의를 강화하고 양국 문화교류를 촉진하는 데 이룩한 탁월한 업적을 기리기 위하여 중국 교육부에서는 2000년 7월, 선생님께 '중국어언문화 우의상'을 수여하였다. 이 '우의상'은 중국정부에서 외국학자들에게 수여하는 국가급 최고상으로 그 취지는 외국 전문가와 학자들이 중국의 경제사회발전과 과학기술, 교육, 문화 등 분야에서 이룩한 우수한 성적 및 봉사하는 정신을 표창하기 위한 것이었다. 몇 십 년 동안 중한 문화교류사업을 위하여 자신의 열정을 다 바친 선생님께 이러한 영광이 수여되지 않는다면 그 누군들 감히 이 상을 받겠는가. 만약 중한 문화교류의 연결고리를 하나라도 더 늘리고 조금이라도 더 강화하기 위하여 한 외국학자가 어찌하여 그토록 끈질기게 노력하고 자신 일생의 정력을 전부 쏟아 부었냐고 물으신다면, 가장 훌륭한 답안은 바로 선생님의 일생이 바로 이 질문에 대한 가장 좋은 답이 될 것이다.

몇 십 년간 김준엽 선생님은 중한 문화교류를 위하여 시종일관 노력하셨다. 중한관계가 아직 대립상태였던 시기에도 중한 문화교류에 대한 확고한 신념을 품고 수많은 난관을 헤치며, 없는 조건은 만들어내고, 인재를 양성하고, 학술활동을 전개하면서 중한 문화교류를 위하여 저력을 쌓았다. 선생님은 60여 차례나 중국을 방문하였고 그의 자취는 북경(北京), 상해(上海), 항주(杭州), 남경(南京), 중경(重慶), 광주(广州), 심양(沈陽), 장춘(長春), 제남(濟南), 서안(西安), 영파(宁波), 양주(揚州), 청도(青島), 위해(威海), 연길(延吉) 등 방방곡곡에 남겨져 있다. 김준엽 선생님은 이처럼 중한 양국의 문화 및 학술교류를 위하여 결코 대체할 수 없는 큰 획을 그으셨다.

金俊烨先生与中国的韩国学研究

中韩两国关系正常化以后，韩国成了许多中国学者的研究对象，韩国问题也成为教学和学术的热门话题。尤其是进入21世纪，随着“韩流”在中国的形成和发展，中国学者研究韩国学的热潮也一浪高过一浪。学者们不仅出版了许多著作、译著、词典和教材等，还在学术刊物或学术会议上发表了多篇论文，其内容涉及到韩国的历史、政治、经济、外交、文学、语言、哲学、宗教、社会等，几乎涵盖了韩国学的所有领域。据不完全统计，在中韩建交1992年至2005年的短短14年期间，国内正式出版的有关韩国学研究的著作达1300多部，在正式出版的各种书刊杂志上发表的论文约有5700多篇。[11] 在谈到

11) 参照2008年8月辽宁民族出版社出版的《朝鲜半岛相关文献目录》(1992~2005)

中国韩国学研究的发展历程和这些年来所取得的巨大成就时，人们不禁会联想到一位尊敬的韩国朋友－－韩国社会科学院理事长金俊烨先生。

金俊烨先生于1920年出生在鸭绿江南岸的江界，中学毕业后前往日本留学。1944年2月，金先生被日军作为"学生兵"强征入伍派驻中国徐州。同年3月，金先生冒着生命危险逃离日军魔掌，参加了中国的抗日游击队。这一年的11月，金先生经过4个月的"长征"，抵达当年韩国临时政府的所在地重庆，并加入了韩国的独立军，即光复军。日本投降后，金俊烨先生经过深思熟虑，决定暂时留在中国从事教育。1946年2月，他到重庆的中国国立东方语文专科学校(以下简称"东方语专"[12])担任韩语专业的讲师，给中国学生讲授韩国语。东方语专迁回南京后，他就一面执教，一面在中国国立中央大学研究生院攻读中国近代史。从此，金先生就与中国的韩国学研究结下了缘。

一、为中国的韩国学发展播下了种子

金俊烨先生对中韩两国的文化交流早有自己的宏伟蓝图。1948年夏天，金先生辛勤培养的韩语专业第一届学生毕业。为使中韩文化交流园地里的第一批种子能够生根、发芽、开花、结果，他从中挑选了3名优秀毕业生，亲自把他们带到汉城，[13] 送进国立汉城大学[14]历史系留学深造。据记载，这是宋朝以来，在近一千年的岁月中，首次赴韩国的中国留学生。[15] 当时，韩国刚摆脱殖民统治不久，还是一个

12) 东方语专后来并入北京大学，成为北京大学东语系的前身。

13) 2005年1月19日，韩国政府宣布，将韩国首都汉城市的地名改为"首尔市"。

14) 随着汉城市改为"首尔"，汉城大学的校名也改成了"首尔大学"。

15) 金俊烨著、沈定昌译《我的长征》(金俊烨回忆录之五)，p. 258。

贫穷落后的国家，无法向留学生提供奖学金。为了解决他们的生活等费用，金先生帮他们联系了在汉城的华侨中学，让他们一边在汉城大学历史系学习，一边在那里兼职教学。

为了使这批留学生能在韩国真正学到东西，早日把他们培养成研究韩国的学者，金先生精心安排，热情帮助。他创造机会让中国留学生拜见曾任韩国临时政府主席的金九先生等韩国独立运动领导人，使他们进一步明确学习目的，增强学习动力；他安排中国留学生结识韩国史学泰斗李丙焘先生，让他们对韩国能有深层次的了解；他引荐中国留学生拜韩国语学泰斗崔铉培先生为师，加强韩国语言的学习……为培养这方面的人才倾注了心血。对此，金先生在回忆录中写道："这不仅是我为韩中文化交流做的第一件成功的事情，而且也是我一生中同外国进行学术、文化交流事业的开端。"16)

金俊烨先生在东方语专期间，曾教授过两届韩语专业的学生，每届各有30多人，他们都是金先生为中韩文化交流辛勤播下的种子。当年被金先生选派到韩国留学的杨通方教授，回国后在北京大学东语系朝鲜语教研室工作，是研究韩国史的知名专家，他不仅在教学和科研中取得了可喜的成绩，还创建了北京大学韩国学研究中心，为中国的韩国学研究作出了贡献。几十年来，杨教授坚持在教学第一线，为本科生、研究生先后讲授了朝鲜概况、朝鲜史、朝鲜历史专题、中韩关系等课程。在搞好教学的同时，他还非常注重学术研究，先后发表了《中韩古代关系史》、《先秦至后唐时期中国与新罗的关系》、《中外文化交流史》(合著)、《汉文化论纲》(合著)、《汉唐时期中国与百济的关系》等论著。受教育部委托，他还编纂了初中、高中教科书中的韩国史部分和《百科全书》的韩国史部分。10多年来，他领

16) 金俊烨著、孙科志译《长征(第4卷)－－我的无职时期》, p. 26。

导的研究中心，组织、协调和促进北京大学有关韩国历史、文化、政治、经济和语言文学等方面的学术研究，同国内外特别是韩国的教育学术研究机构以及有关专家学者建立联系，进行学术交流，为增进中韩两国的相互了解、文化交流和友好合作做出了贡献。

许维翰教授也是东方语专时期金俊烨先生的学生，他毕业后留校任教，成了北京大学的教师，后调到北京语言文化大学工作。1992年中韩建交后不久，北京语言文化大学为了开展中韩文化交流，成立了韩国教育文化研究中心，聘任许教授为主任。许教授担任中心主任后，为了北京语言文化大学与韩国有关大学的交流合作和中韩文化交流做了大量的工作。1995年9月，为满足中韩两国合作交流的需要，培养更多的韩国语人才，许教授在北京语言文化大学创办了韩国语专业。10多年来，该专业在许教授的带领下，艰苦创业，不懈努力，已经取得长足的进步，具有雄厚的师资力量和科研实力，培养了一大批韩国语人才。这些年来，许教授在认真教学的同时，撰写了《现代韩国语语法》、《实用韩国语语法》、《速成汉语初级教程》(韩文注释本)等著作，还在国内外学术刊物上发表了多篇有关韩国学研究的论文。

二、帮助建立研究机构

1949年初，鉴于当时的中国形势，金俊烨先生回到阔别多年的祖国，同年9月受聘于高丽大学，讲授中国近代史。此后，由于冷战的原因，中韩两国长期对峙，中断了一切往来。1988年，随着中韩关系的解冻，金俊烨先生终于实现了梦寐以求的愿望，重新踏上了阔别39年的第二故乡--中国的土地。从此，金先生为了编织中韩文化交流的纽带，每年都数次到中国访问或参加学术活动，1988年至2010

年共访问中国60多次。晚年的金先生致力于中韩文化交流，为韩国学在中国的发展倾注了心血。出于向中国人民真实反映韩国情况、增进两国学术机构交流合作的目的，他与韩国国际交流财团、大宇财团、真露文化财团等进行斡旋，让他们从经费上支持中国的大学建立研究韩国学机构。在他的推动和帮助下，北京大学、复旦大学、杭州大学(现已与浙江大学合并)、南京大学、山东大学、辽宁大学和中国社会科学院等先后成立了研究韩国问题或朝鲜半岛问题的专门机构。

北京大学韩国学研究中心建立于1991年4月12日，其前身为"北京大学朝鲜历史文化研究所"，1993年9月11日经北京大学批准正式使用现名。研究中心是北京大学跨系、所和跨学科的对韩国学进行综合研究的学术机构，特邀中国文化学术界著名学者北京大学季羡林教授、周一良教授和韩国学术界著名学者金俊烨先生为顾问。研究中心是中国高等学府中成立较早的韩国学研究机构，主要研究韩国传统文化，同时也对近现代韩国的历史、政治、外交、经济、社会、语言、文学、教育、哲学等领域进行研究。金先生为了解决研究中心所需的经费，使研究中心能不断发展壮大，倾注了大量心血。经过他的努力，研究中心获得了韩国国际交流财团和大宇学术财团等的赞助。研究中心在金先生的支持、帮助和指导下，在韩国学研究和中韩学术交流领域，取得了令人瞩目的成绩。在短短的20年里，研究中心已经出版了有关韩国学的著作近70种(包括专著、译著和编著)、中心学术刊物《韩国学论文集》21辑等。这些著作促进了中国的韩国学研究，其中许多著作填补了中国韩国学研究的空白。中心出版的《汉文化论纲》获中国1991－1994年高等学校优秀著作奖，《朝鲜语基础语法》获韩国1999年东崇学术奖，《韩国外交与美国》(韩文) 被大韩民国学术院评为2007年度优秀学术著作，《韩国学论文集》被认为是中国韩国学界最有影响的学术刊物之一。中心还成功举办了"韩国传统文化国际学术研讨会”、“第五届环太平洋韩国学国际学术会议”、“第二届世界韩国学大会”等大型国际学术会议以及各种专题的学术研讨会等，促进了韩国学的研究与交流。

夏旦大学韩国研究中心于1992年10月成立。研究中心的宗旨是全面研究韩国政治、经济和文化，增加中韩两国人民相互了解，推进中韩关系发展，并由此带动朝鲜半岛、东北亚乃至整个环太平洋地区的研究。研究中心的工作得到了韩国国际交流财团、韩国学术振兴财团等海外基金会的赞助。该研究中心以专职研究人员为主，兼任研究人员为辅，实施跨国、跨省市、跨单位的合作研究。研究领域涉及朝鲜半岛的政治、经济、外交、法律、军事、历史、社会、文化、宗教等。目前，已出版《韩国研究论丛》20多辑、学术著作和资料集等50多种，参与拍摄有关朝鲜半岛问题的电视片10多集。研究中心积极组织学术活动，每年至少举办一次大型国际研讨会、3至4次中小型国际国内研讨会，邀请国内外专家学者，研究讨论有关朝鲜半岛和东北亚地区的相关问题。自2005年开始，该研究中心与夏旦大学研究生院、国际问题研究院每年共同举办一届“中国韩国学博士生论坛”，为中国青年交流韩国学研究成果提供了一个平台。研究中心还不定期举办韩国学前沿研究系列讲座，为促进中韩之间的经贸合作，推动和帮助在华韩资企业同所在地政府开展对话和合作，以及为国内各界赴韩国交流提供各种咨询和服务。

浙江大学韩国研究所[17]创建于1993年4月15日，它的建立也得到了金先生的大力帮助。金先生通过韩国大宇财团为该研究所设立了基金，从资金上保证了他们的学术研究和交流。浙江大学韩国研究所的学术研究以韩国传统文化为重点，主要研究韩国的历史与文化、中韩文化比较与交流以及东亚历史与文化。研究课题范围涉及历

---

17) 原为杭州大学韩国研究所，杭州大学并入浙江大学后改为此名。

史、哲学、文学、语言、艺术、政治、宗教、经济、教育、法律、新闻、旅游等各个领域。该研究所的研究成果"韩国研究丛书"以论文集或专著形式出版，目前已出版了1-40多卷。其中包括：《韩民族文化源流》、《宋丽关系史研究》、《中韩海上交往史》、《中国江南与韩国文化交流》、《退溪哲学思想研究》、《中韩经济发展比较研究》、《中韩教育比较》等具有学术价值的专著。除学术研究外，该研究所还注重与韩国教育学术研究机构的交流与合作，竭力为国内各界提供有关韩国的图书资料信息，为中韩两国间传统文化的溯源和现实社会的合作需求发挥媒介桥梁作用。该研究所还与韩国探险协会、东国大学等共同举办了两次中韩跨海竹筏漂流学术探险活动，1996年7月的第一次漂流，因途中遭遇台风漂流到山东石岛，沿途考察了韩国大航海家张保皋的古代海上商道；第二次于1997年6月15日在中国浙江舟山起漂，由一名中国队员和四名韩国队员组成的探险队乘着竹筏仅凭季风和海流，跨越东海和黄海，终于在7月8日漂流到韩国仁川，完成了中韩关系史上前所未有的创举，从而佐证了中国江南与韩国的海上交往应始于造船史之前的桴筏时期。[18]

三、促进中韩学术交流

金先生始终不忘作为学者的使命，为了恢复和重新编织中韩文化交流的纽带呕心沥血、不辞辛劳。1988年11月，在相隔39年后重新踏上中国大地的17天里，他在北京、上海、南京等地，先后访问了北京大学、夏旦大学、上海交通大学、南京大学、华东师范大学、东南大学以及中国社会科学院等教学科研单位，同60多名专家学者会面座

18）参见浙江大学韩国研究所网页。

谈。他详细了解中国大学的情况，介绍当代韩国，并就中韩学术交流等问题，与中国的专家学者充分交换了意见。1989年，他再次访问中国，历时45天，多方奔走，编织中韩文化交流的纽带。

1991年5月，在中韩尚未建交的情况下，金先生就通过有关方面的协调，邀请北京大学学术泰斗季羡林教授、中国教育国际交流协会主任李滔先生和北京大学韩国学研究中心主任杨通方教授等访问韩国。在金先生的精心安排下，季羡林教授一行在韩国访问期间会见了各界人士，彼此既讨论了学术，也交换了对发展中韩关系的意见。同年10月，金先生又亲自带领韩国社会科学院院长金琼元博士和高丽大学经济学院池清博士[19]访华，与中国各方面人士进行了广泛的接触与交流。两国高层学者的互访，促进了学术交流，增进了相互了解，加强了两国学者之间的联系和友谊。

为了能使专家学者有更多的机会发表自己的研究成果和进行学术交流，金先生积极策划在中国召开韩国学国际学术大会。在他的倡导下，由北京大学、复旦大学、杭州大学(后合并为浙江大学)、山东大学、辽宁大学、南京大学、东南大学等重点大学的韩国研究所 (中心) 参与的"韩国传统文化国际学术会议"[20] 1995年秋天在北京大学隆重举行，来自中、韩、日、美等国的学者出席了会议。此次会议是在中国召开的具有真正意义的韩国学国际学术会议，对中国的韩国学研究事业发展产生了积极影响和推动作用。金先生还积极推动韩国

19) 现任韩国社会科学院理事长。

20) "韩国传统文化国际学术研讨会"每两年举行一次，至今共举行12次，由于参与的研究所逐年增加，从第六届开始，改为每年举办一次。而且，学术会议涉及的内容也由韩国的历史文化等逐步发展为包括语言、文学、历史在内的政治外交、经济、哲学、宗教、社会等领域，几乎涵盖了韩国学的全部内容。因此，从2009年起，"韩国传统文化国际学术研讨会"改名为"中国(第××届)韩国学研讨会"。

东洋史学会与中国学术机构的学术交流，在他的热情帮助下，东洋史学会先后组织高丽大学与北京大学、亚洲大学与南开大学、东国大学与杭州大学就中韩历史问题以及韩国与中国江南等主题举办学术研讨会，为两国学者发表这一领域的研究成果和学术交流提供平台。

20多年来，金先生还曾选派数十名韩国学者到中国学术访问，同时邀请北京大学、清华大学、复旦大学、南开大学、华东师范大学、北京语言文化大学、中央民族大学、外交学院、吉林大学、延边大学、中国政法大学、浙江大学、山东大学、辽宁大学等高校和中国社科院等一些研究机构及国际交流组织的人员100多人次访问韩国，促进和发展了中韩两国的学术交流与合作。鉴于金俊烨先生在研究中国学和推动中韩文化交流与合作所作出的贡献，中国教育部于2000年7月授予他“中国语言文化友谊奖”。另外，北京大学、复旦大学、浙江大学、山东大学、辽宁大学、北京语言文化大学、南京大学、东南大学、扬州大学、延边等中国10所高校，先后向他授予了名誉教授的称号。

鉴于金俊烨先生杰出的中国语言文化造诣和对增进中韩友谊、促进两国文化交流所作出的贡献，中国教育部于2000年7月，授予他“中国语言文化友谊奖”。“友谊奖”是中国政府授予外国学者的国家级最高奖项，专门表彰外国专家学者在我国经济社会发展和科技、教育、文化等领域做出的优异成绩和奉献精神。金先生几十年如一日，热心致力于中韩文化交流事业，获此殊荣当之无愧。一名外国学者，为何如此执著地为编织中韩文化交流的纽带倾注自己毕生的精力，他的一生经历就是最好的答案。

几十年来，金先生对中韩文化交流事业始终是锲而不舍，在中韩关系处于严重对立的年代，仍怀着对中韩文化交流的执著信念，克服各种困难，创造条件，培养人才，开展学术活动，为中韩文化交流积蓄力量。金先生先后访问中国多达60多次，他的足迹遍布北京、上海、杭州、南京、重庆、广州、沈阳、长春、济南、西安、宁波、扬州、青岛、威海、延吉等地，为中韩两国的文化学术交流做出了不可磨灭的贡献。

중국의 한국 문화, 문학, 언어 연구현황 평가와 전망

인하이옌(尹海燕)*

중국에서 한국 문화, 문학, 언어 연구현황을 점검하려면 우선 먼저 시기를 어떻게 확정할 것인가 하는 문제가 대두된다. 주지하다시피 1949년 중화인민공화국 정부가 설립된 후 한국과 중국은 상당히 오랜 기간 냉전상태가 지속되었다. 물론 과거 냉전시대에도 중국과 북한이 밀접한 관계를 유지하고 있었던 관계로 조선문화, 조선문학, 조선어 관련 연구는 꾸준히 있어왔다. 하지만 중국의 역사적인 상황으로 말미암아 여러 연구 분야에서 모두 이데올로기의 영향과 간섭을 피할 수 없게 되었다.

실제로 1978년 말 중국이 개혁개방 노선을 공식적으로 채택하기 전까지 중국의 모든 간행물(학술지 포함)을 대상으로 주제어를 "조선 or 한국"으로 입력하여 포괄적인 검색해 보면 무려 2,256편[1]의 글이 나타난

* 중국 남경대학 한국학 연구센터 주임, 한국어언문학계 주임, 한국 사회과학원 객원연구위원(현).

고려대학 중문과 방문교수 역임.

주요 저서: 《韩国现代名诗选读》, 《郑芝溶的诗与汉文学的关联研究》 등.

1) 출처: http://acad.cnki.net/Kns55/brief/result.aspx?dbPrefix=CJFQ 참조. 중국학술간행물 인터넷출판총고는 영문으로 "China Academic Journal Network Publishing Database(CAJD로 약칭함)"라고 하며 세계 최대의 학

다. 하지만 그중의 절대다수가 6·25 전쟁 혹은 조선 사회주의 건설에 관한 기사, 보도, 정치평론 등이었다. 조선문화 관련 글은 9편, 조선문학 관련 글은 6편, 조선어 관련 글은 15편에 불과했다. 그나마도 대부분은 소개(紹介) 적인 내용이 주를 이룬다. 예를 들면 그나마 유일하게 한국을 소개한 글의 제목은 "南朝鮮文化的殖民地化"(남조선 문화의 식민지화, 松都, 〈世界知識〉, 1964. 9) 이다. 그리고 문학 분야에서는 "淺淡《故鄕》(李箕永) 的歷史意義"(《고향》(이기영) 의 역사적 의의에 대하여, 彭端智, 〈外國文學硏究〉, 1978. 2), "朝鮮文學的宝貴財富－介紹朝鮮抗日革命文學"(조선문학의 소중한 재부 — 조선항일혁명문학 소개, 林輝, 〈外國文學硏究〉, 1978. 2) 이 있다. 어학 분야에서는 주로 조선의 문자개혁, 언어학 저서, 언어학계 개황 및 주체사상을 기초로 하는 언어학이론 등에 대하여 소개한다. 이처럼 1978년에 이르기까지 조선문화, 조선문학, 조선어 관련 연구는 이데올로기에서 완전히 자유로울 수 없었고 깊이 있는 연구업적이 나오기 힘든 상황에 처해 있었다.

그렇다면 개혁개방이 이미 시작된 1979년부터 중·한 양국의 수교가 이루어지기 전 해인 1991년까지의 상황을 한 번 보기로 한다. 우선 이 시기의 모든 간행물(학술지 포함) 을 대상으로 주제어를 "조선문화/한국문화/중조문화/중한문화"로 하여 각각 검색해 보았다. 관련 글은 총 12편이었고 대부분 학술지에 게재되었다. 이어서 주제어를 "조선문학/한국문학/중조문학/중한문학"으로 하여 검색해 보았다. 결과는 37편의 글을 찾아낼 수 있었으며 역시 대부분 학술지에 게재되었다. 또한 주제어를 "조선어/한국어/중조언어/중한언어"로 입력해 보면 무려 217편의 글이 검색된다. 수량이 좀 많기에 표로 정리해 보면 〈표 1〉과 같다.

회지 데이터베이스라고 할 수 있다. 2011년 6월까지 수록된 학회지는 약 7,700종에 달하며 전체 수록 문장은 3,200만 편이 넘는다.

〈표 1〉 1979~1991년 조선어/한국어 관련 간행물 발표 통계(총 217편)

발표 연도	1979	1980	1981	1982	1983	1984	1985	1986	1987	1988	1989	1990	1991
발표 숫자	8	39	23	14	5	13	17	17	7	15	19	23	17

〈표 1〉을 보면 1980년(39편), 1981년(23편), 1982년(14편)이 우선 수적으로 돋보인다. 역사적으로 보면 그것은 1976년에 문화대혁명이 마침내 종결되어 지식인들이 다시 교단으로 복귀한 것과 매우 큰 관련이 있을 것이다. 또한 1978년 말에 중국이 개혁개방을 시작하면서 대학이 정상으로 돌아오고 교수진들도 다시 학문에 정진하기 시작한 것도 관련된다. 아울러 개혁개방 이후 학술지들이 속속 창간되어 학술활동을 진행할 수 있는 무대를 마련해 준 것도 중요한 원인이라고 할 수 있다. 실제 발표지순으로 통계를 내보면 1979~1991년 사이에 조선어, 한국어와 관련된 논문을 가장 많이 게재한 학술지는 〈한어학습〉(漢語學習, 54편), 〈연변대학학보〉(延邊大學學報, 49편), 〈민족어문〉(民族語文, 45편)순으로 총 148편이며 전체 217편의 68%를 차지한다. 이 중에서 〈연변대학학보〉는 1958년에 창간되어 역사가 상당히 오래지만 1981년에 비로소 국내외적으로 공개 발행할 수 있는 학술간행물로 비준되었다. 〈한어학습〉 역시 연변대학의 학회지로서 1980년에 창간하여 1981년에 국내외 공개 발행이 가능하게 되었다. 〈민족어문〉은 중국사회과학원 민족연구소에서 1979년에 창간하였으며 중국 티베트어족, 알타이어족, 오스트로아시아어족 및 오스트로네시아어족 등을 주요 연구대상으로 삼고 있다.

〈표 1〉에서 주목되는 것은 1985년(17편), 1986년(17편), 1988년(15편), 1989년(19편), 1990년(23편), 1991년(17편) 등이다. 이 숫자만 봐도 당시 양국관계가 점차 해빙기에 진입하고 있음을 간접적으로 확인할 수 있다. 특히 1986년 서울아시안게임, 1988년 서울올림픽 그리고

1990년 베이징아시안게임 등 체육행사들이 일정한 계기로 작용하였음을 알 수 있다. 1986년 서울아시안게임에 중국은 공식적으로 참가하였고, 특히 1988년 서울올림픽은 그동안 한국과 냉전상태에 있던 중국에 한국이라는 나라의 위상을 전면적으로 부각시킨 전대미문의 사건이기도 하였다. 그리고 1990년 베이징아시안게임에 한국도 대규모 선수단을 파견하여 제2의 메달순위를 기록하였다. 또한 같은 해에 양국은 영사의 기능을 일부 수행하는 무역대표부를 설치하였다. 이와 같은 공식적인 왕래가 잦아지면서 중국은 국가적으로나 민간적으로나 모두 한국에 대한 관심이 점차 고조되기에 이른 것이다.

하지만 이 시기에 중국 연구자들이 한국을 공부하고 연구하는 데 자료수집이나 정보교류 등은 용이하지 않았다. 따라서 상대적으로 제한된 소개 혹은 연구를 진행할 수밖에 없었다. 예를 들어 어학 분야에서 〈한어학습〉에 게재된 논문들은 거의 모두 조선어와 중국어의 비교 관련 내용이었다. 그리고 문학분야에서는 대부분이 고전문학 관련 내용이었고 현대문학과 관련해서는 이기영의 《고향》, 나도향, 신경향파문학 등만 언급이 되었다. 즉, 문학에서는 북한에서 높이 평가하는 작가, 작품을 소개한 것에 불과하였다. 문화분야에서도 역시 고대 중국과 조선의 문화교류에 대해서만 소개했다. 세 분야를 통틀어서 "한국"이라고 명시한 사례는 아예 찾아볼 수조차 없었으며 "남조선"이라고 표기한 경우도 역시 매우 적었다. 이 무렵 "남조선"이라고 명기한 사례는 〈표 2〉와 같다.

〈표 2〉에서 확인할 수 있듯이 당시 "남조선"은 아직도 호기심의 대상이었다. 심지어 조동일 교수의 《한국문학통사》나 고려대 민족문화연구소의 《중한대사전》 등의 출판관련 내용은 짧은 뉴스 정도로만 학술지 구석에 소개된 경우에 속한다. 비록 양국의 왕래가 시작되었다고는 하나 중국 현지에서 한국 도서자료와 기존의 연구업적을 접하는 것은 쉬운 일이 아니었다. 당시뿐만 아니라 지금까지도 한국 도서자료를 가장 많이 소장하고 있는 것은 대우재단의 도서기증 등을 많이 받은 연변대학

〈표 2〉 1979~1991년 발표된 글에 "남조선"을 명기한 사례

1) 崔吉元, 南朝鲜三大语法学派简介[J]. 延边大学学报(哲学社会科学版), 1980, (4).
2) 沈默, 南朝鲜即将出版《韩国文学通史》[J]. 外国文学研究,1983, (2).
3) 琳,《朝鲜文学》载文批判南朝鲜文学创作中的心理描写倾向[J]. 外国文学研究, 1985, (1).
4) 沈默, 南朝鲜提出 "文化发展长期政策构想"[J]. 国外社会科学, 1986, (1).
5) 高光植・沈默, 杜诗研究三十载——南朝鲜杜诗研究者李丙畴一席谈[J]. 国外社会科学, 1988, (5).
6) 为南朝鲜社会 "学汉语热" 编著新书——《中国语自学课本》(初、中、高级, 南朝鲜用)简介[J]. 东疆学刊, 1989, (Z1).
7) 陈海珠, 南朝鲜将出版《中韩大辞典》[J]. 出版发行研究, 1989, (4).
8) 周四川, 汉字存废的利弊 南朝鲜论辩方遒[J]. 汉字文化, 1991, (2).
9) 沈仪琳, 南朝鲜学术界(之六)——朝鲜语学研究的过去与现状[J]. 国外社会科学, 1991, (7).

도서관이라고 할 수 있다. 따라서 이 무렵의 한국관련 연구는 대부분 분단 이전의 한반도가 공유하고 있던 고전관련 내용이나 혹은 제한된 경로를 통해 입수한 한국관련 뉴스 혹은 학계의 현황 등에 대한 소개에 머무를 수밖에 없었던 것 같다.

그렇다면 본격적인 한국관련 연구가 시작된 분수령은 역시 한중 수교가 이루어진 1992년이라고 해야 할 것이다. 물론 그전부터 상호 인적교류가 있긴 하였지만 역시 1992년에 수교를 한 후에 비로소 상호 왕래가 자유롭게 되었다. 한국국제교류재단, 한국학술진흥재단 등이 강좌지원, 교수파견, 한국학센터 설립 등 여러모로 다양한 도움을 주면서 한국어/한국학 교육뿐만 아니라 학문적인 교류도 점차 늘어나게 되었다. 그리고 가장 중요한 것은 한국학 관련 연구자들이 한국에 유학을 가서 한국식으로 학문적 훈련을 받고 다시 돌아와 한국학 연구인력의 세대교체를 점차 이루어내기 시작한 것이다.

사실 어학연수, 학위취득 등의 목적을 위한 유학도 1992년부터 이미 시작되었다. 주한중국대사관 교육처의 홈페이지에 의하면 1992년 당시

한국에 유학을 간 중국인 유학생은 37명이었다. 2008년 4월까지 한국의 중국인 유학생은 44,746명으로 늘어나서 한국 내 전체 유학생의 3분의 2를 차지하게 되었으며 최근에는 약 8만 명에 달한다고 한다. 그중에서 2008년에 졸업한 규모를 살펴보면 석사학위 취득자가 1,600명, 박사학위를 취득하거나 혹은 박사후 과정을 마친 숫자는 1,259명이었다. 이처럼 한국에서 공부를 마친 중국인 유학생들이 대거 귀국하여 강의 및 연구에 종사하면서 중국의 한국학 연구도 새로운 피를 수혈하게 되었다. 더욱이 인터넷의 발달로 자료수집과 정보교류 등이 매우 편리해졌고 연구에도 많은 도움을 주었다.

또한 한국 기업의 중국 진출확대 및 한류 붐의 영향으로 한국어학과가 가장 인기를 끌게 되었다. 중국 교육부의 통계에 의하면 현재 중국 내에는 사립대학을 포함하여 약 2백 여 개의 대학에 한국어학과가 개설되어 있으며 이는 영어학과, 일본어학과에 이어 세 번째로 많은 숫자라고 한다. 1992년 중·한 수교 이전만 하더라도 연변대학, 북경대학 등 극소수의 대학에 조선어학과(언어문학 포함)가 개설되어 있던 과거에 비하면 수적으로는 그야말로 짧은 기간에 엄청난 성장을 이룩한 셈이니 상전벽해라고 해도 과언이 아니다.

위와 같은 여러 가지 이유로 말미암아 이 논문은 주요하게 1992년부터 2011년까지 발표된 한국문화, 문학, 언어관련 연구업적을 대상으로 현황 및 향후 과제를 점검해 보고자 한다. 첫째는 핵심간행물(核心期刊)에 발표된 논문들이다. 여기에서 핵심간행물이란 CNKI(한문표기는 中國知网으로 중국 국가지식기반시설을 뜻함. National Knowledge Infrastructure), 베이징대학도서관 간행물업무연구회 등이 연합으로 발표하는 《중문핵심기간목록총람》(中文核心期刊目录總覽)에 등재된 학술지를 뜻한다. 1992년부터 해당목록이 발표되었고 여기에 선정된 학술지들은 일정한 수준을 인정받았다고 할 수 있다. 둘째는 중국의 여러 대학에서 나온 관련 박사학위 논문이다. 석사학위 논문도 있기는 하지만 상당수가 학문적 수준들이 별로 높지 않다고 판단되어 박사학위 논문만을 대상으로 확정하였다. 셋째는 이 기간 중국 내에서 공개적으로 출판된 연구서 단행본들이다. 이상 세 가지로 나누어 중·한 수교 20주년에 이르기까지의 한국문화, 한국문학, 한국어 분야의 연구현황 및 향후과제를 점검해 보고자 한다.

1. 1992~2011년 중문 핵심간행물 게재 한국 문화/문학/언어 관련 논문

우선 CNKI 홈페이지에서 중국학술간행물 인터넷출판총고(CAJD)의 중문 핵심간행물(1992~2011)을 대상으로 "조선문화/한국문화/중조문화/중한문화"를 주제어로 입력하여 관련 논문을 검색하여 통계를 내보면 〈표 3〉과 같다.

이 중에서 "한국영화" 관련 글은 27편, "한국문화산업" 관련 글은 18편, "한류" 관련 글은 16편, "한극"(韩剧, 한국 드라마를 뜻함) 관련 글은 14편, "한국음악" 관련 글은 7편, "한국동화"(动画, 애니메이션을 뜻함) 관련 글은 3편, 합계 85편으로 전체 숫자의 3분의 1을 넘어서고 있다. 1978년까지 발표된 조선/한국문화 관련 글이 고작 9편, 1979~1991년 사이에 발표된 관련 글이 12편에 불과했던 점을 상기할 때 약 20년이라는 짧은 기간에 총 85편이 게재되었다는 것은 실로 괄목할 만한 일이었다. 근대 이후로 한국문화가 이렇게 중국에서 관심의 초점으로 부각된 적은 아마 없을 것이다. 그것은 역시 한국 대중문화가 중국에서 일으킨 한류열풍 때문에 가능했다.

중국에서의 한류는 1997년에 중국 CCTV에서 방영된 한국 드라마 〈사랑이 뭐길래〉를 시작으로 2002년에 〈가을동화〉, 2005년에 〈대장금〉이 방영되면서 그룹 H·O·T 등의 대중가요, 영화 〈엽기적인 그녀〉,

〈표 3〉 1992~2011년

조선문화/한국문화/중한문화 관련 발표논문 통계(합계 221편)

발표 연도	1992	1993	1994	1995	1996	1997	1998	1999	2000	2001
발표 숫자	3	3	5	4	9	5	4	8	3	3
발표 연도	2002	2003	2004	2005	2006	2007	2008	2009	2010	2011
발표 숫자	17	5	14	11	25	19	28	13	19	23

〈표 4〉 1992~2011년

조선문학/한국문학/중조문학/중한문학 관련 논문 통계(합계 89편)

발표 연도	1992	1993	1994	1995	1996	1997	1998	1999	2000	2001
발표 숫자	0	1	1	1	1	1	3	1	4	6
발표 연도	2002	2003	2004	2005	2006	2007	2008	2009	2010	2011
발표 숫자	8	8	6	5	3	4	10	9	9	8

김하인의 감성소설, 귀여니의 인터넷소설, 한국의 온라인게임 등과 더불어 선풍적인 한류열기를 이어갔다. “한류”, “합한족”(哈韩族), “한미”(韩迷) 등 신조어도 더불어 생겨나고 유행되었다. 특히 전통적인 유교의 윤리의식을 바탕으로 섬세한 감수성을 잘 표현한 한국 드라마는 중국에서 남녀노소를 불문하고 전국적으로 가장 인기를 끌었다. 따라서 한류 현상, 한국 영화, 한국 드라마, 한국 음악, 한국 애니메이션 등을 소개하거나 분석한 글이 절대 다수를 차지하였고 한국 문화산업의 경쟁력 혹은 한국 정부의 문화산업 육성정책 등을 거론한 내용도 많았다. 특히 이런 내용의 글들은 당시 상대적으로 침체상태에 있던 중국 정부의 문화산업 정책에 대한 반성의 계기를 마련하였다는 점에서도 매우 의미 있다고 할 수 있다. 하지만 좀 아쉬운 점이라면 단순한 현상나열이나 간략한 소개분석이 대부분이고 총체적이고도 역사문화적인 맥락에서 깊이 있는 통찰력을 지닌 글은 거의 보기 드문 것이다.

〈표 5〉 1992~2011년 "조선/한국 광복 후 문학" 관련 논문

1) 刘广铭, 试论韩国小说《回归线》的创作艺术[J]. 解放军外国语学院学报, 2000, (1).
2) 金英今, 朝鲜、韩国当代文学比较[J]. 解放军外国语学院学报, 2000, (2).
3) 金柄珉・崔昌笏, 韩国作家千云宁及其小说创作[J]. 外国文学, 2003, (5).
4) 金柄珉・崔昌笏, 多余人的象征性逃逸 — 论千云宁小说《针》的叙事策略[J]. 外国文学, 2003, (5).
5) 金春仙, 当代韩国反美文学及其社会文化成因探析[J]. 中央民族大学学报, 2005, (6).
6) 徐闰祯, "魂流"旅程 — 从第一届韩中作家对谈会说起[J]. 中国比较文学, 2007, (4).
7) 肖伟山, 近年韩国文学动向 — 以获奖作家作品为中心[J]. 国外文学, 2008, (3).
8) 季琨, 朝鲜解放后文坛的分化[J]. 解放军外国语学院学报, 2009, (4).
9) 常彬, 抗美援朝文学中的域外风情叙事[J]. 文学评论, 2009, (4).
10) 牛林杰, 论韩国战后文学中的少年战争体验小说[J]. 东岳论丛, 2009, (12).
11) 权赫律, 韩国"同人杂志"的发展与流变 — 以对《文学与知性》的考察为中心[J]. 当代作家评论, 2011, (6).
12) 林春城, 关于韩中文化沟通与跨越的考察 — 以韩国文学作品在中国翻译出版现状为中心[J]. 学术界, 2011, (6).

다음 CAJD의 중문 핵심간행물(1992~2011)을 대상으로 "조선문학/한국문학/중조문학/중한문학"을 주제어로 입력하여 관련논문을 검색하여 통계를 내보면 〈표 4〉와 같다.

이 중에는 역시 조선/한국 고전문학 관련논문이 압도적으로 절대 다수를 차지하였고 1945년 광복 이후의 조선/한국문학 관련논문은 12편으로 약 13%에 불과하였다. 그 목록을 살펴보면 〈표 5〉와 같다.

〈표 5〉에서도 알 수 있다시피 광복 후의 한국문학에 대해서는 그야말로 아주 단편적인 소개 및 연구만이 이루어졌을 뿐이다. 그렇다면 상대적으로 연구가 많이 이루어진 고전문학 분야는 어떤지 살펴보겠다. 고전문학 분야는 역시 중국 고전문학과의 비교연구가 가장 활발하게 이루어졌다. 예를 들면 도연명, 김성탄, 명청시대 소설과 한국 고전문학의

〈표 6〉 1992~2011년

조선어/한국어/중한언어 관련 발표논문 통계(합계 324편)

발표 연도	1992	1993	1994	1995	1996	1997	1998	1999	2000	2001
발표 숫자	10	14	11	11	9	9	10	17	18	10
발표 연도	2002	2003	2004	2005	2006	2007	2008	2009	2010	2011
발표 숫자	21	13	23	24	15	20	22	23	16	28

관련양상을 다룬 논문이 많고 실학파도 많이 다루어지고 있었다. 논문의 수량도 많고 매우 높은 수준들을 보인다. 그래서 이번에는 문학분야에서 중국 최고의 학문적 수준을 공인받는 학술지를 골라서 다시 꼼꼼하게 살펴보았는데 그 결과는 다음과 같았다.

고선문학 연구 분야의 최고 권위지인 〈문학유산〉(文学遗产, 1954년 창간)에 9편, 문학이론 및 비평분야의 최고 권위지인 〈문학평론〉(文学评论, 1957년 창간)에 5편, 외국문학 연구 분야에서 최고 수준으로 꼽히는 〈외국문학평론〉(外国文学评论, 1987년 창간)에 4편이 게재되어 합계 18편이었다. 1992년에 발표된 논문부터 시간을 헤아려 보면 지금까지 1년에 약 1편씩 게재된 셈이다. 1인당 발표논문 숫자는 남경대학 중문과 장백위(张伯伟) 교수가 가장 많았는데 세 학술지에 각 1편씩 게재하여 총 3편이었다. 중앙민족대학 소수민족언어문학과 이암(李岩) 교수가 〈외국문학평론〉에 2편을 게재하였다. 그리고 연변대학 조선어문학부의 김병민(金柄珉) 교수가 중국 내 문학분야 학술지의 아성으로 불리는 〈문학평론〉에 논문을 게재하는 쾌거를 이룩하였다. 즉, 중국 내 한국 고전문학 연구는 이미 중국의 주류학계에 완전히 진출하였고 상당한 수준을 보이고 있었다.

다음 CAJD의 중문 핵심간행물(1992~2011)을 대상으로 "조선어/한국어/중조언어/중한언어"를 주제어로 입력하여 관련논문을 검색하여 통계를 내보면 〈표 6〉과 같다.

1992년부터 2011년까지 한국어 관련 논문은 총 324편이 발표되어 수적으로는 가장 많다. 그런데 논문제목들을 자세히 훑어보면 대부분 중국학생들에게 한국어를 가르치는 과정에서 비롯된 여러 가지 문법적인 문제들을 해결하기 위한 실용적인 소논문이 많았다. 특히 통계를 내보면 한어(중국어) 혹은 한자어와 관련된 글은 약 34%를 차지하고 있을 정도로 많았다. 그리고 발표지별로는 〈민족어문〉(64편)이 가장 많았고 〈해방군외국어학원학보〉(解放军外国语学院学报, 43편)가 그 뒤를 이었는데 두 학술지에 발표된 글이 전체의 약 33%에 달하였다.

이러한 현상은 1992년 수교 이후 한국어학과가 2백여 개로 급격히 늘어나서 교수인력의 부족현상을 초래하였고 한국어 교육에서도 많은 문제점들이 새롭게 대두된 것과 연관이 있다. 더욱이 절대 다수의 한국어학과는 실용적인 어학기능 교육 및 훈련을 중심으로 커리큘럼이 구성되어 있었기 때문이었다. 따라서 실제 강의과정에서 부딪치는 여러 가지 문제를 중심으로 논의가 진행되고 논문이 작성될 수밖에 없는 상황이라고 할 수 있다. 하지만 향후로는 단순한 교학논문에서 벗어나 좀더 다양하고 심도 있는 연구를 지향해 나가야 할 것이다.

2. 1992~2011년 한국 문화/문학/언어 관련 박사학위논문

중국박사학위논문 데이터베이스(China Doctoral Dissertations Full text Database, CDFD로 약칭)는 지금까지 중국 내에서 수록범위와 내용이 가장 폭넓고 잘 갖춰져 있다고 할 수 있다. 1984년부터 지금까지의 중국 내 985대학, 211대학, 중국과학원, 중국사회과학원 등 대학 및 연구기관에서 나온 박사학위 논문들을 모두 수록하고 있다.[2)]

2) 출처: http://acad.cnki.net/Kns55/brief/result.aspx?dbPrefix=CDFD

〈표 7〉 1992~2011년

조선문화/한국문화/중조문화/중한문화 관련 박사논문(합계 26편)

발표 연도	1992	1993	1994	1995	1996	1997	1998	1999	2000	2001
발표 숫자	0	0	0	0	0	0	0	0	0	0
발표 연도	2002	2003	2004	2005	2006	2007	2008	2009	2010	2011
발표 숫자	0	0	2	1	4	5	0	2	5	7

CDFD 홈페이지에서 "조선문화/한국문화/중조문화/중한문화"를 주제어로 입력하여 관련 박사학위논문을 검색하여 보면 〈표 7〉과 같다.

대학별로 보면 중앙민족대학이 13편으로 50%를 차지하고 있다. 그 다음 길림대학 3편, 복단대학 2편, 중공중앙당학교 2편으로 이어진다. 이 중에서 가장 주목되는 것은 바로 한국 대중문화와 문화산업에 관한 박사학위논문이 많다는 점이다. 이는 역시 1990년대 중반 이후 중국 내에서 한류 붐이 형성된 것과 밀접한 관련이 있다. 더욱 흥미로운 것은 중공중앙당학교에서 나온 2편의 박사학위논문이다. 주지하다시피 중공중앙당학교는 중국공산당 간부들의 교육과 연수 등을 중점적으로 담당하는 매우 특별한 교육기관이다. 1981년부터 대학원과정이 생겼고 1984년부터 박사과정 대학원생을 모집하기 시작하였는데 전공분야는 역시 이데올로기나 국가경영 등과 매우 밀접한 관련이 있다. 〈표 8〉에서 "중국문화발전전략연구"(中国文化发展战略研究, 2007)는 모두 4장으로 구성되어 있는데 제 2장이 '외국의 문화발전전략'에 대한 서술이다. 이 부분에서 미국, 프랑스, 일본 그리고 한국의 문화발전 전략을 기술하였다. "문화강성전략연구"(文化强省战略研究)도 마찬가지로 한국의 경험을 참조하고 있다. 이와 같은 사실은 중국의 정책적 차원에서 한국 문화산업 및 문화정책에 대한 연구검토가 이루어졌음을 증명하는 것이다. 하지만 한국의 대중문화와는 달리 한국의 전통문화에 대한 연구는 상대적으로 매우 부족한 상황이다.

〈표 8〉 1992~2011년 “조선문화/한국문화/중한문화” 관련 박사논문

1) 廉松心. 十八世纪中朝文化交流研究[D]. 中央民族大学, 2004.
2) 朴均吉. 玄奘与韩半岛佛教[D]. 华东师范大学, 2004.
3) 杨雨蕾. 十六至十九世纪初中韩文化交流研究[D]. 复旦大学, 2005.
4) 金京泽. 韩国科学教育[D]. 华东师范大学, 2006.
5) 申师明. 当代中韩大众文化比较研究[D]. 中央民族大学, 2006.
6) 韩恩珠. 中韩两国儒文化意识比较研究[D]. 中央民族大学, 2006
7) 李承律. 东北亚国际合作时代朝鲜族社会文化功能研究[D]. 中央民族大学, 2006.
8) 马靖妮. 《热河日记》中的中国形象研究[D]. 中央民族大学, 2007.
9) 王红梅. 许筠论略[D]. 中央民族大学, 2007.
10) 邓显超. 中国文化发展战略研究[D]. 中共中央党校, 2007.
11) 温朝霞. 1980年后日韩影视剧在中国的传播[D]. 暨南大学, 2007.
12) 崔洛燮. 中韩文化差异对跨国公司组织信任的影响实证研究[D]. 清华大学, 2007.
13) 刘智文. 东疆民族关系史研究[D]. 东北师范大学, 2009.
14) 田艳. 文化聚合与文化推进[D]. 中央民族大学, 2009.
15) 金兑炫. 韩国文化产业国际竞争力研究[D]. 吉林大学, 2010.
16) 金花子. 中韩电视剧叙事文化比较研究[D]. 吉林大学, 2010.
17) 孙亚楠. 韩人社区与“韩味”青岛[D]. 中央民族大学, 2010.
18) 辛勋. 论朝鲜后半期书法艺术的发展[D]. 复旦大学, 2010.
19) 陈桓辉. 文化强省战略研究[D]. 中共中央党校, 2010.
20) 林成姬. 韩国巫俗文化研究[D]. 中央民族大学, 2011.
21) 郑喜淑. 少数民族生态文化资源保护与文化产业研究[D]. 中央民族大学, 2011.
22) 赵国宏. 少数民族文化网络传承的教育人类学研究[D]. 中央民族大学, 2011.
23) 崔明玉. 延边朝鲜族传统婚礼研究[D]. 中央民族大学, 2011.
24) 韩龙浩. 19世纪《燕行录》中的中国形象研究[D]. 中央民族大学, 2011.
25) 沈强. 日韩文化产业发展比较研究[D]. 吉林大学, 2011.
26) 方忠. 中韩文化创意产业经济效应比较研究[D]. 福建师范大学, 2011.

〈표 9〉 1992~2011년

조선문학/한국문학/중조문학/중한문학 관련 박사논문(합계 35편)

발표 연도	1992	1993	1994	1995	1996	1997	1998	1999	2000	2001
발표 숫자	0	0	0	0	0	0	0	0	0	0
발표 연도	2002	2003	2004	2005	2006	2007	2008	2009	2010	2011
발표 숫자	0	4	3	3	2	6	0	1	5	12

다음으로 CDFD 홈페이지에서 "조선문학/한국문학/중조문학/중한문학"을 주제어로 입력하여 관련 박사학위논문을 검색해 보면 〈표 9〉와 같다.

대학별로 보면 중앙민족대학이 15편으로 약 43%를 차지하고 있다. 그 다음으로 연변대학 13편, 복단대학 3편, 길림대학 2편, 산동대학 2편 등의 순서이다. 고전문학과 현대문학의 비중은 거의 각기 절반을 차지한다. 고전문학 분야에서는 특히 중국 고전문학과의 비교연구가 많다. 한(汉) 문화권에서 한문으로 창작된 한국 고전문학 작품들이 많기에 피치 못할 사정이긴 하지만 향후에는 한국 고전문학 분야에서 국문학에 관한 연구도 좀더 활발하게 진행되기를 바란다. 그리고 현대문학 분야에서도 역시 중·한 비교연구가 많은데 단순한 영향 비교를 넘어선 심도 있는 연구들이 더 많이 나와야 할 것이다. 한국문학 분야 박사학위논문 중에서 연변대학 서동일 교수의 "이덕무 문학연구"(李德懋文学研究—兼与中国文学相比较)가 치열한 경쟁 끝에 2004년 전국우수박사학위논문에 선정된 것은 매우 영예롭고도 특기할 만한 사항이다. 한국문화, 문학, 어학 분야를 통틀어 유일하게 전국우수박사학위논문 수상의 영예를 안은 경우이기 때문이고 더욱 중요한 것은 중국 내 주류학계로부터 완전히 인정을 받았기 때문이다.

〈표 10〉 1992~2011년 "조선문학/한국문학/중조문학/중한문학" 관련 박사논문

1) 徐东日. 李德懋文学研究 —— 兼与中国文学相比较[D]. 延边大学, 2003.
2) 李官福. 佛经故事对朝鲜古代叙事文学的影响研究[D]. 延边大学, 2003.
3) 崔一. 韩国现代文学中的中国形象研究[D]. 延边大学, 2003.
4) 金春仙. 茅盾与李箕永的二十世纪二三十年代小说创作比较研究[D]. 中央民族大学, 2003.
5) 金昌镐. 苦难的岁月互补的文学[D]. 东北师范大学, 2004.
6) 金芳实. 中韩现代文学史上的双子星座[D]. 复旦大学, 2004.
7) 金真迪. 解放后韩·朝·中国朝鲜族文学教育比较研究[D]. 中央民族大学, 2004.
8) 安末淑. 杜甫诗和韩国朝鲜时代诗研究[D]. 山东大学, 2005.
9) 申宜暻. 中韩现代文学观念形成比较研究[D]. 复旦大学, 2005.
10) 李康仁. 韩国曹禺早期话剧研究概况与曹禺剧本分析[D]. 复旦大学, 2005.
11) 倪文波. 崔致远文学创作研究[D]. 中央民族大学, 2006.
12) 金洪大. 中、韩近代文学及文艺思想研究[D]. 山东大学, 2006.
13) 金哲. 朴齐家诗文学与中国文学之关联研究[D]. 延边大学: 延边大学,2007.
14) 郑美京. 李庸岳文学研究[D]. 延边大学, 2007.
15) 邹志远. 李睟光文学批评研究[D]. 延边大学, 2007.
16) 洪雪花. 意象主义在东西方文学中的回返影响研究[D]. 延边大学, 2007.
17) 庄秀芬. 古代朝鲜女性汉诗研究[D]. 中央民族大学, 2007.
18) 赵杨. 中韩近代新小说比较研究[D]. 中央民族大学, 2007.
19) 邹德文. 清代东北方言语音研究[D]. 吉林大学, 2009
20) 金英姬. 千世峰的《石溪邑的新春》: 朝鲜农业合作化运动及其叙事策略研究[D]. 延边大学, 2010.
21) 吴文善. 比较视野中的金时习汉诗研究[D]. 中央民族大学, 2010.
22) 全春梅. 朝鲜近代自由诗形成过程研究[D]. 中央民族大学, 2010.
23) 车海兰. 朝鲜稗说文学文体研究[D]. 中央民族大学, 2010.
24) 金振杰. 东方传统思想与朝鲜古时调的关系研究[D]. 中央民族大学, 2010.
25) 权美花. 高峰汉诗研究[D]. 延边大学, 2011.
26) 王红梅. 梁贵子与池莉婚姻爱情小说比较[D]. 延边大学, 2011.
27) 李红梅. 韩国古典诗歌中的陶渊明研究[D]. 延边大学, 2011.
28) 任晓丽. 李钰文学研究[D]. 延边大学, 2011.

29) 韩继镐. 《林巨正》与明清章回体小说关联研究[D]. 延边大学: 延边大学, 2011.

30) 崔英姬. 中韩家族小说比较研究[D]. 吉林大学, 2011.

31) 金艳. 二十世纪九十年代朝鲜长篇小说研究[D]. 中央民族大学, 2011.

32) 金英兰. 中国朝鲜族小说与在日朝鲜人小说比较研究[D]. 中央民族大学, 2011.

33) 白玉陈. 朝鲜近代爱国启蒙运动时期小说理论的革新与梁启超[D]. 中央民族大学, 2011.

34) 孙玉霞. 丁茶山与杜甫诗歌创作的比较研究[D]. 中央民族大学, 2011.

35) 李贵花. 1950年代朝鲜战争题材中长篇小说研究[D]. 中央民族大学, 2011.

36) 韩龙浩. 19世纪《燕行录》中的中国形象研究[D]. 中央民族大学, 2011.

〈표 11〉 1992~2011년 조선어/한국어/중조언어/중한언어 관련 박사논문(합계 33편)

발표 연도	1992	1993	1994	1995	1996	1997	1998	1999	2000	2001
발표 숫자	0	0	0	0	0	0	0	0	0	0
발표 연도	2002	2003	2004	2005	2006	2007	2008	2009	2010	2011
발표 숫자	0	0	1	1	0	3	4	4	4	15

CDFD 홈페이지에서 "조선어/한국어/중조언어/중한언어"를 주제어로 입력하여 관련 박사학위논문을 검색하여 통계를 내보면 〈표 11〉과 같다.

대학별로 보면 연변대학이 12편으로 약 36%를 차지한다. 그 다음으로 중앙민족대학 5편, 상해외국어대학 5편, 길림대학 3편, 복단대학 2편 등의 순서이다. 역시 한국어 교육현장을 중심으로 한어 및 한자어와 관련된 연구가 많다. 향후에는 언어사상사적인 맥락이나 화용론적인 면에서 포괄적인 연구가 좀더 필요한 것으로 사료된다.

〈표 12〉 1992~2011년 "조선어/한국어/중조언어/중한언어" 관련 박사논문

1) 赵娟廷. 汉韩公文语体对比研究[D]. 复旦大学, 2004.

2) 甘瑞瑗. 国别化"对外汉语教学用词表"制定的研究: 以韩国为例[D]. 北京语言大学, 2005.

3) 权震红. 韩国语非叙述性名词配价研究[D]. 延边大学, 2007.

4) 陈辉. 论早期东亚与欧洲的语言接触[D]. 浙江大学, 2007.

5) 金海月. 朝汉致使范畴对比研究[D]. 中央民族大学, 2007.

6) 南成玉. 韩国语和英语的时、体对比研究[D]. 延边大学, 2008.

7) 岳辉. 朝鲜时代汉语官话教科书研究[D]. 吉林大学, 2008.

8) 洪小熙. 汉韩双向语言教学解难[D]. 山东大学, 2008.

9) 姚骏. 《老乞大谚解》朝鲜语语音研究[D]. 北京大学, 2008.

10) 韩江玲. 韩国汉字和汉字词研究[D]. 吉林大学, 2009.

11) 邹德文. 清代东北方言语音研究[D]. 吉林大学, 2009

12) 宋兆祥. 中上古汉朝语研究[D]. 华中科技大学, 2009.

13) 金顺吉. 韩汉语人称代词对比研究[D]. 上海外国语大学, 2009.

14) 李恩华. "V到+NP、V在+NP"的句法语义汉韩对比研究及其理论应用[D]. 上海外国语大学, 2009.

15) 姜美花. 客体敬语形态的消失和听者敬语等级的分化[D]. 延边大学, 2010.

16) 朴善姬. 韩国语副词性依存名词句法结构研究[D]. 延边大学, 2010.

17) 池东恩. 朝汉双语教育与语言使用研究[D]. 延边大学, 2010.

18) 崔红花. 汉韩日体词修饰词类对比研究[D]. 上海外国语大学, 2010.

19) 金莉娜. 韩(朝)汉语篇结构标记对比研究[D]. 延边大学, 2011.

20) 金敏永. 《伍伦全备谚解》在国语史上的价值[D]. 延边大学, 2011.

21) 金秀东. 日语和韩国语的复合动词对比研究[D]. 延边大学, 2011.

22) 卢星华. 韩国语准口语形态学研究与韩国语教育[D]. 延边大学, 2011.

23) 李兰. 朝鲜语体词词尾的结合类型和语法意义演变[D]. 延边大学, 2011.

24) 张成日. 朝鲜语西北方言语音研究[D]. 延边大学, 2011.

25) 黄贞姬. 韩国语汉字形容词研究[D]. 延边大学, 2011.

26) 金菊花. 朝鲜后期汉译谚语集《耳谈续纂》语言对比研究[D]. 中央民族大学, 2011.

27) 朴顺姬. 现代韩国语被动表现研究[D]. 中央民族大学, 2011.

28) 林新宇. 汉语和韩国语话题句对比研究[D]. 中央民族大学, 2011.

29) 申慧淑. 城市朝鲜族语言适应研究[D]. 中央民族大学, 2011.

30）刘春兰.《训世评话》语法研究[D]. 南开大学, 2011.

31）崔惠玲. 韩国语词类学的历时研究[D]. 复旦大学, 2011.

32）吴善子. 汉韩反诘语气副词对比研究[D]. 上海外国语大学, 2011.

33）李红梅. 韩国语范围表达研究[D]. 上海外国语大学, 2011.

3. 1992~2011년 한국 문화/문학/언어 관련 단행본

1992년부터 2011년까지 중국 내에서 출판된 조선문화/한국문화/중조문화/중한문화 관련 단행본을 찾아보면 아래와 같다.

1）杨昭全 · 韩俊光,《中朝关系简史》, 辽宁民族出版社, 1992年.
2）沐涛 · 孙志科,《大韩民国临时政府在中国》, 上海人民出版社, 1992年.
3）崔成德,《朝鲜文学艺术大辞典》, 吉林教育出版社, 1992年.
4）陈玉龙,《汉文化论纲 : 兼述中朝中日中越文化交流》, 北京大学出版社, 1993年.
5）张英 · 曹丽琴,《韩国财团比较研究》, 东方出版社, 1994年.
6）刘永智,《中朝关系史研究》, 中州古籍出版社, 1994年.
7）刘鹏辉 · 郑信哲,《韩国: 雾幕后的国家》, 世界知识出版社, 1995年.
8）尹保云,《韩国的现代化: 一个儒教国家的道路》, 东方出版社, 1995年.
9）郑判龙 · (韩)李钟殷,《朝鲜—韩国文化与中国文化》, 中国社会科学出版社, 1995年.
10）黄有福,《韩国文化研究 1994年》, 黑龙江朝鲜民族出版社, 1995年.
11）王地 · 小月,《朝鲜: 三千里江山》, 军事谊文出版社, 1995年.
12）杨通方,《中韩古代关系史论》, 中国社会科学出版社, 1996年.
13）徐万明,《中韩关系史-近代卷》,社会科学文献出版社, 1996年.
14）冯玉忠,《我看韩国》, 中国友谊出版社, 1996年.

15) 陈尚胜, 《中韩交流三千年》, 中华书局, 1997年.
16) 宋成有等, 《中韩关系史-现代卷》, 社会科学文献出版社, 1997年.
17) 杭州大学韩国研究所, 《中国江南社会与中韩文化交流》, 杭州出版社, 1997年.
18) 蒋非非等, 《中韩关系史-古代卷》, 社会科学文献出版社, 1998年.
19) 刘金质 · 张敏秋 · 张小明, 《当代中韩关系》, 社会科学文献出版社, 1998年.
20) 王如绘, 《近代中日关系与朝鲜问题》, 人民出版社, 1999年.
21) 陈尚胜等, 《朝鲜王朝(1392~1910)对华观的演变: 〈朝天录〉和〈燕行录〉初探》, 山东大学出版社, 1999年.
22) 廉皓, 《朝鲜姓氏族谱全书》, 中国文联出版社, 1999年.
23) 陈景富, 《中韩佛教关系一千年》, 宗教文化出版社, 1999年.
24) 中国佛教协会, 《黄金纽带：中、韩、日三国佛教友好交流会议文献汇编》, 华文出版社, 1999年.
25) 刁书仁, 《明清中朝日关系史研究》, 吉林文史出版社, 2001年.
26) 杨昭全 · 何彤梅, 《中国——朝鲜 · 韩国关系史》, 天津人民出版社, 2001年.
27) 南京大学中韩文化研究中心东亚文化协会, 《中韩文化研究》, 中文出版社, 2002年.
28) 刘为, 《清代中朝使者往来研究》, 黑龙江教育出版社, 2002年.
29) 白新良等, 《中朝关系史: 明清时期》, 世界知识出版社, 2002年.
30) 邵毅平, 《黄海余晖: 中华文化在朝鲜半岛及韩国》, 云南人民出版社, 2003年.
31) 陈池, 《韩国》, 重庆出版社, 2004年.
32) 孙科志, 《上海韩人社会研究：1910~1945》, 学苑出版社, 2004年.
33) 袁静芳, 《第一届中韩佛教音乐学术研讨会论文集》, 宗教文化出版社, 2004年.
34) 吴焯, 《朝鲜半岛美术(朗朗书房 · 世界美术全集)》, 中国人民大学出版社, 2004年.

35) 杨昭全,《中国——朝鲜·韩国文化交流史(Ⅰ、Ⅱ、Ⅲ、Ⅳ)》, 昆仑出版社, 2004年.

36) 刘必权,《世界列国志: 朝鲜》, 福建人民出版社, 2004年.

37) 郭镇之,《跨文化交流与研究: 韩国的文化和传播》, 北京广播学院出版社, 2004年.

38) 彭林,《中国礼学在古代朝鲜的播迁》, 北京大学出版社, 2005年.

39) 董向荣,《韩国》, 社会科学文献出版社, 2005年.

40) 南京大学韩国研究所,《中韩历史文化交流论文集》, 华夏文化艺术出版社, 2005年.

41) 金柄珉,《朝鲜韩国文化的历史与传统》, 黑龙江朝鲜民族出版社, 2005年.

42) 金虎雄,《来华朝鲜韩国名人: 事迹述略》, 黑龙江朝鲜民族出版社, 2006年.

43) 朴键一·马军伟,《中国对朝鲜半岛的研究》, 民族出版社, 2006年.

44) 刘金质·潘京初,《中国与朝鲜半岛国家关系文件资料汇编(1991~2006)》, 世界知识出版社, 2006年.

45) 杨军、王秋彬,《中国与朝鲜半岛关系史论》, 社会科学文献出版社, 2006年.

46) 詹小洪,《韩流汉风: 中国VS韩国》, 社会科学文献出版社, 2006年.

47) 王立军,《走进韩国：旅居韩国生活漫谈》, 世界知识出版社, 2006年.

48) 杨万娟,《汉江缘：中韩汉江文化比较》, 湖北人民出版社, 2006年.

49) 魏志江,《中韩关系史研究》, 中山大学出版社, 2006年.

50) 汪高鑫、程仁桃,《东亚三国古代关系史》, 北京工业大学出版社, 2006年.

51) 李承梅、李龙海,《韩国社会与文化》, 中国海洋大学出版社, 2007年.

52) 党银平,《唐与新罗文化关系研究》, 中华书局, 2007年.

53) 孙卫国,《大明旗号与小中华意识——朝鲜王朝尊周思明问题研究(1637~1800)》, 商务印书馆, 2007年.

54) 金健人,《中韩古代海上交流》, 辽宁民族出版社, 2007年.

55) 权赫秀,《近代中韩关系史料选编》, 世界知识出版社, 2008年.

56) 林善玉、李光仁,《韩国文化之旅》, 延边大学出版社, 2008年.

57）孙艳姝,《朝鲜人——世界人民血脉书系》，东方出版社, 2008年.
58）陈尚胜,《儒家文明与中韩传统关系》, 山东大学出版社, 2008年.
59）金健人,《"韩流"冲击波现象考察与文化研究》, 国际文化出版公司, 2008年.
60）叶永烈,《真实的朝鲜》, 天津教育出版社, 2008年.
61）董向荣,《韩国(第2版)》, 社会科学文献出版社, 2009年.
62）朴永浩 · 尹允镇 · 崔羲秀,《韩国概况》, 延边大学出版社, 2009年.
63）刘吉文,《韩国的地理和旅游》, 北京大学出版社, 2009年.
64）赵新建 · 马会霞,《韩国的社会》, 北京大学出版社, 2009年.
65）吕春燕 · 赵岩,《韩国的信仰和民俗》, 北京大学出版社, 2010年.
66）李善伊 · 马佳,《韩国现代文化》, 世界图书出版公司, 2009年.
67）孙科志,《上海的韩国文化地图》(合著), 上海故事会文化传媒有限公司 · 上海锦绣文章出版社, 2010年.
68）朴善姬,《韩国报刊选读》, 北京大学出版社, 2010年.
69）刘凤鸣,《山东半岛与古代中韩关系》, 中华书局, 2010年.
70）吕明辉,《朝鲜纪行》, 世界知识出版社, 2010年.
71）徐东日,《朝鲜朝使臣眼中的中国形象—中华文史新刊》, 中华书局, 2010年.
72）姜清波,《入唐三韩人研究》, 暨南大学出版社, 2010年.
73）詹小洪,《东临面面观: 透视韩国》, 山东大学出版社, 2010年.
74）朴永浩,《韩国概况》, 延边大学出版社, 2011年.
75）李华东,《朝鲜半岛古代建筑文化》, 东南大学出版社, 2011年.
76）南明哲,《韩国社会与文化》, 北京语言大学出版社, 2011年.
77）刘顺利 · 阎纯德 · 吴志良,《中国与朝韩五千年交流年历: 以黄帝历檀君历为参照》, 学苑出版社, 2011年.
78）杨雨蕾等,《韩国的历史与文化》, 中山大学出版社, 2011年.
79）杨雨蕾,《燕行与中朝文化关系》, 上海辞书出版社, 2011年.
80）李英顺,《朝鲜北学派实学研究》, 中国社会科学出版社, 2011年.
81）王力军,《宋代明州与高丽》, 科学出版社, 2011年.

1992년부터 2011년까지 중국 내에서 출판된 조선문학/한국문학/중조문학/중한문학 관련 단행본 저서를 찾아보면 아래와 같다.

1) 韦旭昇,《韩国文学史》, 北京大学出版社, 1986年.
2) 韦旭昇,《中国文学在朝鲜》, 花城出版社, 1990年.
3) 金柄珉 · 金宽雄,《朝鲜文学的发展与中国文学》, 延边大学出版社, 1994年.
4) 牧隐李穑学术思想中韩研讨会,《牧隐李穑学术思想中韩研讨会》, 中国人民大学东方文化研究所, 1997年.
5) 徐永彬,《韩国现代文学》, 对外经济贸易大学出版社, 1997年.
6) 郑判龙,《韩国诗话研究》, 延边大学出版社, 1997年.
7) 李仙竹,《古代朝鲜文献解题: 北京大学图书馆馆藏》, 北京大学出版社, 1997年.
8) 金柄珉,《朝鲜文学史》(近代部分), 延边大学出版社, 1999年.
9) 陈铉美,《困惑与冲突: 当代中韩女性小说之比较》, 百花洲文艺出版社, 2002年.
10) 葛振家,《崔溥〈飘海录〉评注》, 线装书局, 2002年.
11) 李岩,《中韩文学关系史论》, 社会科学文献出版社, 2003年.
12) 徐东日,《李德懋文学研究》, 黑龙江朝鲜民族出版社, 2003年.
13) 崔雄权,《朝鲜韩国当代文学史》, 昆仑出版社, 2004年.
14) 张伯伟,《朝鲜时代书目丛刊(共9册)》, 中华书局, 2004年.
15) 刘顺利,《半岛唐风 : 朝韩作家与中国文化》, 宁夏人民出版社, 2004年.
16) 许辉勋 · 蔡美花,《朝鲜文学史》(古代部分), 延边大学出版社, 2005年.
17) 金柄珉,《朝鲜韩国文学的近代转型与比较文学》, 延边大学出版社, 2005年.
18) 姜承哲,《中韩太阳神话比较研究》, 黑龙江人民出版社, 2006年.
19) 刘顺利,《王朝间的对话: 朝鲜领选使天津来往日记导读》, 宁夏人民出版社, 2006年.
20) 李官福,《汉文大藏经与朝鲜古代叙事文学》, 民族出版社, 2006年.
21) 李学堂,《朝鲜朝后期文学批评研究》, 民族出版社, 2006年.

22) 何镇华,《朝鲜现代文学史》, 中央编译出版社, 2008年.

23) 金宽雄 · 李官福,《中朝古代小说比较研究》, 延边大学出版社, 2009年.

24) 金英今 · 张光军,《韩国的文学》, 北京大学出版社, 2009年.

25) 刘顺利,《朝鲜半岛汉学史》, 学苑出版社, 2009年.

26) 孙惠欣,《冥梦世界中的奇幻叙事——朝鲜朝梦游录小说及其与中国文化的关联》, 北京大学出版社, 2009年.

27) 徐东日,《朝鲜朝使臣眼中的中国形象: 以〈燕行录〉〈朝天录〉为中心》, 中华书局, 2010年.

28) 赵杨,《中韩近代新小说比较研究》, 广东世界图书出版公司, 2010年.

29) 韩梅 · 韩晓,《韩国现代文学作品选读》, 北京大学出版社, 2010年.

30) 何镇华,《朝鲜文学论集(社科文献论丛第21辑)》, 线装书局, 2010年.

31) 金英今,《朝鲜—韩国: 文学史》, 外语教学与研究出版社, 2010年.

32) 李岩,《朝鲜文学通史(上 · 中 · 下卷)》, 社会科学文献出版社, 2010年.

33) 孙玉霞,《朝鲜诗人丁茶山的诗歌创作研究》, 旅游教育出版社, 2010年.

34) 杜慧月,《明代文臣出使朝鲜与〈皇华集〉》, 人民出版社, 2010年.

35) 刘顺利,《朝鲜文人李海应〈蓟山纪程〉细读》, 学苑出版社, 2010年.

36) 李娟,《韩国古代家庭小说文化阐释: 以朝鲜朝后期为中心》, 中国社会科学出版社, 2010年.

37) 金宽雄 · 金晶银,《韩国古代汉文小说史略》, 北京大学出版社, 2011年.

38) 金鹤哲,《韩国现当代文学经典解读》, 北京大学出版社, 2011年.

39) 崔昌竻,《现实主义与朝鲜现代文学》, 南京大学出版社, 2011年.

40) 张伯伟主编,《朝鲜时代女性诗文集全编》, 凤凰出版社, 2011年.

1992년부터 2011년까지 중국 내에서 출판된 조선어/한국어/중조언어/중한언어 관련 단행본 연구서를 찾아보면 아래와 같다.

1) 成元庆,《十五世纪韩国字音与中国声韵之关系》, 中国文学出版社, 1994年.

2) 沈定昌,《实用日韩对照语法》, 中央民族大学出版社, 1994年.

3) 韦旭升 · 许东振,《韩国语实用语法》, 外语教学与研究出版社, 1995年.

4) 韩振乾,《六镇方言研究: 朝鲜文》, 民族出版社, 2000年.

5) 朴云锡 · 陈榴,《中韩语法史上的双子星座: 〈马氏文通〉和〈大韩通典〉》, 北京大学出版社, 2002年.

6) 蔡瑛纯,《李朝朝汉对音研究》, 北京大学出版社, 2002年.

7) 金基石,《朝鲜韵书与明清音系》, 黑龙江朝鲜民族出版社, 2003年.

8) 宣德五,《朝鲜语文论集》, 开明出版社, 2004年.

9) 许维翰,《现代韩国语语法》, 北京大学出版社, 2004年.

10) 林从纲 · 任晓丽,《韩国语概论》, 北京大学出版社, 2005年.

11) 金百炼,《朝鲜语句法》, 社会科学出版社, 2005年.

12) 郑顺基,《朝鲜语形态论》, 社会科学出版社, 2005年.

13) 李德春 · 李承子 · 金光洙,《朝鲜语发达史》, 延边大学出版社, 2006年.

14) 王硕荃,《朝鲜语语汇考索》, 天津古籍出版社, 2006年.

15) 李得春,《朝鲜语历史研究》, 黑龙江朝鲜民族出版社, 2006年.

16) 俞春喜,《韩国语程度副词研究》, 民族出版社, 2006年.

17) 崔羲秀 · 俞春喜,《韩国语实用语法》, 延边大学出版社, 2006年.

18) 林从纲,《新编韩国语词汇学》, 北京大学出版社, 2007年.

19) 崔顺姬,《韩国语词汇教育研究》, 民族出版社, 2007年.

20) 延边大学朝文系,《朝鲜韩国语言文学研究》, 民族出版社, 2007年.

21) 陈榴,《东去的语脉: 韩国汉字词语研究》, 辽宁师范大学出版社, 2007年.

22) 全哲俊 · 金光洙,《朝鲜语语法》, 延边大学出版社, 2008年.

23) 宣德五,《韩国语基础语法》, 社会科学文献出版社, 2008年.

24) 李珧镐,《怎么理解韩国语》, 延边大学出版社, 2009年.

25) 安炳浩 · 尚玉河,《韩语发展史》, 北京大学出版社, 2009年.

26) 侯玲文,《上古汉语朝鲜语对应词研究》, 民族出版社, 2009年.

27) 张光军 · 江波 · 李翊燮,《韩国的语言》, 北京大学出版社, 2009年.

28) 何彤梅 · 朴善姬, 《韩国语语法偏误及解析》, 上海世界图书出版公司, 2009年.
29) 朴正俸, 《韩国汉字音系与厦门方言音系比较研究》, 巴蜀书社, 2009年.
30) 崔健 · 孟柱亿, 《汉韩语言对比研究(2)》, 北京语言大学出版社, 2010年.
31) 杨磊 · 崔炅凤, 《精解韩国语基础语法》, 北京语言大学出版社, 2010年.
32) 许东振, 《韩朝语法对比研究》, 延边大学出版社, 2010年.
33) 全金姬 · 孙华敏, 《最新实用韩国语惯用句型大全》, 北京语言大学出版社, 2010年.
34) 金哲俊 · 金光洙, 《朝鲜语语法》, 延边大学出版社, 2011年.
35) 徐在学, 《韩国语汉字词读解》, 延边大学出版社, 2011年.
36) 金旻载, 《韩国语语法100例(高级)》, 延边大学出版社, 2011年.
37) 崔炅凤 · 柴政坤 · 朴永浚, 《告诉你韩文的秘密》, 北京大学出版社, 2011年.
38) 申东月, 《汉字叠置效应与消化型音变 : 汉语对韩日语音的深层影响研究》, 北京师范大学出版社, 2011年.
39) 吴承恩, 《韩国语语法教学创意解决方案》, 北京语言文化大学出版社, 2011年.
40) 陈艳平, 《韩国语连接语尾的立体研究》, 北京大学出版社, 2012年.

위와 같이 1992년부터 2011년 사이에 중국에서 출판된 조선/한국 문화 관련 단행본은 81종, 문학분야 단행본은 40종, 언어분야의 단행본은 40종으로 총 161종에 달한다. 이는 결코 적은 숫자가 아니다. 하지만 단행본 저서에서 가장 많은 분량을 차지하는 것은 바로 교재 혹은 보조교재이며 특히 언어분야에서 그런 경향이 가장 뚜렷하게 드러난다. 그리고 중국학계에서 널리 인정받고 한국학계에도 영향을 미칠 수 있는 단행본 연구서들은 매우 드문 경우에 속하였다. 워낙 방대한 분량이어서 필자가 일일이 모두 검토할 수 없는 점이 아쉽다.

4. 향후 과제

위와 같이 세 부분으로 나누어 대략적으로나마 검토한 결과 아래와 같이 향후과제를 제시하고자 한다.

① 위의 리스트에는 중국 내에서 한국어로만 작성된 논문이나 혹은 한국어로만 출판된 저서는 거의 포함되지 않았다. 그 이유는 필자가 생각하건대 중국 내 한국학 연구가 당면한 급선무는 중국의 주류학계에 적극 진출하여 한국학의 위상을 확립하는 것이기 때문이다. 즉, 한국어로 된 연구업적들도 매우 중요하지만 더욱 중요한 것은 CSSCI 등재지 같은 중국 유수의 학술지에 학술논문을 적극적으로 게재하는 것이며 이를 매개로 중국학계와의 더욱 밀접한 교류와 소통을 이뤄내고 중국의 학문적 전통에 융합될 때 비로소 중국 내 한국학의 위상을 보다 긍정적으로 제고할 수 있으리라 생각한다.

② 중국 내 한국 문화/문학/언어분야의 연구에 종사할 때 가장 필요한 것은 "타자"의 시각으로 독창적인 연구를 하도록 노력하는 것이다. 중국학계의 인정도 필요하지만 더욱 중요한 것은 "타자"의 시각에서 한국 내 학자들이 하기 어려운 연구를 진행하여 한국학계에도 일정한 계시와 영향을 가져다 줄 수 있어야 보다 심원한 의미를 지닐 수 있을 것이다.

③ 단순히 문화, 문학, 언어분야의 자기영역에만 머물지 않는 탈경계적이고도 융합적인 연구가 절실하게 필요하다. 특히 문화 혹은 문학 분야에서는 문화전통, 사회사상, 시대정신 등 여러 가지 맥락에서 복합적인 입체조명이 필요하다. 그리고 고전에만 편중되지 말고 현대에 관한 연구도 더욱 활발하게 진행되어야 하며, 특히 최근의 여러 쟁점들을 둘러싼 폭넓고도 생산적인 논의와 대화가 필요하다고 생각한다.

④ 지금까지 비교연구는 절대 다수가 단순한 중・한 대조에 많이 머물러 있었다. 하지만 동아시아 한(汉) 문화권에서 중국과 한국뿐만 아니라

일본도 결코 소홀히 할 수 없다. 따라서 동아시아 중・한・일 3국을 모두 아우르는 보다 넓고 깊은 시각이 필요하다. 특히 중국 내 한국어학과의 많은 교수진은 일본어를 제 1외국어로 공부한 경우가 많은 점을 잘 활용하여야 하며 동아시아의 시각에서 보다 거시적이고도 총체적인 연구를 진행하여 나가기를 바란다.

결론적으로 현 시점에서 중국 내 한국 문화/문학/언어 관련 연구는 양적인 성장보다는 질적인 제고가 가장 절실하게 필요한 단계라고 생각된다. 중국 내에서 한국학의 위상을 정립하고 강화하는 데는 한국과의 네트워크도 매우 중요하지만 더욱 중요한 것은 중국학계에 내세울 수 있는 연구성과라고 생각한다. 중국학계의 인정과 더불어 한국학계에도 영향을 미칠 수 있는 그런 연구업적들이 향후 더욱 많이 쏟아져 나오기를 간절히 기대한다.

在中韩国文化、文学、语言研究现况和问题及今后课题

想要对韩国文化、文学、语言在中国的研究现况作番盘点的话，首先面临的便是时期的确定问题。众所周知，1949年中华人民共和国政府成立后，韩国和中国在相当长的时期内都处于冷战状态。当然，由于在过去冷战时代中国和北韩也保持着密切的关系，所以朝鲜文化、朝鲜文学、朝鲜语相关研究一直未有间断。然而，受制于中国的历史状况，许多研究领域都无法免于意识形态的影响与干涉。

实际上，若以1978年末中国正式采取改革开放路线为时限，以中国

所有的期刊(包括学术杂志)为对象输入主题词"朝鲜or韩国"进行全面检索,则足有2256篇文章显示出来。然而,其中的绝大多数为有关6.25战争或者朝鲜社会主义建设的新闻、报道、政治评论等。朝鲜文化相关文章不过9篇,朝鲜文学相关文章6篇,朝鲜语相关文章15篇,且大部分文章还是以介绍性内容为主。举例来说,惟一的一篇介绍韩国的文章题目为《南朝鲜文化的殖民地化》(松都,《世界知识》,1964.9)。另外,文学领域有《浅谈〈故乡〉(李箕永)的历史意义》(彭端智,《外国文学研究》,1978.2),《朝鲜文学的宝贵财富－介绍朝鲜抗日革命文学》(林辉,《外国文学研究》,1978.2)。语言学领域则主要是关于朝鲜文字改革,语言学著作,语言学界概况及以主体思想为基础的语言学理论等的介绍。像这样,到1978年为止,朝鲜文化、朝鲜文学、朝鲜语相关研究无从完全摆脱意识形态的束缚,也难以推出具有深度的研究成果。

下面来看一看改革开放伊始的1979年至中韩两国建交前一年,即1991年间的情况。首先,以这时期的所有期刊(包括学术杂志)为对象,以"朝鲜文化/韩国文化/中朝文化/中韩文化"为主题词分别进行检索。相关文章共12篇,大部分发表在学术杂志上。接着以"朝鲜文学/韩国文学/中朝文学/中韩文学"为主题词进行检索。结果搜到37篇文章,大多也是发表在学术杂志上。再以"朝鲜语/韩国语/中朝语言/中韩语言"为主题词输入,检索到的文章足有217篇。因数量稍多,故以图表形式整理如〈表 1〉。

该统计表首先在数字上非常显眼的是1980年(39篇),1981年(23篇),1982年(14篇)。从历史上来看,这同1976年文化大革命终结后知识分子的回归讲台大有关联。另外不无干系的是,随着1978年末中国开始改革开放,大学恢复正常,教授队伍也得以重新精进学问。同时,改革开放以后,学术杂志开始陆续创刊,为学术活动的进行准备了舞台,这也可以说是一个重要的原因。若按实际发表期刊的顺序进行统

〈表 1〉1979~1991年"朝鲜语/韩国语"相关论文统计(共217篇)

发表年度	1979	1980	1981	1982	1983	1984	1985	1986	1987	1988	1989	1990	1991
发表数字	8	39	23	14	5	13	17	17	7	15	19	23	17

计,那么1979－1991年间发表朝鲜语、韩国语相关论文最多的学术杂志依次为《汉语学习》(54篇),《延边大学学报》(49篇),《民族语文》(45篇),总计148篇,占全体217篇的68%。其中,《延边大学学报》创刊于1958年,历史相当悠久,但直到1981年它才被批准为能在国内外公开发行的学术期刊。而《汉语学习》作为延边大学的学术杂志创刊于1980年,同样的,其在国内外的公开发行直到1981年才成为可能。《民族语文》为中国社会科学院民族研究所于1979年创刊,主要研究对象为汉藏语系、阿尔泰语系、南亚语系及南岛语系等。

该统计其次引人注目的地方为1985年(17篇),1986年(17篇),1988年(15篇),1989年(19篇),1990年(23篇),1991年(17篇)。光看这个数字,便可间接认知当时两国关系正逐步进入解冻期。尤其可作一窥的是,1986年汉城亚运会,1988年汉城奥运会及1990年北京亚运会等体育活动作为一定的契机发挥了作用。1986年汉城亚运会上中国有正式参赛。1988年汉城奥运会则堪称破天荒的事件－即向一直与韩国处于冷战状态的中国全面昭显了韩国的地位及影响力。1990年北京亚运会上,韩国同样派出大规模的选手团并夺得了奖牌榜的第二名。同年,两国设置了部分行使领事功能的贸易代表处。随着正式往来的频繁,不管是在国家层面,还是在民间层面,中国对韩国的关注逐渐高涨。

然而,这个时期中国研究者们在对韩国进行解读研究的时候,资料的收集和信息的交流等毕竟并不容易。因此也就只能进行相对有限的介绍或者研究。比如语言学领域,发表在《汉语学习》上的论文几

〈表 2〉1979~1991年发表论文中标记有"南朝鲜"的例子

1) 崔吉元, 南朝鲜三大语法学派简介[J]. 延边大学学报(哲学社会科学版), 1980, (4).
2) 沈默, 南朝鲜即将出版《韩国文学通史》[J]. 外国文学研究,1983, (2).
3) 琳, 《朝鲜文学》载文批判南朝鲜文学创作中的心理描写倾向[J]. 外国文学研究, 1985, (1).
4) 沈默, 南朝鲜提出"文化发展长期政策构想"[J]. 国外社会科学, 1986, (1).
5) 高光植 · 沈默, 杜诗研究三十载——南朝鲜杜诗研究者李丙畴一席谈[J]. 国外社会科学, 1988, (5).
6) 为南朝鲜社会"学汉语热"编著新书——《中国语自学课本》(初、中、高级, 南朝鲜用)简介[J]. 东疆学刊, 1989, (Z1).
7) 陈海珠, 南朝鲜将出版《中韩大辞典》[J]. 出版发行研究, 1989, (4).
8) 周四川, 汉字存废的利弊 南朝鲜论辩方遒[J]. 汉字文化, 1991, (2).
9) 沈仪琳, 南朝鲜学术界(之六)——朝鲜语学研究的过去与现状[J]. 国外社会科学, 1991, (7).

乎都是有关朝鲜语和汉语之比较的内容。而文学领域绝大部分都是古典文学相关内容, 现代文学方面仅只言及了李箕永的《故乡》, 罗稻香, 新倾向派文学等。即文学上不过介绍了在北韩被高度评价的作家、作品。文化领域也是如此, 仅只介绍了古代中国和朝鲜的文化交流。而三个领域里明确标示有"韩国"的例子根本无处遁寻, 标记有"南朝鲜"的情况也非常少。以下为这个时期标记有"南朝鲜"的例子。

从上面目录中也能看出, 即就在当时, "南朝鲜"尚停留在"好奇心之对象"。甚至赵东一教授的《韩国文学通史》、高丽大学民族文化研究所的《中韩大辞典》等的出版, 其相关内容也只是以简短的新闻片段出现在学术杂志的角落里。尽管两国已经开始往来, 但要在中国本土接触到韩国的图书资料和既存的研究成果, 并不是一件容易的事。可以说, 不仅是当时, 就是到现在为止, 馆藏韩国图书资料最多的, 是受到多方捐赠如大宇财团图书捐赠等的延边大学图书馆。因此, 这个时期的韩国研究, 似乎大部分都只能停留在相关介绍上, 如：分裂以前韩半岛共有的古典关联内容,通过有限的途径到手的韩国相关新闻,或者学界的现况,等等。

如此一来,应该说,韩国相关研究正式开始的分水岭还是中韩建交的1992年。当然,在这之前也不乏相互间的人力交流,但直到1992年建交后相互往来才变得自由起来。随着韩国国际交流财团、韩国学术振兴财团等在支援讲座,派遣教授,设立韩国学中心等各方面给予多样帮助,不仅韩国语/韩国学教育,学术交流也逐渐增加。最重要的是,韩国学相关研究者赴韩留学,接受韩国式的学术训练,而后学成回国,开始逐渐出现韩国学研究人力的世代交替。

事实上,以语言学研修,学位获取等为目的的留学也是自1992年就开始了。驻韩中国大使馆教育处的网页显示,1992年赴韩留学的中国留学生为37人。截至2008年4月,韩国的中国留学生增长到44,746人,占据韩国国内全体留学生的2/3,而最近则达到约8万人。其中,从2008年的毕业规模来看,硕士学位获得者为1,600人,取得博士学位或者完成博士后课程的则为1,259人。随着在韩国完成学业的中国留学生大举回国,从事讲学及研究,中国的韩国学研究也输入了新的血液。另外,互联网的发展使资料收集和信息交流等变得非常方便,对研究也起到了很大帮助。

同时,由于韩国企业进军中国的规模扩大及韩流热潮的影响,韩国语专业也获得了至高的人气。据中国教育部统计,目前国内包括私立大学在内,共有约200多所大学开设韩国语专业,这是继英语专业,日语专业之后的第三大数字。而1992年中韩建交以前,只有延边大学,北京大学等极少数的大学里才设有朝鲜语专业(包括语言文学),前后两相对照,在数字上真算是在短时间内实现了极大的增长,即使用沧海桑田来形容也不为过。

鉴于以上种种原因,本论文主要以1992年至2011年间发表的韩国文化、文学、语言相关研究成果为对象,来盘点一下现状及今后课题。

首先是发表在核心期刊上的论文。在这里，核心期刊指的是登载在由CNKI（汉文标记为中国知网，意指中国国家知识基础设施。National Knowledge Infrastructure），北京大学图书馆期刊工作研究会等联合发表的《中文核心期刊目录总览》上的学术期刊。该目录自1992年始发表，可以说，被选上的学术期刊其水准都获得了一定程度的认可。其次是出自中国各所大学的相关博士学位论文。虽然也不乏有硕士学位论文，但大多数学问水平不是特别高，因此只以博士学位论文为对象。再者为这期间在国内公开出版的研究著书单行本。以上类分三种，用以对中韩建交20周年间韩国文化、韩国文学、韩国语领域的研究现状及今后课题作番盘点。

一、1992～2011年发表在中国核心期刊上的“韩国文化/文学/语言”相关论文

首先，在CNKI网页上以中国学术期刊网络出版总库的中文核心期刊（1992～2011）为对象，输入主题词“朝鲜文化/韩国文化/中朝文化/中韩文化”进行相关论文的检索，结果统计如〈表 3〉。

其中，“韩国电影”相关文章为27篇，“韩国文化产业”相关文章18篇，“韩流”相关文章16篇，“韩剧”相关文章14篇，“韩国音乐”相关文章7篇，“韩国动画”相关文章3篇，合计85篇，超过整体数字的1/3。而1978年之前发表的朝鲜/韩国文化相关文章只有9篇，1979～1991年发表的相关文章不过12篇，回想起来，在短短约20年的时间里发表共85篇文章，这实际上是值得令人刮目的。韩国文化如此般在中国成为关注的焦点，近代以后恐怕还没有过。这也全由韩国大众文化在中国掀起的韩流热风才成为可能。

韩流在中国始于1997年中国CCTV播放的韩剧《爱情是什么》，随着

〈表 3〉1992~2011年"朝鲜文化/韩国文化/中韩文化"相关论文统计(合计221篇)

发表年度	1992	1993	1994	1995	1996	1997	1998	1999	2000	2001
发表数字	3	3	5	4	9	5	4	8	3	3
发表年度	2002	2003	2004	2005	2006	2007	2008	2009	2010	2011
发表数字	17	5	14	11	25	19	28	13	19	23

〈表 4〉1992~2011年

"朝鲜文学/韩国文学/中朝文学/中韩文学"相关论文统计(合计89篇)

发表年度	1992	1993	1994	1995	1996	1997	1998	1999	2000	2001
发表数字	0	1	1	1	1	1	3	1	4	6
发表年度	2002	2003	2004	2005	2006	2007	2008	2009	2010	2011
发表数字	8	8	6	5	3	4	10	9	9	8

2002年《秋天的童话》, 2005年《大长今》的播放, H. O. T等的流行歌曲, 电影《我的野蛮女友》, 金河仁的感性小说, 可爱淘的网络小说, 韩国的网上游戏等, 旋风般的韩流热潮一路挺进。"韩流", "哈韩族", "韩迷"等新造语也随之产生并流行起来。尤其以传统儒教伦理意识为基础完美刻画了细腻感性的韩国电视剧, 更是在中国广为流传, 受到男女老少的追捧。因此, 介绍或分析韩流现状、韩国电影、韩国电视剧、韩国音乐、韩国动画等的文章占了绝大多数, 将韩国文化产业的竞争力或韩国政府的文化产业扶植政策等提出来讨论的内容也很多。特别是这些文章还促就了一个契机, 使人们对当时相对处于停滞状况的中国政府的文化产业政策进行反省, 从这一点上来说, 它们是非常有意义的。要说遗憾之处, 便是单纯的现象罗列或者简略的介绍分析占了绝大多数, 在整体历史文化的脉络上具有深度洞察力的文章则非常罕见。

接下来以CAJD的中文核心期刊(1992~2011)为对象, 输入主题词

〈表 5〉1992~2011年"朝鲜/韩国光复后的文学"相关论文

1) 刘广铭, 试论韩国小说《回归线》的创作艺术[J]. 解放军外国语学院学报, 2000, (1).
2) 金英今, 朝鲜、韩国当代文学比较[J]. 解放军外国语学院学报, 2000, (2).
3) 金柄珉・崔昌笏, 韩国作家千云宁及其小说创作[J]. 外国文学, 2003, (5).
4) 金柄珉・崔昌笏, 多余人的象征性逃逸 —— 论千云宁小说《针》的叙事策略[J]. 外国文学, 2003, (5).
5) 金春仙, 当代韩国反美文学及其社会文化成因探析[J]. 中央民族大学学报, 2005, (6).
6) 徐闰祯, "魂流"旅程 —— 从第一届韩中作家对谈会说起[J]. 中国比较文学, 2007, (4).
7) 肖伟山, 近年韩国文学动向 —— 以获奖作家作品为中心[J]. 国外文学, 2008, (3).
8) 李琨, 朝鲜解放后文坛的分化[J]. 解放军外国语学院学报, 2009, (4).
9) 常彬, 抗美援朝文学中的域外风情叙事[J]. 文学评论, 2009, (4).
10) 牛林杰, 论韩国战后文学中的少年战争体验小说[J]. 东岳论丛, 2009, (12).
11) 权赫律, 韩国 "同人杂志"的发展与流变 —— 以对《文学与知性》的考察为中心[J]. 当代作家评论, 2011, (6).
12) 林春城, 关于韩中文化沟通与跨越的考察 —— 以韩国文学作品在中国翻译出版现状为中心[J]. 学术界, 2011, (6).

"朝鲜文学/韩国文学/中朝文学/中韩文学"进行相关论文的检索,结果统计如〈表 4〉。

其中,朝鲜/韩国古典文学相关论文还是占据了压倒性的绝大多数,1945年光复以后的朝鲜/韩国文学相关论文则为12篇,仅占13%,其目录如〈表 5〉。

从如上目录中也能看出,关于光复后的韩国文学,只有一鳞半爪的介绍及研究。那么研究相对较多的古典文学领域情况又如何呢,让我们来一探究竟。古典文学领域似乎也是同中国古典文学的比较研究最为活跃。例如论述陶渊明、金圣叹、明清时代小说与韩国古典文学之间关联方面的论文很多,实学派也多有涉及。这些论文数量众多,水平也很高。特此将文学领域那些被公认为具有中国最高学术水平

〈表 6〉1992~2011年"朝鲜语/韩国语/中韩语言"相关论文统计(合计324篇)

发表年度	1992	1993	1994	1995	1996	1997	1998	1999	2000	2001
发表数字	10	14	11	11	9	9	10	17	18	10
发表年度	2002	2003	2004	2005	2006	2007	2008	2009	2010	2011
发表数字	21	13	23	24	15	20	22	23	16	28

的学术期刊挑选出来，进行仔细考察，考察结果如下。

古典文学研究领域的一流期刊《文学遗产》上(1954年创刊)发表有9篇，文学理论及批评领域的一流期刊《文学评论》(1957年创刊)5篇，外国文学研究领域的一流期刊《外国文学评论》(1987年创刊)则发表有4篇，合计18篇。从1992年发表的论文起始算一下时间的话，至今为止算是一年发表约一篇文章。人均发表论文数最多的要属南京大学中文系的张伯伟教授：在三大学术杂志上各发表一篇，总计3篇。中央民族大学少数民族语言文学系李岩教授在《外国文学评论》上发表了2篇。而延边大学朝文系的金柄珉教授则完成了在《文学评论》上发表论文的快举，《文学评论》素被称为国内文学领域学术杂志的根据地。至此，国内韩国古典文学研究已完全步入中国主流学界，并显示出相当的水准。

下面以CAJD的中文核心期刊(1992~2011)为对象，输入主题词"朝鲜语/韩国语/中朝语言/中韩语言"进行相关论文的检索，结果统计如〈表 6〉。

1992年至2011年间，韩国语言相关论文总计发表324篇，在数字上为最多。但仔细过目一遍论文题目就会发现，大部分为实用性小论文，用以解决在向中国学生教授韩国语的过程中出现的许多语法问题。尤其在统计中，汉语(中国语)或汉字词相关文章，其数量之多约占34%。按发表杂志类别来分的话，《民族语文》(64篇)最多，《解放军外国语学院学报》(43篇) 其次，发表在两学术杂志上的文章约占全体的33%。

与此种现象不无关系的是，1992年建交以后，韩国语专业急增到200多个，引发教授人力的不足现象，在韩国语教育方面也出现许多新的问题。再者是因为绝大多数韩国语专业都以实用性的语言技能教育及训练为中心来设置课程。这就导致论文写作只能以实际授课过程中遭遇的诸多问题为中心。今后，我们应该要摆脱单纯的教学论文，而力求更为多样且具有深度的研究。

二、1992~2011年"韩国文化/文学/语言"相关博士学位论文

中国博士学位论文数据库(China Doctoral Dissertations Full-text Datebase：简称为CDFD) 可以说是目前为止国内收录范围和内容最为广泛和俱全的。它收录了自1984年起到目前为止出自国内985大学、211大学、中国科学院、中国社会科学院等大学及研究机关的所有博士学位论文。

在CDFD网页上输入主题词"朝鲜文化/韩国文化/中朝文化/中韩文化"进行相关博士学位论文的检索，结果统计如下：

〈表 7〉 1992~2011年

"朝鲜文化/韩国文化/中朝文化/中韩文化"相关博士论文(合计26篇)

发表年度	1992	1993	1994	1995	1996	1997	1998	1999	2000	2001
发表数字	0	0	0	0	0	0	0	0	0	0
发表年度	2002	2003	2004	2005	2006	2007	2008	2009	2010	2011
发表数字	0	0	2	1	4	5	0	2	5	7

〈表 8〉1992~2011年"朝鲜文化/韩国文化/中朝文化/中韩文化"相关博士论文目录

1) 廉松心. 十八世纪中朝文化交流研究[D]. 中央民族大学, 2004.
2) 朴均吉. 玄奘与韩半岛佛教[D]. 华东师范大学, 2004.
3) 杨雨蕾. 十六至十九世纪初中韩文化交流研究[D]. 复旦大学, 2005.
4) 金京泽. 韩国科学教育[D]. 华东师范大学, 2006.
5) 申师明. 当代中韩大众文化比较研究[D]. 中央民族大学, 2006.
6) 韩恩珠. 中韩两国儒文化意识比较研究[D]. 中央民族大学, 2006
7) 李承律. 东北亚国际合作时代朝鲜族社会文化功能研究[D]. 中央民族大学, 2006.
8) 马靖妮. 《热河日记》中的中国形象研究[D]. 中央民族大学, 2007.
9) 王红梅. 许筠论略[D]. 中央民族大学, 2007.
10) 邓显超. 中国文化发展战略研究[D]. 中共中央党校, 2007.
11) 温朝霞. 1980年后日韩影视剧在中国的传播[D]. 暨南大学, 2007.
12) 崔洛燮. 中韩文化差异对跨国公司组织信任的影响实证研究[D]. 清华大学, 2007.
13) 刘智文. 东疆民族关系史研究[D]. 东北师范大学, 2009.
14) 田艳. 文化聚合与文化推进[D]. 中央民族大学, 2009.
15) 金兑炫. 韩国文化产业国际竞争力研究[D]. 吉林大学, 2010.
16) 金花子. 中韩电视剧叙事文化比较研究[D]. 吉林大学, 2010.
17) 孙亚楠. 韩人社区与"韩味"青岛[D]. 中央民族大学, 2010.
18) 辛勋. 论朝鲜后半期书法艺术的发展[D]. 复旦大学, 2010.
19) 陈桓辉. 文化强省战略研究[D]. 中共中央党校, 2010.
20) 林成姬. 韩国巫俗文化研究[D]. 中央民族大学, 2011.
21) 郑喜淑. 少数民族生态文化资源保护与文化产业研究[D]. 中央民族大学, 2011.
22) 赵国宏. 少数民族文化网络传承的教育人类学研究[D]. 中央民族大学, 2011.
23) 崔明玉. 延边朝鲜族传统婚礼研究[D]. 中央民族大学, 2011.
24) 韩龙浩. 19世纪《燕行录》中的中国形象研究[D]. 中央民族大学, 2011.
25) 沈强. 日韩文化产业发展比较研究[D]. 吉林大学, 2011.
26) 方忠. 中韩文化创意产业经济效应比较研究[D]. 福建师范大学, 2011.

按大学类别来分的话，中央民族大学以13篇占了50%。其次分别是吉林大学3篇，复旦大学2篇，中共中央党校2篇。其中最为引人注目的，即韩国大众文化和文化产业相关博士学位论文之多。这跟20世纪90年代中期以后国内韩流热潮的形成也有紧密的联系。更饶有趣味的是出自中共中央党校的2篇博士学位论文。众所周知，中共中央党校重点担负着中国共产党干部的教育和研修等，是十分特别的教育机关。它自1981年起设立研究生课程，1984年起开始招募博士研究生，其专业领域自是同意识形态和国家经营等密切相关。上面的目录中，《中国文化发展战略研究》(2007)总共由4章构成，第2章是关于《外国的文化发展战略》的叙述。在这部分中，作者记述了美国，法国，日本和韩国的文化发展战略。《文化强省战略研究》也同样参照了韩国的经验。这些事实表明，对韩国文化产业及文化政策的研究探索是基于中国政策性层面的。而较之韩国大众文化，对于韩国传统文化的研究则显得相对不足。

往下在CDFD网页上输入主题词"朝鲜文学/韩国文学/中朝文学/中韩文学"进行相关博士学位论文的检索，结果统计如下：

〈表 9〉1992~2011年

"朝鲜文学/韩国文学/中朝文学/中韩文学"相关博士论文(合计35篇)

发表年度	1992	1993	1994	1995	1996	1997	1998	1999	2000	2001
发表数字	0	0	0	0	0	0	0	0	0	0
发表年度	2002	2003	2004	2005	2006	2007	2008	2009	2010	2011
发表数字	0	4	3	3	2	6	0	1	5	12

〈表 10〉1992~2011年

“朝鲜文学/韩国文学/中朝文学/中韩文学”相关博士论文目录

1) 徐东日. 李德懋文学研究 —— 兼与中国文学相比较[D]. 延边大学, 2003.

2) 李官福. 佛经故事对朝鲜古代叙事文学的影响研究[D]. 延边大学, 2003.

3) 崔一. 韩国现代文学中的中国形象研究[D]. 延边大学, 2003.

4) 金春仙. 茅盾与李箕永的二十世纪二三十年代小说创作比较研究[D]. 中央民族大学, 2003.

5) 金昌镐. 苦难的岁月互补的文学[D]. 东北师范大学, 2004.

6) 金芳实. 中韩现代文学史上的双子星座[D]. 复旦大学, 2004.

7) 金真迪. 解放后韩 · 朝 · 中国朝鲜族文学教育比较研究[D]. 中央民族大学, 2004.

8) 安末淑. 杜甫诗和韩国朝鲜时代诗研究[D]. 山东大学, 2005.

9) 申宜暻. 中韩现代文学观念形成比较研究[D]. 复旦大学, 2005.

10) 李康仁. 韩国曹禺早期话剧研究概况与曹禺剧本分析[D]. 复旦大学, 2005.

11) 倪文波. 崔致远文学创作研究[D]. 中央民族大学, 2006.

12) 金洪大. 中、韩近代文学及文艺思想研究[D]. 山东大学, 2006.

13) 金哲. 朴齐家诗文学与中国文学之关联研究[D]. 延边大学: 延边大学,2007.

14) 郑美京. 李庸岳文学研究[D]. 延边大学, 2007.

15) 邹志远. 李睟光文学批评研究[D]. 延边大学, 2007.

16) 洪雪花. 意象主义在东西方文学中的回返影响研究[D]. 延边大学, 2007.

17) 庄秀芬. 古代朝鲜女性汉诗研究[D]. 中央民族大学, 2007.

18) 赵杨. 中韩近代新小说比较研究[D]. 中央民族大学, 2007.

19) 邹德文. 清代东北方言语音研究[D]. 吉林大学, 2009

20) 金英姬. 千世峰的《石溪邑的新春》: 朝鲜农业合作化运动及其叙事策略研究[D]. 延边大学, 2010.

21) 吴文善. 比较视野中的金时习汉诗研究[D]. 中央民族大学, 2010.

22) 全春梅. 朝鲜近代自由诗形成过程研究[D]. 中央民族大学, 2010.

23) 车海兰. 朝鲜稗说文学文体研究[D]. 中央民族大学, 2010.

24) 金振杰. 东方传统思想与朝鲜古时调的关系研究[D]. 中央民族大学, 2010.

25) 权美花. 高峰汉诗研究[D]. 延边大学, 2011.

26) 王红梅. 梁贵子与池莉婚姻爱情小说比较[D]. 延边大学, 2011.

27) 李红梅. 韩国古典诗歌中的陶渊明研究[D]. 延边大学, 2011.

28) 任晓丽. 李钰文学研究[D]. 延边大学, 2011.

29) 韩继镐. 《林巨正》与明清章回体小说关联研究[D]. 延边大学: 延边大学, 2011.

30) 崔英姬. 中韩家族小说比较研究[D]. 吉林大学, 2011.

31) 金艳. 二十世纪九十年代朝鲜长篇小说研究[D]. 中央民族大学, 2011.

32) 金英兰. 中国朝鲜族小说与在日朝鲜人小说比较研究[D]. 中央民族大学, 2011.

33) 白玉陈. 朝鲜近代爱国启蒙运动时期小说理论的革新与梁启超[D]. 中央民族大学, 2011.

34) 孙玉霞. 丁茶山与杜甫诗歌创作的比较研究[D]. 中央民族大学, 2011.

35) 李贵花. 1950年代朝鲜战争题材中长篇小说研究[D]. 中央民族大学, 2011.

36) 韩龙浩. 19世纪《燕行录》中的中国形象研究[D]. 中央民族大学, 2011.

以学校类别来看, 中央民族大学以15篇约占43%。其次分别为延边大学13篇, 复旦大学3篇, 吉林大学2篇, 山东大学2篇。古典文学和现代文学的比重几乎各占一半。在古典文学领域, 同中国古典文学的比较研究尤为显多。虽说此种情况因汉文化圈里由汉文创作而成的韩国古典文学作品数量众多而不可避免, 但还是希望今后在韩国古典文学领域, 有关国文学的研究也能更为活跃地展开。另外, 现代文学领域里中韩比较研究也很多, 期待今后超越单纯的影响比较的、备具深度的研究能多有面世。韩国文学领域博士学位论文中, 延边大学徐东日教授的《李德懋文学研究－兼与中国文学相比较》历经炙热的竞争终于2004年被选为全国优秀博士学位论文, 这是一件非常荣耀而值得铭记的喜事。因为统合韩国文化、文学、语言三大领域, 这是惟一获得全国优秀博士学位论文殊荣的文章, 更为重要的则在于它完全获得了国内主流学界的认可。

在CDFD网页上输入主题词"朝鲜语/韩国语/中朝语言/中韩语言", 对相关博士学位论文进行检索, 结果统计如〈表 11〉

〈表 11〉1992~2011年

"朝鲜语/韩国语/中朝语言/中韩语言"相关博士论文(合计33篇)

发表年度	1992	1993	1994	1995	1996	1997	1998	1999	2000	2001
发表数字	0	0	0	0	0	0	0	0	0	0
发表年度	2002	2003	2004	2005	2006	2007	2008	2009	2010	2011
发表数字	0	0	1	1	0	3	4	4	4	15

〈表 12〉1992~2011年"朝鲜语/韩国语/中朝语言/中韩语言"相关博士论文目录

1) 赵娟廷. 汉韩公文语体对比研究[D]. 复旦大学, 2004.

2) 甘瑞瑗. 国别化"对外汉语教学用词表"制定的研究: 以韩国为例[D]. 北京语言大学, 2005.

3) 权震红. 韩国语非叙述性名词配价研究[D]. 延边大学, 2007.

4) 陈辉. 论早期东亚与欧洲的语言接触[D]. 浙江大学, 2007.

5) 金海月. 朝汉致使范畴对比研究[D]. 中央民族大学, 2007.

6) 南成玉. 韩国语和英语的时、体对比研究[D]. 延边大学, 2008.

7) 岳辉. 朝鲜时代汉语官话教科书研究[D]. 吉林大学, 2008.

8) 洪小熙. 汉韩双向语言教学解难[D]. 山东大学, 2008.

9) 姚骏. 《老乞大谚解》朝鲜语语音研究[D]. 北京大学, 2008.

10) 韩江玲. 韩国汉字和汉字词研究[D]. 吉林大学, 2009.

11) 邹德文. 清代东北方言语音研究[D]. 吉林大学, 2009

12) 宋兆祥. 中上古汉朝语研究[D]. 华中科技大学, 2009.

13) 金顺吉. 韩汉语人称代词对比研究[D]. 上海外国语大学, 2009.

14) 李恩华. "V到+NP、V在+NP"的句法语义汉韩对比研究及其理论应用[D]. 上海外国语大学, 2009.

15) 姜美花. 客体敬语形态的消失和听者敬语等级的分化[D]. 延边大学, 2010.

16) 朴善姬. 韩国语副词性依存名词句法结构研究[D]. 延边大学, 2010.

17) 池东恩. 朝汉双语教育与语言使用研究[D]. 延边大学, 2010.

18) 崔红花. 汉韩日体词修饰词类对比研究[D]. 上海外国语大学, 2010.

19) 金莉娜. 韩(朝)汉语篇结构标记对比研究[D]. 延边大学, 2011.

20) 金敏永. 《伍伦全备谚解》在国语史上的价值[D]. 延边大学, 2011.

21) 金秀东. 日语和韩国语的复合动词对比研究[D]. 延边大学, 2011.
22) 卢星华. 韩国语准口语形态学研究与韩国语教育[D]. 延边大学, 2011.
23) 李兰. 朝鲜语体词词尾的结合类型和语法意义演变[D]. 延边大学, 2011.
24) 张成日. 朝鲜语西北方言语音研究[D]. 延边大学, 2011.
25) 黄贞姬. 韩国语汉字形容词研究[D]. 延边大学, 2011.
26) 金菊花. 朝鲜后期汉译谚语集《耳谈续纂》语言对比研究[D]. 中央民族大学, 2011.
27) 朴顺姬. 现代韩国语被动表现研究[D]. 中央民族大学, 2011.
28) 林新宇. 汉语和韩国语话题句对比研究[D]. 中央民族大学, 2011.
29) 申慧淑. 城市朝鲜族语言适应研究[D]. 中央民族大学, 2011.
30) 刘春兰.《训世评话》语法研究[D]. 南开大学, 2011.
31) 崔惠玲. 韩国语词类学的历时研究[D]. 复旦大学, 2011.
32) 吴善子. 汉韩反诘语气副词对比研究[D]. 上海外国语大学, 2011.
33) 李红梅. 韩国语范围表达研究[D]. 上海外国语大学, 2011.

以大学类别来看, 延边大学以12篇约占36%。其次分别为中央民族大学5篇, 上海外国语大学5篇, 吉林大学3篇, 夏旦大学2篇。以韩国语教育现场为中心、与汉语及汉字词有关的研究还是很多。笔者认为, 今后还需加强在语言思想史脉络或语用学层面的整体研究。

三、1992~2011年"韩国文化/文学/语言"相关单行本

以下为1992年至2011年间国内出版的朝鲜文化/韩国文化/中朝文化/中韩文化相关单行本著书：

1) 杨昭全、韩俊光,《中朝关系简史》, 辽宁民族出版社, 1992年。
2) 沐涛、孙科志,《大韩民国临时政府在中国》, 上海人民出版社, 1992年。

3) 崔成德,《朝鲜文学艺术大辞典》, 吉林教育出版社, 1992年。
4) 陈玉龙,《汉文化论纲 : 兼述中朝中日中越文化交流》, 北京大学出版社, 1993年。
5) 张英、曹丽琴,《韩国财团比较研究》, 东方出版社, 1994年。
6) 刘永智,《中朝关系史研究》, 中州古籍出版社, 1994年。
7) 刘鹏辉、郑信哲,《韩国 : 雾幕后的国家》, 世界知识出版社, 1995年。
8) 尹保云,《韩国的现代化 : 一个儒教国家的道路》, 东方出版社, 1995年。
9) 郑判龙、(韩) 李钟殷,《朝鲜-韩国文化与中国文化》, 中国社会科学出版社, 1995年。
10) 黄有福,《韩国文化研究 : 1994年》, 黑龙江朝鲜民族出版社, 1995年。
11) 王地、小月,《朝鲜 : 三千里江山》, 军事谊文出版社, 1995年。
12) 杨通方,《中韩古代关系史论》, 中国社会科学出版社, 1996年。
13) 徐万明,《中韩关系史-近代卷》, 社会科学文献出版社, 1996年。
14) 冯玉忠,《我看韩国》, 中国友谊出版社, 1996年。
15) 陈尚胜,《中韩交流三千年》, 中华书局, 1997年。
16) 宋成有等,《中韩关系史-现代卷》, 社会科学文献出版社, 1997年。
17) 杭州大学韩国研究所,《中国江南社会与中韩文化交流》, 杭州出版社, 1997年。
18) 蒋非非等,《中韩关系史-古代卷》, 社会科学文献出版社, 1998年。
19) 刘金质、张敏秋、张小明,《当代中韩关系》, 社会科学文献出版社, 1998年。
20) 王如绘,《近代中日关系与朝鲜问题》, 人民出版社, 1999年。
21) 陈尚胜等,《朝鲜王朝(1392~1910)对华观的演变 : 〈朝天录〉和〈燕行录〉初探》, 山东大学出版社, 1999年。
22) 廉皓,《朝鲜姓氏族谱全书》, 中国文联出版社, 1999年。
23) 陈景富,《中韩佛教关系一千年》, 宗教文化出版社, 1999年。
24) 中国佛教协会,《黄金纽带 : 中、韩、日三国佛教友好交流会议文献汇编》, 华文出版社, 1999年。

25) 刁书仁,《明清中朝日关系史研究》, 吉林文史出版社, 2001年。
26) 杨昭全、何彤梅,《中国－朝鲜·韩国关系史》, 天津人民出版社, 2001年。
27) 南京大学中韩文化研究中心东亚文化协会,《中韩文化研究》, 中文出版社, 2002年。
28) 刘为,《清代中朝使者往来研究》, 黑龙江教育出版社, 2002年。
29) 白新良等,《中朝关系史 : 明清时期》, 世界知识出版社, 2002年。
30) 邵毅平,《黄海余晖 : 中华文化在朝鲜半岛及韩国》, 云南人民出版社, 2003年。
31) 陈池,《韩国》, 重庆出版社, 2004年。
32) 孙科志,《上海韩人社会研究 : 1910~1945》, 学苑出版社, 2004年。
33) 袁静芳,《第一届中韩佛教音乐学术研讨会论文集》, 宗教文化出版社, 2004年。
34) 吴焯,《朝鲜半岛美术(朗朗书房·世界美术全集)》, 中国人民大学出版社, 2004年。
35) 杨昭全,《中国－朝鲜·韩国文化交流史(Ⅰ、Ⅱ、Ⅲ、Ⅳ)》, 昆仑出版社, 2004年。
36) 刘必权,《世界列国志 : 朝鲜》, 福建人民出版社, 2004年。
37) 郭镇之,《跨文化交流与研究 : 韩国的文化和传播》, 北京广播学院出版社, 2004年。
38) 彭林,《中国礼学在古代朝鲜的播迁》, 北京大学出版社, 2005年。
39) 董向荣,《韩国》, 社会科学文献出版社, 2005年。
40) 南京大学韩国研究所,《中韩历史文化交流论文集》, 华夏文化艺术出版社, 2005年。
41) 金柄珉,《朝鲜－韩国文化的历史与传统》, 黑龙江朝鲜民族出版社, 2005年。
42) 金虎雄,《来华朝鲜－韩国名人 : 事迹述略》, 黑龙江朝鲜民族出版社, 2006年。

43) 朴键一、马军伟,《中国对朝鲜半岛的研究》,民族出版社,2006年。
44) 刘金质、潘京初,《中国与朝鲜半岛国家关系文件资料汇编(1991~2006)》,世界知识出版社,2006年。
45) 杨军、王秋彬,《中国与朝鲜半岛关系史论》,社会科学文献出版社,2006年。
46) 詹小洪,《韩流汉风:中国VS韩国》,社会科学文献出版社,2006年。
47) 王立军,《走进韩国:旅居韩国生活漫谈》,世界知识出版社,2006年。
48) 杨万娟,《汉江缘:中韩汉江文化比较》,湖北人民出版社,2006年。
49) 魏志江,《中韩关系史研究》,中山大学出版社,2006年。
50) 汪高鑫、程仁桃,《东亚三国古代关系史》,北京工业大学出版社,2006年。
51) 李承梅、李龙海,《韩国社会与文化》,中国海洋大学出版社,2007年。
52) 党银平,《唐与新罗文化关系研究》,中华书局,2007年。
53) 孙卫国,《大明旗号与小中华意识-朝鲜王朝尊周思明问题研究(1637~1800)》,商务印书馆,2007年。
54) 金健人,《中韩古代海上交流》,辽宁民族出版社,2007年。
55) 权赫秀,《近代中韩关系史料选编》,世界知识出版社,2008年。
56) 林善玉、李光仁,《韩国文化之旅》,延边大学出版社,2008年。
57) 孙艳姝,《朝鲜人-世界人民血脉书系》,东方出版社,2008年。
58) 陈尚胜,《儒家文明与中韩传统关系》,山东大学出版社,2008年。
59) 金健人,《"韩流"冲击波现象考察与文化研究》,国际文化出版公司,2008年。
60) 叶永烈,《真实的朝鲜》,天津教育出版社,2008年。
61) 董向荣,《韩国(第2版)》,社会科学文献出版社,2009年。
62) 朴永浩、尹允镇、崔羲秀,《韩国概况》,延边大学出版社,2009年。
63) 刘吉文,《韩国的地理和旅游》,北京大学出版社,2009年。
64) 赵新建、马会霞,《韩国的社会》,北京大学出版社,2009年。
65) 吕春燕、赵岩,《韩国的信仰和民俗》,北京大学出版社,2010年。

66) 李善伊、马佳,《韩国现代文化》,世界图书出版公司,2009年。
67) 孙科志,《上海的韩国文化地图》(合著),上海故事会文化传媒有限公司、上海锦绣文章出版社,2010年。
68) 朴善姬,《韩国报刊选读》,北京大学出版社,2010年。
69) 刘凤鸣,《山东半岛与古代中韩关系》,中华书局,2010年。
70) 吕明辉,《朝鲜纪行》,世界知识出版社,2010年。
71) 徐东日,《朝鲜朝使臣眼中的中国形象－中华文史新刊》,中华书局,2010年。
72) 姜清波,《入唐三韩人研究》,暨南大学出版社,2010年。
73) 詹小洪,《东临面面观:透视韩国》,山东大学出版社,2010年。
74) 朴永浩,《韩国概况》,延边大学出版社,2011年。
75) 李华东,《朝鲜半岛古代建筑文化》,东南大学出版社,2011年。
76) 南明哲,《韩国社会与文化》,北京语言大学出版社,2011年。
77) 刘顺利、阎纯德、吴志良,《中国与朝韩五千年交流年历:以黄帝历檀君历为参照》,学苑出版社,2011年。
78) 杨雨蕾等,《韩国的历史与文化》,中山大学出版社,2011年。
79) 杨雨蕾,《燕行与中朝文化关系》,上海辞书出版社,2011年。
80) 李英顺,《朝鲜北学派实学研究》,中国社会科学出版社,2011年。
81) 王力军,《宋代明州与高丽》,科学出版社,2011年。

以下为1992年至2011年间国内出版的朝鲜文学/韩国文学/中朝文学/中韩文学相关单行本著书:

1) 韦旭升,《韩国文学史》,北京大学出版社,1986年。
2) 韦旭升,《中国文学在朝鲜》,花城出版社,1990年。
3) 金柄珉、金宽雄,《朝鲜文学的发展与中国文学》,延边大学出版社,1994年。
4) 牧隐李穑学术思想中韩研讨会,《牧隐李穑学术思想中韩研讨会》,

中国人民大学东方文化研究所，1997年。
5) 徐永彬，《韩国现代文学》，对外经济贸易大学出版社，1997年。
6) 郑判龙，《韩国诗话研究》，延边大学出版社，1997年。
7) 李仙竹，《古代朝鲜文献解题：北京大学图书馆馆藏》，北京大学出版社，1997年。
8) 金柄珉，《朝鲜文学史》(近代部分)，延边大学出版社，1999年。
9) 陈铉美，《困惑与冲突：当代中韩女性小说之比较》，百花洲文艺出版社，2002年。
10) 葛振家，《崔溥〈飘海录〉评注》，线装书局，2002年。
11) 李岩，《中韩文学关系史论》，社会科学文献出版社，2003年。
12) 徐东日，《李德懋文学研究》，黑龙江朝鲜民族出版社，2003年。
13) 崔雄权，《朝鲜－韩国当代文学史》，昆仑出版社，2004年。
14) 张伯伟，《朝鲜时代书目丛刊(共9册)》，中华书局，2004年。
15) 刘顺利，《半岛唐风：朝韩作家与中国文化》，宁夏人民出版社，2004年。
16) 许辉勋、蔡美花，《朝鲜文学史》(古代部分)，延边大学出版社，2005年。
17) 金柄珉，《朝鲜－韩国文学的近代转型与比较文学》，延边大学出版社，2005年。
18) 姜承哲，《中韩太阳神话比较研究》，黑龙江人民出版社，2006年。
19) 刘顺利，《王朝间的对话：朝鲜领选使天津来往日记导读》，宁夏人民出版社，2006年。
20) 李官福，《汉文大藏经与朝鲜古代叙事文学》，民族出版社，2006年。
21) 李学堂，《朝鲜朝后期文学批评研究》，民族出版社，2006年。
22) 何镇华，《朝鲜现代文学史》，中央编译出版社，2008年。
23) 金宽雄、李官福，《中朝古代小说比较研究》，延边大学出版社，2009年。
24) 金英今、张光军，《韩国的文学》，北京大学出版社，2009年。

25）刘顺利，《朝鲜半岛汉学史》，学苑出版社，2009年。
26）孙惠欣，《冥梦世界中的奇幻叙事－－朝鲜朝梦游录小说及其与中国文化的关联》，北京大学出版社，2009年。
27）徐东日，《朝鲜朝使臣眼中的中国形象：以〈燕行录〉〈朝天录〉为中心》，中华书局，2010年。
28）赵杨，《中韩近代新小说比较研究》，广东世界图书出版公司，2010年。
29）韩梅、韩晓，《韩国现代文学作品选读》，北京大学出版社，2010年。
30）何镇华，《朝鲜文学论集（社科文献论丛第21辑）》，线装书局，2010年。
31）金英今，《朝鲜－韩国：文学史》，外语教学与研究出版社，2010年。
32）李岩，《朝鲜文学通史（上、中、下卷》，社会科学文献出版社，2010年。
33）孙玉霞，《朝鲜诗人丁茶山的诗歌创作研究》，旅游教育出版社，2010年。
34）杜慧月，《明代文臣出使朝鲜与〈皇华集〉》，人民出版社，2010年。
35）刘顺利，《朝鲜文人李海应〈蓟山纪程〉细读》，学苑出版社，2010年。
36）李娟，《韩国古代家庭小说文化阐释：以朝鲜朝后期为中心》，中国社会科学出版社，2010年。
37）金宽雄、金晶银，《韩国古代汉文小说史略》，北京大学出版社，2011年。
38）金鹤哲，《韩国现当代文学经典解读》，北京大学出版社，2011年。
39）崔昌笏，《现实主义与朝鲜现代文学》，南京大学出版社，2011年。
40）张伯伟主编，《朝鲜时代女性诗文集全编》，凤凰出版社，2011年。

以下为1992年至2011年间国内出版的朝鲜语/韩国语/中朝语言/中韩语言相关单行本著书：

1）成元庆，《十五世纪韩国字音与中国声韵之关系》，中国文学出版社，1994年。
2）沈定昌，《实用口韩对照语法》，中央民族大学出版社，1994年。

3) 韦旭升、许东振,《韩国语实用语法》,外语教学与研究出版社,1995年。
4) 韩振乾,《六镇方言研究:朝鲜文》,民族出版社,2000年。
5) 朴云锡、陈榴,《中韩语法史上的双子星座:〈马氏文通〉和〈大韩通典〉》,北京大学出版社,2002年。
6) 蔡瑛纯,《李朝朝汉对音研究》,北京大学出版社,2002年。
7) 金基石,《朝鲜韵书与明清音系》,黑龙江朝鲜民族出版社,2003年。
8) 宣德五,《朝鲜语文论集》,开明出版社,2004年。
9) 许维翰,《现代韩国语语法》,北京大学出版社,2004年。
10) 林从纲、任晓丽,《韩国语概论》,北京大学出版社,2005年。
11) 金百炼,《朝鲜语句法》,社会科学出版社,2005年。
12) 郑顺基,《朝鲜语形态论》,社会科学出版社,2005年。
13) 李德春、李承子、金光洙,《朝鲜语发达史》,延边大学出版社,2006年。
14) 王硕荃,《朝鲜语语汇考索》,天津古籍出版社,2006年。
15) 李得春,《朝鲜语历史研究》,黑龙江朝鲜民族出版社,2006年。
16) 俞春喜,《韩国语程度副词研究》,民族出版社,2006年。
17) 崔羲秀、俞春喜,《韩国语实用语法》,延边大学出版社,2006年。
18) 林从纲,《新编韩国语词汇学》,北京大学出版社,2007年。
19) 崔顺姬,《韩国语词汇教育研究》,民族出版社,2007年。
20) 延边大学朝文系,《朝鲜-韩国语言文学研究》,民族出版社,2007年。
21) 陈榴,《东去的语脉:韩国汉字词语研究》,辽宁师范大学出版社,2007年。
22) 金哲俊、金光洙,《朝鲜语语法》,延边大学出版社,2008年。
23) 宣德五,《韩国语基础语法》,社会科学文献出版社,2008年。
24) 李珧镐,《怎么理解韩国语》,延边大学出版社,2009年。
25) 安炳浩、尚玉河,《韩语发展史》,北京大学出版社,2009年。

26) 侯玲文, 《上古汉语朝鲜语对应词研究》, 民族出版社, 2009年。
27) 张光军、江波、李翊燮, 《韩国的语言》, 北京大学出版社, 2009年。
28) 何彤梅、朴善姬, 《韩国语语法偏误及解析》, 上海世界图书出版公司, 2009年。
29) 朴正倖, 《韩国汉字音系与厦门方言音系比较研究》, 巴蜀书社, 2009年。
30) 崔健、孟柱亿, 《汉韩语言对比研究(2)》, 北京语言大学出版社, 2010年。
31) 杨磊、崔炅凤, 《精解韩国语基础语法》, 北京语言大学出版社, 2010年。
32) 许东振, 《韩朝语法对比研究》, 延边大学出版社, 2010年。
33) 全金姬、孙华敏, 《最新实用韩国语惯用句型大全》, 北京语言大学出版社, 2010年。
34) 金哲俊、金光洙, 《朝鲜语语法》, 延边大学出版社, 2011年。
35) 徐在学, 《韩国语汉字词读解》, 延边大学出版社, 2011年。
36) 金旻载, 《韩国语语法100例(高级)》, 延边大学出版社, 2011年。
37) 崔炅凤、柴政坤、朴永浚, 《告诉你韩文的秘密》, 北京大学出版社, 2011年。
38) 申东月, 《汉字叠置效应与消化型音变：汉语对韩日语音的深层影响研究》, 北京师范大学出版社, 2011年。
39) 吴承恩, 《韩国语语法教学创意解决方案》, 北京语言文化大学出版社, 2011年。
40) 陈艳平, 《韩国语连接语尾的立体研究》, 北京大学出版社, 2012年。

如上所示, 1992年至2011年间, 中国出版的朝鲜－韩国文化相关单行本为81种, 文学领域单行本40种, 语言领域单行本40种, 总计161种。这绝对不是小数日。然而单行本著书中占据分量最多的即为教材或者辅助教材，尤其在语言领域，这种倾向最为明显。而广受中国学界认可且对韩国学界也能产生影响的单行本研究著书则非常稀少。因数量之庞大，笔者不能相应一一探讨，对此深表遗憾。

四、今后课题

以上细分三类进行了大致研究，现提出今后课题相关如下：

1) 以上列表中几乎不包含国内只由韩国语写就的论文或者只以韩国语出版的著书。理由在笔者看来，是因为国内韩国学研究的当务之急是积极进入中国的主流学界并确立韩国学的地位。即虽然由韩国语写就的研究成果也非常重要，但更为重要的是在像CSSCI一样的中国屈指可数的学术期刊上积极发表学术论文，以此为媒介实现同中国学界更为密切的交流和沟通，同时不断融进中国的学术传统，只有这样，才能更好地提高国内韩国学的地位。

2) 在从事国内韩国文化/文学/语言领域的研究时，最为需要的是以“他者”的视角不断努力以取得独创性的研究。中国学界的认可固然重要，但更为重要的是从“他者”的角度出发，通过进行韩国国内学者难以进行的研究，给韩国学界也带来一定的启示和影响。只有这样才会具有更加深远的意义。

3) 不要单纯停留在文化、文学、语言方面自己的领域范围内，跨界而融合性的研究也是切实需要的。尤其是文化或者文学领域，有必要在文化传统，社会思想，时代精神等诸多脉络上尝试复合性的立体比照。另外，不要只偏重于古典，关于现代部分的研究也要更加活跃地展开，尤其围绕新近诸多争论焦点的广泛而高产的议论和对话是很有必要的。

4) 到目前为止，比较研究绝大多数都停留在单纯的中韩对照上。但在东亚汉文化圈，不仅中国和韩国，日本也是决不容忽视的。因此，我们需要更为宽阔且有深度的视角来将东亚中韩日三国和合在一起。国内韩国语专业的教授队伍中有许多人的第一外语为日语，我们尤要好好利用这一点，以期在东亚视角上能展开更为宏观而整体性的研究。

总体而言，现阶段国内韩国文化/文学/语言相关研究，比起量的增长，质的提高是最为迫切需要的。笔者认为，要在国内确立并强化韩国学的地位，同韩国的交通、联系固然重要，但更为重要的是推出能够立于中国学界的研究成果。既获得中国学界的认可，也能对韩国学界产生一定的影响：殷切期望这样的研究成果能在今后大批涌流。

근대 이래 중국의 한국사 연구현황 평가와 전망*

쑨커즈(孙科志)**

중한 양국은 인접한 국가로 장기간의 역사발전 과정에서 줄곧 밀접한 관계를 유지해 왔다. 또한 줄곧 상대방을 중시하였고 각자의 문헌에서도 상대방에 관한 서술이 다수 있다. 이는 양국 민중의 상호 이해의 중요한 기초를 이루게 하였으며 또한 양국 학자들의 상대방에 대한 연구와 이해의 중요한 기초를 이루도록 하였다. 중국 고대문헌을 이야기하자면, 춘추시기의 《尚书大传》, 《山海经》에서 시작하여 이후 역대 문헌 중에는 다수의 한국에 관한 기술이 있으며, 송대 이후에도 예를 들면 《鸡林志》, 《宣和奉使高丽图经》 등과 같은 일련의 한국에 관한 전문

* 자고이래로 한반도는 수많은 역사 시기를 거치면서 서로 다른 호칭이 있었다. 중국 또한 한국에 대한 호칭에 있어서 계속해서 변화가 있었으며 동일한 역사시기에서도 중국에서 한국을 호칭하는 것이 모두 일치하지는 않았다. 글을 쓰기 위해 본문에서는 인용문과 고유명사를 제외하고 한국이라는 명칭을 전체 한반도를 가리키는 용어로서 통일하여 사용할 것이다.

** 복단대학교 사학과 교수(현).
고려대학교 역사학과 박사.
주요 저서: 《上海韩人社会研究》, 《上海的韩国文化地图》.

저술이 나타나기 시작하였다. 그러나 이들 저술은 대부분 한국의 정치, 사회, 민정 등의 방면에 관한 서술일 뿐이며 여전히 전문적인 연구라고 칭하기는 어려웠다. 중국 지식계에서 진정으로 한국을 연구한 것은 근대에 시작되었는데, 한국의 현재 상황에 관심을 가졌을 뿐만 아니라 동시에 한국의 역사에 대해서 관심을 갖기 시작하여 한국의 역사 또한 연구하였다. 근대 이래 중국의 한국사 연구는 크게 세 시기로 나눌 수 있다. 첫 번째 시기는 19세기 말에서 1949년 중화인민공화국의 건립까지이고, 두 번째 시기는 1949년에서 1992년 중한 수교 직전까지이며, 세 번째 시기는 1992년 중한 수교에서 현재까지이다. 본문에서는 각 시기에 따라서 중국학계의 한국사 연구상황과 그 특징에 대해 소개할 것이고 마지막으로 중국의 한국사 연구에 존재하는 문제와 발전 방향에 대하여 서술할 것이다. 이를 통해 이 글이 중국의 한국사학계에 대한 이해에 어느 정도 보탬이 되기를 희망한다.

1. 민족위기상황의 한국사 연구

비록 중국과 한국이 매우 가까운 곳에 위치하더라도, 역사적으로 사신 사절을 제외하고 중국의 지식인으로서 한국 땅을 밟아 볼 기회를 가졌던 사람은 극히 적었으며 그들의 한국에 대한 이해는 대부분 고대 문헌과 사신 사절이 남긴 기록에 의존하였다. 그러나 근대에 이르러 이러한 상황에 커다란 변화가 일어났다. 1882년 10월 청 정부와 한국 정부는 《中朝商民水陆贸易章程》을 체결하여 양국 간의 민간교류의 문을 열었고 점점 더 많은 중국 지식인들이 직접 한국을 관찰할 기회를 갖게 되었다. 이뿐만 아니라 근대 중국에서 발전하기 시작한 언론매체들은 한국에 상당한 관심을 가졌으며 다수의 한국에 관한 소식을 보도하여 중국 지식인들에게 한국을 이해할 수 있는 더욱 많은 자료를 제공해 주었다.

이를 통해 중국 지식계의 한국에 관한 저술은 점점 증가하게 되었다.

근대 이래, 한국은 끊임없이 일본의 침략에 직면했고 최종적으로 일본의 식민지가 되었다. 청 정부의 통치 아래 근대 중국은 심각한 민족위기에 계속 직면하였으며, 국민을 각성시키고 위기에 빠진 민족을 구하는 것은 중국 지식계의 피할 수 없는 역사적인 사명이 되었다. 이 과정에서, 수많은 중국 지식인들은 한국이 식민지가 된 것을 거울로 삼고자 했으며 민중을 각성시키기 위해서 한국의 망국 원인에 대해 토론하였는데, 그러한 토론을 통해 한국의 정치, 사회뿐만 아니라 한국의 역사를 분석하여 망국의 원인을 찾고자 하였다. 그리하여 중국학계의 첫 번째 한국 역사연구의 붐이 일어났고 이러한 열기는 한국 망국사 연구를 특징으로 한다.

가장 먼저 한국 망국사에 주의를 기울인 자는 양계초였다. 일본이 조선을 강압하여 〈을사보호조약〉을 체결하고 한국을 자신의 보호국으로 만들기 바로 전인 1904년 9월에 양계초(梁启超)는 "朝鲜亡国史略-外交上之经过"를 써서 〈新民丛报〉[1]에 게재하였다. 이후 성사(醒社)에서 이를 정리하여 《世界亡国惨史》에 수록하고 1915년 3월에 출판하였다. 이 글을 쓴 동기에 대해 양계초는 "지금 3천 년의 고국(古國)이 이제 갑자기 멸망당하게 되어 그와 친속(親屬) 관계가 있는 자도 식종(飾終)을 전고(典故)에 이 일을 기록하지 않을 수 있겠느냐? 오호라, 이를 생각하니 슬프구나. 슬플 따름이로구나"라고 서술하여 한국 망국에 대한 슬픔을 충분히 드러냈다. 이 글의 마지막 부분에서 양계초는 "나는 내가 지금은 조선을 대신해서 슬퍼하나, 또 이후에 조선이 나를 대신해서 슬퍼할까 염려스럽다"[2]라고 서술하여 중국이 한국의 전철을 밟을 수도 있다는 걱정을 표현하였다. "朝鲜亡国史略"에 이어서 그 후 양계초는 한국의

1) 〈新民丛报〉, 第3年 第5-6号.

2) 《世界亡国惨史》, 醒社, 1915년 4월, p. 62.

망국과정 전후를 중심에 두고 "日本之朝鲜", "日韩合并问题", "朝鲜哀词", "日本并吞朝鲜记", "朝鲜灭亡之原因" 등의 글을 게재하였으며,[3] 양계초는 한국 망국사에 대해 가장 많은 글을 저술한 학자였다.

양계초 이후 수많은 중국 지식인들이 한국 망국사에 관심을 갖기 시작하였고 한국 망국사에 관한 저술 또한 점점 더 많아졌다. 이러한 한국 망국사에 대한 연구열기는 1930년대까지 계속 이어졌는데, 이 시기의 주요한 한국 망국사에 대한 저서로는 《朝鲜亡国惨史》와 《朝鲜亡国史》[4]가 있다. 일련의 망국사를 주제로 한 저작들은 대부분 한국 망국사의 내용을 수록하였다.[5] 비교적 격식에 맞는 한국 망국사 저서 이외에도 문학적인 서술로 한국 망국의 역사를 서술한 예를 들어보면 《朝鲜亡国演义》, 《三韩亡国史演义》, 《朝鲜遗恨》(上下卷), 《亡国影》(上下卷) 등[6]과 같은 적지 않은 수의 작품이 있다. 이 시기에 이와 같이 한국 망국

3) "日本之朝鲜", 〈新民丛报〉, 第3年 第12号, 1905; "日韩合并问题", 〈国风报〉, 第1年 第16号, 1910; "朝鲜哀词", 〈国风报〉, 第1年 第21号, 1910; "日本并吞朝鲜记", 〈国风报〉, 第1年 第22, 23号, 1910; "朝鲜灭亡之原因", 〈国风报〉, 第1年 第22号, 1910.

4) 李芝圃, 《朝鲜亡国史》, 直隶教育图书局, 1911년 9월; 大同山人, 《朝鲜亡国惨史》, 上海道路月刊社, 1932년 1월.

5) 이러한 서술을 한 주요 저작들은 다음과 같다. 殷鉴社, 《近世亡国史》, 殷鉴社, 1911년 6월; 梁启超, 《世界亡国惨史》, 醒社, 1915년 4월 再版; 殷如骊, 《亡国鉴》, 上海泰东书局, 1915년 6월; 黄励生编, 《世界亡国史》, 上海泰华书局, 1915년 9월; 杨南村编, 姜侠魂校订, 《世界亡国稗史》, 출판사 불명, 1917년 2월; 朱大公, 《世界亡国痛史》, 上海时化书局, 1931년 1월; 佚名., 《古今各国亡国鉴》, 출판사 불명, 출판년도 불명.

6) 倪轶池, 庄病骸, 《朝鲜痛史亡国影》, 爱国社, 1915년 6월; 闲闲居士, 《三韩亡国史演义》, 上海杞忧社, 1919년 6월; 广文书局编译所, 《李完用卖国秘密史朝鲜亡国史演义》, 世界书局, 1921년 6월; 光文书局编, 《朝鲜亡国演义》, 世界书局, 1924년; 沈桑红, 《朝鲜遗恨》, 上海沪报馆, 1932년 6월. 신문에 게재된 한국 망국에 관한 문학 작품은 다음과 같

사에 대한 많은 저술이 나타났던 것은 근대 중국이 직면했던 심각한 민족위기와 밀접한 관계가 있다. 수많은 중국 지식인들은 민중을 깨우치고 구국의 길을 찾기 위해서 한국 망국의 역사를 거울로 삼고자 했으며 한국 망국과정의 분석을 통해서 그 망국의 원인을 찾고 이를 통해 국민들을 각성시키고 한국의 전철을 밟지 않기를 희망하였다. 이 점에 대해서는 이들 저술들의 서술동기를 통해서 살펴볼 수 있을 것이다. 《朝鮮亡国史》는 서문은 없으나 범례의 제 1조에서 "이 책은 네 편으로 나누어져 있고 조선의 치란흥망의 사적을 하나하나 서술하여 독자들이 이를 느끼고 경계하길 원한다"라고 서술하면서 저자는 중국인들이 한국 망국을 거울로 삼기를 희망한다고 매우 명확히 표현하였다. 사실 전체 책의 결론 부분에서 저자의 이러한 의도는 더욱 명확하게 드러난다. 저자는 "함께 일어서고 분발할 좋은 방법을 탐구해야 하고 열국의 참화를 알아야 한다. 한국의 망국이 우리에게 이르게 되면 조국은 이미 역류에 휘말리게 될 것이니 스스로 벗어날 수 있게 생각하지 않으면 안 된다"라고 하였으며 열강의 침략에 직면하여 만일 우리가 "분발하여 빨리 따라붙고 힘을 합하여 서로 도우면 상황이 비록 위급하여도 위기를 극복할 수 있을 것이다"[7] 라고 서술하였다. 《朝鮮亡国惨史》의 서문에는 다음과 같이 서술되어 있다. "우리 동포들이 모두 이 책 한 권을 가지고 있어야 하고 이러한 종류의 화근을 반드시 알아야 하며 경계를 늦추는 것은 적절하지 않다. 일치단결하여 일군과 일황을 뿌리 뽑아야 한다."[8] 비교적 엄격한 한국 망국사뿐만 아니라 한국 망국을 소재로 한 문학작품들 역시 모두

다. 定夷, "亡国惨史第一则 美人魂", 〈小说新报〉, 第4期, 1915년 6월; "亡国惨史第二则 阶下囚", 〈小说新报〉, 第7期, 1915년 8월; 鉴湖双影, "亡国英雄之遗书", 〈礼拜六〉, 第10集, 1915년; 周瘦鹃, "亡国之苦", 〈紫兰花片〉, 第17期, 1924년 8월.

7) 李芝圃, 《朝鮮亡国史》, 直隶教育图书局, 1911년 6월, p. 1, p. 90.

8) 大同山人, 《朝鮮亡国惨史》, 上海道路月刊社, 1932년 1월, p. 2.

한국의 망국을 경계로 삼아서 국민을 깨우치고 국가의 부강을 위해 노력해야 한다고 주장하였다. 장병해(庄病骸)는 《亡国影》의 서두에서 이 소설을 창작한 것은 "한국사를 자료로 하여 교훈으로 삼는 것을 목적으로 하며 … 중국인들이 이 책을 읽고 크게 깨우쳐 분발하기를 희망한다"[9]고 하였다. 남검청(蓝剑青)은 《朝鲜遗恨》의 서두에서 "저자가 이 책을 쓴 동기는 일본인들이 우리의 동북을 침략한 데에 있다. 일본인들은 예전에 조선을 멸망시킬 각종 악독한 계획을 사용하였으며 이는 현재 우리에게 사용하려는 것과 궤를 같이한다는 사실을 알아야만 한다. 한국인들은 망국노가 되기에 이르렀다. 입술이 없어지면 이가 시리고 토끼가 죽으면 여우가 슬퍼한다. 우리 대(大)중화민족은 이러한 생사의 고비에 이르렀으니, 만일 분발하지 않는다면 조선이 바로 우리 중국의 전거가 될 것이다. 그리하여 무릇 우리 중국인들은 반드시 이 책을 모두 가지고서 교훈으로 삼아야 한다"[10]고 서술하였다. 당시 중국 지식계에서 이와 같이 수많은 한국 망국사 저술이 나타나게 된 이유는 당시 중국이 직면했던 내우외환과 밀접한 관계가 있었음을 이를 통해 알 수 있다.

이들 한국 망국사에 관한 단행본과 관련된 문학작품 이외에도, 이 시기의 신문 또한 한국 망국사에 대한 글을 많이 게재했다.[11] 그 중 마학

9) 倪轶池, 庄病骸, 《朝鲜痛史亡国影》(上卷), 爱国社, 1915년 6월, p. 4.

10) 沈桑红, 《朝鲜遗恨》(上), p. 2.

11) 필자가 수집한 신문에 발표된 한국 망국사에 관련된 글은 다음과 같다. 向达, "朝鲜亡国之原因及其能否复兴之推测", 〈史地学报〉, 第3期 第1卷, 1922년 5월; 立奇, "亡国後的朝鲜", 〈时事月报〉, 第2卷 第2期, 1930년 2월; 高宗武, "朝鲜之灭亡", 〈外交评论〉, 第1卷 第3期, 1932년 월; 宙康, "朝鲜亡国史鉴", 〈南京市政府公报〉, 第129期, 1933년 5월31일; 杨玉清, "由朝鲜亡国史上得来得教训", 〈新亚细亚〉, 第6卷 第4期, 1933년 10월1일; 钱天鹤, "朝鲜亡国後二十年之回顾", 〈农报〉, 第2卷 第11期, 1935년 4월20일; 周世勋, "亡国以後", 〈红杂志〉, 第39期, 1923년; 原人, "朝鲜兴亡史简述", 〈中美周报〉, 第299期, 1948년.

천(马鹤天)의 "朝鲜亡国惨史"가 가장 대표적이다. "朝鲜亡国惨史"는 처음에 〈国民外交杂志〉(第2卷 第6期)에 발표되었고 그 후 열 차례에 걸쳐서 이 잡지에 연재되었다. 저자는 다음과 같이 인식하였다. "9·18 이래로 우리나라는 거의 망국의 지경에 이르게 되었으니 … 특별히 망국의 참사를 서술하는 것은 국가가 망한다면 통치자들(上焉者)이 부가옹(富家翁)이 되고자 하여도 될 수 없고, 일반 백성(下焉者)이 편안히 살고자 하여도 살 수 없게 된다는 것을 알게 하고자 함이다. 함께 서로 각성하면 우리나라가 망국에 가까워도 결국은 망하지 않을 것이다." 이를 통해 알 수 있듯이, 그 서술동기와 앞에서 서술한 한국 망국사의 서술동기는 일맥상통한다. 그 외 상해 〈时报〉에 연재된 "高矮升沉录" 등의 한국 망국에 관련된 글 또한 주의를 기울일 필요가 있다.

한국 망국사에 대한 관심은 이 시기 중국의 한국사 연구의 커다란 특징이라고 말할 수 있지만, 그러나 이 시기에 중국학계의 한국사에 대한 연구는 한국 망국사 이외에도 한국의 정치사, 경제사, 문화사, 사회사, 교육사, 독립운동사 그리고 중한관계사 등의 다양한 영역에 미치고 있으며 관련된 연구성과 역시 상당하다.

비록 근대 이래 중국 지식계에서 한국의 현황과 역사에 매우 관심을 두었고 수많은 관련저서가 나왔다고 하더라도, 근대시기를 통틀어서 중국학자에 의해 한 권의 한국통사 혹은 단대사도 편찬되지 않았다는 사실은 유감이다. 근대 중국에서 출간된 두 권의 한국통사는 모두 일본학자의 저서를 번역한 것으로 한 권은 기비 니시무라(吉备西村)가 쓴 《朝鲜史》이고 다른 한 권은 하야시 타이호(林泰辅)가 쓴 《朝鲜通史》[12]이다. 전자는 단지 몇 만 자로 고대에서부터 1884년 갑신정변까지를 간략하게 소개할 뿐이고, 후자는 비록 십여만 자에 달하나 전체 내용의 6분

---

12) 吉备西村著, 独头山熊译, 《朝鲜史》, 点石斋书局, 1903년 8월; 林泰辅著, 陈清泉译, 《朝鲜通史》, 商务印书馆, 1932년 4월.

의 5를 조선왕조의 역사서술에 두고 있으며 기자에서 고려왕조까지는 겨우 전체의 6분의 1 정도일 뿐이다.

비록 근대 중국에서는 중국학자가 쓴 한 권의 한국통사 혹은 단대사도 나타나지 않았지만, 황염배(黄炎培)의 《朝鲜》, 왕자의(王子毅)의 《韩国》, 반공소(潘公昭)의 《今日韩国》[13] 등 한국의 역사, 지리, 인문 등의 방면을 종합적으로 소개한 서적들이 나타났다. 이 서적들은 모두 예외 없이 고대부터 근대까지 조선의 역사를 소개하는 데 상당한 부분을 할애하였다. 이뿐만 아니라 이 시기 한국 관련서적 중 다수가 고대부터 근대까지의 한국역사에 대해 소개하는데, 예를 들면 이지포(李芝圃)가 쓴 《朝鲜亡国史》에서는 "조선 개국의 원시"에서부터 1910년 일본의 한국 병합까지를 다루고 있으며 개항 이후 한국이 점차 일본의 식민지로 변해가는 과정을 중시하여 서술하였다.

이 시기에 한국사를 소개한 서적들은 하나의 공통된 특징을 가지는데, 이는 바로 대국의식 혹은 "중국중심주의"의 색채를 가지고서 한국 역사를 중국의 속방으로 일컫는 점이다. 1911년 9월 출판된 《朝鲜亡国史》에는 다음과 같이 서술되어 있다. "기자가 봉해진 이래로 2천 6백여 년을 살펴보면, 역대 많은 왕조들이 중국의 번속임을 칭하였다."[14] 황염배가 1929년에 쓴 《朝鲜》은 이 시기 중국학자들의 한국사 연구 중 대표적인 저작이라고 말할 수 있다. 그의 견해에 따르자면, 그는 중국의 24史 중의 관련자료를 참고하였을 뿐 아니라 한국의 역대 사서 및 일본학자의 저서, 조선총독부의 각종 조사·보고를 참고했다고 하였다. 비록 그 책에서는 한국이 중국의 속방이었다고 명확하게 말하지는 않았지만 중국 사서에 기재된 기자가 조선에 책봉되었다는 고사를 통해 조선을 인식하

13) 黄炎培, 《朝鲜》, 商务印书馆, 1929년 9월; 王子毅, 《韩国》, 商务印书馆, 1945년 11월; 潘公昭, 《今日的韩国》, 中国科学图书仪器公司, 1947년 11월.

14) 李芝圃, 앞의 책, p. 1.

고 있으며,[15] 그는 조선의 역사 시대를 구분하는 데 있어서 "한(汉)이 4군을 설치하기 이전부터 조선의 문화는 중화를 그 발원지로 한다. 사학자, 고고학자를 막론하고 이 설을 부정할 수 없다"라고 더욱 명확하게 말하였다.[16] 1947년에 출간된 《今日韩国》의 저자 또한 "한국은 즉 조선으로 대부분이 우리나라가 직접적으로 관할했던 영토에 속했고 오랜 기간 동안 우리나라의 번속이었다"[17] 라고 하였다. 이 시기에 출간된 조선을 주제로 한 문학작품들에서도 대부분 이러한 인식이 나타난다. 심상홍(沈桑红) 은 《朝鲜遗恨》에서 한국의 기원에 대해 이야기할 때 다음과 같이 서술하였다. "조선국의 기원은 중국 은나라 말년에 있다. 당시 은나라 황실의 종친 중 기자라고 불리는 사람이 있었는데, 은나라 왕의 폭란을 피하기 위해서 한반도로 건너갔고 후에 이 지방의 청정유절(清静幽绝) 을 좋아하여 방가(邦家)를 세우니 비로소 조선국이 생기게 되었다. 그리하여 조선국이 세워진 후 역대 왕조들은 모두 중국에 귀복하였다."[18] 같은 시기에 출간된 《亡国影》에서 한국역사에 대해 말할 때 역시 이와 같은 인식을 나타낸다.[19]

이 시기는 바로 한국독립운동이 활발히 전개되던 시기였는데, 신문·잡지에 다수의 관련보도가 되었던 것 외에도, 중국 지식인들이 자신의 붓으로 한국독립운동의 발전과정을 서술한 것이 적지 않다. 여기에는 국제문제연구소에서 편찬한 《民族革命途上的朝鲜》(1938. 10), 군위회정치부에서 편찬한 《十年来朝鲜的反日运动》(青年书店, 1939. 10), 왕계현(王继贤) 의 《中国战场上的朝鲜义勇队》(朝鲜义勇队, 1940), 유금용(刘金镛) 의 《国际队伍 两年来之朝鲜义勇队》(朝鲜义勇队,

15) 黄炎培, 앞의 책, p. 1.
16) 黄炎培, 앞의 책, p. 57.
17) 潘公昭, 앞의 책, p. 1.
18) 沈桑红, 앞의 책, p. 1.
19) 《亡国影》(上), p. 7.

1941), 임락(林洛)의《朝鲜义勇队》(출판사 불명, 1941), 마의(马义)의《朝鲜义勇队胜利的四年》(国际出版社, 1942), 마의의《朝鲜革命史话》(自由东方出版社, 1944), 갈적봉(葛赤峰)의《朝鲜革命纪》(商务印书馆, 1945. 5) 등이 있으며, 관설재(管雪斋)의《韩国志士小传》은 한국독립운동에 등장한 애국지사들을 소개하였다. 현재 이들 저서들은 모두 중국 내에서 전개되었던 독립운동을 연구하는 데 있어서 중요한 사료가 되었다.[20]

한국독립운동에 관련된 저술과 비교했을 때, 이 시기 중국학자들이 저술한 한국사에 관련된 논문은 그다지 많지 않고 다룬 영역 또한 비교적 협소하다. 직접적으로 '조선사'를 다룬 글은 단지 두 편이 있는데, 한 편은 인유렴(印维廉)이 저술한 "朝鲜史地及其现在"이고 다른 한 편은 노경순(卢景纯)이 쓴 "朝鲜史略"[21]이다. 전자는 단군전설에서부터 일본에 의한 병합까지의 한반도의 역사 발전과정을 간략히 소개하고서 "조선에서 비교적 믿을 수 있는 역사는 주나라에서 기자를 봉했을 당시로부터 시작된다"고 하였다.[22] 이 글은 비록 한반도의 역사발전 추세를 비교적 완전하게 소개하였으나 글에서 중점적으로 소개된 것은 일본 식민통치 아래의 한국의 현황이었고 식민통치 아래의 한국을 '하나의 광대한 지옥'이라고 불렀다. 후자는 제목이 "朝鲜史略"이지만, 사실은 중국 정사 중에 한국과 관련된 기술을 통해 고증을 하였다. 이 시기 한국사와 관련

20) 이 시기 중국에서 전개된 항일독립운동에 참가한 한국지사들 또한 다수의 관련된 저서를 썼다. 예를 들면,《现阶段朝鲜社会和朝鲜革命运动》(李贞浩著, 朝鲜义勇队, 1939년),《朝鲜问题特辑》(中丘等著, 朝鲜义勇队, 1939년),《朝鲜民族统一战线问题》(金奎光著, 新朝鲜社, 1940년 3월) 등이 있는데, 이들 저서들은 모두 한국독립운동사를 연구하는 데에 중요한 자료이다.

21) 印维廉, "朝鲜史地及其现在",〈新亚细亚〉, 第3卷 第5期, 1932년 2월1일; 卢景纯, "朝鲜史略",〈国专月刊〉, 第1卷 第2号, 1935년 4월15일.

22) 위의 글, p. 92.

된 논문을 분석하면 비교적 중한관계(중한관계 사료의 정리를 포함)와 한국의 민속에 집중되어 있다는 사실을 쉽게 발견할 수 있다. 중한관계에 관련된 글들은 사료 정리와 고증이 주를 이루었다.[23] 한국의 민속에 관한 글들은 개설적인 글이 주를 이루었다.[24] 이들 이외에 한국문화를 다룬 글도 있고 심지어 근대에 들어선 이후 일어난 동서 문화충돌 중의 한국문화에 관심을 기울인 학자도 있었다.[25] 여기에서는 중국 지식인들이 일본학자들의 관련된 논문을 번역한 것은 언급하지 않겠다.

상술한 한국사에 관련된 저술 이외에도, 한국사를 다룬 중국학자들의 저술은 매우 많다. 다만 단독적으로 한국사를 서술한 것은 아니고 세계사 혹은 외국사, 아시아사 혹은 동아시아사 및 중한관계사 가운데에서 한국사를 첨부하여 서술하였다. 근대 중국의 인문사회과학 분류는 서양의 분류방식을 따랐으며 역사학 역시 마찬가지였다. 이러한 분류방식에 따라서 한국사는 세계사 혹은 외국사의 범주에 들어갔다. 따라서 이 시기 중국학자들의 세계사 혹은 외국사 저술에서는 모두 한국을 언급하였는데, 주공진(朱公振)이 쓴《近百年世界史》에서는 한국이 일본에 병합된 과정을 서술하였고, 조검광(曹剑光)이 쓴《世界史表解》, 하병송

23) 관련된 글은 다음과 같다. 佚名, "清光绪八年处理朝鲜大院君倡乱事件密档之一斑", 〈人文〉, 第1卷 第7期, 1930년 9월15일; 冯普光, "隋炀帝征高丽简记", 〈南大〉, 第4号, 1937년 6월1일; 王崇武辑, "朝鲜大报坛史料汇辑", 〈学原〉, 第2卷 第7期, 1948년 11월; 王崇武, "朝鲜三田渡清帝功德碑文考", 〈东方杂志〉, 第39卷 第15号, 1943년 10월15일.

24) 관련된 글 중 주요한 것은 다음과 같다. 毕立, "朝鲜民族及其神话", 〈新亚细亚〉, 第4卷 第6期, 1932년 10월1일; 天行, "朝鲜女俗考", 〈新女性〉, 第3卷 第4号, 1928년; 花溪生, "朝鲜的迷信", 〈新上海〉, 第8期, 1925년 12월1일.

25) 한국 문화에 관련된 글은 다음과 같다. 卢景纯, "朝鲜文化考", 〈国专月刊〉, 第2卷 第1期, 1925년 9월; 昔尘, "朝鲜文化史上之光辉", 〈东方杂志〉, 第17卷 第1号, 1920년 1월10일; 李劭博, "东西文化合流中的朝鲜文化", 〈民鸣月刊〉, 第1卷 第6期, 1937년 3월1일.

(何炳松)의 《外国史》 등에서도 역시 한국에 관련된 내용이 있었다.[26] 같은 시기 아시아사에 관련된 저서에서도 모두 한국과 관련된 서술이 있었다. 예를 들면 장입지(张立志)의 《远东史》, 홍조진(洪涤尘)의 《亚洲各国史地大纲》, 왕동령(王桐龄)의 《新著东洋史》 등이 있다.[27] 그러나 이 시기에 중국학자들이 가장 많이 서술한 내용은 여전히 중한관계에 관련된 내용으로, 중국의 단대사, 각종 전문 역사서에는 모두 중한관계에 관한 내용이 있었는데, 예를 들면 하증우(夏曾佑)의 《中国古代史》, 범문란(范文澜)의 《中国近代史》 등은 모두 한국역사를 서술한 전문적인 장이 있었다. 전문 역사 중에서 비교적 많이 한국에 대한 내용을 서술한 것은 중외관계사 부분으로 중일관계사에 관한 거의 모든 책에는 한국과 관련된 내용이 있었으며 대표적인 저서로 왕운생(王芸生)의 《六十年来中国与日本》이 있다. 이 책은 여러 권으로 구성되었으며 1871년 중국과 일본의 천진조약 체결에서부터 1931년 9·18 사변까지의 60년간의 중일관계의 발전과정을 서술하였다. 그중 제 1권에서는 비교적 많은 부분을 통해서 한국의 개항 및 개항 이후의 중·일·한 삼국관계의 전개를 서술하였다.[28] 그 외에 이 시기의 중국문학사, 군사사, 교통사, 화폐사, 수학사, 관세사 및 중국민족해방운동사 역시 모두 한국과 관련된 내용이 있다.[29] 이는 중한 교류 역사의 유구함, 다루는 범위의 풍부

---

26) 朱公振, 《近百年世界史》, 世界书局, 1929년 1월 초판; 曹剑光, 《世界史表解》, 上海南华书局, 1933년 4월 3판; 何炳松, 《外国史》, 商务印书馆, 1937년 7월. 이 책은 중화민국 정부에서 초급 중학 교과서로 결정하였으며 상·하 두 권으로 나뉘어 있었고 모두 한국을 다룬 내용이 있다.

27) 张立志, 《远东史》, 商务印书馆, 1935년 4월; 洪涤尘, 《亚洲各国史地大纲》, 正中书局, 1937년 3월 2판; 王桐龄, 《新著东洋史》, 商务印书馆, 1922년 6월.

28) 王芸生, 《六十年来中国与日本》, 第1册, 大公报馆出版部, 1932년 4월.

29) 胡怀琛, 《中国文学史概要》, 商务印书馆, 1931년 8월; 陆军大学, 《甲午中日战争简史》, 1946년; 铁道交通部交通史编纂委员会, 《交通史航政

함을 설명하고 있으며, 동시에 중국지식계의 중한관계에 대한 중시를 설명한다.

청말과 민국시기 중국학계의 한국사 연구상황에 대해 살펴보면, 이 시기의 한국사는 하나의 독립된 학과 혹은 학문이 되지 못했고 전문적인 한국통사 혹은 단대사에 대한 책이 나타나지 않았다. 한국사에 관련된 논문 역시 많지 않았으며 중한관계가 주를 이루었다. 고등교육기관에서도 한국사에 관한 과정을 만들지 않았다. 이 시기 중국의 한국사 연구는 초보적인 단계에 있었으며 전문적인 연구역량을 형성하지 못했다고 말할 수 있다.

언급해야 할 것은 일본의 한국 식민통치 시기에 무수한 한국의 애국지사들이 중국으로 와서 항일독립운동에 종사했으며 이들 독립운동가들 중에는 일단의 역사학자들이 있다는 사실로 박은식, 신채호, 조소앙 등이 이에 속한다. 그들은 독립운동을 하는 동시에 또한 적지 않은 한국사 논저를 저술하였는데, 이들 한국사 논저들은 비록 재중 한인들을 위해 서술되었을지라도 중국인들이 한국사를 더욱 이해하는 데에 중요한 작용을 하였다.[30]

编》, 上海民智书局, 1931년 7월; 张家骧, 《中华币制史》, 民国大学出版部, 1925년 11월; 李俨, 《中国算学史》, 商务印书馆, 1937년 3월 재판; 童蒙正, 《中国陆路关税史》, 商务印书馆, 1928년 7월; 华岗, 《中国民族解放运动史》, 读书出版社(重庆), 1940년 8월.

30) 이 저술들은 다음의 책들을 포함한다. 朴殷植, 《韩国痛史》, 《韩国独立运动之血史》; 赵素昂, 《韩国铸字史考》, 《韩国弓裔大王传》, 《韩国元晓大师传》, 《客观的韩国研究》 등; 闵石麟, 《中韩外交史话》, 东方出版社, 1942년.

2. 특수 시기의 완만한 발전

1949년 10월 1일, 중화인민공화국 성립이 선포되었고 중국역사 또한 이로부터 새로운 단계에 진입하였다. 한반도에서는 냉전으로 인하여 완전히 다른 두 개의 정치체제를 가진 국가, 즉, 조선민주주의공화국과 대한민국이 탄생했다. 중국은 북쪽의 조선민주주의공화국과 정식 외교관계를 맺었으나 남쪽의 대한민국과는 어떠한 공식적인 교류도 하지 않았다. 이뿐 아니라 중국은 남쪽의 대한민국을 조선민주주의공화국의 아직 통일되지 않은 일부분으로 보았다.[31] 얼마 후 한국전쟁이 발발하였고 중국, 조선민주주의인민공화국과 대한민국은 이데올로기 대립이 더욱 심화되었고 1980년대에 이르러서야 개선되기 시작하였으며, 중국과 한국 사이의 이러한 대립은 중한 수교 이후에야 해소되었다. 지난 50년 동안에, 중국의 한국사 연구는 이데올로기와 각종 정치적 요소의 영향을 비교적 많이 받았기에 필자는 이 시기를 중국의 한국사 연구에 있어서의 특수한 시기로 분류한다.

1950년 6월 25일 한국전쟁이 발발한 이후 전쟁의 규모는 더욱 확대되었고, 신생 중국은 이 전쟁에 연루되어 중국인민지원군을 파병하여 참전하였다. 동시에 중국 사회 각계각층 또한 각종 형식의 항미원조운동을 전개하였다. 이러한 사회 분위기는 중국의 한국사 연구에 매우 큰 영향을 끼쳤고 이에 따라 건국 후 한국사 연구에 대한 관심이 고조되었다.

중국의 참전 얼마 후 〈文物〉는 "扩大抗美援朝宣传-致全国出版工作者和图书工作者"라는 글을 게재했다. "출판인들은 자기들끼 연계하여 항미원조에 관해 더욱 많은 서적과 잡지를 인쇄해야 하고, 높은 수준의 이론적인 전문저서와 각종 읽을거리 모두 매우 필요하다는 사실을 건의

---

31) 孙科志, "中国对韩国四一九革命的认识-以〈人民日报〉为中心", 〈史丛〉, 第71辑, 韩国高丽大学韩国史研究所, 2010년 9월 참조.

한다. 내용에 대해 말하자면, 미제의 중국 침략에 대한 역사적 사실, 미제의 폭행을 폭로하며 적아(敵我)의 형세를 분석하고 조선의 상황을 소개하며 우리나라와 소련인민의 영용한 애국사적을 묘사해야 한다…."[32] 북경대학 동방어언문화과 교수 계선림(季羡林)은 아시아사 연구를 중시해야 한다는 글을 발표하였다. 그는 글에서 다음과 같이 지적하였다. "오늘날 우리의 가장 중요한 임무는 바로 항미원조이다. 우리는 이 네 글자를 절대로 고립시켜서는 안 되며, 단지 조선지원만을 위해 노력하면 충분할 것이라고 생각하면 안 될 것이다." 아시아사에 대한 연구에 주의를 기울여 이를 통해서 아시아 인민의 상호 이해를 촉진하고 아시아 인민의 단결을 강화시키자는 것이었다.[33]

이러한 상황 속에서 많은 학자들은 저서 혹은 발표문 등을 통해 한국의 각 방면의 상황을 소개하였고 이로써 중국에서 한국 연구의 전성기가 찾아왔는데, 이 전성기는 1950년대 말까지 유지되었다고 말할 수 있다.[34] 1950년대를 통틀어 중국학자들은 네 권의 한국사 관련저서들을 편저[35]하였고, 두 권[36]을 번역하였으며, 발표한 논문은 수십 편에 달한다. 이 외에 중국과학원은 조선민주주의인민공화국 과학원과 합작하여 《李朝实录-高宗实录》과 《李朝实录-纯宗实录》을 편집하고 영인하

32) "扩大抗美援朝宣传-致全国出版工作者和图书工作者", 〈文物〉, 1950년 第11期, p. 13.

33) 季羡林, "史学界的另一个新任务", 〈历史教学〉, 1951년 第6期, p. 1.

34) 표면적으로 한국전쟁이 끝난 1953년 후 각종 신문에서 한국에 관한 내용은 점차 감소하였으나 한국사에 관한 연구는 줄어들지 않았다.

35) 王立达, 《朝鲜简史》, 1953년 7월; 顾也文, 《朝鲜舞蹈家崔承喜》, 文娱出版社(上海), 1951년 6월; 刘诚, 《朝鲜真人真事》, 上海新人出版社, 1951년 1월; 鲁矛, 《邻邦朝鲜》, 春秋书社, 1951년.

36) 李清源著, 丁则良, 夏禹文译, 《朝鲜近代史》, 生活·读书·新知三联书店, 1955년 2월; 白南云等著, 马超群译, 《十九世纪後半期的朝鲜》, 科学出版社, 1959년 2월.

여 출판하였다.[37] 1950년대 중국학자들이 편저한 한국사에 관련된 저서들의 구체적인 상황을 살펴보면, 먼저 언급해야 할 것으로 왕입달(王立达)의 《朝鲜简史》가 있다. 이 책은 겨우 66쪽이지만, '고대의 조선', '근대의 조선' 그리고 '현대의 조선'의 세 부분으로 나누어 한반도의 역사 발전과정을 소개하였다. '고대의 조선' 부분은 선사시대부터 19세기 초 홍경래의 난까지, '근대의 조선'은 서양 자본주의 국가의 조선침범에서 일본의 강제병합 후 실시한 잔혹한 식민통치시기까지 이다. '현대의 조선'은 1919년의 3·1 운동에서 시작하여 조선민주주의인민공화국의 성립까지를 서술하였다. 한반도 남쪽에 대해서도 '미국과 이승만 통치 하의 남조선'이라는 하나의 절을 할애하여 소개하였다. 책의 마지막에서는 또한 '朝鲜历史大事年表'를 첨부하였다. 주의해야 할 것은, 이 책은 1919년의 3·1 운동을 '조선 인민민주혁명의 시작'이라고 칭했다는 사실이다. 이러한 인식은 한편으로 당시 중국 사학계가 5·4 운동을 중국 신민주주의 혁명의 출발로 여기는 인식과 관련이 있고, 다른 한편으로는 조선민주주의인민공화국의 사학계에 영향을 어느 정도 받았음을 보여준다. 다음으로 노모(鲁矛)의 《邻邦朝鲜》은 역사, 지리, 문화 등의 방면에서 전면적으로 한반도를 소개하였다. 《朝鲜的真人真事》는 항일독립운동 중의 영웅적 인물과 단체들을 주로 소개하였고 동시에 한국전쟁의 인물들을 소개하였다. 《朝鲜舞蹈家崔承喜》는 저명한 무용가인 최승희의 생애, 성장과정, 예술성, 예술적 성취 등을 소개하였다.

1950년대 중국의 학술지에 발표된 한국사 관련논문은 수십 편이 있는데, 주로 네 가지 부분에 집중되었다. 즉, 한국 역사상 농민봉기(起義), 외부세력의 침략과 반침략 반식민통치 투쟁, 중한관계 그리고 고대사의 네 방면이다. 특수한 역사환경 때문에, 한국 역사상 농민봉기와 반침략,

37) 朝鲜科学院, 中国科学院, 《李朝实录-高宗实录》, 《李朝实录-纯宗实录》, 科学出版社, 1959년 영인.

반식민통치 투쟁은 중국학계의 연구와 소개의 중심사항이 되었다. 그중 농민봉기에 관한 논문은 세 편이 있는데, 신라 말기와 조선왕조 시기의 농민봉기를 주로 탐구하였다.[38] 당시의 특수한 역사적 상황으로 이 시기 중국학자들은 외국의 한국침략을 연구할 때 근대 미국의 한국침략을 주로 연구하였다.[39] 한국 민중의 반침략 반식민통치에 관한 논문은 더욱 많지만 3·1 운동에 관한 논문은 네 편이 있으며 3·1 운동의 과정, 성격 및 사회적 의의 등의 문제를 탐구하였다.[40] 이 외에 의병운동과 6·10 항일운동을 연구한 논문이 있다.[41] 고대사에 대한 논문은 비록 많지 않지만 신라, 백제에서 고려왕조, 조선왕조의 전체 고대를 포괄하였으며 논문에서 다룬 주제들은 왕조교체, 토지개혁 및 사회, 경제와 문화 등 방면을 포괄하였다.[42]

---

38) 농민봉기에 관한 논문은 다음과 같다. 周一良, "东学党－朝鲜的反帝反封建斗争", 〈历史教学〉, 1951년 第1, 2期; 柳树人, "朝鲜李朝的农民起义－首次举起烽火的'洪景来之乱'", 〈历史教学〉, 1951년 第5期; 王立达, "新罗末期的农民起义", 〈历史教学〉, 1954년 第12期.

39) 외국의 한국 침략에 관한 논문은 다음과 같다. 李鸿举, "1871年美国侵朝战争", 〈历史教学〉, 1952년 第4期; 李鸿举, "美帝国主义侵略朝鲜史上重要的一页－1882年的朝美条约", 〈历史教学〉, 1953년 第6期.

40) 王立达, "一九一九年朝鲜的'三一运动'具体经过如何", 〈历史教学〉, 1955년 总57期; 彭树智, "略论1919年朝鲜的'三一'运动", 〈历史教学问题〉, 1958년 第4期; 王春良, "有关1919年朝鲜三一运动的若干问题的商榷-纪念'三一运动'40周年", 〈历史教学〉, 1959년 第3期; 卢南乔, "'三一'运动的性质及其社会意义", 〈山东大学学报〉(哲学社会科学版), 1959년 第2期.

41) 이 방면의 논문은 다음과 같다. 王立达, "二十世纪初朝鲜人民武装反抗日本帝国主义的'义兵运动'", 〈历史教学问题〉, 1959년 第1期, 申相汉, "'六·十'反日运动", 〈史学月刊〉, 1958년 第11期. 그러나 申相汉은 조선 국적의 학자이다.

42) 고대사에 관한 논문은 다음과 같다. 李光涛, "记朝鲜宣庙中兴志", 台北中研院历史语言研究所集刊, 1950년; 王立达, "关於高丽, 高句丽及其他朝鲜史问题的商権", 〈历史教学〉, 1955년 第5期; 张秀民, "朝鲜的古

중한관계사는 어떤 시기를 막론하고 중국학자들이 중점적으로 관심을 둔 주제 중 하나이며 1950년대 역시 예외가 아니었다. 중한관계사 저작이 많았을 뿐만 아니라 다양한 시각에서 중한 우호교류의 역사를 서술하였다.[43] 이와 동시에 적지 않은 수의 중한관계를 다룬 논문들이 발표되었고 한국 고대 예술과 중국의 관계에서부터 중한인민의 왜구에 대한 투쟁, 중국의 의화단 운동이 조선에 끼친 영향 등 전체 고대시기를 다루었다. 1950년대의 특수한 사회배경에 따라서, 중한 인민의 왜구에 대한 연합투쟁은 중국학자들의 관심의 초점이 되었고 기타 영역의 연구는 상대적으로 빈약하였다.[44]

印刷",〈历史研究〉, 1957년 第3期; 王立达, "新罗, 高句丽, 百济'三国并立'时期内朝鲜经济, 文化的发展及其在沟通中日文化上所起的作用",〈史学月刊〉, 1957년 第10期; 张明惠, "论新罗国家的社会经济结构的性质-以朴同志的论文为中心",〈历史研究〉, 1957년 第11期; 王立达, "略论李氏朝鲜时代土地制度的变迁",〈史学月刊〉, 1958년 第4期; 王立达, "略论朝鲜历史上十--十四世纪王氏高丽的兴亡和李氏朝鲜的建立",〈历史教学问题〉, 1958년 第2期; 戴浩旭, "试论新罗社会的经济形态",〈山东大学学报〉, 1959년 第2期. 1950년대 중국학술지는 당연히 소련학자와 조선학자의 한국사에 대한 논문을 실었으며 본문에서는 이들 논문과 이후의 외국학자들의 논문에 대해서는 소개하지 않는다.

43) 이 시기에 출간된 중한관계사 방면의 저서는 다음과 같다. 周一良,《中朝人民的友谊关系与文化交流》, 开明书店, 1951년 7월; 张政烺等,《五千年来的中朝友好关系》, 开明书店, 1951년 10월; 陈述,《中朝关系一百年》, 上海神州国光社, 1951년; 董作宾,《中韩文化集论》, 台北中华文化出版事业委员会, 1958년.

44) 이 방면의 논문은 다음과 같다. 李光涛, "朝鲜壬辰倭祸与李如松之东征", 台北中研院历史语言研究所集刊, 1950년; 方诗鸣, "十六世纪李如松在朝鲜进行的抗日援朝斗争",〈历史教学〉, 1951년 第6期; 卢南乔, "十六世纪中朝联合抗日的新认识",〈文史哲〉, 1950년; 柳树人, "'壬辰倭乱'和中朝人民的抗战",〈历史教学〉, 1952년 第6, 7期. 이외에 중한관계사에 관련된 기타 논문으로는 王逊, "朝鲜古代艺术和中国的关系",〈文物〉, 1950년 第12期; 常元敬, "研究古代中朝关系的一个新证据",

1960년대에 들어서면서, 중국의 한국사 연구는 1950년대의 전성기 이후로 쇠락하기 시작하였는데, 출판된 관련저작물이나 한국사에 관한 논문 모두 그 수량이 확연히 줄어든다. 이러한 상황은 1960년대 후반기에 더욱 명확하게 나타난다. 1960년대 후반에는 특수한 사회환경(1966년 10월에 시작된 문화대혁명) 때문에, 대륙에서는 기본적으로 한국사 관련저서 혹은 논문이 나타나지 않았고, 대만의 학자들이 일련의 한국사 관련저술들을 발표하였다.

1960년대 대륙학자들의 한국사 관련저서들은 1960년대 전반기에 집중되어 나타났다. 예를 들면 주일량(周一良)의 《明代援朝抗倭战争》, 왕입달(王立达)의 《朝鲜三・一运动》, 이경온(李景温)의 《朝鲜壬辰卫国战争》 등이 있다. 분량 측면에서 보면 이들 세 권의 저서는 모두 분량이 비교적 적어서 글자 수가 가장 많은 것이 단지 2만 3천 자이며, 주제를 살펴보면 1950년대 한국의 반침략, 반식민통치와 중한인민의 외세침략에 대한 연합투쟁이 주요한 주제로 계속 이어졌다.[45] 그 외에, 음악출판사 편집부에서 《朝鲜古代音乐家朴堧和朝鲜的音乐遗产》을 출판하였고 진문금(陈文琴)이 《燕岩朴趾源》을 번역하여 소개하였으며 하검성(贺剑诚)은 《朝鲜通史》(고대와 중세 부분)를 번역하였다. 1960년대 후반기에 중국학계에서 한국사에 대한 저서는 나타나지 않았으며, 1960년대는 1950년대 한국사 연구 열풍의 여파가 남아 있는 것으로 볼 수 있다.

1960년대에, 중국학자들이 발표한 한국사 관련논문은 많지 않아 겨우 10여 편에 불과하고 언급한 주제로는 고조선 위치의 고증,[46] 신라사회의

〈新建设〉, 1951년 第2期; 常元敬, "再论古代中朝关系", 〈新建设〉, 1951년 第2期.

45) 王立达, 《朝鲜三・一运动》, 商务印书馆, 1962년 4월; 周一良, 《明代援朝抗倭战争》, 中华书局, 1962년 6월; 李景温, 《朝鲜壬辰卫国战争》, 商务印书馆, 1965년 9월.

성격,[47] 고대과학사,[48] 근대 미국, 일본의 한국 침략[49] 및 식민통치에 반대한 3·1 운동과 6·10 만세운동[50]이 있다. 이외에 조선민주주의인민공화국의 사학과 고고학 연구성과를 소개한 몇 편의 논문이 있다.

주의해야 할 사실은 중국 대만의 학자인 이광도(李光涛)가 1960년대 후반기에 연이어 "再记箕子朝鲜", "朝鲜'壬辰倭祸'酿衅史实" 등의 논문을 발표했으며, 1968년에는 《中韩民族与文化》를 출간하였다는 것이다. 이 책은 조선실록을 기초로 하고 기타 한국 사적을 참고하여 중한민족과 문화에 관련된 기록들을 정리하였으며, 그 목적은 "중한 간의 수천 년 동안의 동문동종 및 이른바 '중한 순치'를 널리 알리고자 한다"라는 말에 있다. 이 책은 명청시기 중한민족과 문화관계의 사적 기록이라고 말할 수 있다.[51]

1966년 시작된 문화대혁명은 중국의 모든 분야에 심각한 영향을 끼쳤다. 교육과 과학연구 역시 예외는 아니었다. 문화대혁명의 종결 전에 길림인민출판사가 《朝鲜通史》(상, 하)를 번역하여 출간한 것을 제외하고

---

46) 陈育良, "关於古朝鲜地址的讨论", 〈历史研究〉, 1962년 第5期.

47) 李成德, "六至七世纪新罗的社会性质－奴隶制度的瓦解与封建制度的产生", 〈河南大学学报〉(社会科学版), 1962년 第2期.

48) 陈可冀, 陈维养, "朝鲜《东医寿世保元》与《东医四象新编》中的体质概念及其与我国医学的关系", 〈科学史集刊〉, 1963년 第5期; 席泽宗, "朝鲜朴燕岩《热河日记》中的天文学思想", 〈科学史集刊〉, 1965년 第8期.

49) 张兴伯, "十九世纪六十至七十年代初美国对朝鲜的侵略", 〈历史教学〉, 1962년 第10期; 才晓, "1876年朝日江华条约的主要内容及其对朝鲜的影响如何", 〈历史教学〉, 1965년 第10期.

50) 木木, "朝鲜的'三一'运动", 〈历史研究〉, 1962년 第4期; 张兴伯, "1926年朝鲜的'六·十万岁'运动是怎麽回事", 〈历史教学〉, 1964년 第3期; 伊文成, "日本帝国主义殖民统治下的朝鲜和'三一'人民起义", 〈东北师大学报〉(哲学社会科学版), 1964년 第2期.

51) 台北中研院历史语言研究所集刊, 1967, 1968年 참조. 《中韩民族与文化》는 中华丛书编审委员会에서 1968년 6월 台北에서 출판하였다.

중국학계에서 한국사에 관련된 저작은 기본적으로 나오지 않았고 관련된 연구논문 역시 발표되지 않았다. 사실 이 시기 대부분의 학술지도 모두 간행이 정지되었으며, 1976년 문화대혁명의 종결선포에 이르러서야 이러한 상황은 비로소 변화한다.

문화대혁명 종결 후, 모든 것들이 점차적으로 정상궤도에 오르기 시작했고 중국의 한국사 연구는 새롭게 활기를 찾기 시작하였다. 결코 많지 않은 1970년대의 나머지 기간 동안 중국의 한국사 연구는 충분한 가치가 있는 성과를 냈다. 문화대혁명이 끝나자마자, 중국의 한국사 연구는 다시 활성화되었고 겨우 3년의 시간 동안 열 편에 달하는 학술논문이 발표되었다. 이들 논문들은 주로 두 가지 주제, 즉, 3・1 운동과 중한관계의 전개를 다루었다. 먼저 이문성(伊文成), 조중병(曹中屛), 그리고 양소전(杨昭全) 등은 연이어 〈社会科学战线〉, 〈历史教学〉과 〈世界历史〉에 3・1 운동에 관련된 논문을 발표하였다. 伊文成, 曹中屛의 논문은 3・1 운동의 발생 원인, 과정, 실패원인 및 역사적 의의 등을 다루었고 모두 "3・1 운동은 조선민족해방운동이 새로운 시기로 진입하게 된 표지"라고 강조하였다.[52] 양소전의 논문은 3・1 운동과 5・4 운동 기간 중한인민의 상호 성원, 지지의 역사적 사실을 분석하여 3・1 운동과 5・4 운동이 현대 중한 우의관계사의 서막을 열었다고 주장하였다.[53] 다음으로 박진석(朴真奭)은 여러 편의 논문을 연이어 발표하여 기원전에서부터 기원후 15세기까지의 중한 사이의 무역, 문화교류 및 인적교류의 분석을 통해서 유구한 우호관계를 서술하였다.[54] 그 외에 중국학자들은

---

52) 伊文成, "略论朝鲜'三・一'人民起义", 〈社会科学战线〉, 1979년 第1期; 曹中屛, "1919年朝鲜的三一运动", 〈历史教学〉, 1979년 第3期.

53) 杨昭全, "现代中朝友谊关系史的开端-三一运动和五四运动期间两国人民相互支援的史实", 〈世界历史〉, 1979년 第3期.

54) 朴真奭, "公元前中朝两国人民的友好往来的经济文化交流", 〈延边大学学报〉(社会科学版), 1977년 第4期; "公元一世纪－七世纪中朝两国人民

또한 한국의 실학자인 정약용, 의병운동을 다룬 논문도 발표하였으며,[55] 한반도의 고고학적 발견을 소개하는 논문도 나왔다. 또한 국외의 한국사 연구상황에 주의를 기울이기 시작하였다.

1970년대 중국의 한국사학계에서는 중대한 사건이 일어나게 되는데, 이는 바로 중국조선역사연구회(中国朝鲜历史研究会)의 조직준비이다. 1979년 봄과 겨울, 길림성사연외국문제학회(吉林省社联外国问题学会), 연길대학역사학계(延边大学历史学系), 길림성사회과학원조선문제연구소(吉林省社会科学院朝鲜问题研究所) 등의 연합 발기 아래, 중국에서 한국사 연구에 종사하는 학자들이 장춘에서 두 차례 학술회의를 열었다. 이 두 번의 회의에서는 한국사의 몇몇 문제들에 대해 매우 진지하고 열띤 토론이 진개되었으며, 또한 중국의 한국사 학술단체를 조직하기로 하였고, "中国朝鲜历史研究会筹备小组"를 설립하기로 결정되었다. 그러나 학회의 성립은 1980년대에 이루어졌다.

중국 대륙의 한국사학계는 1970년대에 큰 진전이 없었지만, 대만의 학자들은 한국사 연구에서 비교적 커다란 성과를 냈다. 이러한 성과는 먼저 사료의 정리로 나타났다. 1972년 이광도는 《朝鲜壬辰倭祸史料》를 정리하여 출간하였고, 중연원역사어언연구소(中研院历史语言研究所)에서 11권으로 정리한 《清季中日韩关系史料》 또한 이 해에 출간되

的文化交流", 〈延边大学学报〉(社会科学版), 1978년 第1期; "公元八, 九世纪, 中朝两国的贸易, 人民往来和文化交流", 〈延边大学学报〉(社会科学版), 1978년 第4期; "十一－十二世纪宋与高丽的贸易往来", 〈延边大学学报〉(社会科学版), 1979년 第2期; "十四世纪中国火药技术的传入朝鲜和朝鲜人民反倭寇斗争的胜利", 〈延边大学学报〉(社会科学版), 1979년 第4期.

55) 朱七星, "朝鲜封建社会末期实学思想的集大成者－－茶山丁若镛", 〈延边大学学报〉(社会科学版), 1979년 第1期; 金光洙, "一八九五年－－－一八九六年朝鲜人民的义兵斗争", 〈延边大学学报〉(社会科学版), 1979년 第3期.

었다. 《清季中日韩关系史料》는 청조의 진귀한 자료를 다량 수록하였는데 이는 청대 중한관계사 연구의 중요한 사료이다.[56] 다음으로 중한관계사 연구에서 세 권의 중요한 저서, 즉, 《袁世凱与朝鮮》, 《朱明与李氏朝鮮》, 《清韩宗藩贸易(1637~1894)》[57]이 출간되었다. 《袁世凱与朝鮮》은 청말의 중한관계를 서술하였고 당시 조선문제를 다루었던 각국 사이의 대립을 비교적 통찰력 있게 서술하였다. 《朱明与李氏朝鮮》은 명대의 중한관계를 서술하였다. 《清韩宗藩贸易(1637~1894)》은 청대에 존재했던 중한 간의 무역을 상세하게 서술하였는데, 이 책의 많은 견해들은 여전히 광범위하게 인용되고 있다.

중국의 한국사학계에 대해 살펴보면, 1980년대는 사상의 해방, 급진적인 발전의 10년이라고 말할 수 있다. 1980년대 이전에, 중국의 한국사학계는 근대 한국 인민의 반봉건, 반침략 및 반식민통치 투쟁 연구에서 주로 의병운동, 3·1 운동, 6·10 항일운동에 집중하였고, 식민통치시기 자산계급에서 전개한 항일독립운동, 특히 중국 관내에서 이루어진 항일독립운동에 대한 연구는 극소수였다. 그러나 1980년대에 들어서면서 사상의 해방에 따라 대한민국임시정부가 지도한 항일독립운동이 중국학자들의 연구대상에 들어오기 시작하였으며, 중국학자들의 한국사 연구영역이 진일보하였다. 문화대혁명의 종결 이후, 특히 중국공산당 11차 3중전회 이후, 개혁개방 정책의 추진에 따라 중국정부는 점차적으로 경제건설을 최우선으로 삼았다. 중국학자들은 아시아의 네 마리 작

56) 李光涛编, 《朝鲜壬辰倭祸史料》, 中研院历史语言研究所, 1972; 中研院近代史研究所编, 《清季中日韩关系史料》, 中研院近代史研究所, 1972년 12월.

57) 林明德, 《袁世凱与朝鮮》, 中研院近代史研究所, 1970년; 王仪, 《朱明与李氏朝鮮》, 台北商务印书馆, 1971년; 张存武, 《清韩宗藩贸易(1637~1894)》, 中研院近代史研究所, 1978년 6월. 이외에 王仪还, 《古代中韩关系与日本》(台北, 中华书局, 1973)이 있다.

은 용 중 하나인 한국의 경제발전과 경험에 주의를 기울이기 시작하였고, 한국의 경제발전전략, 성과에 대한 연구는 경제학계의 주요 과제가 되었다. 이는 일정정도 중국의 한국사 연구에도 영향을 주었다.

1980년대 중국의 한국사학계에서 가장 중요했던 사건 중 하나는 바로 전국적인 학술단체인 중국조선사연구회의 성립이었다. 앞에서 언급했듯이 1979년 중국의 일련의 대학과 연구기관에 의해 "朝鲜历史研究会筹备小组"가 설립되었고, 중국에서의 한국사 연구에 대한 전국적인 학술단체의 건립이 적극적으로 기획되었다. 1980년 8월 18~22일에, 조선역사연구회주비소조는 길림성 안도현에서 열린 학술토론회에서 중국조선사연구회의 창립대회를 열었고 10여 곳의 대학과 연구기관에서 온 수십 명의 한국사 전공자들이 이 회의에 참가하였다. 회의에서는 '中国朝鲜史研究会章程'을 토론하여 통과시켰고, 민주적 협상의 기초에 따라 선거로 중국조선사연구회가 탄생했다. 중국의 한국사학계는 이로부터 하나의 전국적인 조직이 만들어지게 되었다. 중국조선사연구회의 창립 이후 정기적으로 전국적인 학술토론회가 개최되었고 연구회의 회보가 간행되어 중국의 한국사 연구를 발전시켰다.[58] 중국조선사연구회의 창립 후 출간된 〈朝鲜史通讯〉은 연구회의 회보가 되었으며 정기적으로 출간되어 1980년대에 중국의 한국사 연구수준을 대표하는 논집이 되었다. 이외에 연변대학조선문제연구소 역시 〈朝鲜问题研究论丛〉을 정기적으로 출간하여 적지 않은 한국사 관련 학술논문을 수록하였다.

과거를 계승하여 발전시킨 1980년대에, 중국의 한국사 연구는 매우 큰 성과를 거두었다. 이러한 성과들은 주로 사료정리, 학술회의 개최 그리고 한국사 문집의 정기출판, 중한관계사 연구의 진전과 한국사 관련 서적과 학술논문의 대량출현으로 나타났다.

---

58) 金成镐, "中国朝鲜史研究会简史", 《朝鲜・韩国历史研究》, 第十辑, 延边大学出版社, 2009년 12월, pp. 482~499 참조.

1980년대 중국의 한국사학계는 중한관계와 한국사에 관련된 사료정리에서 커다란 성과를 얻었다. 이러한 성과 중 가장 먼저 언급해야 할 것으로는 저명한 사학자인 오함(吴晗)의 주관으로 정리된 《朝鲜李朝实录中的中国史料》의 출간이다. 이 책은 모두 12권으로 되어 있으며 340여만 자에 달한다. 이 책은 명청사 연구의 중요 사료일 뿐만 아니라 명청시기 중한관계사의 중요한 문헌이다. 양소전이 중·일·한 삼국의 문헌을 이용하여 정리한 《关内地区朝鲜人反日独立运动资料汇编》 또한 사료정리 방면에서 이 시기 중국학자의 대표적인 성과이다. 이 책은 상, 하 두 권으로 나누어졌으며 72만 자에 달하는 다량의 자료를 수록하여 중국 관내지구 한국독립운동사의 중요한 문헌이 되었다. 이외에 중국학계에서 정리한 사료는 고대 중한관계, 한국독립운동과 중국의 관계 등의 방면을 다루었다.[59] 이들 사료정리 방면에서의 성과는 이후 중국의 한국사 연구와 중한관계사 연구의 견실한 기초가 되었다.

중국조선사연구회 창립 이후 한국사 학술토론회가 정기적으로 개최되었고 매 차례의 회의는 모두 중국 내 한국사 전공학자들이 모여 한국사, 중한관계사에 관련된 문제들에 대해 토론을 벌였다. 개혁개방이 시작된 초기였고 한국과 아직 외교관계가 성립되지 않아서 1980년대 중국대륙에서 개최된 학술회의에는 중국학자들만 참가하였고, 기본적으로 국제학술회의는 없었으며 해외 학자들과의 교류는 많지 않았다. 이 시기 대만과 홍콩에서 연이어 수차례 한국사와 중한관계에 관한 국제학술회의

59) 중국학계에서 정리한 관련된 사료는 다음을 포함한다. 吴晗辑, 《朝鲜实录中的中国史料》, 中华书局, 1980년 3월; 马协弟编, 《燃藜室记述选编》, 辽宁大学历史系(非正式出版物), 1980년 1월; 云南省社会科学院历史研究所, 《朝鲜文献选辑-清实录中朝关系史料摘编》, 吉林文史出版社, 1986년 4월; 杨昭全, 《关内地区朝鲜人反日独立运动资料汇编》(1919~1945)(上, 下册), 辽宁民族出版社, 1987년 9월; 《国民政府与韩国独立运动史料》, 台北中研院近代史研究所, 1988년.

가 개최되었고, 회의 이후 논문집이 출판되었다. 대륙 혹은 대만, 홍콩을 막론하고, 이들 학술회의의 개최는 한국사와 중한관계사 연구가 점점 더 중국 학계에서 주목받았다는 사실을 알려준다.

중한관계사는 중국의 한국사학계에서 줄곧 가장 관심을 받았던 분야이다. 1980년대 중한관계사 연구는 비록 중한관계사 통사 혹은 단대사 저작이 나타나지 않았을지라도, 몇몇 중한관계사 논문집과 중한경제, 사상 그리고 문화교류 방면의 연구저작이 나왔다.[60] 대륙학자 양소전의 《中朝关系史论文集》과 대만학자 장존무(张存武)의 《清代中韩关系论文集》은 이 시기 중한관계사 연구의 대표적인 저작이라고 말할 수 있다. 전자는 많은 논문을 수록하여 고대에서 현대까지 중한관계를 서술하였는데 특히 몇몇 중요한 문제들, 예를 들면 명대의 "원조항왜"(援朝抗倭), 근대의 "만보산사건", 중국 동북의 한인 항일운동 등에 대해 상세히 서술하였다. 그중의 몇몇 글들은 중한 문학교류에 대해서도 탐구하였다. 후자는 9편의 글을 수록하였는데 군사정치, 변경과 문화 등 세 개의 방면으로 나누어 청대 중한관계의 중요한 문제들을 논술하였다.

이전 시기와 비교했을 때 1980년대에 한국사 연구방면에서 중국학자들은 많은 성과를 거두었다. 먼저 관련된 저작들을 살펴보면, 이 시기 중국학자들이 저술한 한국사 저작에는 대중적인 도서도 있었고 전문연구서도 있었다.[61] 전문연구서 중 언급할 가치가 있는 것으로는 박진석,

---

60) 韩国学研究会, 《中韩关系史国际研讨会论文集》, 台北韩国学研究会, 1983년; 1986년 5월; 张存武, 《清代中韩关系论文集》, 台北商务印书馆, 1987년 11월; 朴真奭, 《中朝经济文化交流史研究》, 辽宁人民出版社, 1984년 10월; 刘家驹著, 《清代初期的中韩关系》, 文史哲出版社, 1986; 杨昭全, 《中朝关系史论文集》, 世界知识出版社, 1988년 10월. 대만학자 黄宽重은 《中韩关系中文论著目录》(汉字研究资料与服务中心, 1987년)을 편찬하였다.

61) 1980년대에 商务印书馆은 普及性读物外国历史小丛书를 출판하였다. 그중 한국사 관련 부분은 다음과 같다. 《朝鲜民族英雄李舜臣》(严圣钦

강맹산(姜孟山) 주편의 《朝鲜中世纪史硏究》가 있는데, 이 책은 주로 연변대학 한국사학자들의 논문 17편을 수록하였으며, 한국 고대국가의 사회성격, 토지제도 및 중한 사상문화교류를 연구하였다.[62] 이 시기에 중국학자들이 발표한 논문을 보면, 수적으로나 질적으로나 모두 괄목할 만하였고 연구영역 역시 확장되었다. 주로 고대에서 현대, 사회성격에서 정치, 경제, 사상, 문화 및 중한 간의 교류 등을 다루었다. 분량의 제한 때문에 여기에서는 일일이 소개하지는 않는다. 그러나 어느 정도 설명되어야만 하는 것은, 바로 이전시기와 비교했을 때 중국의 한국사 연구영역에 진일보한 발전이 있었고 전후 한반도 역사연구에 관심을 기울이기 시작한 중국학자가 등장하기 시작했다는 사실이다. 전후 한반도 역사연구에 관해 중국학자들이 관심을 기울인 것은 주로 전후 한반도 분열의 과정과 한국전쟁이다. 한국전쟁에 대해 중국학자들은 주로 한국전쟁 시기의 중미관계와 한국전쟁의 정전을 탐구하였다.[63] 전후 한반도

著, 1987년 10월), 《朝鲜壬辰卫国战争》(李景温著, 1980년 5월), 《朝鲜近代农民革命领袖全琫准》(陈显泗, 杨昭全著, 1985년 6월), 杨昭全, 《日帝霸占朝鲜始末 1876~1910》(杨昭全著, 1983년 3월), 《朝鲜1884年的政变》(杨昭全著, 1986년 6월), 《朝鲜甲午农民战争》(朱祯焕著, 1987년 10월), 《朝鲜爱国志士安重根》(杨昭全, 安清奎著, 1983년 7월) 등. 이 책들은 한국사에서 중요한 사건과 중요 인물을 다루었는데, 중국 독자들의 한국사에 대한 이해에 큰 도움이 되었다.

62) 朴真奭, 姜孟山编, 《朝鲜中世纪史硏究》, 延边大学出版社, 1988년 3월.

63) 중국학계의 전후 한국사 연구는 1980년대에 비로소 시작되었고 발표된 논문은 그리 많지 않았다. 주요한 것은 다음과 같다. 付文洋, "朝鲜三八线不是波兹坦会议确定的", 〈史学月刊〉, 1982년 第3期; 邓礼峰, "朝鲜的停战谈判", 〈军事历史〉, 1987년 第4期; 杨荪, "推动朝鲜停战的重要一步－抗美援朝战争中反登陆作战的准备", 〈夏旦学报〉(社会科学版), 1988년 第5期; 丁月, "关於朝鲜战争的若干史实考察", 〈军事历史〉, 1989년 第3期; 王汉鸣, "略论朝鲜战争时期的中美关系", 〈军事历史〉, 1989년 第4期; 葛振家, "朝鲜南北分裂的由来", 〈世界历史〉, 1989년 第5期. 한국전쟁에 대해서는 이 시기 역시 몇몇 문학적인 작품들이 있는데

역사연구를 제외하고, 중국에서 한인들이 전개했던 독립운동 또한 연구분야로 확대되기 시작했다.[64]

이외에, 1980년대 중국 한국사학계의 또 하나의 성취는 수많은 해외 한국사 저서들의 번역이다. 이들 저작들은 조선민주주의인민공화국의 학자가 편찬한 것뿐만 아니라 한국학자가 편찬한 것도 있다. 또한 대륙에서 번역하여 출판한 것도 있고 대만에서 번역하여 출판한 것도 있다.[65] 이들 서적의 번역출판은 중국학계에 해외 한국사 연구동향을 이해하는 데 매우 중요한 작용을 하였다.

중국과 한국은 1992년 8월 정식으로 외교관계를 맺었다. 이는 1980년대가 끝난 지 겨우 2, 3년이 지난 시점이었다. 따라서 다음 절에서는 1990년 이후 중국의 한국사 연구상황을 소개할 것이다.

그 역사적 진실성이 의심되기 때문에 본문에서는 소개하지 않는다.

64) 1980년대에 들어서면서 중국학자들은 중국 관내에서 전개된 독립운동에 관심을 갖기 시작했으며 몇몇 관련된 자료들을 정리하였다. 그러나 관련된 학술 연구는 여전히 초보적 단계에 있었다. 저술은 그리 많지 않았다. 주요한 것으로는 다음과 같다. 文正一, "战斗在我国战场上的朝鲜义勇军－为抗日战争胜利四十周年而作", 〈黑龙江民族丛刊〉, 1985년 第2期; 徐明勋, "朝鲜义勇军第三支队", 〈黑龙江民族丛刊〉, 1985년 第3期; 徐明勋, "朝鲜独立同盟北满特别委员会", 〈黑龙江民族丛刊〉, 1986년 第2期.

65) 이 시기 번역되어 출판된 저서 중 주요한 것은 다음과 같다. 《朝鲜全史》(신대직으로 번역 출판됨. 1권은 延边大学出版社에서 1988년 6월 출판); 李元淳等著, 詹卓颖译, 《韩国史》, 幼师文化事业股份有限公司, 1987년 11월. 이외에 대만에서 한국학자들의 저작이 중문으로 출판된 것이 있다. 李在五著, 《韩国学生运动史》, 自由时代出版社, 1989년 2월; 曹炯镇著, 《中韩两国古活字印刷技术之比较研究》, 学海出版社, 1986년 5월; 郑德熙著, 《阳明学对韩国的影响》, 文史哲出版社, 1986년 5월.

3. 새로운 국면에서의 급속한 발전

1990년대에 들어서면서 개혁개방 정책의 점진적인 추진과 중국 사회 경제 발전에 따라서, 중국의 한국사 연구 또한 괄목할 만한 성장을 하였다. 1992년 중국과 한국의 정식 외교관계 성립은 의심할 여지없이 중국의 한국사 연구를 가속화시켰다. 중한 국교수립에서 현재까지 20년 동안 중국의 한국사 연구는 비약적인 발전을 하였고, 중국의 사학연구 중에서 가장 활발한 영역 중 하나가 되었다.

근대 이후 중국 지식계는 줄곧 한국사 연구에 비상한 관심을 기울였다. 그러나 중화인민공화국 성립 이전에 한국사 과정을 개설했던 학교는 매우 적었다. 신 중국에서 가장 일찍이 한국사 과정을 개설한 것은 연변대학이었다. 1949년 연변대학 성립 후 바로 역사학과가 성립되었고 학사과정에 한국사 과정을 개설하여 한국사 교육과 연구를 시작하였다. 이후 비록 몇몇 대학에서도 한국사와 관련된 과정, 예를 들면 중한관계사, 한국개설 등을 개설했지만 이러한 학교들은 많지 않았으며, 학사에서 석사 그리고 박사까지 아우르는 하나의 완전한 과정을 체계적으로 운영하던 곳은 없었다. 다시 말하면, 한국사는 여전히 하나의 독립된 학과 전공으로 성립되지 못했다. 중국에서의 한국사학 전공은 개혁개방 이후에야 비로소 발전하게 되었다. 1979년, 그동안 한국사 전공을 개설해 운영하던 연변대학 역사학과가 지구국별사(地区国别史)/세계사 석사학위 수여권을 얻었고, 1993년에는 세계사 박사학위 수여권을 얻어서 학사, 석사, 박사학위 과정을 모두 개설해 한국사 교육과 연구를 체계적으로 시작하였다. 복단대학 역사학과는 1999년부터 학부생과 석사생 가운데 한국사 과정을 개설하기 시작하였고, 2006년 한국사는 세계사 하위의 지구국별사로서의 2급학과가 되었으며 박사를 양성할 수 있는 자격을 얻었다. 복단대학 역시 연변대학에 이어 학사, 석사, 박사 한국사 과정을 갖춘 대학이 되었다. 중국에서 한국어 전공을 개설한 대학이 점차 증가함에 따라 한국사 관련과정(예를 들면 한국사, 한국개설, 한국문화 등)은 한국어를 공부하는 학생들의 필수과정 혹은 선택과정이 되었고 수많은 학교에서 개설되기 시작하였다. 이는 한편으로 한국어를 전공하는 학생들이 한국사, 한국문화를 이해하는 데 중요한 역할은 하였으며, 다른 한편으로 더욱 수준 높은 한국사 연구인재를 양성을 준비할 수 있게 하였다.[66)]

중한 수교 이전에 중국의 한국학 연구기관은 손으로 꼽을 수 있을 정도였다. 길림사회과학원조선연구소(吉林社会科学院朝鲜研究所)는 그중에서 매우 걸출한 기관으로 일련의 한국사 저서를 번역하였을 뿐만 아니라 한국사 저서들을 출간하였으며 한국사 사료도 정리하여 출판하였다. 이러한 작업 가운데에서 양소전은 중요한 역할을 하였다. 중한 수교 이후, 중국 각지의 대학들, 예를 들면 북경대학, 복단대학, 절강대학, 남경대학, 요녕대학, 산동대학 등은 한국연구중심 혹은 한국연구소를 설립하였다. 그중에는 대학에서 설립한 한국연구중심 혹은 한국연구소도 있고 성시사회과학원(省市社会科学院)에서 설립한 한국연구중심도 있다.[67)] 약 20년의 발전을 거쳐서, 중한 수교 후 설립된 이들 한국연구

66) 중한 국교 수립 이후 점점 더 많은 중국대학들이 한국어 전공을 개설하였고 심지어 전문학교 또한 한국어 전공을 개설하였다. 어떤 학교들은 한국학원을 만들어서 종합적인 한국학 인재를 양성하게 되었다. 중국에서 한국어 전공이 있는 학교가 매우 많아졌고 동시에 각 학교마다 교사의 상황이 달랐기 때문에 한국사 관련 과정을 개설한 학교들을 정확하게 통계내기는 매우 어렵다.

67) 중국에서 한국사 과정을 개설한 대학의 수를 정확히 통계내기는 매우 어려우며, 한국연구중심 또한 정확한 수를 파악하기 어렵다. 필자가 거주하는 상해시를 살펴보면 복단대학 한국연구중심, 화동사범대학 한국연구중심, 상해사회과학원 한국연구중심이 있다. 기타 지방 역시 유사한 상황이며 하나의 도시에 많은 대학들에서 한국연구중심을 개설한 곳도 있고 심지어는 하나의 대학 내에 2개 혹은 그 이상의 한국 연구기관을 설립한 곳도 있다.

중심 혹은 한국연구소는 각각 자신의 특징을 형성하였다. 예를 들면 북경대학 한국연구중심은 본교 동방어언문화학과와 역사학과의 역량을 근거로 중한관계사와 한국어언문학의 연구를 특징으로 한다. 복단대학 한국연구중심은 한국독립운동사 연구에 진력하였고, 절강대학 한국연구소는 한국전통문화와 중한관계사 연구 분야에 유익한 성과를 얻었다. 중국의 한국학 연구기관의 발전을 말할 때 김준엽 선생님의 공헌을 이야기하지 않을 수 없다. 김준엽 선생님은 1948년에 중국에서 귀국하신 이후 계속해서 중한문화, 학술교류를 매우 중시하셨다. 중한 수교 전인 1988년 말, 선생님은 북경, 상해 등지를 방문해 중국의 학술계와 광범위한 접촉을 하였고, 중국에 설립된 한국학 연구기관과 중국의 한국학 발전 등의 문제에 대해 토론하였다. 1991년부터 시작해서 선생님의 지도와 도움 덕분에 북경대학, 복단대학, 절강대학, 산동대학, 요녕대학, 남경대학, 동남대학, 양주대학, 북경어언문화대학 등에 연이어 한국연구중심이 만들어졌다.[68] 현재 중국의 한국학계에 중요한 영향을 준 한국연구중심은 모두 선생님께서 당시에 뿌린 씨앗이다.

1990년대 이전에 중국에서 한국사 연구자는 그다지 많지 않았는데, 중요한 원인은 연구자의 부족을 들 수 있다. 특히 10년 동안의 문화대혁명으로 중국에서 한국사를 연구하는 인재는 매우 부족했다. 문화대혁명 종결 이후, 연변대학은 1979년에 지구국별사(地区国别史) 석사학위 수여권을 얻었으며 주로 한국사 석사 연구생을 양성하였다. 1993년에는 다시 박사학위 수여권을 얻어서 더욱 높은 수준의 한국사 연구전문 인재를 양성하기 시작하였다. 당연히 중한 수교 이후 기타 몇몇 학교들 역시 한국사 혹은 중한관계사 연구전문 인재를 양성하기 시작했다. 국내의 대학과 연구기관 이외에, 중한 국교수립 이후, 양국 간 각 방면에서 교

---

68) 杨通方, "金俊烨与中韩文化交流", 〈韩国学论文集〉, 第10辑(北京大学), 辽宁民族出版社, 2003년 2월, pp. 11~15.

류가 시작되면서 일련의 중국학자들 또한 한국으로 건너가 석사와 박사학위를 얻었으며, 이들 유학생들은 귀국 후 중국의 한국사 연구의 중심이 되었다. 현재 중국의 많은 학교에는 한국사 석사, 박사학위를 전공하는 학생들이 있으며 이는 이후 중국의 한국사 연구발전에 긍정적 작용을 할 것이다.

1990년대 특히 중한 수교 이후, 중국의 한국사 연구는 급속한 발전시기에 진입하였고, 관련된 연구성과 또한 계속해서 나타났다. 1990년대 초부터 지금까지, 중국에서 출간된 한국사와 중한관계사 관련저서들은 100여 종이 넘으며, 발표된 논문은 수백 편에 달한다. 이 시기 중국학계의 관련된 연구성과와 양이 매우 훌륭하기 때문에 본문에서는 저서와 논문으로 나눈 후에 다시 연구주제에 따라서 분류하여 서술할 것이다.

1980년대 말, 한국학계는 일본 식민통치 시기 한민족의 반식민통치, 독립투쟁에 대한 연구를 발전시키기 시작했다. 중국은 한인들이 전개했던 독립운동의 가장 중요한 지역 중 하나였기 때문에, 양국관계의 완화와 이후 정식 외교관계의 성립에 따라서 한국독립운동 역시 중국학계에서 관심을 기울이는 연구영역이 되었다. 1992년 상해인민출판사는 유목도(由沐涛), 손과지(孙科志)가 저술한 《大韩民国临时政府在中国》을 출판하였다. 이 책은 대륙에서 처음으로 한국독립운동에 관해 출간된 전문서적으로 대한민국임시정부가 지도한 해외독립운동 27년간의 역사를 서술하였는데, 특히 상해에서의 활동에 대해 비교적 상세하게 고증하였다.[69] 이후 중국학계에서는 한국독립운동 연구가 폭발적으로 늘었고, 관련된 연구성과도 수십 종이 나왔다. 이들 연구들은 대한민국임시정부가 지도한 독립운동, 재화 한인독립운동과 중국 각 정치세력과의

69) 특수한 역사 요소 때문에 중국에서 가장 먼저 한국독립운동 연구를 한 사람들은 대만의 학자들이었다. 1976년 台湾政治大学 胡春惠가 출간한 《韩国独立运动在中国》(台北, 民国史料中心, 1976)은 중국학자들이 편찬한 한국독립운동에 대한 최초의 전문서적이다.

관계, 독립운동 중의 중요 인물과 중요 사건 등에 대해 탐구하였다.[70] 한국학계의 독립운동 연구와 비교했을 때, 중국학계는 중국 내의 한국 독립운동 자료발굴을 더욱 중시하였고 사용한 자료 중 많은 부분이 이전에 한국학자들이 보지 못했던 것들이었다. 이는 한국독립운동 사료학 연구에서 긍정적 공헌을 하였다. 뿐만 아니라 중국학자들은 근대 중국의 형세변화에 대해 더욱 심도 있는 이해를 바탕으로, 이러한 환경에서 전개된 한국독립운동에 대한 연구에도 자신만의 독특한 시각을 가지고 한국학자들의 광범위한 독립운동 연구영역에 적극적인 추진작용을 일으켰다.

---

70) 이 시기에 한국독립운동에 관련된 전문서적과 논문집은 다음과 같다. 潘石英主编, 《深厚的友谊　朝鲜抗日独立运动论文及史料》, 世界知识出版社, 1993; 石源华, 《韩国独立运动与中国 1919~1945》, 上海人民出版社, 1995; 石源华主编, 《韩国独立运动血史新论》, 上海人民出版社, 1996; 杨昭全, 《中国境内韩国反日独立运动史 1910~1945》, 第1卷, 吉林人民出版社, 1996; 《中国境内韩国反日独立运动史 1910~1945》, 第2卷, 吉林人民出版社, 1997; 石源华著, 《韩国反日独立运动史论》, 中国社会科学出版社, 1998; 石源华主编, 《二十七年血与火的战斗 纪念韩国临时政府成立八十周年论文集》, 上海人民出版社, 1999; 金健人主编, 《韩国独立运动研究》, 学苑出版社, 1999; 冯开文, 杨昭全主编, 《大韩民国临时政府在重庆》, 重庆出版社, 1999; 石源华编著, 《中国共产党援助朝鲜独立运动纪事 1921~1945》, 中国社会科学出版社, 2000; 石源华主编, 《韩国独立运动政党与社团研究》, 中国社会科学出版社, 2003; 徐明勋, 《安重根在哈尔滨的十一天 中韩文本》, 黑龙江美术出版社, 2005; 中共广西柳州市委员会宣传部, 广西壮族自治区柳州市文化局编, 《大韩民国临时政府在柳州》, 广西人民出版社, 2005; 石源华主编, 《韩国独立运动研究新探》, 社会科学与文献出版社, 2009; 石源华著, 《中韩文化协会研究》, 世界知识出版社, 2007; 金健人, 杨昭全主编, 《大韩民国临时政府在杭州》, 国际文化出版公司, 2008; 石源华著, 《韩国独立运动与中国关系论集》(上, 下), 民族出版社, 2009等; 《大韩民国临时政府驻华代表团研究》, 社会科学文献出版社, 2009; 傅德岷, 2009, 《砥柱中流 大韩民国临时政府金九主席在重庆》, 重庆出版集团·重庆出版社, 2009.

중한관계사 연구는 줄곧 중국학계의 가장 관심 있는 과제 중 하나였고 이 시기에는 관련 연구에 중대한 진전이 있었다. 먼저 이 시기에는 여러 편의 통사적인 중한관계사 전문서적이 출간되어 고대, 근대, 현대와 당대의 중한 정치, 경제, 문화 등 방면의 관계를 논술하였다.[71] 또한 특정한 역사시기, 예를 들면 송대, 명청시기와 청조시기의 중한관계사 전문 연구서적이 출간되었다. 특정한 역사시기, 예를 들면 중한 경제 문화 관계가 밀접한 시기, 혹은 정치관계가 밀접한 시기, 혹은 중한관계가 급격히 변화하는 시기의 중한관계에 대한 전문서적이 출간되었으며, 따라서 이들 논저들은 각 시기의 특징을 중심에 두고 중한관계 발전을 논술하였다.[72] 셋째, 이 시기 중한관계사 연구의 진전은 전문적인 주제를 연구한 저서들이 나타남으로써 가능했다. 중국의 어떤 한 지역과 한국과의 관계발전 역사를 논술한 저서도 있고, 저명한 인물을 중심으로 중한관계의 발전을 서술한 책도 있으며, 특정한 제도, 예를 들면 조공제도를 중심으로 중한관계의 발전에 끼친 영향을 서술한 저서도 있었다. 몇몇 학자들은 이전의 중한관계사 연구성과들을 모아서 출판하였다.[73]

---

71) 이러한 종류의 연구 논저 중 중요한 것은 다음과 같다. 杨昭全, 韩俊光著, 《中朝关系简史》, 辽宁民族出版社, 1992; 中韩关系通史编写组编, 《中朝关系通史》(上,下), 吉林人民出版社, 1996; 徐万民著, 《中韩关系史 近代卷》, 社会科学文献出版社, 1996; 宋成有, 姜忻, 王蕾著, 《中韩关系史 现代卷》, 社会科学文献出版社, 1997; 刘金质等著, 《当代中韩关系》, 中国社会科学出版社, 1998; 蒋菲菲等著, 《中韩关系史 古代卷》, 社会科学文献出版社, 1998. 그 외에 杨昭全의 4권으로 된 《中国－朝鲜 韩国文化交流史》(昆仑山出版社, 2004)는 문화 교류를 기본 틀로 하여 중한관계의 발전을 논술하였다.

72) 이러한 종류의 중한관계사 연구 논저 중 주요한 것은 다음과 같다. 杨渭生, 《宋丽关系史研究》, 杭州大学出版社, 1997; 姜龙范, 刘子敏著, 《明代中朝关系史》, 黑龙江朝鲜民族出版社, 1999; 白新良主编, 王薇等著, 《中朝关系史 明清时期》, 世界知识出版社, 2002; 赵兴元著, 《清代中朝关系研究》, 吉林文史出版社, 2006.

세계 정세의 안정과 중국 국내 학술환경의 점진적인 개선에 따라서, 동시에 소련, 동유럽의 해체로 한국전쟁에 관련된 소련의 기밀문서를 열람할 수 있게 되면서, 한국전쟁은 중국학계의 주된 관심사 중 하나가 되었으며, 관련된 연구논저 중에는 전문적인 학술저작도 있고 구술사료를 기초로 한 저서, 문학적인 저작도 나오게 되었다. 사실 한국전쟁에 관련된 연구는 이미 한국사 연구의 범주에 들어가기 매우 어렵게 되었으며 한국전쟁의 국제정치와 국제관계에 대한 연구들이 중심에 놓이게 되었다.[74]

1990년대 이전에 중국학자들은 비록 몇몇 통사적인 저서들을 쓰기는

---

73) 주요한 논저는 다음과 같다. 刘永智, 《中朝关系史研究》, 《中州古籍出版社, 1994; 刁书仁主编, 《中朝关系史研究论文集》, 吉林文史出版社, 1995; 陈尚胜著, 《中韩关系史论》, 齐鲁出版社, 1994; 林秋山, 《韩国综论 中韩关系篇》, 水牛出版事业有限公司, 1998; 陈尚胜, 《朝鲜王朝1392~1910对华观的演变〈朝天录〉和〈燕行录〉初探》, 山东大学出版社, 1999; 金健人编, 《中韩海上交往史探源 中韩跨海竹筏漂流学术探险研究报告》, 学苑出版社, 2001; 张峡著, 《张保皋与中韩友好关系』, 山东电子音像出版社, 2002; 刘为著, 《清代中朝使者往来研究》, 黑龙江教育出版社, 2002; 杨昭全, 《中国－朝鲜·韩国文化交流史》(1~4卷), 昆仑山出版社, 2004; 王臻著, 《朝鲜前期与明建州女真关系研究》, 中国文史出版社, 2005; 刁书人, 王崇时著, 《古代中朝宗藩关系与中朝边界历史研究》, 中国社会科学出版社, 2006; 魏志江, 《中朝关系史研究》, 中山大学出版社, 2006; 刘国石著, 《中朝边疆与民族关系研究》, 吉林文史出版社, 2006; 李善洪著, 《朝鲜对明清外交文书研究》, 吉林人民出版社, 2009; 杜慧月, 《明代文臣出使朝鲜与皇华集》, 人民出版社, 2010; 徐日东, 《朝鲜朝使臣眼中的中国形象-以〈燕行录〉, 〈朝天录〉为中心》, 中华书局, 2010; 刘凤鸣著, 《山东半岛与古代中韩关系》, 中华书局, 2011.

74) 비록 한국전쟁에 관한 연구는 한국역사와 연관된다 하더라도 대부분의 한국전쟁에 관한 논저 및 논문은 한국전쟁 시기 강대국 간의 관계와 참전국의 정책결정과정, 정전협정 등의 문제들을 다룬다. 따라서 본문에서는 한국전쟁에 대한 논저들은 소개하지 않겠다.

했으나 상대적으로 이러한 논저들은 분량이 매우 적었고, 한국사에 대한 소개 역시 상대적으로 간략하였다. 1990년대 이후 중국의 한국사 연구의 전체 수준이 상승하고 한국사에 대한 연구가 점점 더 중요시됨에 따라 중국학자들이 쓴 동시대적인 한국사 저서들이 나타나기 시작했다. 이 시기 주요한 통사적인 한국사 저서로는 강맹산, 이춘호(李春虎) 등이 쓴《朝鮮通史》, 조중병이 쓴《朝鮮近代史 1863~1919》, 조중병, 장련괴(张琏瑰)의《当代韩国史 1945~2000》등이 있다.《朝鮮通史》는 모두 다섯 권으로 각각 원시사회에서 신라까지, 고려왕조 시기, 조선왕조 시기, 근대 시기와 현대 시기의 한반도의 역사발전 과정을 서술하였다.《朝鮮近代史 1863~1919》는 고종 즉위 후부터 1919년 3·1 운동 사이의 역사를 서술하였다. 그러나 한국 근대사의 시대구분을 왜 1863년에서 1919년으로 하는지에 대한 명확한 서술이 없다.《当代韩国史》는 주로 1945년에서 2000년 김대중 정부 시기 한반도 남쪽의 역사발전 과정을 서술하였다.[75] 이외에 몇몇 전문적인 통사 저서가 있으며 한국의 종교, 사상, 문화 등의 영역을 다루었다.[76]

1860년대를 기점으로 한인들은 중국 동북지구에 거주하기 시작하였다. 일본의 한국침략이 가속되자 더욱 더 많은 한인들이 중국으로 이주

---

75) 이상의 저서의 구체적인 내용은 다음을 참조. 姜孟山, 李春虎主编,《朝鲜通史》, 延边大学出版社; 曹中屏著,《朝鲜近代史 1863~1919》, 东方出版社, 1993; 曹中屏, 张琏瑰编著,《当代韩国史 1945~2000》, 南开大学出版社, 2005. 설명이 필요한 것으로《朝鲜通史》는 원래 5권으로 계획되어서 1992년에 제 1권이 출판되었고, 2006년에는 제 2권이 출판되었다. 이후 각 권이 계획대로 출간되고 있는지 현재 알 수 없다.

76) 전문적인 주제를 가진 통사류 서작은 다음과 같다. 何劲松,《韩国佛教史》, 社会科学文献出版社, 2008; 刘顺利著,《朝鲜半岛汉学史》, 学苑出版社, 2009; 李苏平著,《韩国儒学史》, 人民出版社, 2009; 杨昭全,《韩国文化史》, 山东大学出版社, 2009; 张敏著,《韩国思想史纲》, 北京大学出版社, 2009.

하여 많은 지역에서 한인사회를 형성하였다. 1980년대 말, 한국학계는 일본 식민통치시기 중국 각지의 한인사회 연구에 관심을 갖기 시작했다. 동시에 이 문제는 또한 점차적으로 중국의 한국사학자들의 주목을 받게 되었으며 중국학계에서는 한국사학계의 관심을 일으킨 일련의 연구성과물들을 출판하였다.[77] 이들 연구성과들은 중국의 몇몇 중요한 지역의 한인사회에 대하여 비교적 전면적인 분석을 통해 연구되었으며, 같은 시기 한국독립운동의 발전과 중한관계를 이해하는 데 중요한 역할을 하였다.

위에서 언급한 연구주제들을 제외하고, 이 시기 중국에서는 또한 수많은 연구성과가 있었으며, 이 연구들은 석기문화, 봉건제도, 성씨족보, 행정제도의 연혁, 외교, 유가사상 등의 수많은 영역을 다루었다. 분량의 제한으로 본문에서는 일일이 소개하지 않겠다.

한국사 연구성과가 끊임없이 나오는 동시에, 중국의 한국사학계는 사료정리 방면에서도 풍부한 성과를 얻었다. 이 성과들은 중국정사 중 한국과 관련된 사료집도 있고 중국 지방자료 중 한국과 관련된 사료집도 있으며 기타 사료집도 있다. 그 중 중한관계 사료정리가 가장 많다.[78]

---

77) 이러한 종류의 연구 성과는 다음과 같다. 孙春日, 《"满洲国"时期朝鲜开拓民研究》, 延边大学出版社, 2003; 孙科志, 《上海韩人社会史》, 学苑出版社, 2004; 金泰国, 《东北地区"朝鲜人民会"研究》, 黑龙江朝鲜民族出版社, 2007; 李洪锡, 《日本驻中国东北地区领事馆警察机构研究 以对东北地区朝鲜民族统治为中心》, 演变大学出版社, 2008.

78) 주요한 사료정리 성과는 다음과 같다. 刁书仁编, 《廿六史中朝关系史料选编》, 吉林文史出版社, 1995; 中国第一历史档案馆编, 《清代中朝关系档案史料汇编》, 国际文化出版公司, 1996; 姜孟山等主编, 《中国正史中的朝鲜史料》, 延边大学出版社, 1996; 吉林师范学院古籍研究所编, 《中国相邻地区朝鲜地理志资料选编》, 吉林文史出版社, 1996; 中国第一历史档案馆编, 《清代中朝关系档案史料续编》, 中国档案出版社, 1998; 杨渭生等编, 《十至十四世纪中韩关系史料汇编》, 学苑出版社, 1999; 上海市档案馆编, 《中国地域韩人团体关系史料汇编》(1~2), 东方出版中心,

이 시기 중국의 한국사 연구자들은 다수의 한국사 관련논문을 발표하여 그 수가 수백 편이 넘었으며, 다룬 주제도 기본적으로 동시대 논저들과 비슷하다. 논문의 수가 너무나 많기 때문에 본문에서는 상세한 소개를 하지 않겠다. 주의가 필요한 것은 중국의 한국사 연구수준의 상승에 따라서 연구관점 역시 신일보하였다는 점이다. 예를 들면, 중한관계사에 관한 연구는 이전의 연구들은 주로 양국의 정치, 경제와 문화교류 등을 다루었지만 최근 몇 년 동안에는 양국 사이에 관한 상호인식 연구가 점점 더 주목받는 분야가 되었으며, 중요한 성과 또한 얻게 되었다.[79]

중한 수교 이후, 중국의 한국사 연구는 비약적인 발전을 이룩하였다. 한국사학과의 설립, 인재양성, 연구기관의 설립과 연구성과 등에서 모두 놀라울 만한 성과를 올렸다. 동시에 중국의 한국사 연구수준의 꾸준한 상승에 따라 각종 학술교류활동 역시 활성화되있는데, 특히 각종 학술회의 역시 빈번히 개최되었다. 이들 학술회의는 중국의 한국학자 산

1999; 刘金质等编,《中朝中韩关系文件资料汇编, 1919~1949》(上,下), 中国社会科学出版社, 2000; 大韩民国临时政府旧址管理处编,《申报有关韩国独立运动暨中韩关系史料选编》, 人民文学出版社, 2000; 殷梦霞, 於浩选编 ,《使朝鲜录》(上,下), 北京图书馆出版社, 2003; 郑毅, 赵兴元编,《同文汇考 中朝关系史料汇编》, 吉林文史出版社, 2003; 姜亚沙, 经莉, 陈湛绮编,《朝鲜史料汇编》(1~20), 全国图书馆文献缩微复制中心, 2004; 权赫秀编,《近代中韩关系史料选编》, 世界知识出版社, 2008.

79) 이 방면의 주요한 연구 성과는 다음과 같다. 孙科志, "中国人对尹奉吉事件的认识-以媒体报道为中心", 〈韩国研究论丛〉 13, 中国社会科学出版社; 权赫秀, "近代以来中韩两国的相互认识-以黄炎培的〈朝鲜〉和李始荣的〈感时漫语〉为中心", 〈社会科学论集〉 38, 2007년; 王元周, "认识他者与反观自我-近代中国人的韩国认识", 〈近代史研究〉, 2007년 第2期; 孙科志, "近代中国人对韩国三一运动的认识", 〈韩国研究论丛〉 17, 2008; 孙科志, "近代中国人对韩国独立运动的认识研究", 〈东洋学志〉 43辑, 2008년 5월.

의 교류 같은 국내 학술회의도 있고 중한 양국학자들이 참가하는 국제 학술회의도 있었다. 동시에 중국, 한국, 기타 국가가 참가하는 대규모 국제 학술회의도 있었다. 이들 학술회의들은 중한 학자들의 연구성과 교류, 한국사 연구방법과 연구관점 탐구에 긍정적 역할을 하였다. 모든 학술회의 중에서, 가장 주의를 기울일 가치가 있는 것으로 김준엽 선생님께서 제창하고 적극적으로 지지한 한국전통문화 국제학술토론회가 있다. 김준엽 선생님의 직접적인 관심 아래, 1995년 10월 19일 제 1회 한국전통문화 국제학술토론회가 북경대학에서 개최되었다. 이후 2년마다 중국의 몇몇 중요 대학에서 돌아가면서 개최되었다. 회의에 참가한 학자 중에는 중국학자, 한국학자 및 기타 국가의 학자도 있었다. 제출된 학술논문 중에서 한국역사를 다룬 논문이 상당수를 차지하였다. 이후 중국의 한국학 연구발전에 적응하기 위해 이 학술토론회는 매년 한 차례 열리는 것으로 바뀌었으며, 회의의 명칭 또한 중국한국학대회로 개칭하였다. 역대 제출된 논문들을 살펴보면, 한국역사 학술논문이 다수를 차지하였는데, 이를 통해 이 학술회의는 이미 중한 학자들 사이에서 학술교류의 중요 무대가 되었다는 사실을 알 수 있다. 당연히 우리들은 이러한 무대를 마련하신 김준엽 선생님을 잊지 말아야 한다. 사실상 중국의 한국사 연구발전은 많은 방면에서 김준엽 선생님의 강력한 추진과 도움 덕분이었다.

4. 중국의 한국사 연구문제와 전망

중한 양국은 유구한 교류의 역사를 가지고 있으며, 정치, 경제, 문화 등에서 밀접한 관계를 맺고 있고, 사회 관습 등에서도 유사한 부분이 많이 있다. 근대 이후, 중국은 특수한 역사환경에 직면했기에, 중국 지식인들은 한국의 역사연구에 관심을 갖기 시작하였고 이러한 한국사 연구의 분위기는 민국시기에 더욱 강화되었다. 신 중국 건립 후 특수한 역사 요소 때문에 중한 간의 교류가 거의 반세기 동안 단절되었지만, 중국의 한국사 연구는 여전히 완만한 발전을 이루었다. 중한 수교 이후, 중국의 한국사 연구는 새로운 활력을 얻었고 급속한 발전을 이루었으며 놀라운 성과를 거두었다. 그러나 중국의 한국사 연구는 급속한 발전을 이룬 동시에 또한 몇몇 문제들을 안고 있는데, 이는 이후 중국의 한국사 연구발전에 중요한 영향을 미칠 수 있으며 우리의 충분한 주의가 필요하다.

첫째, 중국대학 중 한국사 교수직이 비교적 적은데, 이는 이후 한국사 연구발전 동력에 직접적으로 영향을 미칠 것이다. 현재 한국사 과정을 개설한 중국대학은 얼마 되지 않으며 대부분의 대학들은 한국사 전공교수를 두고 있지 않다. 다시 말하면 중국대학의 역사학과 교수 중 한국사 전공교수가 차지하는 비율은 매우 낮으며 중요시되고 있지 않다. 한국어학과가 있는 대학 혹은 전문대학 중 한국사 과정을 개설한 곳도 매우 적은데, 이는 한국사 연구인력의 출로를 제한하고 있으며, 한국사 연구인재 양성에도 영향을 끼치고 있다.

둘째, 중국의 한국사 연구에 대한 투자가 매우 부족하다. 이 또한 어느 정도 한국사 연구의 발전을 제한한다. 중국에서 한국사 연구는 줄곧 주목받지 못했고 각종 프로젝트 계획과 평가에서 한국사를 찾아보기는 매우 어렵다. 많은 학자들은 부득이하게 자기의 연구방향을 수정할 수 밖에 없는데, 예를 들면 프로젝트 자금을 얻기 위해 중한관계 등으로 수정하고 있다. 비록 중한관계사 연구는 중국의 한국사 연구자의 중요 연구영역 중 하나이고, 놀라운 성과를 얻었다고 할지라도, 만일 한국사 자체에 대한 연구기초가 부족하다면, 중한관계사 연구성과도 설득력과 신뢰성이 부족하게 될 것이다. 비록 한국 역시 해외 한국사(한국문화를 포함하여) 연구기관과 연구프로젝트를 지원하지만, 이들 연구기관 혹은 연구프로젝트는 학자들의 연구영역에 대해서 일정정도 제한을 두게 하며, 신청하여도 지원받을 확률이 높지 않고 지원규모 또한 그리 크지 않아 중국의 한국사 연구발전을 촉진시키기 어렵다.

셋째, 중국의 한국사 연구역량의 분포가 균등하지 않은 것도 중요한 문제이다. 앞에서 비록 1990년대 이후 중국의 한국사 연구가 연구영역의 개척에서 매우 큰 진전을 이루었고 그 연구영역이 석기시대에서 당대의 전체 한반도 역사를 다룬다고 하였을지라도 고대사 연구성과는 훨씬 적으며, 특히 고려왕조 시기 및 그 이전의 역사연구 성과는 매우 적다. 현재 중국학자가 쓴 통사적인 한국 고대사에 관한 저서는 없으며 신라 혹은 고려의 단대사 저작 또한 없다. 고대사 연구의 부족은 이후 중국의 한국사 연구발전에 제약이 될 것이다.

마지막으로, 근래 중한 양국 학술계에 존재하는 몇몇 문제들에 대한 논쟁 역시 이후 중국의 한국사 연구발전에 영향을 끼칠 것이다. 근래, 중국, 한국 형세의 변화에 따라, 예를 들면 기자조선, 고구려, 발해 등 역사문제에서 양국 학술계 사이에 논쟁이 이루어지고 있는데, 특히 지난 몇 년 동안에 이러한 논쟁은 중한 역사, 문화 등의 더 많은 영역으로 파급되었다. 예를 들면 한자의 "발명권", 공자의 "귀속" 및 중의학의 기원 등에 의견대립이 있는데, 이들 논쟁은 양국의 국민감정에 위해를 가할 뿐 아니라 대규모 연구자원을 낭비하고 동시에 중국의 한국사 연구분위기에 영향을 주어 중국의 한국사 연구의 장기적인 발전에 좋지 않은 영향을 주고 있다.

비록 중국의 한국사 연구에는 이러한 문제들이 있지만, 시간이 흐르면 이 문제들은 모두 점차 해결될 것이다. 특히 양국 학술계의 역사문제에 대한 논쟁은 양국 학자들의 지혜와 이해를 통해 그 차이가 없어질 것이라는 사실을 신뢰해야 할 것이며, 이를 통해 공동으로 양국 문화의 교류와 발전을 촉진시키며 동시에 중국의 한국사 연구발전을 이끌어 나가야 할 것이다.

近代以来中国的韩国史研究*

中韩两国是紧邻, 在长期的历史发展过程中一直保持着密切的关系, 双方也都一直保持着对对方的关注, 各自的文献中都有大量关于对方的技术, 这成为两国民众相互了解的一个重要基础, 也成为两国学者研究对方、理解对方的重要基础。就中国古代文献来说, 从春秋时期的《尚书大传》、《山海经》到此后历代的文献中都有大量关于韩国的记述, 宋朝以后也开始出现了一些关于韩国的专门著述, 如《鸡林志》、《宣和奉使高丽图经》等, 但这些多是关于韩国政治、社会、民情等方面的叙述, 尚称不上研究。中国知识界真正研究韩国还是从近代开始, 当时中国知识界不仅关注韩国的现状, 同时也开始关注韩国的历史, 研究韩国的历史。近代以来中国的韩国史研究可以分为三个时期, 第一时期是19世纪末到1949年中华人民共和国建立, 第二个时期是从1949年到1992年中韩建交前夕, 第三个时期是从1992年中韩建交一直持续到现在。本文将按不同时期介绍中国学界对韩国史的研究状况及其特征, 最后也对中国的韩国史研究中存在的问题和发展前景做一展望, 希望能对中国的韩国史学界能有所裨益。

---

* 自古以来, 朝鲜半岛经历诸多历史时期, 有着不同的称呼, 而中国对其的称呼也不断变化, 即便是在同一历史时期, 中国对韩国的称呼也不尽相同。为了行文方面, 本文除引文和专有名词外统一使用韩国这一名称来指称整个朝鲜半岛。

一、民族危机下的韩国史研究

尽管中韩近在咫尺，但历史上除了出使的使节之外，中国的知识人很少有机会踏上韩国的土地，他们对韩国的了解大多是靠古代文献和出使使节留下的奉使录，但到了近代这种情况发生了很大的变化。1882年10月清政府与韩国政府签订了《中朝商民水陆贸易章程》，打开了两国民间交往的大门，越来越多的中国知识人有了直接观察韩国的机会。不仅如此，近代中国发展起来的媒体给予了韩国极大的关注，刊载了大量有关韩国的讯息，为中国知识人提供了了解韩国提供了更多的素材，这是使得中国知识界关于韩国的著述逐渐增多。

近代以来，韩国不断遭到日本的侵略，并最终论文日本的殖民地。而在清政府的统治下，近代中国也一直面临着严重的民族危机，唤醒国民、拯救民族于危难之中就成为中国知识界不可回避的历史使命。在这一过程中，很多中国知识人把韩国沦为殖民地作为一面镜子，通过探讨韩国亡国的原因以图唤醒民众，而他们在探讨韩国亡国原因时，不仅从韩国的政治、社会等方面寻找原因，也通过剖析韩国的历史来探寻韩国灭亡的原因，从而引发了中国学界第一次研究韩国历史的热潮，这一次研究韩国史的热潮以研究韩国亡国史为显著特征。

最早关注韩国亡国史的应该是梁启超。早在日本强迫朝鲜签订《已巳保护条约》变韩国为自己的保护国之前的1904年9月，梁启超就撰写了《朝鲜亡国史略-外交上之经过》，刊载于《新民丛报》，[81]后由醒社予以整理收录于《世界亡国惨史》，于1915年3月由该社出版。关于撰写此文的动机，梁启超写道："今以三千年之古国，一旦溘然长往，与彼有亲属关系者，于其饰终之故，实可以无记乎？呜呼，以此思哀，

81）见《新民丛报》第三年第五至第六号。

哀可知耳"[82]，充分表露了其对韩国亡国的哀痛。在该文的最后梁启超写道："吾恐吾之哀朝鲜者，其又将见哀于朝鲜尔"，对中国可能重蹈韩国覆辙的担忧溢于言表。継《朝鲜亡国史略》之后，梁启超围绕着韩国亡国过程先后在报刊上发表了《日本之朝鲜》、《日韩合并问题》、《朝鲜哀词》、《日本并吞朝鲜记》、《朝鲜灭亡之原因》等文章，[83] 成为撰写韩国亡国史著述最多的学者。

継梁启超之后，很多中国知识人开始关注韩国亡国史，关于韩国亡国史的著述也越来越多，这一韩国亡国史的热潮一直持续到二十世纪三十年代，这时期的主要韩国亡国史著作有《朝鲜亡国惨史》和《朝鲜亡国史》，[84] 一些以亡国史为主题的著作也大都收录有韩国亡国史的内容。[85] 除了较严肃的韩国亡国史著作外，还有不少以文学方式叙述韩国亡国历史的作品，如《朝鲜亡国演义》、《三韩亡国史演义》、《朝鲜遗恨》（上下卷）、《亡国影》（上下卷）等。[86] 这一时期之所以出

82) 《世界亡国惨史》，醒社，1915年4月，第62页。

83) 《日本之朝鲜》，《新民丛报》，第三年第十二号，1905；《日韩合并问题》，《国风报》第一年第十六号，1910；《朝鲜哀词》，《国风报》，第一年第二十一号，1910；《日本并吞朝鲜记》，《国风报》 第一年第二十二与二十三号，1910；《朝鲜灭亡之原因》，《国风报》第一年第二十二号，1910。

84) 李芝圃：《朝鲜亡国史》，直隶教育图书局，1911年9月；大同山人：《朝鲜亡国惨史》，上海道路月刊社，1932年1月。

85) 这类书籍主要有：殷鉴社：《近世亡国史》，殷鉴社，1911年6月；梁启超：《世界亡国惨史》，醒社，1915年4月再版；殷如骊：《亡国鉴》，上海泰东书局，1915年6月；黄励生编：《世界亡国史》，上海泰华书局，1915年9月；杨南村编，姜佚魂校订．《世界亡国稗史》，出版者不详，1917年2月；朱大公：世界亡国痛史》，上海时化书局，1931年1月，佚名：《古今各国亡国鉴》，出版者不详，出版年度不详等。

86) 倪轶池、庄病骸：《朝鲜痛史亡国影》，爱国社，1915年6月；闲闲居士：《三韩亡国史演义》，上海杞忧社，1919年6月；广文书局编译所：《李完用卖国秘密史朝鲜亡国史演义》，世界书局，1921年6月；光文书局编：

现如此之多的韩国亡国史著述，与近代中国面临严重的民族危机有着密切的关系，许多中国知识人为了唤醒民众、寻求救国之道，就把韩国亡国的历史当做了一面镜子，希望通过对韩国亡国过程的分析探索其亡国的原因，以此来警醒国人，避免重蹈韩国的覆辙。关于这一点，从这些著述的撰述动机也可以略窥一斑。《朝鲜亡国史》没有自序，但凡例的第一条称："此书分为四编，将朝鲜治乱兴亡之事迹一一备载，使阅者有感于心而知为戒鉴"，很明显，作者希望国人能以韩国亡国为鉴。其实在全书的结尾部分作者的这种意图更为明显。作者写道："一变席危袛祸之旧习，共图起衰振懦之良方，知灭国之惨祸，韩亡行及于我，祖国位置已陷逆流之漩涡，不可不急思自拔"。面临列强的侵略，如果我们"疾起直追，时坚共济，则大局虽形岌岌，未尝不可以转未为安"。[87]《朝鲜亡国惨史》的自序中也称："我国同胞人手一册，须知此类万恶孽种，不宜固宽。一致团结，铲除倭军倭皇"。[88] 不仅比较严肃的韩国亡国史是这样，那些以韩国亡国为素材的文学作品也都是出于将韩国亡国作为戒鉴，以唤醒国民，奋发图强。庄病骸在《亡国影》的序中称创作该小说是"以韩史为资料，以借镜为宗旨"，希望"国人读是书而恍然大悟，奋发有为"。[89] 蓝剑青在为《朝鲜遗恨》作的序中也写

《朝鲜亡国演义》，世界书局，1924年；沈桑红：《朝鲜遗恨》，上海沪报馆，1932年6月。刊载于报刊上的有关韩国亡国的文学作品有：定夷：《亡国惨史第一则　美人魂》，《小说新报》第4期，1915年6月；《亡国惨史第二则　阶下囚》，《小说新报》第7期，1915年8月；鉴湖双影：《亡国英雄之遗书》，《礼拜六》第10集，1915年？月；周瘦鹃：《亡国之苦》，《紫兰花片》第17期，1924年8月（据《亡国之苦》，作者此前曾撰写《亡国奴之日记》，意在"借小说家之言，以警吾醉生梦死之国人也"）。

87) 李芝圃：《朝鲜亡国史》，直隶教育图书局，1911年6月，第1页，第90页。

88) 大同山人：《朝鲜亡国惨史》，上海道路月刊社，1932年1月，第2页。

89) 倪轶池、庄病骸：《朝鲜痛史亡国影》（上卷），爱国社，1915年6月，第4页。

道："作者作这书的动机是在日人侵占我们东北之后。要知日人从前灭亡朝鲜的种种狠毒计划，和现在的亟亟谋我，好似同出一辙。韩人的亡国奴滋味尝得差不多至矣尽矣了。唇亡齿寒，兔死狐悲。我们大中华民族到了这种生死关头，如果还不及早振作起来，那么朝鲜就是我们中国的前车。所以凡我国人，应该人手一篇，以资借镜"。[90] 由此可见，当时中国知识界之所以出现如此之多的韩国亡国史著述与当时中国所面临的内外环境有着密切的关系。

除了这些单行本的韩国亡国史著述和相关的文学作品之外，这一时期的报刊上也刊载了很多论述韩国亡国史的文章，[91] 其中马鹤天所著的《朝鲜亡国惨史》最具代表性。马鹤天的《朝鲜亡国惨史》最初发表于《国民外交杂志》第2卷第6期，此后分十次在此杂志上连载。作者认为"九一八以来，吾国已登亡国界岸矣"，所以"特述亡国惨史，庶上焉者知国亡之后，求不失为富家翁而不得，下焉者，欲依然为安生小民而不能，共相觉醒，则吾国濒亡而或终不至于亡也"。由此可见，其著述动机与前述韩国亡国史的著述动机如出一辙。此外连载于上海《时报》的《高矮升沉录》等有关韩国亡国的论述也值得关注。

对韩国亡国史的关注可以说这一时期中国的韩国史研究的一大特点，但除了韩国亡国史之外，这一时期中国学界对韩国史的研究也涉

90) 前引沈桑红《朝鲜遗恨》(上)，第2页。

91) 目前笔者搜集到的发表在报刊上的有关韩国亡国的文章有：向达：《朝鲜亡国之原因及其能否复兴之推测》，《史地学报》第3期第1卷，1922年5月；立奇：《亡国后的朝鲜》，《时事月报》第2卷第2期，1930年2月；高宗武：《朝鲜之灭亡》，《外交评论》第1卷第3期，1932年8月；杨宙康：《朝鲜亡国史鉴》，《南京市政府公报》第129期，1933年5月31日；杨玉清：《由朝鲜亡国史上得来得教训》，《新亚细亚》第6卷第4期，1933年10月1日；钱天鹤：《朝鲜亡国後二十年之回顾》，《农报》第2卷第11期，1935年4月20日；周世勋：《亡国以后》，《红杂志》第39期，1923年；原人：《朝鲜兴亡史简述》，《中美周报》第299期，1948年。

及到了韩国的政治史、经济史、文化史、社会史、教育史、独立运动史和中韩关系史等诸多领域,相关研究成果也颇为可观。

尽管近代以来中国知识界非常关注韩国的现状和历史,也推出了数量众多的相关著述,但遗憾的是整个近代时期中国却没有出现一部由中国学者撰述的韩国通史或断代史。近代中国出现的两部韩国通史均是翻译自日本学者的著述,一部是吉备西村所著《朝鲜史》,另一部则为林泰辅所著《朝鲜通史》。[92] 前者只有区区数万字,仅简单介绍了从远古到1884年的甲申政变,后者虽然洋洋洒洒十数万字,但全书约用六分之五的篇幅叙述朝鲜王朝的历史,从箕子到高丽王朝仅占六分之一的篇幅。

虽然近代中国没有出现一部有中国学者撰写的韩国通史或断代史,但却出现了数部介绍韩国历史、地理、人文等方面的综合性书籍,如黄炎培的《朝鲜》、王子毅的《韩国》、潘公昭的《今日韩国》等,[93] 这些书籍无一例外地介绍从古代到近代的朝鲜历史,且占了相关书籍的相当篇幅。不仅如此,这个时期与韩国有关的书籍中有很多都介绍了从古代到近代的韩国历史,如李芝圃所著《朝鲜亡国史》就从"朝鲜开国之原始"一直写到1910年日本吞并韩国,当然重点是韩国开港之后一步步沦为日本殖民地的过程。

这一时期介绍韩国史的书籍有一个共同的特点,那就是都具有大国意识或者说"中国中心主义"的色彩,称韩国历史上为中国的属邦,如1911年9月出版的《朝鲜亡国史》就写道:"自殷箕受封以来阅两千六百余年,历代多称藩于中国"。[94] 黄炎培1929年撰述的《朝鲜》一书可

92) 吉备西村著、独头山熊译《朝鲜史》,点石斋书局,1903年8月;林泰辅著、陈清泉译《朝鲜通史》,商务印书馆,1932年4月。

93) 黄炎培:《朝鲜》,商务印书馆,1929年9月;王子毅:《韩国》,商务印书馆,1945年11月;潘公昭:《今日的韩国》,中国科学图书仪器公司,1947年11月。

以说是这一时期中国学者研究韩国史的代表性著作，按照他的说法，不仅参考了中国二十四史中相关资料，而且还参考了韩国历代的史书以及日本学者的著述、朝鲜总督府的各种调查报告。虽然其在书中并未明言韩国为中国属邦，但其最早知道朝鲜却是通过中国史书中记载的箕子被封于朝鲜的故事，[95] 他在划分朝鲜历史时代时更是直言"自汉设四郡以前，朝鲜文化，完全以中华为发源地。无论史学家、考古学家，俱不能否认此说"。[96] 1947年出版的《今日韩国》的作者在弁言中也称"韩国即朝鲜，有大部分曾为我国直接管辖的领土，全国曾长时期为我国的藩属"。[97] 即便是这个时期出版的以朝鲜为题材的文学作品中也大都有这种意识。沈桑红在《朝鲜遗恨》中谈到韩国的起源时写道："那朝鲜国的起根发源，还是远在中国殷朝末年。那时有个殷朝皇室宗亲，名叫箕子，因避殷朝帝王暴乱，来之这半岛上居住，后来爱着此处清静幽绝，索性建立邦家，才有了朝鲜国。所以朝鲜国立国之后，历朝都归顺中国"。[98] 同一时期出版的《亡国影》在谈到韩国历史是也有着同样的认识。[99]

这一时期正是韩国独立运动蓬勃展开的时期，除了报刊杂志有大量相关报道，也有不少中国知识人用自己的笔记述了韩国独立运动发展的历程，如国际问题研究所编的《民族革命途上的朝鲜》(1938年10月)、军委会政治部编的《十年来朝鲜的反日运动》(青年书店，1939年10月)、王继贤的《中国战场上的朝鲜义勇队》(朝鲜义勇队，1940年)、刘金镛的《国际队伍两年来之朝鲜义勇队》(朝鲜义勇队，1941)、林洛

94) 前引李芝圃《朝鲜亡国史·序》，第1页。
95) 前引黄炎培《朝鲜》，第1页。
96) 同上，第57页。
97) 前引潘公昭《今日的韩国·弁言》，第1页。
98) 前引沈桑红《朝鲜遗恨》(上)，第1页。
99) 参照前引《亡国影》(上)，第7页。

的《朝鲜义勇队》(出版者不详, 1941)、马义的《朝鲜义勇队胜利的四年》(国际出版社, 1942年)、马义的《朝鲜革命史话》(自由东方出版社, 1944年), 葛赤峰《朝鲜革命纪》(商务印书馆, 1945年5月)等, 管雪斋的《韩国志士小传》介绍了韩国独立运动不同时期涌现出的爱国志士。现在这些著述都成为研究中国境内展开的独立运动的重要史料。[100]

相比韩国独立运动的相关著述, 这一时期中国学者撰述的韩国史相关论文却并不多, 涉及到的领域也较狭窄, 直接涉及到"朝鲜史"的文章仅有两篇, 一篇是印维廉所著《朝鲜史地及其现在》, 一篇是卢景纯编著的《朝鲜史略》。[101] 前者简要介绍了从檀君传说到日本并韩的韩半岛历史发展进程, 并指出"朝鲜比较最可靠的历史, 应该从周封箕子时代起"。[102] 该文虽然比较完整地介绍了韩半岛的历史发展进程, 但文章重点介绍的是日本殖民统治下的韩国现状的, 并把殖民统治下的韩国称为"一个广大的地狱"。后者名为《朝鲜史略》, 其实是对中国正史中有关韩国的记述进行考证。分析这一时期韩国史相关论文不难发现, 比较集中论述的是中韩关系(包括中韩关系史料的整理)和韩国的民俗。关于中韩关系的文章以史料整理和考证为主。[103] 关于韩国的

---

100) 这一时期在中国开展反日独立运动的韩国志士也撰写了大量相关著述, 如《现阶段朝鲜社会和朝鲜革命运动》(李贞浩著, 朝鲜义勇队, 1939年)、《朝鲜问题特辑》(申岳等著, 朝鲜义勇队, 1939年)、《朝鲜民族统一战线问题》(金奎光著, 新朝鲜社, 1940年3月)等, 这些也都成为研究韩国独立运动史的重要资料。

101) 参见印维廉:《朝鲜史地及其现在》, 《新亚细亚》第3卷第5期, 1932年2月1日;卢景纯:《朝鲜史略》, 《国专月刊》第1卷第2号, 1935年4月15日。

102) 前引印维廉《朝鲜史地及其现在》, 第92页。

103) 相关文章有佚名:《清光绪八年处理朝鲜大院君倡乱事件密档之一斑》, 《人文》第1卷第7期, 1930年9月15日);冯普光:《隋炀帝征高丽简

民族则以介绍性的文章居多。[104] 除此之外还有文章论及韩国文化，甚至还有学者关注了进入近代后处于东西文化冲突中的韩国文化。[105] 至于中国知识人翻译的日本学者的相关论文这里就不予论及了。

除了上述有关韩国史的著述之外，中国学者的著述涉及到韩国史的还有很多，只不过不是单独论述韩国史，而是将其放在世界史或外国史、亚洲史或东亚史以及中韩关系史中加以论述。近代中国人文社会学科的分类是按照西方的分类方法进行分类的，历史学也是如此。按照这一分类方法，韩国史被划入世界史或外国史的范畴，因此这一时期中国学者的世界史或外国史著述中都论及了韩国，如朱公振所著《近百年世界史》中就论述了韩国被日本吞并的过程，曹剑光所著《世界史表解》、何炳松的《外国史》等著述中也都有关于韩国的内容。[106] 同时亚洲史的相关著作中也都有关于韩国的论述，如张立志的《远东史》、洪涤尘的《亚洲各国史地大纲》、王桐龄的《新著东洋史》等。[107] 但是这一时期中国学者论述最多的还是中韩关系的内容，

记》，《南大》第4号，1937年6月1日）；王崇武辑：《朝鲜大报坛史料汇辑》，《学原》第2卷第7期，1948年11月；王崇武：《朝鲜三田渡清帝功德碑文考》，《东方杂志》第39卷第15号，1943年10月15日

104) 相关文章主要有毕立：《朝鲜民族及其神话》，《新亚细亚》第4卷第6期，1932年10月1日；天行：《朝鲜女俗考》，《新女性》第3卷第4号，1928年；花溪生：《朝鲜的迷信》，《新上海》第8期，1925年12月1日。

105) 关于韩国文化的文章有卢景纯：《朝鲜文化考》，《国专月刊》第2卷第1期，1925年9月；昔尘：《朝鲜文化史上之光辉》，《东方杂志》第17卷第1号，1920年1月10日；李劭博：《东西文化合流中的朝鲜文化》，《民鸣月刊》第1卷第6期，1937年3月1日。

106) 参见朱公振：《近百年世界史》，世界书局，1929年1月初版；曹剑光：《世界史表解》，上海南华书局，1933年4月3版；何炳松：《外国史》，商务印书馆，1937年7月，此书为民国政府审定初级中学教科书，分上下两册，均有论及韩国的内容。

107) 参见张立志：《远东史》，商务印书馆，1935年4月；洪涤尘：《亚洲各国

中国的断代史、各种专门史中都有关于中韩关系的内容，如夏曾佑的《中国古代史》、范文澜的《中国近代史》等都有专门章节论述韩国历史。在专门史中比较多论述韩国内容的应该中外关系史，而几乎每一部中日关系史著作都有与韩国相关的内容，较具代表性的就是王芸生的《六十年来中国与日本》。这是一部多卷本的著作，论述了从1871年中日签订天津条约到1931年九一八事变六十年来中日关系的发展进程，其中的第一册用较多的篇幅了论述了围绕韩国开港及开港之后中日韩三国关系的展开。[108] 此外这一时期的中国文学史、军事史、交通史、币制史、算学史、关税史以及中国民族解放运动史也都有关于韩国的内容。[109] 这一方面说明中韩交往历史之悠久、涉及范围之广博，同时也说明中国知识界对中韩关系的重视。

从晚清和民国时期中国学界关于韩国史的研究状况来看，这一时期韩国史并没有成为一个独立的学科或专业，没有专门的韩国通史或断代史著作问世，韩国史的相关论文也不多，且多以中韩关系为主，高等学校也没有开设韩国史的相关课程。可以说，这一时期中国的韩国史研究尚处于起步阶段，还尚未形成专门的研究力量。

值得一提的是，日本殖民统治韩国时期，无数韩国志士来到中国从

史地大纲》，正中书局，1937年3月第二版；王桐龄：《新著东洋史》，商务印书馆，1922年6月。

108) 参见王芸生：《六十年来中国与日本》第1册，大公报馆出版部，1932年4月。

109) 参见胡怀琛：《中国文学史概要》，商务印书馆，1931年8月；陆军大学：《甲午中日战争简史》，1946年；铁道交通部交通史编纂委员会：《交通史航政编》，上海民智书局，1931年7月；张家骧：《中华币制史》，民国大学出版部，1925年11月；李俨：《中国算学史》，商务印书馆，1937年3月再版；童蒙正：《中国陆路关税史》，商务印书馆，1928年7月；华岗：《中国民族解放运动史》，读书出版社(重庆)，1940年8月等。

事反日独立运动，在这些独立运动认识中不乏一些历史学家，如朴殷植、申采浩、赵素昂等，他们在从事独立运动的同时，也撰述了不少韩国史论著，这些韩国史论著虽然为在华韩人所著，但也为中国人进一步了解韩国史起到了重要作用。110)

二、特殊时期的缓慢发展

1949年10月1日，中华人民共和国宣告成立，中国历史也从此进入了一个新的阶段。而在韩半岛由于冷战的原因也出现了两个政治体制完全不同的国家即北部的朝鲜民主主义共和国和南部的大韩民国，而中国与北部的朝鲜民主主义共和国建立由有正式的外交关系，与南部的大韩民国没有任何官方的往来，不仅如此，中国还把南部的大韩民国看成是朝鲜民主主义共和国尚未统一的一部分。111) 不久发生的朝鲜战争使中国、朝鲜民主主义人民共和国与大韩民国在意识形态上的对立进一步深化，直到上世纪80年代才有所缓解，彻底消除中韩的这种独立则是在中韩建交之后。在这近五十年的时间里，中国的韩国史研究受意识形态和各种政治因素的影响较多，因此笔者把这一时期称为中国的韩国史研究的特殊时期。

1950年6月25日，“朝鲜战争”爆发，此后规模不断扩大，新生的中国也卷入了这场战争，派中国人民志愿军赴朝参战，同时中国社会各界也开展了各种形式的抗美援朝运动，这种社会氛围对中国的韩国史研究

110) 这些著述包括：朴殷植：《韩国痛史》、《韩国独立运动之血史》；赵素昂：《韩国铸字史考》、《韩国弓裔大王传》、《韩国元晓大师传》、《客观的韩国研究》等，闵石麟：《中韩外交史话》，东方出版社，1942年。

111) 参见孙科志：《中国对韩国四一九革命的认识-以〈人民日报〉为中心》，《史丛》第71辑，韩国高丽大学韩国史研究所，2010年9月。

产生了很大的影响，并由此引发了建国后韩国史研究的一次高潮。

中国参战不久，《文物》杂志就刊发文章，发文《扩大抗美援朝宣传-致全国出版工作者和图书工作者》一文，"建议出版家联系著作家，多多编印有关抗美援朝的书刊，高级的理论性的专门著作和各种通俗读物都很需要。通俗读物尤为需重要。就内容说，如揭发美帝侵华史实，暴露美帝暴行，分析敌我形势，介绍朝鲜情况，描绘我国及苏联人民英勇的爱国事迹……。"[112] 北京大学东方语言文学系教授季羡林发文提出要重视亚洲史的研究。他在文中指出，"今天我们最重要的任务就是抗美援朝。我们决不能把这四个字孤立起来。专就字面上来看，以为我们只要努力支援朝鲜就够了"，而是要注意亚洲史的研究，以此来促进亚洲人民的相互了解，加强亚洲人民的团结。[113]

在这种形势下，很多学者或著述或发文介绍韩国各方面的情况，出现了韩国研究的一个高潮，这个高潮可以说持续到五十年代末。[114] 在整个五十年代中国学者编著的有关韩国史的著作有4本，[115] 翻译著作两本，[116] 发表的论文有数十篇。此外中国科学院还和朝鲜民主主义人民共和国科学院合作，编辑和影印出版了《李朝实录-高宗实录》和

112) 《扩大抗美援朝宣传-致全国出版工作者和图书工作者》，《文物》1950年第11期，第13页。

113) 季羡林：《史学界的另一个新任务》，《历史教学》1951年第6期，第1页。

114) 从表面上看，朝鲜战争结束的1953年之后，各种报刊关于韩国的内容逐渐减少，但关于韩国史的研究却并没有随之减少。

115) 参见王立达：《朝鲜简史》，1953年7月；顾也文：《朝鲜舞蹈家崔承喜》，文娱出版社(上海)，1951年6月；刘诚：《朝鲜真人真事》，上海新人出版社，1951年1月；鲁矛：《邻邦朝鲜》，春秋书社，1951年。

116) 参见李清源著、丁则良、夏禹文译：《朝鲜近代史》，生活·读书·新知三联书店，1955年2月；白南云等著、马超群译：《十九世纪后半期的朝鲜》，科学出版社，1959年2月。

《李朝实录-纯宗实录》。[117] 就五十年代中国学者编著的有关韩国史著作的具体情况来看，首先需要提到的是王立达编著的《朝鲜简史》，该书虽然只有66页，但全书分三部分即"古代的朝鲜"、"近代的朝鲜"和"现代的朝鲜"介绍了韩半岛的历史发展进程。"古代的朝鲜"部分从史前时代一直写到十九世纪初的洪景来之乱，"近代的朝鲜"部分从西方资本主义国家侵扰朝鲜开始一直到日本吞并韩国后实施的残酷殖民统治，"现代的朝鲜"部分则从1919年的三一运动开始一直写道朝鲜民主主义人民共和国的成立。关于半岛南部，该书也专辟一节以"美李统治下的南朝鲜"进行了介绍，书的最后还附有"朝鲜历史大事年表"。值得注意的是，该书把1919年的三一运动称为"朝鲜人民民主革命的开始"，这种认识一方面与当时中国史学界把五四运动视为中国新民主主义革命的开端的认识有关，另一方面也多少受到了朝鲜民主主义人民共和国史学界的影响。其次鲁矛的《邻邦朝鲜》从历史、地理、文化等方面全面介绍了韩半岛。《朝鲜的真人真事》主要介绍了反日独立运动中涌现出来的英雄人物和团体，同时还介绍了朝鲜战争中的一些人物，《朝鲜舞蹈家崔承喜》则从生涯、成长经历、艺术风格、艺术成就等方面方面介绍了著名的舞蹈艺术家崔承喜。

五十年代中国的学术期刊上发表的有关韩国史的论文有数十篇，主要集中在四个方面，即韩国历史上的农民起义、外来侵略和反侵略反殖民统治的斗争、中韩关系和古代史的问题。由于特殊的历史环境，韩国历史上的农民起义和反侵略、反殖民统治的斗争成为中国学界研究和介绍的重点。其中关于农民起义的论文有3篇，主要探讨了新罗末期和朝鲜王朝时期的农民起义，[118] 由于处于特殊历史环境，这一

---

117) 参见朝鲜科学院、中国科学院：《李朝实录-高宗实录》、《李朝实录-纯宗实录》，科学出版社，1959年影印。

118) 关于农民起义的论文主要有：周一良：《东学党－朝鲜的反帝反封建斗争》，《历史教学》1951年第1、2期；柳树人：《朝鲜李朝的农民起义－

时期中国学者关于外国侵略韩国的论文探讨的都是近代美国对韩国的侵略。[119] 而关于韩国民众反侵略反殖民统治的文章就更多了，仅关于三一运动的论文就有4篇，探讨了三一运动的过程、性质和社会意义等问题，[120] 此外还有论文讨论了义兵运动和六·十反日运动。[121] 关于古代史的文章虽然不多，却涵盖了从新罗、百济到高丽王朝、朝鲜王朝的整个古代，涉及的问题包括了王朝更替、土地制度和社会经济与文化等多方面的内容。[122]

首次举起烽火的'洪景来之乱'》，《历史教学》1951年第5期；王立达：《新罗末期的农民起义》，《历史教学》1954年第12期。

119) 关于外国侵略韩国的论文有：李鸿举：《1871年美国侵朝战争》，《历史教学》1952年第4期》；李鸿举：《美帝国主义侵略朝鲜史上重要的一页－1882年的朝美条约》，《历史教学》1953年第6期。

120) 参见王立达：《一九一九年朝鲜的'三一运动'具体经过如何》，《历史教学》1955年总57期；彭树智：《略论1919年朝鲜的'三一'运动》，《历史教学问题》1958年第4期；王春良：《有关1919年朝鲜三一运动的若干问题的商榷-纪念"三一运动"40周年》，《历史教学》1959年第3期；卢南乔：《'三一'运动的性质及其社会意义》，《山东大学学报》(哲学社会科学版) 1959年第2期。

121) 这方面的论文有王立达：《二十世纪初朝鲜人民武装反抗日本帝国主义的'义兵运动'》，《历史教学问题》1959年第1期；申相汉：《'六·十'反日运动》，《史学月刊》1958年第11期，但申相汉是朝鲜籍学者。

122) 关于古代史的文章有：李光涛：《记朝鲜宣庙中兴志》，台北中研院历史语言研究所集刊，1950年；王立达：《关于高丽、高句丽及其他朝鲜史问题的商榷》，《历史教学》1955年第5期；张秀民：《朝鲜的古印刷》，《历史研究》1957年第3期；王立达：《新罗、高句丽、百济"三国并立"时期内朝鲜经济、文化的发展及其在沟通中日文化上所起的作用》，《史学月刊》1957年内第10期；张明惠：《论新罗国家的社会经济结构的性质-以朴同志的论文为中心》，《历史研究》1957年第11期；王立达：《略论李氏朝鲜时代土地制度的变迁》，《史学月刊》1958年第4期；王立达：《略论朝鲜历史上十--十四世纪王氏高丽的兴亡和李氏朝鲜的建立》，《历史教学问题》1958年第2期；戴浩旭：《试论新罗社会的经济中韩关系史无论在任何时期都是中国学者关注的重点之一，五十年代也不例外，不仅出版数部中韩关系史的著作，从不同的角度论述了中韩友好交往的历史，[123] 同时也发表了不少涉及中韩关系的论文，从韩国古代艺术与中国的关系到中韩人民抗击倭寇的斗争再到中国义和团运动对朝鲜的影响等涵盖了整古代时期。由于五十年代特殊的社会背景，中韩人民联合抗击倭寇的斗争成为中国学者关注的焦点问题，其它领域的研究相对较为薄弱。[124]

进入六十年代，中国的韩国史研究开始从五十年代的高潮回落，无论是出版的相关著作还是关于韩国史的论文，其数量均明显下降，这种情况在六十年代后半期更加明显。在六十年代后半期，由于特殊的社会环境(1966年10月文化大革命开始)，大陆基本上没有韩国史相关著作或重要论文问世，倒是台湾地区的学者推出了一些韩国史相关著述。

形态》，《山东大学学报》1959年第2期等。当然五十年代中国学术刊物上也刊载了苏联学者和朝鲜学者著述的韩国史文章，由于篇幅问题，本文对这些文章和此后的外国学者的文章就不再介绍了。

123) 这一时期出版的中韩关系史方面的著作有周一良：《中朝人民的友谊关系与文化交流》，开明书店，1951年7月；张政烺等：《五千年来的中朝友好关系》，《开明书店》，1951年10月；陈述：《中朝关系一百年》，上海神州国光社，1951年；董作宾：《中韩文化集论》，台北中华文化出版事业委员会，1958年等等。

124) 这方面的文章有李光涛：《朝鲜壬辰倭祸与李如松之东征》，台北中研院历史语言研究所集刊，1950年；方诗鸣：《十六世纪李如松在朝鲜进行的抗日援朝斗争》，《历史教学》1951年第6期；卢南乔：《十六世纪中朝联合抗日的新认识》，《文史哲》1950年；柳树人：《'壬辰倭乱'和中朝人民的抗战》，《历史教学》1952年第6、7期等。此外关于中韩关系史的其它文章还有王逊：《朝鲜古代艺术和中国的关系》，《文物》1950年第12期；常元敬：《研究古代中朝关系的一个新证据》，《新建设》1951年第2期；常元敬：《再论古代中朝关系》，《新建设》1951年第2期等。

六十年代大陆学者关于韩国史的著述集中出现在六十年代前半期，如周一良的《明代援朝抗倭战争》、王立达的《朝鲜三·一运动》、李景温的《朝鲜壬辰卫国战争》等，仅从字数来看，这三部著作分量都比较小，字数最多的一本也只有23000字，从主题上来看是延续了五十年代以韩国反侵略、反殖民统治和中韩人民并肩反对外来侵略的主题。[125]除此之外，音乐出版社编辑部编辑出版了《朝鲜古代音乐家朴堧和朝鲜的音乐遗产》，陈文琴翻译介绍了《燕岩朴趾源》，贺剑诚翻译了《朝鲜通史》(古代和中世纪部分)。在六十年代后半期，中国学界就鲜有韩国史著作问世了，因此可以看做是五十年代韩国研究高潮的一个余波。

在六十年代，中国学者发表的韩国史相关论文也不多，仅有十余篇，涉及的主题古朝鲜地址的考证、[126] 新罗社会的性质、[127] 古代科学史、[128] 近代美国、日本对韩国的侵略[129] 以及反对殖民统治的三一运动和六十万岁运动，[130] 此外还有一些文章介绍了朝鲜民主主义人民

---

125) 参见王立达：《朝鲜三·一运动》，商务印书馆，1962年4月；周一良：《明代援朝抗倭战争》，中华书局，1962年6月；李景温：《朝鲜壬辰卫国战争》，商务印书馆，1965年9月。

126) 陈育良：《关于古朝鲜地址的讨论》，《历史研究》1962年第5期。

127) 李成德：《六至七世纪新罗的社会性质－奴隶制度的瓦解与封建制度的产生》，《河南大学学报(社会科学版)》1962年第2期。

128) 陈可冀、陈维养：《朝鲜《东医寿世保元》与《东医四象新编》中的体质概念及其与我国医学的关系》，《科学史集刊》1963年第5期；席泽宗：《朝鲜朴燕岩〈热河日记〉中的天文学思想》，《科学史集刊》1965年第8期。

129) 张兴伯：《十九世纪六十至七十年代初美国对朝鲜的侵略》，《历史教学》1962年第10期；才晓：《1876年朝日江华条约的主要内容及其对朝鲜的影响如何》，《历史教学》1965年第10期。

130) 木木：《朝鲜的'三一'运动》，《历史研究》1962年第4期；张兴伯：《1926年朝鲜的"六·十万岁"运动是怎么回事？》，《历史教学》1964年第

共和国的史学和考古学研究所取得的成就。

值得一提的是中国台湾学者李光涛在六十年代后期先后发表了《再记箕子朝鲜》、《朝鲜'壬辰倭祸'酿衅史实》等论文,并在1968年出版了《中韩民族与文化》一书。该书以朝鲜实录为基础、参考其他韩国史籍整理了有关中韩民族与文化的关系的记录,目的在于"阐扬中韩数千年来同文同种以及所谓'中韩唇齿'彼此相因相藉的史实",可以说这是一部明清时期有关中韩民族与文化关系的史籍记录长编。131)

1966年开始的文化大革命严重影响了中国各行各业的发展,教育和科学研究也不例外。在文化大革命结束之前,除了吉林人民出版社出版了翻译的《朝鲜通史》上下册外,中国学界基本上没有关于韩国史的著作问世,也没有相关的研究论文发表,其实这时大部分的学术刊物都停刊了,一直到1976年文化大革命宣告结束这种情况才有所改变。

文化大革命结束后,一切逐渐开始走上正轨,中国的韩国史研究开始重新获得生机。在七十年代剩下并不多的时间里,中国的韩国史研究还是值得书写一笔的。文化大革命刚结束,中国的韩国史研究便开始活跃起来,在仅三年的时间里就发表了近10篇学术论文,这些论文主要围绕两个主题即三一运动和中韩关系展开。首先伊文成、曹中屏和杨昭全先后在《社会科学战线》、《历史教学》和《世界历史》上发表了有关三一运动的论文。伊文成、曹中屏的论文从爆发原因、过程、失败原因和历史意义等方面论述了三一运动,并都强调"三一运动是朝鲜民族解放运动进入新时期的标志",132) 杨昭全的论文则通过分

3期;伊文成:《日本帝国主义殖民统治下的朝鲜和"三一"人民起义》,《东北师大学报(哲学社会科学版)》1964年第2期。

131) 参见台北中研院历史语言研究所集刊1967、1968年,另《中韩民族与文化》由中华丛书编审委员会于1968年6月在台北出版。

132) 伊文成:《略论朝鲜'三·一'人民起义》,《社会科学战线》1979年第1期;

析三一运动和五四运动期间中韩人民的相互声援、相互支持的史事指出三一运动和五四运动是现代中韩友谊关系史的开端。[133] 其次朴真奭先后发表了数篇文章, 通过分析从公元前到公元后十四世纪中韩之间贸易、文化交流和人员往来, 论述了中韩之间悠久的友好关系。[134] 此外中国学者还发表涉及韩国实学人物丁若鏞、义兵运动的论文, [135] 也有介绍韩半岛考古发现的文章, 同时也开始注意介绍国外的韩国史研究状况。

七十年代中国韩国史学界还有一件重大事件值得一提, 那就是中国朝鲜史研究会的筹组。1979年春天和冬天, 在吉林省社联外国问题学会、延边大学历史学系、吉林省社会科学院朝鲜问题研究所等的联合发起下, 中国从事研究韩国史的学者在长春召开了两次学术讨论会。这两次会议上围绕着韩国史的一些问题展开了认真而又热烈的讨论, 更重要的是会议讨论筹组中国的韩国史学术团体的事宜, 决定设立中国朝鲜历史研究会筹备小组, 但学会的成立却是1980年的事

曹中屏：《1919年朝鲜的三一运动》, 《历史教学》1979年第3期。

133) 杨昭全：《现代中朝友谊关系史的开端-三一运动和五四运动期间两国人民相互支援的史实》, 《世界历史》1979年第3期。

134) 参见朴真奭：《公元前中朝两国人民的友好往来的经济文化交流》, 《延边大学学报(社会科学版)》1977年第4期；《公元一世纪－七世纪中朝两国人民的文化交流》, 《延边大学学报(社会科学版)》1978年第1期；《公元八、九世纪, 中朝两国的贸易、人民往来和文化交流》, 《延边大学学报(社会科学版)》1978年第4期；《十一－十二世纪宋与高丽的贸易往来》, 《延边大学学报(社会科学版)》1979年第2期；《十四世纪中国火药技术的传入朝鲜和朝鲜人民反倭寇斗争的胜利》, 《延边大学学报(社会科学版)》1979年第4期。

135) 参见朱七星：《朝鲜封建社会末期实学思想的集大成者－－茶山丁若鏞》, 《延边大学学报(社会科学版)》1979年第1期；金光洙：《一八九五年－－一八九六年朝鲜人民的义兵斗争》, 《延边大学学报(社会科学版)》1979年第3期等。

了。

在中国大陆韩国史界没有大的进展的七十年代，台湾地区的学者在韩国史的研究中却取得了较大的成就。这种成就首先体现在史料的整理上，1972年李光涛整理出版了《朝鲜壬辰倭祸史料》，由中研院历史语言研究所整理的11卷本《清季中日韩关系史料》也在这一年出版。《清季中日韩关系史料》收录了大批清朝珍贵档案，是研究清朝中韩关系史的重要史料。[136] 其次在中韩关系史的研究上还有三部重要著作即《袁世凯与朝鲜》、《朱明与李氏朝鲜》、《清韩宗藩贸易(1637~1894)》，[137] 《袁世凯与朝鲜》论述了晚清时期的中韩关系，对当时各国围绕朝鲜问题展开的角力有比较精辟的论述，《朱明与李氏朝鲜》论述了有明一代的中韩关系，《清韩宗藩贸易(1637~1894)》则详细论述了清朝存在于中韩之间的宗藩贸易，书中提出的很多见解至今还被广泛引用。

对于中国的韩国史学界来说，八十年代可以说是解放思想、快速发展的十年。八十年代之前，中国的韩国史学界在研究近代韩国人民反封建、反侵略和反殖民统治的斗争时主要集中在义兵运动、三一运动和六·十反日运动方面，对殖民统治时期资产阶级开展的反日独立运动特别是在中国境内展开的反日独立运动很少涉及。但是进入80年代，随着思想的解放，关于大韩民国临时政府领导的反日独立运动开始进入中国学者的研究视野，这样中国学者的韩国史研究领域得到

136) 李光涛编：《朝鲜壬辰倭祸史料》，中研院历史语言研究所，1972；中研院近代史研究所编：《清季中日韩关系史料》，中研院近代史研究所，1972年12月。

137) 林明德：《袁世凯与朝鲜》，中研院近代史研究所，1970年；王仪：《朱明与李氏朝鲜》，台北商务印书馆，1971年。张存武：《清韩宗藩贸易(1637~1894)》，中研院近代史研究所，1978年6月。此外，王仪还著有《古代中韩关系与日本》(台北，中华书局，1973)一书。

进一步拓展。文化大革命结束之后特别是中国共产党十一届三中全会之后,随着改革开放政策的推行,中国政府逐渐把工作的重点放在经济建设放在工作的首位,而作为亚洲四小龙之一的韩国其经济发展的经验开始引起中国学者的重视,研究韩国经济发展的策略、成就称为经济学界的热门课题,这在一定程度上也带动了中国的韩国史研究。在八十年代,中国的韩国史学界最重要的事件之一就是全国性的学术团体中国朝鲜史研究会的成立。

前文提到在1979年中国的一些高校和科研机构就设立朝鲜历史研究会筹备小组,积极筹划建立中国韩国史学研究的全国性学术团体。1980年8月18日至22日,朝鲜历史研究会筹备小组在吉林省安图县召开学术讨论会暨中国朝鲜史研究会成立大会,十数家高校和科研机构的数十名韩国史专家参加了此次会议,会议讨论通过了中国朝鲜史研究会章程,在民主协商的基础上选举产生了中国朝鲜史研究会的领导机构,中国的韩国史学界从此开始有了一个全国性的组织。中国朝鲜史研究会成立之后,定期举办全国性的学术研讨会,出版研究会的会刊,极大地促进了中国的韩国史研究的发展。[138] 中国朝鲜史研究会成立之后就出版《朝鲜史通讯》作为研究会的会刊,并坚持定期推出,成为八十年代代表中国韩国史研究水平的论集。此外延边大学朝鲜问题研究所也一直坚持定期出版《朝鲜问题研究论丛》,收录了不少有关韩国史的学术论文。

在承前启后的八十年代,中国的韩国史研究取得了很大的成就,这些成就主要体现在史料整理、相关学术会议的召开和韩国史文集的定期出版、中韩关系史研究的进展和关于韩国史的书籍和学术论文的大量出现。

---

138) 参见金成镐:《中国朝鲜史研究会简史》,《朝鲜·韩国历史研究》第十辑,延边大学出版社,2009年12月,第482至499页。

八十年代中国的韩国史学界在有关中韩关系和韩国史的史料整理上取得很大的成就。在这些成就中首先应该提到的是著名史学家吴晗主持整理的《朝鲜李朝实录中的中国史料》得以出版。该书共十二册，三百四十余万字，不仅是研究明清史的重要史料，也是研究明清时期中韩关系史的重要文献。杨昭全利用中、日、韩三国文献整理的《关内地区朝鲜人反日独立运动资料汇编》也是这一时期中国学者在史料整理方面的代表性成果。该书分上下两册，七十二万字，收录了大量珍贵文献，成为研究中国关内地区韩国独立运动史的重要文献。此外中国学界整理的史料还涉及到了古代中韩关系、韩国独立运动与中国的关系等方面。[139] 这些史料整理方面的成果为此后中国的韩国史研究和中韩关系史的研究打下了坚实的基础。

中国朝鲜史研究会成立之后定期举办韩国史的学术研讨会，每次会议都吸引了国内韩国史专家学者，就韩国史、中韩关系史的相关问题展开讨论。由于时值改革开放之初，再加上与韩国尚未建立外交关系，八十年代中国大陆举办的韩国史学术会议都只有国内学者参加，基本上没有国际学术会议，与国外学者的交流还不多。这一时期中国的台湾地区和香港先后举办了数次有关韩国史和中韩关系的国际学术会议，会议之后还出版了会议的论文集。无论是大陆还是台湾、香港，这些学术会议的召开表明韩国史和中韩关系史的研究越来越受到中国学术界的重视。

---

139) 中国学界整理的相关史料包括：吴晗辑：《朝鲜实录中的中国史料》，中华书局，1980年3月；马协弟编：《燃藜室记述选编》，辽宁大学历史系(非正式出版物)，1980年1月；云南省社会科学院历史研究所：《朝鲜文献选辑-清实录中朝关系史料摘编》，吉林文史出版社，1986年4月；杨昭全：《关内地区朝鲜人反日独立运动资料汇编(1919～1945)》(上、下册)，辽宁民族出版社，1987年9月；《国民政府与韩国独立运动史料》，台北中研院近代史研究所，1988年等。

中韩关系史一直都是中国的韩国史学界最关注的课题。八十年代中韩关系史的研究虽然没有出现通史性或断代的中韩关系史著作，但却出现了一些中韩关系史的论文集和中韩经济、思想和文化交流方面的研究著作，[140] 大陆学者杨昭全的《中朝关系史论文集》和台湾学者张存武的《清代中韩关系论文集》可以说是这一时期中韩关系史研究的代表之作。前者收录了诸多论文，论述了从古代到近现代的中韩关系，特别是就一些重要问题如明代的"援朝抗倭"、近代的"万宝山事件"、中国东北的韩人反日运动等展开了详细论述，书中的一些文章页探讨了中韩文学的交流，后者收录了九篇文章，分别从军事政治、边务和文化等三个方面论述了有清一代中韩关系的一些重要问题。

在整个八十年代，与以前时期相比，中国学者在韩国史研究方面取得了很多成果。首先就相关著作来看，这一时期中国学者撰写的韩国史著作既有普及性读物也有研究性著作，[141] 研究著作中值得一提的是朴真奭和姜孟山主编的《朝鲜中世纪史研究》，该书主要收录了延

---

140) 韩国学研究会：《中韩关系史国际研讨会论文集》，台北韩国学研究会，1983年；1986年5月；张存武：《清代中韩关系论文集》，台北商务印书馆，1987年11月；朴真奭：《中朝经济文化交流史研究》，辽宁人民出版社，1984年10月；刘家驹著：《清代初期的中韩关系》，文史哲出版社，1986；杨昭全：《中朝关系史论文集》，世界知识出版社，1988年10月，台湾学者黄宽重还编纂了《中韩关系中文论著目录》(汉字研究资料与服务中心，1987年)。

141) 八十年代商务印书馆出版了普及性读物外国历史小丛书，其中关于韩国史的有《朝鲜民族英雄李舜臣》(严圣钦著，1987年10月)、《朝鲜壬辰卫国战争》(李景温著，1980年5月)、《朝鲜近代农民革命领袖全琫准》(陈显泗、杨昭全著，1985年6月)、杨昭全：《日帝霸占朝鲜始末 1876～1910年》(杨昭全著，1983年3月)、《朝鲜1884年的政变》(杨昭全著，1986年6月)、《朝鲜甲午农民战争》(朱祯焕著，1987年10月)、《朝鲜爱国志士安重根》(杨昭全、安清奎著，1983年7月)等，涉及了韩国历史上的重大事件和重要人物，为中国读者进一步了解韩国史起到了积极的作用。

边大学韩国史学者的17篇论文，讨论了韩国古代国家的社会性质、土地制度和中韩思想文化交流。[142] 就这个时期中国学者发表的论文来看，无论是数量还是质量都有很大的提高，研究领域也有了很大的扩展，涉及了从古代到近现代、从社会性质到政治、经济、思想、文化和中韩间的交流，因篇幅有限，这里就不一一介绍了。不过有一点需要说明的是，与前一时期相比中国的韩国史研究领域有了进一步拓展，开始有学者关注战后韩半岛历史的研究。关于战后韩半岛历史的研究，中国学者关注的主要是战后韩半岛分裂的过程和朝鲜战争，而关于朝鲜战争中国学者主要探讨了朝鲜战争时期的中美关系和朝鲜战争的停战谈判。[143] 除了战后韩半岛历史的研究外，韩人在华展开的独立运动也开始进入中国学者的研究视野。[144]

除此之外，在八十年代中国的韩国史学界的成就还应包括翻译了许

---

142) 参见朴真奭、姜孟山编：《朝鲜中世纪史研究》，延边大学出版社，1988年3月。

143) 中国学界对战后韩国史的研究应该是从八十年代才开始，发表的论文不是很多，主要有：《朝鲜三八线不是波兹坦会议确定的》(付文洋，《史学月刊》1982年第3期)、《朝鲜的停战谈判》(邓礼峰，《军事历史》1987年第4期)、《推动朝鲜停战的重要一步－抗美援朝战争中反登陆作战的准备》(杨荪，《复旦学报(社会科学版)》1988年第5期)、《关于朝鲜战争的若干史实考察》(丁月，《军事历史》1989年第3期)、《略论朝鲜战争时期的中美关系》(王汉鸣，《军事历史》1989年第4期)、《朝鲜南北分裂的由来》(葛振家，《世界历史》1989年第5期)。关于朝鲜战争，这一时期也出现了一些带有文学性质的作品，因其历史的真实性广受质疑，因此本文就不予介绍。

144) 进入八十年代，中国学者开始关注中国境内展开的独立运动，也整理了一些相关资料，但相关的学术研究还处于起步阶段，著述并不多，主要有：《战斗在我国战场上的朝鲜义勇军－为抗日战争胜利四十周年而作》(文正一，《黑龙江民族丛刊》1985年第2期)、《朝鲜义勇军第三支队》(徐明勋，《黑龙江民族丛刊》1985年第3期)、《朝鲜独立同盟北满特别委员会》(徐明勋，《黑龙江民族丛刊》1986年第2期)等。

多国外的韩国史著作,这些著作既有朝鲜民主主义人民共和国的学者所撰写的,也有韩国学者撰写的,既有大陆翻译出版的,也有台湾地区翻译出版的。[145] 这些书籍的翻译出版对中国学界了解国外韩国史的研究动向起到了非常重要的作用。

中国和韩国是1992年8月建立正式外交关系的,这距八十年代结束只不过过了两三年的时间,因此本文将1990年以后中国的韩国史研究状况放到下一节中介绍。

三、新形势下的快速发展

进入九十年代,随着改革开放政策的逐步推进和中国社会经济的发展,中国的韩国史研究也日趋活跃,而1992年中国与韩国建立正式外交关系无疑成为中国韩国史研究的助推剂。在中韩建交到现在的二十年时间里,中国的韩国史研究取得了飞跃式的发展,成为中国史学研究中最活跃的领域之一。

在中韩建交后的二十年时间里,中国的韩国史研究无论在学科建设、人才培养还是学术研究、学术交流都取得了很大的发展。

近代以来中国知识界一直都非常关注韩国史的研究,但在中华人民共和国成立之前很少有学校开设韩国史的课程。新中国最早开设韩国史课程的应该是延边大学。1949年延边大学成立后就设立历史学

145) 这一时期翻译出版的书籍主要有《朝鲜全史》(选择性翻译出版,第一卷为延边大学出版社1988年6月出版)、《韩国史》(李元淳等著,詹卓颖译,幼师文化事业股份有限公司,1987年11月),此外还有一些韩国学者的著作在台湾地区用中文出版,如《韩国学生运动史》(李在五著,自由时代出版社,1989年2月)、《中韩两国古活字印刷技术之比较研究》(曹炯镇著,学海出版社,1986年5月)、《阳明学对韩国的影响》(郑德熙著,文史哲出版社,1986年5月)等。

系，在本科生中开设韩国史课程，开展韩国史的教学和科研工作。此后虽然一些大学也开设有与韩国史有关的课程如中韩关系史、韩国概况等，但这样的学校并不是很多，也没有形成从本科到硕士再到博士的一个完成课程体系，换句话说，韩国史还没有成为一个独立的学科专业。中国在韩国史学科专业建设方面是在改革开放之后才取得了较大的进展。1979年，一向以韩国史为特色的延边大学历史学系获得了国别史/世界史硕士学位授予权，1993年获得世界史博士学位授予权，从而形成了本、硕、博一体化的韩国史教学和研究的特色专业。夏旦大学历史学系从1999年开始在本科生和硕士生中开设韩国史课程，2006年韩国史作为二级学科世界史下的地区国别史也具有了培养博士的资格，这样夏旦大学也就成为継延边大学之后一个具有本、硕、博韩国史课程的大学。随着中国开设韩国语专业的的大学逐渐增多，韩国史相关课程（如韩国史、韩国概况、韩国文化等）作为学习韩国语学生的必修或选修课程也在许多学校开设起来，这一方面对韩国语专业的学生了解韩国史、韩国文化起到了重要作用，另一方面也为培养高层次的韩国史研究人才做了储备。[146]

中韩建交之前中国的韩国学研究机构屈指可数，吉林社会科学院朝鲜研究所算是其中的佼佼者，不仅组织翻译了一些韩国史的著作，而且也推出了一些韩国史著作，整理出版了一些韩国史的史料，而在这些工作中，杨昭全起到了重要的作用。中韩建交之后，中国各地大学如北京大学、夏旦大学、浙江大学、南京大学、辽宁大学、山东大学等纷纷设立韩国研究中心或韩国研究所，既有大学设立的韩国研究中

146) 中韩建交之后，越来越多的中国大学开设了韩国语专业，甚至一些专科学校也开设了韩国语专业，有的学校还设立的韩国学院，以便培养综合性的韩国学人才。由于中国开始韩国语专业的学校太多，同时也由于各校师资情况不同，因此对开设韩国史相关课程的学校很难有一个精准的统计。

心或韩国研究所，也有一些省市社会科学院设立的韩国研究中心。147) 经过近二十年的发展，这些中韩建交后设立的韩国研究中心或韩国研究所各自形成了自己的特色，如北京大学韩国研究中心依托本校东方语言文学系和历史学系的力量，以中韩关系史和韩国语言文学的研究为特色，复旦大学韩国研究中心一致致力于韩国独立运动史的研究，浙江大学韩国研究所则在韩国传统文化和中韩关系史的研究方面做了很多有益的工作。谈到中国韩国学研究机构的发展就不能不谈谈金俊烨先生在这方面做出的巨大贡献。先生自1948年自中国归国之后一直非常重视中韩文化、学术的交流，中韩建交前的1988年底，先生在参访北京、上海等地时就与中国的学术界进行广泛的接触，讨论在中国设立韩国学研究机构和中国韩国学的发展等问题。从1991年起，在先生的指导和帮助下，北京大学、复旦大学、浙江大学、山东大学、辽宁大学、南京大学、东南大学、扬州大学、北京语言文化大学等先后建立了韩国研究中心。148) 在当今中国韩国学界有重要影响的韩国研究中心都是先生当年播下的种子。

在九十年代之前，中国的韩国史研究队伍并不是很大，重要原因就在于人才培养并没有得到足够的重视，特别是十年文化大革命使得中国的韩国史研究人才非常短缺。文化大革命结束之后，延边大学在1979年获得了地区国别史的硕士学位授予权，主要培养韩国史的硕士研究生，1993年又获得博士学位授予权，开始培养更高层的韩国史研

147) 中国有多少大学开设有韩国史课程很难有一个精准的统计，中国有多少韩国研究中心也同样难有一个准确的数字。就笔者所在的上海市来说，就有复旦大学韩国研究中心、华东师范大学韩国研究中心、上海社会科学院韩国研究中心。其它地方也有类似情况，一个城市有多所大学设立有韩国研究中心，甚至一所大学内设立有两个或以上的有关韩国的研究机构。

148) 参见杨通方：《金俊烨与中韩文化交流》，《韩国学论文集》第10辑（北京大学），辽宁民族出版社，2003年2月，第11至15页。

究专门人才。当然中韩建交之后,其它一些学校也开始培养韩国史或中韩关系史的专门研究人才。除了国内的大学和研究机构,在中韩建交之后,随着两国间各方面交流的拓展,一些中国学子也赴韩国攻读硕士和博士学位,这些留学生在学成回国后均成为中国的韩国史研究的中坚力量。现在中国的不少学校都有学生攻读韩国史的硕士和博士学位,这对今后中国的韩国史研究的发展将起到积极的作用。

九十年代特别是中韩建交之后,中国的韩国史研究进入了一个快速发展时期,相关研究成果层出不穷。从九十年代初至今,中国出版的有关韩国史和中韩关系史的著作有上百种,发表的此类论文有数百篇。由于这个时期中国学界的相关研究成果数量过于庞大,因此本文将其分为著作和论文然后再根据其探讨的问题分类予以阐述。

八十年代末期,韩国学界开始兴起对日本殖民统治期间韩民族反对日本殖民统治争取民族独立斗争的研究,由于中国曾是韩人开展独立运动的最主要地区之一,随着两国关系的缓和和后来正式外交关系的建立,韩国独立运动也成为中国学界关注的研究领域。1992年上海人民出版社出版了由沐涛、孙科志所著的《大韩民国临时政府在中国》,这是大陆第一本关于韩国独立运动的专著,论述了大韩民国临时政府领导海外独立运动的27年历史,特别是对其在上海活动的地址作了较为详细考证。149) 此后中国学界形成了研究韩国独立运动的一个高潮,相关的研究成果有数十种,这些研究成果探讨了大韩民国临时政府领导的独立运动、在华韩人独立运动与中国各政治势力的关系、独立运动中的重要人物和重要事件等。150) 与韩国学界的独立运

149) 由于特殊的历史因素,中国最早研究韩国独立运动的是台湾地区的学者,1976年台湾政治大学胡春惠出所著的《韩国独立运动在中国》(台北,民国史料中心,1976)一书出版,这应是中国学者所撰韩国独立运动的最早专著。

150) 这一时期有关韩国独立运动的研究专著和重要论文集有:潘石英主编:

动研究相比，中国学界更重视中国境内有关韩国独立运动资料的发掘，使用的资料有很多是韩国学者以前未见到过的，这对韩国独立运动的史料学研究作出了积极的贡献。不仅如此，中国学者由于对近代中国局势的变迁有着更深刻的理解，因此在研究这种环境中展开的韩国独立运动有着自己独特的视角，对韩国学者扩大独立运动的研究领域起到了积极的推动作用。

中韩关系史的研究一直是中国学界最关心的课题之一，也是这一时期相关研究取得重大进展的课题，这些进展首先表现在这一时期出现了数种通史性的中韩关系史专著，论述了古代、近代、现代和当代的

《深厚的友谊 朝鲜抗日独立运动论文及史料》，世界知识出版社，1993；石源华：《韩国独立运动与中国 1919～1945》，上海人民出版社，1995；石源华主编：《韩国独立运动血史新论》，上海人民出版社，1996杨昭全：《中国境内韩国反日独立运动史 1910～1945 第1卷》，吉林人民出版社，1996；《中国境内韩国反日独立运动史 1910～1945 第2卷》，吉林人民出版社，1997；石源华著：《韩国反日独立运动史论》，中国社会科学出版社，1998；石源华主编：《二十七年血与火的战斗纪念韩国临时政府成立八十周年论文集》，上海人民出版社，1999；金健人主编：《韩国独立运动研究》，学苑出版社，1999；冯开文、杨昭全主编：《大韩民国临时政府在重庆》，重庆出版社，1999；石源华编著：《中国共产党援助朝鲜独立运动纪事 1921～1945》，中国社会科学出版社，2000；石源华主编：《韩国独立运动政党与社团研究》，中国社会科学出版社，2003；徐明勋：《安重根在哈尔滨的十一天中韩文本》，黑龙江美术出版社，2005；中共广西柳州市委员会宣传部，广西壮族自治区柳州市文化局编：《大韩民国临时政府在柳州》，广西人民出版社，2005；石源华主编：《韩国独立运动研究新探》，社会科学与文献出版社，2009；石源华著：《中韩文化协会研究》，世界知识出版社，2007；金健人、杨昭全主编：《大韩民国临时政府在杭州》，国际文化出版公司，2008；石源华著：《韩国独立运动与中国关系论集》（上、下），民族出版社，2009等；《大韩民国临时政府驻华代表团研究》，社会科学文献出版社，2009；傅德岷：2009，《砥柱中流 大韩民国临时政府金九主席在重庆》，重庆出版集团·重庆出版社，2009，等等。

中韩政治、经济、文化等方面的关系。[151] 其次这一时期也出现了特定历史时期如宋代、明清和清朝时期中韩关系史的研究著作,这些特定历史时期或是中韩经济文化关系密切或是政治关系密切或是中韩关系处于急剧变化的之中,因此这些论著围绕这些时期的特点论述了中韩关系的发展。[152] 第三,这时期中韩关系史研究的进展还体现在一些专题性的研究著作陆续问世,有的论述中国某一地区与韩国关系发展的历史,有的以著名人物为中心论述中韩关系的发展,还有的以某种制度如朝贡制度为中心论述其在中韩关系发展中所起的作用。一些学者则把长期以来有关中韩关系史的研究成果结集出版。[153]

---

151) 这类研究论著主要有:杨昭全．韩俊光著:《中朝关系简史》,辽宁民族出版社,1992;中韩关系通史编写组编:《中朝关系通史》(上、下),吉林人民出版社,1996;徐万民著:《中韩关系史 近代卷》,社会科学文献出版社,1996;宋成有、姜忻、王蕾著:《中韩关系史 现代卷》,社会科学文献出版社,1997;刘金质等著:《当代中韩关系》,中国社会科学出版社,1998;蒋菲菲等著:《中韩关系史-古代卷》,社会科学文献出版社,1998。此外杨昭全的四卷本《中国－朝鲜·韩国文化交流史》(昆仑山出版社,2004)以文化交流主线论述了中韩关系的发展。

152) 这一类中韩关系史研究论著主要有:杨渭生:《宋丽关系史研究》,杭州大学出版社,1997;姜龙范 刘子敏著:《明代中朝关系史》,黑龙江朝鲜民族出版社,1999;白新良主编、王薇等著:《中朝关系史 明清时期》,世界知识出版社,2002;赵兴元著:《清代中朝关系研究》,吉林文史出版社,2006;

153) 此类论著主要有:刘永智:《中朝关系史研究》,中州古籍出版社,1994;刁书仁主编:《中朝关系史研究论文集》,吉林文史出版社,1995;陈尚胜著:《中韩关系史论》,齐鲁出版社,1994;林秋山:《韩国综论 中韩关系篇》,水牛出版事业有限公司,1998;陈尚胜:《朝鲜王朝1392～1910对华观的演变〈朝天录〉和〈燕行录〉初探》,山东大学出版社,1999;金健人编:《中韩海上交往史探源 中韩跨海竹筏漂流学术探险研究报告》,学苑出版社,2001;张峡著:《张保皋与中韩友好关系》,山东电子音像出版社,2002;刘为著:《清代中朝使者往来研究》,黑龙江教育出版社,2002;杨昭全:《中国－朝鲜·韩国文化交流史》(1-4卷),昆仑随着世界局势的缓和和中国国内学术环境的逐渐改善，同时也由于苏联、东欧解体导致原苏联关于朝鲜战争的大量档案得以解密，朝鲜战争成为中国学界的一个热点课题，相关的研究论著既有严肃的学术著作，也有以口述史料为基础、带有一些文学性质的著作。其实关于朝鲜战争的研究已经很难归入韩国史研究的范畴，而是围绕着朝鲜战争的国际政治和国际关系的研究。[154]

在九十年代之前，中国学者虽然也曾撰写过一些通史性的著作，但相对来说这些著作分量都很小，对韩国史的介绍也相对简单。进入九十年代之后，随着中国的韩国史研究的整体水平提高和对韩国史的研究越来越重视，开始出现中国学者撰写的同时性韩国史著作，这一时期通史性韩国史著作主要有姜孟山、李春虎等编写的《朝鲜通史》，曹中屏撰述的《朝鲜近代史1863～1919》、曹中屏、张琏瑰编著的《当代韩国史1945～2000》等。《朝鲜通史》共分五卷，分别叙述了原始社会至统一新罗、高丽王朝时期、朝鲜王朝时期、近代时期和现代时期的韩半岛的历史发展进程，《朝鲜近代史1863～1919》叙述了从高宗即位到1919年三一运动之间的历史，但对为何韩国近代史界定在

山出版社，2004；王臻著：《朝鲜前期与明建州女真关系研究》，中国文史出版社，2005；刁书人、王崇时著：《古代中朝宗藩关系与中朝边界历史研究》，中国社会科学出版社，2006；魏志江：《中朝关系史研究》，中山大学出版社，2006；刘国石著：《中朝边疆与民族关系研究》，吉林文史出版社，2006；李善洪著：《朝鲜对明清外交文书研究》，吉林人民出版社，2009；杜慧月：《明代文臣出使朝鲜与皇华集》，人民出版社，2010；徐日东：《朝鲜朝使臣眼中的中国形象-以〈燕行录〉、〈朝天录〉为中心》，中华书局，2010；刘凤鸣著：《山东半岛与古代中韩关系》，中华书局，2011，等等。

154) 虽然关于朝鲜战争的研究也多多少少涉及到韩国历史的内容，但绝大部分关于朝鲜战争的论著所论及是朝鲜战争时期大国之间的关系和参战国决策过程、停战谈判等问题，因此本文在这里就不介绍朝鲜战争的论著了。

1863年至1919年之间并没有明确的阐述,《当代韩国史》主要阐述了1945年到2000年金大中政府时期韩半岛南部的历史发展进程。[155]此外还有一些专题性的通史著作,涉及韩国的宗教、思想、文化等领域。[156]

十九世纪六十年代开始,韩人开始进入中国东北地区定居,随着日本对韩国侵略的逐步加深,越来越多的韩人移住中国,在很多地区形成了韩人社会。上世纪八十年代末,韩国学界开始关注日本殖民统治时期中国各地韩人社会的研究,同时这一问题也逐渐引起了中国的韩国史学者的重视,开始对这一问题进行研究,出版了一些引起韩国史学界关注的研究成果,[157] 这些研究成果对中国一些重要地区的韩人社会进行较为全面的分析研究,为理解同一时期韩国独立运动的发展和中韩关系起到了积极作用。

除了以上这些研究主题之外,这一时期中国的韩国史还有很多研究成果,涉及石器文化、封建制度、姓氏族谱、行政建制沿革、外交、

---

155) 以上著作的具体内容请参见姜孟山、李春虎主编:《朝鲜通史》,延边大学出版社;曹中屏著:《朝鲜近代史,1863~1919》,东方出版社,1993;曹中屏、张琏瑰编著:《当代韩国史,1945~2000》,南开大学出版社,2005。需要说明的是,《朝鲜通史》原计划编纂五卷本,1992年出版了第一卷,2006年出版了第二卷,此后诸卷是否按计划出齐现在不得而知。

156) 专题性的通史类著作主要有:何劲松:《韩国佛教史》,社会科学文献出版社,2008;刘顺利著:《朝鲜半岛汉学史》,学苑出版社,2009;李苏平著:《韩国儒学史》,人民出版社,2009;杨昭全:《韩国文化史》,山东大学出版社,2009;张敏著:《韩国思想史纲》,2009;北京大学出版社,2009,等等。

157) 这类研究成果主要有:孙春日:《"满洲国"时期朝鲜开拓民研究》,延边大学出版社,2003;孙科志:《上海韩人社会史》,学苑出版社,2004;金泰国:《东北地区"朝鲜人民会"研究》,黑龙江朝鲜民族出版社,2007;李洪锡:《日本驻中国东北地区领事馆警察机构研究 以对东北地区朝鲜民族统治为中心》,演变大学出版社,2008。

儒家思想等众多领域，由于篇幅有限本文就不予一一介绍了。

在韩国史研究成果不断涌现的同时，中国的韩国史学界在史料整理方面也取得了丰硕的成果，这些成果既包括中国正史中有关韩国史料汇编，也有中国地方资料中有关韩国内容的汇编，还有一些相关档案的汇编，其中以中韩关系的史料整理最多。[158]

这一时期，中国的韩国史研究者发表了大量有关韩国史的论文，总数在数百篇之上，涉及的主题基本上与同时期论著所涉及的主题相似，由于论文数量关于庞大，本文也不予详细介绍了。值得注意的一点是，随着中国的韩国史研究水平的提升，相似主题的研究其研究视野也有了进一步的深化，如关于中韩关系史的研究，以前研究多关注两国政治、经济和文化等层面的交流，但最近几年对于两国之间的相互认知的研究作为中韩关系研究的一个重要组成部分受到越来越多的重视，也取得了一些重要成果。[159]

---

158) 史料整理的成果主要有：刁书仁编：《廿六史中朝关系史料选编》，吉林文史出版社，1995；中国第一历史档案馆编：《清代中朝关系档案史料汇编》，国际文化出版公司，1996；姜孟山等主编：《中国正史中的朝鲜史料》，延边大学出版社，1996；吉林师范学院古籍研究所编：《《中国相邻地区朝鲜地理志资料选编》，吉林文史出版社，1996；中国第一历史档案馆编：《清代中朝关系档案史料续编》，中国档案出版社，1998；杨渭生等编：《十至十四世纪中韩关系史料汇编》，学苑出版社，1999；上海市档案馆编：《中国地域韩人团体关系史料汇编》(1～2)，东方出版中心，1999；刘金质等编：《中朝中韩关系文件资料汇编：1919～1949》(上、下)，中国社会科学出版社，2000；大韩民国临时政府旧址管理处编：《申报有关韩国独立运动暨中韩关系史料选编》，人民文学出版社，2000；殷梦霞、于浩选编：《使朝鲜录》(上、下)，北京图书馆出版社，2003； 郑毅、赵兴元编：《同文汇考 中朝关系史料汇编》，吉林文史出版社，2003；姜亚沙、经莉、陈湛绮编：《朝鲜史料汇编》(1-20)，全国图书馆文献缩微复制中心，2004；权赫秀编：《近代中韩关系史料选编》，世界知识出版社，2008等等。

159) 这方面的研究成果主要有：孙科志：《中国人对尹奉吉事件的认识－以

中韩建交之后，中国的韩国史研究取得了飞快的发展，无论是是在韩国史的学科建设、人才培养还是研究机构的设立和研究成果等方面都取得令人瞩目的成绩。同时随着中国的韩国史研究水平的不断提升，各种学术交流活动也活跃展开，特别是各种学术会议更是频繁地召开，这些学术会议既有中国的韩国学者间交流研究成果的国内学术会议，也有中韩两国学者参加的国际学术会议，同时还有中国、韩国和其他国家参加的大规模的学术会议。这些学术会议为中韩学者交流研究成果、探讨韩国史研究的方法和视野起到了积极的作用。在所有这些学术会议中，最值得关注的就是由已故金俊烨先生首倡并积极支持的韩国传统文化国际学术研讨会。在金俊烨先生的直接关心下，1995年10月19日首届韩国传统文化国际学术研讨会在北京大学召开，此后每两年在中国的几大高校中轮流召开，参加会议的学者既有中国学者，也有韩国学者和其他国家的学者，提交的学术论文中涉及韩国历史的论文占了相当部分。此后为了适应中国的韩国学研究的发展，这一学术研讨会改为每年召开一次，会议名称也改为中国韩国学大会。从历年提交的会议论文来看，韩国历史的学术论文占据了多数，由此可见这一一年一次的学术会议已经成为中国学者之间、中韩学者之间开展学术交流的重要平台。当然我们也不能忘记为我们搭建这一平台的金俊烨先生，事实上中国的韩国史研究的发展在很多方面得益于金俊烨先生的大力推动。

媒体报道为中心》，《韩国研究论丛》13，中国社会科学出版社；权赫秀：《近代以来中韩两国的相互认识-以黄炎培的〈朝鲜〉和李始荣的〈感时漫语〉为中心》，《社会科学论集》38，2007年；王元周：《认识他者与反观自我-近代中国人的韩国认识》，《近代史研究》2007年第2期；孙科志：《近代中国人对韩国三一运动的认识》，《韩国研究论丛》17，2008；孙科志：《近代中国人对韩国独立运动的认识研究》，《东洋学志》43辑，2008年5月等。

四、中国韩国史研究的问题与展望

中韩两国有着悠久的历史交往，在政治、经济、文化等方面有着密切的关系，在社会习俗等方面也有着很多相似之处，所以自古以来中国就有很多关于韩国的记述。进入近代以后，由于中国面临着特殊的历史环境，中国的知识人开始关注韩国的历史研究，这种研究韩国史的氛围在民国时期得到了进一步加强。新中国建立后，尽管中韩之间由于特殊的历史因素中断交往近半个世纪，但中国的韩国史研究仍在缓慢的发展。中韩建交之后，中国的韩国史研究被注入了新的活力，取得了飞快的发展，也取得了令人瞩目的成就。但是中国的韩国史研究在飞快发展的同时也存在着一些问题，这对今后中国的韩国史研究的发展会产生重要影响，不能不引起我们足够的重视。

首先，中国大学中韩国史教授职位较少，这直接影响了今后韩国史研究的发展动力。目前中国开设韩国史课程的大学只有区区几所大学，大部分大学没有设立韩国史教授的职位，换句话说韩国史的教学在中国大学的历史学教学中所占比重极少，也得不到应有的重视，即便是在那些设有韩国语学系或专业的学校，也很少开设韩国史的课程，这样就限制了高层次韩国史研究人才的出路，从而影响到高层次韩国史研究人才的培养。

其次，中国的韩国史研究投入严重不足，这在某种程度上也限制了韩国史研究的发展。在中国，韩国史研究一直得不到应有的重视，在各种科研项目的设计和评审上很难发现韩国史的身影，很多学者不得不修正自己的研究方向，如向中韩关系等方面靠拢，以便能获得科研的支持和资助。虽然作为中国的韩国史研究者的重要研究领域之一，中韩关系史的研究占有重要的地位，而如上所述，中韩关系史的研究也是中国学者研究的最重要领域，取得成果也令人瞩目，但如果在缺乏对韩国史应有的研究深度的基础上研究中韩关系史，其研究成果说服力和可信程度就值得斟酌。虽然韩国也设立不少支援海外韩国史(包括韩国文化)研究机构和研究项目，但是这些研究机构或研究项目对学者的研究领域有着各种限制，且申请成功率不高，支援力度也不大，因此并没有起到推动中国韩国史研究发展的作用。

第三，中国的韩国史研究力量的分布不均衡也是一个重要问题。前文虽然提到九十年代以后中国的韩国史研究在研究领域的拓展上有了很大的进展，其研究领域涵盖了从石器时代到当代的整个韩半岛的历史，但是很明显古代史的研究成果明显要少得多，特别是关于高丽王朝时期及其以前的历史研究成果极少，目前还没有中国学者撰写的具有通史性的韩国古代是著作，也没有新罗或高丽的断代史著作。对古代史研究的缺失将会制约今后中国的韩国史研究的发展。

最后，近年来中韩两国学术界在一些问题上的争论也会影响今后中国的韩国史研究的发展。近年来随着中国、韩国形势的变化，两国学术界在诸如箕子朝鲜、高句丽、渤海国等历史问题上的争议有愈演愈烈之势，特别是这几年，这种争论更波及到中韩历史、文化等多个领域，如关于汉字的"发明权"、孔子的"归属"之争以及中医的起源等等，两国学术界围绕着这些问题的争论不仅严重伤害了两国的民间感情，浪费了大量的研究资源，同时也影响了中国的韩国史研究氛围，对中国的韩国史研究的长远发展带来不利的影响。

尽管中国的韩国史研究存在这样那样的问题，随着时间的推移，这些问题都会逐步得到解决，特别是两国学术界关于历史问题的争论，相信两国学者用智慧和理解化解分歧，共同促进两国文化的交流和发展，同时也带动中国的韩国史研究的发展。

중국의 한국철학 연구현황 평가와 전망

싱리쥐(邢丽菊)*

동아시아 한자문화권의 주요 일원으로서 한국의 철학연구는 동아시아 문화연구의 중요한 일부분이었다. 하지만 1992년 한중 수교 이전 중국 학계는 이 부분에 대해서 거의 공백상태에 가까웠으며, 오직 1957년 〈哲学研究〉 1기에 게재된 최봉익(崔凤翼)의 논문 "十六世纪朝鲜卓越的唯物主义者徐敬德的哲学思想" 1편이 있을 뿐이었다. 이에 비해 이 영역에 대한 대만학계의 연구는 비교적 활발하여 이와 관련한 저작과 논문의 수가 상대적으로 많다.[1] 하지만 지난 1970~1980년대 한국경제의

* 복단대학교 한국연구소 부교수, 국제판《儒教文化研究》해외편집실 주임, 《孔子学》(韩) 편집위원(현).
주요 저서: 《南塘/巍岩 人物性同理论의 比较研究》, 《先秦儒家의 生态伦理思想研究》, 《韩国儒学思想研究》(译).

1) 이 시기의 대표학자로는 蔡茂松이 있다. 채무송은 1972년 한국의 성균관대학교에서 박사학위를 취득하였는데 학위논문의 제목이《退, 栗性理学的比较研究—以退, 栗的思想立场为中心》였으며, 지도교수는 柳承国 교수였다. 이 박사논문은 修增된 이후 1985년에《退溪, 栗谷性理学之比较研究》란 이름으로 나왔으며 이는 한국에서도 출판되었다. (《퇴계율곡철학의 비교연구》, 1995) 채무송은 대만으로 돌아와 교편을 잡은 이후 계속해서 한국철학과 한국문화에 관련한 논문을 발표하였는데, 그중에서도 조선시기

발전과 1992년 한중 양국 간의 국교수립 이후 양국 사이에는 경제적인 교류뿐만 아니라 문화적인 교류 역시 날로 증가하여 최근에는 그 속도가 무서울 정도가 되었다. 이에 따라 중국학계에 의한 한국학 연구, 특히 한국철학에 대한 연구 역시 눈에 띄는 성과를 내고 있다. 필자가 보기에 현재까지 중국학계의 한국철학에 대한 연구사는 네 단계의 시기로 구분될 수 있다. 1957~1977년까지가 첫 번째 시기로, 이 시기는 한국철학 연구의 침체기이다. 두 번째 시기는 1978~1991년까지의 시기로, 한국철학 연구에서의 맹아기이다. 1992년에서 20세기 말까지는 세 번째 시기로 이 시기는 한국철학 연구의 초기 발전기이다. 21세기가 되면 네 번째 단계에 진입하는데 이 시기는 한국철학 연구의 고속 발전기에 해당한다. 21세기 이후 중국 내의 "국학열"(國學熱)의 확산 그리고 정부의 유학(儒學)에 대한 높은 관심에 힘입어 사람들은 해외 중국학의 발전에도 다시금 관심을 기울이기 시작하였다. 한국의 유학은 중국의 유학이 해외에서 성공을 거둔 대표적인 사례로, 중국학자들은 연구범위에 이를 빠르게 포함하기 시작하였고 이 주제에 대한 중국학계의 관심 역시 날로 깊어져 갔으며 이에 한국철학에 대한 연구 역시 상당한 발전을 이루게 되었다. 하지만 학과 내부 자체의 여건부족 혹은 중국 내부 연구인력의 부족으로 인해 현재까지 중국학계에서의 한국철학 연구는 아직도 완전한 절정에 이르지는 못하였다.

이 논문에서는 중국 내의 한국철학 연구의 대표 연구기관, 주요 연구자, 연구영역에 대한 고찰에서부터 지금까지의 한국철학 연구의 주요 현

의 성리학은 특히 그가 중점을 두고 연구한 분야였다. 뒤에 그는 다시 《韓国近世思想文化史》란 연구서를 출판하였는데, 여기에서 그는 유학자를 중심으로 조선시기의 사상과 문화를 소개하였다. 그 후 戴琏璋, 蔡仁厚, 周何, 王苏 등의 학자들이 한국의 퇴계학회와의 학술교류를 통해 한국유학에 관련한 일련의 학술논문을 내놓았다. 이상은 林月惠, 《异曲同调 : 朱子学与朝鲜性理学》(台大出版中心, 2010년 5월)을 참고하였다.

황을 살펴볼 것이며,[2] 그 후에 중국 내의 한국철학 연구에서의 주요 성과와 문제점을 분석한 뒤 마지막으로 시대적 추세에 비추어 향후 연구전망에 대한 필자의 생각을 덧붙이도록 하겠다.

1. 중국 내 주요 한국철학 연구기관 및 대표 연구자

중국 대륙학계 중에서 한국철학에 대한 연구를 가장 먼저 진행한 기관은 연변대학이었다. 연변대학에서는 일찍이 1950년대부터 한국의 철학·사상·문화에 대한 총체적 연구를 진행하였다. 1970년대에는 연변대학 내에 조선문제연구소를 설립, 그 아래에 조선철학연구실을 설치하여 주홍성(朱红星)·이홍순(李洪淳)·주칠성(朱七星) 등을 중심으로 연구를 전개하였는데 이들은 중국에서 가장 먼저 한국철학·사상연구에 매진한 연구자들로, 이로써 연변대학은 중국 내 한국철학 연구에서의 중심지가 되었다. 1970년대 말 중국정부는 고등교육제도를 복구하여 연변대학 조선문제연구소의 연구성과를 인정, 교육부에서는 연변대학이 1981년부터 중국 전역으로부터 외국철학사(한국철학사 포함)를 전공하는 학생을 모집할 수 있도록 허가하였고, 아울러 1984년에는 철학 석사학위를 수여할 수 있는 권한을 부여하였다. 1996년에는 외국철학사 석사과정을 개칭하여 외국철학 석사과정으로 고치고 한국철학과 일본철학을 주된 연구방향으로 결정하였다. 뒤에 재차 연구방향이 확대되어 서양철학 영역으로까지 넓어졌지만 연변대학의 한국철학 연구는 지역적·언어적 이점으로 인해 중국 전체를 통틀어 아직까지도 선도적인 지위를 점하고 있으며, 아울러 연구소만의 독특한 특징을 유지하고 있다.

---

2) 본문에서는 중국 대륙학계의 한국철학 연구에서의 성과만을 살펴보고 대만학계의 한국철학 연구에서의 성과는 상술하지 않도록 하겠다.

이 연구기관의 최대 공적은 한국철학 연구의 기초가 되는 저술을 편집·출간하였다는 점이다. 1980년 7월 출판된 《辞海·哲学分册》에서는 조선철학과 관련된 22조의 항목을 수록하였는데 그중 1조는 학파에 대한 소개였고 나머지는 인물에 대한 소개였다. 하지만 소개된 학파와 인물이 모두 조선시기에 한정되었다는 한계가 있었다. 1987년 10월 출판된 《大百科全书》(哲学卷) 에서는 한국철학에 관한 33조의 항목을 담았다. 여기에서는 《辞海》에 수록된 내용을 기초로 했고 단지 원효·의상·의천 등의 한국불교의 대표인물 몇몇을 덧붙였을 뿐이다. 뒤에 1992년 10월 출판된 《哲学大辞典》에서는 한국철학과 관련한 46조의 항목을 수록하였는데 조선시대의 유명한 사상논쟁인 사단칠정론(四端七情论)을 중점적으로 소개하였다. 이상 세 권의 사전에서 한국철학에 관련된 내용의 대부분은 주홍성, 이홍순, 주칠성 등의 학자들이 저술하였거나 참여하여 완성된 것들이다. 이외에도 또한 위의 세 학자들이 공동 집필한 《韩国哲学思想史》가 1989년 8월 연변대학 출판사를 통해 출판되었다. 이 책은 중국에서 출간된 한국철학사 방면의 저작으로서는 최초로 한국철학에 관한 당시까지의 연구성과를 최대한 반영하였으며, 중국학자들의 시각에서 한국철학의 계보를 정리한 것이다. 이 책은 중국에서 한국철학사상사 연구의 기틀을 다졌다는 의미를 가진다.

그 후에 연변대학 조선문제연구소가 인문대학원의 외국철학과에 귀속되었다가 나중에 다시 연변대학 동방철학연구소로 독립하였는데 이 연구소는 우수한 연구전통을 계속 지켜나가 중국의 한국철학 연구에서의 선도적인 지위를 유지하였다. 동방철학연구소의 연구영역은 인도철학·일본철학·조선철학·아라비아철학 등 동양에 위치한 여러 국가의 철학을 포괄하는데 특히 지리적 요인·언어·문화 등의 요소를 중시하여 조선 한국의 철학 및 일본철학 연구 그리고 중국과 한국, 한국과 일본 철학·문화의 비교연구에 중점을 두고 연구를 진행하고 있다.[3] 현재 연변대학 한국철학 연구에서의 대표적인 학자는 반창화(潘畅和), 방호범(方浩范)

등이 있다.

반창화는 복단대학 철학과에서 박사학위를 받았는데 그는 특히 한중일 삼국의 사상철학의 비교연구에 강점을 보이며, 대표저작으로는《中韩日儒学比较论》(延边大学出版社, 2005)이 있다. 그는 "古代朝鲜和日本的朱子学特色比较", "日本文化的发生学特点", "论日本与韩国文化机质的不同特色" 등의 논문을 통해 자신만의 영역을 구축하였다. 그는 동아시아의 유교문화권이 중국, 일본, 한국의 세 영역으로 구성되어 있으며 유학의 전형이 이 삼국의 유교문화 형태를 따른다고 생각하였다. 중국은 유교문화의 종주국으로서 유교의 문화가 넓고 심오(博大精深)하고, 일본과 한국은 유교문화를 이어받은 자(子) 문화로서 각각 가치합리적(*value rational*)·도구합리적(*instrumentally rational*)인 방향에서 최대한의 성과를 이룩하였으며, 그리하여 서로 다른 문화주체 속에서 유교문화의 텍스트가 각각 상이한 주석(诠释)을 낳은 것이라고 보았다. 하지만 이러한 차이는 서로 다른 주체에 따른 가치선택에서의 차이일 뿐인데, 예를 들어 일본이 기술문화에서 우위를 보이고 실력을 상승시키는 것을 추구하였다면 조선은 정신문화에서 우위를 보이고 보편적인 개인의 인격완성을 추구하였다고 할 수 있다. 이렇듯 일본에서는 실력·무력·기예를 척도로 하고 있음이 분명하며 나아가 엄숙한 기풍, 대세에 순종하며, 직분에 충실하고 헌신을 중시하는 문화를 낳았다. 반면 조선에서는 문치(文治)·문반(文班)·문인(文人)·문필(文笔)과 언설(言说)이 헤게모니를 장악하고 신분질서를 준수하고 도덕 명령에 복종하며, 죽어도 절개를 굽히지 않는 선비정신을 낳았다. 따라서 가치를 선택하는 문제에서 조선에서는 유학에서 '인'(仁), '효'(孝), '리'(理), '성'(性) 등 '천도'(天道)의 층위의 개념범주를 우선하여 선택하였으며, 아

3) 다음의 홈페이지를 참조할 것. http://daoshi.kaoyantj.com/2006/07/21/C3008E0B3A82C1F9.html

울러 그것을 하나의 개념화된 사상에서 하나의 제도화된 실체로 발전시켰으며 또한 보다 성숙한 사회문화의 의식형태로 완성시켜 냈다. 일본의 경우는 이와는 달리 유학에서의 '충'(忠), '신'(信), '성'(诚) 등 '인도'(人道)의 층위의 행위원칙을 비교적 우선하여 선택하였으며, 그러한 추상적·무형적·이념적인 부분에서부터 탈피 혹은 점차 구체화·실용화·응용화된 형태로 전화(转化)하였으며 마침내 유교문화의 일체를 해체하여 이를 각 계급문화의 윤활제로 완성시켰다. 이렇듯 독특한 특색을 갖춘 시각과 관점을 지닌 그의 한중일 삼국의 문화 비교연구는 이미 중국학술계에서 널리 인정받고 있을 뿐만 아니라 해외의 학술계로부터도 주목을 받고 있다.

방호범은 주로 동아시아문화·한국실학사상 및 한중 철학사상 비교연구에 매진하여 왔다. 그의 주요 저작으로는 《儒学思想与东北亚"文化共同体"》(社会科学文献出版社, 2009), 《다산실천윤리사상》(国文, 전수출판사, 2004), 《유학과 정약용의 실천사상》(国文, KSI한국학술정보, 2004) 등이 있다. 이 중 첫 번째 저술은 '유학사상과 동북아시아 문화'에 관해 연구한 것으로, 이 책에서는 유학의 역사적인 변천과 중국사회에 미친 영향, 세계화 속에서의 유학과 문화, 동북아시아 '문화공동체'의 개념, 동북아시아 '문화공동체'의 원인과 그 정치적 영향 등의 내용을 포함한 10장으로 구성되어 있는데, 동북아시아 문화공동체 형성의 기본적인 조건 및 정치적 장애, 문화환경의 분석, 동아시아 협력의 모델과 이 과정에서 유학이 할 수 있는 기능 등에 대해서 고찰하였다. 저자는 여기에서 동북아시아 문화권의 전통과 협력을 기초로 하여 동아시아 공동체는 하나의 다원적이고 공생적인 이념을 건설해야 하며, 기존 문화환경의 생존과 사상발선의 기초를 마련할 수 있어야 한다고 주장하였다. 그는 동북아시아 역사발전의 맥락을 고찰한 뒤 유학이 마땅히 동아시아 공동체의 문화적 배경 및 사상적 기초가 될 자격이 있음을 어렵지 않게 발견할 수 있다고 주장한다. 비록 유학이 현대화된 형태에 포섭되기 어려운 요소가 있음은 인정하지만 그러나 2,500여 년 동안 축적되어 온 양질의 특성이 현대사회에서 계속해서 발휘하고 있는 작용은 결코 무시될 수 없다고 역설한다. 방호범은 2006년에 중국학술계에 처음 '동북아시아 문화공동체'란 개념을 제창한 이후, "东亚文化史上的儒释道及其未来性思考", "东北亚文化共同体动因及其政治阻碍", "东北亚文化共同体的思考－中韩日文化共同体的可能性", "生态学理论视域下的东北亚文化环境－东北亚'文化共同体'关联思考" 등의 논문을 중국 및 해외 학술대회와 학술지에 잇달아 발표하여 중국 및 해외학계와 동료들의 주목을 받았다.

이외에도 방호범과 이해도(李海涛)가 주편한 《韩国性理学与宗教文化》 또한 중국 내에서 최근 출판된 한국유학에 관한 저작의 하나로, 중국 내 한국유학을 연구하는 학자들에게 많은 아이디어를 제공하고 있다. 이 책은 상하편으로 구성되어 있는데 상편의 '실학과 성리학' 부분에서는 다산 정약용의 철학사상, 율곡과 주희의 철학 비교, 한원진(韩元震)과 이간(李柬)의 인물성동이론(人物性同异论), 남명 조식의 철학사상 및 장재(张载)와 남명의 철학사상의 비교를 중점적으로 다루었다. 하편은 '종교와 문화' 부분으로 의천·지눌 등 한국 불교문화의 대표인물 및 최제우의 동학사상과 유교문화가 동아시아 가치관 형성에 미친 역할 등을 중점적으로 다루었다.

북경대학 철학과는 중국 철학계에서 높은 권위를 가진 연구기관으로서 일찍이 1950년대 전국 고등교육기관 체계정비 시기부터 전중국의 철학전공 핵심인물을 종합·집중하여 외국철학연구소를 설립하였다. 어느 정도 동양철학 연구도 다루기는 하지만 이 연구소의 주된 연구방향은 인도철학이었으며, 그중에서도 특히 인도의 불교연구에 중점을 두었다가 뒤에 1961년 북경대학 철학과에 동방철학교연실을 설립하였는데 그 주요 구성원으로는 주겸지(朱谦之)와 황심천(黄心川)이 있었다. 그러나 주겸지의 연구는 일본철학에 강점이 있었고 황심천은 인도불교 및 중국의 현장(玄奘) 연구에 있었고, 두 학자 모두 한국철학은 다루지 않았다. 후에 이 교연실은 잠시 중단되었다가 1986년에 다시 복구되었는데 2000년 동방철학교연실과 종교학교연실이 합쳐져 현재의 불교 및 도교 교연실이 되었으며 루우열(楼宇烈)을 연구주임으로 하였다. 루우열은 오랫동안 중국의 전통문화와 동양문화 연구에 주력하였으며 한국철학 연구에서는 퇴계·율곡 및 한국사상사 방면에 집중하였다. 루우열이 주편한《东方哲学概论》은 중국의 동양철학연구에서 중요한 참고서적으로 자리하고 있다. 이 책에서는 도교사상과 도교철학이 한반도에 미친 영향을 소개하는 내용에 한 장을 할애하여 삼국시기의 도교사상과 신라의 선종과 고려의 과의도교(科仪道教), 조선의 소격전(昭格殿) 등을 중점적으로 서술하였다.

북경대학 철학과의 위상해(魏常海) 역시 중국에서 비교적 이른 시기부터 한국철학 연구에 몰두한 연구자 중 한 명으로, 그는 주로 한국불교와 한국문화의 연구에 집중하여《中国文化在朝鲜半岛》,《东方哲学概论》,《韩国哲学思想资料选辑》등을 저술하였고, 아울러 "义天在宋丽佛教交流中的贡献"(〈延边大学学报〉(哲社科版), 2009-3期), "元晓'和诤'理论与义天'圆融'思想"(〈东疆学刊〉, 2005-4期), "以'和诤'思想为中心看中韩传统思想与现代化"(〈当代韩国〉, 2001-4期), "朴殷植的儒教求新论与阳明学思想"(〈延边大学学报〉(哲社科版), 1991-4期) 등의 논문을 발표하였다.

이외에도 북경대학 외국어학원 한국어과의 장민(张敏) 역시 중국에서 한국철학을 연구한 전문가 중 한 명이다. 장민은 본래 한국어를 전공하였으며 석사 및 박사과정에서 한국철학을 전공하였고, 박사과정에서 위상해 교수의 지도를 받아 율곡철학과 조선시기의 사상사를 연구하였다. 그의 대표적인 저작으로는《立言垂教—李珥哲学精神》(北京大学出版社, 2003),《韩国思想史纲》(北京大学出版社, 2009)이 있다. 전자는 한국의 16세기 사상가 율곡 이이의 철학사상에 관해 중국학자가 저술한 전문 연구서로, 책에서는 율곡사상이 형성된 역사・사회적 배경, 사상의 전승 등에 관해 상세하게 고찰하였으며, 특히 당시 사상계에서의 삼장논변(三场论辨)에 대해 상세하게 분석하여 율곡사상의 형성, 발전 및 특징을 이해하는 데 커다란 도움을 준다. 《韩国思想史纲》은 한국의 11~19세기의 대표사상가 13명을 대상으로 한국철학사를 연구한 것이다. 책은 모두 14장으로 나누어 각각 사상가의 사상체계 및 전승관계, 그 이론이 사회발전에 가져온 영향 및 전체 한국사상사에서의 가치에 대해 논의하였다.

중국인민대학 철학과 또한 중국에서 비교적 이른 시기부터 설립된 동양철학교연실 체계 중의 하나이나 후에 여러 가지 사정으로 인해서 이 연구실은 중국철학연구실에 병합되었고, 이곳의 주요 연구자로는 강일천(姜日天)이 있다. 강일천은 주로 중국 고대철학과 문화, 한국 고대철학과 문화, 조선시대 실학과 동양문화 등에 집중하였으며 그의 주요 저작으로는 《朝鲜朝後期北学派史学思想研究》, 《君子国智慧》, 《中国古代哲学研究》 등이 있고, "燕岩朴趾源'即事趣真'的文学思想及其历史哲学内涵"(〈当代韩国〉, 2001-2期), "东亚实学与东亚文化交流"(〈哲学动态〉, 2002-7期), "丁若镛的天道观与18, 19世纪韩国实学的形而上学"(〈湖湘论坛〉, 2010-3期) 등의 논문이 대표적이다.

이외에도 중국 인민대학의 공자연구원장 장립문(张立文) 역시 중국내에서 일찍부터 한국철학 연구에 뛰어든 학자이다. 장립문은 특히 퇴계연구에 공헌하였으며 중국에서 퇴계철학 연구의 선구자라 할 수 있다. 1989년 10월 중국인민대학에서 거행된 제 1차 퇴계학 국제회의가 열렸다. 회의 전날 밤 장립문은 《退溪书节要》(中国人民大学出版社, 1989년 9월)를 출판하였다. 이 책의 서문에서 장립문은 책의 편찬목적에 관해 다음과 같이 설명하였다. "하나는 완정한 체계에 대한 인식과 퇴계사상의 정수를 파악하기 위함이며, 퇴계학에 대한 오해와 편견을 제거하는 것이다. 둘째는 교수와 전파에 용이하게끔 도움을 주기 위함이다. 퇴계의 수많은 서신과 주소 등은 모두 고문(古文)으로 되어 있어 현대의 연구자들이 그 의미를 깨닫기 매우 힘들어, 반드시 주석에 의존할 수밖에 없다. 《退溪书节要》는 간명한 주석을 달아 독자가 문의(文意)를 이해하는 데 도움을 주고자 하였다. 셋째는 퇴계학과 신유학의 현대적 의의를 탐구하는 데 도움을 주기 위함이다."[4] 이 책에서 그는 비교적 장문의 분량을 들여 퇴계철학의 논리구조와 이론적 특징에 대해 소개하였다. 이 책은 중국의 퇴계학 연구 입문서가 되었고 출판 후의 반응 역시 대단했다. 이것은 중국의 학자가 퇴계학의 보급 및 국제 퇴계학 발전에 끼친 중대한 공헌이라고 하겠다. 이외에도 장립문은 또한 《李退溪思想研究》(东方出版社, 1997), 《君子国智慧－韩国哲学与21世纪》(华东师范大学出版社, 2001)를 출판하였다. 《李退溪思想研究》는 유학 발전사의 시각에서 출발하여 정주리학(程朱理学)이 동아시아 각국에 전파된 과정을 기술하였으며, 퇴계가 주자학을 흡수하여 이를 더욱 발전시킴과 더불어 조선 주자학의 발전에 미친 공헌에 대해 평가하였다. 그는 학술연구의 시각에서 퇴계의 사상을 고찰하였을 뿐만 아니라 또한 당시 동아시아 경제의 고속발전에서의 정신적 역량 그리고 동아시아 의식의 탄생이라는 현실로부터 출발하여 현대 문제에 대한 연구로 확대·발전시켰으며, 동아시아 의식을 만든 뿌리의 하나로서 퇴계학이 가진 중요한 현실적 의의와 이론적 가치가 있다고 주장하였다. 저자는 다년간 유학연구에 몰두하여 그 연구가 매우 튼튼한 기초를 가지고, 10여 년에 걸쳐 문제를 다양한 각도와 측면에서 고찰하여 논문을 완성하였다. 그의 퇴계사상에 대한 체계적인 연구는 이 책의 수준을 상당한 수준의 것으로 만들어주었다.[5]

두 번째 저술에서 장립문은 동아시아 수천 년의 문화전통이 집약된 결과물이 동아시아 문화이며, 그 문화의 핵심이 바로 동아시아의 철학과

4) 이 책의 상세한 내용은 다음을 참조할 것. 张立文, 《退溪书节要》, 中国人民大学出版社, p. 5.

5) 宋成友, "韩国史研究综述", 〈世界历史〉, 1999-2期.

지혜의 결정체라고 주장하였다. 한국의 철학·문화는 전통의 풍류도(風流道) 철학·문화의 기초 위에서 지속적으로 중국의 유·불·도의 철학·문화와 융합하여 형성된 것이다. 17세기 초부터 이 철학·문화는 다시 서학(西學)과 융합하여 더 넓은 시야를 갖춘 것으로 변모하였다. 한국의 철학·문화는 동아시아에서 전형적인 의의를 갖는다. 첫째, 그것은 유교문화권 속에 있기 때문에 유학이 비교적 완전하고 심후하게 전승되었으면서, 심지어 어느 방면에서는 유교 철학·문화의 본토인 중국과 비교해서 뛰어나기도 하며 결코 부족함이 없다고 할 수 있다. 둘째는 이 문화의 현저한 특징이라고 할 수 있는 바로 개방성과 융합력에 있다. 수천 년 동안 한국은 지속적으로 중국의 유·불·도 철학과 문화의 영향을 받아들여 연속적인 사상문화적 흐름을 이루었다. 17세기 이후 근현대 이후에 보다 광범위하게 서양의 공업문명과 융합하여 자신의 토양을 보다 확대·심화시켰다고 주장하였다.

중국사회과학원 철학연구소 산하 동방철학연구실은 중국의 한국철학 관련학과 중 중요한 학술기관이자 연구기관 중의 하나이다. 이 연구실은 처음 1984년에 설립되어 한국 철학·일본 철학·베트남 철학·아라비아 철학·인도 철학 등의 연구에 힘쓰고 있으며, 중국의 동양철학 연구의 핵심기관이다. 이 연구실에서 한국철학 연구에 몸담고 있는 학자로 이소평(李苏平)과 홍군(洪军)이 있다.

이소평의 학술적 견해는 다음과 같다. 첫째, 동아시아(한중일) 철학의 비교연구로, 삼국의 전통문화가 각각 서로 다른 의의와 특징을 갖고 있어 동아시아는 다원적인 것이며 이들을 중국의 전통문화가 이식·확장된 것으로는 볼 수 없다. 둘째, 동아시아 철학의 비교연구를 통해 중국 인민대학의 장립문과 함께 '동아시아 의식'이란 개념을 주장하였다. '동아시아 의식'은 한중일을 중심으로 한 동북아시아 지역에 자리한 유교를 핵심으로 하는 하나의 의식이다. '동아시아 의식'은 주체의식·반성의식·경세의식·다원의식 등을 포함한다. 셋째, 한중일 전통문화에 대한 연구에서는 학계에 유행하고 있는 관점과 다른 색다른 견해를 제시하였다. 예를 들면 다음과 같다. ① '순수학'(舜水学)은 명말청초 중국의 학자이면서 후에 일본에서 사망한 주순수(朱舜水)에 대해 연구하는 학문을 가리키는 말이다. 주순수의 실천철학에 대한 연구를 통해 그는 '순수학'이란 개념을 처음으로 제시하였다. ② '석문심성학'(石门心性学)은 일본의 '석문심학'(石门心学)에 대한 수정적 견해이다. 일본학계에서는 이시다 바이간(石田梅岩)을 필두로 한 심학파(心学派)를 가리켜 '석문심학'이라고 칭한다. 그는 이시다 바이간의 철학에 대한 연구를 통해 그가 심(心)을 가르쳤을 뿐만 아니라 성(性) 역시 가르쳐 심성(心性)을 함께 중시하였고, 이시다 바이간의 후학들 역시 심을 가르치고 다시 성을 가르쳐 심성을 함께 이야기하였다. 때문에 '석문심성학'이란 개념을 제시한 것이다. ③ '하곡학'(霞谷学)은 한국의 대표적인 양명학자 정하곡(郑霞谷)의 학술사상에 대한 통칭이다. 한국의 학술계에서는 정하곡을 한국 양명학의 중요 발전단계 중 하나로서만 취급할 뿐, 그의 양명학 사상에 대해서는 지엽적 연구에 그치고 있다. 그는 정하곡의 생기(生气), 생리(生理), 생도(生道)는 한국 양명학이 가진 특징의 기본을 갖춘 것이라고 주장하며 때문에 '하곡학'이란 개념을 만들어냈다.[6)]

이소평(李苏平)의 저술은 비교적 많아 그 중 대표적인 것으로는 《韩国儒学史》(人民出版社, 2009), 《中国, 日本, 朝鲜实学比较》(安徽人民出版社, 1995), 《东方著名哲学家评传(韩国卷)》(山东人民出版社, 2000)이 있다. 그의 대표 논문으로는 "朱熹与退溪理范畴比较"(〈退溪学报〉, 63, 64期), "中朝朱子学比较"(〈社会科学研究〉, 1993. 2.), "中韩阳明学比较"(〈韩国学论文集〉, 7집, 1998), "韩国三教和合的现代价值"(〈现代哲学〉, 2000-4期), "以韩国三国时代儒学诠释东亚文化圈"

6) 중국사회과학원 홈페이지를 참고할 것. http://philosophy.cass.cn/Subject.aspx?n=20090716102115183219

(〈东亚文化圈的形成与发展〉, 台湾大学, 2003. 8.) 등이 있다. 이는 이소평이 중국 내 한국철학 연구에서 중진이라고 하기에 족하다는 사실을 증명한다. 특히 주목할 것은 《韩国儒学史》로, 이 책은 중국학자에 의한 한국유학사상사 연구에서의 발전을 보여주는 최대성과이며 또한 중국의 한국유학 연구에서의 마침표를 찍는 의미가 있는 성취이기도 하다.[7]

홍군(洪军)의 주요 연구 분야는 율곡철학, 한중 철학 비교연구 등이다. 홍군은 오랫동안 한국철학 연구에 몰두하여 그의 대표저작으로는 《朱熹与栗谷哲学比较研究》(中国社会科学出版社, 2003)가 있다. 이 책은 전면적이고도 체계적으로 주희 철학과 율곡 철학을 비교하였는데 구체적으로 주희와 율곡이라는 인물에 초점을 맞추어 사회사상을 비교하였으며, 정치사상·경제사상·교육사상 등을 포괄하여 한국 주자학의 대표적인 이론가인 율곡·퇴계 등의 이론 경향과 철학사상에 대하여 상세하게 분석 및 논술하였다. 이 책은 중국의 젊은 학자들이 율곡 철학에 대해 연구할 때의 중요 참고서적 중 하나이며 출판된 뒤 학술계의 반응 역시 대단했다. 이외에도 홍군의 대표적인 논문은 "论三峰的性理学思想"(复旦大学韩国研究中心编, 〈韩国研究论丛〉, 2008-2期), "论同春堂的四端七情说"(〈韩国研究论丛〉, 2008-1期), "宋浚吉理气说浅析"(〈韩国研究论丛〉, 2007-4期), "论朝鲜性理学史上的三次论辨"(〈东疆学刊〉, 2003-1期) 등이 있다. 이를 통해 홍군이 조선 성리학사상의 인물 개개인은 물론이고 개별사안 연구에도 관심을 쏟고 있음을 알 수 있다.

복단대학 한국연구소는 중국 내 한국철학 연구기지 중의 하나이다. 이 연구소는 1992년에 성립되어, 초기 4개의 주요 연구방향의 하나로 '한국종교철학과 동양전통문화 연구'를 설정하였다.[8] 연구중심에서는

---

7) 이 책에 관해서는 본문의 3절을 참고할 것.

8) 복단대학 한국연구소의 주요 연구방향은 다음과 같다. ① 한반도 문제와 동북아시아 국제관계, ② 현대 한국연구(정치·경제·외교·안보 등), ③ 한국독립운동과 근대 한중관계 연구, ④ 한국 종교철학과 동양전통문화연구.

종합성을 띤 한국학 연구지인 〈韩国研究论丛〉을 발행하고 있는데 이것은 CSSCI의 지원을 받아 2005년에 처음으로 시작되었다. 지금까지 총 24집이 발간되었으며 거의 매 기마다 한국철학과 사상문화에 관한 연구논문이 실리고 있다. 그밖에 한국연구총서 및 각종 연구서·논집·자료집 등을 출판하고 있어 중국 내의 한국철학 연구발전을 위한 유용한 토대를 제공하고 있다.

이 연구소에서 지금까지 한국철학 연구는 필자가 주관하고 있다. 중국인으로서는 비교적 이른 시기에 한국에서 철학석사 및 박사학위를 받았으며 필자는 지금껏 한국 현지에서 공부하면서 한국의 철학과 문화에 대해 전면적이고 체계적인 학습·연구를 진행했다. 필자의 주된 연구방향은 한국유학과 조선시기 사상사, 특히 조선후기 성리학 연구에 주목하고 있다. 지금까지 한국어로 된 연구서로 《남당/외암 인물성동이론의 비교연구》(朝鲜儒者巍岩与南塘人物性同异论的比较研究, 国文, 신성출판사, 2009), 《선진유가의 생태윤리사상 연구》(先秦儒家的生态伦理思想研究, 国文, 신성출판사, 2010)를 내놓았다. 대표 논문으로는 "朝鲜朝时期'人物性同异'论争的理论来源及其差异—巍岩李柬与南塘韩元震之人物性同异论比较"(〈哲学研究〉, 2008-11期), "朝鲜时期的'未发'论辨及其理论差异"(〈哲学研究〉, 2011-1期), "朝鲜儒者南塘的人物性异论及对朱熹理论的新发展"(〈社会科学战线〉, 2011-1期) 등이 있다. 위의 3편의 논문은 조선후기 유학연구에 대한 성과를 담고 있으며 중국학계의 최신 연구성과에 해당하는 것으로 여기에서는 해외에서의 주자학의 발전·확장 및 심화의 내용까지 포괄하고 있다.

지금까지 한국유학에 대한 중국학계의 연구는 조선 전기의 사단칠정론을 중심으로, 대표 유학사인 퇴계·율곡 및 다산의 철학·사상 연구를 위주로 하였으며 조선 후기의 유학·사상에 대해서는 연구가 미진했다. 인물심성동이론과 미발론(未發論)은 조선 후기 유학 발전사상의 최대 사상논쟁인 호락논쟁(湖洛論爭)의 중요한 의제 중 하나로서 그 중요성은 두말할 나위가 없다. 하지만 자료 부족, 연구인력 부족으로 이 영역에 대한 연구자는 부족한 실정이다. "朝鲜时期的'未发'论辨及其理论差异"를 예로 보자면 이 논문은 먼저 주자학의 미발론을 놓고 시작하여 먼저 미발(未發)이 여러 층차의 함의를 갖고 있음을 지적하고 그 뒤에 여러 자료를 인용하여 미발론에 대한 양측 대표인물의 논변을 서술하였으며 아울러 각자가 상대에 대해 제시한 비판 및 쌍방의 이론에 부족한 점과 이에 대한 해석과 설명을 보충하였으며 마지막으로 쌍방의 주요 쟁점을 취하여, 이를테면 미발의 개념·미발심체(未發心體)의 선악문제 그리고 오직 마음만이 최우선의 문제인가의 여부 등에 관한 양자의 이론적인 분기를 설명하고 아울러 세밀하게 이를 귀납·정리하였다. 이 논문은 중국 내에서 이뤄진 조선후기 유학사상에 대한 연구를 담고 있어, 해외 주자리학(朱子理學)의 발전에 관한 연구를 심화·완성시킨 하나의 중요한 시도라고 할 수 있다.

남경대학 철학과는 비교적 이른 시기부터 동양철학 및 종교 전공이 개설되었지만 연구 분야가 주로 중국·인도의 불교사상 연구와 비교연구에 주력하고 있어 한국철학은 아직 별로 다루지 않고 있다.

2. 중국학계의 한국철학 연구방향[9]

한중 수교 20년 이래 중국학계는 한국철학의 여러 문제에 대해 다각도·다층차에서 유의미한 연구를 계속하고 있다. 각종 연구성과를 종합하여 보면 중국학자들은 한국철학 연구에서 주로 한국유학 방면에 집중하

9) 이 부분에서 언급한 한국철학의 연구성과의 통계와 정리부분은 洪军의 "中国的韩国儒学研究成果", (〈国际版儒教文化研究〉, 11집, 성균관대학교 유교문화연구소, 2009년 2월)를 참고하였다. 이 지면을 빌려 그에게 감사의 뜻을 표하고 싶다.

고 있으며 그 다음으로는 한국의 불교와 도교사상 연구에 힘쓰고 있음을 알 수 있다. 그리고 한국의 유학연구는 조선시기 성리학 방면에 집중되어 있다.

1) 퇴계학 연구

중국학자들에 의한 한국유학 연구는 '해동주자'(海東朱子) 퇴계 이황에 대한 연구로부터 시작되었다. 앞서 언급하였듯이 장립문은 중국에서의 퇴계철학에 관한 연구에서 선구자이며 그의《退溪书节要》및《李退溪思想研究》는 선구적인 의미를 갖고 있어 중국 및 해외학계의 광범위한 주목과 호평을 받았다. 퇴계학 연구에서 장립문의 특징은 퇴계철학의 핵심개념과 범주를 검토하는 것에서 출발하여 주자학을 계승·발전시킨 퇴계학의 논리구조를 밝혀냄과 동시에 또한 자신만의 창설인 '화합학'(和合學)과 '동아시아 문화'의 시각에서 퇴계사상을 검토하였다. 이외에도 장립문과 이소평이 주편한《中外儒学比较研究》(东方出版社, 1998)와 서원화(徐远和)가 쓴《儒学与东方文化》(人民出版社, 1995) 등의 저작은 모두 상당히 많은 지면을 할애하여 한국유학 사상에 대한 내용을 담았는데 특히 퇴계와 율곡을 대표로 하는 조선 성리학사상에 대해 상세하게 논술하였다.

그밖에도〈退溪学在儒学中的地位—第11届退溪学国际学术会议论文集〉(中国人民大学出版社, 1993), 주월금(周月琴),《退溪哲学思想研究》(杭州出版社, 1997), 고령인(高令印),《李退溪与东方文化》(厦门大学出版社, 2002) 등의 저작은 중국의 퇴계학 연구에 커다란 발전을 가져다주었다.

현재까지 발표된 학술논문 중 대표적인 것으로는 陈来, "略论朝鲜李朝儒子李退溪与奇大升的性情理气之辩"(〈北京大学学报〉, 1985-3期), 赵宗正 "试论退溪学的特点"(〈文史哲〉, 1985-6期), 蒙培元, "朱

学的演变和李退溪哲学”(〈浙江学刊〉, 1986-1期), 辛冠洁, “论李退溪的心学思想”(〈浙江学刊〉, 1986-1期), 杨宪邦, “论退溪学的体用观”(〈社会科学战线〉, 1987-1期), 李锦全, “论退溪人生哲学在儒学中的历史地位”(〈天津社会科学〉, 1990-1期), 刘蔚华, “退溪‘易学’思想初探”(〈济南教育学院学报〉, 2000-1期), 金仁权, “论李滉对程朱‘主敬’思想的扬弃”(〈延边大学学报: 社会科学版〉, 2003-4期), 葛兆光, “寰中谁是中华？—从17世纪以後中朝文化差异看退溪学的影响”(〈天津社会科学〉, 2008-3期) 등이 있다.

이외에도 중국학자들은 일본의 저명한 학자인 츠쿠바(筑波) 대학의 다카하시 스스무(高桥进)가 쓴 대표작《李退溪和主敬哲学》(王根生等译, 延边人民出版社, 1991)을 번역·출판하여 중국의 퇴계학 연구에 큰 도움이 되었다.

2) 율곡학 연구

중국에서 발표된 율곡철학에 관련된 연구논문 중 최초는 이홍순이 쓴 “论李珥的哲学思想”(〈东方哲学研究〉, 1979, 延边大学学报增刊)이었다. 이후 중국에서 율곡학 연구에서는 오랜 정체가 있었다. 한중 수교 이후 양국 간의 학술교류가 강화되고 중국 내 퇴계학 연구가 심화됨에 따라 중국학자들은 율곡학에도 또한 관심을 기울이기 시작했다. 1994년 〈吉林大学学报〉의 4期에 이수동(李秀东)의 논문 “栗谷哲学思想的时代特征”이 등재되었다. 저자는 논문에서 다음과 같이 주장하였다. 조선이 건국한 이후 사회, 경제, 문화가 발전하고 계급갈등이 첨예화되었는데 이러한 역사적 현상이 이데올로기 속에 반영되어 서로 다른 철학적 관점 간의 충돌로 나타났다. 이러한 충돌은 정주학파 내부에서 퇴계와 율곡을 대표로 하는 두 학파 사이의 충돌에서 가장 잘 드러난다고 할 수 있다. 율곡은 이러한 충돌 속에서 시대의 맥락을 정확하게 파악하여 시대가 가진 역사적 의무를 해결하기 위해 시대적 특징을 반영하여 합리적인 가치가 있는 사상을 탄생시켰다. 이러한 사상은 전통 유학에 새로운 시대적 의미와 생명력을 주입했고 후기 조선철학의 발전에 심대한 영향을 주었다는 것이다. 1997년 〈中国文化研究〉 3期에 갈영진(葛荣晋)의 논문 "栗谷论'孝'及其现代意义"가 발표되었다. 이 논문에서 저자는 다음과 같이 주장하였다. 유교는 윤리도덕을 중시하는 것으로 유명하여 '효'를 '백행지도'(百行之首)로 간주하였고, 때문에 조선시기의 대유(大儒)인 율곡 역시 '이효경위선'(以孝敬为先)을 주장하였다. 율곡은 이른바 효라는 것이 '정가'(正家)의 범위에만 한정되는 것이 아니라고 주장했으며, 또한 맹자의 "君子親親而仁民, 仁民而愛物"(《孟子尽心上》)의 인학(仁学) 구조를 따라 '亲亲-仁民-爱物'을 관통하게 되는 완정한 효의 체계를 만들어냈다고 주장했다. 같은 해 12월에 출판된 〈亚文〉 2期(中国社会科学出版社出版)에는 루우열(楼宇烈)의 "栗谷的经学思想研究"라는 논문이 수록되었다. 이 논문에서 저자는 율곡이 자신을 수양하는 것만이 아니라 다른 이를 가르치는 것도 중시해서 "必以立志为先, 躬行为务"하였음을 지적하였다. 따라서 경을 읽는 것은 반드시 "明其理而措诸行, 以尽成己成物之功"해야 하며 이는 율곡 경학(經學) 사상의 핵심이 담긴 것이다. 율곡의 경학은 심오한 이해 그리고 '예'(禮) 속의 '리'(理)를 파악한 뒤에 이를 기초로 인륜(人倫)과 일상 속에서의 실제 예의 문제에 대한 해답과 해결책을 제시하고자 하였다고 주장하였다.

2003년 북경대학출판사와 중국사회과학출판사에서는 각각 장민(张敏)과 홍군의 《立言垂教—李珥哲学精神》과 《朱熹与栗谷哲学思想比较研究》를 출판하였다. 《立言垂教—李珥哲学精神》는 이이의 일생 업적, 철학사상, 이론의 전승, 현대적 의의 등을 상세하면서도 분명하게 소개하였다. 《朱熹与栗谷哲学思想比较研究》는 바로 이 두 사람의 철학사상에 대한 체계적인 비교연구를 전개하였다.

이 주제에 관련한 석사논문은 다음과 같다. 毛哲山, "朱熹和栗谷理气论

之比较研究"(2003, 延边大学), 李斌, "朱子与退溪, 栗谷人心道心说之比较"(2004, 延边大学), 赵君, "栗谷的经世思想及其哲学基础研究"(2005, 延边大学), 朴经勋, "朱熹与李栗谷理气观之比较研究"(2006, 吉林大学). 그동안 발표된 주요 연구논문은 蒙培元, "从栗谷的仁学看儒学与现代性的问题"(〈新视野〉, 2002-1期), 陈尚胜, "重陪鹭更何年？—朝鲜李珥出使明朝诗歌初探"(〈山东大学学报〉, 哲学社会科学版, 2002-06期), 张敏, "创业守成更张论刍议"(〈当代韩国〉, 2003年秋季号), 金源姬, "浅谈栗谷的四端七情论"(〈孔子研究〉, 2004-1期), 李苏平, "试论李栗谷的理气观"(〈东疆学刊〉, 2005-1期) 등이 있다.

"从栗谷的仁学看儒学与现代性的问题"의 논문에서 저자는 다음과 같이 주장하였다. '현대성이란 것이 전통문화의 전면적인 부정만을 의미하는가'는 현재까지도 끊임없이 논쟁이 되어온 문제이다. 현대성과 서양문화가 동일한 역사적 연원을 갖기 때문에 이 문제는 동양의 개발도상국의 경우 훨씬 더 첨예하게 드러난다. 1980년대에 제시된 '유교자본주의', '동아시아 모델' 등의 설명은 아시아 금융위기의 출현으로 인해 타격을 받게 되었다. 하지만 그 누구도 부정할 수 없는 것은 문화의 다원화된 추세가 이미 형성되었고 더불어 현대문명발전의 중요한 한 가지 특징이 되었다는 점이다. 현대성은 보편적으로 받아들여지는 하나의 개념으로서 그 속에 어느 정도 합의된 부분이 있기는 하지만 우리들이 그 속에서 하나의 고정불변한 '모델'을 찾기란 쉽지 않은데, 그 원인은 서로 다른 민족이 존재하고 국가와 지역마다 다양한 문화적 특색을 갖추고 있기 때문이다.

"重陪鹭更何年？—朝鲜李珥出使明朝诗歌初探"라는 논문에서는 율곡이 명나라에 사신으로 갔을 때 지은 시가작품에서 그가 중국에 온 이후에 느낀 심정을 읽을 수 있다고 주장하였다. 시는 타향을 여행하는 이가 느낀 고독과 우수를 담고 있으며 중국의 예의(礼仪) 문화에 대해 느낀 경외와 흠모의 감정을 드러내고 있다. 또한 명나라의 군대가 부패하였다는 사실에 대한 근심과 수도 북경의 웅장함에 대한 경탄을 표현하고 있어 율곡의 시가로부터 우리는 16세기 조선의 사대부가 명나라에 대해 가진 복잡한 심리상태를 엿볼 수 있다.

3) 실학 연구

17세기에서 19세기까지 300년 동안 중국・한국・일본의 역사에서는 모두 사회현실의 변화, 공리성과 실천성을 추구하는 실학(实学) 사조가 출현하여 중국・한국・일본의 사회, 역사발전에 상당히 긍정적인 작용을 했다. 하지만 각자의 사회조건과 문화적 배경의 상이함 아래에 형성된 탓에 그 역할 역시 명확한 차이를 드러냈다.

《中国, 日本, 朝鲜实学比较》(李苏平 等著, 安徽人民出版社, 1995년 12월)은 3국의 실학사상에 대한 비교연구를 통해 각자의 특징을 짚어 냈다. 저자는 책에서 다음과 같이 주장한다. 한국은 주자학을 대표로 하는 한국유학의 문화적 기능 및 가치의 변화는 한국 실학자의 자각을 촉진하였고 그들 가치관의 변화를 가져오게 하였으며, 후생을 중시하고 실증에 힘쓰며 자국의 부국강병을 추구하고 실사구시를 주장하는 새로운 사유방법을 낳았다. 이러한 가치관의 변화는 조선실학으로 하여금 근대에 가까운 중요한 의의를 갖추게끔 하였다. 비록 역사적인 한계로 인해 그것들이 '근대'적 개념을 이끌어 내지는 못하였지만 당시 봉건 말기의 분위기 속에서 그것들이 가고자 했던 방향은 분명 근대로 가는 길이었다. 저자는 한국 실학의 본질적인 특징을 '후생실학'(厚生实学)이라고 정리하였다.

조선시기 실학연구 방면에서 대표적인 연구성과는 갈영진이 주편한 《韩国实学思想史》와 강일천(姜日天)이 저술한 《朝鲜朝後期北学派实学思想研究》가 있다. 《韩国实学思想史》는 중국학자가 철학적 시각을 바탕으로 한국 실학사상을 연구한 최초의 연구서이다. 이 책은 모두 21장으로 구성되어 있으며 주요 내용은 서론을 포함해서 퇴계 성리학의 실학사상, 남명 성리학 체계 속의 실학사상, 율곡의 성리학과 실학사상 및 최한기(崔汉绮)와 남병철(南秉哲)의 실학사상 등이다.

姜日天의《朝鲜朝後期北学派实学思想研究》(民族出版社, 1999년 11월)는 한국 실학사상의 중요한 유파 중 하나인 북학파에 관한 심층적인 함의를 연구하여 이를 철학과 문화사의 측면에서 분석한 것이다. 이 책은 모두 5장으로 되어 있는데 1장은 북학파 실학의 시작, 2장은 북학파 실학의 개창자 홍대용의 실학사상, 3장 박지원의 이용후생(利用厚生) 실학, 4장《북학의》(北学议)와 박제가의 실학사상, 5장 북학파 실학의 현대적 의의이다.

이와 관련된 연구논문으로는 양우뢰(杨雨蕾)의 "18世纪朝鲜北学思想探源"(〈浙江大学学报〉, 人文社会科学版, 2007-4期)이 있다. 이 논문은 대담하게도 북학사상을 18세기 조선이 근대사회로 가는 전주였던 것으로 정의한다. 북학사상의 핵심은 중국에 연행사로 가서 청초 중국의 정치적 안정, 일반백성들의 생활에서의 번영, 문화산업의 발달에 깊은 인상을 받은 것으로부터 조금씩 형성된 것이며 또한 그들이 사신으로서 보고 들은 현실과 전통적인 화이관 사이에서 만들어진 모순을 해결하기 위해 '양청이'(攘清夷)의 사고로부터 이를 점차 타파해 가는 과정 속에서 형성된 것이다. 비록 그들이 화이지변(华夷之辨)의 구호 타파를 주장하였지만 근본적으로는 여전히 중국 전통 유교문화 아이덴티티 속으로의 일종의 회귀이기도 하였다.

이외에도 李敦球, "韩国北学派的经济思想"(〈复旦大学韩国研究论丛〉, 第7辑, 中国社会科学出版社, 2000), 李东欢, "韩国实学的哲学基础"(〈湖南大学学报〉, 社会科学版, 2005-1期), 李英顺·金成镐, "试论洪大容的实学思想"(〈东疆学刊〉, 2006-1期), 邹志远, "朝鲜李睟光哲学思想与文学思想"(〈东疆学刊〉, 2007-3期) 등의 사람들도 저마다의 시각에서 실학사상에 대해 심도 있게 논의하였다.

4) 양명학 연구

중국학자에 의한 한국 양명학 연구는 20세기 말에 시작하여 비록 연구성과는 퇴계학・율곡학・실학의 풍부함에는 미치지 못하지만 연구의 시각과 내용에는 특색을 갖고 있다. 이 분야에서의 중요한 연구성과로는 李苏平, "中韩阳明学比较"(〈北京大学韩国学论文集〉, 第7辑, 新华出版社, 1998), 吴震, "郑齐斗思想绪论"(〈复旦大学韩国学研究论丛〉, 第12辑, 中国社会科学出版社, 2006), 钱明, "朝鲜阳明学派的形成与东亚三国阳明学的定位"(〈浙江大学学报〉, 人文社会科学版, 2006-3期) 등이 있다.

"中韩阳明学比较"은 한중 양명학의 이론적인 바탕, 심과 성의 범주, 치양지(致良知)와 생리(生理)의 범주, 사회가치의 비교 등 4가지의 관점에서 양국 양명학의 공통점과 차이점을 심도 있게 논의하였다. 이 논문에서는 양국의 양명학을 같으면서도 다르고, 다르면서도 같은 것으로 간주하며 비교분석을 통해 동아시아 전통문화의 핵심인 동아시아 의식, 즉 주체의식, 인문의식, 다원의식을 명확히 이해할 수 있다고 주장했다.

"郑齐斗思想绪论"은 바로 심즉리(心卽理), 치양지 및 무선무악(無善無惡)의 3가지 방면에서 하곡의 양명학에 대한 이해를 논하였다. 저자는 17세기 중국 청대 본토의 양명학이 극도의 냉담과 엄격한 비판을 받았으나 동방의 다른 국가에서 하곡과 같은 지음(知音)을 만났으며 이러한 역사는 오늘날 사람들에게는 매우 흥미로운 일이라고 말한다. 만약 '동아시아 유학사'란 개념이 성립된다고 한다면 그것은 분명 '동아시아 유학사'의 분석을 시야에 놓고 하곡의 양명학을 중국의 양명학과 진지하게 비교 연구할 때에야 비로소 가능한 일이라고 주장하였다. 또한 이러한 방식으로 양명학이 동아시아에서 일종의 보편성을 가진 요소임을 발견할 수 있다고 주장하였다.

"朝鲜阳明学派的形成与东亚三国阳明学的定位"는 조선시기(1392

~1910) 퇴계학의 주도 아래 양명학에 대한 비판이 전개되었고 그 속에서 중일 양국의 양명학과는 다른 독특한 조선의 양명학파가 형성되었다고 주장한다. 학술적 개성을 놓고 본다면 조선에서 받아들인 양명학은 중국 북방의 양명학에 가깝지만 일본에서 받아들인 양명학은 비교적 중국 남방의 양명학에 가깝다고 할 수 있다. 삼자를 놓고 비교하면 중국의 양명학은 정치화와 세속화의 보세주의(普世主義) 적 발전경로를 따라 나아갔다. 일본의 양명학은 학문화와 공리화의 문화민족주의적 발전과정으로 나아간다. 그러나 조선의 양명학은 시작부터 불교·선종을 받아들여 혼합된 이질적인 사상으로 나아갔고 강력한 주류사상의 비판 속에서 관·민이 이를 받아들이고 확산하기 어려웠기 때문에, 조선의 양명학은 정주리학이 절대적인 권위를 갖는 근본주의 비슷한 환경에 어떻게 적응할 것인가 라는 방향으로 발전해 나갔다고 주장한다.

한국의 양명학 연구영역에서 이소평이 쓴 "从韩国霞谷阳明学的发展看儒学的生命力"(〈儒家思想在现代东亚〉, 台湾中研院, 2001年), "论郑霞谷的阳明学思想"(〈阳明学衡〉, 第2辑, 贵州人民出版社, 2007年) 등의 학술논문은 중국의 양명학 연구와 발전에도 기여하였다.

5) 한국 도교와 불교 연구

한국 불교연구 분야에서는 1997년과 1999년 종교문화출판사에서 각각 출판한 하경송(何劲松)의 《韩国佛教史》 상하권이 존재한다. 이 책은 모두 15장으로, 불교의 초기 전파에서부터 근대 한국의 불교까지를 기술하였다. 그 속에 저자는 원효·의상·지눌·휴정(休靜) 등에 상당 지면을 할애하였으며 그들의 사상에 대해 중점적으로 소개하였다. 이 책은 상세하면서도 간략하여 한국 불교의 역사적 과정을 비교적 효과적으로 논술하였다. 이 책은 중국인의 시각에서 한국불교에 대한 탐구를 시도한 첫 번째 저작으로서 후학들의 연구발전을 위해 유익한 토대를 제공하였다.

2006년 8월 종교문화출판사에서는 진경부(陈景富)의《中韩佛教关系1千年》을 내놓았다. 이 책은 중국과 한국 양국 불교계가 천 년에 가까운 시간 동안 교류한 역사를 서술하였다. 시기는 위로 4세기 전반에서 아래로 14세기 중후반까지에 이른다. 이 책의 특징은 한중 불교 교류과정 속의 '양방향성'과 '상호의존성' 문제에 상당한 관심을 기울이고 있다는 것이며 또한 이 문제의 연구에서 역시 두드러진 성과를 냈다.

1998년 10월 항주대학출판사에서는 포지성(鲍志成)의《高丽寺与高丽王子》를 출판했다. 이 책은 고려사(高丽寺)의 명칭·위치·흥망성쇠·규모 및 의천의 입송구법(入宋求法)의 전말 등에 대해 집중 서술하였다. 이 책은 출판된 이후 한중 양국학계에서 모두 좋은 평가를 받았다. 이외에도 1993년 12월 중국 사회과학출판사에서는 황유복(黄有福)이 저술한《中朝佛教文化交流史》를 내놓았다. 2005년에는 종교문화출판사에서 루우열 등이 편역한《圆佛教教典》을 출판하였다. 金煥泰의《国佛教史概说》(社会科学文献出版社, 1993)은 바로 한중 수교 초기에 이미 번역되어 중국에 소개되었다. 1995년 중국사회과학출판사에서는 주겸지(朱谦之)가 일본학자 누카리야 카이텐(忽滑谷快天)의《韩国禅教史》를 번역 출판하였다.

한국 도교연구 분야에는 진요정(陈耀庭)《道教在海外》(福建人民出版社, 2000)가 있는데 비교적 많은 분량을 들여 한국에서의 도교의 전파와 발전상황에 대해 체계적으로 소개하였다. 루우열이 주편한《东方哲学概论》(北京大学出版社, 1997년 8월) 역시 따로 장절을 할애하여 도교사상과 도교철학이 한반도에 미친 영향을 설명하였으며, 아울러 삼국시기의 도교사상과 신라 선풍 및 고려의 과의도교(科儀道教)와 조선의 소격전(昭格殿) 등에 대해서도 중점적으로 서술하였다.

한국학자 车柱环,《韩国道教思想》(人民文学出版社, 2005), 都珖淳, "韩国的道教"(《道教》第3卷, 上海古籍出版社, 1992年版), 林采

佑, “韩国道教的历史和问题－有关韩国仙道与中国道教问题的探讨”(〈世界宗教研究〉, 1997-2期), 金得榥, 《韩国宗教史》(柳雪峰译, 社会科学文献出版社, 1992年版) 등의 저작과 논문이 중국어로 번역되어 발표된 이후 중국 내의 학자들에게서 한국 고유의 단군신화·신선신앙과 도교전인(道教傳人) 등에 관련된 자료연구에 많은 도움이 되었다.

6) 예학 연구

중국학계에서 예학연구의 방면 역시 중요한 연구서와 논문이 나왔다. 2005년 5월 북경대학출판사에서는 팽림(彭林)이 저술한 《中国礼学在古代朝鲜的播迁》을 내놓았다. 이 책은 중국 내 한국예학에 관한 연구서로는 첫 번째이며 저자가 교육부의 구오(九五) 인문사회과학기금항목인 '중국 고례(古禮)의 한반도로의 전파와 영향'이라는 과제연구의 기초 위에서 완성한 것이다. 이 책은 모두 12장으로, 책의 주요 내용은 대부분 역사에 대한 고찰이기는 하지만 또한 개별인물의 사상이나 사건에 관한 연구도 포함하고 있고 내용이 자못 풍부하다. 이 책이 중점적으로 탐구한 것은 중국 예학과 예제가 어떻게 한반도에 받아들여지게 되었는가와 한국사회가 어떻게 유교화로 나아가게 되었는가의 문제였다. 이외에도 张立文, “礼仪与民族化－论退溪以後礼的民族化进程”(〈学术研究〉, 2005-6期), 潘富恩, “同春堂的大儒品德和礼学思想”(〈学术研究〉, 2007-6期) 등 역시 최근 한국예학 연구 분야에서 나온 대표적인 논문이다.

7) 한국 유학의 현대화 연구

유학과 한국의 현대화 사이의 관계에 관한 문제 역시 오랫동안 중국 내 한국유학 분야에서 상당히 열띤 주제 중 하나였으며 이후에도 이 문제는

'유교자본주의'(유교가설) 문제에 대한 논의와 결부되어 문화적 시각의 '동아시아의 흔적' 연구에서의 중요한 문제가 되었다. 이 시기에 출판된 张立文, 李苏平 主编, 《中外儒学比较研究》(人民出版社, 1998년 6월), 黄心川 主编, 《现代东方哲学》(浙江人民出版社, 1998년 11월), 姜日天 等 著, 《君子国的智慧-韩国哲学与21世纪》(华东师范大学出版社, 2001년 3월), 刘宗贤, 蔡德贵 主编, 《当代东方儒学》(人民出版社, 2003년 12월) 등의 저작은 모두 이 문제에 대해서 논의한 것들이다. 연구자들은 유교문화가 한국에 거대한 영향을 주었고 이러한 영향은 시대에 따라 발전하고 쇠퇴하는 문제가 아니라 현대화가 진행됨에 따라 새로운 단계로 진행해 더욱 깊은 수준의 표현으로 나타나게 되었다고 주장한다. 유학은 한국의 현대화 과정에서 계속해서 깊은 영향력을 미치고 있으며 그 영향력의 본질은 부지불식간에 작용하는 역사적 아이덴티티의 형식으로 존재하는 것이다. 그러다가 후기 공업사회로의 진행이 가속됨에 따라 서양 현대사상과 사회구조가 거대한 전환기를 맞이하게 되면서 한국인들은 더욱 유교문화의 가치를 분명하게 인식하게 되었고, 갈수록 많은 사람들은 유학이 현대사회의 해답이 되어줄 것을 요구한다. 이 문제에 대한 연구는 그 결론의 성립 여부와 관계없이 철학연구의 시야를 확대하고 있음이 의심의 여지가 없다. 이것은 문화적 전통과 현대화의 관계에 대한 문제와 현대화 과정에서의 선택문제에 관한 연구에 커다란 도움을 주고 있다.

3. 중국학계의 한국철학 연구의 성과 및 문제

최근 한국유학 연구 분야에서 중국학자들은 비교적 커다란 발전을 이루어 총정리 성격의 상징적인 성과가 출현하기 시작하였다. 그중 가장 유명한 것은 이소평이 주도하여 완성시킨 국가철학사회과학 계획에 속하는 "韩国儒学史" 연구이다. 이 과제연구의 최종적인 성과로서 《韩国儒学史》란 동명의 연구서가 2009년 8월 인민출판사에서 출판되었다. 이 책은 한국유학 발전과정에 관해 중국학자가 저술한 연구서로서는 최초이며 세 부분으로 나뉘어져 있다. 서론부분에서 한중 유학의 비교를 통해 한국유학의 '중기'(重氣), '중정'(重情), '중실'(重實)의 기본적인 특징 및 한국 유학의 '의리'(義理) 정신을 분석하였으며 한국유학이 중국유학의 '이기'(理氣), '심성'(心性), '예의'(禮儀), '이도해설'(以圖解說) 등의 방면에서 발전한 부분을 분석하였다. 본문의 5장에서 한국유학의 발전과정을 분석과 논술하였는데 한국 역사발전의 순서에 따라 李穡, 郑梦周, 郑道传, 权近, 徐花潭, 李退溪, 奇高峰, 李栗谷, 成牛溪, 曹植, 金长生, 宋时烈, 魏岩, 韩元震, 郑霞谷, 李瀷, 洪大容, 丁茶山, 崔济愚, 朴殷植 등 대표인물의 유학사상에 대해 심도 있게 논의하였고 아울러 한국유학의 발전 및 변천 속에 내재한 규칙성을 탐구하였다. 부록에서는 한국유학의 특색을 드러내기 위해 한국유학 사상의 유명한 두 쟁론, 즉 사단칠정론과 인물성동이론의 시말을 분석하는 한편 분석의 대상이 된 주요 자료를 책에 명시해 다른 학자들의 연구에 도움이 되도록 하였다. 이 책의 두드러지는 특징은 저자가 한중 양국의 성리학을 비교하는 관점에서 한국유학자가 주자학의 발전에 끼친 영향 및 한국유학이 갖는 특성 등과 같은 이론문제에 대해 심도 있게 논의하였다는 점이다.

2008년 8월 삼련서점에서 진래의 《东亚儒学九论》을 출판하였다. 이 책의 내용의 대부분은 한국유학 연구에 집중되어 있고, 이 책에 담긴 논문은 모두 저자가 이전에 발표했던 논문이기는 하지만, 저자가 말한 것처럼 이 논문들은 저자가 주자연구에 가장 이해가 깊었을 때 쓰인 논문으로써 어느 정도 중국의 주자학 연구자에 의한 한국-일본 주자학 연구의 기본적 수준을 대표한다고 볼 수 있다. 저자는 중국학자들이 종종 '동아시아'란 것에 대해 분명하게 의식하지 못하고 있음을 지적하고 있다. 우리는 '이학'(理學)이 단지 중국만의 사상이 아니라 한국의 사상이며 또한 일본의 사상이라는 점을 인식하고 한국 및 일본의 신유학이 일찍부터 이학사상에 창조적 공헌을 하였기에 우리는 마땅히 이러한 공헌을 인지해야 하며 그래야 이학체계 속 다양한 조직의 교리 및 사상의 발전가능성이 높아지며, 또한 이학이 다양한 지역의 문화전통과 결합하여 형성된 특징을 드러내어 밝힐 수 있다고 주장하였다. 이 책이 출판된 이후 중국학자들의 동아시아 이학에 대한 인식과 이해가 심화·확대되었다고 하겠다.

학술저작의 번역·소개분야에서 최근에는 또한 비교적 높은 수준의 학문적 가치를 가진 한국어 철학명저가 번역 출판되고 있는데, 예를 들어 이소평이 주편하는 《文明互动丛书》에 포함된 李正浩의 《韩文的创制与易学》(洪军 译, 河北人民出版社, 2006년 12월), 宋荣培의 《东西哲学的交汇与思维方式的差异》(朴光海·吕钼译, 河北人民出版社, 2006년 12월) 및 이소평과 한국학자 최영진(崔英辰)이 주편한 《韩国名人名著汉译丛书》는 중국인들에게 한국 문화전통을 이해시키는 데 중요한 도움이 되었다. 후자의 총서는 동시대 한국의 저명한 학자들의 대표작을 엄선하여 심오한 철리(哲理), 진밀(縝密)한 사유, 정심한 결론, 생생한 묘사를 통해 문화의 심층적 각도에서 전방위적 입체적으로 한국문화를 소개하고 한국의 의리정신(義理精神), 주체정신(主體精神), 충효윤리, 다원종교(多元宗教), 소박한 민간의 풍속을 강조하였다. 현재까지 《韩国儒学与现代精神》(柳承国著, 姜日天, 朴光海等合译, 东方出版社, 2008), 《韩国儒学思想研究》(崔英辰著, 邢丽菊译, 东方出版

社, 2008)가 출판되었다. 이러한 번역서가 출판됨으로써 중국학자들이 한국 학자들의 유학 연구성과를 이해하는 데 도움이 될 뿐만 아니라 또한 양국 학술문화 교류에 진일보한 발전에도 도움을 줄 수 있었다. 하지만 중국학계는 한국철학 연구방면에 어느 정도 성과가 있다고 할 수 있지만 객관적으로 분석해볼 때 아직도 적지 않은 문제점이 남아 있다.

1) 연구의 깊이와 역량의 부족

지금까지 대부분의 학자들은 한국철학에 대한 연구에서 거시적인 시각에 머무르고 있으며 미시적이고 심도 있는 분석은 결여되어 있다. 학자들은 언제나 거시적으로 비교적 긴 시기 동안의 철학발전사 상황을 논하고 구체적인 시대의 구체적인 인물형상에 대해서는 깊이 있는 인식과 이해를 보여주지 못하고 있다. 조선 유학의 어떤 주제를 놓고 살펴봐도 이 사정은 다르지 않다. 단지 그 주제의 전후관계를 파악하는 데 그치고 있을 뿐, 구체적으로 세밀한 부분에서는 모호해진다. 예를 들어 말하자면 사단칠정론(四端七情論)의 경우, 중국학자들은 일반적으로 이것이 퇴계와 고봉(高峰) 사이에 있었던 논쟁이라는 것을 알고 있고 또 혹자는 율곡과 우계(牛溪) 사이에 이러한 문제를 논쟁하였다는 것도 알고 있지만, 사단칠정론을 제외하고는 고봉과 우계의 다른 철학사상에 대한 이해는 극히 적다. 또한 퇴계·율곡 이후 어떠한 사람이 이 논쟁에 참여했는지, 어떤 다른 해석과 발전을 전개했는지와 같은 질문에 대해서는 더더욱 아는 바가 적다.

2) 연구대상 범위의 협소

조선시기의 명유(名儒)·대유(大儒)에 대한 관심은 비교적 높지만 그 외의 인물에 대한 관심은 적다. 일반적으로 말해서 중국학자들의 관심은 모든 이들에게 익숙한 퇴계·율곡·다산 등에 몰려 있고 당연히 연구성과도 대부분 이 세 명의 유학자에 집중되어 있다. 조선 유학의 기타 인물, 이를테면 송시열(宋时烈), 김창협(金昌协), 김장생(金长生), 조광조(赵光祖) 등에게는 별로 관심을 기울이지 못하고 있다. 사실 조선 유학에는 수많은 유파가 있고 각각의 유파에는 모두 연구할 만한 가치가 있는 인물 및 그들의 철학사상이 있다. 이러한 각양각색의 인물과 사상은 우리들에게 다양한 사고를 가져다주고 우리의 연구시야를 확대해 줄 수 있다.

3) 연구주제의 구체성과 상세함 부족

앞서 연구성과를 소개하는 부분에서도 확인했듯이 중국의 한국철학 연구는 한국유학에 편중되어 있고 한국 불교 및 도교에 대한 연구는 그다지 많지 않다. 유학 방면에서도 중국학자들의 관심은 대개 조선시기의 유학에 있고 조선왕조 이전의 고려·통일신라·삼국시기 및 상고시기 등의 유학에 대한 연구는 비교적 적다. 또한 구체적으로 조선시기를 살펴보면 중국학계는 조선 전기의 유학연구에 치우쳐 있고 후기의 유학연구는 실학과 양명학을 제외하고 그 외의 사상, 이를테면 후기의 개화사상·척화위정사상·동학사상에 대한 관심이 적다.

4) 언어 교류의 장애

많은 연구자들이 한국어를 모르기 때문에 연구가 대체로 한문으로 읽을 수 있는 고대 경전의 정리와 분석에 치우치는 결과를 낳았다. 현대 한국학계의 최신 연구성과에 대해서는 이해할 도리가 없으므로 당연히 인용할 방법이 없고 이는 한국 현지의 학계에 비해 전체적인 연구수준이 뒤떨어지게 만드는 요인이 되고 있다. 예를 들어 한국학계에서는 지금껏 주리(主理)와 주기(主氣)로 유학사(儒學史)를 분류하는 방법에 대해 이미 의문과 비판의 목소리를 수없이 내왔지만 중국학계의 대부분의 학자들은 여전히 계속해서 한국 유학의 유파를 주리파와 주기파의 두 분류로 나누고 있으며 또한 여전히 이러한 기준에 따라 유학자들을 분류하고 있는데 이는 중국학계의 연구가 시대의 최신성과를 따라잡지 못하고 있음을 보여준다. 또한 지적할 것은 언어의 장벽으로 인해 많은 학자들의 연구가 번역된 자료에 의존해 진행되고 있다는 점이다. 하지만 현재까지 중국학계에서는 몇몇 전문연구자의 번역을 제외하면 많은 번역이 별로 정확하지 못해 연구자들을 커다란 착오에 빠지게 할 수 있다.

5) 연구자료와 인력부족

지금까지 중국에서 한국철학을 연구할 때의 자료는 주로 고전 한문문헌, 중국어 번역서, 중국학자들의 연구성과였다. 하지만 철학의 다른 학과에 비교하면 자료가 상대적으로 편중되고 협소함을 알 수 있는데 근본원인은 중국어로 된 번역자료가 부족하다는 데 있다. 인력의 측면에서도 연구인력이 부족할 뿐만 아니라 전문 번역인원의 수 역시 부족하다. 지금까지 중국학계에서는 앞서 언급하였던 연구기관에 속한 연구인력을 제외하면 기타 연구기관과 연구인력이 거의 없다. 현재까지 중국의 대학 중에 아직까지 한국철학을 전공하는 학과가 없으며, 많은 대학 혹은 연구기관에서의 한국철학 연구는 모두 동양철학의 연구단위 아래에 속해 있다. 이와 같은 이유에서 중국 대학에서 동양철학을 전공하는 사람 역시 드물고 귀할 수밖에 없다. 연구단위에 매이지 않고 연구하는 학자는 당연히 더욱 적다. 또한 간과해서는 안 될 점은 어문학 방면의 수많은 사람들이 철학을 제대로 이해하지 못하기 때문에 번역작업에 뛰어들기 힘들었고, 때문에 전문번역을 수행할 인원이 지극히 부족하게 되었다는 점이다.

4. 중국학계의 향후 한국철학 연구의 과제와 전망

지금까지의 내용을 종합하였을 때 한국철학 연구는 중국학계에서 일종의 초보단계이자 발전단계에 위치해 있으며 앞으로 진일보한 발전과 도약을 기다리고 있다고 하겠다. 위에서의 문제점을 종합할 때 필자는 장래 중국학계가 한국철학 연구에서 넘어야 할 과제에 대해 아래와 같이 생각한다.

(1) 더욱 깊이 있는 연구를 해야 한다. 한국철학은 대개 중국의 유학이 한반도에서 계승되고 발전된 것으로, 이는 학자들에게 유학에 대해 심후하게 이해할 것을 요구하는데, 특히 주자학 연구의 기초와 세부사정에 대해 견고한 이해가 필요하다. 또한 단단한 전공지식과 이론적인 기초가 있지 않다면 연구의 깊이는 담보할 수 없다.

(2) 연구주제와 내용을 더욱 확장해야 한다. 지금까지 중국의 조선 전기에 대한 연구는 어느 정도 축적된 것이 있다. 특히 퇴계와 율곡 등 대유의 사상에 대한 연구가 그러하지만 후기유학에 대한 연구는 더욱 확대될 필요가 있으며, 특히 사단칠정론 혹은 호락논쟁이나 개화사상 · 동학사상 등에 대한 연구가 부족하다. 뿐만 아니라 상고시기 · 삼국시기 및 고려시기의 유학사상 발전에 대한 연구 또한 연구의 범위에 넣어야 한다.

(3) 정부와 민간에서 더 많은 인력을 투입하여, 풍부하게 연구자료를 갖추고, 더 많은 연구기관을 설립함으로써 더 많은 연구인력과 전문 번역인원을 길러내야 한다. 어떠한 분야의 학문이 발전하기 위해서는 항상 든든한 경제적 지원이 바탕이 되어야 하며, 필자는 여기에서 한중 양국정부 및 민간단체 여러분께 다음과 같이 부탁드리고 싶다. 철학이 경제 및 사회에 두루 미치는 이론적 공헌을 인식하고 경제적 원조역량을

강화하여 주기를 바라며, 그런 뒤에야 학자들의 연구에 대한 열정을 더 높이 고취할 수 있고 그들로 하여금 더 넓은 연구영역에 뛰어들 수 있도록 장려할 수 있다는 사실을 호소하는 바이다. 동시에 한국철학 역시 고전연구를 통해 이를 이론적 기초로 삼고 시대의 흐름에 발맞추어 사회현실 문제와 결합된 연구를 더욱 많이 해야 하며, 그렇게 함으로써 연구가 시대성과 사회성을 갖추고, 그래야 연구가 생기와 활력으로 충만하게 될 것이다. 이를 통해 최종적으로는 사람들이 철학에 대해 갖고 있는 생각, 필요하지만 멀리하고 싶어하는 그러한 거리감을 해소할 수 있을 것이다.

(4) 한중 양국학자 사이의 학술교류를 강화해야 한다. 중국학계에서는 한국의 동료학자들과 이 분야의 최신 연구성과를 적극 학습해야 하며 아울러 이를 자신의 연구에 포함시킬 필요가 있다. 특히 한국에 존재하는 수많은 참고자료는 중국학자들에게 있어서 호랑이 등에 날개를 달아주는 것과 같다. 동시에 한국학자들 또한 중국학자들의 연구를 배울 필요가 있으며, 양국 학자들의 교류 속에서 단지 양자의 장점을 취해 자신의 단점을 보완하는 정도에 그치지 않고 서로 자신의 연구 분야를 더욱 확대하고 연구의 시야가 넓어지게 되는 그런 발전이 있어야 하겠다.

사물의 발전규칙이 우리에게 가르쳐주듯이 어떠한 하나의 학문도 발전의 모든 단계마다 수많은 어려움과 마주하게 되는데 이는 결코 피할 수 있는 것이 아니다. 하지만 다행인 것은 한국철학이 우리들에게 있어서 결코 낯선 것만은 아니라는 점이다. 그중 가장 큰 하나의 줄기, 즉 한국의 유학을 사례로 놓고 본다면, 비록 한민족이 고유의 유학사상을 갖고 있기는 하지만 그것은 중국의 유학에서 발원한 것으로, 따라서 중국의 것과 상통하는 부분이 매우 많다. 또한 조선의 성리학은 바로 중국의 주자학을 받아들인 것이 현지화와 민족화의 과정을 거쳐 형성된 것이다. 이러한 점들이 바로 중국과 한국을 결코 분리해서 볼 수 없는 이유이다.

이 점을 생각한다면 중국학자의 연구가 더욱 친근하게 느껴질 수 있을 것이다.

또한 최근 중국대륙에서는 정부든 민간이든, 학자든 일반대중이든 유학을 중심으로 하는 국학(國學)에 대한 관심이 날로 높아지고 있다. 또한 세계화의 발전추세에 따라 중국인들은 점점 더 중국적인 것이 세계적인 것이고 전통적인 것이 현대적인 것임을 점점 분명하게 깨닫게 되었고, 이에 따라서 중국 본토에서 발원한 전통적인 유교문화는 사람들이 지녀야 할 것이고 지켜야 할 것임을 인식하게 되었다. 구체적인 학문의 사례를 놓고 이야기한다면, 학자들은 중국 내부의 시각에서 유학을 연구해 왔는데 이제는 또한 국제적으로 주변국가의 시각에서도 유학을 연구하게 되었다. 중국의 저명한 사상사학자 갈조광(葛兆光)은 일찍이 '수변에서 본 중국'이라는 연구태도를 제창했는데 그 주요한 내용은 중국 주변의 각각의 문화지역에 남아 있는 각종 문헌자료를 통해 이를 역으로 바라봄으로써 중국의 전통과 문화를 연구한다는 것이다. 이것은 크게 두 가지의 방향으로 나눌 수 있다. 하나는 성외(域外, 특히 일본・한국・몽골・베트남 등 주변지역)에 보존되고 기록된 중국의 역사・문화・사상・종교에 관련된 자료(특히 한문자료)에 대한 연구이다. 두 번째는 서양문헌에 남아 있는 중국과 관련한 이미지・전설・지식과 그 변천에 관한 연구이다. 갈조광의 이러한 연구자세는 학계의 지지와 찬사를 받았으며 현재에도 점점 더 많은 학자들이 이러한 연구행렬에 동참하고 있다. 당연하지만 한국유학 역시 이러한 시대적 추세 아래에서 더더욱 주목의 대상이 되고 있다. 최근 몇 년 동아의 발전추세는 이미 이러한 점을 증명한다. 우리가 명심해야 할 점은 서양철학과 비교하여 그리고 동양철학의 다른 분과학문과 비교하였을 때 한국철학은 상대적으로 신흥학문으로서 이에 대한 연구가 아직 초보단계에 지나지 않는다는 것과 그것이 아직 발전을 기다리는 단계이기 때문에 이 연구 분야는 아직 우리가 더 많이 개척할 여지가 남아있다는 점이다. 이것은 시대가 우리 학자들에게 부여한 저버릴 수 없는 책임이자 의무이다. 우리들은 적극적이고 낙관적인 자세로 이러한 사명에 부응하기 위해 나아가야 할 것이다. 장래 한국철학 연구의 발전전망은 분명 낙관적일 것이고 그것은 장차 철학연구의 영역 속에서 일익을 차지하게 될 것임을 믿는다. 이것은 분명 기대할 만한 가치가 있다.

■ 참고문헌

張立文, 《退溪書節要》, 中國人民大學出版社, 1989年9月.

李甦平, 《中國、日本、朝鮮實學比較》, 安徽人民出版社, 1995年.

張立文, 《李退溪思想研究》, 東方出版社, 1997年.

潘暢和, 《中韓日儒學比較論》, 延邊大學出版社, 2005年.

彭林, 《中國禮學在古代朝鮮的播遷》, 北京大學出版社, 2005年5月.

陳來, 《東亞儒學九論》, 三聯出版社, 2008年.

李甦平, 《韓國儒學史》, 人民出版社, 2009年.

洪軍, "中國的韓國儒學研究成果", 〈國際版儒教文化研究〉, 第11輯, 成均館大學出版部, 2009年2月.

林月惠, 《異曲同調: 朱子學與朝鮮性理學》, 台大出版中心, 2010年5月.

中国学界*的韩国哲学研究

现状、问题及未来课题**

作为东亚汉字文化圈的重要一份子，韩国哲学研究一直是东亚文化研究的一个重要领域。然而在92年中韩建交以前，中国大陆学界对此领域的研究几乎是一片空白，仅有1957年《哲学研究》第1期刊登的《十六世纪朝鲜卓越的唯物主义者徐敬德的哲学思想》一篇专业的学术论文。相比之下，台湾学界对此的研究则相对活跃，有关的著作和论文也相对较多。[12] 然而随着上世纪70-80年代韩国经济的崛起以及92年中韩两国的正式建交，中韩两国的经贸往来以及文化交流日渐频繁，而且近年来呈现迅猛发展的趋势。在此带动下，中国学界的韩国学研究，特别是韩国哲学研究也取得了丰硕的成果。在笔者看来，目

---

* 限于会议主题及文章的篇幅规模，本文只探讨中国大陆学界的韩国哲学研究成果，对台湾学界的韩国哲学研究成果则不展开详述。

** 本文中涉及的韩国哲学研究成果的统计和整理部分参考了洪军《中国的韩国儒学研究成果》(载《国际版儒教文化研究》第11辑，成均馆大学儒教文化研究所出版发行，2009年2月出版) 以及林月惠《异曲同调：朱子学与朝鲜性理学》(台大出版中心，2010年5月出版)，在此谨向作者表示衷心的感谢。

12) 此段时期的代表学者是蔡茂松。蔡茂松1972年于韩国成均馆大学取得博士学位，其博士论文的题目是《退、栗性理学的比较研究---以退、栗的思想立场为中心》，导师为柳承国教授。此博士论文于1985年修改增订为专著《退溪、栗谷性理学之比较研究》在韩国出版。蔡茂松返台执教后，陆续发表了一系列有关韩国哲学与文化的论文，其中朝鲜时期的性理学更是其研究的重点。后来他又出版了一部中文专著《韩国近世思想文化史》，介绍朝鲜时代以儒家为主的思想文化。后来，戴琏璋、蔡仁厚、周何、王苏等学者，因与韩国退溪学会的学术交流而撰写了一些有关韩国儒学的学术论文。以上参见林月惠：《异曲同调：朱子学与朝鲜性理学》，台大出版中心，2010年5月。

前中国学术界对韩国哲学的研究可划分为4个阶段：1957-1977年为第一阶段，此阶段为韩国哲学研究的萧条期；1978-1991年为第二阶段，此阶段为韩国哲学研究的萌芽期；1992年-20世纪末为第三阶段，此阶段为韩国哲学研究的起步期；进入21世纪为第4四阶段，此为韩国哲学研究的发展期。进入21世纪后，随着国内“国学热”的升温以及政府对儒学的高度关注，人们开始重新关注中国国学在海外的发展。韩国儒学作为中国儒学在海外成功发展的优秀案例，开始被迅速纳入国人研究的视野，国内学界对此的关注逐渐变得高涨起来，于是韩国哲学的研究也得到了一定程度的发展。然而，由于学科自身的条件以及国内研究人力的缺乏，目前中国学界韩国哲学的研究还未达到高潮期。

鉴于会议的主题，本文主要从国内韩国哲学研究的代表机构、主要人物、研究领域来整理目前研究的主要现状，然后就国内韩国哲学研究的主要成果和问题点进行分析，最后结合时代形势对将来的研究提出自己的展望。

一、中国学界韩国哲学研究的主要机构和代表学者

中国大陆学界中最早进行韩国哲学研究的机构是延边大学。早在上世纪的50年代，延边大学就开始对韩国的哲学思想文化进行整体的研究。至上世纪的70年代，延边大学成立朝鲜问题研究所，下设朝鲜哲学研究室，有国内最早从事韩国哲学思想研究的朱红星教授、李洪淳教授、朱七星教授等为核心展开研究，这样使得延边大学成为国内韩国哲学研究的唯一阵地。70年代末国家恢复了研究生教育制度，鉴于延边大学朝鲜问题研究所的研究成果，教育部于1981年授权延边大学面向全国招收外国哲学史（当然包括韩国哲学史）的研究生，并于

1984年批准授权授予哲学硕士学位。1996年外国哲学史硕士点改名为外国哲学硕士点，主要以韩国哲学和日本哲学为主要研究方向。后来虽然研究方向进一步扩展到西方哲学领域，但是由于地域和语言的优势，延边大学的韩国哲学研究一直保持在全国的领先地位，而且也形成了自己独特的研究特色。

该研究室的主要贡献是参编出版了一批具有奠基意义的韩国哲学著作。1980年7月出版的《辞海・哲学分册》收录了有关朝鲜哲学条目22条，其中1条为学派介绍，其余皆为人物介绍，不过选取的人物和学派都集中在朝鲜王朝时期。1987年10月出版的《大百科全书·哲学卷》收录了韩国哲学条目约33条。在《辞海》所收入条目的基础上又增加了诸如元晓、义湘、义天等韩国佛教的代表人物。后来1992年10月出版的《哲学大辞典》收录了有关韩国哲学条目46条，并对朝鲜思想史上著名的"四段七情论辨"做了重点介绍。以上三本辞书中韩国哲学条目的相关内容主要有朱红星、李洪淳、朱七星等人参与编写。另外，这三人合著的《朝鲜哲学思想史》也于1989年8月由延边人民出版社正式出版。该书是为了满足攻读韩国哲学史专业的研究生的教学需要而编著，是我国出版的第一部韩国哲学史方面的著作。该书在充分吸收韩国学界研究成果的基础上，从中国学者的角度进行了系统的梳理。该书的问世对国内韩国哲学思想史的研究具有开拓性的意义，在国内外得到了较好的评价。后来此书还经艺文书院在韩国出版发行了韩文版，得到了韩国同行的认可。

此后延边大学朝鲜问题研究所被并入人文学院的外国哲学科，后来又成立了延边大学东方哲学研究所，该研究所一直延续优良的研究传统，在国内的韩国哲学研究中継续发挥领军的优势作用。东方哲学所的研究范围包括印度哲学、日本哲学、朝鲜哲学、阿拉伯哲学等东方国家哲学，特别重视地缘、语言、文化等方面的优势，注重研究朝鲜-韩国哲学、日本哲学以及中朝-韩日哲学与文化的比较研究。[13] 目前延边大学韩国哲学研究的代表人物有潘畅和教授、方浩范教授等。

潘畅和教授博士毕业于复旦大学哲学系，其研究专长是中日韩三国哲学思想的比较研究，代表作是《中韩日儒学比较论》（延边大学出版社，2005年）。她通过《古代朝鲜和日本的朱子学特色比较》、《日本文化的发生学特点》、《论日本与韩国文化机质的不同特色》等专题论文，已形成一家之言。她认为东亚儒学文化圈由中国、日本、韩国三国构成，儒学的典型形态即为这三国的儒家文化形态。中国作为儒家文化的原创国，儒家文化博大精深；日本和韩国作为接受儒家文化的子文化，又恰好将儒学的价值理性和工具理性两方面各自做了极大的发挥，从而将儒家文化内在的各种文本功能在不同的文化主体中做出了现实的不同诠释。而这种不同主要源自不同主体做出的不同价值选择，如果说日本更多地发展了技术文化而追求具体实力的提高，那么古代朝鲜则更多地发展了精神文化而追求普遍的个体人格的完善。这样，在日本以实力、武功、技艺为尺度而容不得争辩，进而培养出等级森严、顺从大势、忠于职守、勇于献身的行动文化。而在古代朝鲜则形成了文治、文班、文人、文笔、话语的霸权，培养出遵守尊卑秩序、服从道德命令、宁死不屈志操的个体人格精神。在价值选择上，古代朝鲜较多地选取了儒学的"仁"、"孝"、"理"、"性"等"天道"层次上的概念范畴，并使其从一种观念化的思想逐渐发展成一种制度化的存在，而成为更加成熟的社会文化意识形态。日本恰好相反，较多地吸收了儒学的"忠"、"信"、"诚"等"人道"层次上的行为原则，使那些抽象的、虚无的、理念的部分逐渐脱落，或者逐渐转化为具体、实用、可操作的形态，致使儒家文化整体被解构而成为各阶层文化的润滑剂。这种对中日韩三国比较研究的独具特色的视角和观点，已得到了我国

13) 参见以下网站：http://daoshi.kaoyantj.com/2006/07/21/C3008E0B3A82C1F9.html

学术界的认可，也受到国外学术界的瞩目。

方浩范教授主要从事东亚文化、韩国实学思想以及中韩哲学思想比较研究。主要著作有《儒学思想与东北亚"文化共同体"》(社会科学文献出版社，2009)、《茶山实践伦理思想》(韩文，泉水出版社，2004)、《丁若鏞的哲学思想》(韩文，KSI韩国学数情报社，2004)等多部。其中第一本是关于研究"儒学思想与东北亚文化"的专著，书中包括了儒学的历史演变及其对中国社会的影响、全球化背景下的儒学与文化、东北亚"文化共同体"思考、东北亚"文化共同体"动因及其政治影响等十章内容，全面考察了东北亚文化共同体形成的基本条件、政治阻碍、文化环境探析、东亚文化合作的模式以及儒学在这过程中发挥的作用。作者认为，基于传统和东北亚文化区域合作，共同体要建构的是一种多元共生的理念，需要得以生存的文化环境和能够健康发展的思想基础。考察东北亚历史发展的脉络，不难发现儒学应该最有资格成为该共同体的文化背景与思想基础。虽然儒学的确存在着很多与现代化格格不入的因素，但它2500多年来所积淀的优良特质在现代社会中継续发挥的作用却是不能抹杀的。方先生自2006年在国内学术界首次提出"东北亚文化共同体"概念以后，相継在国内外各种学术会议和刊物上发表了《东亚文化史上的儒释道及其未来性思考》、《东北亚文化共同体动因及其政治阻碍》、《东北亚文化共同体的思考－－中韩日文化共同体的可能性》、《生态学理论视域下的东北亚文化环境－－东北亚"文化共同体"关联思考》等论文，受到国内外学界和同行们的关注。

此外方浩范和李海涛主编的《韩国性理学与宗教文化》(延边大学出版社，2011年)也是最近国内出版的韩国儒学著作之一，给国内研究韩国儒学的学者们提供了很好的借鉴作用。全书由上下篇组成，上篇"实学与性理学"部分重点考察了茶山丁若鏞的哲学思想、栗谷与朱熹的哲学对比、韩元震与李柬的人物性同异论、南冥曹植的哲学思想以及张载与南冥的哲学思想比较；下骗"宗教与文化"部分重点考察了以义天、知纳等人物为代表的韩国佛教文化、崔济愚的东学思想以及儒家文化在东亚价值观构建中的作用等等。

北京大学哲学系作为国内哲学界的权威机构，早在20世纪50年代全国高校院系调整之际，便整合和集中了了全国哲学专业的核心人物成立了外国哲学研究所。虽然也稍有涉及东方哲学的研究，但主要是印度哲学，特别是印度的佛教研究，后来1961年北大哲学系又成立了东方哲学教研室，主要成员为朱谦之教授和黄心川教授。但是朱先生的研究专长是日本哲学，而黄先生的专长是印度佛教以及中国的玄奘研究，二者均不涉猎韩国哲学。后来该研究室一度中断，直到1986年才恢夏成立，2000年东方哲学教研室又与宗教学教研室重新整合成立了现在的佛教与道教教研室，由楼宇烈教授出任首任主任。楼先生长期从事中国传统文化和东方文化的研究，对韩国哲学的研究主要集中在退溪、栗谷以及韩国思想史方面。楼教授主编的《东方哲学概论》(北京大学出版社，1997年)是国内研究东方哲学的重要参考书籍。该书设专门章节介绍了道家思想和道教哲学对朝鲜半岛的影响，并重点叙述了三国时期的道家思想和新罗仙派以及高丽科仪道场和朝鲜王朝昭格殿等。

北大哲学系魏常海教授也是国内较早从事韩国哲学研究的专家之一，他主要从事韩国佛教以及韩国文化史的研究，曾著述《中国文化在朝鲜半岛》、《东方哲学概论》、《韩国哲学思想资料选辑》等，并发表论文《义天在宋丽佛教交流中的贡献》》(载《延边大学学报(哲社科版)》2009年第3期)、《元晓"和诤"理论与义天"圆融"思想》(载《东疆学刊》2005年第4期)、《以"和诤"思想为中心看中韩传统思想与现代化》(载《当代韩国》2001年第4期)、《朴股植的儒教求新论与阳明学思想》(载《延边大学学报(哲社科版)》1991年第4期)等。

此外，北京大学外国语学院韩语系的张敏教授也是国内研究韩国哲学的专家之一。张教授本是韩国语专业出身，硕士和博士阶段转攻韩国哲学，博士阶段师从魏常海教授，主要研究栗谷哲学思想以及朝鲜时期的思想史。代表著作有《立言垂教---李珥哲学精神》(北京大学出版社，2003年)、《韩国思想史纲》(北京大学出版社，2009年)。前者是第一部由中国学者撰写的韩国16世纪思想家栗谷李珥哲学思想研究的专著，书中对栗谷思想形成的历史、社会、思想传承等背景作了详细的考察，特别是对当时思想界的三场论辩进行了细致分析，这对了解栗谷思想的形成、发展及其特点等都有很大的帮助。《韩国思想史纲》以韩国11至19世纪十三名最有代表性的思想家作为对象，展开韩国哲学思想史的研究。书中分十四章分别论述了各个思想家的思想体系以及传承关系，其理论对于社会发展产生的影响，以及在整个韩国思想史中的价值意义。

中国人民大学哲学系也是国内较早设立东方哲学教研室的院系之一，但是后来由于种种原因，该教研室被并入中国哲学教研室，主要有姜日天教授在负责研究。姜教授的研究方向是中国古代哲学与文化、韩国古代哲学与文化、朝鲜时期的实学以及东方文化，主要著作有：《朝鲜朝后期北学派史学思想研究》、《君子国智慧》、《中国古代哲学研究》等，代表论文有《燕岩朴趾源"即事趣真"的文学思想及其历史哲学内涵》(载《当代韩国》2001年第2期)、《东亚实学与东亚文化交流》(载《哲学动态》2002年第7期)、《丁若鏞的天道观与18、19世纪韩国实学的形而上学》(载《湖湘论坛》2010年第3期)等。

此外，中国人民大学孔子研究院院长张立文教授也是国内较早从事韩国哲学研究的专家。张先生的突出贡献是对退溪学的研究，是我国退溪哲学研究的先驱者。1989年10月中国人民大学举行了第一次退溪学国际会议。会议前夕，张先生主编出版了《退溪书节要》(中国人民大学出版社，1989年9月)。在书的前言部分，张先生阐述了编纂此书的宗旨在于：一是使于完整系统的认识、把握退溪思想的精髓，以消除对退溪的误解和偏见。二是易于教授和传播。退溪的诸多书信、奏折等均为古汉语，现代的研究者可能不克其义，而需借助于注释。《退溪书节要》以其易简注释，有助于读者理解文意。三是有利于探索退溪学与新儒学的现代意义。[14] 书中，他还用较长的篇幅对退溪哲学的逻辑结构和理论特点做了系统的介绍。此书作为国内退溪学研究的入门读物，出版后反响不错。这是我国学者对退溪学的普及与国际退溪学发展做出的重要贡献。

除此之外，张先生还出版了专著《李退溪思想研究》(东方出版社，1997年)，《君子国智慧－韩国哲学与21世纪》(华东师范大学出版社，2001年)。《李退溪思想研究》从儒学发展史视角出发，记述了程朱性理学在东亚各国传播过程，评述李退溪吸收和丰富朱子学并使其发展为朝鲜朱子学的贡献。既从学问研究的角度考察退溪思想，也从当代探讨东亚经济高速发展的精神力量而萌生东亚意识的现实出发，认为在现代问题研究中弘扬和发展作为东亚意识源头之一的退溪学具有重要的现实意义和理论价值。由于作者多年从事儒学研究，功底深厚，加之用10余年的时间，有计划地从各种角度、层面撰写论文，系统地研究退溪思想，因而使该著的研究力度达到相当的水平。[15]在后书中，张先生认为，东亚文化是东亚几千年的文化传统的凝结，是文化的内核即哲学智慧的结晶。韩国哲学、文化是在其传统的风流道哲学、文化的基础上，不断和合中国的儒、释、道哲学、文化而形成的。从17世纪初开始，这个哲学、文化又和合西学，在更大的视野里和合生成自身。韩国哲学、文化具有东亚文化的典型意义。一方面，它在儒家文化圈里，对儒学的传承较全面、深刻，乃至于在一些方面比儒家哲学、文化的本土，有过之而无不及。另一方面，这个文化的

14) 原文内容详见张立文：《退溪书节要》，中国人民大学出版社，第5页。

15) 宋成友：《韩国史研究综述》，载《世界历史》1999年第2期。

显著特点就是开放和合性。几千年来,韩国一直受中国儒、释、道哲学、文化影响,形形了割不断的思想文化史联系。17世纪以后,近现代以来,它又较广泛地和合吸纳西方工业文明,扩大、加深了自己的内涵。

中国社会科学院哲学研究所下设的东方哲学研究室是我国韩国哲学学科的重要学术机构和研究中心。该研究室最初设立于1984年,主要研究领域有韩国哲学、日本哲学、越南哲学、阿拉伯哲学、印度哲学等,是我国东方哲学研究的重镇。该研究室从事韩国哲学研究的主要是李苏平教授和洪军副教授。

李苏平教授的主要学术观点为:⑴在东亚(中日韩)比较哲学研究中,中国传统文化、日本传统文化、韩国传统文化有各自不同的内涵和特点,是多元的,而不能视为中国传统文化的移植和外延。⑵通过对东亚比较哲学的研究,和中国人民大学教授张立文先生一起提出"东亚意识"概念。"东亚意识"是指以中国、日本、韩国为主的东亚地区内在性的以儒学为核心的一种意识。"东亚意识"包含着主体意识、反省意识、经世意识、多元意识等。⑶在对中日韩传统文化的研究中,提出了与学术界流行观点不同的新观点。如:①"舜水学"。这是对中国明末清初学者、后又客死于日本的朱舜水学问观的称谓。通过对朱舜水实践哲学的研究,首次提出"舜水学"这一概念"。②"石门心性学"。这是对日本"石门心学"概念的修正。日本学术界将以石田梅岩为首的心学派称为"石门心学"。通过对石田梅岩哲学的研究,认为他既讲"心",也讲"性","心性"并重,而梅岩后学也是既讲"心",又讲"性","心性"并讲。为此,提出了"石门心性学"这一界说。③"霞谷学"。这是对韩国阳明学代表者郑霞谷学术思想的统称。韩国学术界只讲郑霞谷是韩国阳明学的一个重要发展阶段,对他的阳明学思想进行肢解性研究。我则提出了"生气"、"生理"、"生道"具有韩国阳明学特色的基本范畴,构成了完整的"霞谷学"。16)

李教授著述颇丰，代表著作有《韩国儒学史》(人民出版社，2009年)、《中国、日本、朝鲜实学比较》(安徽人民出版社，1995年)、《东方著名哲学家评传(韩国卷)》(山东人民出版社，2000年)。代表论文有《朱熹与退溪理范畴比较》(刊于《退溪学报》63、64期)、《中朝朱子学比较》(刊于《社会科学研究》1993年2月)、《李退溪敬哲学及其未来人格发展》(刊于《韩国学论文集》第5辑，1996年)、《中韩阳明学比较》(刊于《韩国学论文集》第7辑，1998年)、《韩国三教和合的现代价值》(刊于《现代哲学》2000年第4期)、《以韩国三国时代儒学诠释东亚文化圈》(刊于《东亚文化圈的形成与发展》台湾大学，2003年8月)等等。这足以使得李教授成为中国国内研究韩国哲学的中坚力量。特别值得一提的是，其著作《韩国儒学史》是国内学者撰写的第一部韩国儒学思想史发展的力作，也是国内韩国儒学研究带有总结性的标志性成果。[17]

洪军教授的主要研究方向为栗谷哲学、中韩哲学比较研究等。洪先生沉浸于韩国哲学研究已经多年，代表著作有《朱熹与栗谷哲学比较研究》(中国社会科学出版社，2003年)。该书全面系统地比较了朱熹哲学与栗谷哲学，具体着重于朱熹、李栗谷等人社会思想的比较，包括政治思想、经济思想、教育思想等，对韩国朱子学的理论代表如李栗谷、李退溪等人的理论倾向和哲学思想，进行了详细的分析和论述。此书也是国内青年学者研究栗谷哲学的重要参考书籍之一，出版后学术反响不错。此外，洪先生的代表论文有《论三峰的性理学思想》(载夏旦大学韩国研究中心编《韩国研究论丛》，2008年第2期)、《论同春堂的四端七情说》(载《韩国研究论丛》，2008年第1期)、《宋浚吉理气说浅析》(载《韩国研究论丛》，2007年第4期)、《论朝鲜性理学史

16) 参见中国社会科学院网站：http://philosophy.cass.cn/Subject.aspx?n=20090716102115183219

17) 关于此书的内容详见本文的第3部分。

上的三次论辨》(载《东疆学刊》2003年第1期)等。可见,洪先生非常关注朝鲜性理学史上人物个案的研究。

夏旦大学韩国研究中心也是国内研究韩国哲学的阵地之一。该中心自1992年成立之初便设立了"韩国宗教哲学及东方传统文化研究"这一领域作为四个主要研究方向之一。[18] 中心主编出版综合性韩国学研究集刊《韩国研究论丛》,2005年首批入选教育部CSSCI来源集刊。目前论丛已经出版了24辑,每期几乎都刊登关于韩国哲学与思想文化的研究论文。另外还出版韩国研究丛书及各类专著、论集、资料集等,为国内韩国哲学的发展提供了有用的资料来源。该中心目前的韩国哲学研究主要有笔者本人在负责。笔者作为较早从韩国拿到哲学硕士和博士学位的中国人,由于一直在韩国本土学习,对韩国本上的哲学和文化有着全面而系统的学习和研究。本人的主要研究方向是韩国儒学以及朝鲜时期的思想发展史,尤其注重朝鲜后期性理学的研究。目前已经出版韩文专著2部,《朝鲜儒者巍岩与南塘人物性同异论的比较研究》(韩文,新星出版社,2009年)、《先秦儒家的生态伦理思想研究》(韩文,新星出版社,2010年)。代表论文有《朝鲜朝时期"人物性同异"论争的理论来源及其差异--巍岩李柬与南塘韩元震之人物性同异论比较》(载《哲学研究》2008年第11期)、《朝鲜时期的"未发"论辨及其理论差异》(载《哲学研究》2011年第1期)以及《朝鲜儒者南塘的人物性异论及对朱熹理论的新发展》(载《社会科学战线》2011年第1期,2011年1月出版)等。以上三篇论文作为朝鲜后期儒学研究的成果,在国内学界尚属前列。这涉及到朱子学在海外的发展、延伸以及深化。以往学界对韩国儒学的研究主要集中在朝鲜前期的四端七情论争以及主要儒者退溪、栗谷及茶山的哲学思想研究,对朝鲜后期的儒

18) 夏旦大学韩国研究中心的主要研究方向为:1)朝鲜半岛问题及东北亚国际关系;2)当代韩国研究(包括政治、经济、外交、安全等);3)韩国独立运动与近代中韩关系研究;4)韩国宗教哲学及东方传统文化研究。

学思想很少有涉及。“人物性同异论”和“未发论”作为朝鲜后期儒学发展史上最大的思想论争“湖洛论争”的重要议题，其重要性可想而知。但是资料的缺乏以及研究人力的不足，很少有人涉及此项领域。以《朝鲜时期的“未发”论辨及其理论差异》为例，该文从朱子学的“未发论”着手，首先指出了未发具有的几层含义，然后引证据典重点论述了论辨双方代表人物的未发论，同时就各自对对方的批判以及双方的理论不足做了解析和说明，最后就双方的几个争议点，如未发的概念、未发心体的善恶以及心是否唯一等问题重点阐述了二者的理论分歧，并做了细致归纳和整理。该文的研究丰富了国内对朝鲜后期儒学思想的研究，发展并完善了朱子理学在海外的发展，是一项重要的尝试。

南京大学哲学系虽然也较早的设立了东方哲学与宗教专业，但是主要研究领域是是中印的佛教思想研究和比较，并未涉及韩国哲学。

二、中国学界韩国哲学研究的主要领域

中韩建交20年来，中国学界对韩国哲学的诸多问题进行了多角度、多层次的有意义的探讨。纵观各类研究成果可见，国内学者对韩国哲学的研究集中在韩国儒学方面，其次是韩国的佛教和道教思想。而韩国儒学研究则集中在朝鲜时期的性理学方面。

1）退溪学研究

我国学者对韩国儒学的研究始于对“海东朱子”退溪李滉的研究。前面提到，张立文先生是国内退溪哲学研究的先驱者，他的《退溪书节要》以及《李退溪思想研究》具有开拓性的意义，受到了国内外学界的

广泛关注和好评。就内容来看,《李退溪思想研究》作为凝聚了作者10余年心血的力作,其重要性毋庸置疑。该书共分为14章,第1章主要从宏观的角度对韩国性理学的内涵、历史演变以及理论特色进行了概括性论述。同时还涉及到了中韩性理学差异以及二者的互动。第2章至第14章分别对其太极说、理气说、四端七情说、心性说、格致说、易学思想等为问题点,逐一进行了深刻而精到的分析。张先生的退溪学研究特色在于通过对退溪哲学的核心概念和范畴的探讨来展现継承和发展了朱子学的退溪哲学的逻辑结构,而且他还从自己的特长"和合学"和"东亚文化"视角来审视退溪思想。

此外,张立文、李苏平主编的《中外儒学比较研究》(东方出版社,1998年)和徐远和著的《儒学与东方文化》(人民出版社,1995年)等著作,都用相当长的篇幅介绍了韩国的儒学思想,特别是对以退溪和栗谷为代表的朝鲜性理学思想作了详细论述。

除此之外,出版的著作还有周月琴《退溪哲学思想研究》(杭州出版社,1997年)、高令印《李退溪与东方文化》(厦门大学出版社,2002年)等。《退溪学在儒学中的地位---第11届退溪学国际学术会议论文集》也与1993年在中国人民大学出版社出版。这些成果的问世都大大推动了国内退溪学的研究和发展。

就论文来讲,目前已经发表的代表论文有:陈来的《略论朝鲜李朝儒子李退溪与奇大升的性情理气之辩》(载于《北京大学学报》1985年3期)、赵宗正的《试论退溪学的特点》(载于《文史哲》1985年6期)、蒙培元的《朱学的演变和李退溪哲学》(载于《浙江学刊》1986年1期)、辛冠洁的《论李退溪的心学思想》(载于《浙江学刊》1986年1期)、杨宪邦的《论退溪学的体用观》(载于《社会科学战线》1987年1期)、李锦全的《论退溪人生哲学在儒学中的历史地位》(载于《天津社会科学》1990年1期)、刘蔚华的《退溪"易学"思想初探》(载于《济南教育学院学报》2000年1期)、金仁权的《论李滉对程朱"主敬"思想的扬弃》

(载于《延边大学学报：社会科学版》2003年4期)、葛兆光的《寰中谁是中华？——从17世纪以后中朝文化差异看退溪学的影响》(载于《天津社会科学》2008年3期)等。

此外,我国学者还翻译出版了日本著名学者筑波大学高桥进教授的代表作《李退溪和主敬哲学》(王根生等译,延边人民出版社,1991年7月),有力地推动了正在兴起的国内退溪学研究。

2) 栗谷学研究

国内发表的第一篇有关栗谷哲学的研究论文,是由李洪淳撰写的《论李珥的哲学思想》(《东方哲学研究》1979年,延边大学学报增刊)。之后,国内栗谷学研究出现了很长一段时间的停滞状态。直到1993年,张立文的《退溪与栗谷理欲、敬静观之比较》(中国社会科学出版社)发表后,国内的栗谷学研究才正式启动。从某种意义上说,栗谷的哲学思想正式被我国学者所认识与了解是从退溪学在国内的普及开始的,这与栗谷与退溪并称为"朝鲜性理学双璧"不无关系。

随着建交后中韩两国学术交流的加强和国内退溪学研究的深入,我国学者亦较多关注栗谷学。1994年《吉林大学学报》第4期刊登了李秀东的《栗谷哲学思想的时代特征》一文。文中作者指出,朝鲜建国后社会经济、文化的发展、阶级矛盾的尖锐化,这一历史现象反映到意识形态领域里,表现为各种不同的哲学观点的冲突。这种冲突集中反映在程朱学派内部的退溪和栗谷为代表的两派冲突。认为,栗谷在这场冲突中,正确把握时代脉博,为解决时代提出的历史任务,阐释了许多反映时代特征的合理的有价值的思想。这些思想为传统儒学注入了新的时代内容和生命力,为后期朝鲜哲学的发展产生了深远的影响。1997年《中国文化研究》第3期发表了葛荣晋撰写的《栗谷论"孝"及其现代意义》一文。该文认为,儒家向以注重伦理道德著称于世,而

“孝”为“百行之首”，所以栗谷先生作为朝鲜朝的大儒论学也是“以孝敬为先”。栗谷所谓孝道，并不只限于“正家”范围，而是按照孟子的“君子亲亲而仁民，仁民而爱物”（《孟子尽心上》）的仁学结构，将孝道贯穿于“亲亲－仁民－爱物”之中，构成一个完整有机的孝道体系。同年12月出版的《亚文》第二期（中国社会科学出版社出版），收录了楼宇烈的《栗谷的经学思想研究》。文中指出，栗谷先生不管是自励还是教人，“必以立志为先，躬行为务”。因此，读经必需“明其理而措诸行，以尽成己成物之功”，是栗谷先生“经学”思想的核心所在。栗谷先生的经学是在深刻理解与把握“礼”之“理”的基础上，去回答和解决人伦日用中的实际礼仪问题。

近几年来，国内的栗谷学研究有了较快地发展，已有两本专著、四篇硕士论文以及多篇研究论文问世。

2003年，北京大学出版社和中国社会科学出版社分别出版了张敏和洪军的《立言垂教－－李珥哲学精神》和《朱熹与栗谷哲学思想比较研究》。《立言垂教－－李珥哲学精神》一书，对李珥的生平业绩、哲学思想、理论传承、现代意义等等都做了详尽而又清晰的介绍。《朱熹与栗谷哲学思想比较研究》一书，则对两人的哲学思想进行了系统比较。

四篇硕士论文有：毛哲山的《朱熹和栗谷理气论之比较研究》（2003年延边大学）；李斌的《朱子与退溪、栗谷人心道心说之比较》（2004年延边大学）；赵君的《栗谷的经世思想及其哲学基础研究》（2005年延边大学）；朴经勋的《朱熹与李栗谷理气观之比较研究》（2006年吉林大学）等。

其间，发表的主要研究论文有蒙培元的《从栗谷的仁学看儒学与现代性的问题》（《新视野》2002年第1期）、陈尚胜的《重陪鹭更何年？－－朝鲜李珥出使明朝诗歌初探》（《山东大学学报（哲学社会科学版）》2002年06期）、张敏的《创业守成更张论刍议》（《当代韩国》2003

年秋季号)、金源姬的《浅谈栗谷的四端七情论》(《孔子研究》2004年1期)、李苏平的《试论李栗谷的理气观》(《东疆学刊》2005年1期)等。

《从栗谷的仁学看儒学与现代性的问题》一文认为,现代性是不是意味着对传统文化的全面否定?这是迄今为止争论不休的问题。由于现代性与西方文化有一种历史的渊源,这个问题对东方发展中国家而言就显得更加突出。20世纪80年代有人提出"儒家资本主义","东亚模式"等说法,由于亚洲金融危机的出现,这一说法受到质疑。但是,谁也不能否定,文化多元化的局面已经形成,并成为当今文明发展的一个重要特点。 现代性作为一个被普遍接受的概念,其中包含若干共同的要素,但是,我们很难找到一个固定不变的"模式",其原因就在于不同民族,国家和地区具有不同的文化特色。

《重陪鹭更何年?——朝鲜李珥出使明朝诗歌初探》一文则认为,李珥出使明朝的诗歌作品,表现了他来华后的心情意绪。诗中有他在异邦旅行时的孤寂忧愁,也有他对中国礼仪文化的倾慕衷情;有对明朝军防窳败的担忧,也有对京师恢弘场面的神往。透过李珥的这些诗歌作品,我们可以发现16世纪朝鲜士大夫对于明朝的复杂心态。

3) 实学研究

在17世纪至19世纪的300年间,中国、韩国、日本历史上出现了一股贴近社会现实、讲究功利性与实践性的"实学"思潮,对于中国、韩国、日本社会的历史发展均起到了一定的积极作用。但是,因各自在不同的社会条件和文化背景下形成,其作用也具有明显的差异。《中国、日本、朝鲜实学比较》(李苏平等著,安徽人民出版社1995年12月)一书,通过三国"实学"思想的比较研究指出了各自的特点。书中作者认为,以韩国朱子学为代表的韩国儒学文化功能和价值的变化,促进了韩国实学者的自我觉悟，使他们开始了价值观转向，而重于厚生，务于实证，为了强我之邦，富我之民，坚持实事求是的新思维方法。这种价值观念的转向，决定了朝鲜实学具有指向近代的重要意义。虽然由于历史的局限，他们尚未能提出“近代”的概念，但在当时的封建末期氛围中，他们所向往的，其实正是通往近代的道路，并把韩国实学的本质特色归纳为“厚生实学”。

在朝鲜朝实学研究方面，代表性成果还有葛荣晋主编的《韩国实学思想史》和姜日天著的《朝鲜朝后期北学派实学思想研究》。《韩国实学思想史》(首都师范大学出版社 2002年1月)是在我国第一部以哲学角度系统研究韩国实学思想的专著。本书共分21章，主要内容包括导论、李退溪性理学中的实学思想、南冥性理学体系中的实学思想、李栗谷的性理学与实学思想以及崔汉绮、南秉哲的实学思想等等。

姜日天著的《朝鲜朝后期北学派实学思想研究》(民族出版社1999年11月)则对韩国实学史上的重要流派之一的北学派实学的深层内涵，从哲学和文化史的层面上进行了阐发。该书共分5章：第一章北学派实学的概述；第二章北学派实学的奠基者洪大容的实学思想；第三章朴址源的“利用厚生”实学；第四章《北学议》与朴齐家的实学思想；第五章北学派实学的现代意义。书中指出：北学派的宇宙自然理解已把眼光打在开启宏观天体和微观世界的科学之门上。“利用厚生”从精神实质上说不拒斥作为自然历史过程的资本主义，而它包容得更多，指向更远。“利用厚生”理念的包容力在于它的生命、生活、实践、实用的哲学内涵。北学派实学打破“夷夏之辨”的开放理念、解放妇女、解放劳动本身、工商业指向未来的历史哲学思考，“富贵共之”的理想社会追求等，都是东亚社会现代理解的一种参照。

相关的研究论文还有杨雨蕾的《18世纪朝鲜北学思想探源》(浙江大学学报(人文社会科学版)2007年4期)。该文认为，18世纪朝鲜北学思想堪称朝鲜走向近代社会的前奏。它主要是在部分朝鲜入华燕行使臣深切感受到清初中国政治稳定、人民生活繁盛、文化事业发达的过程中逐渐形成的,更准确地说是在使臣为解决其传统华夷观与现实所产生的矛盾中,在其“攘清夷”观逐渐被打破的过程中形成的。虽然它率先提出打破“华夷之辨”的口号,但根本上还是对中国传统儒家文化认同的一种回归。

此外,李敦球的《韩国北学派的经济思想》(《夏旦大学韩国研究论丛》第7辑,中国社会科学出版社2000年);李东欢的《韩国实学的哲学基础》(《湖南大学学报(社会科学版)》2005年1期);李英顺、金成镐的《试论洪大容的实学思想》(《东疆学刊》2006年1期);邹志远的《朝鲜李晬光哲学思想与文学思想－－李晬光“实学”思想论质疑》(《东疆学刊》2007年3期)等都从不同角度对实学思想进行了探讨。

4) 阳明学研究

我国学者对韩国阳明学的研究始于上个世纪末,虽然在研究成果的数量上不及退溪学、栗谷学和实学那般丰富,但是在研究的视角和内容上亦具特色。这一方面主要研究成果有:李苏平的《中韩阳明学比较》(《北京大学韩国学论文集》第7辑,新华出版社1998年)、吴震的《郑齐斗思想绪论》(《夏旦大学韩国学研究论丛》第12辑,中国社会科学出版社2006年)、钱明的《朝鲜阳明学派的形成与东亚三国阳明学的定位》(《浙江大学学报(人文社会科学版)》2006年3期)等。

《中韩阳明学比较》一文,从中韩阳明学的理论依据、心与性范畴、致良知与生理范畴、社会价值的比较等四个角度去探讨了两国阳明学的共性与异性。该文指出,两国阳明学是同中有异,异中有同,通过对它们的比较分析,可以明晰东亚传统文化的核心－－东亚意识,即主体意识、人文意识、多元意识。

《郑齐斗思想绪论》一文,则就心即理、致良知以及无善无恶等三个方面，分析了霞谷对阳明学的理解。作者认为，在17世纪的中国清朝，作为中国本土的阳明学受到格外的冷漠和严厉的批判，但在东方的另一国度，却遇到了霞谷那样的知音，这一历史本身就令人回味。如果，"东亚儒学史"这一概念成立的话，那么完全有理由将霞谷的阳明学放在"东亚儒学史"这一分析视野中，与中国的阳明学作一番认真的比较研究。而且，通过这种方式可以发现阳明学所具有的某些普遍性的元素。

《朝鲜阳明学派的形成与东亚三国阳明学的定位》一文则指出，朝鲜朝时期(1392~1910)，在退溪学的主导下通过对阳明学的辨斥，形成了不同于中、日两国阳明学的独特的朝鲜阳明学派。就学术个性而言，朝鲜所接受的阳明学比较接近中国北方的阳明学，而日本所接受的阳明学则较为接近南方阳明学。比较而言，中国的阳明学发展到后来，已从政治层面深入到民间社会，与平民教育相结合，走的是政治化加世俗化的普世主义的发展路径；日本的阳明学起先只是掌握在儒学教师个人手中的文化知识，后来为了实际的需要而逐渐成为武士阶层手中的思想武器，走的是学问化加功利化的文化民族主义的发展路径。而朝鲜的阳明学从一开始就是作为与佛教禅宗相混同的异端思想被引进的，因而是在垅断性的主流意识形态的辨斥声中被官方和民间艰难地接受和传布的，走的是如何适应以程朱理学为绝对权威的类似原教旨主义的发展路径。

在韩国阳明学研究方面，李苏平教授还撰写了《从韩国霞谷阳明学的发展看儒学的生命力》(《儒家思想在现代东亚》，台湾中研院2001年)、《论郑霞谷的阳明学思想》(《阳明学衡》第二辑，贵州人民出版社2007年)等学术论文。

5）韩国道教与佛教研究

除了在韩国儒学研究领域之外，我国学者在韩国佛教和道教研究方面亦有高水平的专著、论文不断出版发表，由此可见中国的韩国哲学研究日益系统深入。

在韩国佛教研究方面：1997和1999年宗教文化出版社分别出版了何劲松著的《韩国佛教史》上下册。全书共分15章，从佛教的初传开始一直写到近代的韩国佛教。其间还专设元晓、义湘、知讷、休静等章节，对其思想进行了重点介绍。全书详略得当，较好地论述了韩国佛教的发展历史过程。这是一部从中国人的视角探索韩国佛教的尝试之作。她的问世将会为后人的进一步探索提供有益的借鉴。

2006年8月，宗教文化出版社推出了陈景富的《中韩佛教关系1千年》。该书主要叙述了中国与韩国两国佛教界在长达一千年的时间里交往的历史。上起公元4世纪前半叶，下迄14世纪中后期。该书的特点是对中韩佛教交流过程中的"双向性"及"互补性"问题给予了相当的关注，且在此问题的研究上亦有突破。1998年10月，杭州大学出版社出版了鲍志成的《高丽寺与高丽王子》一书。这是一部专门讨论高丽寺的名称、方位、兴废、规模以及义天入宋求法始末等内容的著作。该书出版后，受到中韩学界的好评。此外，1993年12月，中国社会科学出版社出版了黄有福等著的《中朝佛教文化交流史》。2005年，宗教文化出版社还出版了楼宇烈等编译的《圆佛教教典》。

此外，金煥泰的《韩国佛教史概说》（社会科学文献出版社1993年）则早在建交初期便已译介到中国。1995年，中国社会科学出版社还出版了朱谦之先生翻译的日本学者忽滑谷快天的《韩国禅教史》。

在韩国道教研究方面：如陈耀庭的《道教在海外》（福建人民出版社2000年）一书，用较长的篇幅对道教在韩国的传播与发展情况做了系统介绍。还有，楼宇烈主编的《东方哲学概论》（北京大学出版社1997年8

月）也设专门章节介绍了道家思想和道教哲学对朝鲜半岛的影响，并重点叙述了三国时期的道家思想和新罗仙派以及高丽科仪道教和朝鲜朝昭格殿等。

韩国学者车柱环的《韩国道教思想》（人民文学出版社2005年）、都珖淳的《韩国的道教》（载于《道教》第3卷，上海古籍出版社1992年版）、林采佑的《韩国道教的历史和问题－－有关韩国仙道与中国道教问题的探讨》（载于《世界宗教研究》1997年第2期）、金得榥的《韩国宗教史》（柳雪峰译，社会科学文献出版社1992年版）等著作和论文译成中文发表后，给国内的学者也提供了不少朝鲜固有的檀君神话、神仙信仰以及道教传人等方面的相关材料。

6）礼学研究

国内学界在礼学研究方面也有专著和重要论文问世。2005年5月，北京大学出版社推出了彭林著的《中国礼学在古代朝鲜的播迁》一书。该书为国内第一部研究韩国礼学的著作，是在作者主持的教育部"九五"人文社会科学基金项目－－"中国古礼在朝鲜半岛的播迁和影响"课题研究的基础上完成。全书共分12章，具体内容为：第一章 中国古礼在三国时代的初步传播；第二章 高丽时代的礼制；第三章 论《朱子家礼》在朝鲜时代的播迁；第四章 朱熹礼学与朝鲜时代乡风民俗的儒家化；第五章《经国大典》与朝鲜时代的职官礼；第六章《国朝五礼仪》与朝鲜礼仪制度的确立；第七章 乾嘉进期朝鲜学者的燕行；第八章 朝鲜时代的礼讼；第九章 寒冈郑逑《五先生礼说》初探；第十章 丁茶山礼学与清人礼学之比较研究；第十一章 茶山礼学的两个特点；第十二章 茶山的考据学。从目录中可以看出，该书既有历史的考察，又有个别人物思想的研究，内容颇为丰富。本书着重探讨的是，中国礼学和礼制是怎样逐步被朝鲜半岛所接受以及韩国社会是如何走向儒家化的问题。此外，张立文的《礼仪与民族化－－论退溪以后礼的民族化进程》(《学术研究》2005年6期)、潘富恩的《同春堂的大儒品德和礼学思想》(《学习论坛》2007年6期)等亦是近年来在韩国礼学研究领域中的出现的代表性论文。

7) 韩国儒学的现代化研究

儒学与韩国现代化的关系问题也曾一度成为了国内韩国儒学领域的热点问题，此后这一问题还与“儒教资本主义”(“儒教假说”)讨论相联系，成为了从文化的视角研究东亚“奇迹”的重要话题。此一时期出版的《中外儒学比较研究》(张立文、李苏平主编，人民出版社1998年6月)、《现代东方哲学》(黄心川主编，浙江人民出版社1998年11月)、《君子国的智慧－－韩国哲学与21世纪》(姜日天等著，华东师范大学出版社2001年3月)、《当代东方儒学》(刘宗贤、蔡德贵主编，人民出版社2003年12月)等著作均讨论过此一问题。学者们指出：儒家文化给韩国以巨大的影响，这种影响不是随时代的发展而淡薄，而是随着现代化进程的深入发展越来越在新的层次上深刻地表现出来。儒学在韩国现代化过程中始终产生了深刻的影响，在现代化的总体进程中，它的影响基本是以不自觉地历史认同的形式存在着。然而，随着后工业社会的加速到来，西方现代的思想和社会结构正面临重大的转折，从个性解放到群体和谐，从理性的物性到感性的人性的反顾正在开始，面对这种新的转折，韩国人更加自觉地意识到了儒家文化的价值，越来越多的人起来呼吁儒学的现代倡明。这一问题的研究无论其结论成立与否，无疑拓宽了哲学研究的视野。这对文化传统与现代化的关系问题以及现代化道路的选择问题的研究都大有帮助。

三、目前中国学界韩国哲学研究的主要成果以及存在的问题

近年来，在韩国儒学研究方面我国学者取得了较大进展，开始出现带有总结性质的标志性研究成果。这里要重点推介的是，李苏平教授主持并完成的国家哲学社会科学规划项目——《韩国儒学史》研究。作为该课题研究的最终结项成果，同名专著《韩国儒学史》于2009年8月由人民出版社出版。该书是我国学者撰写的第一部关于韩国儒学发展演变的学术专著，由三部分内容构成："绪论"，通过对中韩儒学的比较，既阐释了韩国儒学"重气"、"重情"、"重实"的基本特点及韩国儒学的"义理"精神，集中探讨了韩国儒学在"理气"、"心性"、"礼仪"、"以图解说"等方面对中国儒学的细微发展；正文五章内容则是着重对韩国儒学发展演变历史的梳理和论述，依照韩国历史发展的顺序，对李穑、郑梦周、郑道传、权近、徐花潭、李退溪、奇高峰、李栗谷、成牛溪、曹植、金长生、宋时烈、魏岩、韩元震、郑霞谷、李瀷、洪大容、丁茶山、崔济愚、朴殷植等代表人物的儒学思想作了深入阐发，并探究了韩国儒学发展演变的内在规律性；"附录"中为了突出韩国儒学的特色，将韩国儒学史上两次著名论辨即"四端七情论辨"和"人物性同异论辨"的始末及论辨的主要原始珍贵资料刊于书中，以供学者研究和参考。

该书的特色在于，作者以中韩性理学比较的视角，对韩国儒学家对朱子学的发展以及韩国儒学特性等理论问题作了深入探讨。关于韩国儒学家对朱子学的发展，作者认为：中国儒学传到韩国之后，在与韩国本土文化的模合过程中，发生了许多变化，形成了韩国儒学。没有这种变化，就没有韩国儒学。而这种变化，就是韩国儒学对中国儒学的发展。即，从儒学的基本范畴理气、心性情、礼仪、以图解说四个

方面，具体阐述了韩国儒学对朱子学的发展。关于韩国儒学的特性，本书以重“气”、重“情”、重“实”来概括。关于韩国儒学强调“气”，作者从五个层面加以说明：第一点，韩国摄入的朱子学就具有重“气”的倾向。中国朱子学是在1289年由安珦传入高丽王朝的。这就是说中国朱子学是在元朝时传入朝鲜半岛的。元朝朱子学的代表者是许衡，被誉为元代理学宗师。许衡学本程朱，但又十分重视理学中的“气”，如视气为宇宙万物产生的基础，宇宙万物之运动又遵阴阳二气之变化等。许衡重“气”的朱子学思想被高丽儒者传入朝鲜半岛。第二点，韩国唯气派学者徐花潭。徐花潭在韩国儒学史上的地位如同中国儒学史上的张载，而他的气学思想也确实受到了张载气学的影响。徐花潭提出的“机自尔”这一独创语强调运动是气的一种自律机制。第三点，韩国儒学史上的主气系谱。由于对朱熹学说中“理”与“气”关系的不同理解，通过“四七论辨”形成了“主理”(岭南学派)和“主气”(畿湖学派)。其中，“主气”派系谱的主要代表性学者有李栗谷→金长生→宋时烈→权尚夏→韩元震和李柬等。这一系谱传承的一个基本思想就是强调“气”的能动性和自主性，强调“理气妙合”、“气发理乘”、“气包理”等。第四点，“主气”学派在韩国儒学史中的作用和地位。朝鲜朝五百年间是韩国儒学的鼎盛期，这时的韩国儒学从学理上可分四大类，即“主理”学派；“主气”学派，实学派和阳明学派。而实学派和阳明学派都深受以李栗谷为首的“主气”学派的影响。第五点，韩国“主气”学派对中国朱子学的发展。如李栗谷的“理气妙合”思想对朱子学于理气关系的发展，李栗谷的“理通气局”思想对程朱“理一分殊”思想的发展。关于韩国儒学的重“情”特性，作者则从三个方面进行了说明：第一，韩国儒学者对“情”探讨时间之长，参与人数之多，是东亚儒学史上的第一次。第二，韩国儒学者第一次从“理气”观上对“情”作了系统论述。第三，韩国儒学者深入细致地探讨了“四端”与“七情”的关系。即“四端”与“七情”是同质还是异质？是“四端”包“七情”还是“七情”包“四端”？“四端”是纯善还是与“七情”

一样亦有善有恶等。韩国儒学之所以具有重“实”特性是因为在韩国儒学史上,实学被称为是“性理学(儒学)划时代的转换”,是一种“改新的儒学”。它凸显了元典儒学中的实践思想,强化了元典儒学的“下学”精神,其结果使韩国儒学向着指向近代的性格转化。这就是说,韩国实学具有指向近代的价值,韩国实学提出的“经世致用”、“利用厚生”、“实事求是”等进步主张是改革韩国社会的一剂良药,是使韩国社会由中世纪向近代迈进的强大推动力。

2008年8月,三联书店出版了陈来的《东亚儒学九论》。周知,陈来先生亦是国内最早研究韩国儒学的学者之一。该书大部分内容集中在韩国儒学的研究,尽管本书所收的论文皆为作者此前发表的文章,但是正如作者自己所言,这些文章是作者最熟悉朱子研究的时候所撰写的论文,在一定程度上代表了中国朱子学研究者对韩国和日本朱子学的研究的基本水平。作者认为,中国学者往往缺少对“东亚”清晰的、有分辨的意识。我们当意识到“理学”不仅是中国的思想,也是韩国的思想,亦是日本的思想,韩国以及日本的新儒学都曾在理学思想上做出创造性的贡献,应当把这些贡献展示出来,这样才能把理学体系所有的逻辑环节和思想发展的可能性尽可能地揭示出来,也可以把理学和不同地域文化传统相结合所形成的特色呈现出来。该书的出版,无疑使我们扩大和加深了对东亚儒学的认识和理解。

在学术著作译介方面,近年又有一批具有较高学术价值的韩文哲学名著翻译出版,如由李苏平主编的“文明互动丛书”推出的李正浩的《韩文的创制与易学》(洪军译,河北人民出版社,2006年12月)、宋荣培的《东西哲学的交汇与思维方式的差异》(朴光海、吕钼译,河北人民出版社,2006年12月)以及李苏平与韩国学者崔英辰主编的韩国哲学与文化丛书《韩国名人名著汉译丛书》,对中国理解韩国文化传统具有重要意义。后一套丛书遴选当代韩国著名学者的代表作,以深邃的哲理、缜密的思维、精湛的结论、生花的妙笔,从文化深层角度全方位立体地介绍了韩国文化、文化韩国，凸显其义理精神、主体精神、忠孝伦理、多元宗教、素简民风。现已出版《韩国儒学思想研究》(崔英辰著，邢丽菊译，人民出版社2008年出版)、《韩国儒学与现代精神》(柳承国著，姜日天、朴光海等合译，人民出版社2008年出版)。这些译著的出版，不仅有利于国内学者对韩国学界的儒学研究成果的了解，而且还有利于两国学术文化交流的进一步发展。

尽管国内学界在韩国哲学研究方面开始取得一定的成果，但客观分析看来，还是存在不少问题点。

1) 研究的深度和力度不够。目前大多数学者对韩国哲学的研究停留在宏观的角度，缺少微观的深入分析。学者们经常宏观讨论某一段较长时期的哲学发展史概况，对具体时间段的具体人物形象缺乏深刻的认识和了解。就朝鲜儒学的某个专题来讲也是同样，只是知道专题的来龙去脉，而对于具体的细节却很模糊。举例来讲，提到四端七情，国内学者一般都知道这是退溪和高峰之间的论争，也有人知道栗谷和牛溪之间也争论过这个问题，但是高峰和牛溪的哲学思想如果跳出四端七情，其余的方面就很少知晓了。而且退溪栗谷之后又有何人参与过这场论争并做了怎样不同的诠释和发展，更是知之甚少了。

2) 研究的人物范围不够广。对朝鲜时期的名儒、大儒关注度颇高，而对其他的儒学人物缺少关注。一般来讲，国内学者关注的是大家比较熟知的退溪、栗谷、茶山，导致研究成果中大部分集中于这三大名儒。而对朝鲜儒学的其他人物，如宋时烈、金昌协、金长生、赵光祖等却几乎没有涉及。事实上，朝鲜儒学有众多的流派，每个派系都有很多值得研究的历史人物以及他们的哲学思想。这些形形色色的人物和思想会提供给我们不同的研究思路，会拓宽我们的研究视野。

3) 研究的主题不够具体和详细。由上文的研究成果可见，国内韩国哲学的研究偏重于韩国儒学，对韩国佛教以及道教的研究却不是很多。而在儒学方面，国内学者关注比较多的是朝鲜时期的儒学，而在朝鲜王朝之前的高丽时期、统一新罗时期、三国时期以及上古时期等的儒学却很少或几乎没有涉及。同样，朝鲜王朝灭亡以后的日帝时期以及光夏建国以后的儒学研究的也比较少。在具体到朝鲜时期，国内学界偏重于朝鲜前期的儒学研究，后期的儒学研究除了实学和阳明学外，其他的思想，如后期的开化思想、斥邪卫正思想、东学思想等却研究的很少。这些都是需要拓展的方面。

4) 语言交流的障碍。由于很多研究者不懂韩文，导致研究偏重于以古汉语来呈现的古代经典文献的整理和分析。而对于现代韩国学界最新的研究成果，由于无法读懂就无法引入，这就使得总体的研究水准相比于韩国本土学界有些滞后。例如，韩国学界目前对主理、主气的儒学史的分类方法已经提出了很多的质疑和批判的声音，然而在国内大部分学者依然在津津乐道的把韩国儒学的流派分为主理派、主气派，而且还依据这一基准将很多儒者归类，这就使得研究跟不上最新的时代步伐。更值得一提的是，由于语言的障碍，很多学者的研究依靠翻译的资料来进行。然而，目前国内学界除了仅有的几位专业的翻译外，很多翻译有失精准，这就会给研究带来很大的误导。

5) 研究资料和人力的匮乏。目前国内韩国哲学的研究资料主要有古典的韩国汉文文献、中文译作、中国学者自身的研究成果，但是相比于哲学的其他学科，资料还是相对偏少，根本原因在于汉译资料的缺乏。人力方面，既有研究人员的缺乏，也有专业翻译人员的缺乏。目前中国学界除了上文中提到的研究机构中的研究人员外，其他的研究机构和人员几乎不存在。迄今为止，中国的大学中还没有设立韩国哲学这一学科，很多大学或研究机构的韩国哲学研究都是挂靠在东方哲学研究下面。即便如此，国内大学设立东方哲学专业的也是凤毛麟角。没有挂靠单位，研究的学者自然就很少。而且还不容忽视的是，很多语言方面的人因为不懂哲学，而无法从事翻译，这就使得专业的翻译人员非常匮乏。

四、未来中国学界韩国哲学研究的课题和展望

综上可见,韩国哲学研究目前在国内学界还处于一个起步和发展的阶段,有待进一步的加强和提升。结合上面的问题点,笔者认为未来中国学界韩国哲学研究的课题在于:

1) 需要进一步加强研究的深度和力度。韩国哲学的主干是中国儒学在朝鲜半岛的继承和发展,这就需要学者具有深厚的儒学研究特别是朱子学研究的基础和底蕴,具有扎实的专业素养和理论功底,否则无法呈现研究的深度。

2) 需要进一步扩大研究的主题和内容。目前国内对朝鲜前期的研究已经有一定的积累,特别是退溪和栗谷等大儒的思想,还要加大对后期儒学的研究,特别是仅次于四端七情的湖洛论争以及开化思想、东学思想等等。不仅如此,上古时期、三国时期以及高丽时期的儒学思想发展也应该纳入研究的范围。

3) 需要政府和民间投入更多的人力和物力来丰富研究资料,增设更多的研究机构,并培养更多的研究人员以及专业的翻译人员。任何一项研究的发展都需要强大的经济支持做后盾,在此笔者呼吁中韩两国政府以及民间团体要充分认识到哲学对经济和社会所做的理论贡献作用,加大经济援助力度,这样才会激发学者更多的研究热情,鼓励他们投入更多的研究在这一领域。同时,韩国哲学也要以古典研究作为理论基础,紧跟时代步伐,更多的结合社会现实问题来思考,这样研究才会具有时代性与社会性,才会充满生机和活力,才会让人们消除对哲学敬而远之的距离感。

4) 需要中韩两国学者多多加强学术交流。中国学界要积极学习韩国同行在这一领域的先进成果,并将其引用于自己的研究。特别是韩国众多的参考资料也会令研究如虎添翼。同时韩国学者也要学习中

国同行的研究，在交流的过程中不仅能取长补短，而且会开拓比较研究的领域，拓宽研究的思路。

事物的发展规律告诉我们，任何一门学问在发展阶段都会遇到很多困难，这是无可避免的。但是欣喜的是，韩国哲学对我们来讲并不陌生。拿其中最大的一个分支－韩国儒学来讲，虽然韩民族也存在本土固有的儒学思想，但是它与发源于中国的儒学存在很多相通的地方。而且朝鲜时期的性理学就是吸收了中国的朱子学，并经过本土化和民族化的过程而形成的。这些都很难割断与中国的关系。鉴于这一点，中国学者研究起来会有亲近感。

还有一点，目前在中国大陆，无论是政府还是民间，无论是学者还是大众百姓，对以儒学为基础的国学的关注在持续升温。而且随着全球化的发展，中国人更加清醒的认识到，本土的就是世界的，传统的就是现代的，所以发源自中国本土的、传统的儒家文化变成为了人们拥护和捍卫的对象。具体到学界来讲，学者们既从国内的角度来研究儒学，也从国际和周边的视野来研究儒学。中国著名的思想史学家葛兆光教授就最早提出了“从周边看中国”的研究思路，这主要是指通过中国周边各个文化区域留存的各种文字的资料，反过来观察和研究中国的传统和文化。它包括两个大的研究方向：一是针对域外（尤其是日本、朝鲜、蒙古、越南等周边地区）保存的、域外所撰写的有关中国历史、 文化、思想、宗教的资料（尤其是汉文文献）进行研究。二是研究西方文献中有关中国的想象、传闻、知识及其变迁。葛先生的这一思路一经提出，便受到了学界的拥护和赞成，现在越来越多的学者加入了此项研究的行列。毋庸置疑，韩国儒学也在这一时代趋势下变得受关注起来。最近几年的发展势头已经证明了这一点。

我们还应该看到，相比于相比于西方哲学以及东方哲学的其他学科，韩国哲学还是一门相对比较新兴的学问，研究还处于一个起步不久而有待发展的阶段，其研究的空间还非常值得我们去开拓。这是时代赋予我们学者的义不容辞的责任和义务。我们应该抱着积极乐观的心态去履行这一使命。相信未来韩国哲学的发展前景是比较乐观的，它一定会在哲学研究领域占有自己的一席之地，这非常值得我们期待。

■ 参考文献

张立文，《退溪书节要》，中国人民大学出版社，1989年9月。

李苏平，《中国、日本、朝鲜实学比较》，安徽人民出版社，1995年。

张立文，《李退溪思想研究》，东方出版社，1997年。

潘畅和，《中韩日儒学比较论》，延边大学出版社，2005年。

彭林，《中国礼学在古代朝鲜的播迁》，北京大学出版社，2005年5月。

陈来，《东亚儒学九论》，三联出版社，2008年。

李苏平，《韩国儒学史》，人民出版社，2009年。

洪军，《中国的韩国儒学研究成果》，载《国际版儒教文化研究》第11辑，成均馆大学出版部，2009年2月。

林月惠，《异曲同调：朱子学与朝鲜性理学》，台大出版中心，2010年5月。

중국의 한국 정치, 사회 연구현황 평가와 전망

왕웨이민(汪伟民)*

중한 수교 이래 20년, 중국의 한국학 연구는 끊임없이 빠르게 발전하고 있다. 미국, 일본, 유럽의 한국학 연구에 비하여 매우 큰 성취를 이룩하고, 높은 수준에 도달하였다. 이에 대해 이미 적지 않은 중국과 한국 학자들이 다방면의 평가를 하고 있지만, 지금까지 중국의 현대 한국 정치와 사회연구의 현황에 대해서는 제대로 된 평가가 이루어지지 않고 있다.

수년간 중국학자들이 편찬한 각종 중국의 한국학 연구 문헌목록[1]을 살펴보면 중국의 한국학 분야 연구성과는 대부분 역사, 언어, 종교, 철

---

* 복단대학교 한국연구센터 부교수(현).
주요 저서: 《联盟理论与美国的联盟战略》, 《美韩同盟再定义与东北亚安全》.

1) 沈善洪主编, 《韩国研究中文文献目录(1912~1993)》, 杭州大学出版社, 1994年; 崔莲、金顺子编, 《中国朝鲜学—韩国学研究文献目录(1949~1990)》, 中央民族大学出版社, 1995年; 王明根、李花玉, 《朝鲜-韩国研究期刊与论文集篇目汇编(1949~2000)》, 复旦大学生韩国研究中心资料室, 2001年4月; 李竹仙主编, 《北京大学图书馆馆藏古代朝鲜文献解题》, 北京大学出版社, 1997年; 沈定昌、刘大军主编, 《朝鲜半岛相关文献目录(1992~2005)》, 辽宁民族出版社, 2008年.

학과 경제분야에서 어렵지 않게 찾아볼 수 있다.

위에 서술한 여러 분야에서 대표성을 가지는 학술저작과 논문은 많이 출판되었다. 하지만 현재의 한국 정치와 사회연구 분야에서 중국학자의 학문적 관심은 비교적 높고, 관련저작과 논문 또한 대단히 풍부하나 중대한 학술성과는 결코 많지 않다.

본문은 현재의 한국 정치와 사회에 대한 중국 대륙학자들의 연구현황에 대해 전체적 평가를 진행하는 것이 그 목적이다(해외 중국학자 및 대만학자의 연구성과에 대한 언급도 있지만, 주요 논평과 서술대상은 아니다). 중국학자들의 한국 정치와 사회의 두 분야에 대한 연구 불균형상태를 고려, 필자는 앞으로 정치와 사회의 연구성과를 "국내정치와 사회", "국제정치와 외교"의 두 부분으로 나누어 평가할 것이다.

저자의 학문 수준의 한계와 시간의 부족으로 논평과 서술이 때에 따라 불가피하게 한쪽으로 치우치거나 혹은 면밀하지 못할 수도 있어 학자 여러분의 너그러운 이해를 부탁드린다.

1. 중국학계의 당대 한국에 대한 "국내정치와 사회" 연구현황

1) 단절시기(1949~1970년대 말)

중화인민공화국 설립, 특히 한국전쟁 후 중한 양국은 극단적인 적대관계에 빠진다. 동북아시아가 냉전지역의 주요 거점이 되었고, 중·소·북한과 미·일·남한으로 나뉜 양대 진영의 대립이 분명하고, 긴박한 대치상태를 보였다. 이런 상황은 대체로 1970년대 말 대통령 박정희가 저격당하는 10·26 사태까지 지속되었다. 이 20년간 중국의 한국 정치 사회 연구 역시 큰 장해를 받는다. 연구성과도 적을 뿐만 아니라, 내용과 관점이 적대분위기와 이데올로기의 요인으로 편파적이고, 학술의 공평성과 객관성이 제한되어 있다.

거최련(据崔莲)과 김순자(金顺子)의 저서《中国朝鲜学-韩国学研究文献目录(1949~1990)》에 나오는 통계에 따르면, 이 시기의 한국관련 국내정치와 사회의 저작은 모두 합쳐 세 편뿐이었으며 모두 부정적인 면만을 드러내고 있다(韦丁,《南朝鲜黑幕》, 茁壮 편,《南朝鲜风暴》, 金镇基 편《朴正熙血溅宫井洞 : 南朝鲜政局变化纪实》등을 포함한다). 직접적인 한국 국내정치와 사회관련 번역 저서도 단 2권뿐이다. 상해대중서점이 번역한《南朝鲜傀儡"政府"内幕》과 이문찬(李文灿) 저, 엄계림(广桂林) 역의《南朝鲜的现状》이 그것이다.

한국 정치제도와 사회상황 관련논문이 약 40편, 내용은 대개 한국 국내선거 비판, 이승만과 박정희의 독재 및 미국의 한국정치에 대한 영향에 집중된다. 이런 종류의 글은 대부분 〈인민일보〉(人民日报), 〈광명일보〉(光明日报), 〈세계지식〉(世界知识)에 사설 혹은 시론으로 게재되었고, 적지 않은 글들이 정치적 슬로건 같은 제목을 달고 있었다. 그중에 〈인민일보〉에 게재된 "미국식 민주－한국의 대통령 선거", "이승만의 통치 아래의 한국", "한국국민의 민심 북으로", "나라를 팔아 집안을 일으키는 장면", "매우 불안정한 한국의 정세", "매국노 박정희", "한국 동란", "모순 많은 한국의 정국" 등이 포함되어 있다. 〈세계지식〉에 게재된 "미 제국주의 한국에서의 엄청난 범죄행위", "봄 뇌진(때이른 날벼락)이 한국을 강타", "한국의 지식인 민족주의 물결", "한국의 정세는 날로 악화되어", "독재자 박정희가 죽어야 담화를 시작할 수 있다" 등이 있다. 〈국제문제연구〉(国际问题研究)에 실린 것으로는 "한국 국민의 투쟁은 반드시 승리한다", "한국 국민이 이승만의 독재정권을 뒤집는다"가 있고, 〈중국청년보〉(中国青年报)에는 "현재 내분의 배후－미국이 한국에 조성한 '인민민주주의'의 추태", 〈국제문제자료〉(国际问题资料)에 실린 "미국이 한국에서 철군한 원인과 영향"이 있다.[2]

이 시기의 학술성과에 대해 논해보면, 두 가지의 명확한 특성이 있다.

첫째는 정치와 외교의 단절에서 오는 한계이다. 중국학계에서는 한국 국내의 복잡한 정치 및 불안정적인 사회의 구체적인 상황을 깊이 이해할 수 없었다. 강렬한 이데올로기 요인으로 중국학계의 한국 정치에 대한 연구는 불가피하게 판에 박힌 듯한 곤경에 빠졌다. 두 번째는 학술연구의 정치화였다. 한국 정치와 사회에 대한 객관적인 연구는 중국학계로서는 불가침 영역 및 정치적 금기였다. 이로 인해 보편적 학술수준이 저하되었다.

2) 신중한 관찰의 시기(80년대 초부터 1992년 수교까지)

1970년대 말 중국은 경제건설을 중심으로 하고, 개혁개방 정책을 실행하는 전략방침을 확정하고, 중국의 주변국들과의 장기적 평화와 우호관계를 설립하기 위한 일환으로 대(对) 한국 관계를 개선한다. 한국경제의 고속발전 성공경험을 중국인들은 주시하였다. 중국의 경제건설을 위해서도 가까운 한국과의 경제·무역관계를 발전시켜야 했다. 중미, 중일에 이어 대한국 관계의 정상화 및 한반도 정세완화는 한국의 대중국 정책에도 대대적인 변화가 발생하였다.

한국은 "네 마리 작은 용"(四小龍)의 행렬에 참여 후, 중국시장에 뛰어들기를 희망하였고, 한국의 매체들도 한국과 중국대륙의 외교관계 형성을 위한 분위기를 조성하였다.

공동의 정치경제적 필요는 수십 년간의 원한을 풀었다. 양국은 제일 먼저 "중계무역"을 발전시켰고, 그것은 대단히 빠른 성장속도를 보였으며 이러한 기초를 바탕으로 점차 정치관계의 개선을 실현하였다.

한중관계의 이러한 변화에 적응하기 위해서, 중국의 한국학 연구는 점차 열기를 더해가기 시작하여, 1980년대 후반부터 1990년대 초까지

---

2) 沈善洪主编, 《韩国研究中文文献目录(1912~1993)》.

작은 전성기를 형성한다. 불완전한 통계에 따르면, 이 시기에 중국에서 출판된 각종 한국학 저서는 250편 이상이다. 이는 일찍이 없었던 한국문제에 관한 연구로, 특히 한국 경제문제는 이 연구열기의 주류를 이룬다.

한국문화와 중국 유교문화와의 관계는 이 시기 한국학 연구의 중요한 중점이었다. 한국의 유학, 실학 등은 각종 국내외 학술연구회의에서 끊임없이 거론되었고, 한국의 역사・문화 관련의 저작과 번역서도 빈번히 발표되었다. 하지만 중국의 한국 정치와 사회 연구는 중국의 한국학 연구 전체 발전속도보다 크게 뒤처졌고, 오히려 한국의 중국정치 연구가 먼저 시작되었다.

한양대학은 1970년대 처음으로 중국문제연구소를 설립하였고, 1974년부터 〈중소연구〉(中苏研究, *Sino Soviet Affairs*) 라는 계간잡지를 발행하기 시작한다.

1980년대, 한국의 일부 대학들도 한양대학을 모방, 잇따라 중국연구와 관련된 기구를 설립한다. 1979년 6월 한국공산주의연구회는 한국 교육부의 주관 아래 설립되어, 1990년대 초기에 이르기까지 2억 원의 자금 지원을 받았다.[3)]

그에 비하면, 중한 수교 전, 중국학계의 대한국 정치와 사회 연구는 전체적으로 황량했고, 관련정책의 결여, 필요자금과 도서자료의 부족, 한국어 전공학자의 연구전환과 접근이 어려웠다. 게다가 국내정치와 이데올로기의 구속이 크게 작용하였다. 필자는 모든 문헌목록을 두루 찾아보았지만, 이 시기에 한국 정치와 사회 관련해서는 단 한 권의 저서만 있다(朴正熙, 《我们国家的道路》, 北京华夏出版社, 1988). 이것은 참으로 비탄할 일이다.

이 시기 한국 국내정치 관련의 논문은 총 141편, 한국사회 관련의 글

3) 〔韩〕郑在浩, "韩国的当代中国政治研究", 〈当代中国史研究〉, 2009年 第2期.

은 겨우 6편에 불과했다. 한국 국내정치 논문은 여전히 〈인민일보〉와 〈세계지식〉에 게재되었고, 〈학술연구총서〉(学术研究丛刊), 〈국제문제연구〉(国际问题研究), 〈세계경제와 정치내부 참고〉(世界经济与政治内参), 〈국외사회과학〉(国外社会科学)에 소량 게재되었다. 연구내용은 여전히 한국 국내정국, 입헌정치 위기에 치중되어 있으며, 점차적으로 한국 정부기구, 정치체제, 정책 결정과정과 중산계급의 연구 등으로 확장되었다. 여기에는 "김대중 사건 전모", "한국의 유신체제," "대선 후 한국 정국", "한국의 정국발전과 그에 따르는 영향", "특별담화와 개헌투쟁", "한국의 개헌과 쌍방투쟁", "한국 민주투쟁의 신물결", "한국에 야당외교각축의 의도", "한국과 대만의 권위주의", "한국이 진행한 행정기구 간소화", "한국학계의 중산층 문제 토론", "한국상황의 여건으로 본 중국의 정책 결정과정", "한국의 인적 자원개발" 등이 포함되어 있다. 이런 글들은 보기에는 그 수량이 적지 않지만 대부분 내용이 평이하고 시사정치성은 강하나 학술적 의미는 적다.

한국사회 관련의 6편의 글들은 국내적으로 어두운 면에 초점을 맞춘 것으로, 이는 그 제목부터 확연히 드러난다. 이를테면, "경악 한국의 금융 사기사건", "한국 조선업왕 자살과 재산 빼돌리기 추문 전모", "여자 교주, 신도 대동해 승천 - 한국 32인 집단자살 발생", "한국 남자매춘 단속", "한국의 스캔들 - 장영자 사건" 등이다.

3) 급속 발전기(1992~2012)

1992년 8월 중국과 한국이 정식으로 수교를 맺은 이래 20년 동안 양국 정치관계가 3단계 도약을 한다. 최초로 선린우호 관계에서 전면적인 협력동반자 관계로, 그리고 다시 전략적 협력동반자 관계로 발전한다. 중국은 한국의 최대 무역동반자이자 최대 직접투자대상국이 된다.

양국의 고위층은 더욱 빈번하게 접촉하였으며 쌍방관계는 거의 매 5

년마다 새로운 단계로 발전한다. 이렇게 급속한 속도로 발전하는 것은 중국과 각국의 발전사에서도 보기 드문 것이었다. 이러한 배경 아래 중국의 한국 정치와 사회 연구는 빠르게 새로운 발전의 시기로 들어선다. 각종 정치상의 금기와 편견이 일시에 제거되고, 한국 정치와 사회 관련의 각종 문제가 중국학계의 시야에 들어오게 된다.

심정창(沈定昌) 저, 류대군(刘大军) 편집의《朝鲜半岛相关文献目录(1992~2005)》에 나오는 통계와 필자의 약 6년간 관련성과에 대한 1차 통계에 의하면, 당대 한국 국내정치와 사회연구 관련저서, 인물전기는 약 80여 편이 있다. 여기에는 국내의 많은 한국 연구기구의 비공식 출판시리즈 논문집 혹은 회의논문집은 포함되지 않는다.

중문 정기간행물 전문 데이터베이스에 근거한 통계자료에 따르면, 1994~2012년 발표한 중국 국내 학술지에 한국 국내정치 관련논문은 2,196편에 달하며, 한국사회 관련논문은 741편에 달한다. 중국 우수 석사, 박사학위 논문 데이터베이스의 비공식통계에 따르면, 한국 국내정치관련 석사논문은 877편, 박사논문은 114편에 달하고, 한국사회관련 석사논문은 1,125편 박사논문은 36편에 달한다.

(1) 한국 국내정치 관련 연구

주요 연구주제는 한국 정치체제, 한국의 정치적 전환, 한국 권위주의와 경제발전의 관계, 한국 정당, 한국 국회, 한국 선거제도, 한국 정책결정 체제 등이다. 주요 논저는 다음과 같다.

有任晓,《韩国经济发展的政治分析》,《当代各国政治体制-韩国》; 尹保云,《民主与本土文化—韩国威权主义时期的政治发展》;李文主 편,《东亚: 政党政治与政治参与》; 郑继永,《韩国政治体系》; 赵炜 편,《韩国现代政治论》; 李金泽·金思乱,《韩国总统金大中—世纪最后一位诺贝尔和平奖获得者》; 权烨,《韩国政治民主化转型的力学》; 赵虎吉,《揭开韩国神秘的面纱: 现代化与权威主义: 韩国

现代政治发展研究》; 郭定平, 《韩国政治转型研究》; 韩大元 편저, 《韩国国会》; 权赫秀, 《世纪大审判》; 具海根 저, 张静 역, 《韩国工人阶级形成的文化与政治》; 汪玉凯 외, 《中国与韩国行政体制改革比较研究》; 金东日, 《行政与现代化: 以中韩两国为例》; 左然 외, 《新兴现代化国家行政改革研究: 转型中的韩国公共政策与行政改革》.

석·박사 논문을 포함한 관계 학술논문의 연구내용은 더욱 광범위하다. 상술한 저자의 연구주제를 포함할 뿐만 아니라 한국 정치제도의 설계 등 일부 제도적 측면까지 확대된다. 주요 논문은 다음과 같다.

尹保云, "论南朝鲜和台湾的威权主义; 曹丽琴, "韩国的政治改革和肃贪倡廉风暴"; 虞少华, "金泳三执政以来的韩国内政外交"; 林晓光, "金泳三当选总统一年来韩国的内外政策"; 沈恒炎, "金泳三总统和韩国的'世界化'"; 崔志鹰·徐漪, "试论韩国社会转型时期的政治变革"; 张琏瑰, "朴正熙的政治改革与韩国的经济起飞"; 耿协锋, "试论'韩国政治模式'的特征及转型"; 姚尚建, "20世纪东亚社会变迁与政治民主的萌发--基于中国、日本、韩国的比较"; 刘银萍, "光州事件与20世纪80年代韩国反美高潮的兴起"; 李忠辉, "当代韩国民族主义对立二元结构释析"; 张健, "当代韩国外交决策机制分析"; 卞晶, "当代韩国政党政治民主化的变迁特征--以卡特尔政党理论为分析视角"), 徐大超, "当代韩国政治文化多元性分析"; 金东日, "韩国'三流政治'的一种解读:革命与意识形态视角"; 刘宝全, "韩国的地方选举和政党参与"; 姜明世, "韩国的选举制度与政治体制"; 金在原, "韩国政治中的选举活动与党内竞选"; 杨鲁慧·宋国华, "卢武铉悲剧与韩国民主政治转型"; 杨景明, "转型以来韩国与俄罗斯政治精英的比较研究"; 梁志, "韩国政治经济发展进程中的美国--近10年研究综述";郑継永 , "试析新教参与韩国政治的过程及特点" 등.

(2) 한국사회 관련 연구

주요 연구주제에는 한국사회의 변천, 한국 중산계급, 한국의 반미주의, 한국 다원사회, 한국의 교육 및 양로체제, 한국의 새마을운동, 한류와 한국드라마 등이 포함되어 있다.

이러한 학술저서는 전체 수량이 적을 뿐만 아니라 학술적인 내용 또한 부족하다. 주요 성과가 있는 것은 다음과 같다.

崔承现, 《韩国华侨史研究》; 詹小洪, 《东临面面观--透视韩国》; 张宏杰, 《中国人比韩国人少什么》; 中国社科院韩国研究中心편, 《韩国的改革: 改革实践浅析》; 韩国社会学会편, 《韩国社会向何处去》; 金文等편, 《大韩民国: 中国的新视野》; 孙科志, 《上海韩人社会史》; 夏海强, 《谁在判决总统: 全斗焕、卢泰愚审判纪实》; 卓南生, 《汉城20年风云录》 등.

석・박사 논문을 포함한 관련 학술논문은 소재가 분명하고 풍부하며 학술적 가치가 비교적 높은 것들도 있다. 그중 주요 논문은 다음과 같다.

王生, "韩国疏美亲中现象剖析"; 王晓玲・董向荣, "韩国国家形象的变迁及其启示"; 杨鲁慧, "韩国市民社会与民主政治发展"; 朴光海, "韩流的文化启示-兼论韩流对现代社会生活方式的影响及文化根源"; 朴南熙, "韩国社会变迁与艺术的相关性-当代工艺的定位与社会问题"; 尹艳群, "跨文化适应中的友情网络-对韩国留学生的个案研究"; 朱效梅, "从依附到独立-韩国女性文化的嬗变"; 施雪华, "中韩服务型政府建设比较研究"; 肖剑, "防腐反腐的韩国智慧"; 李大可, "鲁迅在韩国社会变革运动中的接受方式-以李泳禧为中心"; 辛匡容, "全球化与劳动的非正式化-韩国工会运动与社会运动"; 金那映, "韩国新闻媒体的政治性"; 金成国, "21世纪韩国社会发展模式及国家与市民社会关系的再构成"; 韩克庆, "东亚福利模式下的中韩社会政策比较"; 洪静, "1987年以来韩国NGO与政府关系"; 胡世前, "从治理理论视角看韩国新村运动"; 王乔, "韩国'新村运动'与中国新农村建设的差异比较" 등.

2. 중국학계의 당대 한국 “국제정치와 외교”에 대한 연구현황

한국 “국제정치와 외교” 연구현황에 대해서는 대체로 “현재의 한국 정치와 사회” 연구와 동일하게 그 단계를 구분한다. 그러나 국제정치와 외교연구는 특히 냉전구도에 제약을 받는 것을 감안한다.

이 때문에, 편리한 서술을 위해서, 필자는 그 분야의 연구상황의 논평과 서술을 간단하게 두 개의 시기로 나눌 것을 계획한다. 첫째는 냉전기간, 둘째는 냉전 후이다. 냉전 후에는 중한 양국 수교시점이 포함된다.

1) 냉전시기 중국의 한국 국제정치와 외교에 대한 연구

모든 사람들이 다 알고 있듯이 2차 대전 종결 후 중국과 한국은 모두 분단국가가 된다. 냉전 시작 후 양대 진영의 대치 아래 중한 양국은 완전히 단절되었으며, 한국전쟁은 양측의 적대적 분위기를 더욱 격화시켰다. 중국은 국제적으로 북한만을 승인했으며, 한국도 중화민국 정부의 합법성만을 인정했다. 이리하여 이 시기 중국대륙의 외교와 국제관계에 대한 연구는 수박 겉핥기식이며 객관적인 자료가 부족할 뿐만 아니라, 이데올로기의 심각한 제약을 받았다.

심선홍(沈善洪)의 주관으로 편찬한《韩国研究中文文献目录(1912~1993)》에 나오는 통계에 의하면, 이 시기에 출판한 한국관련 저서는 대략 210여 권이 있다. 그중 외교와 국제관계 관련된 저서는 대략 40여 권이 있으며, 내용은 한국전쟁과 조선민주주의인민공화국에 대한 선전과 소개에 집중되어 있다.

전자의 중요 부분은 世界知识出版社편,《为了朝鲜的和平统一》,《朝鲜问题文件汇编》(2집),《反对美帝侵略台湾朝鲜宣传手册》(5집); 中国人民保卫世界和平反对美帝侵略委员会편,《朝鲜停战谈判》(3집); 人民出版社编《中朝友谊, 鲜血凝成》; 王天心,《唇齿相

依的朝鲜与中国》; 余崇文, 《美帝是怎样侵略朝鲜的》 등이다.

후자의 중요 논평은 新华时事社편, 《朝鲜民主主义人民共和国》; 世界知识出版社편, 《今日朝鲜》, 《飞跃发展中的朝鲜社会主义建设》, 《朝鲜人民高举红旗前进》, 《朝鲜社会主义建设中的千里马作业班运动》; 北京青年出版社편, 《朝鲜人民的领袖金日成将军》[4]; 人民出版社편, 《辉煌的十五年, 朝鲜民主主义人民共和国成立十五周年文集》 등이 있다.

간접적으로 한중관계와 관련된 저서는 杨昭全, 《中朝关系史论文集》; 陈述의 《中朝关系一百年》; 张政烺 등의 《五千年来的中朝友好关系》; 한국어판인 《중국 조선 3천 년의 우정》(中朝友谊三千年), 《중국 조선의 우정 백 년 사화》(中朝友谊百年史话) 등이 있다. 한국의 외교 관련 논문은 총 6편으로, 주요 내용은 한국과 주변의 기타 대국의 관계와 관련된다. 미국이 적극적으로 추진한 한일 국교정상화 회담은 당시 중국 학계의 많은 관심과 비판을 받는다. 한미동맹과 한미연합 군사훈련은 특히 매서운 규탄을 받는다. 이와 관련된 논문은 주로 黄天莹, "苏联与南朝鲜关系的发展及其影响"; 曹丽琴, "南朝鲜与美国的关系", "南朝鲜与日本的关系"; 谢南光, "日韩会谈十年"; 万峰, "日韩会谈的背景与实质"; 载阳, "坚实粉碎美帝策划的日韩基本条约"; 王鸿斌 외, "朝鲜半岛的脚步声－－南朝鲜加快武器现代化进程"; 杨步胜, "敌视朝鲜人民的丑恶表演－－剖析美国与南朝鲜的联合军事演习" 등이 있다.

남북 통일문제와 관련된 글은 주요한 것으로 3편이 있다. 글의 관점은 기본적으로 북한정부의 통일관과 동일하다. 서주성(徐铸成)의 "保卫和平的斗争一定胜利", 〈신화일보〉가 발표한 2편의 논평기사 "朝鲜问题必须和平解决", "应该从速解决朝鲜的和平统一问题"이다.

중한관계 관련 글은 5편으로, 이러한 글에는 중한 양국 간 발생한 두

---

4) 石源华, "中国韩国学研究的回顾与展望"에서 재인용.

건의 돌발사건과 직접적인 관련이 있다. 첫째는 1956년 중국선박이 공해에서 한국 측에 나포된 사건, 두 번째는 1983년 탁장인(卓长仁)의 비행기 납치 사건이다.

1956년, 중화인민공화국 국무원은 한국해군이 공해상에서 중국 어선을 후퇴시키면서 사격했고, 어선과 어민을 나포했다는 외교부 대변인의 발표내용에 대해 성명서를 발표했다. 뒤이어 중국 관련부처는 〈신화반월간〉(新华半月刊)에 "사로잡아간 우리나라 어선과 선원은 반드시 반환해야 한다", "이승만 그룹의 공해 안전위해와 해적질을 제지한다" 라는 제목의 두 편의 관련기사를 잇달아 게재한다.

1983년 비행기 납치사건이 발생한 후, 중국 측은 또 2편의 글을 발표한다. 첫 번째는 "탁장인 등 6명의 납치범을 중국 측에서 심판해야 한다"와, 두 번째는 "국제조약에 따라 비행기 납치범을 엄중히 처벌한다"이다. 다른 한편은 1985년 〈世界经济与政治内参〉에 발표된 장영(张英)의 글, "南朝鲜重视发展与我国的关系"이며, 이는 후일 양국의 중계무역 전개의 서막이 된다.

전체적으로 말해 이 시기의 한국외교와 국제관계 관련글의 수량은 극소수이다. 게다가 주요 내용은 우리측 입장 혹은 중한 사이의 돌발성 문제에 대한 정론성의 기사뿐이어서 학술성이 없다. 1980년대 중후반기 중한 경제·무역관계를 시작으로 하여, 관련 한국경제 연구를 선도하는 논문이 끊임없이 나타난다. 하지만 양국의 정치외교 관계는 여전히 얼어붙어 있었기 때문에 정치외교 분야의 연구는 제자리걸음을 할 수밖에 없었다.

2) 냉전 후 중국의 한국 국제정치와 외교연구의 현황

냉전 종결 후, 특히 중한 수교 후, 한국외교와 국제관계 관련 연구에 대한 열기가 빠르게 달아올랐다. 우선 대량의 학술성과가 쏟아져 나오기 시작했는데, 모두 한국전쟁에 관한 것이었다. 주로 냉전 후 대량의 비밀자료 공개에서 비롯된 것이었으며, 신냉전 역사연구의 불을 지폈다. 이 분야의 주요 성과는 다음과 같다. 解力夫, 《朝鲜战争实录》; 沈志华, 《毛泽东、斯大林与韩战, 中苏最高机密档案》, 《毛泽东、斯大林与朝鲜战争》, 《中苏同盟与朝鲜战争研究》; 赵学功, 《朝鲜战争中的美国与中国》; 林利民, 《朝鲜战争与中美关系》; 李节传, 《抑制美国, 朝鲜战争中的加拿大》; 陈新明, 《三八线的较量, 朝鲜战争与中苏美互动关系》 등이 있다.

일부 역사적 사건과 동시에 중국과 북한, 중국과 한국의 쌍방관계에 관련된 전문저서 또한 빠르게 등장한다. 杨昭全・孙玉梅, 《中朝边界史》; 杨昭全, 《中朝边界研究文集》; 宋成有 외, 《中韩关系史. 现代卷》; 蒋菲菲 외, 《中韩关系史—古代卷》; 杨渭生 외 편, 《十到十四世纪中韩关系史料汇编》; 徐万民, 《中韩关系史—近代卷》; 王如绘, 《近代中日关系与朝鲜问题》; 陈尚胜, 《中韩交流三千年》; 黄枝连, 《天朝礼治体系研—中卷, 东亚的礼义世界, 中国封建王朝鲜半岛关系形态论》, 《天朝礼治体系研究—下卷, 朝鲜的儒化情境构造: 朝鲜王朝与满清王朝的关系形态论》; 王明星, 《韩国近代外交与中国: 1861~1910》 등이 있다.

오래지 않아 동북아 지역 국제관계 관련, 한반도 통일문제, 현재 한국외교, 동북아 안전에 관한 전문저서도 따라서 편찬된다. 陈峰君・王传剑, 《亚太大国与朝鲜半岛》; 王东福, 《朝鲜半岛与东北亚国际关系史研究》; 石源华・方秀玉 주편, 《缓和与合作, 东北亚国际关系30年》; 石源华 주편, 《冷战以来的朝鲜半岛问题》; 刘福江, 《朝鲜半岛统一论》; 孟庆义, 《朝鲜半岛和平统一问题研究》; 沈定昌, 《韩国对外关系》, 《韩国外交与美国》; 刘金质 외, 《当代中韩关系》; 张文江, 《韩国的政治与外交》; 王仪轩 외, 《中韩劫机外交》; 魏志江主编, 《冷战后中韩关系研究》; 王传剑, 《双重规制, 冷战后美国的朝鲜半岛政

策》; 李元烨, 《中美两国朝鲜半岛政策演进历程研究, 从对抗走向协调(1945~2000)》; 梁志, 《冷战与民族国家建构, 韩国政治经济发展中的美国因素(1945~1987)》; 汪伟民, 《美韩同盟再定义与东北亚安全》, 《韩国外交与东北亚安全合作》; 韩献栋, 《朝鲜半岛的安全结构》 등이 있다.

2000년 이래, 또다시 대량의 한국외교와 관련된 우수 석 · 박사들의 논문이 더욱 활발하게 발표되며 더욱 풍부한 소재와 연구에 관심 있는 사람들이 많이 나타난다. 중국 우수 석 · 박사학위 논문 데이터베이스 통계에 근거하면, 박사논문 42편, 석사논문 177편이 있다.

그중 박사논문에는 崔美玉, "韩半岛和平机制建设研究"; 汪权, "冷战后的美国朝鲜半岛政策析论"; 李雪威 "冷战后韩国对朝政策研究"; 陈波, "李承晚政权与美韩同盟"; 高奇琦, "美韩核关系(1956~2006): 对同盟矛盾性的个案考察"; 何彤梅, "中韩政治外交关系研究(1945~2007)"; 马晶, "冷战后韩国的东北亚政策研究"; 禹守根, "东北亚多边安全合作机制考察"; 苏俊燮, "冷战以来朝鲜半岛局势的演变与驻韩美军的未来"; 刘洪丰, "美国对韩国援助政策研究, 1948~1968年" 등이 있다.

비교적 우수한 주요 석사논문으로는 王箫轲, "冷战后周边大国的对朝政策比较研究"; 谢树杰, "冷战后美朝关系研究"; 李承玹, "中韩双边军事外交, 演进及其展望"; 郑昌焕, "预期理论视角下的朝鲜核政策分析"; 朱宏, "从中韩关系发展看韩国外交战略调整"; 陈梅梅, "试析当代韩国文化外交"; 赵志远, "李明博政府实用主义外交及其对中韩关系的影响"; 崔志丹, "美日同盟与美韩同盟成因之比较(1945~1953)"; 苗群, "中日韩对外援助的比较分析"; 滕宇鹏, "从先发制人到强制外交"; 李智恒, "国内政治与冷战后美韩同盟再定义"; 孟令宇, "中美两国在六方会谈中的策略分析"; 余怡妮, "冷战与美国在韩国的文化活动(1961~1969)"; 陈忠, "朝核问题与大国博弈"; 李晓雪, "冷战后美韩

同盟及其战略选择”; 梁正学, “美国的MD与韩国政府的选择”; 成海燕, “韩国环境外交解析”; 庞彦, “卢武铉‘和平繁荣政策’与韩朝关系发展研究”; 吴迪, “俄罗斯朝鲜半岛政策的演变及其前景分析”; 徐峥, “战后韩国的东亚地区合作政策研究”; 金凯, “改进朝核危机解决模式的设想”; 任平, “韩国亲美外交沿革史研究” 등이 있으며, 이러한 석사논문의 소재 또한 한국외교와 국제관계 관련 다방면에 걸쳐 발표되고 있다. 특히 북핵문제와 관련된 논문이 많은 비중을 차지한다. 필자가 하나하나 열거하지는 않았지만, 선정한 주요 논문들은 모두 새로운 소재와 시각, 강한 이론적 의미를 가지는 것들이다.

3. 전체 평가와 앞으로의 전망

1) 전체 평가

(1) 중한 수교 이후, 중국의 한국 정치와 사회 연구는 이전의 통제와 한계에서 벗어나 큰 발전을 이루었다. 하지만 상대적으로 전통적인 한국학 분야에 비하면 정치외교 영역은 안정적이지 못한 상태이며, 이전 세대의 체제전환, 새로운 세대들의 미성숙 등으로 인해 그 분야를 대표할 만한 작품은 아직 없다. 하지만 다행인 것은 한국학 연구의 중점이 역사, 언어, 문화, 종교, 철학 분야에서 정치, 외교 분야로 빠르게 확산되고 있으며, 정치, 외교 분야는 최근 약 10년 동안 연구성과가 빠르게 증가하고 있다는 점이다.

이것은 한편으로 전통 연구 분야의 소재가 점차 고갈되고 있기 때문이다. 연구과제는 점점 적어져 더욱 신선한 연구재료와 독특한 연구방법을 찾는 것이 어렵다. 다른 한편으로 한반도와 동북아지역의 복잡하고도 불안한 요소가 부단히 중국의 한국학 연구자들을 부르고 있기 때문이다. 학계의 연구는 끊임없이 질문하고 생각해야 한다. 이는 현재 지역적 중대 안전문제, 정치외교 문제의 정책을 지지하기 위해서 중국학자들이 반드시 가져야 할 문제의식이다. 사회과학 연구만이 명확한 국가적 목표를 가지는 것이 아니라, 설령 인문학적 연구라 할지라도 일정한 가치판단을 내포한다. 한중관계 발전은 최근 들어 더 이상 전진을 계속 하지 못하기 때문에 일부 인문학 연구도 어쩔 수 없이 국가이익을 위한 판단으로 인한 제약을 받는다. 고구려를 두고 중한 사이에 발생한 역사논쟁이 그 명확한 예이다. 어떠한 가치관도 없는 발굴과 역사연구는 소모적인 기대일 뿐이다. 이 때문에, 정치학, 외교학 등 사회과학이 학문의 중심이 되는 것은 어쩔 수 없는 일이며, 한국학 연구가 반드시 확장되어야 하는 원동력이다.

(2) 한국 정치와 외교 연구의 대열은 명확한 세대교체 현상이 나타나고 있다. 이미 통합을 통해 중국은 5년 내에 학계의 지도자적 인물이 나타날 것을 기대한다. 정치 외교는 중국 한국학 분야의 더욱 중요하고 세력이 큰 하나의 학과가 될 것이다.

필자는 몇몇 전통 한국학 분야의 연구자들을 관찰하였다. 특히 역사와 언어 분야 연구자는 최근 정치, 외교 분야로의 이전을 서두르고 있다. 그들은 깊고 두터운 역사적 기초를 가지고 있거나 또는 우수한 언어능력을 가지고 있고, 혹은 두 가지를 동시에 구비하고 있다. 이는 그들이 한국 정치외교 연구로 전향하는 데 이점으로 작용할 것이다. 북경대학의 심정창(沈定昌) 교수, 복단대학의 석원화(石源华) 교수 , 중산대학의 위지강(魏志江) 교수가 이에 해당하는 뛰어난 인물들이다.

다른 한편, 일부 한국 유학파 박사들도 점차 한국학 연구의 대열에 합류하고 있는데, 이 가운데는 한국 유명대학의 정치외교학과를 수료한 이들이 적지 않으며, 그들은 확실한 기초이론을 가지고 있을 뿐만 아니라, 새로운 연구방법과 동시에 능숙하게 영어를 운용할 수 있다. 이것은 그들의 미래 학문발전에 유리할 것이다.

이밖에 최근 몇 년 사이 북핵위기가 계속 불거져 나오면서, 중국 내 일부 미국분야 전문가도 잇따라 시선을 돌려 한반도문제를 연구한다. 예를 들면, 북경대학의 주봉(朱锋) 교수, 중국인민대학의 시은홍(时殷弘) 교수, 복단대학의 심정립(沈丁立) 교수 등이 있다. 이런 학자의 참가는 의심할 바 없는 한국 정치외교 분야의 중요성을 보여주는 것이다.

(3) 중국 내의 명성 있는 몇몇 한국학 연구기구는 기존의 종합적 전통 연구 중심의 방식을 타파하고 정치외교 분야의 연구인원을 늘렸으며, 간행물에 게재하는 정치외교 논문들도 해마다 증가시키고 있다.

연변대학의 조선학 연구센터는 중국의 한국학 연구의 국가기지이다. 과거 이 센터에서는 언어, 문학, 역사 연구에만 치중하였다. 북경대학의 한국학 연구센터는 한국의 전통 역사문화, 정치, 경제, 어문학에 치중했었고, 복단대학의 한국학 연구센터도 한국임시정부, 중한관계사와 한국연구에 치중했다. 그러나 최근 북경대학 한국연구센터, 복단대학 한국연구센터, 길림대학 동북아연구원, 산동대학 한국학원 모두 한국 정치외교 방면 연구에 박차를 가하고 있다.

올해 거행된 중국 한국학 국제회의와 전국 한국학 포럼에서 정치외교 부문은 많은 참가자들로 인해 뜨거운 열기가 느껴졌다는 것은 모두 인정하는 사실이다.

2) 해결해야 할 문제

(1) 높은 학술가치를 가진 역작의 결여, 권위 있는 지도적 인물의 결여, 안정된 연구팀의 부족, 전체 학술분야의 전면적 발전계획의 부족의 문제점이 있다.

⑵ 연구기관들 간의 상호협력이 부족하여, 연구내용의 중복률이 높고, 국가나 교육부에 공동으로 프로젝트를 신청할 연합능력이 없다. 한반도를 소재로 한 풍부한 연구과제가 있으며, 중국 내 연구원은 매우 많다. 게다가 중앙정부에는 다급한 정책수요가 있다. 그러나 매년 중국 한국학 국제회의에서 각 이사진들은 줄곧 탁상공론뿐, 진지하고 명확한 학과 발전계획 수립과 연합문제 등 과제를 해결하지 못하고 있다.

⑶ 연구비 부문은 지나치게 한국측 기구의 자금지원에 의지하고 있다. 이는 한국 재단들에게 연구주제 설정권과 주도권을 빼앗기게 된다. 따라서 민감한 문제에 대해 자주성과 발언권을 상실한다. 몇몇 중대문제의 연구에서는 항상 침묵해야 하는 곤경에 처한다.

⑷ 일부 중대 학술문제에서, 같은 외국학자들과의 국제교류 범위가 좁고, 국제교류 대상이 지나치게 한국학자들로 국한되어 있으며, 미국, 일본, 유럽 등지 학자들과의 교류가 부족하다.

3) 미래과제

⑴ 하루빨리 전국규모의 "중국한국학회", "한국정치외교지부"를 설립하거나 혹은 "중국한국정치외교연구회"를 설립하여 전국의 한국 정치외교 연구를 이끌며, 그 기구가 그 분야의 연구 전체목표와 연구체계를 확립하도록 해야 한다. 1979년에 설립된 전국규모의 "중국 조선사 연구회"는 역사연구에만 치중하여, 중국의 한국학을 이끄는 중임을 맡기에 부족하다는 것이 명확하기 때문이다.

⑵ 중국 전역의 한국연구센터들과 한반도 연구기구들은 힘을 합쳐 〈当代韩国〉을 중문 핵심학술지로 승급 신청해야 한다. 이는 학계에 필

요할 뿐만 아니라 이로 인해 학자들은 최선을 다해 높은 학술성과를 낼 수 있을 것이며, 또한 동료학자들의 사기를 북돋아 줄 것이다. 만약 하나의 학과에서 자신들의 핵심학술지에 대한 지지가 부족하면, 전국적인 영향력을 가진 학술단체를 만들기는 어렵다.

(3) 가능한 조건하에 "중국의 한국학 연구기금회"를 설립해야 한다. 자금마련은 해외기금을 이용할 수 있을 뿐만 아니라, 전국 모든 회원의 기부 및 회비로 충당할 수 있을 것이다. 이렇게 하는 것은 해외 학술자금 지원 의존에서 벗어나도록 할 뿐만 아니라, 더욱 공정한 학술경쟁 환경을 조성할 수 있으며 인재양성과 학과발전에 있어 최선의 방법이다.

中国的当代韩国政治与社会研究

现状评估与未来议程

中韩建交二十年来, 中国的韩国学研究一路高歌猛进, 与美国、日本和欧洲的韩国学研究相比取得了很大的成就, 达到了相当高的水准, 对此已有不少中国、韩国学者进行过全面评估,[5] 然而, 迄今为止, 中国对当代韩国政治与社会研究的现状却没有得到任何单独的评估。遍览多年来中国学者辛勤编纂的各类中国韩国学研究的文献目

5) 石源华 :"中国韩国学研究的回顾与展望",《当代韩国》2002年春季号 ; 李得春 :"韩国学与中国的韩国学", 第23卷, 第3期, 2006年7月 ; 蔡美花 :"东亚韩国学方法之探索",《东疆学刊》, 第25卷, 第4期, 2008年10月 ;〔韩〕宋铉浩 :"中国韩国学研究动向",《韩国文化》第33辑, 首尔大学韩国文化研究所, 2004年 ;〔韩〕黄根江 :"朝鲜半岛研究世界化的现状及课题",《当代韩国》2003年春夏合刊。

象[6]，不难发现中国韩国学的重大研究成果大多体现于历史、语言、宗教、哲学与经济研究领域。在上述诸领域出版过大量具有代表性的学术著作和论文，而在当代韩国政治与社会研究领域，虽然中国学者学术敏感度较高，相关的著作与论文题材也异常丰富，然而重大的学术成果似乎并不多见。

本文旨在对中国大陆学者对当代韩国政治与社会的研究现状进行总体评估，海外中国学者及台湾学者的研究成果偶有提及，但不是主要的评述对象。考虑到中国学者对韩国政治与社会两大板块研究状况的不均衡状态，因此，作者拟将政治与社会方面的研究成果拆分成“国内政治与社会”、“国际政治与外交”两部分分别进行评估。由于作者学术水准有限，加上时间仓促，在成果评述时难免失之偏颇或挂一漏万，敬请学界同行宽宥为感。

一、中国学界对当代韩国“国内政治与社会”研究的现状

1) 隔绝时期(1949～70年代末)

自中华人民共和国建立，尤其是朝鲜战争后，中韩两国陷入极端敌视阶段。东北亚地区作为冷战的另一主要阵地，中苏朝与美日韩两大

---

6) 沈善洪主编：《韩国研究中文文献目录》(1912～1993)，杭州大学出版社，1994年；崔莲、金顺子编：《中国朝鲜学-韩国学研究文献目录》(1949～1990)，中央民族大学出版社，1995年；王明根、李花玉：〈朝鲜-韩国研究期刊与论文集篇目汇编〉(1949～2000)，夏旦大学生韩国研究中心资料室，2001年4月；李竹仙主编：《北京大学图书馆馆藏古代朝鲜文献解题》，北京大学出版社，1997年；沈定昌、刘大军主编：《朝鲜半岛相关文献目录(1992～2005)》，辽宁民族出版社，2008年.

阵营泾渭分明，呈现紧张对峙的态势。这一状况大致持续至70年代末朴正熙被刺，这20年间中国的韩国政治与社会研究也深受其害，不仅研究成果寥寥无几，而且内容与观点大多失之偏颇，敌对情绪与意识形态因素严重制约了学术的公正性与客观性。

据沈善洪主编的《韩国研究中文目录》统计，此时期有关韩国国内政治与社会的著作总计只有三部，而且集中于披露其阴暗面，包括：韦丁著《南朝鲜黑幕》、茁壮编《南朝鲜风暴》以及金镇基等编《朴正熙血溅宫井洞：南朝鲜政局变化纪实》。直接涉及韩国国内政治与社会的译著也只有二本：上海大众书店译《南朝鲜傀儡"政府"内幕》、李文灿与广桂林译《南朝鲜的现状》。

有关韩国政治制度和社会状况的论文总计约40篇，内容大多集中于批判韩国国内的选举、李承晚与朴正熙的专制独裁及美国对韩国政局的影响。这类文章多数刊登于《人民日报》、《光明日报》、《世界知识》，作为其社评或社论，不少标题形同政治口号，其中包括《人民日报》刊载的"美国式的民主－－关于南朝鲜的总统选举"、"李承晚统治下的南朝鲜"、"南朝鲜人民心向北方"、"卖国起家的张勉"、"张都映是什么人"、"风雨飘摇中的南朝鲜政局"、"卖国贼朴正熙"、"南朝鲜的动乱"、"矛盾重重的南朝鲜政局"；《世界知识》刊载的有"美帝国主义在南朝鲜的滔天罪行"、"春雷震彻南朝鲜"、"南朝鲜知识分子的民族主义浪潮"、"南朝鲜局势日益恶化"、"从独裁者朴正熙之死谈起"。载于《国际问题研究》的有"南朝鲜人民的斗争一定会胜利"、"南朝鲜人民推翻了李承晚独裁政权"，载于《中国青年报》的有"在狗咬狗的背后－－美国在南朝鲜制造'还政于民'的丑剧"，载于《国际问题资料》的有"美国从南朝鲜撤军的原因与影响"。[7]

就这一时期的学术成果而论，有二个明显的特点：一是由于政治和

7) 参见沈善洪主编：《韩国研究中文文献目录》(1912－1993)。

外交上的隔绝，中国学界无法深入了解韩国国内复杂政治及动荡社会的具体状况，强烈的意识形态因素使得中国学界对韩国的政治研究难免陷入刻板化的困境；二是学术研究政治化，对韩国政治和社会的客观研究成为学界的禁区和政治上的忌讳，由此导致学术水准普遍低下。

2）谨慎观察时期(80年代初至1992年建交)

70年代末，中国确定了以经济建设为中心和实行改革开放政策的战略方针，改善对韩关系，成为中国与周边国家和地区建立长期和平友好关系的重要一环。韩国经济高速发展的成功经验深为中国人关注，中国的经济建设也需要发展与近邻韩国的经济贸易关系。中美、中日先后实现对华关系的正常化及朝鲜半岛局势的缓和，也使韩国的对华政策发生重要变化。韩国跻身“四小龙”的行列后，希望进人中国市场，韩国的媒体也在营造推动韩国同中国大陆建立外交关系的氛围。共同的政治经济需求，化解了数十年来的积怨。两国首先发展了“转口贸易”，而且增长速度非常之快，并在此基础上逐步实现了政治关系的改善。

为了适应中韩关系的这种变化，中国的韩国学研究开始逐步升温，至80年代后期90年代初期形成了一个小高潮。据不完全统计，这一时期中国出版的各类韩国学专著有250部之多。中国人以从未有过的热情关注韩国问题的研究，尤其是韩国经济问题成为这股研究热潮的主流。韩国文化及其与中国儒学文化的关系是这一时期韩国学研究的又一个侧重点。韩国儒学、实学等各种国内国际学术会议不断举行，一批有关韩国历史文化的著作和译著迅速问世。然而，中国的韩国政治与社会研究却大大滞后于中国韩国学研究的整体节奏，倒是韩国的中国政治学研究率先迈开了步伐。汉阳大学在70年代初成立了中国问题研究所，并从1974年起开始出版一份季刊杂志《中苏研究》(Sino-Soviet Affairs)。80年代，韩国其他的一些大学也纷纷效仿汉阳大学，成立了与当代中国研究相关的机构。1979年6月，韩国共产主义研究会在韩国教育部的主持下成立，到20世纪90年代初期总共提供了2亿韩元的财政资助。[8)]

相比之下，中韩建交前，中国学界对当代韩国政治与社会的研究从总体上看依然荒凉如故，缺乏关键的政治氛围、必要的资金和图书资料的支持，语言类的学者也很难一下子转换或切入政治类题材的研究，而且国内政治和意识形态的约束仍然过大。作者找遍了所有文献目录，发现这一时期竟然只有一本译著(朴正熙：《我们国家的道路》，北京华夏出版社，1988年)是有关韩国政治与社会的，这真叫人悲叹不已。这一时期有关韩国国内政治的论文共计有141篇，有关韩国社会的文章只有6篇。韩国国内政治的论文主要依然刊载于《人民日报》和《世界知识》，少量刊载于《学术研究丛刊》、《国际问题研究》、《世界经济与政治内参》和《国外社会科学》，研究内容仍侧重于韩国国内政局、宪政危机，并逐渐涉及韩国的政府机构、政治体制、决策过程和中产阶级的研究，包括："金大中事件始末"、"南朝鲜的维新体制"、"大选后的南朝鲜政局"、"南朝鲜的政局发展及其影响"、"特别讲话与改宪斗争"、"南朝鲜的改宪与双宪斗争"、"南朝鲜民主斗争的新浪潮"、"南朝鲜在野党外交角逐的意图"、"论南朝鲜和台湾的威权主义"、"南朝鲜进行机构大精简"、"南朝鲜学术界讨论中产阶层问题"、"从南朝鲜的情况看发展中国家的决策过程"、"南朝鲜的人力资源开发"。这些文章看起来数量不少，但大多内容浅显，时政性强而学术含量少。

---

8) 〔韩〕郑在浩："韩国的当代中国政治研究"，《当代中国史研究》2009年第2期。

有关韩国社会的6篇文章继续专注于其国内的阴暗面，这从文章的标题就可以明显看出，如："震惊南朝鲜的金融诈骗案"、"南朝鲜船王自杀转资产丑闻现形"、"女教徒率信徒升天——南朝鲜发生32人集体自杀案"、"南朝鲜取缔男娼"、"南朝鲜丑闻——张玲子事件"。

3）快速发展期(1992～2012)

1992年8月，中韩正式建交，20年来两国政治关系实现了三级跳，从最初的睦邻友好关系，到全面合作伙伴关系，再到战略合作伙伴关系，中国成为韩国的第一大贸易伙伴和韩国最大的直接投资对象国。两国高层接触更是频繁不断，双边关系几乎每隔五年便上一个新台阶，其迅猛发展速度在中国与其他各国双边关系的发展史上是罕见的。在此大背景下，中国的韩国政治与社会研究也迅速步入一个大发展的时期。各种政治上的禁忌与褊狭一扫而空，有关韩国政治与社会的各种题材纷纷纳入中国学界的视野。

据沈定昌、刘大军主编的《朝鲜半岛相关文献目录(1992～2005)》统计，加上本人对近6年来相关成果的初步统计，有关当代韩国国内政治和社会研究的专著、人物传记达80多部，这其中还不包括国内众多韩国研究机构非正式出版的系列论文集或会议论文汇编。根据中文期刊全文数据库的统计，1994～2012年发表于中国国内正规学术期刊上有关韩国国内政治的论文达2196篇，有关韩国社会的论文达741篇。按照中国优秀硕士、博士学位论文数据库的不完全统计，有关韩国国内政治的硕士论文达877篇，博士论文达114篇；有关韩国社会的硕士论文达1125篇，博士论文36篇。

⑴ 有关韩国国内政治的研究

主要的研究主题有韩国的政治体制、韩国的政治转型、韩国的威权主义与经济发展的关系、韩国政党、韩国国会、韩国的选举制度、韩国的决策体制等。主要论著有任晓：《韩国经济发展的政治分析》、《当代各国政治体制. 韩国》, 尹保云：《民主与本土文化－－韩国威权主义时期的政治发展》, 李文主编：《东亚：政党政治与政治参与》, 郑继永：《韩国政治体系》, 赵炜编《韩国现代政治论》, 李金泽、金思乱：《韩国总统金大中－－世纪最后一位诺贝尔和平奖获得者》, 权烨：《韩国政治民主化转型的力学》, 赵虎吉：《揭开韩国神秘的面纱：现代化与权威主义：韩国现代政治发展研究》, 郭定平：《韩国政治转型研究》, 韩大元编著《韩国国会》, 权赫秀：《世纪大审判》, 具海根著, 张静译《韩国工人阶级形成的文化与政治》, 汪玉凯等：《中国与韩国行政体制改革比较研究》, 金东日：《行政与现代化：以中韩两国为例》, 左然等译：《新兴现代化国家行政改革研究：转型中的韩国公共政策与行政改革》。

有关的学术论文(含博、硕士论文)的研究内容更加宽泛, 不仅包括了上述著作的研究主题, 而且还延伸到韩国政治的制度设计等一些制度层面的东西。这类论文主要有尹保云：“论南朝鲜和台湾的威权主义”, 曹丽琴：“韩国的政治改革和肃贪倡廉风暴”, 虞少华：“金泳三执政以来的韩国内政外交”, 林晓光：“金泳三当选总统一年来韩国的内外政策”, 沈恒炎：“金泳三总统和韩国的‘世界化’”, 崔志鹰、徐漪：“试论韩国社会转型时期的政治变革”, 张琏瑰：“朴正熙的政治改革与韩国的经济起飞”, 耿协锋：“试论‘韩国政治模式’的特征及转型”, 姚尚建：“20世纪东亚社会变迁与政治民主的萌发－－基于中国、日本、韩国的比较”, 刘银萍：“光州事件与20 世纪80 年代韩国反美高潮的兴起”, 李忠辉：“当代韩国民族主义对立二元结构释析”, 张健：“当代韩国外交决策机制分析”, 卜晶：“当代韩国政党政治民主化的变迁特征

——以卡特尔政党理论为分析视角",徐大超:"当代韩国政治文化多元性分析",金东日:"韩国'三流政治'的一种解读:革命与意识形态视角",刘宝全:"韩国的地方选举和政党参与",姜明世:"韩国的选举制度与政治体制",金在原:"韩国政治中的选举活动与党内竞选",杨鲁慧、宋国华:"卢武铉悲剧与韩国民主政治转型",杨景明:"转型以来韩国与俄罗斯政治精英的比较研究",梁志:"韩国政治经济发展进程中的美国——近10年研究综述",郑継永:"试析新教参与韩国政治的过程及特点"。

⑵ 有关韩国社会的研究

主要的研究主题包括:韩国社会的变迁、韩国中产阶级、韩国的反美主义、韩国多元社会、韩国教育及养老体制、韩国的新村运动、韩流与韩剧等。

此类学术著作总体数量偏少,且学术含金量欠缺。主要成果有崔承现:《韩国华侨史研究》,詹小洪:《东临面面观--透视韩国》,张宏杰:《中国人比韩国人少什么》,中国社科院韩国研究中心编:《韩国的改革:改革实践浅析》,韩国社会学会编:《韩国社会向何处去》,金文等编:《大韩民国:中国的新视野》,孙科志:《上海韩人社会史》,夏海强:《谁在判决总统:全斗焕、卢泰愚审判纪实》,卓南生:《汉城20年风云录》等。

有关的学术论文(含博、硕士论文)题材明显比著作要丰富,在学术价值上似乎也比著作类成果高一些。其中主要的论文有王生:"韩国疏美亲中现象剖析",王晓玲、董向荣:"韩国国家形象的变迁及其启示",杨鲁慧:韩国市民社会与民主政治发展",朴光海:"韩流的文化启示——兼论韩流对现代社会生活方式的影响及其文化根源",朴南熙:"韩国社会变迁与艺术的相关性——当代工艺的定位与社会问题",尹艳群:"跨文化适应中的友情网络——对韩国留学生的个案研究",朱效梅："从依附到独立——韩国女性文化的嬗变"，施雪华："中韩服务型政府建设比较研究"，肖剑："防腐反腐的韩国智慧"，李大可："鲁迅在韩国社会变革运动中的接受方式——以李泳禧为中心，辛匡容："全球化与劳动的非正式化——韩国工会运动与社会运动"，金那映："韩国新闻媒体的政治性"，金成国："21世纪韩国社会发展模式及国家与市民社会关系的再构成"，韩克庆："东亚福利模式下的中韩社会政策比较"，洪静："1987年以来韩国NGO与政府关系"，胡世前："从治理理论视角看韩国新村运动"，王乔："韩国'新村运动'与中国新农村建设的差异比较"等。

二、中国学界对当代韩国"国际政治与外交"研究的现状

有关当代韩国"国际政治与外交"的研究现状，其阶段性划分大体等同于"当代韩国政治与社会"的研究，然而鉴于国际政治与外交的研究更受制于冷战大格局，因此，为叙述方便，作者拟将该领域研究状况的评述简单分为两个时期，一是冷战期间，二是冷战后，而冷战的结束时间也约略同步于中韩两国建交的时间。

1）冷战时期中国对韩国国际政治与外交的研究

众所周知，二战结束后不久，中国与韩国都沦为分裂国家。冷战爆发以后，两大阵营的对垒导致中韩两国完全隔绝，朝鲜战争更加剧了双方的敌对情绪，中国在国际上只承认朝鲜，而韩国也只承认台湾的中华民国政府的合法性。因此，这一时期中国大陆对韩国外交与国际关系的研究只能是隔靴搔痒式的，既缺乏客观的资料来源，更受到意识形态的严重禁锢。

据沈善洪主编的《韩国研究中文目录(1949~1990)》统计,此时期出版的韩国学著作约有210余部,其中涉及外交与国际关系的著作约有40余部,内容集中于抗美援朝战争和对朝鲜民主主义人民共和国的宣传和介绍,前者重要的有世界知识出版社编《为了朝鲜的和平统一》、《朝鲜问题文件汇编》(2辑)、《反对美帝侵略台湾朝鲜宣传手册》(5辑)、中国人民保卫世界和平反对美帝侵略委员会编《朝鲜停战谈判》(3辑)、人民出版社编《中朝友谊,鲜血凝成》以及王天心著《唇齿相依的朝鲜与中国》、余崇文著《美帝是怎样侵略朝鲜的》等。后者重要的有新华时事社编《朝鲜民主主义人民共和国》、世界知识出版社编《今日朝鲜》、《飞跃发展中的朝鲜社会主义建设》、《朝鲜人民高举红旗前进》、《朝鲜社会主义建设中的千里马作业班运动》、[9]北京青年出版社编《朝鲜人民的领袖金日成将军》、人民出版社编《辉煌的十五年:朝鲜民主主义人民共和国成立十五周年文集》等。间接涉及中韩关系的专著有:杨昭全的《中朝关系史论文集》、陈述的《中朝关系一百年》、张政烺等《五千年来的中朝友好关系》,及韩文版的《中朝友谊三千年》、《中朝友谊百年史话》等。

有关韩国外交的论文计有16篇,主要内容涉及韩国与周边其它大国的关系,美国极力撮合的日韩邦交正常化谈判受到当时中国学界的高度关注和一致批评,美韩同盟与美韩联合军演遭到严厉谴责。这些论文主要包括黄天莹:"苏联与南朝鲜关系的发展及其影响",曹丽琴:"南朝鲜与美国的关系"、"南朝鲜与日本的关系",谢南光:"日韩会谈十年",万峰:"日韩会谈的背景与实质",载阳:"坚实粉碎美帝策划的日韩基本条约",王鸿斌等:"朝鲜半岛的脚步声——南朝鲜加快武器现代化进程",杨步胜:"敌视朝鲜人民的丑恶表演——剖析美国与南朝鲜的联合军事演习"等。

---

9) 转引自石源华:"中国韩国学研究的回顾与展望"。

有关南北统一问题的文章主要有三篇，文章的观点基本等同于朝鲜政府的统一观，如，徐铸成的"保卫和平的斗争一定胜利"，以及新华月报发表的两篇评论文章："朝鲜问题必须和平解决"、"应该从速解决朝鲜的和平统一问题"。

有关中韩关系的文章计有5篇，这些文章与中韩两国之间发生的两起突发事件直接相关，一是1956年中国船只在公海被韩国掳走，二是发生在1983年的卓长仁劫机事件。1956年，中华人民共和国国务院发表公报，刊载了我外交部发言人就南朝鲜海军在公海上劫夺和射击中国渔船并掳走中国渔船渔民事发表的谈话。随后中国有关部门又连续在《新华半月刊》刊载了两篇与此相关的文章："被掳走的我国渔船船员必须送还"，"制止李承晚集团危害公海安全的海盗行为"。1983年劫机事件发生后，中方又发表了两篇文章，一是胡文治的"卓长仁等六名劫机罪犯应交还中国审判"，二是丁海华的"依照国际公约严惩劫机罪犯"。另一篇是1985年发表于《世界经济与政治内参》张英的文章"南朝鲜重视发展与我国的关系"，该文后来成为两国展开转口贸易的先声。

总体讲，这一时期，有关韩国外交与国际关系的文章数量极少，而且主要是一些陈述我方立场或针对中韩间突发性问题的政论性文章，没有太多的学术性。80年代中后期，虽然中韩经贸关系开始预热起来，并带动有关韩国经济研究的论文不断涌现，但鉴于两国政治与外交关系仍处于冰冻状态，韩国政治与外交领域的研究只能是停滞不前的。

2) 冷战后中国对韩国国际政治与外交的研究现状

冷战结束后，尤其是中韩建交后，有关韩国外交与国际关系的研究迅速转热。首先涌现出的一大批学术成果都是有关朝鲜战争的，主要是缘于冷战后大批解密资料的公布，以至掀起了一股新冷战史研究的热潮。这方面的成果主要有解力夫：《朝鲜战争实录》，沈志华：《毛泽东、斯大林与韩战：中苏最高机密档案》、《毛泽东、斯大林与朝鲜战争》、《中苏同盟与朝鲜战争研究》，赵学功：《朝鲜战争中的美国与中国》，林利民：《朝鲜战争与中美关系》，李节传：《抑制美国：朝鲜战争中的加拿大》，陈新明：《三八线的较量：朝鲜战争与中苏美互动关系》等。

一些历史类题材，同时涉及中朝、中韩双边关系的专著也迅速面世，包括杨昭全、孙玉梅：《中朝边界史》，杨昭全：《中朝边界研究文集》，宋成有等：《中韩关系史. 现代卷》，蒋菲菲等：《中韩关系史. 古代卷》，杨渭生等编：《十到十四世纪中韩关系史料汇编》，徐万民：《中韩关系史近代卷》，王如绘：《近代中日关系与朝鲜问题》，陈尚胜：《中韩交流三千年》，黄枝连：《天朝礼治体系研究　中卷，东亚的礼义世界：中国封建王朝鲜半岛关系形态论》、《天朝礼治体系研究　下卷，朝鲜的儒化情境构造：朝鲜王朝与满清王朝的关系形态论》、王明星：《韩国近代外交与中国：1861～1910》等。

不久，一批有关东北亚地区国际关系、朝鲜半岛统一问题、当代韩国外交、东北亚安全的专著也随后跟进，包括陈峰君、王传剑：《亚太大国与朝鲜半岛》，王东福：《朝鲜半岛与东北亚国际关系史研究》，石源华、方秀玉主编：《缓和与合作：东北亚国际关系30年》，石源华主编：《冷战以来的朝鲜半岛问题》，刘福江：《朝鲜半岛统一论》，孟庆义：《朝鲜半岛和平统一问题研究》，沈定昌：《韩国对外关系》、《韩国外交与美国》，刘金质等：《当代中韩关系》，张文江：《韩国的政治与外交》，王仪轩等：《中韩劫机外交》，魏志江主编：《冷战后中韩关系研究》，王传剑：《双重规制：冷战后美国的朝鲜半岛政策》，李元烨：《中美两国朝鲜半岛政策演进历程研究：从对抗走向协调（1945～2000）》，梁志：《冷战与民族国家建构：韩国政治经济发展中的美国因素（1945～1987）》，汪伟民：《美韩同盟再定义与东北亚安全》、《韩国外交与东北亚安全合作》，韩献栋：《朝鲜半岛的安全结构》等。

自2000年以来，还出现大批有关韩国外交的优秀博、硕士的论文，他们思维更加活跃，选题更加丰富，显示了该研究领域后継有人的良好态势。依据中国优秀硕士、博士学位论文数据库的统计，总计有博士论文42篇，硕士论文177篇，其中博士论文包括崔美玉："韩半岛和平机制建设研究"，汪权："冷战后的美国朝鲜半岛政策析论"，李雪威："冷战后韩国对朝政策研究"，陈波："李承晚政权与美韩同盟"，高奇琦："美韩核关系（1956～2006）：对同盟矛盾性的个案考察"，何彤梅："中韩政治外交关系研究（1945～2007）"，马晶："冷战后韩国的东北亚政策研究"，禹守根："东北亚多边安全合作机制考察"，苏俊燮："冷战以来朝鲜半岛局势的演变与驻韩美军的未来"，刘洪丰："国对韩国援助政策研究：1948～1968年"。

比较优秀的硕士论文主要有王箫轲："冷战后周边大国的对朝政策比较研究"，谢树杰："冷战后美朝关系研究"，李承玹："中韩双边军事外交：演进及其展望"，郑昌焕："预期理论视角下的朝鲜核政策分析"，朱宏："从中韩关系发展看韩国外交战略调整"，陈梅梅："试析当代韩国文化外交"，赵志远："李明博政府实用主义外交及其对中韩关系的影响"，崔志丹："美日同盟与美韩同盟成因之比较（1945～1953）"，苗群："中日韩对外援助的比较分析"，滕宇鹏："从先发制人到强制外交"，李智恒："国内政治与冷战后美韩同盟再定义"，孟令宇："中美两国在六方会谈中的策略分析"，余怡妮："冷战与美国在韩国的文化活动（1961～1969）"，陈忠："朝核问题与大国博弈"，李晓雪："冷战后美韩同盟及其战略选择"，梁正学："美国的MD与韩国政府的选择"，成海燕："韩国环境外交解析"，庞彦："卢武铉'和平繁荣政策'与韩朝关系发展研究"，吴迪："俄罗斯朝鲜半岛政策的演变及其前景分析"，徐峥："战后韩国的东亚地区合作政策研究"，金凯："改进朝核危机解决模式的设想"，任平："韩国亲美外交沿革史研究"等。这些硕士论文的选题几乎覆盖了涉及韩国外交与国际关系的所有方方面面，尤其是有关朝核问题的论文可谓汗牛充栋，在此作者没有一一列举，主要选取的都是题材或视角较新，或者具有较强理论意义的文章。

三、总体评估与未来议程

1）总体评估

⑴ 中韩建交后，中国的韩国政治与社会研究终于摆脱止步不前，受到严重压抑的年代，得到长足的发展，然而相对于传统的韩国学领域，政治外交领域依然研究队伍松散且水平参差不齐，老一代正转轨，而新一代尚未完全成熟，因此领域的代表性作品目前尚处于空缺状态。

然而令人感到欣慰的是，传统韩国学研究的重点目前正从历史、语言、文化、宗教、哲学领域向政治、外交领域快速扩散，后两个领域近十年来产出的成果数量正在迅速上升。这一方面是由于传统研究领域的研究题材逐渐被挖掘殆尽，空白的研究课题越来越少，新鲜的研究资料和独特的研究方法和视角越来越难找寻；另一方面，朝鲜半岛与东北亚地区局势的复杂与动荡在不断向中国的韩国学研究人士发出呼唤，学界的研究不仅要切问，还需近思，以便为当下地区性的重大安全问题、政治外交问题提供政策支持，这也是中国学者们必须具有的问题意识。不仅社会科学的研究具有明显的国家性，即便是人文学科的研究也蕴含着一定的价值判断。由于中韩关系发展近年来已不再高歌猛进，一些人文学科的研究也不得不受制于国家利益的判断，中韩高句丽历史之争就是一个明显的例证，没有任何价值观地挖掘与研究历史已是一种奢侈的期望。因此，政治学、外交学等社会科学受到学界的更大重视也是情非得已之事，这也是韩国学研究领域必须拓宽的根本驱动力。

⑵ 韩国政治与外交研究的队伍正在出现明显的代际交错现象，经过整合可望在未来五年内产生出真正的领军人物，韩国政治外交研究完全可能成为中国韩国学领域中越来越强的一个分支学科。笔者观察到，一些传统韩国学领域的研究人员，尤其是历史和语言类的研究人员这些年正加速向政治与外交领域迁移，他们要么具有深厚的历史功底，要么具有明显的语言优势，要么两者兼具，这对于他们逐步转身从事韩国政治与外交研究提供了独特的优势，北京大学的沈定昌教授、夏旦大学的石源华教授、中山大学的魏志江教授便是其中的佼佼者。另一方面，一些从韩国留学归来的博士也逐步加入了韩国学的研究队伍，这其中有不少毕业于韩国名牌大学的政治外交系，他们不仅具备扎实的理论功底，带入了新的研究方法，而且他们往往同时能熟练运用英语，这将大大有利于他们未来的学术发展。此外，由于近年来朝核危机的不断升级，中国国内一些美国问题专家也纷纷侧身于朝鲜半岛问题研究，比如北京大学的朱锋、中国人民大学的时殷弘、夏旦大学的沈丁立教授等，这些学者的间接加盟无疑将进一步壮大韩国政治与外交方面的研究力量。

⑶ 中国国内的一些老牌韩国学研究机构目前正在突破其传统研究重点向综合性的研究机构发展，不仅人员配备上向政治外交方向倾斜，而且其机构刊物所刊载的政治外交类论文也在逐年增加。延边大学的朝鲜学研究中心是中国韩国学研究的国家基地，过去该中心一直着重于语言、文学和历史研究；北京大学韩国学研究中心侧重研究韩国传统历史文化、政治、经济和语言文学；夏旦大学韩国研究中心侧重研究韩国临时政府、中韩关系史和当代韩国，如今北京大学韩国研究中心、夏旦大学韩国研究中心、吉林大学东北亚研究院、山东大学韩国学院都在进一步加大韩国政治外交方面的研究力量。在近年来举行的中国韩国学国际会议和全国韩国学博士生论坛上，政治外交

专场都异常火爆，参加者众多，这都是不争的事实。

⑷ 现存问题：

① 缺乏具有很高学术价值的扛鼎之作，缺乏权威性的领军人物，缺乏整齐稳定的研究队伍，缺乏对整个子学科的全面发展规划。

② 各大研究机构缺乏横向合作，研究内容重复率高，没有联合力量共同申请过任何国家级或教育部的重大课题。朝鲜半岛的研究课题丰富，国内研究人员众多，而且中央有急迫的政策需求，然而每年的中国韩国学国际会议，各理事单位往往易于空谈务虚，没有认真制订过明确的学科发展规划和联合攻关课题。

③ 研究经费方面过于依赖韩方机构的资助，导致韩国各大财团掌握了研究主题的设置权和主动权，并由此丧失了敏感问题上的自主性和话语权，在某些重大问题的研究上经常出现集体失声或沉默的窘境。

④ 在一些重大学术问题上，缺乏与国际同行交流的广泛性，国际交流对象过分局限于与韩方学者的交流，而忽视与美日欧学者的横向交流。

2) 未来议程

⑴ 建议尽快成立全国性的"中国韩国学会"，下设"韩国政治外交分会"或直接设立"中国韩国政治外交研究会"，以统领全国的韩国政治外交研究，并由该机构确立该领域研究的总体目标与子学科研究体系。1979年成立的全国性的"中国朝鲜史研究会"，主要侧重于历史研究，已明显不足以担当起领导整个中国韩国学的重任。

⑵ 全国各大韩国研究中心和朝鲜半岛研究机构应合力申请将《当代韩国》升级为中文核心期刊，这既需要学界摒弃私心杂念，竭尽心力贡献出自己的最佳学术成果，同样需要所有同行尽力鼓与呼。如果一个学科缺乏自己的核心期刊支撑，就难以打造出一个具有全国性重大

影响的学术团体。

⑶ 在可能的条件下，成立“中国韩国学研究基金会”，资金筹措既可以借助海外基金，也可以来自全国所有会员的捐赠及会员费。这既可以摆脱对海外学术资助的依赖，更可以营造有序的学术竞争环境，对培养人才、学科发展都是善莫大焉！

중국의 한국 경제·경영 연구현황 평가와 전망

장후이즈(张慧知)*

중한 양국의 경제무역 관계는 오랜 유래를 갖고 있다. 1979년 양국은 홍콩, 싱가포르 등 지역을 거쳐 중계무역을 시작하였는데, 수교 전 양국 무역액은 이미 44억 달러에 달하였으며 이는 향후 양국관계 정상화의 중요한 원동력이 되었다. 1992년 8월 중한 수교 이후, 양국 정부는 일련의 무역협정을 체결하고, 양자무역이 왕성한 발전단계에 진입하였다. 2011년에 이르기까지 중한 양국의 무역액은 2,070억 달러를 훌쩍 넘어, 중국은 한국의 최대 무역파트너가 되었으며 한국의 최대 수출시장, 수입대상국, 그리고 최대 해외투자 대상국으로 급부상하였다. 2011년 9월 말까지, 중국으로 진출한 한국기업은 1만 8천 개에 달하였으며, 투자액은 940억 달러를 넘어섰다. 중국 내 한국상품 브랜드 신청은 4만 3천 건에 달하였으며, 누계 등록은 2만 8천 건에 달한다. 이로써 중국 내 한국 투자기업 수와 브랜드 신청 수는 각각 5위를 차지하게 되었다.[1] 이와 동시

* 길림대학교 동북아연구원, 조선·한국연구소 소장 교수(현).
조선 김형직사범대학 연수, 한국 경희대학교 박사.
주요 저서: 《대국관계중의 조선반도》, 《동북아지역 무역협력에 관한 연구》.

에 중국 학술계 내의 한국경제 및 기업경영에 대한 연구도 광범위하게 추진되고 있다. 학술교류가 갈수록 빈번해지고 관련 연구도 점차 심화되어 가는 현실이다. 이 논문에서는 20년간 한국 경제・경영 분야의 실태와 특성, 문제점과 발전추세 등에 대한 중국 학술계의 연구실적을 정리・총괄하여 중국에서의 한국학 연구의 새로운 발전을 도모하고자 한다.

1. 중국학계 연구현황

중한관계는 경제, 무역 교류에서 비롯된 것이며 이는 양국관계를 유지하는 데 중요한 역할을 하고 있다. 중한 수교 20년 이래, 한반도 정세는 많은 기복이 있어 왔으며, 완전한 평화와 안정을 이루지 못한 상황이다. 하지만 중한관계는 양호한 발전세를 유지하였으며, 특히 경제, 무역 분야에서는 기본적으로 큰 파동이 없었고 지속적인 발전을 유지했다. 한편, 한국에서의 중국학, 그리고 중국에서의 한국학 연구도 비교적 큰 진전을 보였다. 중국 내 한국학 연구에서 한국 경제・경영관련 연구는 상당히 중요한 부분이라 할 수 있다. 네트워크 학술데이터베이스 검색을 통해 학술계 연구의 기본상황을 파악할 수 있으며, 이 논문에서는 이를 전제로 중국 국가지식기초시설의 디지털 도서관(CNKI: National Knowledge Infrastructure, 중국에서 정보량이 가장 풍부한 디지털도서관으로서 이하 '中国知网'으로 표기한다)을 이용하여 중국 내 한국 경제・경영 연구의 기본실태에 대해 교차검색 및 정리를 하였다.

'中国知网'은 대량의 자료를 보유하고 있으며 전공분야, 저자, 자료출처, 연구단계 등 다양한 기준으로 분류되어 있다. 학술연구의 신뢰성과

1) 周伯华는 주중 한국대사와의 회견에서 공동으로 중한 경제무역관계를 발전시키는 것에 대해 강조하였다. http://www.saic.gov.cn/ywdt/gsyw/zjyw/xxb/201112/t20111207_121546.html

과학성을 보장하고자 이 논문의 검색은 '중국학술지웹출판총고'(中国学术期刊网络出版总库), '중국학술지전문데이터베이스'(中国学术辑刊全文数据库), '중국박사학위전문데이터베이스'(中国博士学位论文全文数据库) 등을 자료출처로 정하고, '경제 및 관리과학' 분야를 대상으로 검색을 진행하였다.

중국이 보다 광범위하고 심도 있게 국제문제에 참여함에 따라 최근 20년간 중국에서의 국제관계 관련 연구가 크게 발전하였고, 이론연구, 정책연구도 부단히 심화·세분화되었으며, 특히 주변국의 정치, 경제, 문화에 대한 국가별 연구도 날로 중요시되고 있다. 비록 국제관계의 중점 연구 대상은 여전히 강대국임을 부인할 수 없으나 중국 학술계에서 차지하는 한국의 중요도는 상당히 높다. 1992년부터 2011년까지 '中国知网'에 수록된 학술지, 학술집, 박사논문집 중에 "한국"이란 단어를 포함한 제목에 대한 검색결과는 18,501건으로, 경제 및 관리과학 분야에 속하는 것만 하여도 8,991건에 달하며,[2] 이는 총 검색결과의 절반 정도를 차지한다. 이는 한국 경제·경영 분야에 대한 연구가 중국에서 한국학 연구의 핵심분야임을 말해준다. 또한, 경제 및 관리과학 분야에서 수평적으로 비교해 보면, 한국관련 연구는 미국연구 논문자료의 약 17%, 일본연구 논문자료의 27%, 독일연구 논문자료의 88%, 러시아연구 논문자료의 91%에 달하며, 영국, 인도, 프랑스 관련 연구 논문자료의 수를 초과하여 각각 영국의 127%, 인도의 117%, 프랑스의 169%를 기록하고 있다(〈표 1〉 참조).

〈표 1〉에서 알 수 있듯이, 중국 학술계에서 한국 경제·경영 분야에 대한 연구는 미국, 일본 관련 연구수량에는 미치지 못하지만, 러시아와 인도 관련 연구수량의 중간 수준을 차지하고 있으며, 그중 박사논문이 차지하는 비중은 미국 다음으로 높음을 알 수 있다. 2011년을 기준으로,

2) '북한'을 키워드로 한 논문제목 검색결과는 557건이다.

〈표 1〉 1992~2011년 중국의 한국 경제·경영 연구 및 기타 국가별 연구현황 비교

	한국	미국	일본	독일	러시아	영국	프랑스	인도
학술논문	8,957	54,214	32,776	10,163	9,875	7,052	5,327	7,668
학위논문3)	34	103	65	8	38	10	2	18
합계	8,991	4,317	32,841	10,171	9,913	7,062	5,329	7,686

출처: '中国知网 학술문헌 웹 출판총고'(http://epub.cnki.net/grid2008/index/ZKCALD.htm).
검색방법: "한국", "미국", "일본", "독일", "영국", "러시아", "프랑스", "인도"를 키워드로 논문제목 검색.
기간: 1992~2011년. 검색일: 2012년 3월 4일.

한국 경제·경영에 대한 박사논문은 10편으로, 미국을 상대로 한 연구논문 15편을 제외하고는 기타 국가별 연구논문 수량은 전부 한 자리 수를 유지하고 있다(〈표 2〉 참조). 또한 2011년 한국 경제·경영 관련 박사논문은 20년 이래 총 박사논문 수의 3분의 1을 차지하며, 이는 앞으로도 더욱 많은 청년학자들이 이 분야에 대한 연구를 진행할 것임을 의미한다. 한국 경제·경영 분야에 대한 연구가 이토록 활발해진 데는 주로 세 가지 요인이 있다.

우선, 빠른 발전을 일궈낸 한국의 경제성장은 발전도상국의 롤모델로, 중국 경제발전에 있어 중요한 참조가 되기 때문이다. 둘째, 한중 양국은 같은 동북아시아 문화권에 속하여 유사한 전통관념, 사고방식, 그리고 사회경제구조를 가졌다. 때문에 한국의 경제발전 경험은 중국에 있어 더욱 효과적인 의미를 부여하게 되는 것이다. 셋째, 지리적 위치로 보면 중국과 한국은 서로 인접해 있고 밀접한 경제, 무역관계를 유지하고 있다. 또한 무역, 투자, 경영 등 각 분야의 경제활동에서도 높은 수준의 상호 의존도를 유지하고 있으며 이로써 관련 학술연구도 내쪽 늘어날 것으로 예상된다.

3) 박사학위논문만 포함.

〈표 2〉 2011년 중국의 한국 경제 · 경영연구와 기타 국가별 연구현황 비교

	한국	미국	일본	독일	러시아	영국	프랑스	인도
학술논문	466	3,735	2,177	697	578	540	264	558
학위논문[4)]	10	15	3	0	4	4	0	3
합계	476	3,750	2,180	697	582	544	264	561

출처: '中国知网 학술문헌 웹 출판총고'(http://epub.cnki.net/grid2008/index/ZKCALD.htm).
검색방법: "한국", "미국", "일본", "독일", "영국", "러시아", "프랑스", "인도"를 키워드로 논문제목 검색.
기간: 2011년. 검색일: 2012년 3월 4일.

〈표 3〉 1992~2011년 중국의 한국 경제 · 경영 연구 관련 세부분야

세부분야	공업경제	경제체제 개혁	무역경제	농업경제	기업경제	금융	거시경제관리 및 지속발전
논문 수	2,091	1,314	1,115	995	923	920	541

데이터출처 : '中国知网 학술문헌 웹 출판총고'(http://epub.cnki.net/grid2008/index/ZKCALD.htm).
검색방법: "한국"을 포함한 제목 검색.
기간: 1992년~2011년. 검색일: 2012년 3월 4일.

세부적인 학술분야를 관찰해 보면, 중국 학술계에서 한국 경제 · 경영 관련 연구는 하위의 세부적인 부분이 비교적 많다. 공업경제, 경제체제 개혁, 무역경제에 대한 연구는 총 연구량의 50% 정도를 차지하며 그 다음으로는 농업경제, 기업경제와 금융분야에 대한 연구가 비교적 많은 편이다(〈표 3〉 참조).

연구기구로 보면, 중국 국내 대다수 과학연구원에 전문적으로 한국 경제 · 경영 연구에 종사하는 연구원들이 있으며, 많은 과학연구원 내에는 한국연구센터까지 설립되어 있다. 전체적으로 보면, 이러한 연구기구는 주로 중국 동부지역에 많이 개설되어 있으며, 그중 한국과 밀접한 경제, 무역관계를 유지하고 있는 동북, 북경, 천진, 상해 등지에 비교적

4) 박사학위논문만 포함.

많이 분포되어 있다. 1992～2011년 사이, 중국 국내에서 한국 경제·경영 관련 학술논문 및 박사논문을 가장 많이 공개·발표한 과학연구기구로는 복단대학(12편), 그 다음으로는 길림대학(97편), 세 번째로는 중국인민대학(87편)이다.[5] 시간적 분포로 보면, 1993년 이후 연간 300편 이상의 학술논문이 발표되었으며, 2004년 이후에는 기본적으로 연간 500편 이상의 학술논문 수를 유지하고 있다.

2. 한국 경제·경영 연구의 발전과 변화

중한 수교를 즈음하여 중국 학술계에서 한국 경제·경영 관련 연구에 관심을 보이기 시작했다. 〈표 4〉에서 보이듯 1992년 이전 "남조선", "한국" 등과 관련된 제목을 검색해 보면 그 결과가 겨우 646건에 불과하지만("북한"과 관련된 키워드 검색결과는 99건), 1992～2011년 사이에는 관련 학술논문과 박사논문이 8,991편에 달하여 14배 정도 늘어났다. 중한 수교 이전, 중국에서의 한국 경제·경영 분야에 대한 연구는 대체적으로 1980년대에 시작되었다. 한국의 경제도약, 중국의 개혁개방, 중한 경제, 무역관계 확대 등의 요인은 관련분야의 연구를 촉진하였다. 1992년 전 중국에서 한국 경제·경영에 대한 연구는 주로 한국의 경제개발전략과 외향성 경제발전방식 두 가지 분야에만 집중되었다. 한국의 정책제정, 외자이용, 기술도입, 수출무역 등 경제활동에 대해 집중분석을 진행하였으며, 이외에도 한국의 채무문제, 재벌문제 등에 대한 부분적인 연구가 추진되었다. 이러한 연구는 대부분 "경제체제개혁" 분야에 속하는 연구로, 중국 개혁개방 초기 한국 경제발전 경험을 배우고자 하는 목

5) 그 다음 순위로는 延边大学(47), 南开大学(43), 浙江大学(43), 辽宁大学(42), 北京大学(42)이다.

적에서 비롯된 것이다. 1992년 중한 수교 이후, 중한 경제, 무역교류는 빠른 발전을 이루었으며 양국 간의 학술교류도 날로 빈번해지고 있다. 이러한 현실은 중국학자들의 한국 경제·경영 관련분야에 대한 연구를 대폭 증가시키고 있다.

1992년부터 1997년 사이, 중국 학술계에서는 한국경제를 연구함에 있어 체제연구에 중점을 두었으며 관련 연구논문이 4분의 1 정도를 차지하였다.[6] 그 당시 한국의 경제발전패턴이 보편적인 관심을 끌었으며 연구과제들도 한층 더 세분화되었는데, 정부기능, 문화역할, 재벌의 이로움과 폐단, 외국자본의 역할, 기술도입 및 소화, 대외투자실태, 세계화 전략 등 여러 면에 걸쳐 연구가 진행되었고, 소량의 연구논문에서는 한국의 지역협력과 한국의 대(對) 중국 투자실태에 대해서도 언급한 바 있다. 중국 학술계는 한국이 지속적인 고속성장을 유지하고 있는 데 대해 이렇게 평가한다. 즉, 본국의 실정을 시발점으로 유리한 국제적 경제환경을 이용하여 국정에 맞는 발전전략과 정책조치를 제정함으로써 계획과 시장의 합리적인 관계를 유지하고 경제정책 및 경영관리 방식을 부단히 조정하며, 유효자본과 기술, 인적자원을 축적하여 전반적인 경제체제의 활력을 유지한 것이다.[7] 하지만 이와 동시에 일부학자들은 한국경제가 국제시장에 지나치게 의존하고 있으며 한국 내에서의 공업과 농업의 불균형, 그리고 정부와 기업주 간의 결탁으로 인한 부패 등 문제점에 대해서도 지적한다.

---

6) 구체적 수치는 474편과 2,062편이다.

7) 李昌奂, "韩国外向型经济发展的经验与教训", 〈现代国际关系〉, 1992年 第5期, pp. 38~44; 张蕴岭, "评'汉江奇迹'－韩国市场经济模式的特点与演变", 〈国际经济评论〉, 1997年 第Z6期, pp. 45~48; "近40年韩国经济的发展", 〈国外社会科学〉, 1995年 第4期, p. 71; 李相文, "韩国经济发展及其战略变化", 〈当代韩国〉, 1996年 第3期 pp. 81~82; 黄卫平、朱文晖, "论韩国出口导向型经济成功的历史原因", 〈东北亚论坛〉, 1993年 第4期, pp. 44~50.

〈표 4〉 1992년~1997년 중국의 한국 경제 · 경영 중점 연구 분야

학과분야	경제체제개혁	공업경제	무역경제	기업경제	금융	농업경제	투자
저작 수	474	400	270	254	180	167	104
비중	23%	19%	13%	12%	9%	8%	5%

출처: '中国知网 학술문헌 웹 출판총고'(http://epub.cnki.net/grid2008/index/ZKCALD.htm).
검색방법: "한국"을 포함한 제목 검색.
기간: 1992~1997년. 검색일: 2012년 3월 6일.

한편, 이 시기 한국 기업경영에 관한 연구도 중요한 연구과제 중 하나다. 한국의 기업문화, 기업관리, 시장전략, 인재양성 등을 비롯하여 한국의 조선업, 석유화학공업, 방직업, 반도체산업 등의 경영실태와 관련하여 광범위한 연구가 진행되었는데 삼성, 현대, LG, 대우 등 대기업그룹이 주요 연구대상으로 꼽혔다. 이러한 연구결과로 보면, 기업관리에 있어 한국은 한편으로는 서양 기업제도를 핵심으로 과학적이고 엄밀한 관리제도를 제정하고, 다른 한편으로는 동양적 문화를 기반으로 감정과 가치관 인정을 통해 직원과 기업 간의 공감대를 형성하도록 하여 직원들의 적극성과 창의력을 제고했다. 또한 한국기업은 정부의 대폭적인 지원에 힘입어 기술수준과 산업수준을 지속적으로 향상시키고, 국제화를 추진하여 대규모 세계기업들을 육성해 냄으로써 한국경제의 중요한 버팀목으로 작용할 수 있도록 하였다. 하지만 전반적으로 보면, 이 시기 한국의 기업경영 실태에 대한 연구는 대부분 논평단계에 머물러 있었고 더욱 깊이 있는 연구가 필요했다.

1998~2008년, 중국의 한국 경제 · 경영 관련 연구는 한층 더 높은 수준의 발전단계에 접어들었다. 이 시기 한국의 공업경제에 대한 관심은 경제제도에 대한 관심을 훨씬 초월하였는데(〈표 5〉와 〈그림 1〉 참조), 마침 이 기간은 1997년 동남아 경제위기와 2008년 세계경제위기를 겪어낸 시기였다. 두 차례 경제위기는 한국에 비교적 큰 충격을 주었으며, 중국학자들도 이로써 한국경제에 대해 더욱 깊이 이해하고 연구하게 되

〈표 5〉 1997~2008년 중국의 한국 경제 · 경영 중점 연구 분야

학과분야	공업경제	경제체제 개혁	농업경제	무역경제	금융	기업 경제	거시경제 관리 및 지속발전
저작 수	1,204	724	656	646	621	566	297
비중	22%	13%	12%	12%	11%	10%	5%

출처: '中国知网 학술문헌 웹 출판총고'(http://epub.cnki.net/grid2008/index/ZKCALD.htm).
검색방법: "한국"을 포함한 제목 검색.
기간: 1997~2008년 검색일: 2012년 3월 6일.

었다. 1997년 동남아 금융위기 이후, 학자들은 한국이 직면한 금융위기, 기업파산 등 현상에 대해 분석과 검토의 시간을 가졌으며, 이른바 '한국패턴'에 관해서도 심각한 반성을 하게 되었다. 학자들은 한국 대기업들은 정부의 과잉보호 때문에 효율적인 관리 · 감독이 부족해졌으며 지나친 확장으로 인해 재무상황도 악화되었다고 본다. 게다가 금융기반이 탄탄하지 못하고 체제가 완벽하지 못한 상황에서 외자유치와 이용도 불합리적으로 추진되었으며, 정부의 지나친 렌트추구행위와 비효율적인 개혁조치, 그리고 실행 불가능한 정책으로 인해 한국경제는 극심한 타격을 받았다. 이에 대해, 일부 서양 자유주의 경제학자들은 한국경제 발전패턴과 동아시아 경제발전에 대해 심하게 비난하였으나, 중국 학술계에서는 "한국 금융위기는 경제발전 패턴에서 비롯된 것이 아니라 한국경제 운영과정에 나타난 불합리한 정책과 실수, 지연된 정책조달 등으로 인한"[8] 것이라고 보면서 대체로 냉정하고 객관적인 입장으로 일관하였다. 또한, 동남아 국가들에 비해 한국은 탄탄한 경제토대와 높은 수준의 저축비율을 유지하고 있으며, 김대중 정부의 강력한 개혁조치, 한국 국민들의 협조, 그리고 IMF의 원조 등에 힘입어 한국은 반드시 금융위기에서 벗어날 것이라고 예측했다.

8) 金英姬, "韩国金融危机及其对我国的启示", 〈当代亚太〉, 1998年 第2期, p. 34.

〈그림 1〉 1996~2008년 '한국패턴'을 주제로 한 연구변화추세

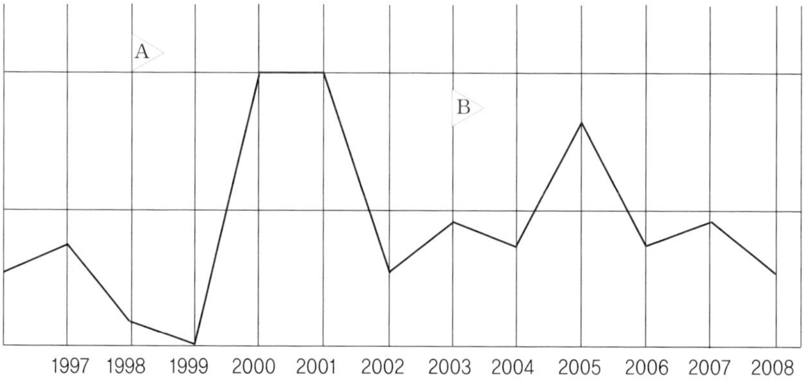

출처: '中国知网 학술문헌 웹 출판총고'(http://epub.cnki.net/grid2008/index/ZKCALD.htm).
검색방법: "한국패턴"을 주제로 한 연구변화추세 검색.
기간: 1996~2008년, 검색일: 2012년 3월 6일.

한국경제가 금융위기의 영향으로부터 점차 벗어나면서 중국 학술계는 한국을 롤모델로 경험분석을 했다. 한국은 기업구조 조정, 성장방식 전환, 금융체제 정비, 공공부문 개혁 등 일련의 조치를 이용하여 위기를 신속히 극복하고 경제성장세를 회복하였다고 보았다.[9] 또한, 한국 경제·경영 관련 연구는 더욱 전면적으로 추진되었는데 2005년을 전후로 연구활동이 절정기에 이르렀다. 양적인 증가 외에도 해당 연구 분야에서 더욱 세분화된 양상을 나타냈는데, 이는 자동차산업, 문화산업, 여행산업, 서비스업, 은행업, 도시화문제, 국토기획, 양로보험, 의료보험, 농촌개혁 및 대중국 투자 등 다양한 분야를 포괄하였다. 전반적으로, 이러한 연구들은 대부분 한국의 경험을 기반으로 중국 경제발전과 중한 양국의 경제협력을 도모하고자 추진되었으며, 그중 일부는 한국 경제사례를 통해 경제학 실증분석을 진행하는 데 목적을 두었다.

9) 彭金荣, "韩国经济再现'汉江奇迹'的原因和启示", 〈中国人民大学学报〉, 2000年 第6期, pp. 89~94.

기업경영 면에서 한국 재벌기업 경영에 대한 검토를 통해 중국 학술계에서는 한국 기업관리 분석, 한국 기업사례 분석, 동아시아 기업패턴 분석 등 한국 기업들의 경영관리에 대해 더욱 상세하고 실질적인 관찰과 분석을 진행하였다. 1997년 금융위기 이후, 한국 정부는 대기업에 한해 재편성을 진행하였는데, 이는 대기업의 경영분야를 더욱 집중시키고, 부채율을 저하시키는 등의 역할을 하였다. 기업경영전략은 맹목적인 확장보다는 제품의 내재적인 품질향상을 중시해야 하며, 점진적이고 지속 가능한 발전을 추구해야 한다. 한국 기업은 기술면에서 모방-개선-창조 과정을 통해 자주적 창조와 기술적 도약을 실현한 것이다. 중국 학술계에서는 한국의 일부 유명기업들의 경영관리 방식에 대해 집중연구를 진행하였는데, 그중에서도 삼성그룹에 대한 연구가 비교적 많은 편이다. 삼성그룹의 경험은 중소기업이 선진기업으로 발돋움한 전형적인 사례로, 기술도입과 능력향상은 발전의 중요한 요인이며 이는 효율적인 관리를 토대로 한 선진적 기술이 반드시 기업발전의 내재적인 기폭제로 작용한다는 것을 보여준다. 또한 고위 관리자의 의지와 목표도 아주 중요한 요인이다.[10] 하지만 연구결과가 보여주듯 금융위기 이후 기타 개혁조치에 비하면, 한국 "기업 관리제도는 변동이 가장 적은 부분"[11] 이며 대기업 가족식 관리패턴에 대한 개혁은 장기적인 과제임을 확인할 수 있다.

---

10) 陆园园・谭劲松・薛红志,"'引进・模仿・改进・创新'模型与韩国企业技术学习的演进过程",〈南开管理评论〉, 2006年 第5期, pp. 74~82; 江积海, "后发企业动态能力演化路径及其机制研究—韩国三星电子 DRAM 产业的案例研究",〈管理评论〉, 2005年 第9期, pp. 38~42.

11) 刘洪钟・曲文轶, "公司治理、代理问题与东亚家族企业:以韩国财阀为例",〈世界经济〉, 2003年 第2期, p. 48.

3. 현재 연구의 중점분야와 핵심관점

중국에서의 한국 경제·경영 연구의 구체적인 실태를 더욱 명확하게 파악하기 위해 이 논문에서는 최근 3년간(2009~2011년) 中国知网에 수록된 학술지, 논총 그리고 박사논문에 대해 통계분석을 진행하였으며, 중국인문사회과학 데이터베이스 중 경제관리 및 국제관계 분야에 속하는 비교적 큰 영향력이 있는 학술지에 수록된 논문 등에 한해 구체적인 분석을 했다.

최근 3년간, 중국 내에서 한국 경제·경영 분야에 관한 연구의 중심은 여전히 공업경제 분야에 집중되었으며, 그 다음으로는 무역경제 분야이고, 제도에 관한 연구논문의 비중은 지속적인 하강세를 보이고 있다. 전반적으로 보면, 한국 경제·경영 관련 연구 분야는 여전히 다양성을 나타내고 있으며, 각 부문과 여러 면에 걸쳐 연구가 진행되고 있다. 2008~2011년, 연구현황을 보면 주로 에너지문제, 문화산업문제, FTA문제, 농업문제, 거시경제관리 중 공공정책문제 등에 집중되어 있다.

에너지문제의 연구과제는 주로 한국의 해외에너지 개발, 신에너지 개발, '녹색성장'으로 불리는 저탄소성장 등이 있다. 연구결과로 보면, 한국은 세계적으로 에너지공급 불안전 수치가 가장 높은 나라로서, 에너지 안전성이 아주 취약하다. 그러므로 한국은 국제 및 지역 간 에너지 협력을 추진하여 에너지 수입경로를 다양화하고 해외에너지 공급의 안정성을 도모하는 한편, 재생에너지 연구에 거액의 자금을 투자하여 신에너지 개발을 가속화하고 '저탄소 녹색성장' 같은 경제전략을 추진하여 경제발전의 지속적인 성장세를 유지해야 한다.

문화산업으로 보면, 최근 들어 새롭게 부상된 연구 분야로서 중국 학술계에서는 한국의 문화산업 정책, 문화산업 링크구축, 문화산업 발전패턴 등에 대해 광범위한 논의와 연구를 진행하였는데, 결론적으로 한국 문화산업의 고속발전은 주로 정부의 전략기획과 유력한 지원 아래 시

〈표 6〉 2009~2011년 중국의 한국 경제 · 경영 중점 연구 분야

학과분야	공업 경제	무역 경제	거시경제 관리 및 지속발전	농업 경제	금융	경제체제 개혁	기업 경제
저작 수	487	201	183	172	120	117	103
비중	32%	13%	12%	11%	8%	8%	7%

출처: '中国知网 학술문헌 웹 출판총고'(http://epub.cnki.net/grid2008/index/ZKCALD.htm).
검색방법: "한국"을 포함한 제목 검색.
기간: 2009~2011년. 검색일: 2012년 3월 6일.

장지향적이고 기업주체식의 발전과정에서 이루어졌다는 것이다.[12] 한국 문화산업은 기업의 관리, 생산, 융자, 인재양성 등 여러 면에서 모두 자체의 특성을 나타내고 있으며, 이는 중국 문화산업의 발전에 있어 중요한 참고가 된다. 한국 문화산업에 대한 연구는 많은 관심과 주목을 받는 분야임에도 불구하고, 높은 수준의 연구성과는 그다지 많은 편이 아니므로 향후 더욱 심도 있는 연구가 필요하다.

FTA문제에 관련해서는 한국이 FTA협정을 적극 추진하는 동기와 전략, 중한 FTA문제, 한미 FTA문제, 한국과 유럽 간 FTA문제, 한국과 아세안 FTA문제 등에 한해 학술계에서 적극적인 연구활동이 추진되어 왔다. 결론적으로, 한국이 양자 간의 FTA 체결을 적극 추진하는 목적은 바로 무역을 확대하고 외자를 이용하여 개혁을 도모하고 정치적 동맹관계를 강화하는 데 있다.[13] 또한, 한국과 기타지역 및 국가 간의 FTA문제에 대한 연구는 중한 무역에 미치는 영향을 주된 착안점으로 진행되고 있다. 연구결과에 따르면, 현재 중한 FTA 체결이 지연되고 있는 상황에서 이러

12) 谭红梅 · 柯妍, "韩国文化产业发展经验及对我国的启示", 〈经济纵横〉, 2009年 第6期, pp. 113~115; 樊晓娜 · 袁野, "韩国文化产业政策及对我国的启示", 〈商业文化〉(学术版), 2010年 第8期, p. 157.

13) 赵金龙, "韩国的自由贸易区战略及其动机", 〈韩国研究论丛〉, 2011年 01期, pp. 88~101.

한 영향은 불가피하게 역효과를 가져올 수 있다는 것이다.[14] 농산물 자유무역이 중국과 한국 간 FTA 체결에 있어서 긴요한 문제이기는 하지만 대부분 연구논문에서는 중한 FTA문제 전망에 대해 낙관적인 태도를 보이고 있으며, "구체적인 체결시기는 양국 간 협정내용에 대한 양보 수준과 국내 반대세력을 완화시키는 능력에 달려 있다"고 보고 있다.[15]

농업문제에 있어 중국 학술계 연구는 주로 한국 농업현대화 문제, 농업발전 정책, 농산물 무역정책과 '새마을 운동'에 집중되어 있는데 그중에서도 한국 '새마을 운동'에 관한 연구는 높은 수준에 이르렀다. 이는 일찍이 2006년 중국정부에서 '신농촌 건설안'을 제시한 이래, 학술계에서도 한국 농촌과 농업문제에 관한 연구열풍이 일었기 때문이다. 논문내용으로 보면, 대부분 '새마을 운동' 실천경험과 중국 신농촌 건설에 대한 조언 등이다. 그러나 몇 년간의 실천과정을 통해 중국에서 한국의 경험이 완벽하게 적용될 수 없음을 깨닫고 한국 농업분야에 관한 연구도 대폭 줄어들었다(논문 수가 반으로 줄어듦). 하지만, 연구주제는 오히려 더욱 세분화되어 '새마을 운동'만이 아닌, 농업보조금 정책, 유기농업의 발전, 농업정보화, 공업식 농업, 농업협회 등 구체적인 농업발전 관련문제들을 논하게 되었다. 또한, 한국의 '새마을 운동'에 대한 연구는 한 단계 더 발전하였다. 양국 농촌의 발전단계가 가진 공통점과 차이점을 인식하고, '새마을 운동'의 경험과 교훈을 전반적으로 받아들여야 한다는 결론도 있다. 일부 연구에서는 중한 양국의 농촌과 농업건설에 대해 비

---

14) 赵放, "美韩FTA的起步、拖延及影响－以东亚区域合作为视角的分析", 〈东北亚论坛〉, 2010年 05期, pp. 58～64; 张园园, "韩美FTA给中国可能带来的贸易转移效应分析", 〈黑龙江对外经贸〉, 2010年 11期, pp. 13～19; 赵金龙, "韩国欧盟自由贸易区对中国外贸的影响分析", 〈东北亚论坛〉, 2011年 第4期, pp. 79～86.

15) 许祥云, "从韩国FTA政策变化历程看中韩FTA的前景", 〈当代韩国〉, 2009年 第4期, pp. 7～12.

교분석을 진행하였으며 한국 '새마을 운동'의 구체적 문제, 예를 들면 농촌 공공물품 공급, 농촌 공공문화, 농업 지주자본 등에 대해 자세한 분석과 연구를 진행하였다.

이외에도 중국 학술계에서는 한국경제 거시적 관리 중의 공공정책 문제에 대해서도 전문적인 연구를 진행하였다. 구체적으로 살펴보면 주택보장제도, 취업보장과 노사관계, 지식재산권보호 등에 대해 연구하였다. 이러한 문제들은 전부 중국의 현실적인 발전과정에서 직면한 문제점들과 밀접한 연관성이 있으며, 중국 학술계는 연구분석을 통해 한국의 경험을 배우고자 하였다. 연구결과에 따르면, 한국 공공부문은 주택건설 면에서 거액의 자금을 투자하였으며 다양한 조치를 통해 주택제공을 보장하는 데에 비교적 양호한 결과를 얻었다.[16] 한국의 취업보장제도는 노동자정책과 밀접한 관련이 있으며 여러 차례 조정과 발전을 거쳐 적용범위, 자금투입, 취업촉진 등의 분야에서 확실한 효과를 가져왔으며 일자리 증가를 목표로 하는 확고한 이념을 구현함으로써 노사관계도 점차 적대시하던 관계로부터 협상의 길로 나아가게 되었다.[17] 한국은 지식재산권을 아주 중요시하여 전문적인 지식재산권 관리부처를 신설하였다. 2008년 세계금융위기 이후 한국은 '지적재산권강국 실현전략'을 반포하였으며, "지적재산권기본법" 제정을 적극 추진하여 한국이 제조업 강국에서 지적재산권 강국으로 발전하기 위한 목표를 제시하였다.[18]

---

16) 黄修民, "韩国公共住房供应模式探析和启示", 〈兰州学刊〉, 2010年 第1期, pp. 130～132; 洪元杓・冯长春・丰学兵, "韩国保障性住房供给及经验借鉴", 〈中国房地产〉, 2011年 第22期, pp. 75～80.

17) 张占力, "韩国就业保险制度对劳动力市场的作用及其启示-基于1997、2008两次经济危机的分析", 〈西南金融〉, 2011年 第12期, pp. 55～59; 邓婷, "韩国就业保障制度重庆工学院学报(社会科学版)", 2009年 第4期, pp. 37～39; 王晓玲, "韩国劳资关系: 从对抗走向协商", 〈当代亚太〉, 2009年 第4期, pp. 138～160.

18) 付明星, "韩国知识产权政策及管理新动向研究", 〈知识产权〉, 2010年

기업경영 분야에서의 연구는 더욱 세분화되고 심화되는 추세를 나타내고 있다. 주로 내부회계 통제, 인적자원 관리, 중소기업 융자, 구체업종 마케팅과 저탄소 발전전략 등을 포함한다. 2008년 세계금융위기 이후 학술계에서는 한국이 직면한 도전과 대응에 대해 분석하였고, 2008년 금융위기와 1997년 금융위기가 한국에 미친 영향에 대해서도 비교연구를 진행하였다. 연구결과로 보면, 1997년 금융위기를 통해 한국 기업의 이익창출 능력과 금융시스템의 신뢰성이 모두 향상되었으며 위기에 대처하는 능력도 증진되었다는 주장이 있는가 하면, "한국경제가 두 차례의 금융위기에 거의 비슷한 충격과 반응을 보였으며", 이는 한국이 미국이 주도하는 세계경제의 '중심-외부'적 구조에서 '반 외부 구역'에 위치한 탓이며, 이것이 한국 금융체계 취약성의 근원이라는 주장도 있다.[19]

4. 현존하는 문제의 원인 및 발전추세

20년 이래, 중국에서의 한국 경제·경영 분야에 대한 연구는 중요도와 연구성과 면에서 아주 큰 진전을 보였다. 현재, 관련 연구는 안정적인 발전추세를 보이고 있으며 연구 분야와 연구수량에서도 모두 안정적인 양상을 나타내고 있다. 그럼에도 불구하고 통계수치와 분석결과로 보면, 여전히 일부 문제점이 존재하고 있음을 알 수 있다.

우선 높은 수준의 기초연구가 부족하다. 최근 3년간의 연구논문 총 1,508편을 기준으로 하면, 그중 기초연구 관련논문은 462편인데 이는 전체의 3분의 1을 차지한다. 그러나 만약 연구수준이 비교적 높은 CSSCI

第2期, pp. 92~96.

19) 忻华, "世界经济'半外围区'的金融脆弱性－以两次金融危机中的韩国为例", 〈东北亚论坛〉, 2009年 第2期, pp. 16~27.

〈표 7〉 2009~2011년 중국에서의 한 · 일 · 미 경제 · 경영 관련 연구논문 비교

	논문 수	기본연구	비중	CSSCI 논문 수	기본연구 (CSSCI)	비중
한국	1,508	462	31%	45	26	58%
일본	6,187	1,889	31%	202	149	73%
미국	12,047	4,136	34%	587	507	86%

출처: '中国知网 학술문헌 웹 출판총고'(http://epub.cnki.net/grid2008/index/ZKCALD.htm).
검색방법: "한국", "일본", "미국"을 포함한 제목 검색.
문헌자료출처 : CSSCI 데이터베이스.
기간: 2009~2011년. 검색일: 2012년 3월 6일.

(中文社会科学引文索引) 데이터베이스에서 검색한다면, 최근 3년간 한국 경제 · 경영 관련 연구논문은 겨우 45편이고, 그중 기초연구 관련논문은 26편으로 전체의 58%를 차지한다. 국가별 연구로 비교해 보면, CSSCI 데이터베이스 검색결과, 일본 경제 · 경영 관련 연구논문 중 기초연구는 73%이고, 미국 경제 · 경영 관련 연구논문 중 기초연구는 86%로 높은 비중을 차지하고 있다(〈표 7〉 참조).

둘째, 추적연구가 부족하다. 중국 학술계에서 한국 경제 · 경영 분야에 대한 연구는 대부분 중국 경제발전을 위한 현실적 수요를 전제로 하기 때문에, 한국의 전반적인 경제발전 상황에 대해 지속적으로 관찰하면서 예민하게 연구를 전개하는 것이 아니라 중국 국내에서 반포한 경제정책에 따라 한국의 해당경험을 상대로 연구분석을 추진한다. 이러한 연구방식은 시효성이 부족하며, 한국경제에 대한 연구에 있어 창의성 있는 성과를 이룩하기 어렵다. 한국의 '새마을 운동' 관련 연구를 예로 들면, 한국은 1970년대에 '새마을 운동'을 추진하기 시작하였지만 중국 학술계의 관련 연구는 중국 정부가 2006년 신농촌 건설정책을 반포하면서부터 '새마을 운동'과 한국 농업문제를 연구대상으로 한 논문들이 나타나기 시작하였다. 이러한 현상을 중국경제 발전단계가 한국과 차이가 있기 때문에 발생한 것이라고 해석한다면 연구수준 부족은 곧 심도 있는

연구를 진행하지 않으려는 학술계 자체의 문제라 볼 수 있다. 한국 '새마을 운동'은 중국 신농촌 건설과 현저한 차이가 있기 때문에 그 경험을 그대로 옮겨올 수는 없다. 하지만 이러한 원인으로 관련 연구의 수량이 대폭 줄어들었다는 것은 연구 자체가 미흡하고 부족한 점이 많으며 심도 있게 추진되지 못하였음을 보여준다. 일부 한국 경제패턴과 기업경영을 연구대상으로 하는 논문에서도 유사한 현상이 나타난다. 예컨대, 한국경제가 양호한 발전추세를 나타낼 때에는 대부분 연구가 긍정적인 경험을 강조하고, 한국경제가 위기에 처했을 때에는 부정적인 교훈을 강조하는데 이는 연구 자체가 미래지향성이 부족함을 보여준다.

셋째, 구체적인 산업연구가 부족하다. 한국경제의 대표산업인 자동차업, 조선업, IT산업 등은 세계적으로도 탁월한 경쟁력과 영향력을 갖고 있으며 중국 학술계에서도 이러한 산업에 연구가 치중되어 있다. 그러나 구체적인 산업연구에는 경제학 지식뿐만 아니라 산업관련 지식도 필요하기 때문에 전반적인 연구실적으로 보면 한국의 이러한 우위산업에 관련하여 학술적인 연구성과가 많지 않다. 조선업을 예로 들면, 中国知网에서 1992~2011년 사이 '한국'과 '조선업'을 키워드로 검색해 보면 304건이 검색결과로 나타나며, 그중 213건은 신문기사이고, 학술지 논문은 겨우 77편뿐이다. 또한, 〈표 1〉의 8,991편의 저작 중 〈국외핵신문〉(国外核新闻)에 속하는 글의 수가 3위를 차지한다. 결론적으로 검색결과 중 대부분은 학술논문이 아니며, 한국의 핵기술, 핵산업은 소홀히 할 수 없는 연구 분야지만 아직까지는 충분한 관심을 받지 못하고 있음을 알 수 있다. 사실, 한국은 2010년에 이미 세계에서 6번째로 원자력 발전소를 수출한 나라가 되었다. "원래는 프랑스, 일본, 미국, 러시아에서 주도하던 세계 핵전력 산업구도가 한국 핵기술 발전의 도약으로 인해 바뀔 것으로 예상된다."[20] 핵전력 수출은 반도체, 조선, 자동차 다음

20) 李明波, "韩国核技术发展速度令世界惊讶", 《广州日报》, 2010年1月6日

으로 향후 한국의 제 4대 수출산업으로 확대될 수도 있다. 전반적으로 볼 때, 중국 국내 학술계에서 한국의 구체적인 산업발전에 관한 연구는 아직도 부족한 점이 많다는 것이다.

이런 문제의 원인은 다양한데, 객관적 요인에서 비롯된 것도 있고 주관적인 부족으로 인한 것도 있다. 우선, 중한 양국의 경제규모 차이로 인해 한국경제에 대한 기초연구가 심도 있고 광범위하게 이루어지지 못하고 있다. 한국경제는 세계가 주목할 만한 고속성장을 이룩하였다. 하지만 한국은 국토면적, 외부환경, 산업구조 등에서 중국과 현저한 차이점이 있다. 이와 달리, 미국 경제패턴은 전형적인 자유시장 경제패턴으로, 대규모 경제체제에 속한다. 단순 이론연구나 정책연구의 방면에서 비교할지라도 중국 학술계에서는 우선적으로 미국을 연구대상으로 택할 것이 분명하다. 마찬가지로 일본은 동아시아 발전패턴의 전형적인 모델로, 경제규모가 비교적 크며 시장경제의 3대 대표 패턴 중의 하나이다. 또한 일본 경제는 중국이 아시아지역에서 참조해야 할 가장 중요한 상대이기도 하다. 그러므로 중국 학술계에서 한국 경제·경영에 관한 기초연구는 중한 양국의 객관적 차이에 의해서 결정된 것이라 볼 수 있다. 향후 중한 경제규모 차이가 확대됨에 따라 해당분야에서의 연구입지는 더욱 줄어들 것이다.

둘째, 실용성은 연구활동을 추진하는 원동력이지만 객관적으로 보면 연구의 심도와 지향성을 제약하기도 한다. 사회과학 연구는 뚜렷하게 응용성을 지향하는데 개발도상국인 중국에서는 이러한 특성이 더욱 명확하다. 중국에서의 한국 경제·경영 연구 최초 원동력은 바로 한국패턴에 대한 탐색이며, 그 뒤로 경제체제 연구와 이어 경제·경영 관련 각 분야로 확대되었다. 이러한 연구는 보통 '국내문제 직면→ 정부 기획안 출범→ 국제경험 모색→ 구체적 연구전개' 등 일련의 변화과정을 거치는

A12版.

데 국제적인 경험을 모색하여 적용이 안 될 경우, 대부분 연구는 더 이상 진행되지 않고 중단되고 만다. 물론, 그중에서도 높은 수준의 미래지향적인 연구성과가 이루어지기도 하고 이를 참조로 정부에서도 발전기획을 제정하기도 했지만 상당수가 위에서 언급한 과정에 따라 연구를 진행한다. 이런 연구패턴으로 하여 높은 수준의 연구성과가 나오지 못한다고 단정할 수는 없지만 어느 정도 낮은 수준의 연구를 반복하도록 작용하고 있다.

셋째, 전문성이 강한 산업에 대한 연구는 여러 분야에 걸친 다양한 지식이 필요하다. 전문적인 산업연구는 경제학 지식이 필요하기도 하고 구체적 산업에 따른 전문기술에 대해서도 잘 알아야 한다. 필자가 '자동차산업'을 키워드로 中国知网의 학술지, 논총, 박사논문 데이터베이스를 검색한 결과 2,699편의 논문 중 산업 내 지도성 연구가 1,421편이고 기초연구가 781편이었다. 산업 내 지도성 연구논문 중 참조횟수 상위권을 차지한 20명의 논문 저자들 가운데 14명이 전문 산업연구센터, 자동차회사, 이공계 과학연구대학에 속해 있는 것으로 나타났다. 이와 달리, 기초연구 검색결과 논문 저자들 중 19명은 경제관리 분야(혹은 종합) 대학의 연구기구에 속해 있었다. 또한 기술 전문성이 더욱 높은 조선업의 경우, 이런 차이는 더욱 선명하게 드러났다. 이것은 학과분류에 따른 필연적 결과지만, 산업연구에서 산업동태발전과 산업이론연구의 관련성이 결핍된 상태임을 보여준다. 한편, 이러한 현상은 한국의 구체적인 산업분야에 대한 연구활동을 제약하기도 한다.

향후, 중국에서의 한국 경제·경영 관련 연구는 여전히 큰 발전가능성을 갖고 있다고 본다. 한국은 경제발전, 기업경영 등의 방면에서 여전히 중국이 참조할 가치가 있는 많은 경험들을 소유하고 있다. 2011년 한국은 세계 183개 경제단위 내 기업경영환경 평가에서 10위 안에 들어 8위를 차지했다.[21] 2012년 들어 세계경제는 비록 다양한 불확실성이 야기하는 위기에 직면하고 있지만 동아시아 경제성장과 실업률은 유럽보다 양호한 수준을 유지하고 있다. 한 조사에 따르면, 한국 경제침체는 점차 완화되고 있으며, "취업환경이 개선되고 주요 경제지표도 긍정적인 변화를 가져오고 있다"고 한다.[22] 기업경영전략으로 보나 정부의 거시적인 정책조정으로 보나 한국은 깊이 연구해 볼 가치가 있는 경험들을 갖고 있다. 한편, 중국 경제개혁은 현재 심화단계에 처하였으며 사회개혁도 추진 중이다. 국제경험을 적극 받아들이고, 특히 동아시아지역의 경험을 많이 참고해야 한다. 중국은 현재 경제개혁개방 정책의 심화기에 도달했는데, 이러한 발전단계에서 뚜렷하게 나타난 취업문제, 주택문제, 소득격차문제 등에 대한 경험탐색의 필요성은 학술계 연구의 중요한 추진력이 되었다.

중국에서의 한국 경제・경영 관련 연구는 앞으로도 지속적으로 안정적인 연구량을 유지할 것이며 중한 경제, 무역과 학술교류의 심화와 함께 연구의 질도 향상될 것이다. 이는 〈표 1〉의 박사논문 수에서 유추할 수 있는 것으로, 이들은 박사과정을 거쳐 앞으로도 지속적인 연구를 계속해 갈 것으로 전망된다. 연구과제로 보면, 우선 한국의 저탄소 녹색성장전략, 문화산업문제, 사회복지문제, 기업경영전략 등 현재 각광받는 문제를 주요 연구과제로 다룰 것이다. 그 다음으로 중한 FTA문제는 연구의 핵심과제가 될 것이다. 중한 FTA문제는 새롭게 나타난 과제는 아니지만, 양국 간 실질적인 협상 진척과 더불어[23] 많은 현실적인 문제들이 차차 두각을 나타낼 것이다. 중한 무역관계에서 오래된 문제점들, 이

21) "韩国企业经营环境首次进入世界前十", 新华网首尔10月20日电. http://news.xinhuanet.com/world/201110/20/c_111110280.htm?prolongation=1

22) "KDI：我国经济放缓的步伐逐渐企稳", 韩联社首尔3月7日电. http://chinese.yonhapnews.co.kr/domestic/2012/03/07/0403000000ACK20120307003000881.HTML

23) "韩国表示将启动中韩自贸协定谈判准备程序", 新华网首尔 2月 8日电. http://news.xinhuanet.com/world/201202/08/c_111502194.htm

를테면 중한 무역수지 적자와 같은 고유문제들이 관심을 끌 것으로 보인다. 중한 FTA문제에 대한 연구는 더 이상 필요성과 가능성 측면에서의 연구탐색이 아니라 보다 실질적 문제에 대한 분석과 해결이 필요하며 FTA 체결 후 그에 따른 영향과 효과 등의 문제에 대해서도 연구해야 한다. 셋째, 한국 기업경영에 관한 연구가 한층 더 심화될 것이며 중한 경제, 무역관계의 심화 및 중국 경제성장과 함께, 한국 내 중국투자기업에 관한 연구도 증가할 것으로 전망된다. 한국기업에 대한 연구는 지속적인 연구과제이다. 연구의 심도가 깊어지고 한국기업의 부단한 발전에 따라, 대기업의 다국적 경영방식, 중소기업의 융자패턴 등 새로운 연구과제가 나타날 것이다. 또한 중국 시장구조의 변화로 인해 중국 내 한국투자기업들은 새로운 경영환경을 얻게 될 것이다. 이외에도 중국 경제성장과 더불어 해외투자도 부단히 증가할 것으로 전망된다. 2011년 4월을 기준으로 한국 내 중국투자기업은 2005년의 60개에서 97개로 증가하였다. 그러나 한국 내 중국투자기업의 경영실태와 관련된 연구는 많지 않은 편이다.[24] 2009년 상하이자동차그룹에서 한국 쌍용자동차그룹에 대한 인수는 비록 실패하였으나 이로써 얻은 중요한 교훈 중 하나가 바로 한국 노조문화에 대한 이해가 많이 부족하다는 것이다. 그러므로 해당분야에 대한 연구도 절실히 필요하다.

24) 데이터 출처: 주한 중국대사관 경제상무참사관 웹사이트. http://kr.mofcom.gov.cn/aarticle/catalog/zgqy/201105/20110507561094.html

5. 결론

중한 양국 간의 경제, 무역교류는 양국 경제의 공동발전을 추진하였고 양국 국민 간의 우호적 교류를 증진하였으며 양국에서의 한국학과 중국학의 광범위한 연구활동도 활성화시켰다. 중한 수교 20년 이래, 중국에서의 한국 경제·경영 연구는 중국 학술계의 학술연구와 중국경제의 실질적인 발전을 도모하는 데 중요한 역할을 하였다. 현재 세계경제 구조는 중대한 조정과 변화가 일어나고 있으며 중국경제도 점진적인 전환과정에 있다. 중한 경제관계의 발전은 다양한 문제와 새로운 도전에 직면하게 될 것이다. 중한 양국 학자들은 양국 경제발전의 새로운 동향과 양자 경제관계의 새로운 문제점들에 대해 적극적으로 연구·탐색해 나가야 하며, 양국 간 경제관계의 새로운 발전을 도모하고 공동번영을 이룩하기 위해 힘써야 한다.

中国的韩国学研究

中国对韩国经济-经营研究的现况、问题以及未来

中韩两国经贸联系由来已久,1979年两国就经香港、新加坡等地开始转口贸易。建交之前双边贸易额就达到了44亿美元,成为推动两国关系正常化的重要动力。1992年8月中韩建交后,两国相継签订了一系列政府间贸易协定,双边贸易的发展进入了蓬勃发展期。截至2011年,中韩贸易额超过2070亿美元,中国已经成为韩国最大的贸易伙伴、最大出口市场和进口来源国以及最大的海外投资对象国。到2011年9月底,韩国在华投资企业达1.8万户,投资总额达940多亿美

元。韩国在华商标累计申请量达4.3万件，累计注册量达2.8万件。韩国在华投资企业数量及在华商标申请量均排名第五。[25] 与此并行的是，中国学界对于韩国经济和企业经营的研究也广泛开展起来，学术交流日益频繁、相关研究不断深化。本文拟对20年来中国学界研究韩国经济-经营的状况、特点、存在问题与发展趋势进行系统整理和总结，以促进中国韩国学研究的更好发展。

一、中国学界研究的基本情况

中韩关系始于经贸往来，经贸往来又在维系两国关系方面起到了重要作用。中韩建交20年以来，朝鲜半岛局势波澜起伏，地区形势并没有达到完全意义上的和平与稳定。但是中韩关系保持了较为良好的发展势头，特别是在经贸领域基本没有发生大的波动，始终在向前发展。与此相对应的是，韩国的中国学和中国的韩国学研究都取得了较大进展。在中国的韩国学研究中，关于韩国的经济-经营的研究占了相当重要的分量。网络学术资源的检索能够反映学术界研究的基本情况，本文以中国国家知识基础设施(National Knowledge Infrastructure, CNKI)的数字图书馆(中国国内信息量最大的数字图书馆，下文简称"中国知网")为检索平台，对中国研究韩国经济-经营的基本情况进行了交叉检索和整理。

中国知网搜集了庞大的数字资料，并按照学科、作者、资料来源出版来源、研究层次等分类标准进行了详细的分类。为反应学术研究

---

25) 周伯华会见韩国驻华大使强调共同推动中韩经贸关系发展. http://www.saic.gov.cn/ywdt/gsyw/zjyw/xxb/201112/t20111207_121546.html

〈表 1.1〉1992-2011年 中国的韩国经济-经营研究与其他国家研究的比较状况

	韓国	美国	日本	德国	俄罗斯	英国	法国	印度
学术论文	8,957	54,214	32,776	10,163	9,875	7,052	5,327	7,668
学位论文[26]	34	103	65	8	38	10	2	18
总计	8,991	4,317	32,841	10,171	9,913	7,062	5,329	7,686

数据来源：中国知网学术文献网络出版总库(http://epub.cnki.net/grid2008/index/ZKCALD.htm)
检索方法: 标题含有"韩国"、"美国"、"日本"、"德国"、"英国"、"俄罗斯"、"法国"、"印度"
年度： 1992~2011年 检索日期: 2012-03-04

的严谨性和科学性，本文的检索在数据来源上选择了中国学术期刊网络出版总库、中国学术辑刊全文数据库和中国博士学位论文全文数据库等三个数据库作为资料来源；在学科领域上则选择了"经济与管理科学"。

随着中国更加广泛和深入地参与国际事务，近20年来中国的国际关系研究得到了蓬勃的发展，理论研究、政策研究都在不断深入和细化，特别是对周边国家政治、经济及文化的国别研究日益受到重视。当然，不可否认的是国际关系研究的重点依然是大国研究。但是，韩国在中国学界受到的重视程度还是很大的。在中国知网收录的1992-2011年学术期刊、学术集刊和博士论文库中，标题中含有"韩国"一词的检索结果为18501条，其中被归入经济与管理科学学科的有8991条，[27]数量占到了近一半。这说明在中国，关于韩国经济-经营的研究是韩国学研究的重点领域。横向比较方面，在经济与管理科学领域，韩国研究约是美国研究文章数量的17%，日本研究的27%，德国研究的88%，俄罗斯研究的91%；超过了英国、印度和法国研究的文章数，分别是英国研究的127%，印度研究的 117%，法国研究的169%。(详见表1. 1)

26) 仅包含博士学位论文。

27) 在此学科中，标题中含有"朝鲜"的检索有557条文章记录。

〈表 1.2〉2011年中国的韩国经济–经营研究与其他国家研究的比较状况

	韓国	美国	日本	德国	俄罗斯	英国	法国	印度
学术论文	466	3,735	2,177	697	578	540	264	558
学位论文[28)	10	15	3	0	4	4	0	3
总计	476	3,750	2,180	697	582	544	264	561

数据来源：中国知网学术文献网络出版总库(http://epub.cnki.net/grid2008/index/ZKCALD.htm)
检索方法: 标题含有"韩国"、"美国"、"日本"、"德国"、"英国"、"俄罗斯"、"法国"、"印度"
年度： 2011~2011年 检索日期: 2012-03-04

〈表 1.3〉1992~2011年 中国的韩国经济–经营研究涉及的具体领域

具体领域	工业经济	经济体制改革	贸易经济	农业经济	企业经济	金融	宏观经济管理与可持续发展
论文数量	2,091	1,314	1,115	995	923	920	541

数据来源：中国知网学术文献网络出版总库(http://epub.cnki.net/grid2008/index/ZKCALD.htm)
检索方法: 标题含有"韩国"
年度： 1992~2011年 检索日期: 2012-03-04

从表1.1 可以看出，在经济-经营领域，中国学界对韩国的研究虽然不如对美国、日本这两个经济大国的研究，但却介于俄罗斯研究和印度研究之间。而且博士论文占所有文章的比重较高，仅次于美国研究。以2011年为例，以韩国为研究对象的经济-经营类博士论文有10篇，以美国为研究对象的有15篇，其他国家均为个位数。(见表1.2) 而2011年的韩国经济-经营类博士论文占到了二十年来博士论文总数的近三分之一，说明可能会有更多的青年学者陆续投入到此领域的研究。对韩国经济-经营研究的热情主要来源于三点：首先，韩国经济起飞是后发展国家实现赶超型发展的典型，对于中国经济实现赶超型发展有着重要的借鉴意义。其次，韩国与中国都是东方国家，有着类似的传统观念、思维意识和社会经济结构。韩国经济发展的经验对

28) 仅包含博士学位论文。

于中国有着更加有效的借鉴意义。第三，中韩地理位置毗邻，经贸联系密切，贸易、投资和经营各个领域经济活动的相互依存度已经达到较高水平，与之相对应的学术研究也必然会增多。

从具体的学科领域看，中国学界对韩国经济-经营的研究涉及范围较广，同时重点也十分突出。关于工业经济、经济体制改革和贸易经济的研究占了总研究量的一半左右。仅次于此的研究领域则集中在农业经济、企业经济和金融领域。(见表1.3)

从研究机构上看， 国内众多科研院所都有专门从事韩国经济-经营研究的研究人员，不少科研院所还设有专门的韩国研究中心。总体看来，这些研究机构主要分布在东部地区 ，特别是与韩国经贸联系比较密切的地区，如东北、北京、天津、上海等地。1992-2011年，在国内公开发表关于韩国经济-经营类学术论文和博士论文最多的科研院所为复旦大学(120篇)，其次为吉林大学(97篇)，第三为中国人民大学(87篇)。[29] 从时间分布上看，1993年以后，文章数量一直保持在年度300篇以上。2004年以后，大体保持在年度500篇以上。

二、韩国经济-经营研究的发展变化

中韩建交前后，中国学界对韩国经济-经营的研究开始兴起。如表1.1所示，1992～2011年关于此类研究的学术论文和博士论文达到了8991篇，而1992年之前以"南朝鲜"和"韩国"为题目关键词的检索结果只有646条(以朝鲜为关键词的检索结果则为99条)，数量增长了14倍。中韩建交之前，中国对韩国经济-经营的研究基本上始于20世纪80年代。韩国经济腾飞、中国开始改革开放、中韩经贸联系不断扩大等因

29) 再往后依此为延边大学(47) 南开大学(43) 浙江大学(43)辽宁大学(42) 北京大学(42) 东北财经大学(40) 上海财经大学(39)。

〈表 2.1〉 1992~1997年 中国的韩国经济-经营研究重点领域

学科领域	经济体制改革	工业经济	贸易经济	企业经济	金融	农业经济	投资
文章数量	474	400	270	254	180	167	104
所占比例	23%	19%	13%	12%	9%	8%	5%

数据来源：中国知网学术文献网络出版总库(http://epub.cnki.net/grid2008/index/ZKCALD.htm)
检索方法: 标题含有"韩国"
年度： 1992~997年 检索日期: 2012-03-06

素促进了相关研究的开展。1992年之前，中国对韩国经济-经营的研究主要集中在韩国的经济开发战略和外向型经济发展模式这两个领域，对韩国如何制定政策、利用外资、引进技术以及出口贸易等经济活动进行分析，还有部分文章对韩国的债务问题、财阀问题进行了反思。这些研究大部分被归类于"经济体制改革"，反映了中国在改革开放初期对韩国经济发展经验的引进和借鉴。1992年中韩建交之后，中韩经贸联系突飞猛进，两国的学术交流也日渐频繁，极大地促进了中国学者对韩国经济-经营状况的研究。

1992年至1997年间，中国学界对韩国经济的研究重点继续保持了对制度层面的关注，文章数量约占了四分之一。[30] 韩国的经济发展模式引起了普遍关注，并且研究的问题进一步细化，包括政府的功能、文化的作用、财阀的利弊、外国资本的作用、技术的引进与消化、对外投资情况、世界化战略，还有少量的文章探讨了韩国参与区域合作与韩国对华投资情况。在中国学界看来，韩国经济之所以实现持续高速增长，关键在从本国实际出发，利用有利的国际经济环境，制订出符合国情的发展战略和配套政策措施，恰当地处理计划与市场的关系，不断调整经济政策和经营管理方式，并积累了有效的资本、技术和人力资源，使整个经济机体始终保持较大的活力。[31] 同时，也有学者指出

30) 具体数据为474篇和2062篇。

31) 参见李昌奂．《韩国外向型经济发展的经验与教训》，《现代国际关系》

韩国经济存在着过分依赖国际市场，工农业发展失衡，官商勾结滋生腐败等问题。

这一时期，韩国企业的经营研究也是一个重点，包括韩国的企业文化、企业管理、市场策略、人才培养等，学界对韩国的造船业、汽车业、石化工业、纺织业、半导体产业的经营情况进行了广泛研究。具体的企业集团则有三星、现代、LG、大宇等。研究显示，在公司治理方面，韩国一方面以西方企业制度为核心，建立了科学、严密的管理制度；另一方面适应东方文化传统，通过感情、价值观的认同来培养员工对企业的认同感，调动员工的积极性和创造力。而韩国企业在政府扶植下，不断提高技术水平和产业水平，坚持国际化发展道路，建立了一批大型跨国公司，成为韩国经济的重要支柱。但是，总体看来，这一时期对韩国企业经营状况的研究大部分都停留在述评阶段，有待进一步深入。

1998年至2008年，中国的韩国经济-经营研究进入了全面、深入的发展阶段。这一时期，对工业经济的关注度明显超过了对经济制度层面的关注。(见表2.2、图2.1)同时，这一时期也是从1997年东南亚经济危机到2008年世界经济危机的一个间隔。两次经济危机都对韩国产生了较大冲击，中国学者由此也对韩国经济有了更深刻的了解和研究。1997年东南亚金融危机波及韩国之后，学者们纷纷对韩国面临的金融危机、企业破产等现象进行分析解读，对韩国模式进行反思。学者们认为韩国大型企业在政府扶持下缺乏必要的监管，过度扩张导致

1992年第5期，第38～44页；张蕴岭：《评"汉江奇迹"－－韩国市场经济模式的特点与演变》，《国际经济评论》1997年第Z6期，第45～48页；《近40年韩国经济的发展》，《国外社会科学》1995年第4期，第71页； 李相文：《韩国经济发展及其战略变化》，《当代韩国》1996年第3期第81～82页；黄卫平、朱文晖：《论韩国出口导向型经济成功的历史原因》，《东北亚论坛》1993年第4期，第44～50页。

财务状况恶化；金融基础薄弱，体制不健全，利用外资不合理；政府方面寻租现象严重，改革措施不力，政策缺乏预见性等因素使得韩国经济遭受重创。但是，相对于西方一些自由主义经济学人士对韩国经济发展模式以及东亚经济发展模式的激烈抨击，中国学界大体保持了冷静、客观的态度，认为"韩国金融危机的产生并非经济发展模式导致，而主要是韩国经济运行过程中政策的不当和失误、调整不及时造

〈表 2.2〉 1997~2008年 中国的韩国经济–经营研究重点领域

学科领域	工业经济	经济体制改革	农业经济	贸易经济	金融	企业经济	宏观经济管理与可持续发展
文章数量	1,204	724	656	646	621	566	297
所占比例	22%	13%	12%	12%	11%	10%	5%

数据来源：中国知网学术文献网络出版总库(http://epub.cnki.net/grid2008/index/ZKCALD.htm)
检索方法：标题含有"韩国"
年度： 1997~2008年 检索日期：2012-03-06

〈图 2.1〉 1996~2008年 以"韩国模式"为主题的研究趋势

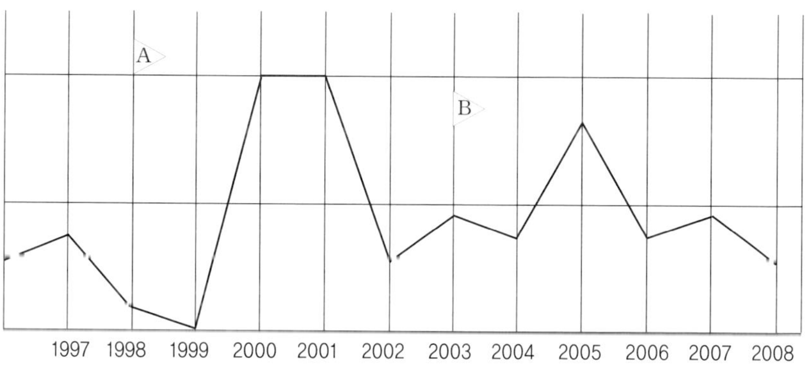

数据来源：中国知网学术文献网络出版总库(http://epub.cnki.net/grid2008/index/ZKCALD.htm)
检索方法：主题为"韩国模式"的学术趋势搜索
年度： 1996~2008年 检索日期：2012-03-06

成的”。[32]指出相比较东南亚国家，韩国有着较好的经济基础、较高的储蓄率，金大中政府制订了强有力的改革措施，韩国民众也得到了广泛动员，再加上IMF的援助，韩国将能够克服金融危机的影响。

随着韩国经济逐渐摆脱金融危机的影响，中国学界一方面总结了韩国的经验和教训，认为韩国通过调整企业结构、转变增长方式、整顿金融体制、改革公共部门等措施，迅速克服了危机，恢复了经济增长；[33]另一方面对于韩国经济-经营的研究更加全面地展开，并在2005年前后达到一个高峰期。除了数量的增加外，研究的领域更加具体，涉及汽车产业、文化产业、旅游产业、服务业、银行业、城市化问题、国土规划、养老保险、医疗保险、农村改革以及对华投资等各个领域。总体看来，这些研究大部分是在分析韩国经验的基础上为中国经济和中韩合作提供借鉴，也有小部分是以韩国经济为案例进行经济学实证分析。

在企业经营方面，在经历了对韩国大财阀经营的反思后，学界对韩国企业的经营管理进行了更加详实的考察和分析，包括了韩国企业治理分析、具体韩国企业的案例分析和以韩国企业为例的东亚企业模式分析等。1997年金融危机后，韩国政府对韩国大企业进行了重组，使得大企业经营领域更加集中，负债率下降。企业的经营战略不再盲目扩展，而是更加注重内在品质的提高，追求稳步持久的发展。韩国企业通过技术的引进-模仿-改进-创新，实现了自主创新和技术跨越。中国学界对韩国一些知名企业的经营管理进行了大量研究，其中以三星集团为案例的研究较多，认为其是典型后发企业后来居上的典型，技术学习和吸收能力是其发展的重要因素，但必须要建立在有效

32) 金英姬：《韩国金融危机及其对我国的启示》，《当代亚太》1998年第2期，第34页。

33) 彭金荣：《韩国经济再现“汉江奇迹”的原因和启示》，《中国人民大学学报》2000年第6期，第89～94页。

的管理基础上，使先进技术成为企业成长的内部要素。此外，高层管理者的意愿也是很关键的要素。[34] 但研究也显示，金融危机后相对于其他改革措施，韩国"公司治理制度的变化被公认为是最小的"，[35] 大企业家族式的管理模式改革将是长期的。

三、当前研究的重点领域与核心观点

为明晰当前中国的韩国经济-经营研究的具体状况，本文以近三年来(2009年～2011年)中国知网收录的学术期刊、学术集刊和博士论文为样本进行了统计，并对中国人文社会科学引文数据库中经济管理类和国际关系类复合影响因子较高的期刊中收录的论文进行了具体分析。

近三年来，国内对韩国经济-经营的研究重点依然在工业经济领域，其次为贸易经济，制度层面的研究所占比重进一步下降。总体看来，对韩国经济-经营研究的领域依然广泛，涉及了大量行业和诸多层面。但从论文的质量和被关注度来看，2008年-2011年的研究主要集中在能源问题、文化产业问题、FTA问题、农业问题以及与宏观经济管理中的公共政策问题上。

在能源问题上，研究主要集中在韩国的海外能源开发、新能源开发以及"绿色新政"所提出的低碳增长方面。研究显示，韩国作为全球能

34) 参见陆园园、谭劲松、薛红志：《"引进-模仿-改进-创新"模型与韩国企业技术学习的演进过程》，《南开管理评论》2006年第5期，第74～82页；江积海：《后发企业动态能力演化路径及其机制研究———韩国三星电子 DRAM 产业的案例研究》，《管理评论》，2005年第9期，第38～42页。

35) 刘洪钟、曲文轶《公司治理、代理问题与东亚家族企业：以韩国财阀为例》，《世界经济》2003年第2期，第48页。

〈表 3.1〉 2009~2011年 中国的韩国经济-经营研究重点领域

学科领域	工业经济	贸易经济	宏观经济管理与可持续发展	农业经济	金融	经济体制改革	企业经济
文章数量	487	201	183	172	120	117	103
所占比例	32%	13%	12%	11%	8%	8%	7%

数据来源：中国知网学术文献网络出版总库(http://epub.cnki.net/grid2008/index/ZKCALD.htm)
检索方法: 标题含有"韩国"
年度： 2009~2011年 检索日期: 2012-03-06

源供应不安全指数最高的国家之一，能源安全具有很大的脆弱性。为此，韩国一方面积极推动国际和地区能源合作，促进能源进口多渠道化，确保稳定的海外能源供应；另一方面投入巨资发展新再生能源，倡导"低碳绿色增长"经济振兴战略，以实现经济的可持续增长。

在文化产业方面，这方面的研究是近年来出现的新领域。学界对韩国文化产业政策、文化产业链建设、文化产业发展模式进行了广泛地探讨，认为韩国文化产业发展迅速，主要得益于在政府的战略规划和强力扶持下，以市场为导向，以企业为主体的发展道路。[36] 韩国文化产业在企业的管理、生产、融资、人才培养等诸方面都形成了自己的特色，为中国文化产业的发展提供了可借鉴的经验。关于韩国文化产业的研究虽然是一个广受关注的领域，但这方面高水平的研究成果并不是很多，还有待于进一步深入研究。

在FTA问题上，学界对韩国积极推动FTA建设的动机和战略、中韩FTA问题、韩美FTA问题、韩欧FTA问题、韩国-东盟FTA问题都进行了积极的研究。认为韩国积极推动对双边FTA的建立主要是出于拓展贸易、利用外资、促进改革和加强政治联盟的考虑，[37] 而对于韩

36) 谭红梅、柯妍：《韩国文化产业发展经验及对我国的启示》，《经济纵横》2009年第6期，第113~115页；樊晓娜、袁野：《韩国文化产业政策及对我国的启示》，《商业文化》(学术版)，2010年第8期，第157页。

国和其他国家、地区之间的FTA研究则主要着眼点在于对中韩贸易的影响，大部分认为在中韩FTA迟迟没有建立的情况下，这种影响不可避免地具有负面效应。[38] 农产品自由贸易安排被普遍认为是中国与韩国建立FTA的棘手问题，但大部分文章对建立中韩FTA的前景还是持乐观态度，“具体时间则取决于两国在具体内容上的妥协程度以及化解国内反对力量的能力和态度”。[39]

在农业问题上，中国学界的研究主要集中在韩国的农业现代化问题、农业发展政策、农产品贸易政策和“新村运动”上，特别是对韩国的“新村运动”的研究更加深入。早在2006年中国政府提出新农村建设之后，学界对韩国农村和农业问题的研究就出现了一个小高潮，大量文章介绍了韩国“新村运动”的实践及对中国新农村建设的启示 。但是，在经过几年实践之后发现韩国经验并不能完全移植，因此，韩国农业方面的研究大幅缩水（文章量相对减少了一半），但研究的主题却更加细化而不是仅仅集中在“新村运动”上，包括了农业补贴政策、有机农业的发展、农业信息化、工业反哺农业、农业协会等具体的农业发展问题。对韩国“新村运动”的研究也更加深入和理性，认为两国农村发展阶段异同，应当全面吸取新村运动的经验教训。一些研究对中韩农村、农业建设进行了比较分析，并对韩国新村运动中的具体问题进行了详细探讨，如农村公共物品供给、农村公共文化、农业地租资本

---

37) 赵金龙：《韩国的自由贸易区战略及其动机》，《韩国研究论丛》2011年01期，第88～101页。

38) 赵放：《美韩FTA的起步、拖延及影响－－以东亚区域合作为视角的分析》，《东北亚论坛》2010年05期，第58～64页；张园园：《韩美FTA给中国可能带来的贸易转移效应分析》，《黑龙江对外经贸》2010年11期，第13～19页；赵金龙：《韩国-欧盟自由贸易区对中国外贸的影响分析》，东北亚论坛2011年第4期，第79～86页。

39) 许祥云：《从韩国FTA政策变化历程看中韩FTA的前景》，《当代韩国》2009年第4期，第7～12页。

等。

学界还对韩国经济宏观管理中公共政策问题进行了专门的研究，具体包括住房保障制度、就业保障与劳资关系、知识产权保护等问题。这些问题都与中国现实发展中所面临的具体问题密切相关，学界的研究的出发点依然是借鉴经验。研究认为，韩国公共部门在住房建设方面的进行了大量的投入，并通过多种措施提供保障性住房，取得较为良好的效果；[40] 韩国的就业保障制度与劳工政策密切相关，经过不断地调整和发展，在覆盖面、资金投入、促进就业措施上都取得了明显进步，体现了鲜明的促进就业理念，劳资关系也逐渐由对抗走向协商；[41] 韩国十分重视知识产权工作，成立有专门知识产权局。2008年全球金融危之后，韩国出台了《知识产权强国实现战略》，积极推进《知识产权基本法》制定工作，推动韩国从制造业强国向知识产权强国发展。[42]

在企业经营方面的研究呈现出细化和深化发展的趋势，涉及了内部会计控制、人力资源管理、中小企业融资、具体行业营销和低碳发展战略等领域。另外，在2008年全球金融危机之后，学界对于韩国面临的挑战和应对措施进行了分析，并对2008年金融危机和1997年金融危机对韩国的影响进行了比较研究。一方面认为，韩国在经历了1997年

40) 黄修民：《韩国公共住房供应模式探析和启示》，《兰州学刊》2010年第1期，第130～132页；洪元杓、冯长春、丰学兵：《韩国保障性住房供给及经验借鉴》，《中国房地产》2011年第22期，第75～80页。

41) 张占力：《韩国就业保险制度对劳动力市场的作用及其启示－－基于1997、2008两次经济危机的分析》，《西南金融》2011年第12期，第55～59页；邓婷：《韩国就业保障制度重庆工学院学报(社会科学版)》，2009年第4期，第37～39页；王晓玲：《韩国劳资关系:从对抗走向协商》，《当代亚太》2009年第4期，第138～160页。

42) 付明星：《韩国知识产权政策及管理新动向研究》，《知识产权》2010年第2期，第92～96页。

金融危机后，企业的盈利能力和金融系统的稳健性都得到了提高，抵御风险能力增强；另一方面也指出"韩国经济在这两次金融动荡中的演进轨迹具有颇多相似之处"，是由于韩国处于美国主导的世界经济"中心－外围"结构的"半外围区"的位置，这是韩国金融脆弱性的根源所在。[43]

四、目前存在的问题、原因与发展趋势

二十年来，中国的韩国经济-经营研究在重视程度和研究成果都取得了很大的进展。目前，这些研究已经基本趋于平稳发展的态势，研究领域和研究数量都趋于平稳。但是，通过相应的统计和分析，可以看出依然存在着一些问题。

首先，高水平的基础研究并不是很多。根据对近三年来1508篇文章的统计，基础研究有462篇，占总数的近三分之一。但如果将数据可来源缩小到代表学术研究水平较高的中文社会科学引文索引(CSSCI)数据库，近三年来关于韩国经济-经营研究的论文只有45篇，其中基础研究26篇，占到了58%。横向比较的话，CSSCI数据库日本经济-经营研究的论文中基础研究占73%，美国经济-经营研究中这个比例则为86%。(见表4.1)

其次，跟踪研究相对滞后。中国学界对韩国经济-经营的研究很多都是处于中国现实经济发展的需要，被动根据国内出台什么样的经济政策而选择韩国为样本进行经验介绍，而不是根据韩国经济发展的情况敏锐的发现问题，主动地进行探索和引进。这样的研究不仅具有滞

43) 参见忻华：《世界经济"半外围区"的金融脆弱性－以两次金融危机中的韩国为例》，《东北亚论坛》2009第2期，第16～27页。

〈表 4.1〉 2009~2011年 中国的韩、日、美经济-经营研究对比

	论文总量	基础研究	所占比例	CSSCI论文	基础研究(CSSCI)	所占比例
韩国	1,508	462	31%	45	26	58%
日本	6,187	1,889	31%	202	149	73%
美国	12,047	4,136	34%	587	507	86%

数据来源：中国知网学术文献网络出版总库(http://epub.cnki.net/grid2008/index/ZKCALD.htm)
检索方法:标题含有 "韩国"、"日本"、"美国",文献来源为CSSCI数据库
年度：2009~2011年 检索日期: 2012-03-06

后性，也会使韩国经济本身的研究难以取得创新性的成果。以研究韩国的"新村运动"为例，韩国早在70年代就开始推行这一运动，但直到2006年中国政府提出建设新农村的政策后，国内才开始出现研究韩国新村运动和相关农业问题的文章。如果说是中国经济发展阶段与韩国不同导致了这一问题，那么浅尝辄止则是学界自身的问题了。韩国新村运动与中国新农村建设存在着显著差异，经验难以照搬使得研究成果迅速缩水。这表明这些研究本身就不够客观和深入。一些研究韩国经济模式和企业经营的文章也有类似的情况，韩国经济状况好的时候大部分研究都是正面经验，出现危机时则以负面教训为主，这样的研究明显缺少前瞻性。

第三，具体产业研究不足。韩国经济的几大支柱产业如汽车业、造船业和IT业等在世界范围内都颇具竞争力和影响力，中国学界对这些产业也保持了密切的关注。但是，由于具体产业研究不仅需要经济学背景知识，更需要行业背景知识。所以总体看来，对这些韩国优势产业的学术性研究成果并不是很多。以造船业为例，在中国知网1992年-2011年间以"韩国"和"造船"为题名关键词搜索的结果只有304条，其中213篇来源于报纸，只有77篇来自学术期刊。而在表1.1统计的8991篇文章中，根据文献出版来源排列的话，来自《国外核新闻》的文章数名列第三。但是，大部分文章并非学术性论文，说明韩国核技术、核产

业不容忽视但并没有引起深度关注。实际上，韩国在2010年已经成为世界上第六个出口核电站的国家，"原本被法国、日本、美国和俄罗斯所主导的全球核电产业格局，正在因为韩国核技术的飞速发展而被打破"，[44] 核电出口或将成为韩国继半导体、造船、汽车之后的第四大出口产业。因此，总体看来国内学界对韩国具体产业发展的研究存在着不足。

这些问题的原因是多方面的，有些是客观因素决定的，另一些则是主观不足造成的。首先，中韩经济规模的差异决定了针对韩国经济的基础研究难以深入、广泛地开展。尽管韩国经济成就举世瞩目，但其国土面积、外部环境、产业布局等方面和中国存在着显著差异。比较之下，美国经济模式是典型的自由市场经济模式，并且属于大型经济体，无论是进行纯理论研究还是进行政策研究，都是中国学界优先选择的研究对象。同样，日本则是东亚发展模式的典型，经济规模较大，也是市场经济三大模式的代表之一。日本经济则是中国在亚洲地区要借鉴的首要对象。因此中国学界对韩国经济-经营的基础研究是由中韩差异这一客观现实决定的。未来随着中韩经济规模差距的継续拉大，这方面研究上升的空间将会更小。

第二，实用性是推动很多研究的动力，但客观上也制约了研究的深度和前瞻性。社会科学研究有着较为明显的应用性指向，尤其是在作为后发展国家的中国。中国韩国经济-经营研究的最初动力就来自对韩国模式的学习，并逐渐从经济体制研究扩展到经济-经营的各个领域。这种研究普遍遵循的一个规律是"面临国内问题－－政府提出规划－－寻求国际经验　　展开具体研究"，而在国际经验难以移植的情况下很多研究就不再深入地进行下去。当然，也有一批高水平研究成

44) 李明波：《韩国核技术发展速度令世界惊讶》，《广州日报》2010年1月6日A12版。

果是前瞻性地提出的，并作为政府提出规划的重要依据，但仍有相当一部分研究是依照这种规律进行研究的。这种研究模式不必然排斥高水平研究成果的产生，但一定程度上导致了科学研究的低水平重复。

第三，专业性强的产业研究需要具有跨学科的背景知识。专业性的产业研究系需要具有经济学知识背景，也需要了解具体行业的专业技术背景。笔者以"汽车产业"为题名关键词检索了中国知网的学术期刊库、学术集刊库和博士论文库，在2699条记录中行业指导研究为1421篇，基础研究为781篇。行业指导研究中被引频次排名前20位的论文作者有14位来专门的产业研究中心、汽车公司和理工类科研院校；而在基础研究被引频次排名前20位的论文作者中则是19位来自经济管理类(和综合性)院校和研究机构。而在技术性更强的造船业这种差别更为明显。这既是一种学科领域差异导致的必然，也在某种程度上说明产业研究没有很好地实现行业动态发展与产业理论研究的衔接。同样，这种现象也限制了对韩国具体产业的深入研究。

今后中国的韩国经济-经营研究依然有着很大的发展空间。一方面，韩国在经济发展、企业经营方面依然有很多中国可借鉴的经验。2011年，韩国在全球183个经济体的企业经营环境评估中进入前十，排名第 8 。[45] 进入2012年以来，尽管全球经济依然面临着诸多不确定性，但东亚地区的经济成长和失业率表现皆比欧洲出色。有报告指出，韩国经济放缓的步伐逐渐企稳，"就业前景得到改善、主要经济指标喜人"。[46] 无论是企业经营战略还是政府宏观调控政策，都有很多韩

45) "韩国企业经营环境首次进入世界前十"，新华网首尔10月20日电。http://news.xinhuanet.com/world/2011-10/20/c_111110280.htm?prolongation=1

46) "KDI：我国经济放缓的步伐逐渐企稳"，韩联社首尔3月7日电。http://chinese.yonhapnews.co.kr/domestic/2012/03/07/0403000000ACK20120

国经验需要深入挖掘。另一方面，中国经济改革正处于深化期，社会改革也正在推动。积极借鉴国际经验特别是东亚经验依然是推动学界研究的主要动力之一，尤其是在转型期突出的就业问题、住房问题、收入差距问题等。

中国的韩国经济-经营研究将会继续保持稳定的研究数量，并会随着中韩经贸来往和学术交流的进一步加深而不断提升研究质量。这一点从表1.1中的博士论文数量就可以看出，这些毕业的博士研究生是开展持续研究的后续力量。在研究课题上，首先会继续对既有的热点问题进行研究。如韩国的低碳绿色增长战略、文化产业问题、社会保障问题、企业经营方略等。其次，关于中韩FTA问题将会是一个研究热点。中韩FTA问题不是个新问题，但随着双方实质性谈判程序的启动[47]，很多现实问题跃上纸面。中韩贸易原有的一些问题也会引起关注，如中韩贸易逆差问题。中韩FTA研究将不再是必要性与可能性的探讨，而面临着更多实质性问题的分析、解决，以及建立FTA后的影响效应问题。第三，对韩国企业经营的研究将会进一步深化，而随着中韩经贸联系的深化和中国经济的成长，中国在韩企业问题的研究也将会增多。对韩国企业的研究是一个持续性研究，一方面是研究深度的不断挖掘，另一方面韩国的企业也在不断成长，会不断出现新的研究课题，如大企业跨国经营模式、中小企业融资模式等。而且，随着中国市场结构的变化，韩国企业在华投资会遇到新的经营环境。另外，随着中国经济的成长，海外投资不断增多。截止2011年4月，在韩中资企业已由2005年的60家增加到97家，但是关于在韩中资企业经营问题的研究却并不多见。[48] 2009年上汽集团收购韩国双龙汽车的失

307003000881.HTML

47) "韩国表示将启动中韩自贸协定谈判准备程序"，新华网首尔 2 月 8 日电。http://news.xinhuanet.com/world/2012-02/08/c_111502194.htm

48) 数据来源：中国驻韩国大使馆经济商务参赞处网站。http://kr.mofcom

败，其中一个重要教训就是缺乏对韩国工会文化的了解。因此，这方面的研究显得十分必要。

五、结语

中韩两国的经贸来往推动了两国经济的共同繁荣，加深了两国国民友好交流，也促进了两国韩国学与中国学研究的广泛开展。中韩建交20年来，中国的韩国经济-经营研究对于推动中国学界的学术研究和中国经济的实际发展起到了重要作用。当前世界经济结构正在发生重大的调整和变化，中国经济的转型也在持续发生。中韩经济关系的发展面临着诸多问题，也存在着新的机遇。中韩两国学者应当积极探索两国经济发展的新动向和双边经济关系的新问题，努力推动两国共同繁荣，经济关系获得新的发展。

.gov.cn/aarticle/catalog/zgqy/201105/20110507561094.html

제3부

김준엽과 지역연구, 그리고 한반도 통일문제

김준엽과 중국연구, 그리고 한반도 통일문제

서진영(徐鎭英)*

1. 학자 김준엽을 말한다

김준엽 선생(1920~2011, 이하 존칭 생략)을 표현하는 수식어는 많다. 학병 탈출 1호, 마지막 광복군, 독립운동가, 중국전공 역사학자, 교육자, 대학행정가 및 경영자, 국제학술교류의 달인, 한중 지식교류의 선구자, 그리고 우리시대의 양심이며 우리 사회의 원로란 평가에 이르기까지 김준엽의 활동과 업적에 대한 수식어도 많고, 또 그만큼 김준엽의 여러 모습들은 대중들에게 비교적 잘 알려져 있다.

이처럼 김준엽의 생전 활동과 업적이 널리 알려질 수 있었던 것은 마지막 독립운동가 세대라는 점과 군부독재에 맞서다 고려대 총장직에서

---

* 사회과학원 원장, 고려대학교 명예교수, 한중 전문가 공동연구위원회위원장(현).
고려대 학생처장, 국제대학원장, 민주평통 상임위원, 대통령자문정책기획위원장, 세계지역학회장 역임.
주요 저서: 《21세기 중국정치》, 《21세기 중국외교정책》, 《현대중국정치론》, 《중국 혁명사》, 《21세기 동북아시아의 정치지형과 전략》 등 다수.

강제사임을 당한 사건, 그리고 여러 차례에 걸친 정치권의 영입 유혹에도 불구하고 평생 학계에 남아 본분을 지킨 김준엽의 올곧은 모습이 국민들에게 강한 인상을 주었기 때문일 것이다. 여기에 김준엽의 회고록 《장정》 전 5권의 출간도 김준엽에 대한 대중들의 이해를 한층 더 확산시킬 수 있는 계기를 제공했다고 하겠다.

이미 잘 알려진 바와 같이 김준엽은 1982년 2월에 고려대 총장직에서 강제사임을 당한 이후 혼신의 힘을 다해 '나의 광복군시절'을 기록한 《장정》 1, 2권에 대한 집필을 완료해 1985년에 출판했고, 그 이후 1990년까지 '나의 총장시절'에 대한 《장정》 3권과, '나의 무직시절'을 담은 《장정》 4권을 연이어 출간했는가 하면, 2001년에는 마침내 '다시 대륙으로'라는 부제의 《장정》 5권을 완간함으로써 격동의 현대사를 주체적으로 살아온 김준엽의 생애와 사상을 세상에 널리 알릴 수 있었다.

김준엽의 《장정》은 "망국(亡國)의 쓰라림과 민족해방투쟁의 고초, 조국광복 직후 북한 공산집단의 남침이라는 참사, 그리고 이러한 역경 속에서도 자유와 평등, 민주, 빈곤으로부터의 해방과 정의로운 사회의 구현을 목표로 하는 새 나라의 건설이라는 흐름 속에서 나는 무엇을 했는가 하는 것을 늘 반성하면서 살아왔다"는 한 지식인의 개인적 체험사일 뿐만 아니라 우리 민족 모두가 겪어온 고통과 고뇌, 그리고 성취에 대한 기록이라고 할 수 있다.[1)]

따라서 《장정》을 통해 우리는 김준엽과 더불어 우리 현대사의 고비고비에서 우리가 마주한 시대정신과 역사적 과제에 대해 고민도 하고, 공감도 하게 된다. 이를테면, '나의 광복군시절'을 통해 우리는 일본군을 탈출해 독립군을 찾아 장정을 감행한 20대 젊은 식민지 지식인 김준엽의 용기와 결단에 감동하게 되고, '나의 총장시절'을 통해 '군사독재 시대에 지식분자, 특히 대학이 어떠한 탄압을 받았는가'를 되돌아보면서 독재정

---

1) 김준엽, 《장정 5: 다시 대륙으로》, 나남, 2001, p. 24.

권에 맞서 분연히 '아니오' 라고 말하는 대학총장 김준엽에게서 우리는 시대의 양식과 정의가 살아있다는 사실을 확인하기도 한다. 또한 '나의 무직시절'을 통해서 고려대 총장직에서 물러나 곤경에 빠져 있으면서도 '역사의 신'을 믿으며 좌절하지 않고 정도를 지키려 하면서 여러 차례에 걸친 정치계로부터의 유혹을 물리치고, 20대에 결심한 그대로 시종일관 학계에 남아 있는 김준엽에게서 우리 시대가 갈망하는 존경받는 원로학자, 겨레의 스승의 모습을 찾으려고 하는 것은 어찌 보면 당연한 현상인지도 모른다.

그런데 이처럼 광복군 김준엽, 고려대 총장 김준엽, 존경받는 원로학자 김준엽에 대해서는 잘 알려졌지만, 막상 그의 학문세계에 대해서는 별로 알려진 것이 많지 않다. 1949년 9월부터 1982년 6월까지 고려대에서 교수생활을 한 33년간의 '평교수시절'과, 1988년 이후 사회과학원을 창설하고 이사장으로 활동한 시대에 대한 기록도 《장정》 5권에 수록되어 있지만, 이 시대에 김준엽의 활동은 대체로 중국학회 조직(1955), 아세아문제연구소 창설(1957), 공산권연구협의회 창립(1979), 고대 중국학연구회 창립(1981) 등 학술조직을 꾸리고 운영하는 데 집중되어 있다. 그리고 1955년부터 1961년까지 〈사상계〉의 편집위원, 주간 등으로 활발하게 사회활동을 했고, 1988년 사회과학원 이사장으로 취임한 이후 본격적으로 한중 학술 및 문화교류를 주도한 내용은 잘 소개하고 있지만, 학자 김준엽 개인의 학문활동에 대해서는 《장정》에서도 제대로 다루지 않고 있다.

그렇다면 왜 학자 김준엽의 학문적 업적이 이렇게 제대로 소개되고 평가받지 못하고 있는 것일까. 이런 문제에 대해 김준엽은 우선 자신의 탓으로 돌리고 있다. 김준엽에 의하면 "평교수 33년 동안 나는 교환교수·학회참가·아시아문제연구소를 위한 모금활동·그리고 UN대표 등으로 학교를 자주 떠나게 되어 휴강이 잦아 학생들에게 미안한 일이 많았"고 "1957년에 아연을 창설한 이후로 25년간을 연구소 일에만 열중하다 보니

나의 학문연구가 소홀해졌다"면서, 김준엽 본인이 순수한 학문활동에만 몰두할 수 없었던 저간의 사정을 언급하였다.[2)]

물론 김준엽의 학문적 업적이 전공분야의 학술논문이나 연구서의 생산량만으로 평가될 수 있는 것이 아니다. 김준엽의 가치는 그런 학술논문 생산자로서보다는 학문공동체를 조직·후원하며, 선진 학문세계와 교류함으로써 우리나라 학문공동체 전체의 수준을 한 단계 높여가는 데에 있다는 점은 모두가 인정한다. 그러나 김준엽이 학문공동체의 조직자이며 관리자로서 큰 역할을 하면서 불가피하게 자신의 전공과 관심분야에 대한 전문적인 논문이나 저작물 생산량이 감소되었고, 이것이 학자 김준엽의 학문업적에 대해 과소평가하게 한 첫 번째 이유라고 할 수 있다.

둘째로, 김준엽의 학문이 제대로 평가받지 못하는 또 다른 이유는 편협한 전공구분의 문제점도 지적할 수 있다. 잘 알려진 바와 같이 김준엽의 주요 관심사는 중국 최근세사, 공산주의 운동사, 그리고 한반도 통일문제이며, 그의 주요 저작도 모두 이와 관련된 것들이다. 그런데 이런 주제들은 전통적인 역사학자의 관점에서 보면, 정치학 분야의 관심영역이거나 시사적인 이슈이지 역사학에서 다루어야 할 학문적 이슈가 아니라고 폄하하는 경향이 있었다. 반면에 정치학 전공자들은 역사학자 김준엽의 정치적 주제에 대한 업적을 제대로 파악하지 않고, 또 평가하고 인정하려고 하지 않는 경향도 있었다. 이런 점에서 김준엽은 편협한 전공구분이 만들어 낸 편견과 관행의 희생자라고도 할 수 있다.

셋째로 김준엽의 저작물을 관통하는 냉전시대 논리에 대한 거부감과 부담감이 그의 업적을 평가절하하는 또 다른 배경요인이 되고 있다. 반공과 냉전의 논리가 거칠게 강요되었던 1950년대와 1960년대에 중국공

2) 김준엽, 위의 책, 나남, 2001, p. 37; 《장정 3: 나의 대학총장시절》, 나남, 1990, p. 23.

산당이나 현대중국, 그리고 한국 공산주의 운동에 대해 관심을 가진다는 것은 '지적 용기까지 필요한 것'이기도 하였다.[3] 따라서 김준엽뿐만 아니라 당대의 거의 모든 공산권 연구자들은 자기보호를 위해서라도 철저한 반공논리를 앞세우지 않을 수 없었다. 이들 연구자들은 '승공을 위해서는 적(공산주의)을 알아야 한다'는 논리에 입각해 중국과 북한 등 공산권 연구의 필요성을 강조하려고 하였다. 따라서 김준엽을 비롯한 당대의 다른 연구자들의 연구업적도 피상적인 차원에서 접근하면 모두가 반공과 냉전논리로 왜곡된 것들이라고 평가절하하기 쉽다.

이와 같이 김준엽의 학문적 업적에는 일정한 문제점도 있고, 여러 가지 사정으로 왜곡되고 있는 것도 사실이다. 그러나 이런 한계와 문제점에도 불구하고 젊은 시절 김준엽이 제기한 문제의식과 그의 학문적 탐구의 결과들에는 오늘의 관점에서도 현대 중국연구에 중요한 의미를 가지는 숨겨진 내용물이 많이 있다. 따라서 필자는 젊은 학자 김준엽의 학문적 업적, 특히 1955년 대만유학에서 돌아와 고려대 평교수로 복귀해 강단에서 강연도 하고, 논문도 발표하며, 동시에 〈사상계〉 편집위원으로 정력적으로 활동했던 1950년대 후반에서 1970년대까지의 주요 저작물을 분석해 중국의 최근세사와 공산권 연구, 그리고 통일문제에 대한 김준엽의 문제의식이 무엇이며, 김준엽의 학문적 성과물은 어떤 것인가를 규명해 보려고 한다.

3) 민두기, "困学의 旅路-나와 서울대학의 중국사 연구", 《中国初期革命运动의 研究》, 서울대학교 출판부, 1997, pp. 407~408.

2. 김준엽의 문제의식: 구국·건국운동으로서의 학문

김준엽에게 학문은 단순한 흥미의 대상이거나 출세의 방편이 아니라 독립운동과 건국운동, 애국운동의 일환이었다. 김준엽이 역사학, 특히 중국사와 인연을 갖게 된 동기를 묻는 질문에 대한 대답에서 학문에 대한 김준엽의 관점이 잘 나타나 있다.

> 일생동안 나의 학문적 관심은 어떻게 우리나라를 완전독립국으로, 그리고 자유스럽고 존경받는 나라로 만들 수 있을까 하는 것이었습니다. 이를 위해서는 우리의 현재를 알아야 하는데, 우리의 현재를 알기 위해서는 과거를 알아야 한다고 생각하고 역사를 선택했습니다. 특히 중국에 대한 올바른 인식 없이는 우리의 과거를 알 수 없다는 생각에서 동양사를 공부했지요. 이를 통해 '우리나라가 왜 망했나', '왜 일본보다 뒤떨어졌나', '동양은 서양과 무슨 차이가 있나' 등 시대적 고민을 규명해 보고 싶었지요.[4)]

식민지 시대의 지식인이었던 김준엽에게 있어서 학문이란 식민지 조국의 비참한 현실과 역사를 제대로 인식하고, 일본의 지배에서 벗어나 완전독립의 자유국가를 건설하기 위한 것이었다. 다시 말해 일제에 대한 저항과 독립국가를 건설하기 위한 길로 학문을 선택했다는 것이다. 이와 같은 그의 반일감정과 민족의식은 그의 고등학교 시절, 즉 신의주고보 시대부터 싹텄다고 한다. 고등학교 시절 그는 '역사와 지리과목을 특별히 좋아했고, 항상 우리 민족의 역사에 커다란 관심을 두었지만 학교에서는 일본사만 가르쳤기' 때문에 게이오(慶應) 대학에 유학해서 동양사를 전공하게 됐다고 한다. 왜냐하면 동양사 전공에서는 중국사는 물론이고, 조선·만주사도 가르치고 있었기 때문이라고 회고하고 있다.

---

4) 김준엽, 《歷史의 神(續)》, 나남, 2008, p. 176.

따라서 김준엽은 대학에서 동양사를 전공하면서 최근세에 가장 깊은 관심과 흥미를 느끼며 공부했고, 동양 3국 중에서 '왜 우리나라는 망했으며, 아편전쟁 이후로 강대국인 중국은 몰락일로인 데 반하여 3국 중에 가장 뒤떨어졌던 일본이 명치유신을 겪고 난 다음에 오늘날처럼 강력한 나라가 될 수 있었는가? 무슨 이유로 일본은 근대화에 성공했는가?'라는 문제의식에 골몰했다고 하면서 '이것은 도탄에 빠진 조국이라는 현실에 대한 진단과 치료방법을 찾아내려는 나의 절실한 소망에서 일어난 관심'이라고 술회하였다.[5]

이처럼 김준엽은 고등학교 시절부터 일본에 대한 저항의식을 가지게 되었고, 식민지 조국의 현실과 역사에 대해 자각하게 되면서 동양사, 그 중에서도 중국의 최근세사에 대해 관심을 가지게 된다. 이런 그의 중국 현대사에 대한 관심과 인연은 그가 학병 탈출에 성공, 중국 국부군 소속 유격대에서 활동하다, 또 다시 6천 리 길을 걸어 중경의 대한민국 임시정부와 서안의 광복군에 참가하게 되는 김준엽의 파란만장한 《장정》 체험을 통해 더욱 심화, 발전하게 된다. 더구나 김준엽은 이 과정에서 '15세에 중국으로 망명하여 일생동안 독립운동에 종사한' 임정요인 민필호(閔弼鎬) 선생의 장녀와 결혼하게 됨으로써 김준엽과 임시정부, 그리고 중국과의 인연은 더욱 깊어지고 긴밀하게 되었다. 특히, 김준엽은 한국 사람으로는 유일하게 중국의 신해혁명에 참가했고, 손문을 비롯한 국민당의 요인들과 친밀한 관계를 가지고 있던 관계로 손문의 호법정부로 하여금 임정을 승인케 한 원로 독립운동가 신규식(申圭植) 선생의 무남독녀를 장모로 모시게 된 것에 대해 상당한 자부심을 가지게 되었다.[6]

이와 같이 김준엽은 1940년 신의주 고보를 졸업하고 일본에 유학한

---

5) 신의주 고보시절에 대한 김준엽의 추억에 대해서는 위의 책, pp. 229~238 참조.

6) 김준엽이 중국과 깊은 인연을 맺게 된 배경에 대해서는 김준엽, 《나와 중국》, 나남, 1997, pp. 281~287 참조.

후, 1944년 1월에 학병으로 징집돼 중국에 배치되었지만, 같은 해 3월 일본군에서 탈출한 이후 1949년 2월 국민당정부의 몰락으로 귀국하기까지 5년간 중국에서 임시정부와 중국의 국민당정부가 주도하는 반제 항일 독립투쟁에 직접 참여하고, 또 온몸으로 현대사를 체험하면서 김준엽은 일생을 관통하는 몇 가지 중요한 신념과 소신을 가지게 된다.

첫째, 한국 독립운동의 정통성은 임시정부에 있으며, 임시정부야말로 "항일 독립운동, 특히 3·1 운동 정신의 산물일 뿐만 아니라 1945년 일제 패망까지의 국외에 존재한 민족주권이며 우리 민족의 유일한 정부"라는 인식을 가지게 되었다.[7] 따라서 김준엽에게 있어 한반도의 정통성 있는 국가는 대한민국이고, 대한민국은 임시정부의 법통을 계승한 국가라는 것을 조금도 의심하지 않았다. 오히려 김준엽은 대한민국 건국과정에서 일제청산이 제대로 수행되지 못했고, 또한 군사 쿠데타 이후 헌법개정과정에서 임시정부의 법통문제가 불명확해진 것에 대해 대단한 유감을 표명하면서 시종일관 민족적 정통성을 바로잡는 일의 중요성을 강조하였다.

둘째, 아편전쟁 이후 근대화의 충격으로부터 시작된 중국의 국민혁명의 정통성은 손문과 장개석으로 이어지는 국민당정부에 있으며, 대한민국 임시정부에 대해서도 지원을 아끼지 않은 국민당정부에 대한 호의적 태도를 숨기지 않고 있다. 그러나 국민당정부의 부패와 무능, 그리고 마침내 1949년 국민당정부가 몰락하게 된 것에 대해서는 김준엽도 역시 충격을 받았다. 따라서 김준엽은 중국혁명의 정통성을 계승한 국민당정부가 왜 몰락하게 되었는가를 현대 중국사 연구의 주요한 학문적 문제의식으로 제기하였다.

셋째, 김준엽이 몸을 의탁했던 국민당 계열의 중국 유격대가 일본군과의 전쟁을 치르는 와중에 중국 공산당의 팔로군에 의해 공격을 받아 궤멸

7) 김준엽, 《장정 4: 나의 무직시절》, 나남, 1990, p. 107.

하였고, 김준엽 자신도 목숨을 잃을 뻔했던 쓰라린 경험, 그리고 임시정부 내부에서도 민족주의 진영과 좌익 진영 간 끊임없이 반목과 투쟁이 계속되는 것을 보면서 김준엽은 '공산주의 운동사에 대한 올바른 이해 없이는 중국의 현실이나 미래, 그리고 우리나라의 현실이나 미래를 제대로 파악하지 못할 것으로 판단'했다고 한다.[8] 특히 한국전쟁과 한반도의 분단 현실을 보면서 김준엽은 "공산주의 운동의 실태를 옳게 파악하기 전에는 조국의 통일이나 국가의 안전을 기대하기가 어렵겠다는 인식을 갖게 되었다"면서 "이것은 단순한 학문적 관심을 초월한 우리 자신의 안전이나 국가의 생존에 관련되는 절박한 사안으로 판단하였다"고 술회한다.[9]

이처럼 공산주의 운동의 실태를 파악하는 것이 중요하다고 강조하면서도 김준엽은 공산주의에 대한 경계심과 의구심을 숨기려 하지 않았다. 김준엽의 반공주의는 앞에서 지적한 바와 같이 유격대시절과 임시정부, 그리고 국민당정부 시절 공산당과의 충돌과 갈등을 실제 체험한 것, 그리고 그가 존경했던 철기 이범석 장군이 강조했던 공산주의 세력에 대한 강한 의구심과 혐오감 등이 복합적으로 작용해 형성된 것이며, 이런 체험적 반공주의는 그의 연구에도 반영되었다.[10]

넷째, 1945년 일제의 패망으로 해방과 독립을 맞은 김준엽은 그의 일생을 놓고 중대한 결정을 하게 된다. 즉, 김구 선생과 임시정부 요인들과 더불어 귀국해 정계에 투신할 것인가, 아니면 중국에 남아 더 공부하고, 학계로 진출해 건국사업에 일조를 할 것인가를 놓고 고심을 하다가

---

8) 김준엽, 《장정 2: 나의 광복군시절(下)》, p. 306.

9) 한국세계지역 연구협의회 창립 20주년 회고 전문은 김준엽, 《장정 5: 다시 대륙으로》, pp. 399-402 참조.

10) 공산주의에 대한 그의 체험과 그가 활동했던 시절의 냉전논리가 김준엽의 근현대 중국론에 어떻게 투영되고 있는지에 대해서는 정문상, "김준엽의 근현대 중국론과 동아시아 냉전", 〈역사비평〉, 2009년 여름호(통권 87호), pp. 228-261 참조.

결국 자신의 적성에도 맞고, 중국전문가로 건국에 더 큰 기여를 할 수 있다고 판단해서 마침내 중국에 남게 된다. 이 당시의 김준엽의 선택은 그의 일생을 지배하였다. 김준엽에 의하면 "나는 고려대에서 정년퇴임할 때까지 40여 년간 이때의 결심을 조금도 동요됨이 없이 지켜내려 왔고 수차례의 벼슬 유혹이 있었으나 아무 거리낌 없이 물리칠 수 있었던 것은 국가발전에서의 나의 역할에 대한 소신이 확고했기 때문"이라고 기술하고 있다.[11]

그런데 이런 일생일대의 중요한 결정을 하는 과정에서 김준엽의 이상은 현실정치를 넘어서는 것이었다. 정치가 그의 적성에 맞지 않기도 했지만, 20대 청년 김준엽의 눈에 이등박문(伊藤博文)이나 원세개(袁世凱)와 같은 당대의 권세가들보다 일본 근대 계몽사상가 후쿠자와 유키치(福澤諭吉)나, 중국의 신문화운동과 5·4 운동의 정신적 지도자 역할을 한 채원배(蔡元培), 호적(胡適)과 같은 계몽적 자유 민권운동가들이 더 훌륭하게 보였다는 것이다.[12] 따라서 김준엽은 이들 자유 민권운동자들과 마찬가지로 고려대 총장으로 재직하던 당시 학생들의 민주화 운동을 탄압하는 부당한 군사정권의 탄압에 맞서서 청년 학생들과 국민들의 권리와 자유를 대변하려고 하였다. 이런 점에서 김준엽의 사상 기저에는 좌익독재(공산주의)에도 반대하지만, 동시에 우익독재에 대해서도 비판적인 태도를 견지하게 한 자유주의와 민권주의가 자리잡고 있다고 하겠다.

끝으로 김준엽은 '우리 시대의 제일 큰 사명은 통일'이라면서 기회가 있을 때마다 '민족통일은 우리의 시대정신이자 시대사명이다'라고 선언하였다.[13] 물론 분단과 통일에 대한 김준엽의 문제의식은 항일 독립운동과정에서 형성된 것이 아니라, 건국 이후 분단과 전쟁을 겪으면서 진

11) 김준엽, 앞의 책, pp. 284~285.

12) 위의 책, pp. 283~284.

13) 이와 같은 민족 통일에 대한 강조는 김준엽, 《역사의 신》, 나남, 1990, p. 179, 315.

정한 독립은 한반도에 민주적이고, 통일된 국민국가를 건설함으로써 비로소 완성되는 것이란 사실을 자각하면서부터 시작되었다고 할 수 있다.

김준엽에 의하면 "1945년 이전 일제통치기의 시대정신이 조국광복이었다면 8·15 이후 우리의 시대사명은 통일이 첫째"라면서 "이것은 6·25 직후인 30대 초반에 대만에서 공부할 당시에 정리한 것이고, 장준하 씨 등과 함께 만든 잡지인 〈사상계〉의 편집방침에도 나타나 있다"고 한다. 사실 김준엽이 대만 유학에서 돌아와 고려대 교수로 복귀한 직후 〈사상계〉 편집위원으로 활동하면서 우리시대의 사명을 민족통일, 경제발전, 자유민주주의, 새 문화창조, 복지사회 건설 등 5가지로 요약하고, 기회가 있을 때마다 이를 강조하였다. 특히, 김준엽은 시대사명 5가지 가운데 평화적 민족통일을 가장 첫 번째 과제로 설정하고, '독립운동의 통일운동에로의 전화(轉化)'를 강조했다.[14]

3. 김준엽의 연구업적 : 근대화, 공산주의, 그리고 통일문제

앞에서 지적한 바와 같이 김준엽은 20대와 30대 초에 동양 3국의 근대화과정에 대한 비교, 한국 독립운동사에서의 임시정부의 위치와 민족정통성 문제, 국민당정부의 몰락 이유, 한국과 중국에서의 공산주의 운동 실체, 건국운동과 학문활동, 그리고 통일문제에 이르기까지 다양한 이슈에 대해 문제의식을 가지게 되었고, 이들 문제의식을 바탕으로 본격적으로 연구활동을 추진하였다.

특히, 김준엽은 일본 패망 직후 학문을 통해 건국에 참여하기로 결심하고 1946년부터 1949년까지 약 3년간 중국 국립동방어문전문대학의 한

---

14) 김준엽이 〈사상계〉의 편집방침으로 제시한 5가지 시대적 사명에 대해서는 김준엽의 회고록 여러 군데에서 언급되고 있지만, 여기에서 인용한 부분은 김준엽, 《장정 4: 나의 무직시절》, pp. 101~102 참조.

어과(韓語科) 전임강사직을 담당하면서 중국 국립중앙대학교(현 남경대학) 대학원에 진학해 중국 근대사를 본격적 연구하려고 했다. 김준엽은 '중국사 중에서도 아편전쟁 이후의 최근세사, 말하자면 서력동점(西力東漸) 이후로 전통적 중국이 한 발자국씩 무너져가는 과정과 근대화의 과정, 그중에서도 중국의 장래를 결정지을 국공(國共) 관계에 초점을 두고 연구할 결심이었다.'

김준엽에 의하면 "중국 최근세사 연구에는 정치학 · 경제학 · 사회학 등의 사회과학 지식이 보조과학으로서 대단히 중요한 것인데, 특히 국공관계 연구에는 공산주의에 관한 이론적 연구가 필수불가결하다고 생각"하여 "중국학자가 쓴 중국사와 공산주의 이론에 관한 책들을 닥치는 대로 구입하기 시작했다"고 회고한다. 그 당시에는 아직 국공합작이 유지되었던 시기이기 때문에 김준엽은 중국공산당이 운영하는 충칭(重庆)의 신화서점(新华书店)을 통해 중국 공산주의 운동과 관련된 각종 서적들을 구입할 수 있었다고 한다.[15]

그러나 김준엽의 이런 '가르치며 배우는' 생활은 1949년 2월 국민당정부가 대만으로 퇴각하면서 중단되지 않을 수 없었다. 따라서 그는 중국생활을 정리하고 귀국해 고려대 사학과 교수로 봉직하다가 1951년부터 1955년까지 대만대학의 역사연구소에서 연구생활을 하면서 중국 근대사와 중국 공산당사에 대한 연구를 계속하였다. 대만 대학시절 김준엽은 저명한 중국사 전공 중국인 교수들의 강의와 저술에 접하면서 중국인의 관점에 대해 이해하려고 하였으며, 그 이후 김준엽은 1958년에서 1959년에는 하버드대학 객원교수로 있으면서 중국 근대사의 대가라고 알려진 페어뱅크(John F. Fairbank) 교수, 일본사의 라이샤워(Edwin Reischauer) 교수 등을 통해 중국과 동양사회의 근대화과정에 대한 서방

15) 1946년 2월부터 시작된 동방어전(東方語專)에서의 전임강사 생활과, 국립중앙대학에서의 중국 최근세사 연구에 대해서는 김준엽, 《장정 2: 나의 광복군시절(下)》, pp. 315~326 참조.

의 주류견해를 파악할 수 있었다.

이런 김준엽의 연구활동 결과의 일부가 1950년대 후반 이후 몇 개의 주목할 만한 저작과 논문들로 발표되었다. 독립운동가 김준엽의 임시정부와 한국독립운동사와 관련된 연구업적은 별도로 다루기로 하고 여기서 제외하면, 이 당시 김준엽의 주요 연구업적으로는 ① 중국과 동양사회의 근대화과정을 다룬 《중국 최근세사》(1963년, 사상계사)가 출판되었고, ② 국민당 정부의 몰락에 대해서는 1955년 〈사상계〉의 특별부록으로 출판된 논문, "중국 국민정부는 이렇게 하여 몰락하였다"가 있으며 ③ 한국과 중국, 아시아의 공산주의에 대해서는 1957년 〈사상계〉에 발표된 "중공국가체제의 성립"에 대한 논문들과, 단행본 《중국공산당사》(1958년, 사상계사), 《중공과 아시아》(1979년, 일조각), 그리고 김준엽과 김창순 공저로 출판된 총 5권의 《한국공산주의운동사》(1967·1976년, 고려대 출판부)가 주목받을 만하며, ④ 통일문제와 관련해서는 《남북통일문제와 그 주변》(1979년, 일조각) 등을 들 수 있다.

1) 왜 중국과 동양은 근대화과정에서 낙후되었나

이미 앞에서 지적한 바와 같이 김준엽이 동양사를 전공하게 된 배경에는 왜 중국과 동양사회는 근대화과정에서 낙후되었는가 라는 의문에 대한 해답을 찾으려는 생각이 있었다. 이런 점에서 아편전쟁 이후 중국 전통사회의 몰락과 근대화를 위한 개혁의 실패와 좌절, 그리고 신해혁명까지의 시기를 분석한 김준엽의 《중국최근세사》(1963, 사상계사)를 그의 대표적 저술로 보아도 무방할 것이다. 여기서 김준엽은 중국 최근세사를 이끄는 동인을 '서구의 충격'에 대한 중국의 '반응'이란 관점에서 분석한다.

김준엽에게 중국의 최근세사는 정체된 전통사회로부터 벗어나 일진일퇴를 거듭하며 근대화를 성취해 가는 과정이었으며, 이런 중국의 근대화는 '(중국)내부의 경제발전에 따라 스스로 이루어진 것이 아니라' '1842년 아편전쟁에서 영국에게 굴복한 것이 계기'가 되어 '서구의 충격'에 직면하게 되고, 그에 대한 '반응'으로 시작되었다는 것이다.[16] 그렇다면 왜 중국과 동양사회는 스스로 근대화를 추동할 수 있는 내적 동력을 만들어 내지 못했을까 라는 질문이 제기될 수밖에 없다. 왜 중국의 전통사회는 서구사회와 달리, 자체의 힘으로 근대사회로 이행하지 못하고, 서구 제국주의와 자본주의 침투를 받으면서 고통스러운 근대화의 과정을 겪게 되는가. 왜 중국과 동양의 전통사회는 정체되고 후진적인 사회로 머물러 있었을까.

이런 문제는 지난 몇십 년 동안 치열하게 전개된 논쟁의 주제였다. 일부 진보파 학자들에 의하면 중국사회에서도 '자본주의적 맹아'를 발견할 수 있었지만, 그런 내적 잠재력이 구체화되기 이전에 서구 제국주의의 침략으로 역사발전이 왜곡되었다고 주장하기도 하고, 또 일부 좌파이론가들은 전통사회의 낙후성이 봉건적 계급사회의 착취와 억압구조에서 비롯되는 것이라고 주장하면서 중국의 근대화과정이 제대로 진행되기 위해서는 결국 반제 반봉건 투쟁을 통해서 근대사회로의 이행을 가로막는 안팎의 족쇄를 분쇄하는 수밖에 없다고 강조하였다.

이처럼 좌파이론가들이 전통질서의 정체성, 낙후성을 제국주의 침략이라는 외적 조건과 착취계급이 지배하는 약탈국가라는 내적 조건의 산물이라고 보았다면, 김준엽은 '야만적이고 미개한' 유목민의 침략으로 형성된 '정복왕조'에서 그 원인을 찾았다는 점에서 특이하고 주목받을 만하다. 김준엽에 의하면 중국과 아시아의 역사를 보면 유목민족의 침략이 수천 년을 두고 반복되었고, 이런 미개한 유목민족의 침략 내지 통치가 중국과 아시아 후진성의 원인이 되었다는 것이다. 이런 가설의 타당성은 중국과 아시아보다 외래 유목민족의 침략과 정복에서 비교적 자유

16) 김준엽, 《중국최근세사》, pp. 1~2.

로운 유럽과 일본이 내부적 힘으로 근대세계로 진입할 수 있었지만, 끊임없는 유목민족의 침략에 노출되었던 중국과 다른 아시아 국가들이 근대화 과정에서 낙후됐다는 역사적 사실로 증명될 수 있다고 주장하였다.[17] 물론 김준엽은 중국과 아시아의 후진성의 주요 원인이 '야만적이고 미개한' 외래 민족의 정복국가에게만 있는 것은 아니라고 지적하고 있다. 서구 제국주의의 침략도 중국과 아시아 후진성에 대해 2차적 책임이 있다는 것이다. 김준엽에 의하면 '미개한 유목민족의 침략 내지 통치에서 그냥 서방 제국주의자들의 식민지로 화해버렸다는 데에서 아시아 후진은 결정적으로 되고 말았다'는 것이다.[18]

이와 같은 김준엽의 근대화 논리는 전형적인 서구 근대화론자의 논리를 상당부분 수용한 것이었다. 선진적이고 역동적인 서구사회와 후진적이고 정체된 비서구사회(중국과 아시아)를 대비시키고, 근대화란 후진적인 비서구사회가 선진적인 서구사회를 따라가는 서구화 과정이라고 보는 경향은 1950년대와 60년대의 서구사회의 주류 근대화론자들의 주장이었다.[19] 또한 중국의 후진성의 원인을 중국 전통사회 내부에서 찾기보다는 '야만적이고 미개한' 외래 민족의 정복국가에 일차적인 책임이 있다는 논리는 중국사에 대한 한족 중심주의 역사관을 반영한 것이라고 할 수 있다. 이것은 아마도 김준엽이 중국과 대만 유학시절에, 그리고 미국에서의 연구생활 과정에 자연스럽게 수용한 당시 중국사와 근대화

---

17) 김준엽, "아시아사회의 후진성에 관한 일고찰", 〈사상계〉, 26호(1955년 9월), pp. 40~53.

18) 위의 글, p. 44.

19) 김준엽의 서구식 근대화론은 단순한 이론적 주장으로 끝난 것이 아니라 현실 세계에서의 그의 시국관에도 어느 정도 영향을 주었다고 추론할 수 있다. 1961년 박정희 중심의 군사 쿠데타가 발생했을 당시 장준하와 김준엽이 중심되었던 사상계사의 주요 지식인들은 군사정부의 근대화론, 경제개발론에 대해 기대를 가지고 있었으며, 따라서 김준엽도 당시 최고회의 의장 고문직을 수락하기도 했다.

론에 대한 중국과 미국 주류학자들의 이론적 영향에서 비롯된 것이라고 할 수 있다.

그러나 김준엽의 이런 주장이 옳은 것이냐 아니냐를 따져보는 것도 중요하지만, 그것보다 더 중요한 것은 김준엽의 사회과학적 접근방식이 시사하는 것이라고 할 수 있다. 김준엽이 제기한 주요한 문제의식, 즉 왜 중국은 근대화 과정에서 낙후되었는가 라는 문제의식은 지금도 여전히 유효한 질문이고, 이런 질문에 대해 가설(정복국가론)을 제시하고 그것을 논증하려는 태도야말로 김준엽의 중국최근세사에서 우리가 배워야 할 것이라고 생각한다. 여기에 또 하나 《중국최근세사》에서 우리가 주목해야 할 것은 역사현상에 대해 종합적이고 역동적으로 분석하고, 설명하려고 한 김준엽의 사회과학적 태도라고 할 수 있다.

김준엽은 아편전쟁의 발생을 단순한 영국 제국주의와 청 제국의 충돌로 보기보다는 서구 자본주의 세계체제의 확장과정에서 서구문명과 중화문명이 충돌한 사건으로 파악하고 있다. 따라서 아편전쟁을 중국이 서구 중심의 세계질서로 편입되는 계기로 인식하고 있다는 점에서 김준엽은 오늘날의 사회과학적 개념을 원용해 표현한다면, 세계체제론적 시각을 가지고 있었다고 할 수 있다. 이처럼 세계적 차원에서의 변화를 살펴보면서 김준엽은 중국이 당면한 문명사적 충돌이 중국의 전통질서를 어떻게 변화시키고 있는지를 종합적으로 분석·설명한다. 즉, 서구의 충격 이후 중국 사회 내부에서는 태평천국의 혁명운동, 양무운동, 서태후의 반동정치, 그리고 마침내 신해혁명에 이르기까지 다양한 '반응'이 표출되는데, 이런 사건들을 개별적, 독립적 사건으로 설명하는 것이 아니라, 서로 유기적이고 종합적으로 설명함으로써 역사의 큰 흐름을 논리적이고 체계적으로 보여주고 있다는 것이다.

이와 같이 김준엽의 역사학에 대한 사회과학적 접근방식, 즉 주요 문제의식을 제기하고, 기본가설을 설정하면서 가설을 증명하고 논증하는 방식으로 역사적 사건을 설명하는 사회과학적 접근방식은 지금도 시사하는 바가 크다. 또한 역사를 세계적 차원에서 파악하고 개별적 사건들의 유기적 관련성을 규명함으로써 전체 역사의 변화과정을 설명하는 세계체제론적 시각을 보여주고 있다는 점에서도 김준엽의 《중국최근세사》는 그의 주장과 가설의 옳고 그름을 떠나서 지금도 후학들의 학문적 자세에 큰 자극제가 되고 있다.

2) 왜 국민정부는 몰락하였나

손문과 신해혁명의 적통을 이어받아 1927년에 북벌에 성공해 군벌시대를 종식시키고 마침내 중국대륙 전체를 장악하고, 중국을 대표하는 유일 합법적인 정부로 등장했으며, 2차 대전 당시에는 미국과 소련 등 강대국과 어깨를 나란히 했던 국민정부의 몰락은 세계를 경악시킬 만한 대사건이었다. 당연히 국민정부 몰락원인을 놓고 폭풍 같은 논쟁이 중국 안팎에서 치열하게 전개되었다. 미국 정부도 1949년 8월에 《중국 백서》(*The China White Paper*)를 발간해 국민정부 몰락의 일차적 책임은 국민당 집권세력들의 무능과 무기력, 부패에 있다고 지적하였다.[20] 그리고 서방세계의 중국 전문가들도 일본의 침략전쟁과 중국공산당의 도전이란 내외의 문제가 국민정부를 약화시킨 것은 틀림없지만, 결국 이런 '폭풍과 혁명'을 뚫고 갈 수 있을 만큼 '국민정부는 건전하고 튼튼한 정치적 구조를 만들어내지 못했기' 때문에 몰락할 수밖에 없었다고 지적하였다.[21]

이처럼 대부분 국민당정부 몰락원인을 장개석(蔣介石)을 중심으로 한 국민당정부 내부의 부패와 무능력에서 찾는 것과 달리 김준엽은 일본침

20) 미국 국무성의 《중국백서》에 대해서는 *The China White Paper*, August 1949, Vol. 1 and Vol. 2, Stanford University Press, 1967 참조.

21) 로이드 E. 이스트만 저, 민두기 역, 《장개석은 왜 패하였는가: 현대중국의 전쟁과 혁명, 1937~1949》, 지식산업사, 1986, p. 247.

략이란 외래원인(外来原因)이 국민당정부의 몰락을 초래한 결정적 원인 제공자라고 주장하였다. 대만대학에서 4년간의 연구생활을 끝내고 귀국한 직후 김준엽은 1955년 5월과 6월 두 차례에 걸쳐 〈사상계〉 특별부록으로 "중국 국민정부는 이렇게 하여 몰락하였다"는 장문의 논문 두 편을 발표하였다.[22] 여기서 김준엽은 '중국 국민정부가 몰락한 원인을 언급할 때에는 누구나 그들의 부패를 제 1의 원인으로 지적하지마는' 일제의 침략을 계기로 국민당정부 약화와 중국공산당 세력의 강화가 초래되었으며, 여기에 소련의 중국공산당 지원정책의 성공과 미국의 잘못된 중국정책이 결국 국민정부의 몰락을 가져왔다는 것이다.

김준엽에 의하면 국민정부가 처음부터 부패, 무능했던 것은 아니라고 변호하였다. 1937년 일본이 침략하기 전인 건국 초기 10년간에 국민당정부는 군대정리, 정치위기 극복, 경제건설, 그리고 교육문화의 개선 등의 건국사업에서 대단한 성과를 이룩했다는 점을 강조하였다. 또한 국민당정부가 대만으로 쫓겨난 이후 심기일전해 경제발전과 건국사업에 매진해 놀라운 업적을 만들어 낸 것을 보면 국민당 지도부가 무능력하고 부패한 집단이 아니란 점이 증명된다고 주장한다.[23] 그렇다면 왜 국민정부와 국민당 군은 전쟁 당시에 그렇게 부패했었는가 라는 의문이 제기될 수 있다. 이에 대해 김준엽은 일본 침략으로 가속화된 경제파탄이 부패의 온상이 되었다고 주장한다. 일본의 중국 침략전쟁이 국민당 정부의 통치력을 약화시키고, 경제를 파탄시켜 국민정부의 부패와 무능력을

22) 김준엽, "中國國民政府는 이렇게하여 沒落하였다(上)", 〈사상계〉, 22호(1955년 5월), pp. 185~229; "中國國民政府는 이렇게하여 沒落하였다(下)", 〈사상계〉, 23호(1955년 6월), pp. 223~246.

23) 1927년부터 1937년까지 국민정부 건국 10년간의 업적에 대해서는 김준엽, "中國國民政府는 이렇게하여 沒落하였다(上)", 〈사상계〉, 22호(1955년 5월), pp. 192~195; 그리고 대만에서의 업적에 대해서는 김준엽, "敗殘의 恥辱을 씻은 國府", 〈사상계〉, 143호(1965년 2월), pp. 169~174 참조.

조장했으며, 중국공산당을 비롯한 국민당정부의 반대세력들을 직접 또는 간접적으로 지원해 이들 반대세력을 강화시켜 주었다는 것이다. 결국 일본 제국주의 침략은 국민정부의 쇠약과 중국공산당의 강화를 초래했고, 이런 과정에서 미국의 정책실패와 소련의 중국공산당 지원정책 성공이란 부차적 요인이 국민정부의 몰락을 가속화시켰다는 것이다.

김준엽에 의하면 소련은 '파리는 북경을 돌아서'란 표어에서 알 수 있는 바와 같이 중국에서의 공산혁명의 중요성을 일찍 인식, 적극적으로 중국공산당을 지원했다는 것이다. 그러나 미국은 중국공산당에 대해 잘못된 인식을 가지고 있었고, 따라서 국공합작을 종용하여 중국공산당에게 오히려 유리한 국면을 조성해 주었으며, 국민정부를 지원하는 데 소극적으로 대응했다는 것이다. 이와 같은 미국과 소련의 정책차이가 국민정부의 몰락과 중국공산당의 승리를 만들어 낸 부차적 원인의 일부라는 것이다.

3) 중국공산당과 중화인민공화국, 공산주의 운동사에 대한 연구

앞에서 지적한 바와 같이 김준엽은 한인 독립운동 과정에서 민족주의와 공산주의의 갈등, 그리고 중국혁명과정에서 국민당과 공산당의 충돌을 체험하면서 공산주의의 실체를 알아야 한다는 강한 문제의식을 가지게 되었다. 그리고 이런 문제의식을 반영해 김준엽은 《한국공산주의운동사》 5권, 단행본 《중국공산당사》, 그리고 중공의 국가체제에 대한 연구논문 등을 발표하였다. 또한 1966년에는 그가 책임을 맡고 있던 고려대 아세아문제연구소 주최로 '아시아에 있어서의 공산주의문제'라는 주제의 대규모 국제학술회의를 개최하고, 이를 《중국의 장래: 아세아에 있어서의 공산주의》(범문사, 1967)로 편찬, 출판하기도 했고, 또 아시아에서 중국의 영향을 다각적으로 분석·소개한 논문집인 〈중공과 아시아〉(일조각, 1979)를 출간하기도 했다. 1979년에는 공산주의문제에 대한 국내 전문가들과 전문 연구기관을 중심으로 공산권문제를 체계적으로 연구할 수 있는 학술연구기관인 공산권연구협의회를 창설하고, 중국과 소련, 북한은 물론 세계 공산주의 운동에 대한 광범위한 연구활동을 조직하는 데 앞장서기도 하였다.

이런 김준엽의 공산주의 운동에 대한 연구활동 가운데 가장 뛰어난 학술적 업적은 김준엽과 김창순 공저로 출판된 총 5권의 《한국공산주의운동사》(1967~1976년, 고려대 출판부) 라고 할 수 있다. 이 책은 무엇보다도 제정 러시아, 중국 본토와 만주지역, 일본, 그리고 식민지 한반도에서 전개된 한국 공산주의 운동에 대한 방대한 자료를 본격적으로 발굴하고 정리하고, 이런 자료를 바탕으로 한국 공산주의 운동의 큰 흐름을 분석하고 해설한 것으로서 아마도 한국 공산주의 운동사에 대한 가장 종합적이고 체계적인 최초의 자료집이며 해설서라고 할 수 있다. 따라서 이 책이 동아일보사가 발표한 '현대 한국의 명저 100권'에 수록된 것은 당연하다고 할 수 있다.[24]

이처럼 《한국 공산주의 운동사》가 높이 평가되는 배경에는 누가 보더라도 관련자료 수집과 정리의 어려움을 인정할 수 있었고, 또 집필자들의 이념적 성향과 관련 없이 제시된 자료 그 자체가 대단히 학술적이고 객관적 가치를 가지고 있기 때문이었다. 그러나 김준엽의 《중국 공산당사》와 중공의 국가체제에 대한 연구업적들에 대한 평가는 이런 연구업적에 덧붙여진 냉전과 반공논리 때문에 왜곡되거나 과소평가되기도 하였다. 이를테면, 김준엽은 《중국공산당사》의 '저자의 말'에서 중국공산당을 인류의 평화를 위협하는 '괴물'이라고 표현하였고, 또 중국공산당이 민족주의와 민주주의를 지지하는 것 같은 '환상'을 경계해야 한다면서 중국공산당의 연합정부론이나 인민민주통일전선론은 모두 '프롤레타리

---

24) "현대한국의 명저 100권: 1945~1984년", 〈신동아〉, 1985년 1월호 별책 부록, 동아일보사, 1985, pp. 268~270.

아 독재'를 실현하기 위한 '트로이의 말(馬)'이라고 비판하였다.[25]

김준엽의 이런 반공적 표현이 모두 잘못된 것이라고 할 수는 없다. 앞에서 지적한 바와 같이 해석하기에 따라서는 중국 혁명과정에서 중국공산당의 전략과 전술이 책략이나 기만이라고 볼 수도 있기 때문이다. 그리고 김준엽의 이런 반공논리는 당시 '반공을 국시로 한' 엄혹한 시대적 상황을 고려하면 충분히 이해할 수 있다. 따지고 보면 이런 반공논리를 앞세우지 않고 중국 공산당사를 연구할 수 없는 여건이었고, 김준엽뿐만 아니라 당시의 공산권 연구자들은 모두 정도의 차이는 있을지 모르지만 반공논리를 강조하였다. 그러나 이런 반공논리의 '외피'를 벗겨내면 김준엽의 중국공산당사 연구나 중공 국가체제에 대한 연구가 가진 가치를 발견할 수 있다.

중국공산당의 역사와 중화인민공화국의 국가체제에 대한 정보가 거의 없는 당시 김준엽은 무엇보다도 중요한 문제의식을 제기하고, 중국과 홍콩, 대만 등에서 수집한 원자료와 미국과 일본 등에서 구입한 수준 높은 분석서를 바탕으로 나름대로 문제의식에 대한 해답을 모색한다. 여기서 그가 제기한 문제의식이란 일견 평범한 것 같으면서도 대단이 중요한 질문이었다. 그는 앞에서 지적한 《중국공산당사》의 '저자의 말' 첫머리에서 이런 의문을 직접 제기하였다.

> 1921년 7월 상해 불조계에서 12명이 모여 조직한 중국공산당은 오늘날 1,200만 명의 당원을 가지고 중국 대륙을 통치하고 있다"면서 "어찌하여 그들은 이처럼 커다란 괴물로 성장할 수 있었는가? 국민당이 부패하여 중국의 인민이 정말로 중공을 지지했기 때문인가? 그들의 대륙제패와 소련의 음모, 일본군국주의들의 중국침략 및 미국의 대화 정책과는 어느 정도의 관련이 있을 것인가?"

25) 김준엽, 《중국공산당사》, 사상계사, 1958, pp. 5~6.

여기서 우리는 김준엽의 주요 연구작업을 관통하는 동일한 문제의식을 발견하게 된다. 앞에서 소개한 '왜 국민정부는 몰락했나'란 문제의식은 '왜 중국공산당은 거대한 괴물로 성장할 수 있었는가'란 문제의식과 동전의 앞뒤와 같은 관계를 가지는 동일한 문제라고 할 수 있다는 것이다. 이런 문제는 당시에도 그랬지만, 지금도 대단히 중요한 문제의식이라고 하지 않을 수 없다.[26)]

물론 이런 문제의식에 대한 김준엽의 해답이 지금도 유효하다는 것은 아니다. 오히려 김준엽의 당시의 해답보다 더 중요한 것은 그가 말한 중국공산당과 중화인민국화국의 실체에 대한 진상을 밝혀내려고 했다는 점이다. 사실, 김준엽은 당시의 여건에서는 구하기 어려운 풍부한 자료를 바탕으로 1921년 중국공산당 창당 이후 1949년 대륙제패 당시까지의 중국공산당의 역동적인 역사를 간결하면서도 흥미롭게 분석·정리·소개했다. 그리고 중화인민공화국의 국가체제에 대해서도 1957년에 〈사상계〉에 장문의 논문을 발표하고 당시로는 잘 알려지지 않았던 중국공산당의 조직체제와 중화인민공화국의 국가체제를 비교적 정확하게 소개하였다.[27)]

26) 이런 문제의식, 즉 왜 중국혁명과정에서 국민당이 아니라 중국공산당이 최후의 승자가 될 수 있었는가에 대해 필자 나름대로 중국공산당의 혁명노선과 전략전술을 분석한 것으로는 서진영, 《중국혁명사》, 한울, 1992년/2002년 참조.

27) 중국공산당의 조직체제와 중화인민공화국의 국가체제에 대한 김준엽의 논문으로는 "중공 국가체제의 성립", 〈사상계〉, 50호(1957년 9월), "중공의 인민지배기구(상)", 〈사상계〉, 52호(1957년 11월), "중공의 인민지배기구(하)", 〈사상계〉, 53호(1957년 12월) 참조.

4) 김준엽의 한반도 통일론

앞에서도 지적한 바와 같이 김준엽은 '우리 시대 제일 큰 사명은 통일'이라면서 1970년에는 한국 통일문제에 대한 대규모 국제회의를 개최하기도 하였다. 김준엽은 이 국제회의 개막사에서 '분단된 국가를 전쟁이 아닌 평화적 수단에 의하여 재통합시키는 문제는 여러 학문분야 사이의 상호협동을 요하는 정책과학의 연구대상'이라고 주장하면서 한반도의 분단과 통일과정에 대한 다각적인 분석과 연구의 필요성을 역설하였다.[28]

김준엽에 의하면 한반도 분단은 여러모로 다른 분단국가와 다른 특수성을 가지고 있다고 한다. 2차 세계대전 당시 한국은 일본의 식민지였기 때문에 참전국이 될 수는 없었지만, 그러나 한국이 패전국도 아닌데도 불구하고 일본의 패망과 더불어 해방과 독립과정에서 미국과 소련 두 강대국에 의하여 무력으로 분할됨으로써 국토분단의 불행을 겪게 되었다는 점에서 패전국 독일의 분할과 구별된다는 것이다.[29]

이처럼 한국의 분단이 내적 요인에 기인했다기보다는 타율적으로 강요된 것이기는 하지만, '한반도의 분단은 우리 민족의 눈물겨운 고난과 동족상잔의 비극을 낳고야 말았다'고 개탄하였다. 김준엽은 한반도의 분단이 '원래부터 한민족의 문화적 경제적 현실에 불합리한 … 타율적 현상'이기 때문에 '분단을 감수할 수 없고', 반드시 통일을 이룩해야 하지만 '우리들이 처한 현실이 너무나도 가혹하다'고 하면서 통일문제에 대한 냉정하면서도 다각적인 접근을 강조하였다.[30]

김준엽에게 있어 '한국의 통일은 민족국가로서의 한국의 완성'을 뜻하며, '근대적 의미에 있어서의 세계사의 참여를 위한 전제조건'이라는 것이다. 따라서 통일은 반드시 이루어내야 할 시대적 과제이지만, 그렇다

28) 김준엽, 《남북통일문제와 그 주변》, 일조각, 1979, p. 71.

29) 위의 책, p. 72.

30) 위의 책, pp. 80~81.

고 "무조건의 통일이란 생각할 수 없으며, 그것은 어디까지나 구체적인 정치사상에 입각한 이상적 사회관의 실현화를 위한 노력과 분리할 수 없다"고 지적하였다.[31] 그렇다면 김준엽이 생각하는 이상적 사회관이란 어떤 것이며, 어떤 통일을 염두에 두고 있는 것인가. 이런 질문에 대해 김준엽이 직답을 하고 있지 않지만, 김준엽에게 있어 통일은 북한식 사회주의에 입각한 통일도 수용할 수 없는 것이지만, 동시에 단순한 반공주의에 입각한 통일도 바람직한 것이 아니란 점을 분명히 하면서 '한국의 통일은 평화와 자유, 그리고 인간의 존엄성을 존중하는 원칙에 입각하여 달성되어야 한다'고 주장한다.

그런데 이와 같은 한국의 통일을 현실화하기 위해서는 몇 가지 주요한 장애요소들을 극복해야 한다면서 첫째로, 북한의 도발을 억제하고 북한이 평화적 통일과정에 참여할 수 있도록 유도하기 위해서 올바른 대북정책을 구사해야 하는데, 그렇게 하기 위해서는 북한에 대한 종합적 연구와 이해가 필요하다고 강조한다. 그리고 둘째로 한반도 통일을 저해하거나 방해하는 국제정세에 대한 냉정한 분석과 이해가 필요하며, 셋째로, 통일을 주도해 갈 수 있는 우리의 국가적 능력과 이익에 대한 조사와 연구가 전제되지 않으면 안 된다고 주장한다.[32]

이런 통일의 전제조건과 장애요소들을 고려하면 현실에서 한국의 통일을 이룩한다는 것이 '날로 힘들어진다는 느낌을 갖지 않을 수 없다'고 하면서도 김준엽은 역사란 예측하기 어려운 가능성의 연속이며, "그러한 까닭에 역사란 또한 인간 자유의 '터'라 할 것이며 … 이것이 바로 아무리 어려운 역경 속에서도 패배주의적 비관론을 받아들일 수 없는" 이유라고 강변하면서 "통일의 가능성에 절망을 느낄지라도 … 통일에 관한 연구와 그 해결책을 모색하기 위한 토의의 필요성"을 강조해야 한다고 주장한다.[33]

31) 위의 책, p. 96.

32) 위의 책, pp. 86~90.

33) 위의 책, p. 91.

4. 세대와 전공을 뛰어넘은 사회과학자

김준엽은 1955년 대만에서의 연구생활을 끝내고 귀국한 이후 고려대 사학과 교수로 근무하면서 그가 평소에 관심을 가졌던 문제들, 즉 중국과 아시아의 근대화과정, 국민정부의 몰락배경, 중국공산당과 공산주의 운동사, 그리고 한국 통일론에 대한 연구결과를 단행본과 논문의 형태로 잇달아 발표했다. 대체로 1950년대 후반부터 1960년대에 걸쳐서 이런 연구업적을 발표했고, 당시에는 날카로운 문제의식을 가진 젊은 연구자로 독자들의 주목의 대상이 되기도 하였다. 그러나 앞에서 지적한 바와 같이 편협한 전공구분의 편견 때문에, 그리고 후속연구가 계속되지 않았기 때문에 김준엽의 학문적 성과가 제대로 평가받지 못했고, 또한 탈냉전시대에는 김준엽의 연구업적에 있어서 외피라고 할 수 있는 반공과 냉전논리 때문에 왜곡되는 경우도 있었다.

그러나 이런 한계와 문제점에도 불구하고 김준엽의 연구업적은 지금도 유의미한 점이 많다. 우선 첫째로 그가 제기한 문제의식은 아직도 학계에서 활발하게 논의되고 있는 문제라는 점에서 김준엽의 학문적 안목은 주목받을 만하다. 왜 중국과 아시아는 내부적 힘으로 근대사회로 이행하지 못했는가. 왜 중국과 한국은 근대화과정에서 실패한 것에 비하여 일본은 위로부터의 근대화에 성공할 수 있었는가. 왜 국민당 정부는 몰락했고 중국공산당은 승리할 수 있었는가. 어떻게 중국공산주의 정권은 작동하고 있으며, 왜 중화인민공화국은 인민대중들의 지원을 이끌어낼 수 있었는가. 그리고 한반도 분단과 통일문제의 특징은 무엇이며, 어떤 통일을 추구해야 하며, 통일을 달성하는 과정에서 우리가 직면하게 될 통일의 장애요인은 무엇이고, 통일을 대비하기 위해 우리가 해야 할 일은 무엇인가.

이와 같이 김준엽은 학문적으로나 현실적으로 대단히 중요하고도 흥미로운 질문들을 제기하면서 나름대로의 방식으로 가설을 제시하고 자신의 주장과 이론을 개진한다. 사실, 이런 질문들에 대한 김준엽의 해답에 대해서는 필자도 모두 동의하는 것은 아니다. 어떤 면에서 필자는 김준엽과 의견을 달리하는 부분도 있다. 이를테면 중국의 전통사회가 정체된 이유와 배경에 대해 설명하면서 지나치게 외래 유목민족의 정복왕조에게 그 책임을 묻는 것, 아시아의 근대화 과정을 서구적 개념에서 파악하고 있는 점, 그리고 국민정부의 몰락을 초래한 국민정부의 부패와 무능까지도 일본 제국주의 침략전쟁의 탓이라고 비판한 점에 대해서는 필자는 김준엽과 의견을 약간 달리한다.

그러나 그가 유의미한 질문에 대해 어떤 해답을 제시했는가보다 더 중요한 것은 질문에 대한 해답을 찾아가는 과정에서 김준엽이 보여준 사회과학적 안목과 접근방식이라고 할 수 있다. 김준엽의 《중국최근세사》에서 잘 나타나는 바와 같이 김준엽은 아편전쟁과 같은 특정한 시기의 특정한 사건들을 개별적, 단편적으로 파악하는 것이 아니라 세계적 맥락에서 접근하면서 여러 가지 사건들의 상호 유기적인 관계를 분석함으로써 세계체제론적 관점을 보여주고 있다. 또한 중국의 근대화 과정이나 국민정부의 몰락과 같은 역사적 사건을 설명하는 과정에서 가설을 제시하고 증거에 입각해 자신의 논리를 제시하는 정통적인 사회과학적 접근방식을 실천하고 있다는 점에서 김준엽은 다른 1세대 전문가들보다도 앞서 가고 있었다고 할 수 있다.

필자는 해방 이후 한국에서 현대중국 정치연구의 발전과정을 세대론적 관점에서 분석했다. 그 논문에서 필자는 현대중국 연구의 개척세대인 1세대의 특징을 전통적인 문헌해석의 방식에 따라 중국 연구를 추진했다고 지적했고, 2세대는 미국과 유럽 등의 유학을 통해 배운 사회과학적 분석방식을 중국연구에 적용했다는 점에서 특징이 있다면, 1992년 한중 수교 이후 중국에 직접 유학할 수 있고, 또 현장학습을 수행할 수 있는 3세대는 중국에 대한 내재적 이해를 바탕으로 중국연구를 심화 발

전시킬 수 있었다고 지적한 바가 있다.[34)]

이런 세대론적 시각에서 본다면 김준엽은 세대와 전공의 한계를 뛰어넘는 석학의 잠재력을 가지고 있었다고 할 수 있다. 왜냐하면 김준엽은 1세대 연구자들의 강점이라고 할 수 있는 전통적 문헌해설에도 익숙했지만, 동시에 2세대의 강점인 사회과학적 접근방식을 활용해 현대 중국역사에 대한 연구를 사회과학 분야로까지 확장시켰기 때문이며, 그리고 9년 여의 중국에서의 역동적인 체류경험을 통해 김준엽의 중국과 중국인에 대한 내재적 이해의 폭은 중국에서 유학한 3세대 연구자들보다도 더 넓고 깊었기 때문이다.

34) 서진영, "건국이후 한국의 현대중국(정치) 연구: 주제와 동향", 〈한국의 학술연구: 정치학 · 사회학〉, 인문 · 사회과학편 9집, 대한민국 학술원, 2008, pp. 261~292.

중국의 시각에서 본 한반도 통일문제

왕 성(王 生)*

1. 한반도 통일의 역사적 필연과 시대의 흐름

일찍이 여러 차례의 분열이 있었지만, 역사상 조선은 통일된 하나의 봉건국가였다. 676년 신라의 한반도 통일 후 한반도는 기본적으로 하나의 통일된 모습을 나타낸다. 918년 6월에 왕건은 한반도에 고려왕조를 세워 그 통치가 14세기 말까지 474년 동안 이어지며. 1392년 이성계가 건립한 조선왕조는 1910년 일제 강점기까지 518년 동안 이어진다. 1910~1945년은 조선의 일제 강점기이며, 동시에 조선국민의 민족독립 투쟁 시기이다. 1945~1948년은 한반도가 남과 북, 두 개의 국가로 나뉘는 시기이다. 한반도의 분열은 국민들의 의사와 전혀 상관없이 외세에 의해 강제로 분단된 것이기 때문에, 한반도 통일은 역사적인 흐름이라고 볼 수 있다. 한반도의 자연적·지리적 통일성과 남북의 경제적 상호보완성, 민족의 단일성, 통일된 민족가치관의 숭상, 굴곡의 역사를 겪으

* 길림대학교 행정학부 국제정치학과 교수, 한국 사회과학원 객원연구위원(현).
길림성 선전부 선정 시사평론전문가, 길림성 정치학회 이사 역임.
주요 저서: 《中日关系史》.

며 강해진 민족위기감과 응집력, 이 모두는 새로운 한반도의 통일을 향한 원동력이다.

냉전종결 후 세계는 평화와 발전의 조류를 형성한다. 2차 대전 이후, 냉전으로 분열된 민족국가들이 연이어 통일을 한다. 1990년 5월, 예멘은 분열되었던 양측의 주도하에 '일체화' 방식을 통해 통일을 실현한다. 1990년 10월 독일은 '점진적'으로 평화흡수통일을 실현한다. 서독은 강대한 경제적 우위(1조 마르크 투자) 및 기타 우세한 여건으로 동독을 '흡수통일'했다. 전후 초기에 국가 정치환경의 변화, 이데올로기의 대립 및 민족종교의 불일치 등 국내 요인들로 인하여 국가와 지역이 분열되었던 국가들 가운데, 아직까지 통일되지 않은 국가는 한반도와 중국대륙과 대만뿐이다.

세계화의 물결과 지역경제 일체화 속에, 부강한 국가를 만들기 위해 민족통일은 모든 국가가 추구하는 최고의 목표이다. 이미 냉전이 종결된 지 20년, 냉전이 남긴 '역사의 유물'은 철저히 정리되어야 할 것이다. 이렇듯 한반도의 통일 역시 역사의 숙명이자 시대의 흐름이다.

2. 중국정부의 한반도 통일정책과 입장

1) 중국정부의 일관된 정책

일찍이 1954년 4월 26일 조선문제에 대해 토론하는 제네바 국제회의에서 중국의 주은래 외무장관은 조선문제의 평화적 해결이라는 중국정부의 원칙적 입장에 대해 여러 번의 담화문을 통해 밝혔다. 한반도의 평화통일은 한반도 국민들의 일이며, 중국정부는 북한정부 대표단 남일(南日) 외무부장관이 제기한 "한반도의 통일과 한반도 전체의 자유선거 방안" 중 3가지 건의[1]를 전적으로 지지한다고 성명했으며, 한반도 전체에서 외부의 간섭을 받지 않은 자유선거를 실시하기 위해서는 모든 외국 군대는 반드시 한반도에서 철수해야 한다고 주장했다.[2] 중국정부는 미국과 한국의 주장대로 UN군 감독 아래 선거를 진행하고, 이를 통해 통일하는 것을 강력히 반대하였다.[3] 중국은 "UN은 한국전쟁의 교전국이기 때문에 이미 한반도 문제를 공정하게 처리할 수 있는 공평성을 잃었다"[4] 고 주장했다. 따라서 중국정부는 "조선위원회의 협조를 받아 조선 선거법에 근거하여 외국의 간섭을 받지 않는 조건으로 선거를 실시하며, 중립국위원회를 설립, 한반도에서의 선거진행을 감찰할 것"[5] 을 건의했다. 회의에 참석한 양측은 한반도 통일에서 UN이 미치는 영향, 외국군대의 철수 등의 결정적인 문제에 대해 의견의 불일치와 날카롭게 대립하며 제네바회의에서 사실상 어떠한 진전도 이루지 못하였다. 1960년 8월 15일, 북한지도자 김일성은 평화통일에 관해 다음과 같은 방안을 제시한다. 외국이 간섭하지 않는 상황에서, 민주적 기초 위에 자유롭게 남북 대통령 선거를 실시하는 것이 평화통일의 가장 합리적이며 현실적인 방법이다. 또한 남북조선 연방제 건립을 주장하는 것은 통일의 과도기적 조치로, 이로써 각자의 정치제도와 독립적 활동을 보호하기 위함이다. 최고민족위원회를 구성하여, 경제와 문화발전을 위해 협력한다.

중국 정부는 이 통일정책을 굳게 지지한다고 표명하며 다음 성명을 발표한다. "조선 국민의 평화통일 염원을 하루빨리 이루기 위하여 미국 침

---

1) 《当代中国外交》, 中国社会科学出版社, 1987, p. 51.

2) 1954년 4월 28일 제네바회의에서 주은래 외무부 장관의 발언. 刘金质、杨淮生主编, 《中国对朝鲜和韩国政策文件汇编(1949~1994)》, 中国社会科学出版社, 1994, p. 722.

3) 《当代中国外交》, 中国社会科学出版社, 1987, pp. 51~52.

4) 1954년 5월 12일 제네바회의에서 주은래 외무부 장관의 발언. 刘金质、杨淮生主编, 앞의 책, 1994, p. 738.

5) 1954년 5월 12일 제네바회의에서 주은래 외무부 장관의 발언. 위의 책, p. 739.

략군은 반드시 조선 남부에서 철수하며, 미국은 UN의 이름이나 기타 어떠한 방식을 도용하여 한반도문제에 간섭하는 것을 중지해야 한다."[6]

1961년 7월 11일, 당시 중국 총리 주은래와 김일성 수상은 각자의 국가를 대표하여 《중국-북한 우호협력상호조약》(中朝友好合作互助条约)에 서명하며, 그 조약에 따라 정식으로 중국과 북한 양국 사이의 군사적 동맹의무를 세운다. 그 두 번째 조항에 따르면, 조약을 체결한 양측은 다른 모든 국가의 조약체결국에 대한 공격을 예방하며, 조약체결국이 어떤 국가의 공격을 받아 전쟁상태에 진입하면 다른 한쪽이 보유한 각종 수단을 사용하여 군사원조를 제공한다. 이 조항은 군사동맹 조약의 가장 표준적인 조항이며, 이밖에 양측은 공동으로 모든 지역의 안전을 보장해야 하는 것을 규정한다. 동시에 이 조약은 중국·북한 양국의 이익에 관련된 모든 중대사항과 한반도의 통일문제에 관하여 협상의 의무를 가지며, 양국 모두 한반도 통일은 반드시 평화·민주적인 기초 위에서 진행되어야 하는 것을 인정한다. 때문에 이 동맹조약은 한반도 통일을 선결조건으로 하며, 이 조약을 통해 중국은 한반도 통일사업에 상당한 발언권을 가지고, 특히 조약 정신에 위반되는 외래 무력통일에 대해 중국은 군사개입의 권리를 가진다.[7] 이것이 중국의 한반도 통일문제에 대한 중국의 명확한 입장이다.

1970년대, 국제정세의 변화에 따라 특히 중미관계가 개선되고, 미국이 부분적으로 주한미군을 철수하고 동북아 정세가 완화되면서 한반도 남북 사이의 긴장관계도 여유가 생기기 시작하였다. 남북한 대화도 새로운 통일방식을 모색하는 것으로 바뀌며, 쌍방의 통일문제에 대한 공통된 의견도 점차 증가한다. 1972년 7월 4일 〈남북공동성명〉을 발표하여, "자주, 평화, 민족대단결"의 조국통일 3대 기본원칙을 제안하고, 함께 동

6) 위의 책, pp. 1248~1249.

7) 위의 책, pp. 1279~1280.

의한 기초 위에서 한반도 통일문제를 해결한다고 선언했다.[8] 남북관계의 진전으로 인해 냉전 이데올로기 또한 중한 사이에서 날로 완화되었고, 1973년 6월 23일, 박정희는 "평화통일 외교정책 관련 특별성명"을 발표한다. 성명 내용은 "호혜 · 평등"의 원칙 아래 한국은 소련과 중국을 포함한 모든 국가에 문호 개방정책을 시행한다는 것이었다. 1980년대 들어 한국은 더욱 적극적인 북방외교를 추진하며, 중국과의 관계개선을 모색한다. 중국 역시 개혁개방의 발걸음을 가속하여, 한국을 포함한 주변국들과의 관계개선을 중시한다. 이와 동시에 점차 외교에 대한 사고방식을 바꾸어, 한반도 정책에 대한 조정을 시작한다. 북한을 지지한 평화통일의 정책 아래에서 융통성 있는 전략을 채택한다. 되도록 한국과 여유 있고 개선된 관계를 유지하며, 남북 쌍방의 발전을 모색하였다. 1980년 10월 10일 김일성은 "고려 민주공화국 방안"을 제기한다. 그 방안은 남북 쌍방이 서로 상대방 정부의 존재를 인정하며 사상과 제도의 기초를 승인하는 것을 규정하고, 양측은 동등한 자격으로 참가해 정부를 설립하여, 고려민주연방공화국이라는 중립국을 세운다는 것이었다. 이 방안에는 또한 미래공화국의 10가지 시정방침을 설계하였다. 중국은 이 방안에 "찬성과 단호한 지지"를 표명하였다.[9] 1984년 5월 호요방 총서기는 북한을 방문하고 돌아온 후 다음과 같은 성명을 발표한다. "우리는 김일성 동지와 조선노동당의 주장을 완전히 찬성한다. 최종목표는 자주 평화 통일이고, 연방제 통일의 형식을 채택, 협상을 통하여 실현한다."[10]

1986년 12월 30일, 김일성은 제 8차 최고인민회의의 첫 번째 회의에

---

8) *A White Paper on South North Dialogue in Korea*, National Unification Board, 1988, pp. 55~56.

9) 1980년 11월 23일, 华国锋주석이 조선노동당 대표단을 회견했다. 刘金质、杨淮生主编, 앞의 책, p. 2301.

10) 1984년 5월 12일, 胡耀邦 총서기가 〈신화사〉 기자단에게 대답했다. 위의 책, p. 2421.

서 남북 정치·군사회의를 갖자고 제안한다. 남북 쌍방의 합작교류를 실현하여, 무장군대를 삭감하는 것을 협상하고, 군비경쟁을 중지하며, 군사분계선 비무장지역을 평화구역으로 지정하고, 대규모 군사훈련을 중지하는 것 등이 그 목적이다. 중국 외교부 대변인은 "남북 간의 대화 회복과, 한반도 정세완화를 위한 또 하나의 중대한 노력이 나왔다. 우리는 이 건의에 대해 적극적인 지지를 보낸다"[11] 고 발표하였다. 한국은 노태우 대통령이 집권한 이후 "연방제"(联邦制) 와 서로 대응한 "방연제"(邦联制) 의 통일방안을 제시한다. "하나의 민족, 두 개의 국가, 두 개의 제도, 두 개의 정부"의 한민족 공동체를 세우는 것을 주장하며, 중국정부도 한반도 남북 쌍방의 자주, 평화통일, 민족대단결 달성의 이 방침을 찬성하였다.

1991년 9월 17일 UN의 제 46회 안전보장이사회의 추천을 거친 북한과 한국의 UN 회원국 가입신청은 동의를 얻어 남북한은 동시에 UN 정식 회원국이 된다. 이것에 대해 〈인민일보〉 9월 20일자는 "한반도의 평화와 안정에 유리한 결정"이라는 짧은 논평을 발표했다. "UN은 남북한을 동시에 회원국으로 받아들였다. 이것은 한반도의 평화와 안정에 유리한 결정이며, 조선의 자주 평화 통일에 대한 중대한 의의를 가지고 있으며, 이에 대해 중국인민은 열렬한 환영을 표한다."[12]

9월 25일, 중국의 UN 총회 대표단 단장 전기침(钱其琛) 은 총회에서 다음과 같이 발언한다. "우리는 남북이 지속된 대화를 통해 협상하여 관계를 개선하기 바란다", "최종적으로 자주 평화 통일을 실현하기 바란다."[13] 1992년 8월 24일 중한 양국은 여러 어려움을 극복하고 선견지명을 발휘해 과감하게 정식 외교관계를 맺는다. 한국 대통령 노태우는 수

---

11) 1988년 1월 12일, 중국외교부 대변인이 남북 고위급 정치군사회담에 대한 건의를 지지하는 발표를 했다. 위의 책, p. 2491.

12) 위의 책, pp. 2591～2592.

13) 위의 책, p. 2592.

교 서명 당일 특별성명을 발표 한다. “한중 수교는 한반도 통일에 큰 공헌을 할 것이며, 이것은 한반도의 평화통일을 촉진시키고 나아가 동북아의 번영과 안정을 실현하는 거대한 진전을 이룰 것이다.”14)

1993년 한국의 김영삼 대통령은 “연방제” 방안의 기초 위에 민주주의를 존중하며, 공존·공영 정신을 발휘하여, 민족번영 3원칙에 기초한 “화해와 협력”, “남북연합”, “하나의 국가 하나의 정부”라는 3단계 통일 방안을 만든다.15) 또한 임기 안에 명확하게 화해·협력단계를 실현할 것을 제안하여, 남북이 연합단계로 진입하는 것을 준비한다.

1994년 6월, 김일성과 김영삼은 정상회담을 거행하는 것에 동의하여, 한반도 통일을 위한 새로운 서광이 비친다. 그러나 김일성 주석의 사망 후, 한반도 통일사업은 큰 좌절을 겪는다. 1992년에 첫 번째 북핵위기가 발생하고, 북한이 핵 확산 방지조약의 탈퇴하자 미국은 북한에 대해 군사공격을 감행하기로 결정한다. 전쟁은 일촉즉발의 상황이었다. 3월 26일 김영삼 대통령은 5일간의 중국 방문을 통하여 중국 지도자와 한반도의 핵 위기에 대한 처리방법과 협상을 위한 대화 등 원칙적 문제에 대해 중요한 양해를 얻는다. 김영삼 대통령은 클린턴 대통령이 전화를 걸어오자, 나는 대통령으로서 북핵위기로 일어난 전쟁에 대해서는 한 명의 병사도 내놓지 않을 것이며 협력하지 않겠다고 말한다.

이로써 협상과 담판을 통해 ‘제네바협의’에 서명하고, 제 1차 북핵위기를 해결한다. 1995년 11월 13일, 중국 국가주석 강택민(江泽民)은 한국에 대한 공식방문을 진행하기 시작한다. 이에 대해 〈인민일보〉 사설을 통해 강조해서 발표한다. “평화와 안정을 보호하는 것은 중국의 한반도문제 처리의 기본준칙”, “우방으로서 우리는 진실하게 한반도의 정세

---

14) 〈人民日报〉, 1992. 8. 25.

15) “Office of the South-North Dialogue”, *South-North Dialogue in Korea*, No. 58(1993. 10), Nation Unification Board; 陈峰君, 《冷战后亚太国际关系》, 新华出版社, 1997, p. 3471에서 재인용.

가 한층 완화되기를 바란다. 남북은 대화와 접촉을 통해 점차 신뢰를 강화하고, 관계를 개선하여, 최종적으로 민족화해와 국가의 자주 평화 통일을 실현하기를 바란다."[16]

1996년 4월 16일, 클린턴과 김영삼 대통령은 공동성명을 발표한다. "되도록 빨리 한국, 북한, 미국, 중국 대표가 참석하는 4자회담을 진행한다. 목적은 평화를 위한 한걸음의 진전을 달성하는 것이다."[17] 1997년 6월 30일, 공동성명을 발표하는데, 예비회의라 할 수 있는 4자회담이 1997년 8월 5일 뉴욕에서 열린다는 것이었다. 이에 대해 중국 외교부 대변인은 1997년 7월 2일 담화를 발표한다. 한반도의 평화와 안정을 보호하는 것은 중국의 한반도문제 처리를 위한 일관된 기본원칙이었다고 하면서 이 원칙에서 출발하여, "우리는 한반도 평화시스템을 구축하는 것을 찬성한다. 그리고 4자회담에 대해 적극적으로 지지한다"고 발표했다. 한국전쟁의 정전협정을 조인국이자 한반도의 주변국으로서, 중국은 4자회담에 참가하는 것에 동의하며, 관련국가와 협력을 유지했다.

중국은 한반도의 평화시스템을 세우는 과정에 건설적인 역할을 하기를 희망하며, 회담을 통해 한반도의 장기적 평화와 안정을 만들어내는 성과를 얻기 바랐다.[18] 따라서 4자회담에서 중국은 한반도의 평화와 안정을 고수하는 것을 일관되게 주장한다. 한반도의 화해실현을 지지하고, 북미관계가 단절되지 않고 개선되기를 원하였고, 각국이 성실한 협상을 통해 하루 빨리 한반도의 평화구도를 건립하기를 희망하였다.

1998년 2월 집권한 김대중 대통령은 그가 재야시절 제시한 3단계 통일의 공화국 방안을 다시 제기한다. 그 첫 번째 단계는 하나의 연합조직을 구성하고, 두 개의 독립정부를 유지한다. 두 번째 단계는 한 개의 연방, 두 개의 자치정부를 구성하는 것이다. 마지막 단계가 한 국가, 하나의

16) 〈人民日报〉, 1995. 11. 18.

17) *South-North Dialogue in Korea*, No. 64 (1996. 12), pp. 6~7.

18) 〈人民日报〉, 1997. 7. 3.

정부를 수립하는 것이다. 그리고 북쪽에 '수혈'을 하는 '햇볕정책'을 시작으로 남북교류와 협력에 새 국면이 나타난다. 2000년 4월 10일, 남북한은 동시에 김대중 대통령이 6월 12~14일에 일정으로 평양을 방문할 것이라고 발표한다. 즉, 분단 이후 최초의 남북정상회담이 거행되는 것이었다. 다음날, 중국 외교부는 다음과 같은 성명을 발표한다. "남북한 정상회담과 양측의 공동선언 발표는 역사적 의의를 가지는 중대사건으로, 한반도의 평화와 안정에 귀중한 공헌을 한다."[19] 남북정상회담을 앞둔 5월 29일, 김정일이 비공식으로 중국을 방문, 중국 지도자와 양국 관계 및 한반도의 정세 등의 문제에 대해 협의하였다. 한국 정부는 이 방문의 영향으로 남북한 정상회담에 '푸른 신호'가 켜졌다고 여겼다.[20] 중국 국가주석 강택민은 6월 15일 각각 김정일과 김대중에게 남북한 정상회담의 원만한 성공을 축하하는 내용의 편지를 보낸다. 김대중에게 보낸 편지에서 이번 회담으로 양측 사이의 상호이해와 신임이 증진할 것으로 믿으며, 양측의 각 분야에서 교류와 협력을 촉진시켜, 최종적으로 한반도의 자주 평화 통일을 실천하는 원만한 시작을 열어 달라고 강조한다.[21]

2001년 미국의 부시 대통령 집권 후, 미국은 대북정책을 완전히 바꾼다. 주요한 강경책 중 하나는 북한을 악의 축으로 규정하고, 7개의 핵 공격 대상국으로 지정한다. 이러한 상황에서 2003년 1월 10일 북한은 다시 핵무기 확산금지조약에서 탈퇴한다고 선포한다. 제 2차 북핵위기가 다시 고조되며 한반도의 긴장정세가 다시 한 번 찾아온다. 이와 같은 상황에서 동북아지역의 평화와 안전을 지키기 위해서 국제사회와 중국이 적극적으로 3자회담과 6자회담을 진행한다. 당시 한국 노무현 정부와 중국은 힘을 합하여 미국이 "9·19 공동성명"을 체결하도록 강요한다. 이는 '공약 대 공약, 행동 대 행동' 원칙에 입각해 상호 조율된 조치를 취할 것

19) 新华社东京2000年6月20日文电.

20) 新华社东京2000年6月20日文电.

21) 〈人民日报〉, 2000. 6. 17.

을 합의한 6자회담의 실효성이 드러난 중요한 기념비적 사건이라 할 수 있다.

특히 북한의 핵 실험 성공 이후, 북한이 무력행사를 주장하는 상황 속에 2006년 노무현 대통령이 중국을 방문하여 양국관계와 북핵문제에 대하여 호금도(胡锦涛) 주석과 회담한다. 양측은 이 문제에 대하여 평화적으로 해결해야 한다는 데 동의하고, 더 이상 좋지 않은 방향으로 발전하는 것을 막아야 한다고 합의한다. 다시 말해 중한 정상회담은 한반도 위기를 해결하기 위해 미국, 일본 등 서방국가들이 무력적으로 북한의 핵 실험 문제를 해결하려는 의도를 저지한 것이다. 중한 양국의 적극적인 노력으로 북한은 다시 대화를 위한 탁자로 돌아가겠다고 선포한다. 2006년 10월 31일 북한은 1년간의 핵 대치국면의 종결을 희망한다고 표명하고, 6자회담을 복귀하는 것에 동의한다.[22] 2007년 8월 8일 조선중앙통신은 북한 최고지도자 김정일과 한국 대통령 노무현이 8월 28~30일에 평양에서 한반도 제 2차 정상회담을 거행할 것이라고 발표했다. 중국은 외교부 대변인 류건초(刘建超)를 통해 남북정상회담 소식이 공포된 지 4시간 만에 외교부 웹사이트에 다음과 같은 성명을 발표한다. "중국은 모든 한반도와 동북아의 평화정착에 유리한 일들을 지지한다. 한반도의 가까운 이웃으로서, 중국은 항상 한반도 양측이 대화를 통해 관계를 개선하는 것을 지지한다. 이것은 한반도의 7천만 국민의 근본적 이익과 부합하며, 이 지역의 평화와 안정에 유리한 작용을 한다."[23]

노무현 대통령은 2007년 10월 2일부터 4일까지 '38선'을 넘어 김정일과 정상회담을 거행한다. 정상회담을 통해 "6·15 공동선언"의 정신을 다시 확인하고, 남북관계의 발전과 한반도 평화 및 민족 공동통일과 번

22) 王生, "东北亚和平与中韩协调合作", 〈当代韩国〉, 2009, 가을.

23) "外交部发言人就朝鲜半岛第二次南北首脑会晤发表谈话", http://news.xinhuanet.com/newscenter/2007-08/08/content_6494342.htm(검색일: 2012.4.6.)

영 등 여러 가지 문제에 대해 진심을 털어놓고 협상한다. 양측은 오직 한 민족의 염원과 힘을 응집하는 것만이 민족번영과 시대창조, 자주통일의 새 시대를 열수 있다고 확신한다. 양측은 "6 · 15 공동선언"의 기초 위에서 "남북한 관계발전과 평화번영 선언"을 체결한다.

2008년 2월 25일, 이명박 정부 집권 후의 남북관계는 김대중, 노무현 정부의 시기와 비교하면 큰 차이가 있다. 근본원인은 바로 새 정부가 이전 정부가 유지하던 대북 온건정책인 '친북정책'을 버리고 강경한 '실용주의' 대북정책을 추진하고 있기 때문이다. 이로 인해 남북한 정부 사이의 교류가 거의 중단되고, 10년 전 냉전시대의 원점으로 되돌아갔다. 2010년 '천안함 사건'과 연이은 '연평도 포격사건' 발생을 계기로 한국의 대북정책은 날로 강경해졌다. 더 이상의 악화를 막기 위해 중국은 줄곧 서로 냉정하게 자제할 것을 요청하며 일관되게 한반도 문제는 평화와 대화의 방식을 통해 해결해야 한다고 강조하였다.

2010년 12월 29일, 한국의 이명박 대통령은 다음 해에 한반도 통일을 위한 새로운 준비를 하겠다고 발표한다. 한국 통일부는 새해 업무보고에서 2011년을 "통일준비의 원년"이라고 선언한다.

한국 〈조선일보〉에 의하면, 이것은 한국 정부의 대북정책의 기본방향이 현재의 '안정과 협력 교류유지' 정책에서 '흡수통일의 준비' 정책으로 전환되는 것을 의미한다. 이런 논의에 대해, 중국외교부는 12월 30일 거행된 외교부 정례 기자회견에서, 외교부 대변인 강유(姜瑜)를 통해 "우리는 이명박 대통령의 한반도 남북관계 담화를 주의 깊게 들었다. 중국은 일관된 입장으로 남북 쌍방이 대화와 협상을 통해 문제를 해결하고 관계를 개선하여, 화해와 협력을 실현할 것을 주장한다. 대화만이 한반도 관련문제의 해결과 한반도의 장기적 안정을 실현할 유일하고도 효과적인 방법이다. 우리는 남북 쌍방이 유익한 접촉과 대화를 진행하는 것을 지지하고 희망한다. 6자회담은 한반도의 비핵화를 실현하고, 이 지역의 평화를 정착시킬 수 있는 효과적인 방법이다. 우리는 6자회담 과정을 통해 제정한 "9 · 19 공동성명"의 각종 목표를 실현하는 것에 각국이 함께 노력하기를 바란다"[24] 고 강조하였다. 중국 정부는 한반도 정세의 완화와 6자회담의 재개를 위해서 꾸준히 노력하였다.

2011년 6월 1일 북한 국방위원회는 남북 비밀접촉과 남북대화를 중단한다고 발표하였다. 그에 대해 중국 외교부 대변인 홍뢰(洪磊)는 기자회견에서 "중국은 일관되게 관련 각국이 대화와 접촉을 통해, 그리고 평화의 방식으로 한반도 관련문제를 해결할 것을 주장했다. 우리는 남북한 양측이 화해와 협력으로 관계를 개선하기를 바라며 대화를 통해 각자의 관점을 적절히 해결할 수 있도록 협상하고, 공동으로 한반도의 평화를 지키고 대세를 안정시키기를 바란다"[25] 고 발표하였다. 중국정부는 남북한 사이에 대화 협의를 통한 관계개선을 지지할 뿐만 아니라, 북미 양측의 관계개선을 지지하며, 쌍방이 관계를 맺을 수 있도록 적극적으로 도왔다. 북미 제 3차 고위급회담이 2012년 2월 23~24일 북경에서 거행되었으며, 이번 회담은 2011년 7월과 10월 진행한 두 차례의 고위급회담의 연속이었다. 이 회담에서 양측은 진지하고 철저하게 북미관계 개선에 목적을 두고 일련의 신뢰수립 대책과, 한반도의 평화와 안전보장 및, 6자회담 재개최 관련문제에 대해 토론하였다.

2월 29일, 북미 양국은 동시에 북한이 북미회담 기간 중에는 진행 중이던 핵 실험, 장거리 미사일 발사와 우라늄 농축활동을 잠시 중단하고, 국제 원자력기구가 잠시 중단된 북한의 우라늄 농축활동에 대한 사찰을 진행하는 것을 허가한다고 발표하였다. 미국 정부는 북한에 24만 톤의

---

24) 2010년 12월 30일, 외교부 대변인 姜瑜가 기자회견을 열었다. 中华人民共和国外交部网站: http://www.fmprc.gov.cn/chn/pds/wjdt/fyrbt/t782585.htm(검색일: 2012. 3. 2.).

25) 2011년 6월 2일, 외교부 대변인 洪磊가 기자회견을 열었다. 中华人民共和国外交部网站: http://www.fmprc.gov.cn/chn/pds/wjdt/fyrbt/t827448.htm(검색일: 2012. 3. 1.)

식량과 북미 양국관계의 점진적 개선을 약속하였다.

3월 16일 북한이 인공위성 '광명성 3호'를 4월 12일에 발사할 것이란 소식이 전해진 이후 동북아 관련국가들은 강렬한 반응을 보인다. 일본 정부는 미사일 발사저지를 명하고, 미국은 북한의 식량원조를 일시 정지한다고 발표하였다.

한반도 정세가 악화조짐을 보이자, 2012년 3월 29일 외교부 대변인 홍뢰는 정식 기자회견을 열어 다음과 같이 발표한다. "한반도와 동북아 지역의 평화를 지키고, 어렵게 이룩한 한반도 평화정세의 악화를 방지하는 것이야말로 모두의 공통이익을 실현하는 것이다. 중국은 북한과 미국이 적극적으로 공감대를 형성한 "2·29 합의"를 적극 평가하고, 양측이 계속 대화하고 관계를 개선하기 바란다".[26] 4월 6일 다시 열린 기자회견에서 홍뢰는 한걸음 더 나아가 강조하였다. "북한의 위성발사 계획 선포 후, 중국은 즉각 관심과 우려를 나타냈다. 우리는 한반도와 동북아지역의 평화와 안정이 모두의 공동이익에 부합되며, 또한 공동의 책임이라고 인식한다. 현재 정세에서 중국은 모든 관련국이 냉정히 자제하여, 어렵게 얻은 한반도의 평화정세에 반전이 생기는 것을 방지할 것을 요구한다. 중국은 각국과 지역평화와 대세안정을 지키며 건설적인 역량을 발휘하기 원한다."[27]

북한의 인공위성 발사 실패 이후, UN 안보리는 16호 의장 성명을 발표한다. 15개 이사국 전체가 북한을 단호하게 질책하며, 북한의 인공위성 발사는 안보리 결의 위반이며, 지역긴장을 일으켰기에, 북한의 모든

---

26) 2012년 3월 29일 외교부 대변인 洪磊가 기자회견을 열었다. 中华人民共和国外交部网站 : http://www.fmprc.gov.cn/chn/pds/wjdt/fyrbt/t918673.htm(검색일: 2012.4.3.).

27) 2012년 4월 6일 외교부 대변인 洪磊가 기자회견을 열었다. 中华人民共和国外交部网站: http://www.fmprc.gov.cn/chn/pds/wjdt/fyrbt/t918673.htm(검색일: 2012.4.7.).

미사일 발사를 중지할 것을 요구했다. 또한 만약 북한이 다시 시험발사 혹은 새로운 핵 실험을 시도한다면, 안보리는 더욱 강력한 대응을 취할 것을 경고한다. 성명은 또한 대북 제재확대를 고려할 것을 나타냈다.

4월 16일 외교부 대변인 류위민(刘为民)은 북한 인공위성 발사문제에 대한 안보리 의장 성명서가 통과할 당시, 기자회견에서 중국의 입장을 표명하였다. “안보리 의장 성명은 각국의 반복된 협의결과이며 국제사회의 기본적 공통의견을 반영한 것이다. 중국은 책임을 느끼며 적극적인 태도로 안보리협의에 참가하여, 안보리에서 강조한 대화를 추진할 것이다. 이를 통해 한반도 및 동북아지역의 평화와 안정이란 큰 틀에서 타협을 통해 문제를 해결하고, 정세가 더욱 악화되는 것을 막을 것이다. 중국은 6자회담과 한반도 비핵화를 추진하며, 이는 한반도와 동북아지역의 평화정착과, 각국의 공동이익에 부합하며, 이에 대해 모두가 공동책임이 있다. 현실은 대화와 협상만이 유일하고도 정확한 선택이라는 것을 증명한다. “북미 2·29 합의”는 한반도 비핵화 과정과 한반도 평화정착에 중요한 의의가 있다. 이 사례를 통해 양측이 합의의 유지와 실행을 이어가도록 공동으로 노력하고, 대화와 접촉을 통해 미결된 문제를 알맞게 처리하기 바란다. 중국은 양측과의 밀접한 소통과 조정을 통해 적극적으로 6자회담을 추진하여 한반도와 동북아지역의 장기적 안정을 실현하기 위해 꾸준히 노력할 것이다.”[28]

앞의 내용을 종합하면, 중국정부는 한반도의 통일과 통일을 이룩하기 위한 모든 적극적인 조치에 대해 지지를 표명한다. 북한 최고지도자 김정은은 2012년 4월 15일, 고(故) 김일성 탄생 100주년 기념행사에 참석하였다. 그리고 처음 공개한 20분의 강연 중 하나의 메시지를 전달하였

28) 외교부 대변인 刘为民은 안보리가 북한이 인공위성을 발사한 것에 대한 의장 성명을 통과시키자 바로 기자회견을 열었다. 中华人民共和国外交部网站: http://www.fmprc.gov.cn/chn/pds/wjdt/fyrbt/t923357.htm (검색일: 2012.4.7.).

다. 하나는 원래의 전통을 계승해야 한다는 것이고, 또 다른 하나는 평화의 방식으로 통일을 실현해야 한다는 것이다. 필자는 믿는다. 중국정부는 변함없이 대국의 태도로 한반도문제를 바라보며 지속적으로 남북한이 대화를 통한 평화적 통일정책을 실현하기를 지지할 것이다.

2) 학자와 대중의 입장

1992년 중한 수교 이후 중국의 학자들은 점차 이전의 '이데올로기'적 한반도 연구에서 벗어나고 있다. 중국은 다시 북한이 중국의 전략적 완충지대라는 전통적 인식에 대해 다시 생각하기 시작하고, 학자들은 '낙관적 한반도 통일론'을 주장한다. 중국의 "남북 쌍방이 대화와 접촉을 통해, 점차 신뢰를 쌓고, 관계를 개선하여, 결국 민족의 화해와 국가의 자주 평화 통일 실현하기를 진심으로 바란다"는 식의 발언에서 '진심으로 바란다'(真诚希望), '공명정대'(光明磊落), '언행일치'(言行一致) 등의 표현은 결코 입에 발린 말이 아니다.

그 첫 번째 이유는 한반도의 통일은 중국의 현대화에 부합하며, 주변 환경의 안정과 평화가 중국이 추구하는 국가전략의 조건이다. 두 번째로 한반도의 통일은 동아시아의 전략적 구도를 바꾸기에 유리한 것이며, 특히 미국 군사력이 한반도에서 물러남으로써 중국의 국가 안전전략에 부합하는 것이다. 세 번째는 한반도의 통일이 중국과 대만의 통일에 유리하다는 것이다. 따라서 한반도의 통일은 중국의 입장으로 말하자면 이로운 것이다. '한반도 통일위협론'은 '한반도 통일유익론'으로 변경해야 한다.[29] 일부 서방국가나 특히 한국의 어떤 이들은 "중국 역시 실제로는 일본, 미국, 러시아와 같이 한반도가 현재의 분열된 국면을 유지하

---

29) "金正恩讲话释放不排除和平统一的信号", http://news.ifeng.com/world/special/chaoxian2012yuebing/content-1/detail_2012_04/15/13899184_0.shtml(검색일: 2012. 4. 16.).

는 것이 중국에게 유리하다고 여긴다"고 생각한다. 이런 관점에 대해 "중국은 국제적인 도의의 관점을 넘어 중국에 실질적인 이득이 있기 때문에 분명히 한반도의 통일을 바라고 있다"고 반박할 수 있다. 구체적으로 세 가지 이유를 제시하면 다음과 같다. 첫째, 역사적 경험으로 증명된 사례들로 한반도가 통일된 상태일 때, 중한관계는 안정적이며 사이가 좋았다. 왜냐하면 우호적 관계를 통해 중국의 동북부지역의 안전을 바로 보장받을 수 있었기 때문이다. 한반도가 분열 혹은 불안정해지면 중국은 바로 안전에 위협을 받으며 심지어 전쟁에 휘말릴 수도 있다. 둘째, 한반도에서 통일이 실현되면 패권국가들의 이 지역에 대한 개입을 제거하여 동북아 지역정세의 안정을 찾을 수 있다. 셋째, 한반도에서 통일이 실현되면 동아시아 경제발전에 도움이 된다.[30]

일부 학자들은 동북아지역의 전략적 관점에서, "한반도 통일은 중국에 유리하기 때문에, 중국은 더욱 적극적으로 한반도의 화해와 통일을 지지해야 한다"고 주장한다. 그 이유는 "장기적으로 동북아 전략을 고려 할 때, 한반도의 현 상황이 유지되는 것 혹은 오랜 분열은 전략적으로 중국에게 바람직한 상태가 아니며, 한반도가 안정되지 않으면 중국은 이 지역에서 만족할 만한 발전이익을 얻을 수 없다. 중국의 동북아전략에 필요한 한반도의 바람직한 상황은 화해와 통일을 실현하는 것이며, 이것은 중국의 전방위 발전에 유리하고 동북아지역의 안정된 국제환경 조성이라는 기본전제를 얻는 것"[31] 이기 때문이다. 현재 중국학계에서는 한반도 "평화 자주 통일" 달성을 전제로 하여, 중국에 손실보다는 이익이 클 것이기 때문에 중국은 적극적으로 지지해야 한다"는 공감대가 형성되어 있다.

그러나 대중 사이에는 여전히 상당수가 '한반도 현상유지론'을 지지한다. 그 이유로는 첫째, 한반도의 민족주의 정서가 점점 높아져, 통일 이

30) 陳峰君, "朝鮮半島和平統一: 中國樂見其成", 〈東北亞硏究〉, 2001년 1호 참조.

31) 张琏瑰, "朝鲜半岛统一与中国", 〈当代亚太〉, 2004년 5호 참조

후 제 2의 베트남이 될까 걱정하는 것이다. 그때가 되면 연변과 동북아지방의 대부분의 영토를 강력하게 요구할 가능성이 있다는 것이다. 두 번째로, 만약 한국의 통일이 '흡수통일' 방식으로 이루어진다면, 북한의 난민이 대거 중국 동북부지역으로 몰려들어 국경위기를 초래할 것을 걱정한다. 세 번째로, 통일 후 한미동맹이 한층 강화되는 것을 걱정한다. 이것은 한국 정부가 아직 통일 이후 동북아안보에 대해 주변국가들에게 명확한 입장표명을 하지 않았기 때문이다. 독일의 통일 때는 영국과 프랑스가 '통일 후에도 유럽연맹의 평화를 이어갈 것이다' 라는 보증을 하였다. 그러나 중국 국민은 한국이 왜 통일되어야 하는지 모른다. 또한 통일 후의 동북아 안정정세의 방향도 모른다. 이 때문에 한반도의 '전쟁도 아니고, 통일도 아닌 상태'가 중국에 더욱 유리하다고 생각하는 것이다.

3. 한반도의 평화안전과 중국의 국가이익

1) 한반도의 안전과 중국의 전략적 이익

중국과 한반도 사이에는 1,400km의 육지 국경선과 해역 인접지역이 있다. 한반도의 북부는 두만강과 압록강으로 중국 연변, 단동 지역의 경계와 인접해 있다. '아주 가까운 거리'(一衣帯水), '서로 의존하는 밀접한 관계'(辅车相依) 라고 할 수있다. 한반도와 중국의 이러한 지정학적 구조 자체는 세계 어느 국가도 갖지 않은 '독특한' 관계로 중대한 전략적 의의를 지닌다.

첫째는 국가안전에 이익을 가져다준다. 한반도는 중국의 동문을 지키며, 이는 중국의 국가안전과 발전 모두에 매우 중요한 영향을 미친다. 중국인은 과거 항상 '입술과 이처럼 상호 의존적인 관계'(唇齿相依, 唇亡齿寒), '한쪽이 잘못되면 연관된 사람들도 같이 잘못됨'(城门失火殃及池

魚) 등의 표현으로 중국과 한반도를 비유해 특수한 이해관계를 설명한다. 어떤 이는 한반도를 '중국의 머리를 때리는 철퇴모양'32) 이라고 묘사한다. 군사지리적 각도로 보면, 적대세력은 한반도를 제외한 다른 방향에서부터만 중국에 위협을 가하고 공격할 수 있다. 그것은 한반도와의 관계가 동북아지역의 직접적 안전과 관련되어 있음을 보여준다. 게다가 화북지방의 안정, 수도 베이징 및 전체 북부 연해지역에 대한 방어에도 매우 중요한 작용을 한다.33)

한반도로부터 대만해협을 거쳐 남사(南沙) 군도까지의 호(弧) 형지대는 중국에 비교적 큰 전략적 압박을 가하며, 또한 중국 군사방위의 중점 방향이다. 만약 적군이 한반도 주변을 통제하면, 중국 함정의 출입통로를 통제할 수 있어 중국이 해양쪽으로 공격하는 것을 막을 수 있다. 이로 인해 한반도는 중국의 주변환경의 중요한 구성요소로, 국가안전에 대한 여러 측면에 모두 큰 영향을 주기 때문에 중국 안전의 최우선점이라고 할 수 있다.

둘째, 지역전략적 의의를 가진다. 한반도는 아시아 대륙면의 북태평양 끝부분에 자리 잡고 있어, 반도 이외에는 일본 군도뿐이다. 예로부터 아시아대륙과 일본의 여러 섬들을 연결하는 천연의 통로로, 대륙국가의 해양방어와 혹은 공격의 최전방이었으며, 동시에 해양국가와 아시아 외부의 세력이 동쪽을 침공하는 첫 번째 상륙지점이다. 다시 말해 대륙세력과 해양세력이 상호 쟁탈하는 요충지였다. 냉전시기, 중국과 미국 사이의 대립에 조선은 줄곧 중국의 전략적 완충지대로서 중국의 안전에 하나의 전략적 보호벽을 구성하였다.

냉전 종결 이후 동북아지역 국제역학 구조의 변화와 특히 현대화된 건

32) 余强一, "论中国的东北亚区域战略", 〈延边大学学报〉, 2004.6., 37권 2號.

33) Cho Soon Sang, *Korea in World Politics(1945~1950)*, Berkely: University of California Press, 1967, p. 5.

프전, 이라크전을 계기로 일부 학자들은 북한의 전략적 완충지대로서의 작용이 점점 약해진다고 말한다. 그러나 최근 미국의 세계 전략중심이 빠르게 아시아와 태평양쪽으로 옮겨지고, 미국은 중국 주변에 손을 뻗어 중국의 사방을 봉쇄하여 '중국의 굴기'를 저지하며, 한반도의 주변환경을 급속하게 악화시키고 있다. 현단계에서 한반도에 가장 심각하게 잠복해 있는 위험요소는 미군의 존재이며, 그 다음이 미일, 미한 군사동맹의 강화이다. 앞의 두 가지 위협이 언제나 존재한다는 전제 아래 중국은 반드시 북한을 동맹국으로 보아야 한다. 이것은 공동의 적이라 할 수 있는 미국으로부터 중국과 북한 양국공동의 전략적 이익이 발생하기 때문이다. 중한 사이는 끊임없이 전략적 협력관계를 구축해야 한다. 한국은 우리의 앞으로 발전할 전략적 동맹관계의 일원이기 때문이다.

셋째는 지역에 따른 경제적 이익을 들 수 있다. 한반도와 중국은 독특한 지리적 이점을 가지고 있어 거대한 경제협력의 잠재력이 있다. 오랫동안 중국은 한결같이 북한의 최대 무역협력국이었다. 북한과 중국의 무역량은 지난 2000년 연간 4억 9천 달러에서 2011년 50억 달러까지 상승하였다. 중국과 북한의 무역량은 북한의 대외무역량의 70%를 차지한다. 북한은 중국에 대한 경제의존도가 점점 더 높아지고 있다. 중한 양국은 1992년 수교를 하고, 2008년 양측이 전략적 동반자관계를 맺은 후 각 분야는 매우 큰 발전을 이룬다. 중한 무역량은 2010년 2,071억 달러에 이르러 같은 기간에 비해 32.6%의 성장을 이룬다. 수교할 때의 40배가 증가한 것이다. 2015년까지 양측의 무역량은 연간 3천억 달러에 이를 것으로 보인다. 〈한국연합통신사〉(韩联社)에 의하면 한국의 중국 무역의존도는 1991년부터 2011까지 10년 동안 2.9%에서 20.4%까지 증가하였다. 한국의 대미 무역의존도는 절반 이하로 감소했지만 중국에 대한 무역의존도는 2배 이상 증가하였다.

이 때문에 동아시아 일체화의 장기적 목표에서 중국 동북지역 개발전략인 '창지투(长吉图) 개발 개방지역'〔길림성(吉林) 두만강 유역의 개발축

진을 위하여 장춘(长春), 길림(吉林), 연변(延边) 시를 통합한 특별구로, 중국의 문호개방 및 동북아 경제협력을 위한 핵심 플랫폼으로서 중국 동북지역의 새로운 경제성장 중심지가 될 전망이다〕 건설의 시각으로 보았을 때 한반도는 중국에게 중요한 경제적 이익을 가져다준다.

2) 한반도의 안정 여부와 중국의 역사적 운명

역사적 경험으로 보면, 한반도가 통일을 달성하였을 때, 중국과 조선의 관계는 안정적이고 우호적으로 중국의 동북부 안전을 보장받았다. 신라의 한반도 통일 이후 중국과 한반도의 관계는 매우 안정적인 발전을 한다. 한반도가 불안정할 때는 중국의 안전도 위협을 받았다. 한편, 한반도 국가와의 직접적인 전쟁은 중국 왕조교체의 결정적인 요인이 된다.

멀리 거슬러 올라가 수(隋) 나라의 멸망과 당(唐) 나라의 건국과정은 고구려의 영향이 결정적 작용을 한다. 1592~1598년 일본 도요토미 히데요시의 조선침략은 직접적으로 4세기에 걸쳐 중국역사에 영향을 준다. 이것을 조선은 임진왜란(壬辰倭乱) 이라 부르는데, 중국은 만력조선지역(万历朝鲜之役) 이라고 부른다. 일본의 침략군은 비록 명(明) 나라와 조선의 연합군에 의해 패했지만, 역사전문가는 보편적으로 이것이 명나라의 재정에 타격을 주어 멸망으로 이끈 최후의 요인이라 여긴다. 이 전쟁으로 인해 명나라의 쇠락은 돌이킬 수 없게 된다. 기회를 틈타 힘을 모은 애신각라 누루하치(청나라의 시조) 는 임진왜란의 진정한 승자가 되고 명망청흥(明亡清兴) 의 운명적 중국역사로 들어선다. 임진왜란 300년 이후 일본은 또다시 조선을 침공한다. 이때 중국은 또다시 파병하지만 갑오전쟁의 참패를 초래한다. 이 결과 대만을 빼앗겼을 뿐만 아니라 청나라가 '동광중흥'〔同(治) 光(绪) 中兴, 청나라 목종과 광서제 동치시기의 중흥〕 실현 이후 민심을 잃고 멸망한 결정적인 요인이 되었다.

중국과 조선의 종번(宗藩) 관계도 전쟁에 휘말리는 요소가 된다. 조선의 삼국시대, 즉 한반도가 분열상태에 있을 때 중국은 여러 차례 출병하여 관여를 한다. 근대 이후 동북아지역에서 4차례 큰 전쟁이 발발하고 중국이 말려들어 큰 손실을 보게 되며, 이 4차례의 전쟁은 모두 한반도의 불안정과 분열에 관계된다. 첫째는 1894년 갑오 중일전쟁으로 일본세력이 조선에 쳐들어가 조선을 놓고 싸운 전쟁으로 중국은 패전하여 중국과 조선의 종번관계를 포기하고 일본에 영토까지 빼앗긴다. 두 번째로 1904년 일본과 러시아가 조선을 쟁탈하기 위해 전쟁을 한다. 중국은 개입하지 않았으나 전쟁이 중국 영토에서 진행되었기 때문에 중국 동북부가 전쟁에 유린당한다. 세 번째는 1931년 시작한 중일전쟁이다. 일본 침략군은 중국땅을 약탈하고 죽이고 불태우며 중국에 유례없는 고난을 가한다. 당시 조선은 이미 일본에 점령당해, 일본의 중국침략 최전방기지이자 전쟁물자와 병력자원의 집결지가 되었다. 네 번째 전쟁은 1950년 한국전쟁이다. 중국의 수십만의 희생자가 발생한다. 이러한 4차례의 전쟁은 중국에 거대한 손실을 발생시키는데, 모두 조선이 자주를 잃거나 혹은 분열로 인해 다른 쪽에 점령당하는 바람에 일어난 것이다.[34] 한반도가 통일을 이루고 자주독립 국가를 형성한 후에는 중국에게 선제적 위협요소가 되지 않아 중국과 조선이 전쟁을 할 일은 없다. 외부세력이 다시 한반도를 이용해서 중국을 공격하지 않는다면 한반도는 다시 내전을 할 위험이 없고 자연적으로 중국이 걱정하는 상황은 일어나지 않을 것이다.

3) 한반도의 통일과 중국과 대만의 통일에 대한 현실적 고려

한반도의 분단과 중국과 대만의 분단은 모두 냉전이 작용하였을지라도, 그 성질에 본질적인 차이가 있다. 중국정부는 대만은 중국 내정문제

---

34) 《中国军事地理》, 解放军出版社, 1989, 193호.

이며, 그 성질상 전후 형성된 독일이나 한국의 문제와는 완전히 다르며, 독일, 한국은 2차 대전 이후 국제협의에 의해 파생된 결과이지만 대만문제는 중국 내전의 결과라고 거듭 표명한다. 중국정부는 언제나 대만문제는 중국의 울타리 안에서만 해결될 수 있다는 주장을 고수하며 독일이나 한국과 같은 방식으로 대만문제를 생각하는 것에 대해 일관되게 반대했다. 하지만 우리가 반대하는 것은 한국이나 독일을 모델로 대만문제를 처리하는 것이지, 한반도 통일과정이 양안관계에 도움이나 긍정적 영향을 미치는 것을 부정하는 것은 아니다.[35] 가장 중요한 것은 자주적이고 평화로운 통일방식이며 중국과 대만은 자주적으로 대만문제를 해결할 것이다. 다음 남북공동선언의 제 1조항은 사람들에게 명확하게 말해준다. "남북 쌍방은 국가통일의 문제에 대해 이 국가의 주인으로서 우리 민족의 단결된 힘으로 자주적으로 해결할 것을 결정한다."

만약 한반도의 남북이 진정으로 외부 패권국의 간섭에서 벗어나 자주독립적으로 평화통일을 이룩할 수 있다면, 반드시 양안문제의 평화적인 해결에도 도움이 될 것이다. 그렇기에 한반도의 통일이나 중국과 대만의 통일과정 중 미국을 앞세운 외부세력의 힘을 척결하는 것은 반드시 대면해야 하는 과제라고 말할 수 있다. 과연 외부의 힘을 빌려야만 비로소 통일을 이룰 수 있는 것인가?

4. 결론

역사적인 경험으로 보나 현실적 이익에서 출발하거나 상관없이, 중국은 한반도에 자주 평화 통일의 실현을 일관적으로 지지할 것이다. 중국도 역시 분단의 고통을 겪은 국가이기 때문에 통일을 간절히 바라는 한

35) 张琏瑰, 앞의 글.

반도 국민들의 심정에 대해 깊이 이해한다. 또한 한반도 통일은 중국과 대만의 통일정책과 갈라놓을 수 없는 밀접한 관계에 있다. 중국과 대만의 통일을 염원하는 중국은 결코 남북통일을 반대하는 세력이 될 수 없다. 하지만 외래의 힘의 개입하여 한반도의 혼란을 초래하는 통일은 강경히 반대한다. 비록 중국이 일어서는 과정 중에 있을지라도 아직은 한 지역의 대국에 불과하며 전세계를 아우르는 지도적 국가는 아니므로, 그 목표는 기본적으로 국내 경제건설에 기초하며 '국제환경의 평화정착, 주변국과의 선린우호, 호혜평등의 협력환경, 상호신뢰의 안전환경'을 형성하는 것에 힘쓰고 있다.[36] 한반도에서 중국이 가장 중요하게 여겨야 할 것은 '비핵화와 안정', '한반도의 혼란과 전쟁을 막는 것'이다. 중국인에 마음속을 항상 뒤덮고 있는 한국전쟁이라는 '역사적 그늘'이 있다. 즉, 중국인들은 다시는 수많은 중국의 우수한 청년들이 한반도에서 피 흘리는 것을 보고 싶지 않고, 전쟁의 불화로 뒤덮인 불안과 혼돈의 한반도에서 피난민이 중국 동북쪽으로 진입하는 것을 원하지 않는다. 따라서 한반도 통일과정에서 안전을 위협하는 그 어떠한 것도 좌시하지 않을 것이며, 특히 중국은 자국이 관련된 핵심 이익문제에 대해 더 이상 수수방관하지 않고, 이치에 맞고, 유리하게 '선택하여' 대처해야 할 것이다.[37]

'형제가 집안에서는 싸우다가도 밖으로부터 오는 위협에 같이 대응하며, 내부의 좋지 않은 일을 외부에 알리지 않는다'(兄弟阋墙, 外御其侮. 蜗角纷争, 惟利是务)[38]는 말이 있다. 남북한은 통일문제에 비록 매우 큰 입장차이가 존재하지만, 한반도의 자연지리적 통일성과 경제적 측면

---

36) 陈峰君, 앞의 글.

37) 温宪, "朝鲜半岛和平: 中国的作用不容忽视", 2007. 10. 10., 〈人民日报〉(海外版).

38) 徐文吉, "朝鲜半岛统一进程中中国的政治作用", 〈韩国发展报告〉, 社会科学文献出版社, 2011. 6., p. 244.

의 남북 상호보완성, 민족의 통일성, 통일과 질서의 민족가치관 숭상, 고난의 역사를 함께 겪으면서 한층 강화된 민족위기감과 응집력 등은 모두 한반도가 다시 통일의 방향으로 나아가는 내재된 원동력이라고 필자는 굳게 믿는다. 한반도의 꾸준한 노력과 세계 각국의 평화애호 인사들의 적극적 추진에 힘입어 앞으로 한반도는 반드시 평화통일을 향해 나아갈 것이며, 평화로운 비핵화 정부를 세워 21세기에는 중국과 한반도가 공동번영을 이루며, 광범위한 경제활동 및 교류공간을 만들 수 있을 것이다. 그러므로 중한 양국은 창조와 협력, 상호존중, 공동번영의 마음가짐으로 새로운 미래를 위하여 의견을 모아 서로 도와야 한다.[39] 중국은 앞으로도 항상 변함없는 노력을 기울일 것이다.

中国视角下的朝鲜半岛统一问题*

一、朝鲜半岛统一是历史的必然、大势所趋

历史上的朝鲜是一个统一的封建国家，尽管曾出现过几次分裂，但自676年新罗统一朝鲜半岛后，朝鲜半岛基本上处在一个统一状态。918年6月由王建在朝鲜半岛建立了高丽王朝，一直到14世纪末期，历时474年；1392年，李成桂在朝鲜半岛建立李氏王朝，一直到1910年被日本吞并为止，历时518年，从1910～1945年是日本殖民统

39) 蔡东藩、许廑父,《民国通俗演义》, 130回.

* 本文为王生主持的国家社会科学基金项目"当代韩国民族主义对中韩关系的影响及我国的对策研究"(项目编号09BGJ009)；教育部基地重大项目："东北亚地缘政治新动向与中国的战略选择"(10JJDGJW005)，的阶段性研究成果之一。

治和朝鲜人民争取民族独立时期；1945～1948年是朝鲜半岛被分裂为两南北两个国家的酝酿时期。朝鲜半岛的分裂是由外力造成的，并且是完全违背半岛人民意愿的，从此意义上说统一是完全符合历史潮流的。朝鲜半岛自然地理的统一性和经济上的南北互补性，民族的单一性，崇尚统一和秩序的民族价值观，在曲折的历史经历中进一步强化了的民族危机感和内聚力，都是朝鲜半岛重新走向统一的内在动力。

冷战结束后，世界形成了和平与发展的潮流。二战以后，由于冷战而导致民族分裂的国家相継统一。1990年5月，也门通过由分裂双方共同主导，彼此合作“一体化”方式，完成了国家统一进程；1990年10月，德国采取了“渐进式”的和平吸收式实现了统一。即德意志联邦共和国运用强大的经济优势（投资10000亿马克）及其他优势地位，居高临下，运用“蚕食政策”最终“吞掉”了德意志民主共和国，实现了统一。战后初期国家政治环境的变化、意识形态的对立以及民族宗教分歧等国内因素的冲击，导致二战后第一波的民族分裂国家和地区，现在只剩下朝鲜半岛和中国大陆和台湾没有获得统一。全球化浪潮和地区经济一体化冲击下，国家要富强、民族要统一已经成为每个国家追求的最高国家目标。冷战已经结束20余年了，作为冷战遗留下的“历史遗产”应该得到彻底解决。因此，朝鲜半岛的统一也是历史的宿命，大势所趋。

二、中国对韩半岛统一的政策与立场

1）中国政府的一贯政策

早在1954年4月26日举行的讨论朝鲜问题的日内瓦国际会议上，中国的周恩来外长多次发表讲话，阐述中国政府关于和平解决朝鲜问题的原则立场：和平统一朝鲜是朝鲜半岛人民自己的事情；中国政府"完全支持"朝鲜政府代表团南日外长4月27日提出的"关于恢复朝鲜半岛的国家统一和举行全朝鲜自由选举的方案"中的三点建议[41]，为了全朝鲜的自由选举而不受外力干涉，一切外国军队必须撤出朝鲜。[42] 中国政府坚决反对美、韩提出的在联合国军占领下由联合国监督进行选举、实现统一。[43] 因为"联合国是朝鲜战争中交战的一方，早已失去了公正处理朝鲜问题的公正性"，[44] 中国政府建议"为了

---

41) 三点建议是：① 举行国民议会的全朝鲜选举，组成统一政府；由南北朝鲜议会选派的代表组成全朝鲜委员会，其任务之一是草拟一个圈朝鲜选举法，并采取措施保证朝鲜居民的各种自由；② 一切外国武装力量在六个月内撤出朝鲜；③ 对维护远东和平具有最大关心的相应国家保证朝鲜的和平发展，并为朝鲜的和平统一创造条件。转引自《当代中国外交》，中国社会科学出版社，1987年版，第51页。

42) 周恩来外长1954年4月28日在日内瓦会议上的发言。刘金质、杨淮生主编《中国对朝鲜和韩国政策文件汇编（1949～1994）》，中国社会科学出版社，1994年，第722页。

43) 韩国代表1954年4月27日提出联合国军占领下由联合国监督在北朝鲜进行自由选举，选举韩国议会中留给北朝鲜代表的约100个席位。5月12日，韩国又提出14点建议，其中包括按大韩民国宪法手续在全朝鲜举行选举，由联合国监督。在选举前一年，中国人民志愿军全部撤出。联合国军在选举后和完成南北统一再撤出等。《当代中国外交》，中国社会科学出版社，1987年版，第51～52页。

44) 周恩来外长1954年5月12日在日内瓦会议上的发言。刘金质、杨淮生主编

协助权朝鲜委员会根据全朝鲜选举法在排除外国干涉的自由条件下，举行全朝鲜的选举，成立中立国监督委员会，对全朝鲜的选举进行监察。[45] 与会双方由于对联合国在朝鲜统一当中的作用、外国军队的撤离等关键问题上存在着严重的分歧和尖锐的对立，日内瓦会议没有取得任何实质性进展。1960年8月15日，朝鲜领导人金日成主席提出了关于和平统一方案。指出：在没有外来力量干涉的情况下，在民主基础上进行自由的南北总统选举，是和平统一朝鲜最合理而现实的途径，并主张建立南北朝鲜的联邦制，作为统一的过渡措施，保持各自的政治制度和独立活动，组成最高民族委员会，主要协调经济和文化发展。中国政府表示坚决支持这一统一政策，并郑重声明："为了朝鲜人民和平统一祖国的愿望早日实现，美国侵略军对必须立即从朝鲜南部撤走，美国必须停止盗用联合国的名义或者其它任何方式对朝鲜进行干涉"[46] 1961年7月11日，当时的中国总理周恩来和朝鲜的金日成首相分别代表各自的国家签署了《中朝友好合作互助条约》，该条约正式建立了中朝两国之间的军事同盟义务，按该条约第二款的规定：缔约双方将采用各种措施预防任何国家对缔约方的进攻，而当缔约方中任何一方遭受其它国家进攻而进入战争状态时，另一方将使用其所拥有的各种手段对另一方提供军事援助。这些条款是最标准的军事同盟条款，除此之外，条约还规定双方

《中国对朝鲜和韩国政策文件汇编(1949～1994)》，中国社会科学出版社，1994年，第738页。

45) 周恩来外长1954年5月12日在日内瓦会议上的发言。刘金质、杨淮生主编《中国对朝鲜和韩国政策文件汇编(1949～1994)》，中国社会科学出版社，1994年，第739页。

46) 中华人民共和国政府1960年11月13日支持朝鲜民主主义人民共和国政策关于朝鲜和平统一问题的备忘录的声明。刘金质、杨淮生主编《中国对朝鲜和韩国政策文件汇编(1949～1994)》，中国社会科学出版社，1994年，第1248～1249页。

应共同保卫整个地区的安全，同时该条约还正式约定中朝两国在与两国利益有关的一切重大国际问题上、包括朝鲜半岛统一的事项上有协商的义务，两国共同认定朝鲜半岛统一必须在和平民主的基础上进行，因此本同盟条约事先约定了朝鲜半岛统一的先决条件，通过本条约，中国对朝鲜半岛统一的事务也有相关发言权，尤其是对违反条约精神的外来武力统一半岛，中国有进行军事干涉的权力。[47] 这应该是中国在朝鲜半岛统一问题上的明确立场。

20世纪70年代，由于国际形势的变化，特别是因中美关系的改善，美国撤出部分驻韩美军，东北亚局势有所缓和，朝鲜半岛南北之间的紧张关系开始松动，对话成为双方寻求统一的新方式，南北双方在统一问题上的共识也逐渐增多。1972年7月4日发表了《南北联合声明》，提出了"自主、和平、民族大团结"的祖国统一三项基本原则，并在一致同意的原则基础上解决国土统一问题"。[48] 伴随着南北关系的发展，冷战观念在中韩之间也日趋淡薄，1973年6月23日，朴正熙发表了"有关和平统一外交政策的特别声明"。声明称在"平等互惠"的原则下，韩国将向包括苏联和中国在内的所有一切国家实行门户开放政策。

进入80年代，韩国更加积极地推行北方外交，谋求改善同中国的关系。而中国则加速改革开放的步伐，愈加重视发展与包括韩国在内的周边国家关系。与此同时，中国也逐渐改变了外交思维方式，开始调整对朝鲜半岛的政策，在支持朝鲜的和平统一政策的情况下采取灵活策略，尽可能松动和改善同韩国的关系，也在谋求促进南北双方的关系的发展。1980年10月10日，金日成提出了"高丽民主联邦

47) 刘金质、杨淮生主编：《中国对朝鲜和韩国政策文件汇编(1949～1994)》，中国社会科学出版社，1994，第1279～1280页。

48) A White Paper on South North Dialogue in Korea (Seoul: National Unification Board, 1988)， pp. 55～56。

共和国方案”，该方案规定，在南北双方互相承认和容忍存在于对方的思想和制度的基础上，成立双方以同等资格参加的政府，建立高丽民主联邦共和国，为中立国家。方案还为未来共和国设计了10条施政方针。中国对此方案“表示赞成和坚决支持”[49] 1984年5月，胡耀邦总书记访问朝鲜回来以后曾表示，关于朝鲜半岛问题“我们完全赞同金日成同志和朝鲜劳动党的主张，总目标是自主和平统一，方针是以联邦制实现统一，方法是谈判。”[50] 1986年12月30日，金日成在第八届最高人民会议第一次会议上建议举行南北高级政治军事会议。实现北南双方的合作与交流，协商裁减武装力量，停止军备竞赛，把军事分界线非军事区变为和平区，停止大规模军事演习等。中国外交部发言人称该建议“是为恢复北南对话、缓和朝鲜半岛局势而做出的又一重大努力，我们对此持积极的支持态度。”[51]韩国在卢泰愚总统执政后，提出了与“联邦制”相对应的“邦联制”统一方案,主张建立“一族、两国、两制、两府”的韩民族共同体。中国政府完全赞成朝鲜半岛南北双方达成的“自主、和平统一、民族大团结”的统一方针。

1991年9月17日，联合国第46届大会经安全理事会的推荐，一致同意朝鲜和韩国为联合国成员国的提案，朝韩同时成为联合国的正式会员国。对此，《人民日报》于9月20日发表短评《有利于朝鲜半岛缓和与稳定的决定》，认为联合国同时接纳朝韩为成员国“是一项有利于

---

49) 华国锋主席1980年11月23日会见朝鲜劳动党代表团，刘金质、杨淮生主编：《中国对朝鲜和韩国政策文件汇编(1949～1994)》，中国社会科学出版社，1994，第2301页。

50) 1984年5月12日，胡耀邦总书记访问朝归来答新华记者问。刘金质、杨淮生主编：《中国对朝鲜和韩国政策文件汇编(1949～1994)》，中国社会科学出版社，1994，第2421页。

51) 中国外交部发言人1988年1月12日表示支持朝鲜北南高级政治军事会谈建议。刘金质、杨淮生主编：《中国对朝鲜和韩国政策文件汇编(1949～1994)》，中国社会科学出版社，1994，第2491页。

朝鲜半岛缓和与稳定的决定，对推动朝鲜自主和平统一的大事也是具有重要的意义，中国人民对此表示热烈的欢迎”。[52] 9月25日，中国出席联合国大会代表团团长钱其琛在大会发言时表示“我们希望朝鲜北南双方継续通过对话和协商改善关系，”“最终实现国家的自主和平统一”。[53] 1992年8月24日，中韩两国克服了重重困难，高瞻远瞩而果敢地正式建交。韩国总统卢泰愚在建交公报签署的当天即发表了特别声明。“韩中建交将为朝鲜半岛的统一作出巨大贡献……这是促进朝鲜半岛的和平与统一、实现东北亚安全与繁荣取得的巨大进展。[54] 1993年継任韩国总统的金泳三也在卢泰愚“邦联制”方案的基础上提出了以尊重民主、发扬共存共荣精神、增进民族繁荣三原则为基础的三阶段统一方案，即“和解合作”、“南北联合”、“一个国家，一个政府”，[55] 且明确提出了任期内实现和解合作阶段，准备进入南北联合阶段。1994年6月，金日成和金泳三同意举行最高级别的会谈，为朝鲜半岛的统一带来了新的曙光。但由于金日成主席的逝世，半岛统一事业也遭受到了前所未有的挫折。1992年爆发了第一次朝核危机，朝鲜宣布退出了和不扩散条约，美国决定对朝鲜进行军事打击，战争一触即发。3月26日金泳三总统对中国进行了5天的访问，与中国领导人就朝鲜半岛核危机的处理办法与协商对话等原则性问题上取得了重要的谅解并达成一致。当克林顿总统给金泳三总统打电话，金泳三总统就说只要我是总统就不出一兵一卒，就是不配合。因

52) 刘金质、杨淮生主编：《中国对朝鲜和韩国政策文件汇编(1949～1994)》，中国社会科学出版社，1994，第2591～2592页。

53) 刘金质、杨淮生主编：《中国对朝鲜和韩国政策文件汇编(1949～1994)》，中国社会科学出版社，1994，第2592页。

54) 《人民日报》1992年8月25日。

55) Office Of The South-North Dialogue, Nation Unification Board, Seoul, Korea South-North Dialogue In Korea No. 58 1993, 10 转引自陈峰君：《冷战后亚太国际关系》，北京：新华出版社，1997，3471。

此，通过协商谈判，签署了《日内瓦协议》第一次朝核危机化解。1995年11月13日，中国国家主席江泽民开始对韩国进行正式国事访问。为此，《人民日报》发表社论强调："维护朝鲜半岛的和平与稳定是中国处理半岛问题的基本准则"，"作为友好邻邦，我们真诚地希望朝鲜半岛的局势进一步缓和，南北双方通过对话和接触，逐步增强信任，改善关系，最终实现民族和解和国家的自主和平统一"。56)

1996年4月16日，美国总统克林顿与金泳三总统发表了联合声明，"尽快举行由韩、朝、美、中代表参加的四方会谈，目的是达成一项永久和平的进程"。57) 1997年6月30日，发表了一项联合声明，称四方预备会议将于1997年8月5日在纽约举行。对此，中国外交部发言人于1997年7月2日发表谈话，指出维护朝鲜半岛的和平与稳定，一直是中国处理半岛事务的基本准则。从这一原则出发，"我们赞成建立半岛和平机制、并对四方会谈持积极态度"。作为朝鲜战争停战协定的签字一方和半岛的周边国家，中国同意参加四方会谈，将同有关各方保持合作。中国愿意在建立半岛和平机制过程中发挥建设性作用，并为推动会谈取得成果，实现半岛长期和平与稳定作出应有的贡献。58) 在四方会谈中，中国坚持维护半岛和平与稳定的一贯主张，支持半岛南北实现和解，希望朝美关系不断改善，希望各方通过坦诚协商，在半岛早日建立起和平机制。

1998年2月上台执政的金大中总统在其在野期间就提出了三阶段统一的共和国方案， 即第一阶段组成一个联合体， 保持两个独立政府；第二阶段为一个邦联， 两个自治政府； 第三阶段为一个国家, 一个政府。并积极推行对北"输血"的"阳光政策"，南北交流与合作出现了前所未有的新局面。2000年4月10日，朝韩同时宣布，金大中总统将于6

56) 《人民日报》，1995年11月18日。

57) South-North Dialogue in Korea, No. 64, December, 1996, pp. 6~7.

58) 《人民日报》，1997年7月3日。

月12日至14日访问平壤，并将与金正日举行半岛分裂以后的首次北南首脑会谈。第二天，中国外交部就发表声明指出：朝韩首脑会晤和双方共同宣言的发表，"是具有历史意义的重大事件，对维护半岛的和平与稳定做出了宝贵的贡献。"[59] 在金大中与金正日准备首脑会晤的5月29日，金正日非正式访华，同中国领导人就两党、两国关系以及朝鲜半岛局势等问题进行了协商。关于这次访问的影响，韩国政府认为这是通向朝韩首脑会谈的"绿灯"。[60] 中国国家主席江泽民6月15日分别致函给金正日和金大中，祝贺朝韩首脑会谈取得圆满成功。在给金大中的信中强调指出：相信此次会晤将为增进双方之间的相互理解和信任，促进双方在各个领域的交流与合作，最终实现半岛的自主和平统一开创良好的开端。[61]

2001年布什总统上台以后，完全改变了美国的对朝政策，主要是实行强硬的政策，就是把朝鲜定为邪恶轴心国，并且列为7个核打击对象国。在这种情况下，在2003年的1月10日，朝鲜再次宣布退出无扩散核武器条约，第二次核危机再次升级，半岛局势也再度紧张。为了维护东北亚地区的和平与安全，在这样的升级情况下国际社会和中国的积极斡旋下进行了三方会谈和多轮的六方会谈。当时的卢武铉政府与中国通力合作，迫使美国签订了《9.19共同声明》，确定了"行动对行动原则"，可以说是"六方会谈"的一个重要里程碑。特别是朝鲜宣布核试爆成功以后，美日等主张对朝动武的情况下，2006年10月13日，卢武铉总统访问中国，就双边关系和朝核问题同胡锦涛主席进行了会谈和磋商，双方协商一致认为要和平解决问题，阻止这一问题向不好的方向发展。可以说，中韩首脑会晤，为化解朝鲜半岛的危机，阻止美日等西方国家企图以武力解决朝鲜核实验问题起

59) 新华社东京2000年6月20日文电。

60) 新华社东京2000年6月20日文电。

61)《人民日报》，2000年6月17日。

了重要的作用。在中韩两国的积极推动下，促使朝鲜重新宣布回到谈判桌前。2006年10月31日朝鲜表示愿意结束历时一年的核僵局，同意重返六方会谈。[62] 2007年8月8日，朝鲜中央通讯社报道，朝鲜最高领导人金正日和韩国总统卢武铉将于8月28日至30日在平壤举行朝鲜半岛第二次首脑会晤。中国外交部发言人刘建超在南北首脑会谈的消息公布4小时后就在外交部网站上发表声明称："中方支持一切有利于朝鲜半岛和东北亚和平稳定的事情。作为朝鲜半岛的近邻，中方一贯支持半岛南北双方通过对话改善关系。这符合半岛7000万人民的根本利益，也有利于本地区的和平与稳定。"[63] 卢武铉总统在2007年10月2日至4日跨过"38线"与金正日举行了首脑会谈，在会面与会谈中再次确认《6.15共同宣言》的精神，并为发展南北韩关系，实现半岛和平，以及民族共同繁荣与统一，就诸多问题进行了开诚布公的协商。双方确信只要凝聚韩民族的意愿与力量，就一定能开创民族繁荣的时代和自主统一的新时代。双方为在《6.15共同宣言》的基础上，签订了南北韩关系发展与和平繁荣宣言》。

2008年2月25日，李明博保守政府执政以来的韩朝关系，与金大中政府、卢武铉政府时期相比，可以说是冰火两重天。根本原因就在于新政府摈弃了前两届政府所坚持的对北缓和的"亲朝政策"，推出了强硬的"实用主义"对朝政策，因此，朝韩政府间的往来几乎全部中断，并降至10年来的冰点而重回冷战。2010年有相継发生了"天安舰事件"和"延坪岛炮击"，导致韩国队朝鲜的政策日趋强硬，为了避免局势升级，中国一直呼吁彼此要冷静克制，从全局和长远出发，一直都强调朝鲜半岛问题要通过和平谈判的方式解决。2010年12月29日韩国总

62) 参阅王生："东北亚和平与中韩协调合作"，《当代韩国》，2009年秋季号。

63) "外交部发言人就朝鲜半岛第二次南北首脑会晤发表谈话"，http://news.xinhuanet.com/newscenter/2007-08/08/content_6494342.htm（文献检索日：2012年4月6日）。

统李明博宣称，明年就要为朝鲜半岛“统一”做新的准备。韩国统一部在新年报告中提出2011年为“统一准备元年”。韩国《朝鲜日报》称，这意味着韩国政府对朝政策基调将由现在的“保持稳定和合作交流”转变为“为吸收统一做准备”。针对这一言论，中国外交部12月30日举行的外交部例行记者会，外交部发言人姜瑜强调：“我们注意到李明博总统关于半岛南北关系的谈话。中方一贯主张南北双方通过对话协商解决问题，逐步改善关系，实现和解合作。对话谈判是解决朝鲜半岛有关问题、实现半岛长治久安的唯一正确有效途径。我们真诚希望并支持南北双方进行有益的接触对话。六方会谈是实现朝鲜半岛无核化、维护地区和平稳定的有效途径，“我们愿与各方共同努力，通过六方会谈进程，实现‘9・19’共同声明的各项目标”。[64] 中国政府为缓和半岛局势、重启六方会谈而不懈地努力着。2011年6月1日，朝鲜国防委员会公布了朝韩秘密接触细节并宣布中断朝鲜半岛北南对话，为此，中国外交部发言人洪磊主持例行记者会强调：“中方一贯主张并推动有关各方通过对话接触、以和平方式解决半岛有关问题。我们希望朝韩双方和解合作，改善关系，通过对话协商妥善解决各自关切，共同维护半岛和平稳定大局。”[65] 中国政府不仅支持朝韩之间通过对话协商改善关系，而且还支持朝美双方改善关系，为其积极接触牵线搭桥。朝美第三次高级别会谈今年2月23日至24日在北京举行，此次会谈是2011年7月和10月进行的两次高级别会谈的延续，双方认真深入讨论了旨在改善朝美关系的一系列建立信任措

64) 2010年12月30日，外交部发言人姜瑜举行例行记者会。中华人民共和国外交部网站：http://www.fmprc.gov.cn/chn/pds/wjdt/fyrbt/y782585.htm(文献检索日：2012年3月2日)。

65) 2011年6月2日，外交部发言人洪磊主持例行记者会。中华人民共和国外交部网站：http://www.fmprc.gov.cn/chn/pds/wjdt/fyrbt/t827448.htm(文献检索日：2012年3月1日)。

施，以及保障朝鲜半岛和平与稳定、重启六方会谈相关问题。2月29日，双方同时宣布，朝鲜决定在朝美会谈期间暂时停止进行核试验、试射远程导弹和宁边铀浓缩活动，并允许国际原子能机构对朝鲜暂停铀浓缩活动进行核查。美国政府同意向朝鲜提供24万吨的营养食品，并将逐步改善美朝两国的双边关系。3月16日，朝鲜宣布在4月12日至16日发射"光明星3号"卫星的消息以后，引起了东北亚相关国家的强烈反映。日本政府下令导弹拦截、美国宣布暂停对朝鲜的营养食品援助。朝鲜半岛局势极有可能发生逆转。为此，2012年3月29日，外交部发言人洪磊主持例行记者会。强调："维护朝鲜半岛和东北亚地区和平稳定，防止来之不易的半岛缓和势头逆转，符合各方共同利益。中方积极评价朝美2·29共识，希望朝美继续对话，改善关系。"[66] 4月6日，洪磊主持例行记者会上有进一步强调："朝鲜宣布射星计划后，中方即表达了关切和忧虑。我们认为，维护半岛和东北亚地区和平稳定，符合各方共同利益，也是各方共同责任。在当前形势下，中方呼吁有关各方保持冷静克制，防止来之不易的半岛缓和势头发生逆转。中方愿与各方一道，为维护地区和平稳定大局继续发挥建设性作用。"[67] 朝鲜发射卫星失败以后，联合国安理会16号发表主席声明，称15个理事国一致同意，严厉谴责朝鲜，称14号的卫星发射违反安理会决议，引发地区紧张，要求朝鲜停止所有导弹项目，并警告如果朝鲜再进行试射或新核试，安理会便将采取进一步行动。声明还表示，考虑是否扩大对朝制裁。4月16日外交部发言人

66) 2012年3月29日外交部发言人洪磊举行例行记者会。中华人民共和国外交部网站：http://www.fmprc.gov.cn/chn/pds/wjdt/fyrbt/t918673.htm(文献检索日：2012年4月3日)。

67) 2012年4月6日外交部发言人洪磊举行例行记者会。中华人民共和国外交部网站：http://www.fmprc.gov.cn/chn/pds/wjdt/fyrbt/t918673.htm(文献检索日：2012年4月7日)。

刘为民就安理会通过朝鲜发射卫星问题主席声明答记者问时表明了中方的立场，"该声明是各方反复磋商的结果，反映了国际社会的基本共识。中方以负责任和建设性态度参与了安理会磋商，强调安理会应从推动接触对话、维护朝鲜半岛及东北亚地区和平稳定大局出发，妥善处理此事，避免局势轮番升级。中方始终认为，继续推进六方会谈和半岛无核化进程，维护半岛和东北亚地区和平稳定，符合各方共同利益，也是各方共同责任。实践证明，对话协商是解决问题的唯一正确选择。朝美2·29共识对半岛无核化进程和半岛和平稳定有重要意义，希望各方共同努力，使这一共识得到维系和履行，并通过接触对话妥善处理未决问题。中方愿同各方继续保持密切沟通协调，积极推进六方会谈进程，为实现半岛和东北亚地区长治久安作出不懈努力。"[68]

综上所述，中国政府一贯支持朝鲜半岛国家的统一事业和为实现统一而采取的一切积极举措。朝鲜国家最高领导人金正恩2012年4月15日，出席为纪念已故领导人金日成诞辰100周年而举行的大规模阅兵仪式，并首次发表20分钟的公开演讲中，释放出了这样一个讯号，就是一方面要继承原来的传统，同同时也不排除要有这种对话、用和平的方式来实现统一这样的信号。[69]笔者相信，中国政府仍然会着眼大局，继续支持朝鲜半岛双方的采用对话、用和平的方式实现统一的政策。

---

68) 外交部发言人刘为民就安理会通过朝鲜发射卫星问题主席声明答记者问，中华人民共和国外交部网站：http://www.fmprc.gov.cn/chn/pds/wjdt/fyrbt/t923357.htm(文献检索日：2012年4月17日)。

69) 金正恩讲话释放不排除和平统一的信号，http://news.ifeng.com/world/special/chaoxian2012yuebing/content-1/detail_2012_04/15/13899184_0.shtml(文献检索日：2012年4月16日)。

2) 学者与普通民众的立场

1992年中韩建交以后，中国的学者逐渐抛弃以前的"意识形态"理念指导下的"半岛研究"思路，对朝鲜是中国的战略性缓冲区域这一传统认识进行了重新审视，有学者持"乐见朝鲜半岛统一论"。认为"中国政府真诚希望南北双方通过接触和对话，逐步增加信任，改善关系，最终实现民族和解和国家的自主和平统一。"的这种"真诚希望"，光明磊落，言行一致，决非是什么"口是心非"。其理由一是半岛统一符合中国的现代化建设，周边环境的和平与稳定这一国家根本战略的需要；二是半岛统一有利于改变东亚战略格局，特别是迫使美国军事力量退出半岛符合中国的国家安全战略；三是半岛和统一有利于台海两岸的统一。因此，半岛统一对中国来说应该是有利无害。"半岛统一威胁论"应改为"半岛统一有益论"。[70] 有学者对西方特别是韩国有些人持"中国实际亦如美、日、俄一样愿意看到朝鲜半岛维持目前的分裂局面，认为这样对中国有利"这种观点予以反驳，并认为"中国明示希望朝鲜半岛统一，不仅出于国际道义，而且也出于其本身之利益。"理由有三：第一，历史经验证明，朝鲜半岛处于统一时，中朝关系就会稳定而友好，中国的东部安全就会得到保障；朝鲜半岛处于分裂或动荡时，中国安全就会受到威胁，甚至被拖入战争。第二，朝鲜半岛实现统一可排除大国势力对这一地区的干预，东北亚局势将趋于稳定；第三，朝鲜半岛实现统一有助于东亚经济的发展。[71] 有学者从东北亚区域战略构建的视角，认为"朝鲜半岛统一有利于中国，中国有必要以更为积极的姿态支持朝鲜半岛的和解和统一"。理由是"从长远的东北亚战略考虑，朝鲜半岛维持现状或持久的分裂都不是

70) 参阅陈峰君：《朝鲜半岛和平统一：中国乐见其成》，《东北亚研究》2001年1期。

71) 参阅张琏瑰：《朝鲜半岛统一与中国》，《当代亚太》2004年5期。

中国战略的理想状态，即只求朝鲜半岛的稳定远远不能满足中国在这一区域内的发展利益。实施中国的东北亚战略所需的朝鲜半岛的理想状态，应当是实现其和解和统一，这也是中国营造有利于全方位发展的东北亚区域的国际环境并取得预期目的的基本前提”。72) 目前，在中国学界基本形成了共识，朝鲜半岛在采取“和平自主统一”的前提下，对中国利大于弊，中国应该积极支持。

但在民间，普通民众中仍然有相当一部分人持“维持现状论”。理由是：第一，朝鲜半岛民族主义情绪日益高涨，担心统一以后会变成第二个越南，届时极有可能恃强提出对延边甚至东北大部的领土要求；第二，如果采取以“韩国吸收统一的方式”，担心朝鲜的大量难民涌入中国东北地区，造成边境危机；第三，仍然担心统一后韩美同盟进一步加强，这是因为韩国政府未就统一后的东北亚安保以及同周边国家之间的关系明确表明立场。德国统一时曾向英国和法国保证‘统一后会継续留在欧盟发挥和平作用’，但中国国民不知道韩国为何要统一，也不知道统一后的东北亚安全局形势会如何。”因此认为朝鲜半岛“不战、不统”的状态对中国更有利。

三、朝鲜半岛的和平安全与中国的国家利益

1) 朝鲜半岛的安全与中国的战略利益

中国与朝鲜半岛之间，有着1400多公里的陆地边界和海域毗连区。半岛的北部则以图们江和鸭绿江为界与中国的延边地区和丹东相毗连，可以说是“一衣带水”、“辅车相依”。朝鲜半岛与中国这种天

---

72) 参阅金强一：《论中国的东北亚区域战略》，《延边大学学报(社会科学版)》2004年6月第37卷第2期。

然的地缘政治结构也决定了两者之间世界上任何国家也不具备的"独一无二"的特殊关系，对中国具有重大的战略意义。

第一，国家安全利益。朝鲜半岛扼守中国的东大门，对中国的国家安全和发展都有着举足轻重的影响。中国人过去常常用"唇齿相依"、"唇亡齿寒"、"城门失火殃及池鱼"等字眼形象地比喻中国与朝鲜半岛的特殊利害关系。有人把朝鲜半岛形容为是要放在"打中国头部的铁槌模样"[73] 从军事地理角度来看，敌对势力可利用它从不同方向对我威胁、进攻。它不仅直接关系到中国东北地区的安全得失，而且，对华北地区的稳定、首都北京的安全以及整个北部沿海地区的防卫都有十分重要的作用。[74] 自朝鲜半岛经台湾海峡到南沙群岛的弧形地带，中国面临较大战略压力，也是中国军事防御的重点方向。可见，朝鲜半岛作为中国周边环境的重要组成部分，对于中国国家安全的各个层面都有着深远的影响，是中国安全利益的重中之重。

第二，地缘战略意义。朝鲜半岛是亚洲大陆面向北太平洋的边缘区域，半岛之外就是孤悬太平洋的日本群岛。自古以来就是连接亚洲大陆和日本诸岛屿的天然通道，它既是大陆国家向海洋防御的或进攻的前沿，同时又是海洋国家和亚洲外部力量自东向西进攻大陆的第一块滩头。冷战时期，由于中美之间的对抗，朝鲜一直作为中国的战略缓冲地带对中国的安全构成一个战略屏障。冷战结束以后，由于东北亚地区国际力学结构的变化，特别是现代化的海湾战争、伊拉克战争的启示，一部分学者认为，朝鲜的战略缓冲地带作用越来越减弱了。但近年来，伴随着美国全球战略重心的快速东移亚太，美国从中国的周边下手，四处围堵"中国的崛起"，朝鲜半岛周边

---

73) Cho Soon Sang, *Korea in World Politics (1945 ~1950)*, Berkely: University of California Press, 1967, p. 5.

74) 总参谋部军训部：《中国军事地理》，解放军出版社，1989年版，第193页。

安全环境急剧恶化。现阶段在朝鲜半岛，对中国最严重的安全隐患按轻重缓急依次来自美国的军事存在、其次是美日、美韩军事同盟的强化。在前两种威胁始终存在的前提下，中国都必须将朝鲜视为盟友，这是因为共同敌人使中朝两国有共同的战略利益。对于韩国来说，从推动东亚一体化进程的长远目标出发，中韩之间也应该不断提升战略合作关系，韩国也是我们未来要发展的战略盟友关系中的一员。

第三，地缘经济利益。朝鲜半岛与中国有着独一无二的地缘优势，经济合作潜力巨大。多年来，中国一直是朝鲜的最大的贸易伙伴国。朝鲜与中国的贸易额由2000年的4.9亿美元上升至2011年底的50亿美元。中朝之间的贸易额占朝鲜对外贸易额的70%左右。朝鲜对中国的经济依存度越来越大。中韩两国于1992年建交。2008年双方建立战略合作伙伴关系后，各领域合作取得很大发展。中韩贸易额2010年达到2072亿美元，同比增长32.6%，与建交时相比已增长了40倍。到2015年双方贸易额要达到3000亿美元。韩联社称，韩国对中国的贸易依存度从1991年的2.9%增加到2011年的20.4%，短短10年期间，韩国对美国的贸易依存度缩小一半以上，而对中国的贸易依存度增加了2倍以上。因此，无论从东亚一体化的长远目标、还是目前我国东北开发大战略与长吉图开发开放先导区建设来看，朝鲜半岛对我国来说，都有着重要的经济利益。

2) 朝鲜半岛安定与否与中国的历史命运

从历史经验来看，朝鲜半岛处于统一时，中朝关系就会稳定而友好，中国的东部安全就会得到保障；新罗统一半岛以后，中朝关系的发展就十分稳定。朝鲜半岛处于分裂或动荡时，中国安全就会受到威胁。一方面，直接与朝鲜半岛国家发生战争，多次成为中国改朝换代的关键因素。高句丽王国在隋朝覆灭和唐朝兴起过程中的关键作用，也许上溯过远。但是1592年到1598年日本丰臣秀吉入侵朝鲜，便直接影响到以后四个世纪的中国历史。这场战争朝鲜称为壬辰倭乱，中国称为万历朝鲜之役。日本侵略军虽然最后被明朝和李氏朝鲜联军驱逐，但是明史专家普遍认为这也是拖垮明朝财政的最后因素，明朝的衰落因此不可逆转，趁机积蓄力量崛起的爱新觉罗·努尔哈赤成为壬辰倭乱的真正赢家，注定了明亡清兴的中国历史。壬辰倭乱三百年之后，日本再次侵略朝鲜，中国也再次出兵援朝，导致甲午战争的惨败。这一结果，不仅造成台湾的割让，也是清廷在平定太平天国、实现"同〔治〕光〔绪〕中兴"之后迅速失去民心而灭亡的关键因素。

另一方面由于中国与朝鲜的宗藩关系，而被拖入战争。朝鲜三国时期，半岛处于分裂状态，中国多次出兵干预。近代以后，东北亚地区爆发四次大规模战争，中国被卷入，遭受莫大损失，而这四次战争都与朝鲜动荡和分裂有关。第一次是1894年的甲午中日战争，因日本势力进入朝鲜引发中日争朝战争，中国战败放弃中朝宗藩关系，并对日割地赔款。第二次是1904年日俄为争夺朝鲜爆发了战争，中国虽未介入但战争是在中国领土上进行的，中国东北遭战争蹂躏。第三次是1931年开始的抗日战争。日本侵略者在中国土地上烧杀掠夺，给中国带来的苦难是空前的。当时朝鲜已被日本吞并，朝鲜成为日本入侵中国的前沿阵地和战争物资、兵员的来源地和集结地。第四次战争就是1950年的朝鲜战争。中国为此付出数十万人的牺牲。这四次使中国遭受巨大损失的战争，皆是因朝鲜失去自主，或被分割、被占领所致。[75] 朝鲜半岛实现统一，并成为一个自主的独立国家后，首先它不可能对中国构成威胁，中朝不会有战事；其次是朝鲜半

75) 张琏瑰：《朝鲜半岛的统一与中国》，《当代亚太》2004年第5期。

岛不再有内战危险，中国自然也无被拖入之忧；再次是外部势力很难再利用朝鲜半岛对中国发动攻击。

3) 朝鲜半岛统一与两岸统一的现实考量

朝鲜半岛的分裂和大陆台湾的分裂虽然都有冷战的因素，但性质上有着本质的区别。中国政府一再申明，台湾问题纯属中国内政，它在性质上完全不同于战后形成的德国问题和朝韩问题，德朝问题是二次大战后的国际协议所产生的结果，而台湾问题则是中国内战的结果。中国政府始终坚持台湾问题只能在一个中国的框架下解决，历来反对用处理德朝问题的方式来处理台湾问题。但我们反对的只是用两韩或两德模式处理两岸关系，并不否定半岛统一进程对两岸关系的启示和积极影响。[76] 最重要的就是自主和平统一方式，将有助于两岸自主地解决台湾问题。韩朝南北共同宣言第一条款明确向世人宣告："南北双方决定，国家统一问题，要由其国家的主人-我们民族相互联合的力量自主地加以解决"。半岛南北如果真能摆脱外部大国势力的干预而独立自主地解决和平统一问题，必将有助于两岸问题的和平解决。所以说，无论是半岛统一还是两岸统一过程中，以美国为首的外部力量是必须面对的课题，难道非要在外来的力量干预下才能实现统一吗？

76) 陈峰君：《朝鲜半岛和平统一：中国乐见其成》，《东北亚研究》2001年1期。

四、结论

无论是从历史经验来看，还是从现实利益出发，中国都会一贯地支持朝鲜半岛最终实现自主和平统一。中国也是饱尝分裂之苦的国家，对朝鲜半岛人民企盼统一的心情有着深切的体会和深刻的理解。这与中国对台湾的统一政策有着密不可分的关系，追求两岸统一的中国不可能成为反对南北统一的势力。但坚决反对在外来力量干预下、造成半岛混乱的统一方式。尽管处于崛起进程之中，但中国目前而言只是一个地区大国而非地区领导国，中国的战略视野基本上还是立足于国内经济建设和致力于"营造和平稳定的国际环境、睦邻友好的周边环境、平等互利的合作环境、互信协作的安全环境"。[77] 在朝鲜半岛，中国的首要利益就是"无核维稳"，"半岛不能混乱，不能战争"，在中国人的心中始终笼罩着朝鲜战争的"历史阴影"，无数中华优秀的男儿血洒半岛三千里江山，不愿意看到一个混乱不安的朝鲜半岛和大批难民进入中国东北，中国不会坐视朝鲜半岛战火再次蔓延，对于朝鲜半岛统一进程中的若干安全隐患，特别是攸关中国国家自身核心利益的问题，中国不会"袖手旁观"，会有理、有利、有节地进行"选择性干预。"[78]

"兄弟阋墙，外御其侮。蜗角纷争，惟利是务。"[79] 朝韩双方虽然在统一问题上还存在着很大分歧，朝鲜半岛自然地理的统一性和经济上的南北互补性，民族的同源性，崇尚统一和秩序的民族价值观，在曲折的历史经历中进一步强化了的民族危机感和内聚力，都是朝鲜

---

77) 温宪：《朝鲜半岛和平：中国的作用不容忽视》2007年10月10日，《人民日报(海外版)》。

78) 徐文吉：《朝鲜半岛统一进程中中国的政治作用》，《韩国发展报告》(2011)，社会科学文献出版社，2011年6月，244页。

79) 蔡东藩、许廑父：《民国通俗演义》第一百三十回。

半岛重新走向统一的内在动力。笔者坚信，在朝鲜半岛南北双方的不懈努力以及世界各国爱好和平人士的积极推动下，朝鲜半岛最终一定能够走向和平统一，建立无核化且和平的政府，为21世纪中国与朝鲜半岛的共同繁荣提供广泛的经济活动及交流空间。为此，中韩两国应基于面向未来、创新合作、互相尊重、共同繁荣的共识，为朝鲜半岛新的未来集思广益。[80] 中国将始终不渝地为此做出积极的努力。

80) 金兴圭：《朝鲜日报》，《中国如何能接受南北韩统一－－－系列评论〈3〉中国和朝鲜半岛统一》，2010年5月17日。

중국과 한반도 통일문제 – 한국의 시각

이태환(李泰桓)*

1. 들어가며

이 글의 목적은 한반도 통일문제에 대한 중국의 역할, 중국의 입장과 이익이 무엇인가를 한국적 시각에서 검토해 보는 데 있다.

한반도 통일과정과 통일한국에 대한 중국의 입장이나 이익이 한반도 통일의 관건임은 긴 설명이 필요하지 않다. 향후 한반도 통일과 관련된 국제환경에서 미국과 중국의 입장이 차지하는 비중이 가장 크기 때문이다. 동북아 안보환경은 대 전환기에 처해 있고 향후 10년 내지 20년 동안 동북아 안보구도의 재건축에서 가장 중요한 변수가 미국과 중국의 전략, 그리고 미·중의 상호관계이기 때문에 중국이 한반도 통일과정에 미치는 영향 또한 지대할 수밖에 없을 것이다.

---

* 세종연구소 수석연구위원, 한중전문가 공동연구위 집행위원장, (사) 한중 싱크넷회장(현).
한국세계지역학회 회장, 현대중국학회 회장 역임.
주요 저서: 《중국의 국내정치와 대외정책》, 《통일한국의 외교안보》, 《*North Korea and Northeast Asia*》, 《통일한국의 외교안보》.

한반도 통일에 있어 미·중 양국 모두 중요하지만 이 글은 중국의 입장과 이익을 중심으로 분석하고자 한다. 미국 못지않게 중요한 중국의 협력 없이 한반도 통일이 어렵기 때문이다. 중국의 협조 없이도 통일이 가능하다고 생각할 사람도 있겠지만 일반여론도 중국 협조의 필요성은 잘 알고 있는 편이다. 한 설문조사에 따르면 통일에 주변국들의 협조 필요성에 대해 미국의 협조가 필요하다는 사람들은 전체의 92.9%에 달했으며, 이 중 45.2%는 미국의 협조가 '매우' 필요하다고 답하였다. 미국에 이어 남북한 통일에 꼭 협조를 구해야 할 대상은 중국으로, 83.2%가 중국의 협조가 필요하다고 대답하였다(매우 필요 29.7%, 약간 필요 53.5%).[1)]

한반도 통일에 대한 중국의 입장과 전략적 이익을 이해하기 위해서는 중국의 핵심적 이익을 포함하는 국가이익과 이를 수호하기 위한 국가전략을 이해할 필요가 있고 이 연장선에서 동북아에서 그리고 한반도에 대한 중국의 이익과 전략을 이해할 수 있어야 한다.

한반도 통일이 적절한 시기에 이루어지기 위해서는 중국이 한반도 통일을 적극적으로 지지하지는 않더라도 방해하거나 막지는 않아야 한다. 즉, 소극적인 자세로 방관하다가도 사태 추이에 따라 소극적이나마 지지로 변화할 수 있는 정도는 되어야 한다는 의미이다. 그러한 변화를 이끌어내고 더 나아가 적극적인 지지를 유도하기 위해서는 한국의 역할이 그 어느 때보다 중요하다.

때문에 궁극적으로 중국이 한반도 통일을 지지할 수 있도록 하기 위한 국가전략이 필요하다. 미국과 중국의 전략적 이익이 한반도 통일과정이나 결과에 의해 침해받게 된다면 미·중 양국은 한반도 통일을 지지하지 않을 것이 자명하다. 따라서 한국의 통일외교의 관점에서 볼 때 가장 중

1) 이상신, "유연한 현실주의: 대북·대미인식의 변화를 중심으로", 한국세계지역학회 2009 연례학술회의 발표논문(2009. 11. 27.); 이태환, 《한반도 평화와 한미중 협력》에서 재인용.

요한 과제는 미·중의 전략적 이익이 상호 충돌하지 않는 접점을 찾아내어 이에 초점을 맞추는 것이 될 것이다. 좀더 적극적으로 이 문제에 접근하기 위해서는 한반도 통일이 미·중 양국의 이익에 반하지 않는다는 것을 보여줄 수 있도록 한국의 입장을 정리해 가는 것이다. 그리고 한반도 통일이 중국의 이익에 반하지 않는다는 점을 중국에 납득시킬 수 있어야 한다. 중국이 한반도 통일을 지지할 수 있는 여건을 조성해 가는 것이 중요하기 때문이다.

이 글에서는 한반도 통일에 대한 중국 입장을 살펴보고 중국의 전략적 이익을 검토한다. 중국의 전략적 이익에 따라 중국의 입장이 결정된다고 볼 수 있다. 전략적 이익은 동북아 안보구도와 연관이 있고 동북아 안보구도는 미·중관계에 의해 영향을 받을 것이다. 동북아질서의 변수로서 미·중관계를 검토한 후 중국의 동북아 및 한반도 전략을 살펴볼 것이다. 미국의 입장은 이 글의 분석대상이 아니므로 다른 기회로 미루기로 한다. 한반도 통일에 대한 중국의 이익과 입장을 이해하기 위해서는 중국의 자료들을 통해 분석하는 것이 바람직하지만 이에 대한 자료는 극히 제한적이므로 한국에서 발간된 자료들과 다른 외국의 자료들에서 분석한 내용들을 중심으로 보고자 한다. 이 글은 한국의 대 중국 전략을 연구하기 위한 것은 아니므로 중국의 한반도 통일에 대한 입장이 한국에 주는 함의를 모색하는 데 그치고자 한다.

2. 한반도 통일에 대한 중국의 입장

중국은 한반도 통일을 원하는가?

이는 중국이 한반도 통일을 어떻게 인식하는가와 연관이 있는 문제이다. 우선 중국정부가 표명한 입장을 보기로 하자. 1992년 8월 24일 수교시에 공포된 '대한민국과 중화인민공화국 간의 외교관계수립에 관한 공동성명'에 나타난 "한민족에 의한 평화적 통일"이 공식적으로 처음 표명된 입장이다. 최근에 표명된 것으로는 호금도(胡锦涛) 중국 국가주석이 2011년 1월 18일 방미시 〈월스트리트저널〉과 〈워싱턴포스트〉 등 미국의 주요 언론 인터뷰에서 한반도 문제와 관련해 '남북통일이 현상유지보다 한반도 안정에 더 유리하다고 보느냐'는 질문을 받고, "중국은 독립적이고 평화적인 통일의 실현을 위한 남북 양측의 노력을 지지한다"면서 "이것이 양국의 근본이익에 부합하고 한반도 평화·안정에도 유리하다고 본다"고 언급했다.[2] 한반도 통일에 반대하지 않음을 표명한 것이기는 하지만 독립적이고 평화적인 통일이라고 한 점에서 조건부 지지라고 볼 수 있다. 외세의 개입을 반대하고 무력통일에 반대한다는 의미가 내포되어 있다. 통일방식이나 과정이 중요함을 의미하는 것이기도 하다. 이는 중국이 한반도 통일과정에서 주변강대국들의 영향을 최소화 하려는 의도이기는 하지만 역설적으로 한반도 통일을 강대국 정치와 연계시켜 인식하고 있음을 보여주는 것이다. 중국은 당사자 간의 대화와 협상을 통한 남북관계 개선이 한반도 평화정착에 가장 효과적일 뿐만 아니라 주변 강대국들의 영향력 행사를 억제하는 데 유리하다는 인식을 갖고 있다.[3]

---

2) 〈연합뉴스〉, 2011. 01. 18.

3) 손인섭, "국제질서의 변화와 통일환경", 〈통일문제의 이해〉, 통일부 통일교육원, 2009, p. 44.

이러한 공식적인 입장에 대한 전문가들의 견해는 몇 가지로 나누어진다. 최근의 한 연구에서 필자는 중국이 한반도 통일을 진정으로 원하는가에 대해서는 논란이 있다고 지적하고 그 근거들에 대한 분석을 시도했다.[4] 중국의 실제적인 입장이 통일을 지지하는가 아니면 통일보다는 분단을 선호하는가 크게 두 가지로 나누어 볼 수 있다. 즉, 통일을 반대하지 않을 것이라는 견해와 사실상 현재의 분단상태로 그대로 있는 것, 즉 분단된 현상을 유지하는 것을 원한다는 견해이다.

1) 한반도 분단의 현상유지 지지

중국은 한반도 통일과 관련해서 분단상황의 현상유지를 바란다고 보는 입장이다. 통일은 현상타파이므로 통일과정에서 한반도에 혼란이 생길 수 있기에 중국은 잠재적 또는 실제적 위협이 될 수 있는 한반도 통일에 대해 당위론적인 찬성을 할 수는 있겠지만 실제로는 통일을 반대하고 있다는 분석이다.[5]

최근의 한 설문조사에 의하면 중국의 많은 한반도 전문가들이 한반도 통일문제에 부정적인 입장을 가진 것으로 보는 견해가 있다. 중국 청화대학 국제연구소의 서니 리 연구원이 중국 내 한반도 전문가 46명을 대상으로 실시한 설문조사 결과를 발표한 바에 의하면 중국의 많은 전문가들은 통일반대가 28%, 지지를 확신할 수 없다는 응답이 54%로 부정적인 견해가 대부분이었다고 한다.[6]

---

4) 이태환, "한반도 통일에 대한 중국의 입장", 〈세종정책연구〉 2011-20, 세종연구소, 2011, pp. 35~37.

5) 유세희, "최근 北·中 관계의 현황과 전망", 국제외교안보포럼 531차 조찬 강연회, 2011. 9. 29.

6) 〈노컷뉴스〉, "〈미국의 소리〉, 中 전문가들, '한반도 통일 중국에 위협'", 2012. 01. 26.

한반도 전문가인 란코프 교수에 의하면 중국은 대한반도 목표에서 안정된 한반도, 분단상태의 한반도, 한반도 비핵화의 순으로 우선순위를 갖고 있다고 본다. 중국이 한반도 분단을 선호할 것이라는 주장의 근거로 란코프 교수는 다음의 네 가지 이유를 제시한다.[7] 첫째, 북한의 완충지대로서의 가치, 둘째, 두 개의 한국, 즉 남북한 간 경쟁을 활용하여 우위를 누림, 셋째, 북한의 경제적 취약성으로 인해 광산채굴권 같은 경제적 양보를 확보, 넷째, 통일한국이 제기할 수도 있는 간도회복 주장 등에 대한 우려이다. 통일 전의 북한의 전략적 가치와 경제적 이익, 통일 후 통일한국에 대한 우려사항 등으로 한반도 통일에 부정적이라고 보는 것이다.

중국이 북한의 완충지대 역할을 원하는 것은 아니더라도 중국이 한반도 안정을 우선순위에 두고 있고 북한체제 붕괴를 원하지 않는 것 자체가 중국이 통일을 반대하는 다른 근거로 볼 수 있다. 중국이 북한의 붕괴를 방지하려는 이유는 북한의 정치 경제 난민들이 대량으로 중국으로 유입되어 중국의 정치마저 불안정에 빠뜨릴 수 있다는 우려에서이다.[8]

한반도의 안정을 한반도 비핵화나 통일보다 우선시하는 중국의 입장은 최근 일련의 사태에서도 잘 나타났다. 북한이 2차 핵실험을 했을 때 강력히 비난했던 것과 달리 천안함과 연평도 포격사태, 김정일의 사망 이후 김정은 권력승계 과정에도 중국은 안정과 평화를 가장 중요시하며 북한을 자극하지 않는 범위에서 움직이는 자세를 보인 것이다. 중국은

---

7) Andrei Lankov, "The Rise of China and Korean Unification"(mimeo), 2011. 5; 안드레이 란코프, "남북통일추진방법", 제1차 통일외교포럼(2010. 6. 29.), 최진욱 편저, 〈한반도 통일과 주변 4국〉 제2장, KINU 통일외교 포럼(2010), pp. 58~61.

8) Avery Goldstein, "Across the Yalu: China's Interests and the Korean Peninsula in a changing World", in *New Directions in the Study of China's Foreign Policy*, ed. by Alastair Iain Johnston and Robert S. Ross, Stanford: Stanford University Press, 2006, Chapter 5.

북한의 가장 중요한 원조파트너로서 강력한 대북 지렛대를 갖고 있지만, 북한의 예상치 못한 움직임이 한반도의 안정을 위협하는 것을 우려한 나머지 강한 영향력을 행사하는 것을 주저하는 입장을 보여왔다.[9] 이러한 우려와 영향력 행사를 주저하는 입장은 지속되고 있다.

또한 남북한 간의 경쟁을 이용하여 한반도에서 우위를 누리고자 하는 중국의 입장도 고려될 수 있다. 중국은 남북 간의 긴장완화 및 관계개선을 통한 한반도의 평화정착, 남북관계의 균형적 조정을 통한 한반도 상황의 현상유지를 추구하고 있다고 보는 것이다.[10]

다음으로 통일한국이 중국에 미칠 수 있는 영향을 고려하여 통일을 지지하지 않을 것이라는 분석이다. 통일한국이 동북아 안보전략구도에서 중국에 대해 어떠한 입장을 가지게 될지 알 수 없는 상황에서 중국은 남한에 의한 북한 흡수통일에 호의적일 수 없으므로 통일에 대해 실질적 지원은 하지 않을 것이라고 보는 것이다. 한국 주도의 한미동맹에 의한 통일이라면 더더욱 지지하지 않을 것으로 본다.

이와 비슷한 입장이지만 중국의 입장변화를 전제로 중국의 입장이 과거 긍정적인 데서 부정적으로 변화했다는 분석도 있다. 과거 중국 정치인들이나 외교관들이 한반도 통일은 남한이 주도할 것이라는 전망을 많이 했으나 중국의 급속한 부상과 더불어 중국이 한반도 분단에 대한 평가를 달리하고 있다고 보는 분석이다. 즉, 미국과의 전략적인 관계 속에서 한반도 통일을 보기 때문에 쉽사리 긍정적으로 보기 어렵다는 것이다. 이 분석에 따르면 한국이 주도하는 통일이 이루어지면 한반도 전체가 미국의 영향력 아래에 있게 될 것이므로 중국으로서는 통일보다는 현재와 같은 분단체제를 지속하는 것이 자국의 이익이라고 보고 있다는 것이다.[11]

---

9) Robert G. Sutter, *China's Rise in Asia: Promises and Perils*, Rowman & Littlefield, 2005, pp. 169～172.

10) 손인섭, 앞의 글, p. 44.

또 다른 연구는 시나리오별로 나누어 보면서 가장 가능성이 큰 시나리오로 현상유지 및 갈등확대를 들고 있는 경우이다. 이 시나리오에 따르면 남북한 분단의 현상유지 상황을 타파할 이유가 없기 때문에 이를 그대로 유지하고자 한다는 입장이다.[12]

2) 한반도 평화통일 지지

중국의 한반도 전문가들 중에서 한반도 통일이 중국에 불리하지만은 않다고 보는 견해들도 있다. 그 근거로 첫째, 중국과 동아시아의 경제발전에 유리하다는 점이다. 둘째, 주한 미군의 철군 논의와 더불어 중국과 동아시아의 평화와 안정에 유리한 방향으로 국제관계의 재편이 촉진될 것으로 보는 것이다. 셋째, 양안 통일에도 긍정적인 영향을 미칠 것으로 예상하는 것이다.[13]

통일을 지지하는 경우에도 통일의 성격, 명분과 이익 중 어디에 중점을 두는가에 따라 조금 차이가 있다. 한반도 분단과 통일을 남북한의 문제로 보는가 아니면 국제정치의 산물로 보는가의 차이이다. 남북한 문제로 보면 통일을 반대할 명분이 없다는 것이다.

북경대 교수인 주펑에 의하면 중국정부가 한반도 통일은 남북한의 문제로 치부하고 통일을 방해할 명분이나 이유가 없다고 본다. 즉, 남북한이 합의하면 자연히 통일이 이루어질 것이므로 중국이 지지하고 말고 할

---

11) 이수혁, 《북한은 현실이다》, 21세기북스, 2011, pp. 176~188.

12) 국회외교통상통일위원회, "한반도 통일추진과정에서의 대중국 협력방향", 〈국회 외교통상통일위원회 정책연구〉 10-01, 2010, pp. 7~8.

13) 李敦球, "冷战後中韩关系的发展与东北亚格局一中韩建交15年来双边关系的回顾与展望", 〈当代韩国〉 2, 2007, p. 6.; 张琏瑰, "朝鲜半岛的统一与中国", 〈当代亚太〉 5, 2004, pp. 35~36; 이동률, "중국의 초강대국화와 한반도의 미래", 이동률 편, 《중국의 미래를 말하다: 글로벌 슈퍼파워의 가능성과 한계》, 동아시아연구원, 2011. 4. 5., 제8장.

필요가 없다는 원칙론적 입장이다.[14] 이러한 입장은 시기나 상황에 따라 변화할 수 없는 것이다. 주펑 교수는 중국이 한반도 통일에 대해 반대하지 않으며 한걸음 더 나아가 중국의 이익과도 부합될 수 있다고 본다. 최소한 북한 핵무기를 제거하는 한 방법이 될 수 있다는 측면에서 전략적 이익이 있다는 것이다. 주 교수는 첨단무기가 동원되는 현대전에서 북한을 완충지대로 여겼던 기존의 전략적 의미가 크게 퇴색한 만큼 미군이 통일과정에서 압록강 이북으로 진군하지 않는 한 통일한국의 등장에 불안을 느끼지 않을 것이라고 본다는 것이다.[15] 한반도 통일이 중국에 위협이라는 시각에 동의하지 않는다. 그러나 동시에 통일한국이 제기할 수 있는 사안에 대한 우려는 있음을 지적하고 있다. 통일 이후 한국의 규모는 여전히 중국에 비해 작지만 한국의 민족주의 정서가 과도해져 간도(間島) 등에 관한 영토분쟁이 제기될 수 있다는 점에서이다.[16]

다음으로 한반도 통일을 단순히 남북한의 문제가 아니라 한반도를 둘러싼 강대국 정치의 산물이라고 인식하는 경우, 중국이 한반도 통일을 지지한다고 볼 수 있는 근거는 남북한 통일지향적 분위기와 한반도 주변정세가 통일에 유리하게 영향을 미치는 경우이다. 전 국방대 전략연구소장 판젠창 장군에 의하면 2000년대 초 분석 당시 한반도 통일의 긍정적인 요소로 크게 남북한관계와 국제정세 요인이 중요하다고 보고 있다. 판 장군에 의하면 한반도는 주변 강대국들의 이익이 교차하는 요충지이기 때문에 중국은 한반도의 분단이나 통일이 단순히 한 국가의 문제로 되는 것이 아니라 주변 강대국의 안보와 전략적 균형에도 영향을 미치는 중대사안으로 간주하고 있다.[17] 당시 긍정적인 요소로 남북한 양

14) 주펑(朱锋), "중국의 관점에서 본 한반도 통일 문제", 제1차 통일외교포럼(2010. 7. 16.), 최진욱 편저, 〈한반도 통일과 주변 4국〉, 제3장 KINU 통일외교 포럼(2010), p. 94. ; 이태환, 앞의 글.

15) 〈연합뉴스〉, 2011. 07. 24.

16) 〈조선일보〉, 인터뷰기사, 2012. 1. 4.

국 국민이 냉전상태에서 벗어나 통일되기를 바라고 있다는 점, 구소련의 해체와 한중 수교에 따른 경제발전과 평화유지, 미 · 일 · 러 · 중의 긴장완화의 전략 등 국제적 요인을 들고 있다. 90년대 국제정세 변화가 한반도 통일에 불리하지 않음을 지적한 것이다. 따라서 앞으로도 중국이 한반도 통일을 지지할 것인가는 한반도를 둘러싼 전략적 균형에 대한 중국의 판단 여하에 따라 결정될 것임을 시사하는 것이다.

이와 비슷한 맥락에서 남북한의 통일은 일정정도 일본의 잠재적인 군사위협과 군국주의 부활 시도를 줄여줄 수도 있고 대만문제 해결에도 유리하다고 중국이 판단하고 있어 평화통일 가능성이 있다고 보는 견해도 있다.[18] 중국 공산당 중앙외사영도소조는 2005년 12월 북한문제에 대한 세미나에서 역사적 요인이나 지리적 환경으로 인해 중국과 한국 관계의 발전은 양국 국민의 상호우호적 감정을 기반으로 한 · 일, 중 · 일 관계보다 훨씬 긴밀해지고 있고 중장기적으로 볼 때 남북한의 평화통일 가능성이 있다는 결론을 내렸다는 것이다.

중국뿐 아니라 한국의 전문가들도 비슷한 맥락에서 검토하고 있다. 중국의 한반도 현상유지 선호가 무조건적인 한반도 통일에 대한 반대라기보다는 한반도 통일로 인해 야기될 수 있는 중국 주변정세의 불안정성 증대와 중국의 한반도에 대한 영향력 상실에 대한 우려에 있다고 할 수 있다. 따라서 중국의 입장에서도 통일이 분명한 하나의 대세로 등장할 경우 이를 저지하기보다는 정책목표를 우선 통일과정이 안정적이고 점진적으로

17) 潘振强 · 郭新宁, 《朝鲜半岛统一的前景及其影响东北亚安全: 机遇, 挑战和合作》, 2004, pp. 60~70; 이태환, 앞의 글.

18) 중국이 지지하는 한반도 통일방안은 연방식 통일이다. 중국공산당 중앙외교공작영도소조는 2005년 12월 북한문제에 대한 세미나에서 한중관계가 긴밀해지고 있는 점에 비추어 중장기적으로 볼 때 남북한의 평화통일은 연방식 통일이 될 가능성이 높다고 보았다. 또 이 방안이 북한이나 중국에게도 정치적 측면이나 경제발전, 군사안보 면에서 유리하다고 본 것이다. 〈연합뉴스〉(2006. 8. 8.).

진행되는 데 맞출 것이라는 것이다. 그리고 통일한국은 중국에 적대적인 세력이 되거나 또는 적대적인 세력의 배타적인 영향권에 들어가서는 안 된다는 목표를 설정할 수 있는 여지도 있다고 보는 것이다.[19]

한국의 전문가들 중에도 중국이 한반도 분단추구는 아니지만 일정조건이 충족되기 전에는 통일을 지지하지는 않을 것이라는 유보적인 입장을 갖고 있다고 보는 견해가 있다. 중국의 공식입장은 남북한의 자주적, 평화적 통일을 지지한다는 것이며, 실제로도 중국이 한반도 분단을 추구하는 것은 아니라는 입장이다. 그 이유로 양안(兩岸) 간 통일을 지향하는 중국이 한반도 통일에 적대적인 세력으로 남을 수 없다는 점을 들고 있다.[20] 문제는 통일한국이 중국의 전략적 이해(利害)에 부정적인 결과를 가져올 것이라고 중국이 인식한다는 점이다. 한국이 주도한 통일된 한반도에서 중국에 비(非)우호적인 정권이 들어서고, 이 정권이 미국을 도와 중국을 견제하는 역할을 할 개연성에 대해 우려하는 것이다. 나아가 중국과 대만 간에 충돌이 발생했을 때 한반도가 중국 통일에 장애가 될 군사기지가 될 수 있다고 염려한다.

비슷한 맥락에서 조건부 한반도 통일 지지는 공식적인 표현에 나타나 있다고 보는 견해이다. 즉, 중국이 지지하는 한반도 통일은 '평화적, 자주적 그리고 단계적'이어야 한다고 표명한 것이 실제적으로 상기한 조건이 충족되지 않을 경우, 중국은 한반도 통일에 대한 지지를 유보할 수 있다는 의미이다.[21]

이러한 견해들의 차이에도 불구하고 두 가지 견해 모두 한반도 통일의 의미를 중국이 어떻게 인식하는가에 따라 달라질 수 있으며 한반도 통일 과정과 결과가 미치는 영향에 대한 전략적인 판단이 중요하다고 본다.

---

19) 이동률, 앞의 책.

20) 김흥규, "중국이 통일 한국 수용할 조건", 〈동아일보〉, 2010. 5. 14.

21) 김태호, "국방대학교 안보문제연구소와 한국외국어대학교 국제지역대학원, 한중 수교 20주년과 한중 안보협력", 공동 국제학술회의(2012. 5. 2).

3) 한반도 통일에 대한 중국의 입장변화 가능성

위에서 검토한 두 가지 다른 견해가 고정불변이라기보다 어느 정도의 조건이 충족되면 한반도 통일에 대한 중국의 입장변화, 즉 통일에 대한 지지가능성이 있다고 보는 것이 더 정확한 분석이 될 수 있다.

영국에서 발행되는 〈가디언〉(*Guardian*) 지는 분석기사에서 중국이 한반도 통일을 지지하는 쪽으로 입장이 변화하고 있다고 보고 있다. 중국의 경제적 이해가 침해받지 않고 주한미군의 주둔지역이 북한지역으로 확대되지 않는다는 보장만 있다면 중국이 남한 주도의 한반도 통일을 받아들일 용의가 있는 것으로 보인다고 당시 미 대사가 지적한 바 있다.[22) 즉, 현재는 한반도 통일에 반대하거나 한반도 분단유지를 선호하지만 어느 정도 일정조건이 충족되면 한반도 통일에 대한 지지가 가능한 입장으로 변화할 수 있다는 것이다.

중국은 한반도 통일에 대해서 당사자 해결, 평화통일 원칙을 지지하고 있으나 통일이 언제 이루어지는가에 따라 시기별로 달라질 수 있는 입장이다. 향후 5~10년 정도의 중단기적으로는 통일보다 현상유지를 선호한다고 볼 수 있을 것이다. 중국은 한반도 통일과정에서 일어날 수 있는 혼란가능성을 고려하여 통일보다는 분단의 안정적인 관리를 더 선호하고 있으며 두 개의 한국정책을 채택하고 있다. 남북한을 동시에 상대하여 한반도에 대한 영향력을 유지하고자 하려는 목적도 있다. 그러나 10~20년을 전망하는 장기적 관점에서는 통일에 반대하지 않을 것으로 보인다는 의견이 설득력 있어 보인다.[23)]

---

22) 소수의 중국 관리들이 밝힌 의견으로 정부의 입장을 대변하는 것은 아닐 수 있음. Simon Tisdall, "Leaked dispatches show Beijing is frustrated with military actions of 'spoiled child' and increasingly favours reunified Korea", guardian.co.uk, November 29, 2010.

23) 장기적으로 평화통일을 선호하지만 당분간 현상유지가 기대된다고 한 카

3. 한반도 통일과 중국의 전략적 이익

다음으로 한반도 통일과 관련된 중국의 전략적 이익과 관심은 무엇인가. 한반도 통일에 대한 입장이 변화하는 데에는 중국의 전반적인 인식과 더불어 한반도에 대한 전략적 고려가 중요한 변수이다. 중국은 경제성장과 사회적 안정유지 그리고 종합국력의 배양을 위해 평화적이고 비적대적인 국경지역의 확보를 목표로 한다. 이러한 기본목표는 향후 10년 내지 20년 동안은 변함이 없을 것이다. 그러나 높아지는 중국의 위상과 더불어 중국의 역할이 증대하면서 중국의 전략적인 관심은 영역이 확대되고 있는 추세이다.

G2로 불릴 정도로 급속히 강대해진 중국이 한반도 통일과 관련하여 가질 수 있는 기본적인 관심은 동북아 전략구도에 관한 것이다. 한반도 통일이 동북아 안보구도에 어떻게 작용할 것인가에 대한 관심과 전략이익이다.

지역강대국으로서 당연한 관심일 수 있으나 과거보다 더 역할이 증대한 상황에서 미국과 같이 동아시아지역의 안보구도에 대해 영향을 미칠 수 있게 되었기 때문이다. 1990년대에 중국의 경제규모는 중국의 공식적인 평가에 의하면 2010년경에 공식환율 기준으로 세계 7위(1조 6천 5백억 달러), 구매력평가 기준으로는 세계 2위(7조 2천억 달러)에 이를 것으로 전망되었으나 실제로는 중국이 이러한 예상보다 훨씬 빠른 속도로 경제성장을 함으로써 명목상의 GDP 규모에 있어 2010년에 7위가 아니라 세계 2위의 경제대국이 되었다. 비단 경제만이 아니라 군사력의 증가와 소프트 파워의 증대로 동아시아지역에서 중국의 영향력이 날로 증가하고 있다.[24] 동북아 안보지형이 변화하고 있어 동아시아 안보질서의

자흐스탄 주재 중국대사의 의견. Christian Oliver in Seoul and Geoff Dyer in Beijing, "China could accept Korean unification", *Financial Times*, November 30, 2010.

재건축에서 중국의 역할이 점점 더 중요해지고 있다.[25)]

중국의 한반도 정책은 중국의 동북아 신국제질서의 형성이라는 목표와 불가분의 관계를 갖는다. 여기에는 ① 한반도의 안정과 현상유지, ② 한국과의 경제교류와 협력강화, ③ 한반도 문제에 대한 영향력 확대, ④ 북한지원을 통한 유리한 안보환경 조성 등이 중요한 부분을 차지한다. 중국은 당사자 간의 대화와 협상을 통한 남북관계 개선이 한반도 평화정착에 가장 효과적일 뿐만 아니라 주변 강대국들의 영향력 행사를 억제하는 데 유리하다는 인식을 갖고 있다.[26)] 특히 미국과의 관계가 어떻게 발전해 나갈 것인가와 이에 따라 동아시아 안보구도에서 한반도 통일이 중국의 전략적 이익에 미치는 영향이 중국의 입장에 가장 큰 변수로 작용할 것이다.

1) 미중관계와 한반도 통일에 대한 중국의 전략적 이익

한반도 통일에 대한 중국의 기본입장은 주변 강대국들과의 관계에 영향을 받을 것이다. 독일통일의 경우에서 알 수 있듯이 주변국들의 입장과 선호는 고정된 것이라기보다 사태의 진전에 따라, 또 국가들 간의 상호작용에 의해 변할 수 있는 가변적인 것임을 알 수 있다. 구소련의 입장의 변화를 가져오는 데에는 미국의 지도적 역할이 매우 중요했다.

동북아 안보역학구도에서도 미국의 역할이 중요함은 두말할 나위가

---

24) EAI, *Soft Power in Asia: Results of a 2008 Multinational Survey of Public Opinion*, 2009; 조영남, “중국외교의 새로운 시도: 소프트 파워 전략”, 김태호 외, 《중국외교연구의 새로운 영역》, 나남, 2009.

25) 서진영, “부강한 중국의 등장과 한반도”, 세종연구소 강연 자료, 2010. 9. 17.; 이상현 편, 《새로 그리는 동아시아 안보지도》, 세종정책 총서, 세종연구소, 2011.

26) 손인섭, 앞의 글.

없으며 중국의 입장에도 영향을 미칠 수 있을 것이다. 특히 미중관계가 다른 어느 국가들 간의 관계보다 중요할 것이다. 미중관계가 어떻게 전개될 것인가는 비관론과 낙관론이 교차하지만[27] 어느 경우이든 중국의 강대국화와 이에 상응하는 중국 대외전략의 변화, 그리고 미중관계가 중국의 입장에 영향을 미치게 될 것이다.

중국은 미국이 동북아에서 유지할 가장 핵심적인 안보기제가 미일동맹과 한미동맹이라고 인식하고 있다. 2차대전 이래 유지되어 온 미일동맹과 한미동맹에 대한 중국의 인식은 대체로 국제정치에 대한 인식, 미국 및 소련과의 관계, 남북한 및 일본과의 관계변화에 영향을 받았다.[28] 21세기 중국의 동아시아 전략에서 고려의 핵심은 미국이며 한반도 정책에서도 미국은 가장 중요한 변수 중 하나이다. 중국의 북한정책은 중국과 북한의 양자 간의 관계보다 미국의 전략적 의도와 정책방향을 고려하여 결정되고 있다. 2010년에 천명된 미국의 아시아로의 회귀정책에 대응하기 위해 중국은 북한의 전략적 가치를 재인식하고 긴밀한 관계를 유지하고자 하였다. 이를 통해 중국의 동아시아전략과 한반도 정책이 미국과의 전략적 관계를 어떻게 설정하는가와 연관이 있음이 잘 드러난 바 있다. 중국이 한반도를 어떻게 인식하고 어떠한 전략을 갖고 있는가는 한반도만이 아니라

---

27) 프리드버그에 의하면 미중관계에 대한 미국 전문가들의 입장은 현실주의자, 자유주의자, 구성주의자 3그룹으로 나뉘며 다시 그룹 내에서도 낙관론과 비관론이 공존한다. Aaron Friedberg, "The Future of U.S.-China Relations: Is Conflict Inevitable?" *International Security*, 30:2(Fall 2005), pp. 7~45.

28) Wang Jianwei and Wu Xinbo, "Against Us or with US? The Chinese Perspective of America's Alliances with Japan and Korea", *Institute for International Studies*, Stanford University, May 1998, pp. 36~37; 안드레이 란코프, "남북통일추진방법", 제1차 통일외교포럼(2010. 6. 29.), 최진욱 편저, 〈한반도 통일과 주변 4국〉, 제2장 KINU 통일외교포럼(2010), pp. 58~61.

동북아와 동아시아 전체에 영향을 미칠 수 있는 아주 중요한 변수이다. 일부 중국학자는 한반도의 통일문제가 동북아시아지역의 다자협력 메커니즘 구축의 출발점이 될 수 있다고 지적한 바 있다.[29)]

중국의 한반도 통일에 대한 입장은 이러한 전략적 고려를 바탕으로 해서 결정되므로 미중관계의 변화에 따라 한반도를 둘러싼 전략적인 이해관계가 변화하면 중국의 한반도 통일에 대한 입장에도 변화가 있을 수 있음을 시사한다.

2) 북한 급변사태시 중국의 이해관계

국제적 환경변화나 미중관계 변화와 관계없이 북한 내부의 사정으로 통일이 다가올 가능성이 있을 경우 중국의 이해관계는 어떠한 것이 될 것인가.

중국은 남북한이 자연스럽게 정치적, 경제적으로 통합하는 과정을 통해 통일되는 것이 바람직하지만 이는 북한의 개혁개방을 전제로 하는 것이라 쉽지 않다고 본다. 개혁개방이 이루어지지 않으면 북한이 정치적, 군사적, 사회적으로 붕괴하여 혼란을 겪을 가능성이 크며, 이 경우 국제적 개입이 불가피함을 주장하고 이러한 개입에 따라 통일의 기회가 올 가능성이 있다고 본다.[30)]

중국이 우려하는 것은 북한붕괴 자체가 아니라 붕괴의 결과로 나타날 국경과 중국 내에 쏟아져 들어올지 모르는 난민과 이에 따른 혼란, 핵물질의 확산 등이다.[31)] 그리고 이러한 핵물질 확산을 막기 위한 미국의 개입이다.

---

29) 唐世平・曹筱阳, "寻求中美日相互安全的基点", 〈战略与管理〉, 2002, 第1期, p. 108.

30) 주펑, 앞의 글, pp. 90~91.

31) 란코프, 앞의 글, pp. 69~74.

첫째, 북한 급변사태시 핵무기 통제에 대해 미국과 중국의 이해는 일치할 수도 있지만 어떻게 처리하느냐에 따라 달라질 수도 있다. 즉, 급변사태에 대한 대응방식에서 미중 간에 차이가 있을 수 있다.

미국은 급변사태시 핵물질 통제를 위해 개입할 가능성이 크다. 급변사태시 핵무기나 핵 관련물질, 생화학무기 등 대량살상무기(WMD)가 통제불능 상태가 되어 외부로 유출될 수 있는 우려가 있다. 이에 대해 브루킹스연구소 보고서는 북한 핵물질이 문제가 된다면 미군이 북한에 진주할 필요가 있다고 주장했다.[32] 미외교협회(CFR) 보고서도 북한 급변사태시 WMD로 비롯되는 위협을 제거하기 위해 미군이 직접적 역할을 할 가능성이 있다고 분석했다.[33]

중국은 일차적으로 북중 국경지역을 봉쇄할 것이고, 만일 급변사태가 악화되거나 장기화 조짐을 보일 경우 북한 내의 질서회복을 명분으로 개입을 고려하게 될 것으로 보인다. 중국은 즉각개입을 자제하고 UN이나 국제기구 등을 통해 다자적인 개입을 선호할 것이라 본다. 급변사태시 군사적 개입을 시도할 경우 UN 안보리에서 미국과의 협의를 거쳐 UN PKO의 일원으로서 사태에 주도적인 역할을 모색할 가능성이 높다는 것이 중국의 생각이다.[34] 중국이 북한에 대해 직접 단독으로 군사개입을 하는 것보다는 UN을 통해 우회적으로 접근하는 것이 현재 중국의 외교전략 및 목표와도 부합한다고 보는 것이다. 즉, UN을 전면에 내세우는

32) Michael O′Hanlon, "North Korea Collapse Scenarios", *Series: Brookings Northeast Asia Commentary*, June 2009.

33) "Preparing for Sudden Change in North Korea", *CFR Council Special Report*, No. 42 (January 27, 2009).

34) 중국이 최근 PKO에 매우 적극적으로 참여하고 있고, 이를 통해 국제사회에서 중국의 이미지, 위상, 그리고 영향력 제고를 도모하고 있다. 즉, 중국은 UN PKO라는 방식을 통해 인도주의적 임무 수행의 명분을 적극적으로 부각시키면서 사실상 북한 사태에 대한 주도권을 장악하는 접근방식을 모색할 가능성이 높다. 주펑(朱锋), 앞의 글.

접근방식은 중국에게 북한사태 직접개입에 따른 국제사회의 반발과 중국위협론 확산을 최소화하면서, 오히려 국제사회에서 책임대국으로서의 이미지와 위상을 확보하고, 동시에 사실상 북한에 대한 기존의 영향력과 지배력을 강화할 수도 있다는 다목적의 대응방식이 될 수 있다는 기대가 있기 때문이다.

다른 한편 중국이 직접 단독으로 군사적 개입을 하는 것은 꺼리는 입장이지만 이는 미국과 협의가 이루어지지 않은 상태일 경우 미국의 일방적 개입도 허용하지 않을 것이라는 점을 시사한다. 중국과 협의가 이루어지지 않은 상태에서 미국의 일방적 개입도 허용하지 않을 방침이라는 것은 미국이 일방적으로 개입할 경우 중국도 직접 개입할 수 있다는 것을 시사하는 것이다.

둘째, 중국은 북한 급변사태가 국경너머 중국으로 확산되지 않도록 하는 데 정책의 우선순위를 두게 될 것이다. 주펑도 이 경우 중국의 이익에 대해 지역 내 안정을 최우선으로 꼽고 있다.[35] 중국은 북한 급변사태를 포함하여 한반도 유사시 가장 피해를 입을 국가로 중국과 한국을 꼽고 있으며 미국이나 일본에게는 그 영향이 별로 크지 않을 것으로 보고 있어 이해관계가 다르다고 본다. 중국은 북한체제의 동요가 바로 중국의 직접적인 안보불안 요인이 될 수 있다는 우려가 있다. 즉, 중국은 북한체제 동요로 인한 대량 탈북자의 발생은 물론이고 북한과의 관계악화는 북중국경의 긴장을 고조시켜 중국의 동북지역의 안정에도 부정적 영향을 미칠 수 있다는 점을 경계하고 있다. 뿐만 아니라 역내 긴장고조는 바로 군비경쟁을 촉발하고 중국의 부상을 위한 국내외 환경을 악화시키는 결과를 초래하게 되는 것을 우려하는 것이다. 북한 급변사태는 사태발생으로 야기될 수 있는 북한체제의 붕괴와 그에 따른 한반도 통일과정의 진행 등 현상의 변화를 수반하게 될 개연성이 크다. 이에 따라 동북아

35) 주펑, 앞의 글, p. 93.

세력관계에 미치는 파급효과가 적지 않다. 중국은 북한을 완충지대로서는 아니라도 동북아 안보에서 전략적 가치를 의식하고 있다. 전략적 부담이자 동시에 자산이기도 한 북한이 상실될 가능성과 그 결과에 대한 우려가 크다.[36)]

3) 통일한국의 전략적 입장

통일한국에 대한 중국의 전략적 관심과 우려는 통일한국이 미·중의 갈등과 대결의 장이 되지 않는 것이 중요하다고 본다. 즉, 한반도 통일 시 미·중관계가 어떠한가가 중요하며, 특히 미국과 중국이 한반도 문제에 협력할 수 있는 가이다.[37)] 통일한국에 중국이 가장 바라는 것은 아마도 통일한국의 중립화일 것이다.[38)] 통일한국은 친 중국적이거나 아니면 최소한 중국에 적대적인 세력이 되거나 또는 적대적인 세력의 배타적인 영향권에 들어가서는 안 된다는 것을 강조할 것이다. 현재의 한미동맹 체제가 그대로 존속할 경우 중국의 우려대상이 될 수 있다는 점에서이다. 통일시기에 따라 다르겠지만 그때까지도 군사적으로 미국에 대항할 만한 능력이 없을 경우 한반도에서 미국의 우위에 대해 직접적인 반응은 보이지 않고 아마도 통일한국에 압력을 가하여 한미동맹 상태를 철회하도록 유도하려 할 것이다.

남한 주도하에 한반도가 통일되더라도 통일한국이 중국에 적대적인

---

36) Liu Ming, "An Obsessed Task: Prospects, Models, and Impact of Korean Unification", *East Asia: An International Quarterly*, Winter 1999, pp. 51~52.

37) 주평, 앞의 글.

38) Wu Xinbo, "Integration on the Basis of Strength: China's Impact on East Asian Security", *Institute for International Studies*, Stanford University, Feb. 1998. p. 9. ; 이러한 구상은 현실성이 떨어지지만 중국의 영향력이 커지는 상황에서 가능한 옵션으로 논의되기도 한다.

국가가 아닌 한 현실을 인정할 것이며 통일한국과 우호관계를 유지하려 할 것이다. 이는 중국이 국내문제 및 대만 통일문제(중국의 통일이 더 늦는 경우) 등으로 한반도의 안정을 원하기 때문이다. 만일 한반도 통일시에 양안관계도 평화적 통일이 이루어질 수 있는 분위기가 무르익었을 경우에는 통일한국이 중국에도 유익하다고 생각할 것이다.

4) 대량 탈북자 수용문제

중국의 다른 관심과 우려는 탈북자가 대량으로 발생할 경우 이에 따르는 혼란과 난민의 수용문제일 것이다. 북한 급변사태시 대량 탈북자의 발생가능성이 크므로 중국의 국경지역뿐 아니라 중국 전체에 혼란을 초래할 가능성에 우려하고 있다. 통일과정에서 북한으로부터 대량난민이 중국으로 유입될 경우 불안정을 초래할 수 있고, 또 만주지방에 있는 조선족들에도 영향을 미칠 것이기 때문이다.

2007년 6월 미국 CSIS와 USIP의 전문가 3명이 중국을 방문하여 실시한 정부, 군, 학계의 한반도 전문가들과의 인터뷰에서도 중국 측은 북한의 급변사태시 대량난민 유입을 막기 위해 국경선 통제를 강화하겠지만 불가피할 경우 인민해방군의 직접개입을 통한 문제해결도 고려하고 있음을 밝힌 바 있다.[39]

중국은 난민뿐 아니라 국경에 대한 통제 및 경계문제 등에도 관심을 가질 것이다. 중국은 통일한국이 위협적이지 않아야 한다고 지적하고 있는데 이는 통일한국이 중국과의 국경문제를 제기하는 등 국경분쟁을 포함하여 불안정요인이 작용하지 않기를 원하는 것이다. 베트남이 통일 직후 국경문제를 제기했듯이 통일한국도 국경문제를 제기할 것으로 보기 때문이다.[40]

---

39) Keeping an Eye on an Unruly Neighbor, *USIP and CSIS Joint Working Paper*, January 3, 2008.

4. 결론

결론적으로 이상의 논의를 토대로 요약하면 한반도 통일에 대해 아직 중국은 자주적이고 평화로운 통일을 지지한다는 공식적인 언급 외에 한반도 통일에 대해 확고한 지지입장을 표명하지 않고 있지만 여러 가지 가능성에 대비하고 있다고 볼 수 있다. 한반도 통일에 대한 중국의 입장이 고정불변이 아니라 시기와 조건에 따라 달라질 수 있음을 시사하는 것이다.[41]

중국은 전략적인 관점에서 한반도에 대한 영향력을 유지하기 위해 두 개의 한국정책을 유지하면서 북한과의 관계를 안정적으로 관리하는 정책을 취하고 있고 앞으로도 그러할 것이다. 그러나 김정일 사후 북한의 김정은 권력승계와 더불어 중국의 리더십 교체가 맞물리면서 중국의 입장에 변화가 있을 것인가 지켜볼 필요가 있다. 이와 관련해서 빅터 차 교수는 중국의 핵심 외교노선이 한반도의 분단상태를 유지하는 것이지만, 김정일 사후 중국 내부에서는 북한에 대한 '전략적인 책임' 문제를 놓고 열띤 논쟁이 벌어졌다는 점을 지적하고, 이 때문에 2012년 습근평(习近平) 중국 국가부주석이 권력을 승계한 이후 첫 번째 외교과제는 북한을 버릴지, 효과적으로 수용할지를 결정하는 것이 될 것이라고 주장하였다.[42]

중국은 단기적으로는 현상유지를 선호하면서 통일을 지지하지 않을

---

40) 란코프, 앞의 글.

41) 중국의 대(对)한반도정책 및 남북한 인식은 고정된 것이 아니라 지속적으로 변화되어온 것을 주장하는 논문은 다음을 참조. 김순수, "중국의 对남북한 인식과 기조에 관한 연구", 〈한국군사학논집〉, 제67집 제1권, 2011. 2., p. 234.

42) Victor Cha, "China holds the cards", *International Herald Tribune*, Dec. 21, 2011; 〈연합뉴스〉 2012. 12. 21.

수도 있다. 그러나 장기적으로는 통일된 한국이 중국에 적대적인 국가가 아닐 경우 중국도 통일에 반대하지 않을 것이다. 통일한국은 친 중국적이거나 아니면 최소한 중국에 적대적인 세력이 되거나 또는 적대적인 세력의 배타적인 영향권에 들어가서는 안 된다는 것을 강조할 것이다. 한반도 통일이 어느 시점에 이루어지는 것이 중국의 이익에 가장 부합할지는 알 수 없겠지만 여러 가지의 전제조건들이 충족되었을 때 이루어지기를 바랄 것이다.

한반도 통일시 중국이 가장 중요하게 생각하는 이익은 중국의 안전과 한반도에서의 영향력 유지이다. 통일 자체보다 통일이 이루어지는 과정에서 중국의 이익과의 갈등 여부나 통일한국이 다른 주변 강대국들과의 관계 속에서 중국과 어떠한 관계를 유지할 것인가에 더 많은 관심이 있다. 따라서 통일문제에 대한 한중 간의 대화가 필요함은 물론 한반도 통일이 중국의 이익에 반하지 않도록 해서 중국이 한반도 통일을 적극 지지하도록 하는 것이 바람직하다. 한반도 통일문제에 대한 중국의 전략은 기본적으로 상황의 추이에 따라 유동적일 수 있다. 이를 잘 이해하여야 하며 중국이 한반도 통일을 적극 지지할 수 있도록 우려사항에 대한 심도 있는 논의가 필요하다. 중국의 입장에 변화를 줄 수 있는 조건들을 충족시키기 위해 중국과 소통을 강화하며 다음과 같은 점들에 유의하여 여건을 조성할 필요가 있다.

우선 통일한국이 중국의 경제적 이익과 부합된다는 점을 인식시킬 필요가 있다. 중국의 대북지원 및 한반도 통일대비 비용에서 야기되는 경제적 부담이 완화될 것이라는 점이다. 중국은 매년 북한에게 엄청난 규모의 경제지원을 제공하고 있다. 특히 김정일 사후 여러 가지의 절박한 상황과 위기에 대비하면서 북한에 지속적으로 경제지원을 하고 있다. 북한경제가 회복되지 않는 한 무한정으로 지원해야 하는 부담이 커질 수밖에 없는 상황에서 이를 해소할 수 있다는 점이다. 북한이 중국에 자산이기보다는 부담이라는 인식이 증대하도록 해야 한다.[43]

둘째, 통일한국이 중국에 전략적 부담이 아니라 미래의 비전을 제공할 수 있다는 점과 중국과 새로운 차원의 동북아 경제협력을 통해 아시아 경제중심을 지향할 수 있다는 점을 인식하도록 해야 한다. 중국의 동북진흥계획과 북한의 경제개발이 진전되더라도 한반도 통일 없이 지속적으로 성장하기 어렵다. 그러나 통일이 되면 러시아와 국제 컨소시엄 참여 등으로 동북아 경제협력권을 형성하여 아시아의 중심경제권으로 부상할 수 있으며, 이는 중국의 이익에도 부합되는 것이다.[44] 결과적으로 통일한국이 제기할 수도 있다고 보는 국경문제에 대한 중국의 우려도 완화할 수 있는 방법을 찾을 수 있는 계기가 될 것이다.

셋째, 한반도 통일이 중국의 책임 있는 대국의 이미지 제고와 더불어 이에 따른 중국의 소프트파워 및 리더십이 증대될 수 있을 것이라는 점을 인식시킬 필요가 있다. 중국이 한반도 통일을 지지하고 통일과정에서 적극적이고 건설적인 역할을 수행함으로써 얻는 소프트파워가 두 개의 한국정책에서 유지하는 영향력보다 클 수 있다는 점이다. 아시아에서 영향력과 리더십을 행사하려는 중국의 입장을 고려할 때 통일한국과 중국이 협력함으로써 아시아에서 중국의 리더십 증대가 가능하다는 점을 인식시켜 나가는 것이 중요하다.

마지막으로 가장 중요한 것이 동북아 안보전략구도에서 중국의 전략적 이익에 반하지 않을 수 있다는 점에서이다. 한반도 통일로 인해 야기될 수 있는 중국 주변정세의 불안정성 증대와 중국의 한반도에 대한 영향력 상실에 대한 우려가 있다. 이러한 중국의 우려와 관심은 미국의 한반도 전략에 달린 것이기도 하지만 통일한국이 미국과 중국 사이에서 어떠한 입장을 취하는가 하고도 연관이 있을 수 있다. 중국도 이 점을 이해

---

43) 비슷한 맥락에서 북한이 중국의 자산이라는 인식의 여지가 줄어들도록 해야 한다는 견해는 이동률, 앞의 책, 제8장.

44) 정종욱, “한반도 통일이 한·중에 미치는 긍정적 영향”, 민주평화통일자문회의 주최 한·중 평화포럼 발표문, 2010.9.27.

하고 있다고 보인다. 통일한국이 취할 수 있는 입장을 정리해서 이를 미국과 중국이 수용한다면 이러한 우려도 해소될 수 있을 것이다. 한·미·중이 한반도 통일문제에 대해 협의할 수 있는 채널을 구축하여 그러한 방안을 강구하는 것이 필요한 이유이다.

김준엽 연보

본적 : 平北 江界郡 時中面 外時川洞 254번지
주소 : 서울시 鐘路區 明倫洞 1가 10의 13번지
생년월일 : 1920년 8월 26일

學歷

1940년 3월, 新義州 東中(5년제) 졸업
1944년 1월, 일본 慶應大學 東洋史學科 中退('學兵' 관계)
1948~1949년, 중국 國立中央大學 大學院 수학
1951~1955년, 중국 國立臺灣大學에서 연구
1958~1959년, 미국 하버드대학 객원교수
1968~1969년, 미국 하와이대학, 프린스턴대학 객원교수
1971년 2월, 건국대학에서 명예법학박사 학위를 받음
1984년 5월, 연세대학에서 명예문학박사 학위를 받음
1999년 2월, 아주대학에서 명예경영학박사 학위를 받음

經歷

1944년 2월, 日本軍의 '學兵'으로 渡華
1944년 3월, 日軍을 탈출하여 中國遊擊隊에 참가, 抗日運動
1945년 1월, 重慶 韓國臨時政府에 참가
1945년 4월, 光復軍 第二支隊長 李範奭 將軍의 副官(西安)
1945년 11월, 光復軍 總司令官 李青天 將軍의 副官(重慶)
1946~1949년, 중국 國立東方語文專門學校의 전임강사(南京)
1949~1982년, 고려대학의 조교수, 부교수, 교수
1957~1982년, 고대부설 아세아문제연구소의 발기인, 부소장, 소장
1982~1985년, 고려대학 총장
1988년, 고려대학 명예교수
1988~2011, 재단법인 社會科學院 이사장

1989~1999년, 학교법인 大宇學園(亞洲大學校, 巨濟專門大學, 大川專門大學의 財團) 이사장

1992~1999년, 大宇獎學財團 이사장

1992년 10월, 중국 杭州大學의 명예교수

1993년 8월, 중국 北京大學의 명예교수, 중국 北京大學의 韓國硏究中心의 고문

1993년 8월, 중국 遼寧大學의 명예교수

1993년 11월, 중국 上海 復旦大學의 명예교수

1994년 1월, 중국 杭州大學 韓國硏究中心의 고문

1994년 10월, 중국 山東大學의 명예교수

1996년 12월, 중국 北京語言文化大學의 명예교수

1997년 4월, 중국 南京大學, 東南大學의 명예교수

1997년 5월, 중국 吉林省 社會科學院의 명예교수

1999년 11월, 중국 浙江大學의 명예교수 및 同大學 韓國硏究中心의 고문

2001년 10월, 중국교육국제교류협회의 고문

2001년 10월, 중국 揚州大學 中韓文化及崔致遠硏究中心의 고문

2002년 2월, 중국 揚州大學의 명예교수

2002년 8월, 중국 靑島市 사회과학원 중한합작연구중심의 수석고문

2006년 6월, 중국 延邊大學의 명예교수

2008년 3월, 중국 中山大學 한국연구소의 고문

1955~1972년, '中國學會'의 발기인, 부회장, 회장

1979~1992년, '韓國共産圈硏究 協議會'의 발기인, 회장, 명예회장

1992~2011, '韓國地域硏究 協議會'의 명예회장

1989~2004, 《계간 사상》 발행인

1996~2011, '韓中人文學會'의 고문

2009~2011년, 고려대학 교우회 고문

기 타, '歷史學會' 이사, '國際政治學會' 명예이사, 中國南京大學 교우회의 명예이사

1961년 제16차 UN총회의 한국대표
1962년 제17차 UN총회의 한국대표
1972년 남북적십자회담의 자문위원
1974년 제29차 UN총회의 한국대표
1981~2011, 韓國獨立有功者協會 지도위원, 韓國光復軍同志會 지도위원
2011년 6월 7일 별세
2011년 6월 10일 국립대전현충원 애국지사 제4묘역 안장

▎著述

1. 《中國共産黨史》(1958년, 사상계사)
2. 《中國最近世史》(1963년, 사상계사), (增補版, 1967년, 동아출판사) (修正版, 1971년, 일조각)
3. 《韓國共産主義運動史》, 제1권 (1967년, 고려대 출판부)
4. 《中共圈의 將來》(編, 1967년, 범문사)
5. 《孫文 胡適》(編, 1968년, 경지사)
6. 《韓國共産主義運動史》, 제2권(1969년, 고려대 출판부)
7. 《韓國共産主義運動史》, 제3권(1973년, 고려대 출판부)
8. 《韓國共産主義運動史》, 제4권(1974년, 고려대 출판부)
9. 《韓國共産主義運動史》, 제5권(1976년, 고려대 출판부)
10. 《中共과 아시아》(1979년, 일조각)
11. 《南北統一問題와 그 周邊》(1979년, 일조각)
12. 《北韓의 오늘과 내일》(1982년, 법문사)
13. *North Korea Today* (스칼라피노 교수와 共篇, 1983년, 캘리포니아대학)
14. 《新版 : 韓國共産主義運動史》, 전5권(1986년, 청계연구소)
15. 《長征》, 전4권 (1987~1990년, 나남출판)
16. 《歷史의 神》(1990년, 나남출판)
17. 《長征 ― 朝鮮人学徒兵の記録》, 日譯本(1991년 12월, 日本 光文社)
18. 《石麟 閔弼鎬傳》(篇, 1995년, 나남출판)
19. 《我的長征》(1995년 7월, 中國 東方出版社)
20. 《나와 中國》(《我與中國》, 1997년, 나남출판)

21. 《長征 제 5권, 다시 대륙으로》(2001년 11월, 나남출판)
22. 《金俊燁回憶錄 五 - 我的長征》(제 5권) (2002년 11월, 중국요녕민족 출판사)
23. 《申圭植 · 閔弼鎬와 한중관계》(중국 石源華 교수와 共編, 2003년, 나남출판)
24. 《신판: 長征 전 5권》(2003년 8월, 나남출판)
25. 《我的長征》(제3권) (2008년 4월, 중국 국제문화출판사)
26. 《我的長征》(제4권) (2008년 4월, 중국 국제문화출판사)
27. 《나와 中國(續)》(2008년 5월, 나남출판)
28. 《歷史의 神(續)》(2008년 5월, 나남출판)

譯書

1. 《中쏘外交史》(Henry Wei, *China and Soviet Russia*, 1958년, 중앙문화사)
2. 《中國안의 소련》(蔣中正著, 《蘇俄在中國》, 共譯, 1959년, 중국학회)
3. 《共産政權下의 中國》(周鯨文著, 《風暴十年》, 1963년, 사상계사)
4. 《잃어버린 大地》(Robert Roh, *Escape from Red China*, 1964년, 탐구당)
5. 《쏘련 統治史》(Merle Fainsod, *How Russia is Ruled*, 1967년, 중앙문화사)

編纂

1. 《舊韓國外交文書 및 附屬文書》 編纂 總責任(30권, 1965~1974년, 고려대 출판부)
2. 《北韓研究資料集》 제1집(共, 1969년, 고려대 출판부)
3. 《韓國現代史》(共, 1969년, 신구문화사)
4. 《大世界史》(明淸時代 監修, 1971년, 현암사)
5. 《六堂 崔南善全集》 편찬위원회 위원장(共, 15권, 1973~1974년, 현암사)
6. 《舊韓國外交關係附屬文書 間島案》(共, 1974년, 고려대 출판부)
7. 《北韓研究資料集》 제 2집(共, 1974년, 고려대 출판부)
8. 《北韓研究資料集》 제 3집(共, 1978년, 고려대 출판부)
9. 《北韓研究資料集》 제 4, 5, 6, 7, 8, 9집(共, 1979~1982년, 고려대 출판부)
10. 《韓國共產主義運動史 資料集》 Ⅰ, Ⅱ(共, 1979~1980년, 고려대 출판부)

11. *Encyclopedia Britanica* (International Edition)의 한국부문 편찬위원장
12. 《TBS ブリタニカ 國際大百科事典》의 한국부문 편찬위원장
13. *Asian Survey* 편찬위원회 위원(Univ. of Calif. Press, Berkeley) (現)
14. 〈중국연구〉(*China Studies*) 고문, 북경대학 중국국정연구중심 刊 (現)
15. 雜誌《등불》編輯員(中國 安徽省 臨泉과 四川省 重慶에서)
16. 월간《思想界》지의 편집위원, 주간, 부대표(1955년 4월~1962년 8월)
17. 《브리태니커 세계대백과사전》명예편집위원장(1988년 11월~현재)

▍賞勳

1963년 獨立運動有功 表彰狀

1970년 國民勳章(冬柏章)

1980년 建國褒章

1983년 平北文化賞

1985년 國民勳章(牧丹章)

1988년 한국일보 제28회 著作賞

1990년 建國勳章(愛國章)

1999년 愛書賞

2000년 中國 教育部의 勳章(中國語言文化友誼獎)

2001년 中國 浙江日報賞

2008년 ABI-American Biographical Institute 주관의 'Man of the Year 2008'에 선정됨.

2009년 IBC-International Biographical Centre, Cambridge, England 주관의 '2000 Outstanding Intellectuals of the 21st Century 2009/2010'에 선정됨.

2011년 國民勳章 無窮花章 추서

▍國際學術會議 關係

1958년 미국 AAS(Association for Asian Studies) Meeting 참가

1959년 미국 Southern California대학 주최 "Sino-Soviet Relations Conference" 참가

1961년 미국의 AAS Meeting 참가

1965년 아세아문제연구소(〈亞硏〉) 주최의 "아세아에서의 근대화문제" 국제학술 회의준비위원 겸 역사분과책임자

1966년 〈亞硏〉 주최 "아세아에서의 공산주의문제" 국제학술회의 의장

1966년 Harvard-Yenching Visiting Scholars Association 주최 "중국근대사제문제" 국제학술회의 의장

1969년 〈亞硏〉과 미국 SSRC(Social Science Research Council) 공동주최의 "한국의 전통과 변천" 국제학술회의 준비위원

1970년 〈亞硏〉 주최 "한국 통일문제" 국제학술회의 의장

1970년 영국 Ditchley Foundation(Oxford) 주최 "동남아에서의 안보문제" 국제 학술회의 참가

1971년 Harvard-Yenching Visiting Scholars Association 주최 "동아시아의 전통과 변천" 국제학술회의 의장

1972년 〈亞硏〉 주최 "새 태평양시대에서의 일본" 국제학술회의 의장

1973년 〈亞硏〉과 미국 Hudson Institute 공동주최 "한국의 미래" 국제학술회의에서 Dr. Herman Kahn과 공동의장(서울)

1974년 同上 미국 뉴욕 회의에서 Dr. Herman Kahn과 공동의장

1974년 〈亞硏〉 주최 "한반도의 주변정세와 남북한관계" 국제학술회의 의장

1977년 〈亞硏〉 주최 "북한, 중공, 쏘련의 삼각관계와 한국의 안보" 국제학술회의 의장

1977년 〈亞硏〉과 일본 국제문화교류센터 공동주최 "韓日 知的 交流" 국제학술회의에서 山本正 씨와 공동의장(日本 箱根)

1978년 〈亞硏〉과 미국 조지타운 대학의 국제전략문제연구소와 공동주최 "동북아시아의 안보문제" 국제학술회의에서 Dr. Ray S. Cline과 공동의장(서울)

1979년 同上 미국 워싱턴 회의에서 Dr. Ray S. Cline과 공동의장

1979년 〈亞硏〉과 일본 국제문화교류센터 공동주최 "새로운 국제질서" 국제학술회의에서 山本正 씨와 공동의장(서울)

1979년 同上 일본 箱根회의에서 山本正 씨와 공동의장

1980년 〈亞硏〉과 미국 뉴욕 Council on Foreign Relations 공동주최 "쏘련

의 아시아 정책" 국제학술회의에서 Dr. Winston Lord와 공동의장

1981년 한국공산권연구협의회와 미국 University of California, Berkeley의 東亞硏究所와 공동주최 "북한의 오늘과 내일" 국제학술회의에서 Dr. Robert A. Scalapino와 공동의장(San Francisco)

1981년 일본 국제문화교류센터와 〈亞硏〉 공동주최의 "韓日 知的 交流" 서울회의에서 山本正 씨와 공동의장

1981년 미국 Council on Religion and International Affairs의 Dr. Robert Myers 소장 주최의 "U.S. and Korea Relations-Value in Conflict" 회의 참가(New York)

1981년 臺北에서의 한국연구학회 주최의 '한중관계사' 국제학술회의 참가

1982년 〈亞硏〉과 미국 컬럼비아 대학의 東亞硏究所와 공동주최 "한미관계 100년" 국제학술회의에서 Dr. Gerald L. Curtis와 공동의장(서울)

1985년 臺北에서의 한국학연구회 주최의 국제학술회의에 참가

1986년 일본 慶應大學 주최의 '동북아 정세' 국제학술회의에 참가(일본 동경)

1986년 대만 정치대학 국제관계연구소 주최 '한중비교연구' 국제학술회의 참가 (臺北)

1988년 미국 Southern California 대학의 East asian Studies Center 주최의 "韓國武裝獨立運動史" 국제학술회의 참가(Los Angeles)

1995년 중국 북경대학 한국학연구중심이 주최한 제1차 "한국의 전통문화" 국제학술회의 참가 (중국 북경)

1996년 중국 요령대학이 주최한 "발해만 지역의 경제협력" 국제학술회의 참가 (중국 심양)

1997년 중국 항주대학 한국연구소가 주최한 제2차 "한국의 전통문화" 국제학술회의 참가 (중국 상해)

1999년 중국 복단대학 한국연구소가 주최한 "한국임시정부 수립 80주년 기념" 국제학술회의 참가 (중국 상해)

1999년 중국 산동대학 한국연구소가 주최한 제3차 "한국의 전통문화" 국제학술회의 참가 (중국 제남)

1999년 중국 한중학술교류중심 주최 "한국독립운동사 연구" 국제학술회의 참가 (북경)

2000년 중국 북경대학 한국연구소 주최 제 5차 "아태지역 한국학대회" 참가 (북경)

2001년 중국 복단대학 한국연구소 주최 제 4차 "한국의 전통문화" 국제학술회의 참가 (중국 상해)

2001년 중국 양주대학이 주최한 "최치원 연구" 국제학술회의 참가(중국 양주)

2002년 중국 복단대학 한국연구소가 주최한 "신규식 선생과 한중관계" 국제학술회의 참가 (중국 상해)

2003년 중국 남경대학 한국연구소가 주최한 제 5차 "한국의 전통문화" 국제학술회의 참가 (중국 남경)

2005년 중국 요녕대학 한국연구소가 주최한 제 6차 "한국의 전통문화" 국제학술회의 참가 (중국 심양)

2006년 중국 북경대학 한국연구소가 주최한 제 7차 "한국의 전통문화" 국제학회회의 참가 (중국 북경)

2007년 중국 연변대학 한국연구소가 주최한 제 8차 "한국의 전통문화" 국제학술회의 참가 (중국 연길)

2008년 중국 절강대학 한국연구소가 주최한 제 9차 "한국의 전통문화" 국제학술회의(제10차부터는 '중국에 있어서의 한국학대회'로 회의 명칭을 바꾸기로 함)에 참가 (중국 항주)